Matthias Gelzer
Cicero

Matthias Gelzer

Cicero

Ein biographischer Versuch

2., erweiterte Auflage
mit einer forschungsgeschichtlichen Einleitung
und einer Ergänzungsbibliographie
von Werner Riess

Umschlagabbildung:
Marcus Tullius Cicero
Rom, Museo della Civiltà Romana
Foto: akg-images / Bildarchiv Steffens

Bibliografische Information der Deutschen Nationalbibliothek:
Die Deutsche Nationalbibliothek verzeichnet diese Publikation in der Deutschen
Nationalbibliografie; detaillierte bibliografische Daten sind im Internet über
<http://dnb.d-nb.de> abrufbar.

Dieses Werk einschließlich aller seiner Teile ist urheberrechtlich geschützt.
Jede Verwertung außerhalb der engen Grenzen des Urheberrechtsgesetzes
ist unzulässig und strafbar.
2., erweiterte Auflage, Stuttgart 2014
© Franz Steiner Verlag, Wiesbaden 1969
Druck: AZ Druck und Datentechnik, Kempten
Gedruckt auf säurefreiem, alterungsbeständigem Papier.
Printed in Germany.
ISBN 978-3-515-09903-5 (Print)
ISBN 978-3-515-10834-8 (E-Book)

INHALTSVERZEICHNIS

	Vorwort zur 2. Auflage	VII
	Forschungsgeschichtliche Einleitung	IX
	Vorwort	3
I.	Lehrjahre	5
II.	Die ersten Jahre öffentlicher Wirksamkeit	18
III.	Die Quaestur und der Beginn der senatorischen Laufbahn	29
IV.	Die Anklage des C. Verres	35
V.	Von der Aedilität bis zur Praetur	49
VI.	Der Kampf um das Consulat	58
VII.	Das Consulat	67
VIII.	Die Verteidigung der Consulatspolitik	97
IX.	Das Exil und die Rückkehr	123
X.	„me status hic rei publicae non delectat"	152
XI.	Das Proconsulat	205
XII.	Im Bürgerkrieg	222
XIII.	Unter Caesars Dictatur	241
XIV.	Nach den Iden des März 44	295
XV.	Im letzten Kampf für die Res Publica	315
	Bibliographie von Gelzer verwendeter Literatur	373
	Ergänzungsbibliographie	387

Wichtige Ereignisse zu Ciceros Lebzeiten 392

Personenregister 394

Geographisches Register 403

Karten 406

VORWORT ZUR 2. AUFLAGE

Matthias Gelzer verfasste 1939 für *Paulys Realencyclopädie der classischen Altertumswissenschaft* den Beitrag über „Marcus Tullius Cicero als Politiker". Dieser Lexikonartikel bildete die Grundlage für seine Cicero-Biographie von 1969, die 1983 nachgedruckt wurde. Der vorliegende Band wurde um einen Forschungsüberblick ab 1969, ein Verzeichnis der von Gelzer verwendeten Literatur, eine Ergänzungsbibliographie sowie um eine Zeittafel erweitert. Aufgrund der nicht überschaubaren Sekundärliteratur zu Cicero erhebt die Ergänzungsbibliographie keinen Anspruch auf Vollständigkeit; jede Auswahl muss notwendigerweise subjektiv bleiben. In noch größerem Maße gilt dies für die forschungsgeschichtliche Einleitung. Nachdem Elisabeth Herrmann-Otto den Neudruck der Pompeius-Biographie von 2005 und Ernst Baltrusch den der Caesar-Biographie von 2008 betreuten, liegt nun mit dieser Neuauflage der Cicero-Biographie Gelzers biographische Trilogie der drei großen Römer wieder komplett vor.

An erster Stelle gebührt mein Dank Herrn Dr. Thomas Schaber vom Franz Steiner Verlag Stuttgart, mir die Neuauflage des Bandes anvertraut zu haben. Ich bin ihm und Frau Katharina Stüdemann, die den Produktionsprozess mit größter Professionalität betreute, für ihre Geduld sehr dankbar. In verschiedenen Phasen der Arbeit leisteten mehrere Hilfskräfte entscheidende Unterstützung: Sebastian Bündgens, Matthias Dewald, Dominik Kloss, Arne Meinicke, Tobias Nowitzki, Jan Seehusen und Patrick Weixelmann beschafften und sichteten große Mengen der Sekundärliteratur, nahmen sich der mühevollen Erstellung der beiden Register an und erarbeiteten aus den Fußnoten das Verzeichnis der von Gelzer verwendeten Literatur. Ihnen allen gebührt mein aufrichtiger Dank, etwaige Fehler sind alleine mir anzulasten. Professor Dr. Gunther Gottlieb, mein erster Lehrer in der Alten Geschichte, der mich in meinen Augsburger Jahren auch in die Welt der Römischen Republik einführte, war so freundlich, die forschungsgeschichtliche Einleitung mit seinem gewohnt kritischen Blick zu lesen. Ihm verdanke ich wichtige Anregungen und Hinweise.

Es bleibt zu hoffen, dass diese Neuauflage einen Klassiker der deutschen althistorischen Literatur wieder einem breiten Leserkreis näherbringt.

Hamburg, April 2014   Werner Riess

FORSCHUNGSGESCHICHTLICHE EINLEITUNG

I. MATTHIAS GELZER UND SEIN „CICERO"

Matthias Gelzers Forschungen über Marcus Tullius Cicero, deren Ergebnisse in der vorliegenden Biographie gipfelten, nähert man sich wohl am besten durch einen Blick auf den Werdegang des Autors. Matthias Gelzer wurde 1886 im schweizerischen Liestal (er war Bürger von Schaffhausen und Basel) in eine hochgebildete Bürgerfamilie hineingeboren. Sein Vater Karl, ein Pfarrer, dem Gelzer zeit seines Lebens eng verbunden blieb, vermittelte ihm von klein auf die Werte des protestantischen Pfarrhauses. Sowohl der Großvater Johann Heinrich Gelzer, der als Geschichtsprofessor, hochrangiger Diplomat und Publizist in Berlin tätig war, als auch der Bruder seines Vaters, Heinrich, der als Professor für Klassische Philologie und Alte Geschichte in Jena die Byzantinistik entwickelte, prägten seine Neigung zur Wissenschaft sowie seine konservative Weltsicht für immer. Mütterlicherseits waren die Ahnen Ratsherren und Professoren in Basel[1].

1905 nahm der junge Gelzer sein Studium der Geschichte und Klassischen Philologie in Basel auf, wo ihn der historisch arbeitende Latinist Friedrich Münzer in die Prosopographie einführte. Seine Lehrer in den alten Philologien waren desweiteren Richard Heinze und der Gräzist Alfred Körte[2]. Das intensive Studium der alten Sprachen prägte Gelzers wissenschaftliches Schaffen stark philologisch, so dass bei allem Interesse für historische Fragestellungen Gelzers Arbeit immer ein minutiöses Quellenstudium zur Grundlage hatte und sein Schreiben stets eng an die Quellen angelehnt blieb. Diese besondere Quellennähe ließ ihn Theorien und Spekulationen ablehnend gegenüberstehen, was ihn gegen Moden und Jargons immunisierte und gerade dadurch sein späteres Werk zeitlos machte. Da man in Basel nicht richtig Alte Geschichte studieren konnte, wechselte Gelzer 1907 nach Leipzig, wo er rasch Anschluss an die jüngste Teilwissenschaft der Alten Geschichte, die Papyrologie, fand. Auf diesem Gebiet erfolgte 1909 die Promotion bei Ulrich Wilcken mit der Dissertation *Studien zur byzantinischen Verwaltung Ägyptens*. In dreierlei Hinsicht ist diese Themenwahl zu Beginn des 20. Jahrhunderts bemerkenswert: Nur wenige Altertumswissenschaftler kannten die Quellengattung der Papyri. Ihre methodische Erschließung befand sich in den Anfängen, die Alte Geschichte war noch ganz auf die „großen" literarischen Texte fixiert (zum Teil gilt dies auch heute noch). Im 19. Jh. waren die größten Fortschritte auf dem Gebiet der griechischen und römischen Epigraphik erzielt worden. Ägypten war zudem geographisch randseitig. Eine Beschäftigung mit Süd- und Westeuropa bzw. Griechen-

---

1   H. Strasburger, Matthias Gelzer und die großen Persönlichkeiten der ausgehenden römischen Republik, in: J. Bleicken – C. Meier – H. Strasburger, Matthias Gelzer und die römische Geschichte, Kallmünz 1977, 76–83.
2   Vgl. ebd. 85 f.

land hätte näher gelegen. Und schließlich war die Spätantike eine noch fast gänzlich unerforschte Epoche, der erst in den letzten Jahrzehnten die ihr gebührende Aufmerksamkeit zuteil wurde. Man sieht also bereits an dieser Erstlingsarbeit, mit welch sicherem Instinkt für Forschungslücken Gelzer bereit war, in vielerlei Hinsicht wissenschaftliches Neuland zu betreten. Die großen Hoffnungen, die man in den hochbegabten jungen Mann setzte, trogen nicht: 1912 habilitierte sich Gelzer bei Ernst Fabricius in Freiburg. Mit seinem sehr eigenständigen und unkonventionellen Werk *Die Nobilität der Römischen Republik* schuf er ein Grundlagenwerk, das nicht nur die Basis seiner Lebensleistung wurde, sondern ihm sofort international höchste Anerkennung einbrachte. Gelzer wagte es, sich von Theodor Mommsens staats- und verfassungsrechtlicher Sichtweise zu lösen und stattdessen einen gesellschaftsgeschichtlichen Zugang (wir würden heute von einem sozialgeschichtlichen sprechen) zu wählen. Bis heute bauen die Altertumswissenschaften auf diesem Werk auf; die althistorische Sozialgeschichte nach 1968 wäre ohne diese Schrift nicht denkbar. Wissenschaftsbiographisch ist die Habilitationsschrift von Bedeutung, da die Einsicht, dass die römische Republik auf persönlichen „Nah- und Treuverhältnissen"[3] und damit auf dem Klientel- und Patronatswesen beruhte, Gelzers Verständnis der römischen Republik bis an sein Lebensende prägte.

1915 wurde Gelzer als Offizier der Schweizer Armee nach Greifswald berufen, wo er die deutsche Staatsbürgerschaft annahm. In seiner Abneigung gegenüber der französischen Revolution und der Befürwortung der konstitutionellen Monarchie zeigt sich sein bürgerlicher Konservativismus[4]. Dem Vorbild Rankes folgend lehnt auch er moralische Werturteile als für die Geschichtswissenschaft inadäquat ab[5]. Sein Geschichtsverständnis ist, wenn auch nicht direkt teleologisch, so doch zumindest deterministisch[6]. Aufgrund seiner im Grunde christlichen Betrachtung der Geschichte hatten für ihn alle Ereignisse einen höheren Sinn, gab es unvermeidliche Zeitläufte, denen sich historische Individuen anschließen oder verweigern konnten. Diese Prämissen sollten Gelzers Bewertung Ciceros gerade im Vergleich zu Caesar bestimmen.

1918 folgte Gelzer einem Ruf nach Straßburg, wo er hoffte, zu einem besseren wechselseitigen Verständnis der tief verfeindeten Deutschen und Franzosen beitragen zu können. Doch Gelzers Erwartungen wurden herb enttäuscht: im Herbst 1918 siedelte er nach Straßburg über, wo er das Ende des Ersten Weltkriegs, die Revolution und den Zusammenbruch des Kaiserreichs erlebte, traumatische Erfahrungen, die ihn in seiner Abneigung gegenüber Revolutionen nur noch bestärkten. Er verlor sogar seine Professur, doch die Ausreise nach Basel gelang; bereits 1919 wurde er auf den Lehrstuhl der Johann Wolfgang Goethe-Universität in Frankfurt berufen, den er bis zu seiner Emeritierung im Jahre 1955 innehatte. Während der Umbruchs-

---

3   M. Gelzer, Die Nobilität der Römischen Republik, Stuttgart 1912, 49–55; 115.
4   Vgl. Strasburger (wie Anm. 1), 91.
5   Strasburger (wie Anm. 1), 88 spricht von „moralischer Indifferenz", vgl. auch ebd. 93 über Rankes „ethische[n] ‚Indifferentismus'", den Gelzer sich zum Vorbild nahm.
6   Vgl. Strasburger (wie Anm. 1), 71, der von der „Zielstrebigkeit in der Geschichte der Menschheit" spricht, eine Wendung, die Strasburger in einem Privatbrief Gelzers von 1958 fand.

zeit 1918/9 war Gelzer inmitten seiner Arbeiten am Caesar-Buch[7]. In der länger als 35 Jahre währenden Frankfurter Lehr- und Forschungstätigkeit entfaltete Gelzer eine reiche Wirksamkeit. Neben den großen Biographien erschlossen hunderte von Aufsätzen die römische Republik, aber auch die antike Historiographie (v. a. Fabius Pictor, Livius und Polybios). Sein prominentester Schüler war Hermann Strasburger. Matthias Gelzer verstarb 1974 in Frankfurt/M.

Durch Friedrich Münzer bekam Gelzer Personenartikel vermittelt, die er für *Paulys Realencyclopädie der classischen Altertumswissenschaft* verfassen sollte. Trotz der strukturgeschichtlichen Arbeitsweise, die Gelzer bis dahin in Dissertation und Habilitationsschrift gepflegt hatte, drängte sich das biographische Genre geradezu auf, konnte man doch dort am besten die soziale Vernetzung der Protagonisten aufzeigen, auf die es Gelzer so sehr ankam. Von Cato Censorius bis Caligula trug Gelzer maßgeblich zur prosopographischen Erschließung der römischen Republik und der frühen Kaiserzeit bei. Die Biographien sind dabei gerade keine Abkehr vom sozialgeschichtlichen Zugriff, sie sind nicht etwa ein Rückfall in ein konventionelles Genre[8], sondern vielmehr die konkrete Anwendung der sozialgeschichtlichen, und das heißt für Gelzer immer auch, der prosopographischen Methode. In keiner anderen Cicero-Biographie begegnet man so vielen Namen von Zeitgenossen Ciceros wie bei Gelzer. Dadurch wird der Protagonist in seiner ganzen sozialen Vernetzung gezeigt, wird das Funktionieren der römischen Gesellschaft über die Nah- und Treuverhältnisse demonstriert, die sich oft genug auch in Patronatsbeziehungen abbildeten. Dabei hat es Gelzer literarisch versiert verstanden, bei allem Materialreichtum die Biographien nicht zu einer spröden Lektüre zu machen, sondern Epochenportraits zu bieten, die von einer Eindringlichkeit und einer souveränen Materialbeherrschung und Sachkenntnis zeugen, die ihresgleichen suchen. Jede für den Gegenstand verfügbare Quelle wird herangezogen und ins große Ganze miteinbezogen, so dass die Gelzerschen Biographien bis heute im Detail unschlagbar sind.

Gelzers Schreibduktus ist nüchtern, nur selten lässt er sich zu Wertungen hinreißen, diese fallen dann jedoch umso deutlicher aus. Die thematische wie stilistische Geschlossenheit des Werkes beeindruckt bis heute und ließ die Biographien zu Monumenten der deutschsprachigen Geschichtswissenschaft werden. Von Anfang an muss eine Gesamtkonzeption bestanden haben[9], an der Gelzer mit großer Prinzipientreue festhielt. In Gelzers Persönlichkeit zeigt sich das Selbstbewusstsein eines Gelehrten, der sich nicht nur seines Ranges wohl bewusst war, sondern sich seiner Sache und Wertungen so sicher war, dass er keine Notwendigkeit sah, seine Meinungen zu revidieren. Es gibt leichte Verschiebungen in der Sicht Ciceros[10],

---

7   Ebd. 94 f.
8   So indirekt K. Christ, Römische Geschichte und deutsche Geschichtswissenschaft, München 1982, 116.
9   Strasburger (wie Anm. 1), 59 f.
10 Nach Strasburger (wie Anm. 1), 60 f. stand Gelzer dem Politiker Cicero in den 1930er Jahren noch relativ positiv gegenüber, was sich später drastisch änderte. Gleichzeitig schätzte er den Literaten Cicero immer mehr. Vor dem Caesar-Buch, also in seiner Frühphase, bewertete Gelzer auch M. Iunius Brutus und Kaiser Tiberius positiver als später.

doch in den Grundzügen bleiben die Urteile konstant, wobei moralische Wertung und historische Würdigung streng getrennt bleiben[11]. Nach Gelzers christlicher Weltsicht waren alle Menschen Sünder. Moralische Werturteile über sie zu fällen, war unstatthaft und gehörte nicht zu den genuinen Aufgaben des Historikers. Sehr wohl gelte es jedoch, den historischen Rang herausragender Individuen jenseits aller moralischen Kriterien einzustufen, d. h. in Gelzers deterministischem Geschichtsverständnis zu bewerten, inwieweit eine Figur den unabweichlichen Lauf der Geschichte erkannte und erfüllen half.

Die „Genialität" Caesars, wir würden heute wohl von Kreativität sprechen[12], wurde zum Dreh- und Angelpunkt der Überlegungen Gelzers zur Römischen Republik. Und da Caesar und Cicero in einem reziproken Verhältnis zueinander stehen, führte die Verherrlichung Caesars zu einer minderen Meinung über Cicero, die sich an zahlreichen Stellen seiner Biographie zeigt (siehe exemplarische Wertungen unter III.). Die moralische Indifferenz bei der übergeordneten Bewertung der historischen Stellung eines „Großen" der Geschichte ist nicht nur heute schwer verständlich, sondern stieß schon Zeitgenossen vor den Kopf. Hermann Strasburger, ein Schüler Gelzers, sah sich zeit seines Lebens außerstande, die Wertungen des Lehrers zu akzeptieren, da er die ethische Komponente bei der Beurteilung Caesars insbesondere in Bezug auf die von ihm verübten Greuel im Gallischen Krieg nicht ausblenden konnte und wollte. Bezeichnend ist, was Strasburger im Nachwort zur zweiten Auflage seiner Schrift *Caesar im Urteil seiner Zeitgenossen* schreibt, eine Passage, die in voller Länge zitiert zu werden verdient:

> Denn weder als Mensch noch als Historiker fühle ich mich imstande, davon abzusehen, was Menschen damals in Gallien durch Caesars Wirken widerfahren ist, und den „Anblick des Genius" sozusagen in abstracto zu genießen, wie es in Mommsens Satz geschieht: „Über die Schrift vom gallischen Krieg ist eine helle Heiterkeit, eine einfache Anmut ausgegossen, welche nicht minder einzig in der Literatur dastehn, wie Caesar in der Geschichte." Rein ästhetisch betrachtet, mag das gelten – dieses Verdienst habe ich hier nicht zu würdigen –, aber die Sache hat eben nicht nur eine literarische Seite, und um so unheimlicher ist die Spannung zwischen Form und Inhalt. Das furchtbare Geschehen ist mit einem Hochgefühl schriftstellerisch gestaltet, das ertragbar nur wird, wenn man ihm die höhere Unschuld vollkommener dämonischer Besessenheit zuerkennt[13].

Strasburger sah Caesar weit kritischer und Cicero daher viel positiver als Gelzer. Die wissenschaftliche Auseinandersetzung zwischen den beiden Gelehrten, die im Kern um die Frage kreiste, ob Caesar nun als Staatsmann gesehen werden dürfe oder nicht, wurde stets auf höchstem fachlichem Niveau und mit größtem persönlichem Respekt geführt. Man zeigte Verständnis für die Ansicht des Anderen! Der lebenslange kritische Dialog zwischen Lehrer und Schüler führte zu einer tiefen gegenseitigen Anerkennung, die in Gelzers Widmung seiner Cicero-Biographie von 1969 an „Hermann Strasburger in Dankbarkeit" gipfelte. Da die Beantwortung der Frage nach Caesars staatsmännischen Künsten direkte Auswirkungen auf das

---

11   Ebd. 61; 73.
12   Strasburger (wie Anm. 1), 68 f. spricht vom „Schöpferischen".
13   H. Strasburger, Nachwort (1967), in: Ders., Caesar im Urteil seiner Zeitgenossen, Darmstadt ²1968, 72.

jeweilige Cicero-Bild hat, soll die Debatte zwischen Gelzer und Strasburger hier in den Grundzügen chronologisch nachgezeichnet werden.

1921 legte Gelzer als erste Biographie diejenige Caesars vor, mit dem bezeichnenden Untertitel, der Programm werden sollte: *der Politiker und Staatsmann*. Schon hier klingt die Kernthese des Gelzerschen Caesar- und Republikverständnisses an. Die Republik war aufgrund der Ausdehnung des Weltreiches und der Unfähigkeit der Nobilität, dieses zu verwalten, zum Scheitern verurteilt, der Weg zur Monarchie daher eine historische Notwendigkeit. Caesar war insofern ein Staatsmann, da er nicht nur die Zeichen der Zeit verstand, sondern mit sicherem Machtinstinkt nach dem Gebot der Stunde handelte und die Alleinherrschaft für sich zu erlangen und zu erhalten suchte. Programmatisch eröffnet Gelzer seine Caesar-Biographie mit einer Definition des Staatsmannes, wie er ihn versteht:

> Zweierlei Fähigkeiten kennzeichnen den Staatsmann: die eine ist das rasche Überschauen und rechtzeitige Ergreifen der gegebenen Verhältnisse und dient so dem Bedürfnis der Stunde, indem sie nüchtern rechnet mit den vorhandenen Strömungen. Die andere, vornehmere ist die politische Schöpferkraft, welche die Mitlebenden auf neue Bahnen führt, selbst neue Verhältnisse schafft[14].

Diese Qualitäten spricht Gelzer Cicero immer wieder vehement ab. Strasburger schreibt sie Cicero zwar nicht zu, ließ sich aber zeit seines Lebens nicht von der „politischen Schöpferkraft" Caesars überzeugen. Vielmehr habe dieser als Militär eben kein Konzept für die Neuordnung der *res publica* besessen und beabsichtigte stattdessen, nach Erringen der Alleinherrschaft nicht etwa in Rom zu bleiben und Reformen durchzuführen, sondern sich ins nächste außenpolitische Abenteuer, den Krieg gegen die Parther, zu stürzen.

Caesars Machtinstinkt, den viele Historiker heute wohl als Skrupellosigkeit bewerten würden, sah Gelzer, abgetrennt von einem moralischen Urteil, als überlegene Qualität. Ähnlich wie Hegel Napoleon als „Weltgeist zu Pferde" interpretierte, erfüllte Caesar für Gelzer mit beinahe übermenschlicher Souveränität eine überpersönliche Notwendigkeit, die Überführung der Republik in eine Militärmonarchie, die Gelzer wohl auch aufgrund seiner geistigen Herkunft als positiv einzuschätzen gewillt war. Die Caesar-Biographie war sofort ein Erfolg, die zweite Auflage erschien bereits 1940, bis 1943 lag bereits die fünfte Auflage vor, ein Zeichen, dass nicht wenige wie Gelzer dachten. Nur in der ersten Auflage finden sich noch caesarkritische Töne, indem ihm Mangel an Moral vorgeworfen wird[15]. Die sechste Auflage von 1960 wurde 1983 nachgedruckt, bevor Ernst Baltrusch im Jahre 2008 eine Neuausgabe besorgte. Noch während Gelzer an seinem großen Realencyclopädie-Artikel zu „M. Tullius Cicero als Politiker" arbeitete, der 1939 erschien und die Grundlage für die Biographie von 1969 darstellt, antwortete Strasburger 1938 mit

---

14 M. Gelzer, Caesar. Der Politiker und Staatsmann. Neudruck der Ausgabe von 1983 mit einer Einführung und einer Auswahlbiographie von Ernst Baltrusch, Stuttgart 2008, 3.
15 Strasburger (wie Anm. 1), 60 (in Bezug auf M. Gelzer, Caesar, Der Politiker und Staatsmann, Stuttgart 1921, 126f.; 233f.). Strasburger macht jedoch klar (ebd. 61), dass die moralische Bewertung Caesars nicht besser wurde, sie wurde nur sorgfältiger von der historischen Würdigung getrennt, die für ihn einzig und allein maßgeblich war.

seinem Buch *Caesars Eintritt in die Geschichte*[16] mit einem caesarkritischen Bild auf die Gelzer-Biographie von 1921. Die Antwort Gelzers ließ nicht lange auf sich warten: Im Buch *Caesars weltgeschichtliche Leistung* (Berlin 1941) legte Gelzer noch einmal dezidiert seine Sicht der Dinge dar, die auch Eingang in die dritte große Biographie fand, die des Pompeius, die 1949 in München unter dem Titel *Pompeius. Lebensbild eines Römers* erschien[17]. Strasburger feilte weiter an seinem kritischen Caesarbild und legte 1953 die grundlegende Studie *Caesar im Urteil seiner Zeitgenossen* vor[18], worin er überzeugend zeigt, dass Caesar als Staatsoberhaupt für die maßgeblichen Zeitgenossen überhaupt nicht in Betracht kam[19]. Gelzer fühlte sich nun direkt herausgefordert und gezwungen, umgehend und direkt in Bezug auf diese Frage zu antworten. Noch im Jahre 1954 erschien sein Artikel *War Caesar ein Staatsmann?* in der Historischen Zeitschrift[20]. Im Vorfeld des Erscheinens der großen Cicero-Biographie 1969[21], der Erweiterung des RE-Artikels von 1939, widmete Gelzer den Kontrahenten Caesar und Cicero eine kleine, vergleichende Studie[22], aus der zitiert zu werden verdient, da Caesar hier als Kontrastfolie für die negative Bewertung Ciceros dient. Zunächst über Cicero:

> Doch wenn wir nun Cicero als Politiker betrachten, so müssen wir bemerken, daß es ihm eigentlich stets um den rednerischen Erfolg und Ruhm ging, dessen Dauerhaftigkeit er in einer ans Lächerliche grenzenden Eitelkeit überschätzte.
> [...]
> [...], aber es fehlte ihm stets der Machtinstinkt des Staatsmanns[23].

Caesar wird in der Schrift mit folgenden Worten eingeführt:

> Ihn beseelte von Anfang an ein einzigartiges Überlegenheitsbewußtsein, ebenso gegenüber den Menschen, die ihm begegneten, wie in allen Lebenslagen. Er vertraute überall auf seine Mittel, Widerstände zu meistern, und war im äußersten Fall auch stets bereit, sein Leben einzusetzen. Soweit wir sein Leben überschauen können, gab es darin keine Zeiten, wo er sich nicht von Aufgaben gefordert fühlte, die er angreifen und bewältigen wollte[24].

Gelzer schließt pointiert mit dem Satz: „Aber man sage uns nicht, Cicero sei der Staasmann gewesen, der die Zeichen der Zeit erkannte! Quod erat demonstrandum"[25].

---

16 H. Strasburger, Caesars Eintritt in die Geschichte, München 1938 (Nachdruck Darmstadt 1966).
17 Die erste Auflage, geplant für das Jahr 1944, konnte wegen des Krieges nicht ausgeliefert werden, der Verlag druckte den Titel daher 1949 nach. Im Jahr 1959 erschien eine von Gelzer selbst besorgte zweite Auflage. Auf dieser basiert die Taschenbuchausgabe von 1973 und der Nachdruck von 1984. Eine von Elisabeth Herrmann-Otto um einen Forschungsüberblick und eine Ergänzungsbibliographie erweiterte Fassung kam 2005 auf den Markt.
18 H. Strasburger, Caesar im Urteil seiner Zeitgenossen, in: HZ 175 (1953), 225–264 (= Darmstadt ²1968).
19 Ebd. 28.
20 Gelzer, War Caesar ein Staatsmann?, in: HZ 178 (1954), 449–470.
21 M. Gelzer, Cicero. Ein biographischer Versuch, Wiesbaden ²2014 (1969).
22 M. Gelzer, Cicero und Caesar, Wiesbaden 1968.
23 Ebd. 13.
24 Ebd. 15.
25 Ebd. 25.

Diese Studie macht mehr als andere deutlich, wie sehr die Caesar- und Cicero-Bilder eines jeden Forschers aufeinander bezogen sind, weswegen eine Würdigung des einen nie ohne die des anderen erfolgen kann. Die Gelzer-Strasburger Debatte wäre nicht vollständig ohne die Nennung einer Schrift Strasburgers, die postum und auch lange nach Gelzers Tod herausgegeben wurde, *Ciceros philosophisches Spätwerk als Aufruf gegen die Herrschaft Caesars*[26]. In ihr zeigt der Autor nicht nur, dass das Regiment Caesars von seinen Zeitgenossen als Unrechtsregime empfunden wurde, sondern dass Cicero auch zu Zeiten, in denen ihm die aktive Teilnahme an der Politik verwehrt war, über seine philosophischen Schriften Politik zu treiben bemüht war. Strasburger liest die *Academica* geradezu als Schlüsseltexte, was möglicherweise zu weit geht.

Ungeachtet der Ablehnung der Kernthesen Gelzers durch Strasburger ist unbestritten, dass Gelzer gerade auch mit seinen Biographien in der Erforschung der Römischen Republik sowohl quantitativ als vor allem auch qualitativ Maßstäbe gesetzt hat, an denen sich zukünftige Bearbeiter der Themenfelder messen lassen müssen.

II. TENDENZEN DER FORSCHUNG SEIT 1969

Zu Ciceros Person und Oeuvre erscheinen jedes Jahr hunderte von Aufsätzen und größere Arbeiten, die von einem einzelnen Wissenschaftler nicht mehr überblickt werden können. Vor diesem Hintergrund muss jede Sichtung und Wertung der Literatur notwendig subjektiv bleiben. Einige Grundtendenzen können jedoch ausgemacht werden[27], vor deren Hintergrund sich fünf große Themenkreise abzeichnen. Im gesamten 20. Jh. setzt sich die Cicero-Forschung direkt oder indirekt mit dem vernichtenden Verdikt *Theodor Mommsens* über Cicero, nach dem er „ohne Einsicht, Ansicht und Absicht"[28] gewesen sei, auseinander. Gelzers Monographie war ab den 1970er Jahren nachweislich der Impulsgeber für viele Arbeiten, schon alleine aufgrund der Tatsache, dass die Biographie alle verfügbaren Quellen zur Verfügung stellt und in den Kontext von Ciceros Leben und Schaffen souverän einordnet. Eine Abkehr von Mommsens vernichtendem Urteil ist bereits bei Gelzer klar erkennbar. Zwar urteilt er nach wie vor abwertend über den Politiker Cicero (siehe oben), tritt jedoch insofern aus dem Schatten Mommsens heraus, als er den Redner, Literaten und Philosophen Cicero positiv würdigt, worin ihm die meisten Biographen gefolgt sind. Seit Gelzers Tagen bemüht sich die Forschung verstärkt, die verschiedenen Tätigkeitsbereiche Ciceros integrativ zu erfassen, den *homme de lettres* mit dem Politiker zusammenzudenken, ein zukunftsweisender Ansatz, der

---

26 H. Strasburger, Ciceros philosophisches Spätwerk als Aufruf gegen die Herrschaft Caesars, ed. von G. Strasburger, Zürich – Hildesheim – New York ²1999 (1990).
27 Vgl. G. Dobesch, Ciceros Ruhm im Aufwind. Gedanken zu zwei neuen Cicero-Monographien, in: Tyche 8 (1993), 19–29; W. Riess, Die Cicero-Bilder Manfred Fuhrmanns und Christian Habichts vor dem Hintergrund der deutschen Cicero-Forschung, in: ZRG 51 (1999), 301–321, 302–304.
28 T. Mommsen, Römische Geschichte, Band 3, Berlin ⁶1875, 619.

noch viel Forschungspotential bereit hält. Hauptbegründer dieser Cicero positiv deutenden Richtung war *Karl Büchner*[29]. Nach wie vor bleibt die Bewertung Ciceros umgekehrt abhängig von der Caesars. Wer die Republik notwendigerweise auf dem Weg hin zur Monarchie sieht, betrachtet Cicero tendenziell als einen Politiker, der die Zeichen der Zeit nicht verstand. Unabhängig von dieser Frage und obgleich es keine klaren und eindeutigen Linien in der Entwicklung der Cicero-Bilder gibt, ist zumindest ein Teilrevisionismus festzustellen. Mittlerweile kann gesagt werden, dass der Redner und Philosoph Cicero überwiegend positiv gesehen wird, während es sich mit dem Politiker Cicero noch immer anders verhält. Doch auch auf diesem Gebiet zeichnet sich durch den Einfluss der anglophonen Forschung und die Monographie *Christian Habichts* ein Paradigmenwechsel ab. Für die anglophonen Altertumswissenschaften stand schon immer fest, dass Cicero ein Politiker war und zahlreiche Biographien heben auf diesen Umstand ab[30], Habicht verdeutlicht überzeugend, dass Cicero nicht nur ein Politiker, sondern vielmehr auch ein erfolgreicher Politiker war[31]. Diese Überlegungen zeitigen ihre Wirkung: neuere Biographien sehen Cicero fast durchwegs in einem günstigen Licht, auch im politischen Bereich, ohne Ciceros zahlreiche Schwächen und Fehler zu übergehen[32].

In der weit verzweigten Spezialforschung zu philologischen und historischen Detailfragen sowie in spezifischen Werkanalysen sind manche Studien von paradigmatischer Bedeutung, da ihr methodisches Vorgehen bzw. ihr Erkenntnisinteresse zukunftsweisend sind. So beschreitet etwa *Eckard Lefèvre* mit seinem Buch *Philosophie unter der Tyrannis* neue Wege in der historisch-politischen Gesamtinterpretation der Tusculanen[33]. *Andrew Lintott* hat mit seinem Buch *Cicero as Evidence* ein Vademecum für heutige Althistoriker geschaffen, denen die Fülle der historischen Fragemöglichkeiten, die das reiche Corpus der ciceronianischen Schriften zur Verfügung stellt, inklusive der damit verbundenen methodischen Probleme wohl nicht immer voll bewusst ist[34].

Zwei thematische Richtungen fallen gegenüber den fünf großen Themenkreisen, wie sie unten umschrieben werden, nicht wirklich ins Gewicht, spiegeln aber die gewandelten Interessen der Altertumswissenschaften seit den 1968er Jahren:

---

29 K. Büchner, Cicero, Heidelberg 1964; Ders., Das neue Cicerobild, Darmstadt 1971.
30 E. Sihler, Cicero of Arpinum: a Political and Literary Biography, New York 1953; R. Smith, Cicero the Statesman, Cambridge 1966; D. Stockton, Cicero. A Political Biography, Oxford 1971; T. Mitchell, Cicero. The Ascending Years, New Haven 1979; T. Mitchell, Cicero. The Senior Statesman, New Haven 1991; T. Wiedemann, Cicero and the End of the Roman Republic, London 1994; A. Everitt, Cicero. The Life and Times of Rome's Greatest Politician, New York 2001.
31 C. Habicht, Cicero der Politiker, München 1990
32 M. Fuhrmann, M., Cicero und die römische Republik, München – Zürich ³1991 (1989); K. Bringmann, Cicero, Darmstadt 2010; F. Pina Polo, Rom, das bin ich. Marcus Tullius Cicero. Ein Leben, Stuttgart 2010. Vgl. ebd. 368–370 auch eine Liste aller Cicero-Biographien seit 1741.
33 E. Lefèvre, Philosophie unter der Tyrannis. Ciceros Tusculanae Disputationes, Heidelberg 2008. Vergleichbar damit ist im anglophonen Bereich nur I. Gildenhard, Paideia Romana. Cicero's Tusculan Disputations, Cambridge 2007.
34 A. Lintott, Cicero as Evidence. A Historian's Companion, Oxford 2008.

ökonomische Aspekte, wie die Verschuldung, werden aus wirtschaftsgeschichtlicher Perspektive untersucht[35]; die Gender-Forschung hat sich der Frauen in Ciceros Umgebung angenommen[36], über die wir aus seinen Briefen zum Teil relativ gut informiert sind.

Damit kommen wir zu den fünf großen Themenbereichen, die sich teilweise überschneiden. Sie sollen mit ihren Hauptrepräsentanten kurz umrissen werden und zum einen die Leistung Gelzers kontextualisieren helfen und zum anderen den Ausblick auf Forschungsdesiderata eröffnen.

(1) Ciceros Krisenwahrnehmung war wiederholt Gegenstand eindringlicher Untersuchungen.

(2) Einen eigenen Forschungsbereich bildet die Memorialkultur, die Cicero uns vor Augen führt, insbesondere in seinen Geschichtsbildern, die er in seinen Schriften verwendete und zum Teil auch entscheidend selbst prägte. Integraler Bestandteil von Ciceros Rekurrieren auf die Vergangenheit ist sein spezifischer und häufiger Gebrauch von *exempla*, der geradezu zu einer *exempla*-Forschung geführt hat.

(3) Ausgehend von Strasburgers Spätwerk findet die politische Rolle von Ciceros Philosophie immer stärkere Beachtung.

(4) Gerade im anglophonen Bereich widmen sich einige Studien Cicero Anwaltstätigkeit, die viele Anknüpfungspunkte zu anderen Themenbereichen bereit hält, insbesondere zur

(5) Rolle der Rhetorik für Ciceros literarisches Schaffen und politisches Leben. Diese Richtung aus Großbritannien und den USA bildet zweifellos den fruchtbarsten Bereich der Ciceroforschung in den letzten Jahren und hält das größte Potential für zukünftige Forschungen bereit. Hier ist auch die Briefforschung zu situieren.

Zu 1 (Ciceros Krisenwahrnehmung): *Klaus Martin Girardet* entwickelt in zwei Monographien und zahlreichen Aufsätzen ein positives Cicero-Bild hinsichtlich seiner Wahrnehmung der Krise der Römischen Republik[37]. Zwar hätte Cicero wohl Caesars Alleinherrschaft unter der Voraussetzung einer „konstituierenden Diktatur" akzeptiert[38], doch es bleibe dabei, dass Caesar das destruktive Element der Repu-

---

35 M. Ioannatou, Affaires d'argent dans la correspondance de Cicéron. L'aristocratie sénatoriale face à ses dettes, Paris 1997; K. Verboven, The Economoy of Friends. Economic Aspects of amicitia and patronage in the late Republic, Brüssel 2002; C. Rollinger, Solvendi sunt nummi. Die Schuldenkultur der Späten Römischen Republik im Spiegel der Schriften Ciceros, Berlin 2009.

36 K. Ermete, Terentia und Tullia – Frauen der senatorischen Oberschicht, Frannkfurt/M. 2003; S. Treggiari, Terentia, Tullia and Publilia. The women of Cicero's Family, London 2007. Vgl. auch C. Humpert, Wege zur Männlichkeit im Rom der Späten Republik. Cicero und die adulescentia seiner Zeit, Halle 2001.

37 K. Girardet, Die Ordnung der Welt – Ein Beitrag zur philosophischen und politischen Interpretation von Ciceros Schrift de legibus, Wiesbaden 1983; Ders., Rom auf dem Weg von der Republik zum Prinzipat, Bonn 2007.

38 K. Girardet, Politische Verantwortung im Ernstfall. Cicero, die Diktatur und der Diktator Caesar, in: Lenaika. Festschrift für Carl Werner Müller zum 65. Geburtstag am 28. Januar 1996, ed. C. Mueller-Goldingen – K. Sier, Stuttgart – Leipzig 1996, 217–251, 240.

blik war³⁹. Während *Monika Bernett* Ciceros politische Wahrnehmung vor unangemessener Kritik in Schutz nimmt, obgleich sie zahlreiche Fehleinschätzungen enthalte⁴⁰, meint *Martin Jehne*, in den Schriften *de re publica* und *de legibus* praktische Ansätze in Ciceros Denken über die Krise und etwaige Reformen entdecken zu können⁴¹. Er habe sich sehr wohl einen Diktator zur Überwindung der Krise vorstellen können, wobei er mit dem *gubernator rei publicae* letztlich sich selbst gemeint habe⁴². Das Paradoxon, die Republik mit einer Diktatur retten zu wollen, sei symptomatisch für den mangelnden Willen der Eliten gewesen, funktionierende Reformen durchzuführen⁴³.

Zu 2 (Memorialkultur): *Matthew Fox* nimmt sich der Funktion von historischen Beispielen (*exempla*) in Ciceros philosophischen und rhetorischen Dialogen an und würdigt sie als wesentliche Bestandteile von Ciceros Zugehörigkeit zur skeptischen Akademie. Obgleich Cicero noch keine Geschichtsphilosophie entwerfe, gelte es, die Rolle der *exempla* neu zu bewerten; Geschichte sei für Cicero ein Werkzeug gewesen, um die griechische Philosophie in Rom heimisch zu machen⁴⁴. Ebenfalls im innerliterarischen Bereich deutet *Irene Oppermann* die historischen Beispiele in Ciceros Briefen als Sinnbildungsmuster und wichtige Hilfe bei der Zukunftsorientierung⁴⁵. Die historischen Beispiele enthalten jedoch, weit über den literarischen Bereich hinausgehend, bedeutsame politische Implikationen, die von der jüngeren Forschung ausführlich untersucht wurden. Gesellschaftliche Rollen- und Statusverteilung waren in Rom unter anderem auch von einer mächtigen Erinnerungskultur geprägt. Die *nobiles* beriefen sich auf die überragenden Leistungen ihrer Vorfahren, zusammengefasst im schillernden Begriff des *mos maiorum* und leiteten aus diesem ihre Herrschaftslegitimation ab. Gerade der *homo novus* Cicero musste bemüht sein, sich historische Vorbilder zu suchen, Rollenmodelle, deren Tugenden er auf sich selbst projizieren konnte. *Henriette van der Blom* ist der Meinung, dass ihm die Exempla historischer Protagonisten nicht nur dazu dienten, seine politischen Vorstellungen auszudrücken, sondern dass er sich über sie als po-

---

39 Ebd. 249–250.
40 M. Bernett, Causarum Cognitio. Ciceros Analysen zur politischen Krise der späten römischen Republik, Stuttgart 1995.
41 M. Jehne, Krisenwahrnehmung und Vorschläge zur Krisenüberwindung bei Cicero, in: S. Franchet d'Espèrey – V. Fromentin – S. Gotteland – J.-M. Roddaz (Ed.), Fondements et crises du pouvoir, Bordeaux 2003, 379–396, 385.
42 Ebd. 390–391. Ähnlich Pina Polo (wie Anm. 32), 227, der auch zum Schluss kommt, dass Cicero sehr wohl bewusst war, dass die Republik in ihrer damaligen Form nicht überlebensfähig war und sich selbst als *rector rei publicae* sah. Pina Polo sieht Cicero sogar als „Staatsmann, der eine Gemeinschaft hätte führen können" (ebd. 295).
43 Jehne (wie Anm. 41), 392.
44 M. Fox, Cicero's Philosophy of History, Oxford 2007, z.B. 308–310. M. Fleck, Cicero als Historiker, Stuttgart 1993 würdigt Cicero als Historiker, d.h. untersucht, welche Kenntnisse der griechischen und römischen Historiographie bei ihm vorhanden sind und wie er Quellen behandelt. Das Ergebnis ist eindeutig: Cicero ging höchst kundig und sorgfältig mit den ihm zur Verfügung stehenden historischen Zeugnissen um und besaß exzellente historische Kenntnisse.
45 I. Oppermann, Zur Funktion historischer Beispiele in Ciceros Briefen, München – Leipzig 2000, 170–213; 225–238.

litischer Denker und Erzähler inszenierte und damit Macht aufzubauen suchte[46]. Diese Argumentation stellt *Stephanie Kurczyk* gleichsam auf den Kopf, indem sie Ciceros grundsätzlichen „Mangel an ‚Geschichte'", das heisst das Fehlen illustrer Vorfahren, auf die er sich berufen hätte können, in den Vordergrund rückt. Stattdessen „kompensierte" Cicero dieses Defizit, indem er seine eigenen Leistungen als *exempla* von historischer Dimension aufbaute, die in die Zukunft wirken sollten und die in Rede, philosophischen Dialogen und Epos zu einer Selbstdarstellung (und „Selbststilisierung zu einem neuen Romulus"!) beitrugen[47], die ihm im 20. Jh. als Eitelkeit, Ruhmsucht und Verkennung der Tatsachen ausgelegt wurden[48], ein schlüssiger Erklärungsversuch für Ciceros in unseren Ohren oftmals penetrantes Eigenlob. Jenseits der Tatsache, dass Cicero durch die Verwendung von *exempla* an seiner eigenen Memoria arbeitete, betont *Frank Bücher*, dass Cicero aufgrund der Wirksamkeit, welche die ausgeprägte Memorialkultur in Rom entfaltete, durch die bewusste Wahl von *exempla* oder deren Verzicht Politik trieb[49]. Der mit Absicht in Szene gesetzte Aufbau von Memoria wird somit nicht nur als literarisches Stilmittel der Selbstdarstellung, sondern auch als politische Strategie greifbar. Eine ähnliche praktische Bedeutung weist *Iris Samotta* den ciceronischen Geschichtsbildern zu, die im Wesentlichen auf *exempla* beruhten. Diese Geschichtsbilder, die mit denjenigen Sallusts verglichen werden, dienten als Grundlage für Reformvorschläge, die bei einer, allerdings nicht feststellbaren, Lernwilligkeit der politischen Eliten – und hier lag nach Samotta das große Problem – durchaus realisierbar gewesen wären[50]. Im Spannungsfeld von oraler und schriftlicher Kultur untersucht *Shane Butler* die Konstruktion eines negativen Geschichtsbildes von Marcus Antonius in den Philippischen Reden. Dieser sei so verzweifelt gewesen, dass er eben nicht nur Ciceros Kopf, sondern auch seine abgeschlagene rechte Hand auf den Rostra zur Schau gestellt habe. Reden und Schreiben wurden also von einem mächtigen Zeitgenossen als äußerst wirksame Kampfmittel empfunden, denen vermeintlich nur durch die Vernichtung des Gegners und seine postume Erniedrigung beizukommen war[51].

Zu 3 (politische Rolle der Philosophie): Seit Strasburgers Spätwerk *Ciceros philosophisches Spätwerk als Aufruf gegen die Herrschaft Caesars* von 1990 haben sich zahlreiche Gelehrte mit den politischen Implikationen der philosophischen Schriften Ciceros beschäftigt. Ähnlich wie Karl Büchner kommt *Alexander Arweiler* zum Schluss, dass Cicero weder allein Politiker noch allein Literat war, sondern seine Persönlichkeit nur in der Zusammenschau seiner Werke verstanden werden

---

46 H. van der Blom, Cicero's Role Models. The Political Strategy of a Newcomer, Oxford 2010, z. B. 29–59; 158–165; 183–194.
47 So aber auch van der Blom (wie Anm. 46), 287–324.
48 S. Kurczyk, Cicero und die Inszenierung der eigenen Vergangenheit. Autobiographisches Schreiben in der späten Römischen Republik, Köln – Weimar – Wien 2006, 360.
49 F. Bücher, Verargumentierte Geschichte. Exempla Romana im politischen Diskurs der späten römischen Republik, Stuttgart 2006, z. B. 154.
50 I. Samotta, Das Vorbild der Vergangenheit. Geschichtsbild und Reformvorschläge bei Cicero und Sallust, Stuttgart 2009, z. B. 392 f.
51 S. Butler, The Hand of Cicero, London – New York 2002, 121–123.

kann. In jeder seiner Schriften habe er die Verbindung von Gelehrsamkeit und Politik angestrebt[52]. Die Hinwendung zur Schriftlichkeit sei daher niemals Flucht gewesen, sondern der Versuch zu überzeugen und Politik mit anderen Mitteln zu betreiben[53]. Aus einem dezidiert philosophischen Blickwinkel nähert sich *Wilfried Stroh* Cicero an. Ebenso wie Arweiler ist Stroh der Überzeugung, dass Platons Vorstellung von einem Philosophenkönig Ciceros Denken entscheidend beeinflusste[54]. Cicero fällte auch hochpolitische Entscheidungen auf philosophischer Grundlage, so etwa seine Hinwendung zu Pompeius im Bürgerkrieg[55].

Zu 4 (Ciceros Anwaltstätigkeit): Mehr als dem Philosophen Cicero hat sich hauptsächlich die anglophone Forschung dem Anwalt Cicero zugewandt. *Jill Harries* untersucht einerseits Ciceros Ideen bzgl. des Rechts und der Rolle der Juristen. Zum anderen lenkt sie ihr Augenmerk auf die Art und Weise, wie Cicero das *ius civile* und die Entwicklung der Jurisprudenz seiner Tage verstand[56]. Waren die Rechtsprechenden im 2. Jh. v. Chr. noch Angehörige der Eliten, sank der soziale Status der Richtenden im Verlaufe des 1. Jhs. immer weiter ab. Im Sammelband *Cicero, the Advocate*, herausgegeben von *Jonathan Powell* und *Jeremy Paterson*, betrachten die Autoren in den Sektionen „Themes" und „Case Studies" den Prozessredner von unterschiedlichen Seiten[57]. Die Reden werden nicht nur in ihren Strukturen und Strategien beleuchtet, sondern auch in die Tradition des römischen Patronatswesens eingeordnet. *Michael Alexander* erschließt aus elf Verteidigungsreden Ciceros potentielle Strategien der Ankläger und kommt dabei zum Befund, dass physische Vergehen weniger häufig geahndet wurden als Wahlbestechung, Amtsmissbrauch und Erpressung, was ein bezeichnendes Schlaglicht auf die politischen Verhältnisse der ausgehenden Republik wirft[58]. Alle Arbeiten, die sich mit juristischen Aspekten des Wirkens Ciceros befassen, kommen nicht umhin, auf die rhetorische Tiefenstruktur der vielen erhaltenen ciceronischen Gerichtsreden einzugehen. Es verwundert daher nicht, dass das Feld der Rhetorik im weitesten Sinne das Gebiet ist, auf dem in den letzten Jahrzehnten die fruchtbarsten Ergebnisse erzielt wurden, die auch zur Weiterarbeit anregen.

Zu 5 (Rolle der Rhetorik): Konventionell, aber nützlich ist *Paul MacKendriks* Handbuch zu den Reden Ciceros mit Ausschluss der Verrinen und Philippischen Reden. Das Handbuch bietet einen fundierten Überblick mit Hintergrundinformationen zu jeder Rede und ist am stärksten in den Rhetorikanalysen[59]. *Brill's Com-*

---

52 A. Arweiler, Cicero rhetor. Die *Partitiones oratoriae* und das Konzept des gelehrten Politikers, Berlin – New York 2003, z. B. 225: „Wir wollen dafür plädieren, die gelehrten Schriften Ciceros in engerem Zusammenhang mit seinem politischen Handeln zu sehen, und statt einer chronologischen oder räumlichen Trennung gerade die Konzeption einer eigenen Identität im Zusammenwirken literarisch-gelehrter und politischer Wirksamkeit als typisch ciceronische Eigenheit zu würdigen."
53 Ebd. 314.
54 W. Stroh, Cicero. Redner, Staatsmann, Philosoph, München 2008, 11; 120.
55 Ebd. 74.
56 J. Harries, Cicero and the Jurists. From Citizens' Law to the Lawful State, London 2006.
57 J. Powell – J. Paterson (Ed.), Cicero, the Advocate, Oxford 2004.
58 M. Alexander, The Case for the Prosecution in the Ciceronian Era, Ann Arbor 2002.
59 P. MacKendrik, The Speeches of Cicero. Context, Law, Rhetoric, London 1995.

panion to Cicero. Oratory and Rhetoric, herausgegeben von *James May*, ist von großem Individualismus in der Herangehensweise der Autoren geprägt. Wichtig für eine Gesamtwürdigung Ciceros ist der Beitrag von *Robert Cape* zu den konsularen Reden, in dem der Autor betont, dass Cicero seinen Erfolg im Konsulat, der zugleich seinen politischen Höhepunkt markierte, nicht seinen militärischen, sondern seinen rhetorischen Fähigkeiten verdankte[60]. Klar sieht *Catherine Steel* in ihrer Monographie die Rhetorik als *das* politische Werkzeug Ciceros. Die „'great man' presentation of events" zeige aber gerade den Mangel der Mittel auf, die Cicero zur Verfügung hatte[61]. *John Dugan* sieht in seiner Studie die ciceronischen Reden als Mittel der Selbstkonstruierung („self-fashioning"), wobei er ein ästhetisches Selbstbildnis entworfen habe, dessen neue Autorität auf der überragenden Beherrschung der Redekunst und der Literatur beruhte[62]. *Joy Connolly* führt die Reden aus der Engführung des *self-fashioning* heraus und sucht ihre überzeitliche Relevanz aufzuzeigen[63]: Letztendlich ging es, so Connolly, in den Reden um die römische Staatsbürgerschaft und die römische Identität, die in der Krise der Republik instabil geworden war. Ciceros Ziel sei es gewesen, seine gelehrten Ideale von Anständigkeit, Schicklichkeit und Angemessenheit (*decorum*) an das Volk zu vermitteln. Dabei suggerierte er eine Gleichheit, die schließlich zur Eintracht führen sollte. Cicero wiederholte diese Ideale bis hin zur Indoktrination, jedoch seien sie noch heute von politischer Aktualität. Im Gegensatz zu dieser idealistischen Betrachtungsweise spürt *Robert Morstein-Marx* der Dialektik zwischen Rhetorik und politischer Tektonik der Republik nach. Die Redekunst wurde von den Eliten, in deren Händen die politische Maschinerie lag, immer mehr zu einem Machtmittel zur Beeinflussung des Volkes instrumentalisiert. Der Autor definiert dabei die *contio* als eine Bühne, auf der Cicero sich perfekt zu inszenieren verstand[64]. Jenseits aller politischen Implikationen der Reden geht *Ingo Gildenhard* auf den intellektuellen Reichtum dieses Corpus ein. Indem sich Cicero zu so unterschiedlichen Themen wie etwa der menschlichen Natur, dem Recht, der Zivilisation, moralischen Interaktionen zwischen Individuen und Gruppen, der Theodizee, der göttlichen Gerechtigkeit und der Unsterblichkeit der Seele äußerte, lieferte er ungewöhnliche, einfallsreiche und oftmals nicht-traditionelle (römische) Beiträge zu Bereichen, die wir heute als Anthropologie, Soziologie und Theologie bezeichnen würden[65].

Hinsichtlich der von Cicero verfassten überaus zahlreichen Briefe hat *Wolfgang Schneider* mit seiner Habilitationsschrift eine wegweisende Studie vorge-

---

[60] R. Cape, Cicero's Consular Speeches, in: J. May (Ed.), Brill's Companion to Cicero. Oratory and Rhetoric, Leiden – Boston – Köln 2002, 113–158.

[61] C. Steel, Cicero, Rhetoric, and Empire, Oxford 2001, 9; 226; 228.

[62] J. Dugan, Making a New Man. Ciceronian Self-fashioning in the Rhetorical Works, Oxford 2005.

[63] J. Connolly, The State of Speech. Rhetoric and Political Thought in Ancient Rome, Princeton 2007, 16: „My main motive is to lift out of a historically grounded reading of Roman rhetorical texts questions that remain relevant today, questions about what it means to be a citizen."

[64] R. Morstein-Marx, Mass Oratory and Political Power in the Late Roman Republic, Cambridge 2004, 65–67; 286f.

[65] I. Gildenhard, Creative Eloquence. The Construction of Reality in Cicero's Speeches, Oxford 2011.

legt⁶⁶. Anhand der überlieferten Briefe arbeitet er die Konventionen spätrepublikanischer Kommunikation und Interaktion heraus. Individuen hat man sich nicht etwa als unabhängige Akteure vorzustellen, sondern in ihrem jeweiligen sozialen „Beziehungsgefüge" zu verstehen⁶⁷. „Ausgelöst wird das Handeln [...] durch die Notwendigkeiten der personalen Bedingtheiten und durch die Erfordernisse und Erwartungen des personalen Gefüges"⁶⁸. Für Schneider ist der Begriff des Konsenses der Schlüssel zum Verständnis der Späten Republik⁶⁹. Enger gefasst und in den Hauptthesen Schneider folgend sieht *Peter White* die Briefe ebenfalls nicht nur als literarisches Werk, sondern auch als eine Form des sozialen Austausches zwischen Eliten der späten Republik⁷⁰. Für White erschließt sich der politische Führungswille Ciceros auch in den Briefen, die er am Ende seines Lebens als erweitertes Mittel der Kriegführung einsetzte⁷¹, zu einer Zeit, in der er für acht Monate die politischen Fäden der *res publica* noch einmal in Händen hielt. In diesem Sinne deutet *Maria Dettenhofer* den philosophischen Meinungsaustauch zwischen Cicero und C. Cassius Longinus eigentlich als einen politischen.⁷²

Eine soziolinguistische Detailstudie betrifft die Höflichkeit im Briefcorpus: *Jon Hall* untersucht die literarischen und sozialen Konventionen der Höflichkeit und entwickelt geradezu eine „politeness theory"⁷³. Obgleich es sich um eine fast ausschließlich linguistische Arbeit handelt, wird klar, wie Ciceros Rollen als Politiker und Patron in Verbindung mit der Höflichkeit funktionierten.

Vor dem Hintergrund, dass Cicero permanent in Wort und Schrift öffentlich wirksam war, bringt *Nikolaus Jackob* einen vielversprechenden publizistikwissenschaftlichen Ansatz in die Debatte ein. Als guter Publizist erkannte Cicero die große Macht der öffentlichen Meinung und versuchte sie in seinem Sinne zu beeinflussen. Mit der Intention, seine republikanische Gesinnung zu propagieren, sein eigenes politisches Handeln zu rechtfertigen und in Zeiten der Opposition Regimekritik zu üben, verfolgte er nicht nur schriftstellerisch-wissenschaftliche Ziele, sondern strebte selbstverständlich auch nach Prominenz⁷⁴.

---

66 W. Schneider, Vom Handeln der Römer. Kommunikation und Interaktion der politischen Führungsschicht vor Ausbruch des Bürgerkriegs im Briefwechsel mit Cicero, Hildesheim – Zürich – New York 1998.
67 Ebd. 669.
68 Ebd. 679.
69 Ebd. 681.
70 P. White, Cicero in Letters. Epistolary Relations of the Late Republic, Oxford 2010, ix.
71 Ebd. 161 f.
72 M. Dettenhofer, Cicero und C. Cassius Longinus: Politische Korrespondenz ein Jahr vor Caesars Ermordung (Cic. Fam. 15,16–19), in: Historia 39 (1990), 249–256a, 256a.
73 J. Hall, Politeness and Politics in Cicero's Letters, Oxford 2009.
74 N. Jackob, Öffentliche Kommunikation bei Cicero. Publizistik und Rhetorik in der späten römischen Republik, Baden-Baden 2005, z. B. 18; 95; 319–325.

III. GELZER IM KONTEXT UND FORSCHUNGSDESIDERATA

Wo steht Gelzers Werk nun im Kontinuum dieser Forschungen? Gelzer würdigt zwar in bewusster Abkehr von Mommsen den Literaten Cicero (jede große Schrift wird exkursartig in ihrem Inhalt vorgestellt und in ihrer Bedeutung gewürdigt)[75], gelangt jedoch vor der Folie Caesars zu einer Negativeinschätzung der politischen Rolle Ciceros. Die Reihe der Fehler und Schwächen, die Gelzer dem Arpinaten, ähnlich wie Mommsen, vorhält, ist lang. Einige ausgewählte Passagen mögen genügen.

Cicero habe an Selbstüberschätzung und Egozentrik gelitten, sich oft einem illusionären Wunschdenken hingegeben und keinen wirklichen Machtinstinkt besessen:

> S. 23: Es fehlt […] an dem wahrhaft staatsmännischen, illusionsfreien Gefühl für die tatsächlichen Machtverhältnisse.

> S. 65: Es war durchaus ehrenwert, dass Cicero […] eine selbständige Rolle spielen wollte, aber er vertrat keine eigene politische Macht und konnte daher politisch stets nur etwas bedeuten, wenn er sich einer tatsächlich gewichtigen Gruppierung anschloß. So wenig das einem Betrachter von Ciceros Gesamtleben entgehen kann, so begreiflich ist es, daß er selbst im Bewußtsein seiner geistigen und rednerischen Überlegenheit sich über diesen Sachverhalt häufig täuschte.

> S. 107: Diese politische Rechnung enthielt nur den schweren Fehler, daß darin der Faktor seiner eigenen Person ganz unverhältnismäßig überbewertet war, und es ist für Cicero charakteristisch, daß er diesen Irrtum durchaus nicht einsehen wollte […].

> Ebd.: [Die Briefe] sind von dem Wahn erfüllt, die Politik werde nun den von ihm gesteuerten Kurs einschlagen.

> S. 111: mangelnde[r] Instinkt für wirkliche politische Macht […].

Die Befangenheit des Blicks für die tatsächliche politische Lage war eine direkte Folge der Egozentrik, so dass er die Krise der Republik nicht richtig erfassen konnte:

> S. 184: Solche vertraulichen Geständnisse bezeichnen besser als jede Schilderung eines andern die eigentümliche Begrenzung von Ciceros politischer Perspektive.

> S. 196: Es ist schon früher dargelegt worden, daß diese einseitige und subjektive Betrachtungsweise Cicero verhinderte, die römische Staats- und Reichskrise in ihrem wirklichen Ausmaß zu erkennen.

> S. 341: Daß diese politische Konzeption vom Kampf der *boni* mit den *improbi* die römische Staatskrise nicht in der Tiefe erfaßte, war die Hauptursache, die Cicero an wahrhaft staatsmännischer Wirksamkeit hinderte.

Gleichzeitig war er oft unsicher und zauderte bei Entscheidungen so lange, bis er sich bei allen verfeindeten Parteien in Misskredit brachte:

---

75 Gelzer ²2014, 349 anerkennt Ciceros Bemühen um die *res publica* auch in seiner Literatur: „Die edelste Kraft, die sein Wirken mit Wort und Schrift durchdrang, war der sittliche Ernst dieses Verantwortlichkeitsgefühls. Er wollte verwirklichen, was er in seinen Schriften vom wahren Staatsmann gefordert hatte".

> Zur Situation im Bürgerkrieg S. 226: Denn darauf beruhten im Grunde alle seine Schwierigkeiten, daß er sich in einer gegebenen Lage als Politiker entscheiden sollte, aber vor dieser Entscheidung auswich, als ob er die Freiheit besessen hätte, wie ein weltfremder Privatgelehrter nach gesinnungsethischen Prinzipien zu wählen. Als er im März seine Friedenshoffnungen dahinschwinden sah, schrieb er sich griechisch die in der philosophischen Topik für diesen Fall vorgesehenen Streitfragen auf und disputierte beim Spazierengehen mit sich selbst darüber[76].

> Nach dem Sieg Octavians im Westen S. 367: Seine Stimmung mag man sich nach dem Bild, das er in ähnlicher Lage 58, 49 und 44 bot, ausmalen. Auch diesmal hat er versäumt, im richtigen Augenblick zu handeln und in die Ostprovinzen zu fahren.

Gelzer wirft Cicero zudem einen Mangel an Empathie vor, v. a. wenn es um Caesar ging:

> S. 295: Welchen Haß er allmählich gegen Caesar gefaßt hatte, zeigt sich erst jetzt in voller Deutlichkeit, wo er über das wahrhaft welterschütternde Ereignis nur jubeln konnte, ohne jegliches Empfinden für die Tragik im Untergang seines größten Zeitgenossen, [...].

Beinahe persönlich angegriffen fühlt sich Gelzer dort, wo Cicero den toten Caesar schmäht:

> S. 329: Ciceros Beschimpfung des toten Caesar ist wohl das Unedelste, was sein unermüdlicher Griffel hinterlassen hat.

Unter Ciceros Unzulänglichkeiten muten seine oftmals penetrant zur Schau getragene Ehrsucht und Ruhmseligkeit, welche die meisten Biographen erwähnen, am befremdlichsten an. Traf er einmal eine Entscheidung, war er sich nicht unbedingt sicher, die richtige Wahl getroffen zu haben. Wankelmut kennzeichnete seinen Charakter. War der Wankelmut gepaart mit politischen Kehrtwenden, zieh man Cicero oft des Opportunismus, etwa als er nach seiner Rückkehr aus dem Exil die Triumvirn Caesar, Pompeius und Crassus *nolens volens* unterstützte. Hierbei ist zu beachten, dass die sich widersprechenden Vorwürfe durchaus bei ein- und demselben Autor vorkommen können. Die einen werfen ihm mangelnden Realismus vor, d. h. er hätte flexibler sein sollen, so auch Gelzer, der der Meinung ist, dass Cicero sich unbedingt 59 v. Chr. Caesar hätte anschließen sollen[77]. Für andere war er zu flexibel und opportunistisch. Sie „sehen ihn als feigen Opportunisten, als Wendehals, der seine Ideale allzu oft verriet, Kompromisse schloss, wo es gar nicht nötig gewesen wäre und sich den Machthabern anbiederte, obwohl ihm gar keine Gefahr gedroht habe"[78].

Angesichts der bis heute diametral entgegengesetzten Meinungen klingt Gelzers abschließendes Urteil ausgewogen und moderat:

> S. 370: Sein Fehler war nicht, daß er sich als Politiker fühlte und keiner gewesen wäre, sondern daß er seinen wirklichen Einfluß auf den Gang der großen Politik überschätzte.

---

76 Sein dialektisch geschultes Denken wurde ihm nun zum „Fluch" (ebd. 227).
77 Gelzer (wie Anm. 21), z. B. 110 f. M. E. wäre Cicero in dieser Konstellation nur Juniorpartner geblieben. Vgl. J. Spielvogel, Amicitia und res publica. Ciceros Maxime während der innenpolitischen Auseinandersetzungen der Jahre 59–50 v. Chr., Stuttgart 1993, 61, der Gelzers Ansicht zurückweist.
78 Riess (wie Anm. 27), 321.

Man kann die Dinge nach wie vor so sehen, Cicero hat uns selbst reichlich Material für eine zwiespältige Würdigung seiner Person hinterlassen. Doch die tadelnden und abwertenden Stimmen sind selten geworden[79]. Es erstaunt, dass die heutige Forschung überwiegend, gerade auch in den Monographien und Biographien[80], Cicero auf allen Ebenen viel zustimmender gegenübersteht, insbesondere auch, was seine politische Rolle und Lebensleistung anbelangt. Wie war dieser Revisionismus der Cicero-Deutung möglich? Unter dem Eindruck der Erfahrungen mit den Diktaturen des 20. Jhs. scheint die Nachsicht der Forscher mit dem römischen Intellektuellen, der sich mit seiner republikanischen Denkart zunehmend im Rahmen einer Militärmonarchie zu behaupten hatte, der wichtigste Faktor gewesen zu sein. Dass Gelzer mit seinem feinsinnigen Gespür für alles Historische diesen Schritt nach 1945 nicht vollzogen hat, verwundert. Mitbedingt durch den forschungsgeschichtlichen Paradigmenwechsel in den 1960er Jahren, den Gelzer verständlicherweise nicht mehr in sein Schaffen integrieren konnte, begann auch in Folge der Studentenbewegung die vertiefte Aufarbeitung der faschistischen und stalinistischen Diktaturen. Nicht dass Caesars Gewaltherrschaft mit diesen Diktaturen der Moderne vergleichbar wäre, doch die Forscher wurden zurückhaltender in ihren Werturteilen und begannen, die Rolle Caesars, welcher der Republik den Todesstoß versetzt hatte, kritischer zu beurteilen. Die Zeit war reif, Cicero in mehrerlei Hinsicht Gerechtigkeit angedeihen zu lassen.

Cicero besaß wohl nicht weniger politischen Weitblick als seine Zeitgenossen, von denen wir nur nichts hören. Die Mörder Caesars waren keine ungebildeten Männer, selbst sie glaubten an die Wiederherstellung der *res publica*. Walter Burkert hat Ciceros Zugehörigkeit zur philosophischen Schule der skeptischen Akademie herausgearbeitet, die so manche Ungereimtheiten in seinem politischen Verhalten, insbesondere auch sein oftmaliges Zögern erklärt[81]. Die *exempla*-Forschung

---

79 E. Narducci, Cicerone. La parola e la politica, Roma 2009 kehrt zur konservativen Einschätzung Mommsens zurück, nach der Cicero ein in der Politik verlorener Intellektueller gewesen sei (27–40; 57–82). Sogar die politische Dimension seiner literarischen Werke wird geleugnet (365–382), womit Narducci hinter den aktuellen Forschungsstand zurückfällt. Ausgewogener, aber nahe bei Gelzer stehend ist C. Steel, Reading Cicero, London 2005, die betont, dass Cicero politisch gescheitert sei (115–146). Seine Werke seien trotz ihrer intellektuellen Brillanz für den römischen Alltag möglicherweise bedeutungslos gewesen (115). Steel (wie Anm. 61), 226 schreibt Cicero aufgrund seines Einsatzes für außerordentliche Kommandostellen sogar eine unbewusste Teilschuld am Untergang der Republik zu.

80 Mit jeweils anderen Schwerpunkten und Einsichten entwickeln Habicht (wie Anm. 31); Fuhrmann (wie Anm. 32); Spielvogel (wie Anm 77); Wiedemann (wie Anm. 30); Schneider (wie Anm. 66); Stroh (wie Anm. 54); Bringmann (wie Anm. 32) und Pina Polo (wie Anm. 32) positive Cicero-Bilder. Christian Meier fasst in seinen Werken zur späten Republik und zu Caesar ebenfalls ein differenziertes Urteil über Cicero (Res publica amissa. Eine Studie zu Verfassung und Geschichte der späten römischen Republik, Frankfurt/M 1997 [Wiesbaden 1966]; Die Ohnmacht des allmächtigen Dictators Caesar. Drei biographische Skizzen, Frankfurt/M. 1980; Caesar, München 1997 [Berlin 1982]). Stärker als Gelzer stellt er Cicero in den Rahmen der politischen Strukturen der ausgehenden Republik und des Emporkommens der nach Herrschaft strebenden Einzelpersönlichkeit.

81 W. Burkert, Cicero als Platoniker und Skeptiker, zum Platonverständnis der „Neuen Akademie", in: Gymnasium 72 (1965), 175–200.

hat viel dazu beigetragen, Ciceros Ruhmsucht aus der Biographie des *homo novus* abzuleiten. Der Vorwurf der Prinzipienlosigkeit, die sich z. B. in der Anklage gegen C. Verres und der Verteidigung des M. Fonteius zeige, der wohl nicht weniger schlimm als Verres in seiner Provinz gewütet hatte, verkennt den Charakter der römischen Gerichtsbarkeit und Ciceros Rolle sowohl als Ankläger als auch als Verteidiger, der die Vertretung seiner illustren Mandanten meist höchst erfolgreich übernahm. Cicero war ein Meister der Dialektik, des in *utramque partem disputare*, des sorgfältigen Abwägens aller Gesichtspunkte, die für und gegen eine Sache sprachen. Kein geringerer als Manfred Fuhrmann hat Cicero gerade über die Rhetorik und ihren intrinsischen Zusammenhang mit der Politik zu einem wesentlichen Teil rehabilitiert. Nichts verdeutlicht Ciceros Einfluss als Politiker besser als die wiederholten Offerten von Caesar und Pompeius, sich ihnen anzuschließen. Später rechneten C. Octavius (Octavian) und M. Antonius mit seiner Unterstützung bzw. seiner Feindschaft. Die Angebote zur Zusammenarbeit zeigen, dass die „Großen" nicht ohne ihn agieren wollten und sei es, weil sie ihn als bedeutsamen Meinungsmacher erkannten, den sie nicht gegen sich haben wollten. Für Caesar blieb Cicero immer wichtig, erstaunlich wichtig, obwohl er als Intellektueller keine Armee befehligte. Anders gewendet: Ciceros Intellekt und Redegabe allein machten ihn zu einem nicht zu unterschätzenden Machtfaktor der ausgehenden Republik. Dass er den Bürgerkrieg überlebte, obgleich er sich auf die Seite des Pompeius geschlagen hatte und ohne dass er deswegen bei Caesar Abbitte hätte leisten müssen, liegt nicht nur in der etwaigen Gnade Caesars begründet, sondern auch in Ciceros Geschick, die Zeitläufte unbeschadet zu überstehen. Dieses Geschick liegt im Wesentlichen in seiner überragenden Argumentationskunst begründet.

Die neueren Arbeiten zur Rhetorik eröffnen demnach mannigfaltige Möglichkeiten für weiterführende Forschungen. Mit Hilfe der Sprechakttheorien, die Gelzer noch nicht zur Verfügung standen, und die bis heute nicht stringent auf das ciceronianische Corpus angewandt wurden, werden zukünftige Forscher wohl zu anderen Einschätzungen als Gelzer gelangen. Rhetorisches Sprechen in Reden und Briefen war nicht nur Gerede, wie Gelzer meint, im Gegensatz zur tatkräftigen caesarischen Machtpolitik, sondern die Lancierung von Sprechakten, die durchaus etwas bewirken konnten. Pompeius und Caesar verstanden die Potenz Ciceros auf diesem Gebiet. Ihr konstantes Buhlen um Cicero, das sie sich hätten ersparen können, wenn sein Wirken einflußlos gewesen wäre, erklärt sich aus dieser Perspektive.

Gelzers prosopographischen Ansatz kann man gewinnbringend weiterdenken. Mit seiner Betonung der Nah- und Treuverhältnisse, auf die sich die Republik gründete, war er der Wegbereiter einer heute mit digitalen Methoden möglichen Netzwerkanalyse. Aus Ciceros Reden und Briefen ergibt sich ein Kosmos an sozialen Beziehungen, der in seiner Dynamik und thematischen Vielfalt immer noch weitgehend der Auswertung harrt[82]. Mit wem korrespondierte Cicero wann und worüber und wie lange in welchem sprachlichen Duktus? Cicero war zweifellos ein begna-

---

82 Im Exzellencluster „Gesellschaftliche Abhängigkeiten und soziale Netzwerke" der Universitäten Mainz und Trier nimmt man sich in den Projekten „Senatoren-Netzwerke im Antiken Rom: Netzwerkbildung als Reaktion auf Statusbedrohung durch Verarmung in der römischen Oberschicht" und „Unterstützungsnetzwerke in der Späten Republik" den wirtschaftlichen Bezie-

deter „Netzwerker", der z. B. im Kampf gegen Antonius die Fäden der Republik für acht Monate in seinen Händen hielt. Diese sozialen Beziehungen in ihrer gesamten Komplexität zu verstehen bleibt eine Herausforderung für zukünftige Forschungen, eine Aufgabe, die Gelzer vor dem Hintergrund seiner Forschungsagenda begrüßt hätte.

IV. FAZIT

Gelzers Hauptverdienst bleibt die Zusammenstellung und höchst souveräne thematische Durchdringung einer ungeheuren Materialfülle bei gleichzeitiger größter Quellennähe. Nicht weniger bedeutsam ist sein vorsichtiges, aber doch merkbares Heraustreten aus dem übergroßen Schatten Mommsens und seiner pauschalen Deklassierung Ciceros in allen Lebensbereichen. Es gehörte in den 30er Jahren des 20. Jhs. ein gerüttelt Maß an Unkonventionalität und geistiger Emanzipation dazu, gegen Mommsen das literarische Schaffen Ciceros von seiner politischen Tätigkeit zu trennen und ersterem seinen gebührenden Platz in der Entwicklung der lateinischen Literatur, der römischen Geistes- und europäischen Bildungsgeschichte zuzuerkennen.

Cicero bleibt ein Monument, an dem sich auch künftige Generationen von Philologen und Althistorikern „abarbeiten" werden. Eine Gesamtwürdigung des intellektuellen Gesinnungsethikers, der durchaus auch opportunistisch agieren konnte, bleibt dringendes Desiderat. Es fehlt immer noch eine Gesamtschau, die alle Erkenntnisse der neueren Forschung integrieren würde, ein Gesamttableau des von sich eingenommenen Publizisten in der Tradition des skeptischen Akademikertums, der sich Entscheidungen aus Prinzip nicht einfach machen wollte, und ja, eines Politikers voller Hingabe an die republikanische Staatsform römischer Prägung und deren traditionelle Handhabung, der in seinen rhetorischen und philosophischen Schriften ebenfalls Politik trieb und die Zeichen der Zeit sehr wohl erkannte, aber nicht bereit und qua Naturell nicht fähig war, sich die nötigen Machtmittel zu beschaffen und dem es vor allem an der Skrupellosigkeit mangelte, über die sein Gegenspieler, dem er in dieser Beziehung nicht gewachsen war, überreich verfügte. Ein schillerndes Gesamtkunstwerk wie Cicero es war, verdient auch in der historisch-literarischen Darstellung ein Gesamtkunstwerk. Auf diesem Weg hat Matthias Gelzer einen Meilenstein gesetzt, eine grundlegende Arbeit, an der niemand vorbei kommen wird, der sich künftig mit dem großen Konsular aus Arpinum beschäftigen will.

hungsgeflechten zwischen den Senatoren der Späten Republik und der frühen Kaiserzeit an; Cicero steht hierbei natürlicherweise im Zentrum.

HERMANN STRASBURGER
IN
DANKBARKEIT

VORWORT

Nachdem der mir seit Jahrzehnten in treuer Freundschaft verbundene Hermann Strasburger dank der unermüdlichen und einfallsreichen Hilfsbereitschaft des mir in seiner Frankfurter Assistentenzeit nahegekommenen und hochgeschätzten nunmehrigen Collegen Christian Meier 1964 die mühevolle Arbeit der Herausgabe meiner Kleinen Schriften glücklich zu Ende gebracht hatte, regte er an, es möge auch der 1939 in Paulys Realencyclopädie erschienene Beitrag „M. Tullius Cicero als Politiker" nochmals einer größeren Leserschaft zugänglich gemacht werden. Die Bedenken des sich dem Ende des 8. Lebensjahrzehnts Nähernden überwand er kurzerhand, indem er ohne mein Wissen den um meine Schriften bereits hochverdienten Franz Steiner Verlag Wiesbaden für ein Buch „Cicero" gewann. Als ich mich dann ans Werk machte, bereitete mir der anspruchsvolle Titel die begreifliche Sorge, daß Cicero, der Klassiker der lateinischen Literatur nur unzulänglich zur Geltung käme. Da sein Leben von Anfang an durch die politischen Verhältnisse bestimmt wurde, schien es berechtigt, seinen Verlauf mit Hilfe der für die alte Geschichte einzigartig reichen Überlieferung in genauem Anschluß an die Zeitfolge nachzuzeichnen, wobei dann außer den Reden auch die rhetorischen und philosophischen Schriften einzuordnen waren. Dabei bereitete mir eine angemessene Berücksichtigung der philosophischen Werke nicht wenig Mühe, war doch Cicero kein selbständiger Philosoph und doch weit mehr als ein Steinbruch zur Rekonstruktion der hellenistischen Philosophie, zu dem er von vielen Forschern erniedrigt wurde. Da wurde es mir eine willkommene Hilfe, daß im Jahr 1966 als Abhandlung der Akademie der Wissenschaften und der Literatur in Mainz die stattliche Schrift „Cicero, eine Einführung in seine philosophischen Schriften (mit Ausschluß der staatsphilosophischen Werke)" von Wilhelm Süss erschien. Nur mit Ehrfurcht liest man in der ersten Anmerkung, daß es sich um ein Manuskript handelt, das bei Kriegsende in Breslau verlorenging und in Mainz, aus dem Gedächtnis mühsam rekonstruiert, schließlich im neunten Lebensjahrzehnt des Verfassers zum Druck gebracht werden konnte. Wir haben damit ein Buch erhalten, das dem Leser mit liebevollem Verständnis Ciceros philosophische Wirksamkeit in seiner Zeit nahebringt, wobei zahlreiche Ausblicke in die neuere Zeit, insonderheit des 18. Jahrhunderts, auch ihrer fortdauernden Bedeutung gerecht werden.

Wie die Anmerkungen zeigen, lag mir daran, die Darstellung auf genaue Nachweise der Quellen, vor allem Ciceros Schriften, zu gründen. Die seinerzeit im RE-Artikel angeführte wissenschaftliche Literatur wurde wieder genannt. In den vielen neu zugefügten Partien habe ich die von mir benutzten Schriften und Aufsätze ebenfalls angemerkt. Daß viel Lesenswertes und Lehrreiches nicht erwähnt wurde, bitte ich meinem fortgeschrittenen Alter zu verzeihen.

Bei der Drucklegung durfte ich mich vieler Hilfe erfreuen. Herr cand. phil. Otto Behrens vom althistorischen Seminar in Freiburg i. B. hat den RE-Artikel in ein für die Buchausgabe geeignetes Manuskript umgeschrieben. Zum Mitlesen der Korrektur haben sich die Collegen Christian Meier und Jochen Bleicken zur Verfügung gestellt. Dieser gewährte ferner seinem Hilfsassistenten, Herrn cand. phil. Rainer Loose, die Freiheit, das mühsame Geschäft der Kontrolle sämtlicher Zitate, der Schreibweise und Zeichensetzung zu verrichten. Nach dem Hinschied des verehrten Herrn Franz Steiner bewahrte sein Nachfolger, Dr. Claus Steiner, der Drucklegung sein Interesse. Von seinen Mitarbeitern hat sich vor allem Frau Dr. Hilde Gaul unermüdlich durch Rat und Tat bemüht.

Als Porträtbeigabe (der ersten Auflage – *Anm. des Verlags*) dient die Büste des Vatikanischen Museums in Rom. Bei ihrer Wahl durfte ich mich des Rats meines Collegen Klaus Parlasca erfreuen. Er vermittelte mir auch beim Direktor der Bibliothek des Deutschen Archäologischen Instituts in Rom, Herrn Dr. H. H. Völker, die freundliche Zusendung der Photographie, und auf meine Bitte schrieb er mir die folgenden erläuternden Sätze:

„Die Benennung stützt sich auf eine stark ergänzte Büste mit antiker Namensbeischrift in London, Apsley House. Der vorliegende Kopf ist die Kopie aus dem mittleren 1. Jahrhundert n. Chr. eines gegen Ende seines Lebens geschaffenen oder gar erst postumen Originals. Es gibt nach allgemeiner Ansicht die relativ beste Überlieferung des Cicero-Porträts, das im Bewußtsein der Öffentlichkeit vielfach durch Exemplare repräsentiert wird, deren antiker Ursprung abzulehnen oder zweifelhaft ist."

Als eine den Lesern willkommene Erleichterung erhoffe ich die Beigabe der beiden Karten, deren Zeichnung und Herstellung Herr Ingenieur für Landkartentechnik Werner-Francisco Bär freundlichst übernahm.

Schließlich darf ich noch erwähnen, daß ich ohne die beständige Unterstützung meiner lieben Frau die Niederschrift und Drucklegung nicht zustande gebracht hätte.

Allen meinen Helfern danke ich aus aufrichtigem Herzen.

Frankfurt a. M., im Januar 1969
Matthias Gelzer

I. LEHRJAHRE

Marcus Tullius Cicero wurde am 3. Januar 106 v. Chr.[1] auf dem bescheidenen Gutshof seines damals noch lebenden Großvaters[2] im Gebiet von Arpinum[3] geboren. Die Bürger dieser als Praefectur (mit drei örtlichen Aedilen unter dem vom römischen Praetor urbanus entsandten Praefecten) verwalteten Gemeinde[4] im gebirgigen Volskerland hatten schon 188 v. Chr. das Stimmrecht zu Rom in der Tribus Cornelia[5] erhalten.[6] Der Vater Marcus[7] gehörte dem römischen Ritterstand an.[8] Von schwacher Gesundheit, lebte er auf dem Lande seinen Bildungsinteressen.[9] Doch fehlte es der Familie nicht an mannigfachen Verbindungen mit Senatorenkreisen. Die Gattin des Großvaters, Gratidia, war die Schwester des mit dem berühmten Redner M. Antonius befreundeten, mit einer Schwester des großen C. Marius verheirateten M. Gratidius,[10] des Vaters des M. Marius Gratidianus.[11] Dieser wurde als eifriger Gefolgsmann seines Oheims 85 und 84 Praetor und nach Sullas Sieg 83 grausam umgebracht. Die Mutter Helvia entstammte einer Familie, die schon im 2. Jahrhundert zwei Praetoren gestellt hatte. Das einzige, was wir von ihr wissen, lesen wir in einem Brief ihres jüngern Sohns Quintus, wonach sie alle ihre Flaschen, auch die leeren, zu versiegeln pflegte, damit niemand behaupten konnte, eine Flasche sei heimlich ausgetrunken worden.[12] Ihre Schwester[13] war mit C. Visellius Aculeo, dem rechtskundigen Freund des großen Redners L. Crassus[14] verheiratet. Dessen Sohn, C. Visellius Varro, Ciceros Vetter, brachte es bis zum curuli-

---

1 Gell. N. A. 15, 28, 3. Cic. Att. 7, 5, 3. 13, 42, 2. Brut. 161. Plut. Cic. 2, 1.
2 Cic. leg. 2, 3.
3 Hieron. chron. unter der 168. Olympiade. Über die Lage des Gutes bei der Vereinigung von Fibrenus und Liris EMANUELE CIACERI Cicerone e i suoi tempi 1 (1939), 3, 7.
4 Fest. 262, 15 L.
5 Syll.³ 747, 12.
6 Liv. 38, 36, 9. HÜLSEN RE 2, 1218. HANS RUDOLPH Stadt und Staat im römischen Italien (1935) 61.
7 RE 7 A, 824 Nr. 28.
8 Hieron. a. O. Cic. Mur. 16; 17. Planc. 17. Q. Cic. comm. pet. 13. Plut. Cic. 11, 3. Gehässig Cass. Dio 46, 4, 2. Verwandtschaft mit König Servius Tullius scherzhaft behauptet Cic. Tusc. 1, 38. Brut. 62.
9 Cic. leg. 2, 3. Cicero hörte von ihm einen Ausspruch des C. Fimbria, des Consuls von 104. RE 6, 2598 Nr. 87. Cic. off. 3, 77; ferner Balb. 11 über den Repetundenprozeß des Q. Metellus Numidicus vor 109.
10 RE 7, 1840 Nr. 2.
11 RE 14, 1825 Nr. 42. Cic. Brut. 168. leg. 3, 36. de or. 2, 262. off. 3, 67; 80.
12 Cic. fam. 16, 26, 2.
13 MÜNZER RE 8, 229 Nr. 19.
14 NATALIE HÄPKE RE 13, 252ff. Nr. 55. Cic. de or. 1, 191. 2, 2.

schen Aedil.[15] Der Oheim L. Cicero stand ebenso in nahem Verhältnis zu M. Antonius.[16]

Die hervorragende Begabung des jungen Marcus zeigte sich seit den Anfängen des Schulunterrichts.[17] Zusammen mit seinem Bruder Quintus und seinen Vettern, den Söhnen des Aculeo, kam er früh nach Rom, wo der Vater ebenfalls ein Haus besaß.[18]

Die höhere Bildung, die ihm von nun an zuteil wurde, war die rhetorische. Diese Redetechnik war im 5. Jahrhundert von den Sophisten Griechenlands als Lehre entwickelt worden, vorab in Athen, als unentbehrliche Voraussetzung für jeden, der vor der Volksversammlung, im Rat und vor den Geschworenen der Gerichtshöfe sprechen wollte und mußte. Dank der Wirksamkeit vorbildlicher Meister wie Lysias, Isokrates, Demosthenes, Aischines, Demetrios von Phaleron entfaltete sich bis in die hellenistische Zeit eine wohlausgebildete Methode dieser Kunst, zu der auch die großen Philosophen wie Platon, Aristoteles, Theophrast und ihre hellenistischen Nachfolger kritisch, doch auch fördernd Stellung nahmen. Seitdem sich im 2. Jahrhundert die hellenistische Zivilisation in Rom ausbreitete, fanden sich auch zahlreiche griechische Rhetoren ein, und die vornehme römische Jugend ließ sich begierig in ihre Künste einführen, die oft noch auf Reisen in den Osten vervollkommnet wurden. Das Ziel dieser Römer war natürlich die praktische Anwendung im Senat, in Contionen und Prozessen, wofür Rom den größten Spielraum bot.

Wie wir hören, haben die beiden Dichter Livius Andronicus und Ennius in griechischer und lateinischer Sprache gelehrt.[19] So lernte der alte Cato griechisch bei Ennius, und dieser rühmt in seinem Epos M. Cornelius Cethegus, den Consul von 204, als großen Redner.[20] Cicero sodann weiß in seiner Geschichte der römischen Beredsamkeit außer Cato eine stets anschwellende Schar berühmter Redner zu nennen,[21] alle griechisch gebildet. Aber gerade, als er mit seinen Studien begann, hatte, wie er gelegentlich berichtete, ein Lehrer namens L. Plotius Gallus, der sich anheischig machte, seinen Schülern ohne den Umweg über das Griechische die römische Redekunst beizubringen, großen Zulauf. Mit andern bildete er eine Gruppe, die sich *rhetores Latini* nannten. Im Jahr 92 benutzte L. Licinius Crassus seine Stellung als Censor dazu, diese Unterrichtsweise zu mißbilligen.[22] Wenn Cicero erzählt, er wäre gern zu Plotius gegangen, aber hochgebildete Männer hätten ihn davon abgehalten,[23] dürfen wir ihm glauben, daß dabei auch an den der Familie nahestehenden Crassus zu denken ist.[24] Von seinen griechischen Lehrern erwähnt

---

15 Cic. Brut. 264. prov. cons. 40.
16 Cic. de or. 2, 2–3; 265.
17 Plut. Cic. 2, 2. Cic. Verr. div. 36; 40. fat. 2.
18 Plut. Cic. 8, 6. Cic. Q. fr. 2, 3, 7. Corn. Nep. Att. 1, 4; 5, 3.
19 Suet. de gramm. et rhet. 1.
20 Cic. Brut. 58.
21 Cic. Brut. 77 ff.
22 Cic. de or. 3, 93. Gell. N. A. 15, 11, 2. Kl. Schr. 1, 211. W. KROLL RE Suppl. 7, 1086.
23 Suet. gramm. et rhet. 26.
24 Cic. de or. 2, 2. MÜNZER Hermes 49 (1914), 196–213, hier: 211, 2. N. HÄPKE RE 13, 263.

er später nur den aus Antiochia gebürtigen A. Licinius Archias, der sich außerdem noch einen Namen machte, weil er die Kriegstaten seiner vornehmen römischen Gönner in epischen Gedichten verherrlichte.[25]

Vom rhetorischen Anfängerunterricht erhalten wir eine lebendige Vorstellung aus dem kurzen, in Katechismusform abgefaßten Lehrbuch, das Cicero um 54 für seinen etwa 11jährigen Sohn schrieb. Unter dem Titel *Partitiones oratoriae* (Teile der Redekunst) behandelt es auf lateinisch den Stoff, der bisher griechisch durchgenommen war, und gibt einen Überblick über alle ‚Gesichtspunkte‘ (*loci*), die einem Redner zum Beweisen, Widerlegen, Überzeugen zu Gebote stehen müssen. *Locus* ist Übersetzung des griechischen Topos, weswegen diese für die antike Rhetorik grundlegende Schulung ‚Topik‘ genannt wurde. Schon hier sei angemerkt, daß dabei für den jugendlichen Schüler Auswendiglernen und fortgesetzte Übung des Gedächtnisses zu späterem Erfolg im Leben ausschlaggebend waren.[26] Worauf es ankam, schildert Cicero am „unvergleichlichen Gedächtnis" seines altern Zeitgenossen Hortensius: „Was er sich ausgedacht hatte, konnte er ohne schriftliche Aufzeichnung mit genau denselben Worten wiedergeben. Diese Begabung war derart, daß er ebenso das von ihm mündlich und schriftlich Vorbedachte und das von den Gegnern Gesagte ohne Hilfe eines andern wörtlich behielt."[27] Wir dürfen annehmen, daß ihm Cicero in diesen Fähigkeiten nicht nachstand. Seine nachmalige unerschöpfliche und vielseitige geistige Produktivität läßt sich nur mit dem nie versagenden Gedächtnis erklären, dem alles in den Lehrjahren aufgenommene Wissen zum jederzeit verfügbaren Besitztum wurde. Dabei ist noch daran zu erinnern, daß er dank dem griechischen Anfangsunterricht die Kultursprache, die das Bildungsgut ihrer großen Dichter, Denker und Schriftsteller vermittelte, wie die eigene beherrschen lernte. Kenntnis des Griechischen war seit dem 2. Jahrhundert im Kreis der Senatoren und im Großbürgertum des *ordo equester* weit verbreitet, ein Kennzeichen höherer Bildung wie im Deutschland des 18. Jahrhunderts das Französische. Schon Polybios setzte voraus, daß sein Geschichtswerk von den Herren der Nobilität eifrig gelesen werde,[28] und als 81 der berühmte Apollonios, Molons Sohn, als Gesandter seiner Vaterstadt Rhodos nach Rom kam, wurde ihm zum ersten Mal ausnahmsweise gestattet, sich vor dem Senat seiner Muttersprache zu bedienen, ein Beweis, daß sie allgemein verstanden wurde.[29]

Gewiß zeigte Cicero schon beim ersten Lernen den Eifer, der ihm später den Spitznamen ‚*Graecus*‘ eintrug.[30] Wir sehen es an der Leichtigkeit, mit der sich in seinen Briefen griechische Sprichwörter, Redensarten und besonders Dichterzitate einstellten. Die Homerischen Gedichte gehörten zum eisernen Bestand. Als er im Jahr 45 Caesar mit einem witzigen Empfehlungsbrief erheitern wollte, tat er es,

---

25 Cic. Arch. 1. divin. 79. REITZENSTEIN RE 2, 463 Nr. 20.
26 Quintil. inst. or. 11, 2, 40. Cic. de or. 1, 157. 2, 118; 350–360. ad Her. 3, 28–40.
27 Cic. Brut. 301. Ähnlich Brut. 139 über M. Antonius. Dagegen die Gedächtnisschwäche des C. Scribonius Curio, Consul 76, Brut. 217–219.
28 Polyb. 31, 22, 8. Kl. Schr. 2, 120.
29 Val. Max. 2, 2, 3. WILHELM KROLL Kultur der ciceronischen Zeit (1933) 2, 119.
30 Plut. Cic. 5, 2.

indem er seine politischen Fehltritte mit einem halben Dutzend Versen aus Ilias und Odyssee ironisierte.[31]

Bei den Rhetoren wurden die berühmten Werke der griechischen Beredsamkeit erklärt und ins Lateinische übersetzt, woran sich noch Versuche freierer Wiedergabe anschlössen.[32] Dazu wurden aber auch aufgezeichnete Proben lateinischer Redekunst der Vätergeneration studiert und teilweise auswendig gelernt. Davon hebt Cicero später besonders die Rede des L. Crassus für das vom Consul 106 Q. Servilius Caepio beantragte Richtergesetz hervor und die für dessen gleichnamigen Sohn (den als Legaten im Bundesgenossenkrieg 90 gefallenen Großvater des Caesarmörders M. Brutus) im Jahr 95 gehaltene.[33] Obwohl der Praetorier C. Sulpicius im Jahr 109 verurteilt wurde, lernte Cicero den Schlußteil seiner Verteidigungsrede auswendig. Auch später vergessene Reden des C. Curio (des Großvaters des berühmten Volkstribunen von 50) und des Consuls von 104, C. Fimbria, las er damals.[34] Die jugendliche Begeisterung für L. Crassus führte ihn bald nach dessen unerwartetem Tod am 20. September 91 in die Curie, an den Ort, wo er sechs Tage zuvor zum letzten Mal gesprochen hatte.[35]

Nach diesem Ereignis empfing Cicero die Toga virilis, vielleicht an den Liberalien, dem 17. März 90,[36] und wurde von seinem Vater in den Hörerkreis des damals schon 80jährigen Augurs Q. Mucius Scaevola, Consul 117, Schwiegersohn des C. Laelius und Schwiegervater des L. Crassus, gebracht.[37] Den Rechtsberatungen dieses berühmten Mannes beiwohnen zu dürfen galt als die beste Einführung in die Rechtskunde.[38] Für Cicero bedeutete dieses Verhältnis auch Eintritt in die Welt der

---

31 Cic. fam. 13, 15. Sämtliche griechischen Zitate und Wörter findet man gesammelt und erläutert im Onomasticon der Zürcherausgabe von J. C. ORELLI Bd. 3 (1837). Darnach kommt Homer 40mal vor, Euripides 8mal, Sophokles 3mal, ferner 11 Sprichwörter. Wie sich bei Sallust zeigen läßt, wurden im Anfängerunterricht berühmte Stellen aus der Literatur so traktiert und ins Lateinische übersetzt, daß ein Vorrat entstand, aus dem hinfort geschöpft wurde. W. AVENARIUS Istituto Lombardo, Rendiconti, Classe di Lettere 89/90 (1956), 344 ff. M. GELZER Einleitung zu C. Sallustius Crispus (Heidelberger Texte Bd. 8, 1964), 14.
32 Cic. de or. 1, 155.
33 Cic. Brut. 161; 164. Über den Prozeß des Jüngern Caepio E. BADIAN Studies in Greek and Roman History (1964) 42 ff.
34 Cic. Brut. 127. MÜNZER RE 4 A, 755. Cic. inv. 1, 80 = ORF (MALC.) Nr. 47,8. Brut. 122. 129.
35 Cic. de or. 3, 6. NATALIE HÄPKE RE 13, 263.
36 Ovid. Fast. 3, 771. Cic. Att. 6, 1, 12. G. WISSOWA RuKR² 299.
37 Cic. Lael. 1. leg. 1, 13. Phil. 8, 31. de or. 3, 45. MÜNZER RE 16, 434. E. BADIAN Studies 46. 57 verwechselt ihn mit dem Consul 95 und pontifex max.
38 Cic. Brut. 102; 212; 306. Vgl. orat. 142. part. or. 100 über die Notwendigkeit der Kenntnis des *ius civile* für den Redner. Brut. 150 über sich: *tantum iuris civilis scire voluisse, quantum satis esset oratori.* de or. 1, 40. leg. 1, 10 erwähnt Cicero seinen Wunsch, im Alter selbst als Rechtsberater tätig zu werden, wie er das schon de or. 1, 199–200 dem L. Crassus in den Mund legt. Über die großen Juristen dieser Zeit FRITZ SCHULZ History of Roman Legal Science (1946), 41 ff. Doch glaube ich, daß er 51 Ciceros juristische Kenntnisse unterschätzt, weil dieser gelegentlich über die Gelehrsamkeit der Juristen spottet. Als Prozeßredner machte er natürlich von seinen Kenntnissen nur Gebrauch, um die Juristen aus dem Feld zu schlagen. Vgl. Kl. Schr. 1, 297 ff.

I. Lehrjahre

führenden Senatoren;[39] zugleich erzeugten die Erzählungen des muntern Alten[40] eine lebendige Verbindung zur Zeit des jüngeren Africanus und der Gracchen.[41] Oft kam Cicero hier mit Laelia und ihren Töchtern zusammen.[42] In diesem Kreis lernte er den T. Pomponius Atticus kennen,[43] aber auch P. Sulpicius Rufus, den berühmten Volkstribunen von 88,[44] und wohl ebenfalls dessen jüngeren Verwandten Ser. Sulpicius Rufus, den Consul von 51.[45] Beim Tode des Augurs[46] schloß er sich an Q. Mucius Scaevola, den Pontifex maximus, Consul 95, an,[47] der 82 auf Befehl des Iunius Damasippus ermordet wurde.[48] Ferner pflegte er damals auch eifrigen Verkehr mit L. Aelius Stilo,[49] dem bedeutendsten römischen Gelehrten seiner Zeit, der als Berater mit vielen vornehmen Senatoren in naher Verbindung stand.[50]

Vielleicht schon 90[51] trat er als *tiro* (,Rekrut') in das Heer des Cn. Pompeius Strabo ein. Für einen Angehörigen des Ritterstands bedeutete das damals Dienst im *contubernium* (,Quartier', Stab) eines Magistrats oder Legaten. Sicher befand er sich dort im Anfang des Jahrs 89, da Pompeius als Consul befehligte, und wurde Ohrenzeuge einer Verhandlung, die der Bruder des Consuls, Sex. Pompeius, mit P. Vettius Scato, dem Führer der Marser, führte.[52] Im weiteren Verlauf des Jahres diente er unter Sulla vor Nola.[53] Von seinen Kameraden erwähnt er den L. Aelius Tubero, den nachmaligen Geschichtsschreiber.[54] Doch machte er nie ein Hehl daraus, daß er nicht zum Soldaten geboren war und die politische Tätigkeit in der Stadt höher schätzte als Kriegsruhm.[55]

Sein größtes Interesse gehörte den Verhandlungen auf dem Forum,[56] und er bedauerte sehr, daß im Jahre 90, als er sich am öffentlichen Leben zu beteiligen begann, wegen des Bundesgenossenkrieges nur Strafprozesse auf Grund der Lex Varia de maiestate stattfanden.[57] Doch gab es in diesen bewegten Tagen desto mehr

---

39 Cic. de or. 1, 200 *Q. Mucii ianua et vestibulum ... maxima cotidie frequentia civium ac summorum hominum splendore celebratur.*
40 Cic. Att. 4, 16, 3.
41 Cic. Lael. 1.
42 Cic. Brut. 211.
43 Cic. leg. 1, 13.
44 Cic. Brut. 205. MÜNZER RE 4 A, 845.
45 Cic. Brut. 151. fam. 4, 3, 3. MÜNZER RE 4 A, 853.
46 Etwa Anfang 87 MÜNZER RE 16, 435.
47 Cic. leg. 2, 47; 49. Lael. 1.
48 MÜNZER RE 16, 440.
49 Cic. Brut. 207.
50 FR. LEO Gesch. d. röm. Lit. 1, 362 ff.
51 CICHORIUS Röm. Stud. 183.
52 Cic. Phil. 12, 27. Kl. Schr. 2, 113.
53 Plut. Cic. 3, 2. Cic. divin. 1, 72; 2, 65. CICHORIUS 182. CIACERI 1, 11, 4.
54 Cic. Lig. 21 *contubernalis*. Q. fr. 1, 1, 10. KLEBS RE 1, 534, Nr. 150. Aus eigener Erinnerung vielleicht Font. 43.
55 Cic. off. 1, 74–80, besonders 76, wo er behauptet, schon als Knabe den M. Scaurus dem C. Marius gleichgestellt zu haben.
56 Cic. Brut. 131. Erinnerung an den *accusator de plebe* L. Caesulenus.
57 Cic. Brut. 304. H. GUNDEL RE 8 A, 388. Damals verteidigte sich M. Antonius Tusc. 2, 57.

Contionen zu hören,[58] und aufs lebhafteste angeregt durch die leidenschaftliche Erörterung der politischen Streitfragen, versuchte er sich eifrig darin, solche Reden zu Hause nachzubilden. Im Jahr 88 insonderheit boten ihm die tribunicischen Contionen des P. Sulpicius Rufus reiche Gelegenheit zu lernen.[59] Doch die Bürgerkriegswirren der folgenden Jahre hielten ihn davon ab, selbst öffentlich aufzutreten.[60] Sein berühmter Landsmann C. Marius, den er im Jahr 87 sah und hörte, hinterließ ihm wohl einen tiefen Eindruck;[61] aber es ist bemerkenswert, daß er sich auch in den drei Jahren des unangefochtenen Popularenregiments 86–84 still verhielt. In seiner Familie war man demagogischen Umtrieben abgeneigt. Cicero erzählt gelegentlich, daß sich sein Großvater um 115 in Arpinum seinem Schwager Gratidius energisch widersetzte, als dieser für die Gemeindewahlen geheime Stimmabgabe einführen wollte, und dafür vom Consul M. Aemilius Scaurus, dem Führer optimatischer Staatsgesinnung, als Vorbild gelobt worden sei.[62] Dann mußten ihn die Gewalttätigkeiten, denen 87 die bewunderten Redner Q. Catulus, M. Antonius und C. Iulius Strabo zum Opfer fielen[63] und die schließlich auch den so hochverehrten Pontifex maximus Q. Scaevola nicht verschonten,[64] abschrecken.[65] Wir dürfen sogar vermuten, daß es gerade die Autorität dieses ausgezeichneten Lehrers war, die ihn zurückhielt. Obwohl schon 86 ein Attentat auf ihn verübt wurde, blieb er auf seinem hohen Posten und wurde dann, wie Cicero schon 80 betont, 82 so schmählich ermordet, weil er zwischen Sulla und seinen Gegnern vermitteln wollte.[66]

Ein Besuch, den er im Jahr 83 der eben begründeten Colonie Capua abstattete, hinterließ ihm einen unheimlichen Eindruck.[67] Wie Scaevola wünschte er Beendigung des Bürgerkriegs durch Verständigung[68] und griff nicht zu den Waffen.[69] Er widmete sich „Tag und Nacht" seinen Studien.[70] In der Rhetorik arbeitete er mit

---

58 Cic. Brut. 223; 303–305. orat. 213.
59 Cic. Brut. 306.
60 Plut. Cic. 3, 3.
61 Cic. p. red. ad Quir. 19–20.
62 Cic. Brut. 308. leg. 3, 36.
63 Cic. Brut. 307. Tusc. 5, 55, dieses Zeugnis des Zeitgenossen Cicero, der Cinna für diese Mordtaten verantwortlich macht, scheint bei dem Rettungsversuch ‚Cinnanum tempus' von CHRISTOPH MEINHARD BULST Historia 13 (1964), 307ff. übersehen zu sein.
64 Cic. Rosc. Am. 33. nat. deor. 3, 80.
65 Später im Jahr 55, de or. 3, 12 bezeichnete er die Zeit als *improborum dominatus* im Gegensatz zur nachfolgenden *bonorum victoria*, und so auch schon im Jahr 81 Quinct. 69 und im Jahr 80 Rosc. Am. 136; 142.
66 Cic. Att. 8, 3, 6. Rosc. Am. 33; 136. Lael. 1.
67 Cic. leg. agr. 2, 92–94.
68 Cic. Rosc. Am. 136. Vermeidung des Kriegs als ethische Forderung off. 1, 34. Gegen Parteien mit Berufung auf Platon off. 1, 85. divin. 2, 6 *tueri meo more rem publicam*. Catil. 3, 24.
69 Cic. Rosc. Am. 142 *inermis*. RICHARD HEINZE Abh. Leipzig 27 (1909), 950, 2. Zeugnisse über die Beurteilung der *Cinnana tempora* fam. 1, 9, 11, auch dieses Zeugnis fehlt bei BULST a.O. dazu noch Tusc. 5, 55; 56 über Marius, nat. deor. 3, 80–81. fin. 3, 75 über Sulla, dem Cato in den Mund gelegt: *Sulla trium pestiferorum vitiorum luxuriae, avaritiae, crudelitatis magister fuit* – nicht *magister populi*. off. 1, 43; 109. parad. stoic. 46.
70 Cic. Brut. 308 *at ego hoc tempore omni noctes et dies in omnium doctrinarum meditatione*

I. Lehrjahre 11

M. Pupius Piso und Q. Pompeius Bithynicus zusammen.[71] Schließlich konnte er 81 den Apollonios Molon hören, als dieser als rhodischer Gesandter nach Rom kam.[72]

Aber vollen Ersatz für den Verzicht auf öffentliche Betätigung bot ihm ein Ereignis, das für sein künftiges Leben von größter Bedeutung werden sollte. Anfang 88 hatte der vom König Mithridates bevollmächtigte Peripatetiker Athenion in Athen die vor einiger Zeit beseitigte Demokratie wieder eingeführt. Mit den bedrohten Mitgliedern der bisherigen Oligarchie verließ auch Philon von Larissa, das Schulhaupt der Akademie, Athen, begab sich nach Rom und begann hier sogleich eine sehr erfolgreiche Lehrtätigkeit. Cicero bekannte später von sich, er habe sich ihm in einer „wunderbaren Begeisterung" für Philosophie angeschlossen,[73] und hielt ihm sein ganzes Leben lang die Treue.[74] Er mußte ihm freilich höchst willkommen sein; denn während seit langem die Philosophen den Rhetoren die Fähigkeit, wahre geistige Bildung zu vermitteln, aberkannten und insonderheit behaupteten, die Rhetorik vermöge nur zur Behandlung konkreter Einzelfälle anzuleiten, aber nicht Fragen allgemeiner Natur dialektisch zu klären,[75] hielt Philon neben seinen philosophischen Vorlesungen wechselweise auch rhetorische Übungen ab,[76] in denen gerade auch Einzelfälle traktiert wurden.[77] In seiner Philosophie milderte er die radikale Kritik des Karneades (214–129), wie sie dessen Schüler und Philons Lehrer Kleitomachos (187–110) schriftlich überlieferte, an jeglicher dogmatischer Erkenntnistheorie zur Lehre, es gebe keine absolute Gewißheit, aber doch einen höchsten Grad von Wahrscheinlichkeit, der dem Weisen für Entscheidungen im Leben ausreiche.[78] Um diese Wahrscheinlichkeit herauszufinden, lehrte er die Methode, gegen jede zu dogmatischer Verhärtung führende Einseitigkeit die Gegenseite zu vertreten, das *in utramque partem disputare*.[79] Wir verstehen so, warum Philon in seinen rhetorischen Übungen auch Einzelfälle heranzog; denn in jeder Lage die besten Gesichtspunkte beizubringen, war der wesentliche Teil der Rhetorik, den man *inventio* nannte.[80] An seinen Lehrvorträgen imponierte, wie er in der

versabar.
71 Cic. Brut. 310; 240. Sall. in Cic. 1, 2.
72 Cic. Brut. 312 korrigiert die falsche Angabe 307, die irrtümlich nicht gestrichen wurde.
73 Cic. Brut. 306 *totum ei me tradidi admirabili quodam ad philosophiam studio concitatus.* Plut. Cic. 3, 1. Über Athenion Poseid. FGrHist. 87 F 36, 51–52. U. v. WILAMOWITZ Kl. Schr. 5, 1 (1937), 212, 1. Über Philon K. v. FRITZ RE 19, 2535–2543.
74 Cic. nat. deor. 1, 11; 17. Acad. 1, 13. Und im Brief an C. Memmius fam. 13, 1, 2 (dem Lucretius Carus sein Lehrgedicht gewidmet hatte), wo es ihm darauf ankommt, daß er schon als Knabe dem Epikureer Phaidros begegnet sei, betont er *ante quam Philonem cognovimus.*
75 Cic. de or. 3, 61. Einzelfälle ὑποθέσες *causae* gegenüber θέσεις *consultationes, proposita* de or. 3, 109. part. or. 4; 61. parad. stoic. 5.
76 Cic. Tusc. 2, 9; 26.
77 Cic. de or. 3, 110. W. KROLL RE Suppl. 7, 1095.
78 Cic. Lucull. 17; 32; 34; 99; 110. v. FRITZ a.O. 2540.
79 Cic. de or. 3, 110. nat. deor. 2, 168 (zu einem Schüler Philons): *facultas disserendi quam tibi a rhetoricis exercitationibus acceptam amplificavit Academia.* Lucull. 7: *neque nostrae disputationes quicquam aliud agunt nisi ut in utramque partem dicendo et audiendo eliciant et tamquam exprimant aliquid quod aut verum sit aut ad id quam proxime accedat.* Tusc. 2, 9 *Academica consuetudo de omnibus rebus in contrarias partes disserendi.*
80 Darum sagt ein Stoiker Cic. nat. deor. 2, 168 zu einem Schüler Philons: *quoniam in utramque*

Polemik gegen Epikur und dessen Freund Metrodoros aus dem Gedächtnis lange Stellen aus deren Werken wortgetreu wiedergab und bei andern Gelegenheiten geschmackvoll Dichterzitate einflocht.[81] Wir besitzen noch einen Auszug aus Philons Ethik,[82] wonach er einleitend die Tätigkeit des Philosophen mit der des Arztes verglich, der zunächst zum Gebrauch der Heilmittel aufmuntert (entsprechend dem protreptischen Teil der Philosophie). Darauf folgt die Kur, die Beseitigung der Krankheitsstoffe, nämlich der falschen Meinungen, und die Urteilsbildung zu ihrer Entfernung, die Unterscheidung von Gut und Böse, anschließend die Lehre der zu erstrebenden Lebensgüter und ihrer Bewahrung, von der rechten Gestaltung der Gesellschaft und des Staates. Für die Mehrzahl der Menschen, die wohl nach solcher Glückseligkeit streben, aber das Ziel des vollkommenen Weisen nicht erreichen, gab er zum Schluß noch Anweisungen zu richtigem Verhalten in Einzelfällen des Lebens. So kam denn bei Philon innerhalb der durch die Erkenntniskritik gesteckten Grenzen die Anleitung zu sittlicher Lebensführung keineswegs zu kurz. Darum wurden Cicero bei diesem Lehrer alle Themen vertraut, die er 40 Jahre später in seinen philosophischen Schriften behandelte.

Da Cicero erst 81 als Prozeßredner hervortrat,[83] konnte er mehrere Jahre mit seinen rhetorischen, juristischen und philosophischen Studien verbringen. Philon starb vermutlich um 85, und Cicero setzte nun sein Philosophieren fort beim Stoiker Diodotos, der später erblindete und bis zu seinem Tod in Ciceros Haus lebte.[84] Damit wandte er sich keineswegs von Philon ab, sondern für einen Akademiker war es Pflicht, die Dogmatik der Stoa gründlich zu kennen, und wir wissen von Philon, daß er seinen Schülern ausdrücklich befahl, bei Epikureern zu hören.[85] Nach dem, was bereits über Ciceros Gedächtnis bemerkt wurde, durfte er, als er sich in seinen letzten Lebensjahren entschloß, die zeitgenössische Philosophie den Römern in ihrer eigenen Sprache nahe zu bringen, mit Recht betonen, daß er das Wissen dazu in der Jugend erworben habe.[86]

In diesen Jahren der Vorbereitung versuchte er sich auch als Dichter. Plutarch[87] hat das Urteil erhalten, wie als bester Redner habe er in Rom auch als bester Dichter gegolten. Diese Überschwenglichkeit dürfte auf die ausführliche Biographie des mit seinem Patron eng verbundenen Freigelassenen und Sekretärs M. Tullius Tiro zurückgehen und braucht von uns nicht übernommen zu werden. Außer Titeln und

---

partem vobis licet disputare.
81 Cic. nat. deor. 1, 113. Tusc. 2, 26.
82 Bei Ioann. Stob. ed WACHSMUTH 2, 7 = Bd. 2, 39–41.
83 Cic. Brut. 311.
84 Cic. Brut. 309. Tusc. 5, 113.
85 Cic. nat. deor. 1, 59.
86 Cic. nat. deor. 1, 6. Tusc. 5, 5. fat. 2. fam. 15, 4, 16. JÜRGEN GRAFF Ciceros Selbstauffassung (1963) 46 ff. 131/2.
87 Plut. Cic. 2, 4 mit Kommentar von DOMEN. MAGNINO (1963). Die Fragmente von Ciceros Gedichten bei W. MOREL FPL (1927), 66–78. Darüber ausführlich K. BÜCHNER RE 7 A, 1236–1245 (Jugenddichtung). Derselbe ‚Cicero' (1964) 30 sagt, es sei Nepos, der Cicero zum angesehensten Dichter machte, fügt aber bei, daß für uns ihm Catull und Lucrez diesen Rang streitig machen. G. B. TOWNEND Cicero (1965, in Studies in Latin Literature and its Influence) 109–134 gegen Überschätzung.

einzelnen Versen blieb nur der größere Teil einer Übertragung des epischen Gedichts über die Sternbilder von Aratos (etwa 304–244) erhalten, teils einzelne Verse, meist von Cicero selbst zitiert, aber auch ein großes Stück von 480 Versen, durch mittelalterliche Handschriften überliefert, gewiß ein Zeichen der Hochschätzung.[88]

Aber als eigentliches Ziel stand fest, ein großer Redner zu werden, und im Bewußtsein seines Könnens begann er (wie mir scheint, nach der Bekanntschaft mit Philon) ein Lehrbuch zu verfassen, *Rhetorici libri*, gewöhnlich *de inventione* genannt, weil von den fünf Teilen der Redekunst *inventio* (Stoffgestaltung), *dispositio* (Gliederung), *elocutio* (sprachliche Gestaltung, Stil), *pronuntiatio* (Vortrag), *memoria* (Gedächtnis) nur der erste in zwei Büchern vollendet wurde. Um dieselbe Zeit war Cornificius mit einem dem Herennius gewidmeten Werk hervorgetreten (nach 86). Beide Darstellungen sind den griechischen Handbüchern nachgebildet; die lateinische Wiedergabe der griechischen Fachausdrücke ist so ähnlich, daß man auf gemeinsame Lehrer oder vielleicht besser auf eine bereits eingebürgerte lateinische Schulsprache schließen muß. Verschieden ist die Gliederung des Stoffs, und es scheint, daß Cicero das Übernommene freier gestaltete.[89]

Ciceros Eigenes bekundet sich hauptsächlich darin, daß er den beiden Büchern philosophisch getönte Einleitungen voranstellte. Da künstlerische Beredsamkeit (*artificiosa eloquentia*) ein Mittel der Politik sei (*civilis scientia* 1, 6), fragt er, inwiefern sie dem Staate nützt oder schadet, und antwortet, daß sie mit Philosophie (*sapientia*) verbunden sein müsse. Solche Beredsamkeit hob einst den Menschen aus der Tierhaftigkeit empor (1, 2).[90] Redner, die sich nicht von Philosophie leiten ließen, wurden für die Staaten schädlich. Die Ablehnung geschieht im Jargon der Optimatenrepublik (unüberlegt, verwegen, dumm, ruchlos, *temerarii*, *audaces*, *stulti*, *improbi*). Da verwundert nur, wenn ihnen als Vertreter der guten Sache nach Cato, Laelius und dem Jüngern Africanus auch die Gracchen, die Enkel des (ältern) Africanus, vorgehalten werden; ihnen sei größte Tüchtigkeit (*summa virtus*) und Autorität (*auctoritas*) zu eigen gewesen und eine Beredsamkeit, die von Philosophie geleitet (*si moderatrix omnium rerum praesto est sapientia*) zur Abwehr der „Bösen" durch die „Guten" dient (1, 4; 5). An anderer Stelle (1, 91) weiß er, daß die Gracchen schuld sind an revolutionären Erschütterungen (*tantae seditiones*), wie es der optimatischen Verurteilung ihrer Tätigkeit entspricht. So hat also die Anerkennung der Gracchen als vorbildlicher Redner keine beabsichtigte politische Bedeutung.[91]

---

88 Poetae Latini min. ed. AE. BAEHRENS (1879) 1, 1–28. BÜCHNER a.O. 1243. 1266 schätzt die dichterische Sprache sehr hoch, erinnert aber auch an Plut. Cic. 40, 3, wonach Cicero in einer Nacht leicht 500 Verse diktierte (wohl nach Tiro).
89 W. KROLL RE 7 A, 1091–1095. Suppl. 7, 1100–1101. MANFRED FUHRMANN Das systematische Lehrbuch (1960) 41–69. 159–161. Gnomon 36 (1964) 146 ff.
90 So schon Isokrates Nikokles 3, 6. FR. SOLMSEN Hermes 67 (1932), 153 = Kl. Schr. (1968) 2, 148.
91 Bei Cornificius ad Her. 4, 7 entspricht die Reihe *exempla a Catone, a Gracchis, a Laelio, a Scipione, Galba, Porcina, Crasso, Antonio ceteris*. Natürlich hat diese Aufzählung nichts mit Politik zu tun. Gegen das Mißverständnis, als ob Cornificius in seinem Lehrbuch politische Schulung gegen die Optimaten treibe, Kl. Schr. 1, 211 ff. Danach hat Cicero lediglich eine ge-

I. Lehrjahre

Beim Eintritt in das Thema empfiehlt er seine Ansicht, daß Rhetorik mit Philosophie zu verbinden sei, durch die Erinnerung an die Rhetorik des Aristoteles, und weist die Anmaßung des kleinasiatischen Rhetors Hermagoras (um 150), auch allgemeine Probleme sachkundig behandeln zu können, entschieden zurück, weil das die Aufgabe der Philosophie sei (1, 7; 8). Ebenso bekennt er sich in der Einleitung des 2. Buchs nochmals zu dieser Richtung der Rhetorik, versichert seine Bereitschaft, etwaige Versehen zu verbessern; doch komme es ihm nur darauf an, nie leichtfertig oder überheblich einer Meinung zuzustimmen. An diesem Vorsatz, verspricht er, wolle er auch künftig sein Leben lang festhalten (2, 10). Besonders diese letzten Worte legen nahe, in diesen Einleitungen den begeisterten Schüler Philons zu vermuten.[92] Begreiflicherweise genügte 30 Jahre später dieses Jugendwerk dem Meister nicht mehr: es sei ihm im Knabenalter aus seinen Schüleraufzeichnungen herausgeschlüpft und nicht beendet worden.[93] Während er nun den *perfectus orator* verkörperte, brachten die üblichen Handbücher nur einen *vulgaris orator* hervor.[94]

Zum Bilde des sich ganz den Studien hingebenden jungen Mannes gehört noch ein Zug, dessen er sich viel später erinnerte, als er über ein fröhliches Gastmahl berichtete, an dem, für ihn unerwartet, die als Maitresse des Antonius berüchtigte Hetäre Volumnia Cytheris teilnahm. Dazu bemerkte er, schon in der Jugend habe er sich aus solchen Damen nichts gemacht.[95]

Wie er später seinem Bruder schrieb, nahm er sich schon als Knabe den Homervers zum Wahlspruch: „Weitaus der Beste zu sein und emporragen über die andern."[96] Da mögen wir wohl fragen, welches Ziel er in diesen Lehrjahren im Auge hatte. An einem Gelehrten wie L. Aelius Stilo oder einem Dichter wie C. Lu-

---

läufige Aufzählung der berühmten römischen Redner verkürzt. BÜCHNER a.O. 58 sieht darin ein „Zeichen des Genies". Cicero gibt inv. 2, 52 auch über C. Flaminius, den Volkstribunen von 232, das Urteil der optimatischen Geschichtsschreibung wieder: *invito senatu et omnino contra voluntatem omnium optimatium per seditionem ad populum legem agrariam ferebat.*

92   HARALD FUCHS Mus. Helv. 16 (1959), 8. Das Lob der Rhetorik kann gut auf einen der gehörten Rhetoren zurückgehen. Aber Cicero hat diese Gedanken mit Reminiszenzen aus Philons Unterricht verbunden. Gegen den Anspruch des Hermagoras hat 62 auch der gichtleidende Poseidonios vor Pompeius in Rhodos disputiert, Plut. Pomp. 42, 10. Ferner philosophische Bildung: 1, 46; 51. 61. 2, 6; 159 ff.
93   Cic. de or. 1,5 *quae pueris aut adolescentulis nobis ex commentariolis nostris inchoata ac rudia exciderunt.* Bei *commentarioli* hat man hier wohl an Nachschriften von Lehrvorträgen zu denken, wobei manches zum Auswendiglernen diktiert wurde. Fin. 4, 10 von den Stoikern: *isdem de rebus semper quasi dictata decantare neque a commentariolis suis discedere.* Danach dürfen wir wohl annehmen, daß Cicero dieses Jugendwerk aus Anregungen, die er von verschiedenen Lehrern empfing, zusammensetzte. Zu *commentarioli* FR. BÖMER Hermes 81 (1953), 230, 2. „Auswendiglernen" M. FUHRMANN Syst. Lehrb. 160.
94   Cic. de or. 3, 79; 80. 1, 202; 264.
95   Cic. fam. 9, 26, 2. Phil. 2, 58; 61; 62. Dazu die Ratschläge off. 1, 122. Catil. 36. GUNDEL RE 9 A, 883. O. SEEL Cicero 376. Ich glaube nicht, daß MEINOLF DEMMEL in seiner wegen ihrer Sorgfalt wertvollen Dissertation ‚Cicero und Paetus' Diss. Köln 1962, 150 ff. diesen Brief richtig interpretiert. Er kann sich offenbar Menschen nicht vorstellen, die mit einander dauernd auf einem witzigen Gesprächsfuß stehen.
96   Cic. Q. fr. 3, 5, 4 *illud quod a puero adamarem* πολλὸν ἀριστεύειν καὶ ὑπείροχος ἔμμεναι ἄλλων, Il. 11, 784 heißt es αἰὲν ἀριστεύειν.

cilius gab es Beispiele wohlhabender römischer Ritter, die sich an der Schriftstellerei genügen ließen, und die wir als ‚hommes de lettres' bezeichnen dürfen.⁹⁷ Doch für Cicero stand nach seinem eigenen Zeugnis, sobald er auf dem Forum bei Strafprozessen und Contionen zuhören konnte, die praktische Verwertung der Redekunst so vorne an, daß an eine andere Laufbahn als die des Prozeßredners nicht zu denken war, und diese mußte in der damaligen Zeit in die Ämter und in den Senat und damit in die Politik führen.⁹⁸ Als er 56 seinen jungen Freund und Schüler M. Caelius verteidigte, schilderte er diesen Werdegang: „Die frühe Jugend war dem Lernen gewidmet und den Künsten, durch die wir für das Auftreten auf diesem Forum vorbereitet werden, zum Eintritt in die Politik, zu Ehre, Ruhm, Rang."⁹⁹

Seitdem sich die Plebeier im 4. Jahrhundert den Zugang zu allen Staatsämtern erstritten hatten, wurde der Senat ständig aus der Schicht des wohlhabenden Bürgertums ergänzt, die man seit dem 3. Jahrhundert als *ordo equester* bezeichnete; ‚Ritterstand', weil es sich zunächst um Bürger der 1. Censusklasse handelte, die als vermögliche Grundbesitzer im Heeresaufgebot mit eigenem Pferd Dienst leisten konnten.¹⁰⁰ Seit dem 2. Jahrhundert entwickelte er sich zu dem Großbürgertum, dessen Reichtum vorwiegend aus Handel und Staatspachten stammte und in Grundbesitz angelegt wurde.

Dieser Ritterstand war (nach dem in der schweizerischen Eidgenossenschaft des Ancien régime üblichen Ausdruck) regimentsfähig; ohne daß es rechtlich aus-

---

97 Suet. de gramm. et rhet. 3. Cic. Brut. 205. Vell. Pat. 2, 9, 3. FR. LEO Gesch. d. röm. Lit. (1913) 1, 362ff. 406ff.

98 Cic. Brut. 303/5. 314 *sperata dicendi gloria*. Rosc. Am. 3 im Jahr 80 *quod nondum ad rem publicam accessi* zeigt, wie selbstverständlich ihm das war.

99 Cic. Cael. 72 *cuius prima aetas disciplinae dedita fuit eisque artibus quibus instruimur ad hunc usum forensem, ad capessendam rem publicam, ad honorem, gloriam, dignitatem*. Ebenso Sall. ep. ad Caes. 2, 1, 3 *sed mihi studium fuit adulescentulo rem publicam capessere, atque in ea cognoscenda multam magnamque curam habui*. Cic. Catil. 3, 3 *sed ego adulescentulus initio sicuti plerique studio ad rem publicam latus sum*. Caelius und Sallust waren wie Cicero *homines novi*. OTTO SEEL ‚Cicero' (1953) 305 hat die beiden geistvoll nebeneinander gestellt.

100 Kl. Schr. 1, 20ff. 222–227. Dazu der grundlegende Artikel HERMANN STRASBURGERS ‚Optimates' RE 18, 773–798 und seit 1965 als Gegenstück CHR. MEIER ‚Populares' RE Suppl. 10, 549ff. In seinem staatsphilosophischen Werk *de re publ*. 1, 42 erklärt Cicero den griechischen Begriff Aristokratie *illa civitas optimatium arbitrio regi dicitur*. Von der Demokratie sagt er 1, 43, ihre *aequabilitas est iniqua, cum habet nullos gradus dignitatis*. Ganz genau jedoch trifft er die obige Ausführung über ‚Regimentsfähigkeit' mit dem Urteil 1, 47, daß es Staaten gebe, wo nach dem Wortlaut „Alle frei sind", aber die „Wähler" am Regiment nicht teilhaben: *ferunt enim suffragia, mandant imperia magistratus, ambiuntur, rogantur, sed ea dant magis quae etiamsi nolint danda sint, et quae ipsi non habent unde alii petunt; sunt enim expertes imperii, consilii publici, iudicii delectorum iudicum, quae familiarum vetustatibus aut pecuniis ponderantur*. Niemand kann mehr staunen als ich, daß mir diese Charakteristik der römischen Republik in ihrer grundlegenden Bedeutung erst jetzt aufgegangen ist.

Ebenso treffsicher erkennt er 3, 48, warum in einer richtigen Demokratie wie in Rhodos der Grundsatz der Gleichheit verwirklicht werden kann, alle Bürger die Fähigkeit besitzen, zu regieren und regiert zu werden (Kl. Schr. 3, 15): es ist das *conventicium*, das „Versammlungsgeld", das für alle Betätigung im Rat, in der Volksversammlung und Gerichtshof bezahlt wird. Da hier wie 1, 47 Rhodos als Beispiel angeführt wird, gehen diese Ausführungen sehr wahrscheinlich auf das staatsphilosophische Werk des Panaitios zurück (re p. 1, 34. leg. 3, 14).

gesprochen war, blieb tatsächlich der Zugang zu Magistraten und Senat auf solche beschränkt, weil diese vom Staat beanspruchten Dienste ohne Besoldung erbracht wurden, also Renteneinkommen voraussetzten. Diese Oberschicht der Regimentsfähigen meinte die lateinische Sprache mit dem Begriff der *optimates*, und es empfiehlt sich, zur Charakterisierung des tatsächlichen Befunds den damaligen Römerstaat als Optimatenrepublik zu bezeichnen.

Freilich entschädigten Ämter und Sitz im Senat durch erhöhte gesellschaftliche Geltung, den ‚Rang' (*dignitas*), wie ihn die erreichte Ämterstufe bestimmte. Diese Stufen (der *quaestorii, tribunicii, aedilicii, praetorii, consulares*) hatten besondere Bedeutung, weil es im Senat keine freie Wortmeldung gab, sondern der sitzungsleitende Magistrat zur Meinungsäußerung aufrief, indem er mit den Consularen begann, dann zu den Praetoriern überging und gegebenenfalls weiter hinabstieg. Doch stand es in seinem Belieben, mit der Umfrage aufzuhören und abstimmen zu lassen. In jedem Fall lag das Schwergewicht der Voten bei den Consularen, und so war das Consulat nicht nur ein Jahr lang das oberste Amt, sondern viel mehr bedeutete der sich anschließende lebenslängliche Rang des Consulars. Darum wurden sie oft *principes civitatis*, ‚die Ersten der Bürgerschaft', ‚Staatshäupter' genannt. Diese Machtstellung führte aber auch dahin, daß die Söhne von Consuln sich als *nobiles* (‚Vornehme') aus den andern Bürgern heraushoben, ein sozialer Vorrang (*nobilitas*), der ihnen und überhaupt den Nachkommen von Consularen zugestanden wurde und den sie noch mit dem Anspruch verbanden, bei den Wahlen bevorzugt zu werden.[101] Seit dem 3. Jahrhundert gab die Nobilität, ein Adelsstand, in dem Plebeier und Patricier (Angehörige des Uradels) gleiches Ansehen genossen, der Optimatenrepublik ein betont aristokratisch-oligarchisches Gepräge. Diese Nobilitätsherrschaft blieb freilich nur so lange unangefochten, als von den Magistraten der Senat als das durch seine Ratschläge (*senatus consulta*) Politik und Staatsverwaltung leitende Organ anerkannt wurde.

Schon in Ciceros Jugendzeit war diese Form der Senatsherrschaft schwer erschüttert. Das oligarchische System lebte davon, am einmal Errungenen festzuhalten. Die Mehrheit der Häupter wollte von Reformen nichts wissen, fühlte sich durch jedes Abweichen vom bewährten Alten in ihrer Macht bedroht. Nun hatte sich jedoch seit dem 3. Jahrhundert durch die Eroberung außeritalischer Provinzen das Gefüge des römischen Staates tiefgehend verändert. Dessenungeachtet betrachtete die Oligarchie ihr Staatswesen, die *res publica*, noch immer als Gemeindestaat, eine wie ehemals von einer Handvoll Magistrate regierte Bürgergemeinde mit Gemeinderat und Bürgerversammlungen, obwohl der Senat sich tatsächlich schon längst mit den Angelegenheiten der größten damaligen Weltmacht befaßte. Hier griff 133 der Volkstribun Ti. Sempronius Gracchus angesichts der Reformunwillig-

---

101 H. STRASBURGER Artikel ‚Nobiles' RE 17, 785–791. Ich erkenne seine Bemerkungen gegen meinen Versuch Kl. Schr. 1, 39 ff., nur Nachkommen von Consuln Nobilität zuzuerkennen a. O. 788 voll an. Nach der Natur der Dinge kann eine strikte Definition in den Quellen nicht erwartet werden. Zu *principes civitatis* L. WICKERT RE 22, 2029–2057. Liste der als *principes* Bezeichneten 2014 ff. In re p. sind *principes* öfter die Träger der Aristokratie, 1, 65; 68. 2, 57; 62. de or. 1, 24 *causa principum*.

keit des Senats zu dem Mittel, das von ihm beantragte Agrargesetz gegen den Widerspruch des Senats durch die Volksversammlung beschließen zu lassen.

Es wurde bereits bemerkt, daß dieses Vorgehen von der Mehrheit der Senatoren und ihrer optimatischen Gesinnungsgenossen als *seditio* (Revolution) verurteilt wurde. Noch in seinem Amtsjahr wurde Tiberius erschlagen. Kein Geringerer als sein Vetter P. Cornelius Scipio Nasica Serapio, der Pontifex maximus, hatte dazu aufgerufen. Aber Tiberius fand Nachfolger, den gewaltigsten in seinem Bruder Gaius, und auch nach dessen Untergang blieben solche Plebiscite die Waffe der Opposition gegen den Senat und die in ihm herrschende Nobilität. Weil da das anerkannte Recht der Volksversammlung (des *populus*) zur Gesetzgebung als Mittel diente, nannte man solche Politik populär (*populariter agere*); es wurde Gebrauch gemacht von dem demokratischen Element der römischen Verfassung. Aber kein *popularis* dachte an einen Umsturz der optimatischen Gesellschaftsordnung, und es ist irreführend, populäre Politiker als ‚Demokraten' in unserm Sinn zu bezeichnen.[102]

Im Hinblick auf Cicero ist noch beizufügen, daß die Nobilität sich instinktiv dagegen wehrte, Neulingen (*homines novi*) aus dem Ritterstand den Zutritt zum Consulat zu gewähren, weil solche Konkurrenz die Chancen ihrer Söhne schmälerte. Freilich hatte gerade der berühmteste Bürger aus Arpinum, C. Marius, es als *homo novus* zu 7 Consulaten gebracht, allerdings nicht als Redner! Dennoch scheint mir nicht unmöglich, daß der Ehrgeiz des jungen Cicero dadurch angespornt wurde, an dieses höchste Ziel zu denken. Die siegreiche Rückkehr Sullas mit den fürchterlichen Proscriptionen galt als Sieg der Nobilität. Doch darf man nicht übersehen, daß Sulla den Senat durch Aufnahme zahlreicher Ritter auf 600 Mitglieder brachte. Danach konnten die Aussichten für die politische Laufbahn des jungen Cicero durchaus als günstig beurteilt werden.[103]

---

102 CHR. MEIER RE Suppl. 10, 557.
103 Ich gebe BÜCHNER Cicero 24, 15 zu, daß ich Ciceros hochfliegenden Wunsch, sich als künftigen *princeps civitatis* zu sehen RE 7 A, 829 als zu selbstverständlich angenommen habe. Das Verständnis für das Wesen der Optimatenrepublik suchte ich in den Arbeiten zu fördern, die jetzt in Kl. Schr. 1 vereinigt sind. Ausgezeichnet neuerdings H. H. SCULLARD The Political Career of a ‚Novus Homo' in dem Sammelband Cicero (Studies in Latin Literature) (1965), 1–25.

II. DIE ERSTEN JAHRE ÖFFENTLICHER WIRKSAMKEIT

Aus dem Frühjahr 81, *recuperata re publica*, wie er rückblickend im Jahr 46 sagt, was verdeutlichend zu übersetzen wäre: „Nachdem Sulla und seine Helfer die Optimatenrepublik zurückgewonnen hatten", stammt seine erste veröffentlichte Prozeßrede, die er nach mehreren uns unbekannten Fällen für P. Quinctius hielt, der von seinem ehemaligen Geschäftspartner Sex. Naevius wegen einer Schuldforderung angeklagt war. Er stand schon im 26. Lebensjahr, älter als es in Rom bei ehrgeizigen Prozeßrednern üblich war, aber, so berichtet er später: „Wir begannen damals in Civil- und Strafprozessen aufzutreten, nicht, um auf dem Forum zu lernen, wie es die meisten taten, sondern um unsere Ausbildung auf dem Forum zu erproben."[1]

Cicero hat die Rede gewiß erst nachträglich für die Herausgabe so ausgearbeitet, wie sie vorliegt. Denn er mußte erst in der letzten Verhandlung einspringen, weil der bisherige Patron, ein Senator M. Iunius, durch eine andere Verpflichtung abgerufen wurde.[2] Selbstverständlich hätte er die Rede nicht veröffentlicht, wenn der Prozeß nicht siegreich ausgegangen wäre. Er, der bereits ein rhetorisches Lehrbuch begonnen hatte, zeigte sich schon ganz auf der Höhe seiner Kunst.

Naevius hatte es verstanden, Q. Hortensius als Patron zu gewinnen, und neben andern Gönnern aus der Nobilität stellte sich auch der Censorier L. Marcius Philippus, der beste Redner der älteren Generation, zur Verfügung.[3] Hortensius war bereits die Leuchte der Beredsamkeit, der Nobilität angehörig, und Cicero verfehlte nicht, wie es sich für die Einleitung (das *exordium*) ziemte, den vom Praetor bevollmächtigten Richter auf diese schwierige Lage seines Clienten hinzuweisen.[4] Die größte Schwierigkeit lag darin, daß Naevius schon 83 beim Praetor Beschlagnahme des Vermögens des abwesenden Quinctius erwirkt hatte, ein Anschlag, den dessen Vertreter, der römische Ritter Sex. Alfenus, in seiner Rechtswirkung aufzuheben vermochte bis zu einer gerichtlichen Entscheidung. Doch nun zögerte Naevius diese Verhandlung hinaus, bis 81 Alfenus Opfer der Proscriptionen wurde und Naevius seine Habe ersteigerte. Jetzt leitete er ein Verfahren gegen Quinctius vor dem Praetor Cn. Cornelius Dolabella ein, wobei es darum ging, ob die früher verfügte Einweisung in das Vermögen des Quinctius rechtsgültig sei. Der Praetor ordnete dafür eine „Prozeßwette" (*sponsio*) an, wonach der Beklagte durch bürgengesichertes Versprechen dem Kläger eine kleine Wettsumme versprach für den Fall, daß der Streitgegenstand dem Kläger gehörte. Somit mußte der Beklagte, um zu

---

1   Cic. Brut. 311. Gell. N. A. 15, 28, 3; 6. Dazu Kl. Schr. 2, 105. Hinweise auf frühere Prozesse Quinct. 4. Datum 29; 30; 42; 67; 76.
2   Cic. Quinct. 3; 34.
3   Cic. Quinct. 47; 72; 77; 80.
4   Cic. Quinct. 1–10. inv. 1, 22 Erregung von *invidia*. Sorge vor der Überlegenheit des Hortensius 1; 8; 77. Zu diesem Topos JÜRGEN GRAFF Ciceros Selbstauffassung 80 ff. 160.

gewinnen, beweisen, daß sein Vermögen auf Grund des Edicts des Praetors von 83 nicht in den Besitz des Klägers gelangt war.

Wie im römischen Civilprozeß üblich, setzte der Praetor zum Urteilsspruch den C. Aquilius Gallus als Richter ein. Dies war insofern für Cicero und seinen Clienten günstig, als Aquilius schon damals einer der angesehensten Juristen war, von dem man kein unsachliches Urteil zu befürchten brauchte. Trotzdem zog er, wie es Brauch war, noch drei rechtskundige Bürger als Berater (*consilium*) bei.[5] Cicero stellt die vom Praetor Dolabella angeordnete *sponsio*, die ihn nötigte, seine Rede zu halten, bevor er die Argumente des Gegenspielers Hortensius kannte, als ungeheuerliches, zu ungunsten seines Clienten wirkendes Unrecht des hochmütigen patricischen *nobilis* Dolabella hin. Er behauptet immer wieder, Quinctius laufe Gefahr, bankrott und damit ehrlos (*infamis*) zu werden, und hämmert den Hörern unaufhörlich ein, Naevius trachte ihm also nach dem Leben![6] Die gefährlichste Unterstellung des Naevius, daß er 83 die Sache nicht durchgefochten habe, weil er gegen Alfenus, den Anhänger der damaligen populären Regenten, kein Recht bekommen hätte, pariert Cicero mit der Behauptung, daß jener nur des Klägers gelehriger Schüler gewesen sei. Er spricht von der Zeit der Leute, „die damals durch Gewalt und Verbrechen das meiste vermochten und das, was sie vermochten, wagten". Aber, fährt er bissig fort: „Wolltest du, daß diese siegten, welche sich jetzt so eifrig um deinen Sieg bemühen? Wage nicht, es in der Öffentlichkeit zu sagen, sondern nur denen, die du herbeigerufen hast. Doch will ich nicht die Erinnerung an etwas erneuern, wovon ich meine, daß man es von Grund auf wegschaffen und ausrotten müsse."[7] Naevius habe sich mit seiner ganzen Handlungsweise als einer der gemeinsten Schurken gezeigt.[8]

Ihm gegenüber steht der bescheidene, zurückgezogen lebende Quinctius, voller Aufmerksamkeit für seine Freunde, durch Sparsamkeit sein Vermögen zusammenhaltend.[9] Solch altmodische Ehrenhaftigkeit wird jetzt nicht mehr nach Gebühr geachtet. Die jugendliche Freude an der sichern Beherrschung der rhetorischen Kunstmittel äußert sich besonders an dem fortwährenden Frage- und Antwortspiel mit dem Kläger.[10] Auch an „gesalzenem Witz"[11] läßt er es nicht fehlen. Man erinnere sich der amüsanten Art, wie der Schwager des Quinctius, der berühmte Schauspieler Q. Roscius, ihn dazu bringt, das Patrocinium zu übernehmen: Cicero antwortet, wenn er an die Redekunst des Hortensius denke, komme er sich wie ein

---

5 Die rechtliche Seite des Prozesses von mir behandelt Kl. Schr. 1, 298–305. Die *sponsio* 30. Der *iudex* und sein *consilium* 53; 54. Von den *consiliarii* war L. Lucilius Balbus wie Aquilius ein berühmter Jurist, WOLFGANG KUNKEL Herkunft und soziale Stellung der röm. Juristen (1952) 21. Beide waren wie Cicero Schüler des Pontifex max. Q. Mucius Scaevola. Über das Prozeßverfahren KUNKEL Röm. Rechtsgesch. (1964)⁴ 84 ff. 181.
6 Cic. Quinct. 39 *sanguinem vitamque eripere conatur; interficere cupit*; 32; 49; 50; 51; 74.
7 Cic. Quinct. 69: *An omnis tu istos vincere volebas, qui nunc, ut vincas tanto opere laborent? Aude id dicere non palam, sed ipsis quos advocavisti. Tametsi nolo eam rem commemorando renovare cuius omnino rei memoriam omnem tolli funditus ac deleri arbitror oportere.*
8 Cic. Quinct. 56; 73/74; 79 aus der Topik der *indignatio*, etwa inv. 1, 103, 8. *locus*.
9 Aus der Topik der *conquestio* Cic. inv. 1, 109, 13. *locus per quem cum indignatione conquerimur*.
10 Cic. orat. 137.
11 Cic. de or. 2, 236. orat. 87.

Tölpel vor, der sich vor den Augen des Roscius auf der Bühne produzieren wolle. Darauf Roscius, es gehe ja nur um eine Tatsache, nämlich, daß kein Mensch in 2 Tagen zu Fuß über 1000 km bewältigen könne. Cicero versteht nicht, worauf Roscius hinaus will: eben das behaupte Naevius, und beginnt ein Gespräch mit ihm: „Wann gab der Praetor das Einweisungsedict?" Naevius: „Am 20. Februar 83". Roscius: „Wie weit ist es bis zu dem Gut in Südfrankreich?" Naevius: „1050 km." Roscius: „Wann wurde Quinctius aus dem Gut vertrieben?" Naevius will nicht antworten, da sagt Roscius: „Am 23. Februar, Gaius Aquilius!" Sofort nach Verkündung des Edicts sollen Boten 2 Tage gelaufen sein! Naevius sei zu solchen Boten mit Flügelpferden zu beglückwünschen. Das war der Trumpf der Rede; denn bis zur Besitzergreifung mußten vom Erlaß des Edicts an 30 Tage verfließen (wie es in der *sponsio* gesagt war). Darauf Cicero zu Philippus und Hortensius: Da könnten auch die großen Redner Crassus und Antonius nichts ausrichten. „Es liegt nicht nur, wie ihr meint, alles an der Redekunst, es gibt auch die offensichtliche Wahrheit, der man mit nichts beikommt" (77–80).

Es ist schade, daß wir nichts darüber erfahren, wie Hortensius entgegnete. Wahrscheinlich nahm er eine solche Civilsache keineswegs so wichtig wie der ehrgeizige Anfänger Cicero, der sich in „Aufbauschungen"[12] nicht genug tun konnte.

Der Erfolg der Rede für Cicero zeigt sich daran, daß ihm im Jahr 80 die Verteidigung des Sex. Roscius von Ameria (im südlichen Umbrien)[13] übertragen wurde. Es war seine erste *causa publica* (vor dem Geschworenengericht für Mord),[14] die Anklage wegen Vatermords leicht zu widerlegen, desto heikler aber der politische Hintergrund. Denn der eigentliche Gegner war Sullas mächtiger Günstling, der Freigelassene L. Cornelius Chrysogonus,[15] und ein deutliches Wort zu den Proscriptionsgreueln nicht zu vermeiden. Der Prozeß war nur bei völlig zerrütteten Rechtsbegriffen möglich. Zunächst ließ Chrysogonus den ermordeten Vater Roscius[16] nach dem 1. Juni 81, der in Sullas Proscriptionserlaß als Endtermin gesetzt war (128), nachträglich auf die Proscriptionsliste setzen, um den Raub seiner 13 Güter zu rechtfertigen (21), und als der seines Erbes beraubte Sohn sich durch Flucht in das Haus der Caecilia Metella[17] vor Mordanschlägen schützte (27; 147),[18] besaßen die Proscriptionsgewinnler die Unverfrorenheit, ihn wegen Vatermords zu verklagen.[19]

12 Cic. inv. 1, 100 *amplificationes*.
13 RE 1 A, 1117 Nr. 7.
14 Cic. Rosc. Am. 11 *quaestio inter sicarios*; Brut. 312.
15 Cic. Rosc. Am. 20; 21; 124. RE 4, 1281, Nr. 101.
16 RE 1 A, 1116 Nr. 6.
17 MÜNZER RE 3, 1235 Nr. 135.
18 An beiden Stellen wird sie genannt Tochter des Q. Metellus Balearicus (Consul 123) und Schwester des Q. Metellus Nepos (Consul 98). MÜNZER hat geschlossen, sie sei mit Ap. Claudius Pulcher (Consul 79) vermählt gewesen; denn dessen Söhne Ap. Claudius Pulcher und P. Clodius Pulcher werden als Vettern von Söhnen des Q. Metellus Nepos bezeichnet (Cic. Att. 4, 3, 4. fam. 5, 3, 1. dom. 7. Cael. 69. har. resp. 45). Dann wäre Metella Mutter von 3 Söhnen und 3 Töchtern (den durch ihre Eheirrungen bekannten Clodiae) gewesen. Die Nichtnennung des Gatten müßte damit erklärt werden, daß die Ehe im Jahr 80 geschieden war.
19 HEINZE Abh. Leipzig 1909, 961 deutet den Widerspruch so: Chrysogonus habe gehofft, einen

Cicero meisterte die politische Schwierigkeit sehr geschickt: Er erklärte auf das bestimmteste, daß der Dictator selbst von diesem verbrecherischen Treiben nichts wisse.[20] Sowenig wie Iuppiter Optimus Maximus könne sich Sulla um jede Einzelheit kümmern (131),[21] auch ein ‚Felix' (der Glückliche) sei nicht dagegen gefeit, einen schurkischen Sklaven oder Freigelassenen zu haben (22).[22] Ebenso bestritt er, daß ein so widerwärtiger Emporkömmling als Vertreter der siegreichen Partei, der *causa nobilitatis*, angesehen werden dürfe (135). Das gab ihm Gelegenheit, sich über seine Stellung in den Bürgerkriegswirren zu äußern. Persönlich wäre ihm wohl Verständigung das liebste gewesen (136), und er griff nicht selbst zu den Waffen (142). Aber da es zum Kämpfen kam, freute er sich über den Sieg der guten Sache. Es stritt offenbar *humilitas* (Niedrigkeit) mit *dignitas* (Würdigkeit), und der Sieg der Nobilität bedeutete *domi* (in Rom) *dignitas et foris* (draußen) *auctoritas* (136). Auch der *populus Romanus* erhielt seine alten Rechte (137; 142). Darum darf er die Bestrafung der Feinde nicht tadeln, die Belohnung der tapferen Kämpfer lobt er (137). Nicht auszudenken, wenn der ganze Sieg nur darin bestehen sollte, daß Leute niedrigsten Schlages sich unbehindert an fremdem Eigentum bereichern können! Nein, die Sache der Nobilität fordert, daß man ihnen widersteht. Das ist des allgemeinen Beifalls sicher. Keiner, und das gilt besonders den Richtern, darf furchtsam schweigen (138). Nachdem der Dictator die Verfassung wieder in Kraft gesetzt hat, hat jeder festen Boden unter den Füßen. Die Nobilität kann ihre wiedergewonnene Stellung nur behaupten, wenn sie entschieden abrückt von solchem Morden und Plündern. Sonst müßte sie ihre Herrschaft an solche abtreten, die mit den erforderlichen moralischen Kräften begabt sind (139); darum höre sie auf, solche aufrichtige und freimütige Kritik an den Mißständen als Staatsfeindschaft zu bezeichnen (140).[23] Wie kläglich, wenn die *nobiles*, die die Macht der Ritter nicht ertragen konnten, sich nun die Herrschaft eines abgefeimten Sklaven gefallen ließen (141). Wenn dazu die Nobilität den Staat zurückerobert habe, müßte er seine Parteinahme für verrückt halten (142). Sehr bemerkenswert ist, wie sich Cicero von den Proscriptionen distanziert.[24]

Er kennt das Proscriptionsgesetz nur vom Hörensagen, weiß nicht, ob es Lex Valeria oder Lex Cornelia ist (125; 128).[25] An anderer Stelle bezeichnet er diese Monate der Proscriptionen als eine Nachtzeit, wo unter dem Schutze der Dunkelheit die Verbrecher Ankläger und Richter[26] beiseite schafften, während der Regent

---

allfälligen Freispruch des Roscius als motiviert durch das Recht, den proscribierten Vater zu töten, hinzustellen, womit dann der Güterkauf als gesetzlich anerkannt worden wäre.
20 Cic. Rosc. Am. 21; 25; 26; 91; 110; 130.
21 Vgl. den stoischen Satz *Magna di curant, parva neglegunt*. Cic. nat. deor. 2, 167. 3, 86; 90; 92.
22 Die Nachricht Plut. Cic. 3, 5, wonach Sulla selbst den Prozeß veranlaßt hätte, ist offenbar zum Ruhme Ciceros erfunden.
23 *desinant aliquando dicere male aliquem locutum esse, qui vere ac libere locutus sit*.
24 Vgl. Cic. off. 1, 43. 2, 27 *secuta est honestam causam non honesta victoria*. 2, 83 die *hasta* (die an der Stätte der Versteigerung aufgesteckte Lanze) ärgstes Übel, vgl. 73 und 78. Sull. 72 *in illa gravi L. Sullae turbulentaque victoria*.
25 Die Lex Valeria war das Gesetz des interrex L. Valerius Flaccus (Cons. 100) über Wahl eines Dictators. Lex Cornelia war *lex data* (Erlaß) des Dictators. MOMMSEN R. St. R. 2, 725, 1.
26 Im Jahr 66 schreibt er Sulla zu *illam acerbitatem proscriptionis suae qua est usus in veteres*

mit anderen Dingen beschäftigt war (91).[27] Trotzdem erkannte Roscius in seiner bäurischen Unkenntnis der Welt den Verlust seines Vermögens an, nachdem sein Vater einmal auf der Proscriptionsliste stand (143). Aber Cicero deutet an, daß Chrysogonus mit so sinnloser Anklage selbst die Frage einer möglichen Rehabilitierung der Proscribiertensöhne aufwerfe (145), obwohl das ein Punkt war, an dem Sulla nicht rütteln ließ (146).

Daß solche Äußerungen in aller Öffentlichkeit getan werden konnten, zeigt, wie ernst es Sulla mit der Wiederherstellung gesetzlicher Zustände im Jahr 80 meinte. Wie er es aufnehmen würde, stand allerdings noch nicht von vornherein fest, und das war der Grund, warum kein namhafter Redner der Nobilität die Verteidigung übernehmen wollte (1; 148).[28] Von einem jungen Mann, dessen Worte noch kein politisches Gewicht besaßen, konnte es eher gewagt werden (3). Andrerseits konnte Cicero darauf verweisen, daß er im Auftrag eines bedeutenden Nobilitätskreises handle, dessen dringendem Ersuchen er sich aus persönlicher Verpflichtung nicht entziehen konnte (4; 15).[29] Außer Caecilia Metella war es namentlich M. Valerius Messalla, der die Sache des Roscius betrieb und, weil er wegen seiner Jugend nicht selbst zu sprechen wagte, Cicero dafür gewann (149),[30] ferner P. Scipio[31] und M. Metellus.[32] Cicero betont, es seien *homines nobilissimi atque integerrimi nostrae civitatis* (119), Vertreter der Nobilität, für die der größte Teil der Bürger die Waffen ergriff (149). Sicher war der Unwille über Chrysogonus in diesem Kreise groß, und Sulla hatte nach Ciceros vernichtendem Angriff kein Interesse daran, sich für diesen Unwürdigen einzusetzen – falls er es, unberechenbar wie er war, überhaupt der Mühe wert erachtete, davon Kenntnis zu nehmen. Wie diese Beziehungen Ciceros erwarten lassen, war er damals fest entschlossen, in die politische Laufbahn einzutreten (3).[33] In der Auseinandersetzung mit dem von Chrysogonus bezahlten Ankläger C. Erucius (55) blickt er als ein *patronus* mit verächtlicher Geringschätzung auf die gewerbsmäßigen *accusatores* hinunter (89).[34]

---

    iudices Cic. Cluent. 151.
27 *tamquam si offusa rei publicae sempiterna nox esset.*
28 Später bezeichnete Cicero die Rosciana als *contra L. Sullae dominantis opes* Cic. off. 2, 51.
29 Der reiche Vater verkehrte freundschaftlich in Nobilitätshäusern, *cum Metellis, Serviliis, Scipionibus erat ei non modo hospitium verum etiam domesticus usus et consuetudo.* Bei Servilius ist vielleicht an die Familie des P. Servilius Vatia, des spätern Isauricus (Consul 79) zu denken. Er war durch seine Mutter ein Enkel des Q. Caecilius Macedonicus wie Caecilia Metella eine Enkelin. MÜNZER RE 2 A, 1812, Nr. 93.
30 Der nachmalige Consul 61, MÜNZER RE 8 A, 163.
31 Nach MÜNZER Röm. Adelspart. 309. 315. der Sohn des Praetors 93, der nachmalige Metellus Scipio, Consul 52.
32 RE 3, 1206 Nr. 78, der Praetor 69.
33 *quod nondum ad rem publicam accessi* und auch die Bemerkung 139 über einen würdigen Ersatz der versagenden Nobilität ist ein deutlicher Wink.
34 In der Zeit, wo viele als Kämpfer auf der Gegenseite (Rosc. Am. 16 *qui adversarii fuisse putabantur*; im Erlaß 126 *qui in adversariorum praesidiis occisi sunt*) ermordet wurden, verloren manche dieser verhaßten „Ankläger in Strafprozessen" das Leben, 90 *sescenti sunt qui inter sicarios et de veneficiis accusabant.* Cicero bedauert es; wenn der Feldherr nicht darauf achtet, komme solches vor. Ebenso wurden viele in den Geschworenengerichtshöfen tätige Richter vom Ritterstand (*iudices*) umgebracht, 91.

Die Rede war ein gewaltiger Erfolg. Wenn sie in ihrem jugendlichen Überschwang auch Ciceros geläutertem Geschmack später nicht mehr Genüge tat, so erinnerte er sich ihrer doch gern[35] als einer für die Entwicklung der römischen Rhetorik charakteristischen Leistung. Auf einen Schlag rückte er in die Reihe der anerkannten Patrone großen Formats.[36] Die veröffentlichte Rede zeigt ihn voller Zuversicht über seine politische Zukunft. Seine politischen Äußerungen bewegen sich auf der Linie, die er auch in seinem späteren Leben innehielt: Grundsätzlich erkannte er im Sieg der Nobilität die Rückkehr zur bewährten alten Verfassung.[37]

Die Dictatur durfte allerdings nur ein Durchgangszustand bleiben (139). Ihre Gewaltsamkeiten waren ihm ein Greuel,[38] und es galt, daß die Optimaten mit der Wiederaufrichtung von Gesetz und Verfassung Ernst machten (154). Dabei war ihm aber *optimus et nobilissimus quisque* (142) mehr als ein Standesbegriff. „Unsere *nobiles* müssen *vigilantes et boni et fortes et misericordes* sein" (139), und der Leser bleibt nicht im Zweifel, daß ihnen Zuwachs von solchen Männern außerhalb ihres Kreises nottue. Außerdem hatte Sulla selbst soeben den Senat durch etwa 300 Ritter auf die zur Bewältigung der ihm zugewiesenen Aufgaben nötige Zahl gebracht (8),[39] und durch das Quaestorengesetz wurde solcher Nachschub zur Regel.[40] Glaube an die Güte der überkommenen Verfassung[41] verbunden mit Glauben an die Durchschlagskraft des sittlich Guten in den Menschen bildet den Untergrund seines politischen Denkens. Es fehlt weder an Blick für die unheilvollen Schäden des Staates noch an taktischem Geschick zum politischen Handeln, wohl aber an dem wahrhaft staatsmännischen, illusionsfreien Gefühl für die tatsächlichen Machtverhältnisse. Selbstverständlich brauchte sich dieses in der Prozeßrede eines

---

35 Cic. orat. 107; 108; off. 2, 51. Quintil. inst. or. 12, 6, 4. Er zitiert die Stelle Rosc. Am. 72, wo hochpathetisch geschildert wird, wie der Vatermörder nach altem Recht in einen Sack eingenäht und in einem Fluß versenkt wird, freut sich aber, daß er schon damals neben dem hohen Stil (*genus grande, vehemens*) auch die beiden andern Stilarten des schlichten (*genus tenue, subtile*) und des gemäßigten (*genus modicum, medium*) beherrschte. orat. 69 bezeichnet er die Anwendung: *subtile in probando, modicum in delectando, vehemens in flectendo*. orat. 108 *ipsa enim illa iuvenilis redundantia multa habet attenuata, quaedam etiam paulo hilariora*. Dabei denkt er wohl an die Auseinandersetzung mit C. Erucius (Rosc. Am. 38 ff.), über den er sich lustig macht, ihm Unterricht erteilt, wie er hätte beweisen müssen, schließlich (82) spottet, er sei versehentlich in eine Rede geraten, die er für einen andern Prozeß auswendig gelernt habe.
36 Cic. Brut. 312. off. 2, 51. Plut. Cic. 3, 6.
37 Später nannte er den Rechtsstaat *constituta res publica* off. 2, 40; 41. Brut. 311.
38 Cic. Caec. 95 im Jahr 69 *calamitas rei publicae*.
39 An die Geschworenen: *qui ex civitate in senatum propter dignitatem, ex senatu in hoc consilium* (Kreis der Geschworenen) *delecti estis propter severitatem*. Appian. bell. civ. 1, 468. Liv. per. 89. Die *dignitas* wird bezweifelt Dion. Hal. 5, 77.
40 Tac. ann. 11, 22, 6.
41 *Optuma res publica* bestand, bis Ti. Gracchus die Erschütterung einleitete. Cic. Lucull. 15 dem Lucullus in den Mund gelegt. Lael. 40 läßt er im Jahr 129 den Laelius sagen: *deflexit iam aliquantum de spatio curriculoque consuetudo maiorum*, nachher Ti. Gracchus als völliger Bruch mit der Überlieferung 41: *num quid simile populus Romanus audierat aut viderat?*

26-jährigen nicht zu bekunden, jedoch es wuchs ihm auch später nicht zu, wie besonders seine Beurteilung Caesars beweist.[42]

Nach seinem eigenen Zeugnis entwickelte sich nun eine arbeitsreiche Tätigkeit als Gerichtspatron.[43] Wir kennen davon die Verteidigung einer „Frau aus Arretium",[44] worin er zu Lebzeiten Sullas, also wohl nach Niederlegung der Dictatur im Jahr 79,[45] gegen C. Aurelius Cotta[46] vor den *decemviri stlitibus iudicandis* siegreich den Standpunkt vertrat, daß die Arretiner durch Sullas Gesetz ihr Bürgerrecht nicht verloren hätten (101).[47] Im Jahr 79 sprach er nach Cotta gegen C. Scribonius Curio für eine Titinia.[48] Die großen Anstrengungen wirkten so nachteilig auf seine zarte Gesundheit, daß ihm, der damals mager und hochaufgeschossen aussah, die Ärzte rieten, das Reden aufzugeben. Das hätte seine schönsten Hoffnungen zerstört, und er entschloß sich zu einer Bildungsreise nach dem Osten, von der er sich vor allem eine bessere, den Körper weniger angreifende Sprechtechnik heimzubringen gedachte.[49]

Die Abwesenheit von Rom dauerte zwei Jahre, von 79–77.[50] Zunächst verbrachte er ein halbes Jahr in Athen bei Antiochos von Askalon, dem damaligen Schulhaupt der Akademie.[51]

Dieser mußte ihn ungemein interessieren. Denn auch er war langjähriger Schüler Philons gewesen, hatte sich dann aber von der auf Karneades zurückgehenden Auffassung der Akademie als Bestreitung einer Erkennbarkeit der absoluten Wahrheit abgewandt und behauptete nun, daß die beiden von Platon abstammenden Schulen der Akademiker und Peripatetiker in der Stoa Zenons mit einigen Veränderungen fortgeführt wurden, so daß es sich bei ihr nur um eine Verbesserung der ursprünglichen Akademie, nicht um eine neue Lehre handle.[52] In seinen Vorlesungen

---

42   VOGT Ciceros Glaube an Rom 60. Sein Consulat hielt er auch am Ende seines Lebens für eine politische Leistung ersten Ranges. Cic. off. 1, 78. Phil. 2, 1; 13; 37. 6, 17. 12, 21. 14, 17; 24.
43   Cic. Brut. 312; 314. Vgl. Verr. div. 41.
44   Cic. Caec. 97.
45   CIACERI 1, 30, 4.
46   Von Cicero hochgeschätzter Redner (Cic. Brut. 189; 215; 303; 305). Cicero fingiert, daß er den Dialog de oratore von ihm erzählt bekommen habe (1, 26; 29). Als Schüler Philons macht er ihn im Dialog de natura deorum zum Kritiker der dogmatischen Theologie. Cotta wurde 75 Consul, starb 74. Sallust läßt ihn (hist. 2, 47) als Consul eine Rede an das Volk halten. Zu ihrer Deutung wichtig GERHARD PERL Philologus 109 (1965), 77 ff.
47   Cic. dom. 79.
48   Cic. Brut. 217. orat. 129. MÜNZER RE 2 A, 863. 6 A, 1553 Nr. 26.
49   Cic. Brut. 313–314. Plut. Cic. 3, 6. 4, 4 läßt ihn vor Sulla entweichen, in Weiterführung der falschen Angaben über den Rosciusprozeß.
50   Cic. Brut. 314. 316.
51   v. ARNIM RE 1, 2493 Nr. 62. K. REINHARDT RE 22, 576–586. ANNEMARIE LUEDER Die philosophische Persönlichkeit des Antiochos von Askalon. Diss. Göttingen 1940, sucht verständnisvoll zu ermitteln, was bei Cicero auf Antiochos zurückgeführt werden kann. Cic. Lucull. 98; 113. Acad. 1, 13. Tusc. 5, 22. nat. deor. 1, 6. Plut. Cic. 4, 1–4. Cass. Dio 46, 7, 2.
52   Cic. Acad. 1, 43. Cicero gibt Acad. 1, 14–42 einen dem Varro in den Mund gelegten Abriß der Lehre des Antiochos, den er wohl mit seinem ausgezeichneten Gedächtnis aus dem Kopf diktieren konnte; denn mir ist zweifelhaft, ob Cicero immer, wie sich das die philologischen Quellensucher vorstellen, nach den Büchern der von ihm genannten Philosophen arbeitete, oder ob

gab es daher viel Doxographie und Polemik zur Begründung der wiedergefundenen Dogmatik. Cicero hat viel bei ihm gelernt, wie seine spätern philosophischen Werke zeigen. Aber sein Führer blieb der „große" Philon.[53]

Rhetorik trieb er bei Demetrios dem Syrer,[54] und wie Philon empfahl, hörte er auch die Epikureer Phaidros und Zenon.[55] Mit ihm studierten sein Bruder Quintus, sein Vetter L. Cicero, T. Pomponius Atticus und M. Pupius Piso.[56] Wohl von Athen aus besuchte er die Peloponnes.[57] Dann begab er sich mit dem Bruder[58] zu den Meistern der Rhetorik nach Kleinasien,[59] dem Menippos von Stratonikeia, dem Dionysios von Magnesia, dem Aischylos von Knidos und dem Xenokles von Adramyttion. Das meiste aber verdankte er wiederum dem Apollonios Molon von Rhodos, der ihn vom jugendlichen Überschwang befreite.[60]

Im Anschluß daran berichtet er, wie er nach 2 Jahren nicht nur besser geübt, sondern geradezu verwandelt zurückkehrte. Denn die Überanstrengung der Stimme hatte sich gelegt, die Sprechweise ausgegoren, die Lunge sich gekräftigt und der Körper Mittelmaß gewonnen. Man ist freilich geneigt, die Erwähnung des überschäumenden, ungezügelten Redeflusses auch auf den Stil der beiden ersten Reden zu beziehen, die sich durch barocke Ausdrucksfülle von der nachmals erreichten klassischen Form merklich unterschieden. Die rhodische Rednerschule, als deren

---

nicht eher an Nachschriften von Lehrvorträgen zu denken ist, die Cicero von der Studienzeit her besaß. Als Vorleser und Sekretäre dienten ihm Sklaven oder Freigelassene. Dabei sollte die große und bis in die Gegenwart reichende Leistung nie vergessen werden, die Cicero mit der Übertragung der griechischen Fachsprache der Philosophen ins Lateinische vollbrachte. Sie wird gewürdigt von Plut. Cic. 40, 2, vermutlich nach der ausführlichen Biographie Tiros, der darüber am besten unterrichtet war. Acad. 1, 5 *verbis quoque novis cogimur uti, quae docti, ut dixi a Graecis petere malent, indocti ne a nobis quidem accipient, ut frustra omnis suscipiatur labor.* fin. 3, 3. Die Erinnerung an den Athener Aufenthalt und seine philosophischen Unterhaltungen ist reizvoll festgehalten in der Rahmenerzählung und im Dialog des 5. Buchs von *de finibus*, wo M. Pupius Piso über die Lehre des Antiochos berichtet.

53 Cic. Acad. 1, 13 *magnus vir.*
54 RE 4, 2844 Nr. 98, nur Brut. 315 genannt.
55 Cic. nat. deor. 1, 59. fin. 1, 16. Tusc. 3, 38. Acad. 1, 46.
56 Cic. fin. 5, 1–8 mit der anmutigen Rahmenerzählung über die Studienfreunde. Acad. 1, 14. leg. 1, 54. Sall. in Cic. 1, 2.
57 Cic. Tusc. 2, 34. 3, 53. 5. 77.
58 Cic. re p. 1, 13.
59 Erinnerung an diese Reise Cic. Cluent. 32.
60 Cic. Brut. 315–316; 325. Planc. 84. Plut. Cic. 4, 4–7. Caes. 3, 1. v. WILAMOWITZ Glaube der Hellenen 2, 436 „in Rhodos hatte er die freie Herrschaft über die Rhetorik gewonnen". Von den Redeübungen bei Apollonios wird bei Plutarch noch berichtet, daß der griechische Meister, als Cicero vor ihm eine Übungsrede hielt und zum Schluß vom Applaus der Zuhörer überschüttet wurde, in stummes Nachdenken versunken dasaß, bis ihn Cicero verärgert um sein Urteil bat. Da bekam er die Antwort: „Dich Cicero lobe und bewundere ich, aber Griechenlands Schicksal beklage ich, da das einzige, was uns noch geblieben war, Bildung und Redekunst, durch dich auch noch auf die Römer überging." (Plut. Cic. 4, 7). Dasselbe vir. ill. 81, 2, auch verbunden mit der aus Plutarch bekannten Erfindung, daß Cicero vor Sulla nach dem Osten entwichen sei. Cic. Brut. 254 wird diese Leistung Ciceros dem Brutus in den Mund gelegt: *quo enim uno vincebamur a victa Graecia id aut ereptum illis est aut certe nobis cum illis communicatum.* Daraus wurde wohl die Apollonios Molon-Anekdote entwickelt.

Haupt damals Molon galt, hatte die als ‚asianisch' bezeichneten Wucherungen der hellenistischen Rhetorik nicht mitgemacht.[61]

In Rhodos begegnete er auch dem Philosophen Poseidonios, den er nach Diodotos, Philon, Antiochos seinen vierten Lehrer und Freund nannte.[62] Als römischen Studienkameraden erwähnt er den Ser. Sulpicius Rufus.[63] In Smyrna besuchte er den ehrwürdigen P. Rutilius Rufus.[64] In Erinnerung an diesen mehrtägi-

---

61 ED. NORDEN (Antike Kunstprosa 1898, 131 ff.) hat gezeigt, wie im 2. Jahrhundert gegen die Entwicklung der hellenistischen Rhetorik eine Reaktion auftrat, die jene als Manierismus und Niedergang brandmarkte und Rückkehr zu den Vorbildern der großen attischen Redner des 5. und 4. Jahrhunderts forderte. Den Ursprung der Verderbnis sah man in den Griechen Kleinasiens, wonach sie als ‚asianisch' bezeichnet wurde (Cic. Brut. 325 *genus Asiaticum, Asiatica dictio*). Cicero, der griechischen Polemik folgend, führt aus, daß sich der Asianismus in 2 Entartungsformen bekunde, im zierlichen Stil der kleinen rhythmisierten und mit modulierender Stimme vorgetragenen Sätzchen (NORDEN 134 ff.) und im ‚bombastischen' Stil der langen Perioden (NORDEN 141). Cicero sagt Brut. 325, daß Hortensius beide Stile des Asianismus beherrschte, und NORDEN erkannte, daß der junge Cicero ihm darin nacheiferte. Für den bombastischen Stil führt er als Beispiele an Quinct. 10 und Rosc. Am. 71/2. Apollonios Molon (FgrHist. Nr. 728. BRZOSKA RE 2, 141 Nr. 85) stammte aus der karischen Stadt Alabanda und wurde nach der Übersiedlung nach Rhodos der Meister der dort gepflegten Redekunst. Da nach Brut. 52. orat. 25 die rhodische Schule sich von der asianischen Maßlosigkeit zu den attischen Vorbildern zurückwandte, liegt nahe, Ciceros begeisterten Dank für Molons Unterricht auch auf Befreiung vom asianischen Bombast zu beziehen. Jedoch hat NORDEN (Kunstprosa 227. Röm. Lit.⁴ 53) darauf hingewiesen, daß Cicero in der 76 verfaßten Rede *pro Roscio comoedo* reichlich Gebrauch macht von der Manier kurzer Sätze, dem *genus*, das Brut. 325 bei Hortensius als *sententiosum et argutum, sententiis non tam gravibus et severis quam concinnis et venustis* bezeichnet wird und 326 auch als *Meneclium studium crebrarum venustarumque sententiarum*. Da bei Strabo 14, 655 Molon Schüler des Menekles von Alabanda genannt wird, schließt FR. KLINGNER (SB München 1953, 4) auf einen Einfluß Molons auf Cicero, der aber nur „eine Episode in der Entwicklung seiner Kunstprosa" bildete. Zugleich sei es Wettstreit mit Hortensius gewesen (Brut. 317). WALTER SCHMID Gnomon 26 (1954), 317 ff. weist ansprechend darauf hin, daß Cicero nach orat. 70; 71; 72; 74 das Gebot des *decorum* befolge: *decere quasi aptum esse consentaneumque tempori et personae*, hier dem Liebling des Publikums, Roscius.
62 Plut. Cic. 4, 5. Cic. nat. deor. 1, 6; 123. fin. 1, 6 *familiaris noster*. Tusc. 2, 61. *Posidonius noster, quem et saepe vidi.* divin. 1, 6 *noster Posidonius*. 2, 47. fat. 5 *magister*. K. REINHARDT RE 22 (1953), 558–826 grundlegende Zusammenfassung seiner frühern großen Werke und kritische Auseinandersetzung mit der nicht mehr übersehbaren modernen Literatur.
63 Cic. Brut. 151, später der größte Jurist seiner Zeit, Consul 51. MÜNZER RE 4 A, 852.
64 Cic. Brut. 85–88. MÜNZER RE 1 A, 1269 Nr. 34. Etwa 154 geboren, bildete er sich zum Redner und Juristen aus. Als Schüler des Panaitios wurde er ein entschiedener Anhänger der Stoa. Im numantinischen Krieg diente er 134/133 als *tribunus militum* unter P. Scipio Africanus, 109–107 als Legat im Jugurthinischen Krieg unter Q. Metellus Numidicus, 105 Consul. 97 begleitete er seinen Freund, den Proconsul Q. Mucius Scaevola, den berühmten Rechtsgelehrten, als Legat in die Provinz Asia, 92 wurde er vor dem nur mit Rittern besetzten Gerichtshof wegen Repetunden angeklagt und, weil er sich in der Provinz bei den Steuerpächtergesellschaften verhaßt gemacht hatte, skandalöserweise zu einer so hohen Buße verurteilt, daß er sich ins Exil nach Lesbos begab, später nach Smyrna und von dort trotz Sullas Einladung nicht mehr nach Rom zurückkehrte. Er schrieb lateinisch mindestens 5 Bücher *de vita sua* und griechisch die Fortsetzung des Geschichtswerks des Polybios bis auf seine eigene Zeit, die wahrscheinlich von Poseidonios benutzt wurde. FgrHist. Nr. 815.

gen Aufenthalt machte er diesen letzten überlebenden Vertreter der Scipionenzeit später zum Gewährsmann seines Dialogs über den Staat.[65] Man darf gewiß die tatsächliche Grundlage dieser literarischen Einkleidung nicht überschätzen.[66] Jedoch hatte schon der Verkehr mit den Scaevolae die Verbindung zu den politischen Anschauungen jener älteren Generation hergestellt,[67] und Ciceros erste politische Äußerungen lassen über diesen Einfluß keinen Zweifel.

Nach der Rückkehr im Jahr 77 trat er in Rom als namhafter Patron in „berühmten Prozessen" auf.[68] Vor allem wurde er der Vertrauensmann der *publicani*[69] (Mitglieder der Steuerpachtgesellschaften, der größten wirtschaftlichen Unternehmungen im damaligen Rom). Von den erhaltenen Reden muß die für den ihm freundschaftlich verbundenen Schauspieler Q. Roscius in diese Zeit gehören, etwa 76, da Cicero[70] seine *adulescentia* in Gegensatz stellt zum Alter zweier senatorischer Zeugen. Nach seiner Quaestur war er kein *adulescens* mehr.[71]

Leider ist mindestens die Hälfte der Rede verloren, so daß der Civilprozeß, der vor dem *iudex* C. Calpurnius Piso (später Consul 67) verhandelt wurde, nicht mehr ausreichend verständlich ist. Der Kläger (offenbar ein Freigelassener), C. Fannius Chaerea, hatte einen Sklaven Panurgus,[72] den er dem Roscius unter Abtretung des halben Eigentumsrechts zur Ausbildung übergab, wofür später der Ertrag zwischen den Gesellschaftern geteilt werden sollte (29). Nachdem dieser als Schüler des berühmten Roscius mit gutem Erfolg aufgetreten war (29–31), wurde er von einem Q. Flavius aus Tarquinii erschlagen (32). In dem (um 79) gegen Flavius angestrengten Prozeß auf Schadenersatz ließ sich Roscius durch Fannius vertreten. Nach der Behauptung des nunmehrigen Klägers Fannius ging Roscius während des Prozesses (nach Cicero nur für seine Person) einen Vergleich ein mit Flavius, auf Grund dessen ihm ein (nach Cicero) wegen des Bürgerkriegs verwahrlostes Gut (*fundus*) überlassen wurde, das nach Wiederherstellung der Ordnung im Wert stieg und von Roscius mit einem neuen Gutshof ausgestattet wurde (33). Fannius behauptete, Roscius habe in beider Namen gehandelt. Darauf bewog C. Piso (der nunmehrige

---

65 Cic. re p. 1, 13; 17.
66 MÜNZER Gnomon 7 (1931), 32, 1 gegen CIACERI 1, 34. Dazu auch ULRICH KAMMER Untersuch. zu Ciceros Bild von Cato Censorius, Diss. Frankfurt 1964, 42ff. Dagegen geht gewiß auf die Unterhaltung in Smyrna zurück die prachtvolle Erzählung Cic. Brut. 85–89, wie 138 Ser. Sulpicius Galba (Consul 144) im Prozeß der Staatspächter im Silawald erst für die 3. Verhandlung deren Verteidigung übernommen und wie er sich darauf, da ihm nur ein Tag zur Verfügung stand, vorbereitet habe.
67 Rutilius war durch seine Schwester Rutilia auch Oheim des C. Aurelius Cotta, Cic. nat. deor. 3, 80, den Cicero nat. deor. 1, 15 als seinen *familiaris* bezeichnet. S. o. Anm. 46.
68 Cic. Brut. 318 *causas nobilis egimus*.
69 Cic. Verr. 2, 2, 181.
70 Cic. Rosc. com. 44.
71 Bei Caesar Bezeichnung vornehmer Offiziere, die noch kein Staatsamt erreicht haben Gall. 3, 11, 5. 7, 9, 2; 87, 1. D. Brutus 1, 52, 7. 3, 7, 2 P. Crassus. Die Behauptung, daß im Jahre 79 der Ritter Cluvius (§ 42) in einem Privatprozeß nicht hätte *iudex* sein können, ist irrig, KÜBLER RE 6, 291. Für das Jahr 68 entscheidet sich noch CIACERI 1, 100; ähnlich VON DER MÜHLL RE 1 A, 1124, dessen Begründung ich nicht für zwingend halte.
72 Über die Angelegenheit MÜNZER RE 6, 1994, Fannius Nr. 17. Cic. Rosc. com. 27; 28; 29; 31; 32.

Richter) als Schiedsmann den Roscius zur rechtsverbindlichen Erklärung, er werde dem Fannius in Anerkennung seiner Bemühungen 100000 Sesterzen geben, wogegen dieser in derselben rechtlich bindenden Form versprach, dem Roscius die Hälfte dessen, was er im Prozeß dem Flavius abgewinnen konnte, auszuzahlen (12; 38; 56). Nach dem Tod des Flavius (42) bestritt Fannius, von diesem etwas erhalten zu haben, und forderte im nunmehrigen Prozeß von 76 von Roscius 50000 Sesterzen (10; 11; 22). Cicero führte zwei Senatoren als Zeugen vor, die neben Cluvius, dem *iudex* im Verfahren Fannius gegen Flavius, aussagten, daß Flavius 100000 Sesterzen an Fannius ausgezahlt habe. Wie es zu dem Mißverständnis kam, daß Roscius für sich den Vergleich einging, erfahren wir aus den Fragmenten nicht, da Cicero alles tat, um Fannius Chaerea und seinen Fürsprech P. Saturius (3)[73] ins Unrecht zu setzen. Wie schon ausgeführt wurde,[74] bemerkten philologische Kenner, daß er sich dazu der Manier der kurzen Sätze bediente, die nach Menekles von Alabanda benannt wurde.

In diesem Jahr 76 bewarb er sich um die Quaestur, wurde anstandslos gewählt[75] und trat sein Amt am 5. Dezember 76 an.[76] Charakteristisch für seine eigene Auffassung ist die Bemerkung (Brut. 318), daß sich gleichzeitig C. Cotta um das Consulat und Hortensius um die Aedilität bewarben.

---

73 Cic. Cluent. 107; 182 ein Senator.
74 O. Anm. 61.
75 Cic. Verr. 2, 5, 35. Pis. 2.
76 MOMMSEN R. St. R. 1, 570, 3.

III. DIE QUAESTUR UND DER BEGINN DER SENATORISCHEN LAUFBAHN

Als Amtsgebiet erhielt er Lilybaeum, den Westen der Insel Sicilien,[1] unter dem Propraetor Sex. Peducaeus.[2] Er war tief davon durchdrungen, wieviel für seine späteren Aussichten davon abhänge, daß er sich in dieser ersten Magistratur voll bewährte,[3] mußte dann allerdings bei seiner Rückkehr nach Italien, wie er später humorvoll erzählt, die Erfahrung machen, daß seine Leistungen in Rom ganz unbekannt geblieben waren.[4] Insbesondere fiel ihm die Aufgabe zu, für Rechnung des Staates Getreide aufzukaufen, um der Teuerung in Rom abzuhelfen, die hauptsächlich durch die Lieferungen für die in Spanien kämpfenden Truppen entstanden war, und es war sein Stolz, daß schließlich allgemeine Befriedigung herrschte über seine gerechte und saubere Amtsführung. Auch seine beiden *scribae* enthielten sich aller ungesetzlichen Zuschläge.[5] Bei seinem Abgang wurden ihm große Ehrungen zuteil,[6] und er versprach seinen Schutzbefohlenen in einer Rede auch für die Zukunft seine guten Dienste.[7] In den Verrinen erwähnt er den Eindruck, den ihm bei einem Besuch in Segesta die vom jüngeren Africanus aus der karthagischen Beute zurückgegebene Artemisstatue machte, und viel später, in den Tusculanischen Gesprächen, gibt er einen anschaulichen Bericht, wie es ihm gelang, in Syrakus das von Dornengestrüpp überwachsene Grab des Archimedes zu entdecken.[8]

Als Quaestorier gehörte er seit seiner Rückkehr nach Rom dem Senat an, und als Senator nahm er im Consilium der Consuln am 14. Oktober 73 teil an der Beschlußfassung über den Streit zwischen dem Gott Amphiaraos von Oropos in Boiotien und den römischen Abgabenpächtern.[9] Als Patron stand er nun bereits auf glei-

---

1 Cic. orat. frg. 1 SCHOELL. Die Hafenstadt Lilybaeum an der Westspitze Siziliens war der Amtssitz des einen der beiden Quaestoren. Der andere amtierte in Syrakus.
2 Cic. Verr. 2, 2, 138. 3, 216. 4, 142. Vgl. 1, 18.
3 Cic. Verr. 2, 5, 35.
4 Cic. Planc. 64–66. Er fügt hinzu, er habe daraus die Lehre gezogen, sich mit aller Kraft um das Forum Roms zu bemühen. Plut. Cic. 6, 3–5 gibt Ciceros Bericht wieder, mit dem Zusatz, er habe darauf in seinem Ehrgeiz nachgelassen. Im folgenden bemerkt er aber, daß der übermäßige Ehrgeiz immer Ciceros schwache Seite geblieben sei. Unverständlich ist für uns Plut. Cic. 6, 2, wonach Cicero für junge Angehörige der Nobilität eingetreten wäre, die wegen Feigheit vor dem Feind dem Propraetor vorgeführt wurden. D. MAGNINO Kommentar. Vgl. Gnomon 36 (1964), 660. Wahrscheinlich ist das Excerpt an die falsche Stelle geraten.
5 Cic. Verr. 2, 3, 182. Sall. hist. 2, 47, 6–7. Plut. Cic. 6, 1.
6 Cic. Planc. 64. Plut. Cic. 6, 1.
7 Rede *cum quaestor Lilybaeo decederet* Cic. orat. frg. SCHOELL.
8 Cic. Verr. 2, 4, 74. Tusc. 5, 64–66.
9 Syll³ 747, 12 Μάαρκος Τύλλιος Μάαρκου υἱὸς Κορνηλία Κικέρων. Vgl. Cic. nat. deor. 2, 49.

cher Linie mit Hortensius[10] und war unermüdlich in der Übernahme von Verteidigungen.[11]

Im Jahr 74[12] sprach er für den wegen Beteiligung an einem Giftmordversuch angeklagten Freigelassenen Scamander. Es war der erste von drei Prozessen, die damals A. Cluentius Habitus aus Larinum (damals zu Samnium gerechnet)[13] gegen den von seinem Stiefvater Statius Albius Oppianicus[14] angestifteten Mordanschlag anstrengte und gewann. Cluentius wurde in den beiden ersten Prozessen vertreten vom besten Redner nicht-senatorischen Standes, P. Cannutius.[15] Da Scamander durch Zeugen überführt werden konnte, dem Sklaven eines den Cluentius behandelnden Arztes Geld und Gift eingehändigt zu haben,[16] wurde er trotz aller Anstrengungen Ciceros nach der ersten Verhandlung von den Geschworenen mit allen gegen eine Stimme verurteilt.[17] Cicero berichtet ausführlich über den ganzen Handel in der großen Rede, die er 8 Jahre später, im Jahr 66, als Praetor für Cluentius hielt, als dieser vom Sohn des Oppianicus wegen angeblichen am Vater begangenen Giftmordes nebst zwei andern nicht geglückten Versuchen vor dem zuständigen Geschworenengericht angeklagt wurde.[18] Dabei bietet er all seine dialektische Kunst auf, um die Richter von der Berechtigung seines Rollenwechsels zu überzeugen, und wir erfahren durch Quintilian, er habe sich gerühmt, daß er im Cluentiusprozeß bei den Richtern Dunkel über die Angelegenheit verbreitete.[19] Obwohl danach die Angaben der Cluentiana nur mit Vorsicht aufzunehmen sind, so darf doch als wahr unterstellt werden, daß er schon gleich nach der Verurteilung Scamanders von der faulen Sache nichts mehr wissen wollte.[20] Scamander hatte im Auftrag seines Patrons C. Fabricius aus Aletrium gehandelt, der seinerseits nach Ciceros Darstellung dem Oppianicus als gefügiges Werkzeug diente.[21] Cicero entschuldigt seinen Mißgriff damit, daß er sich den Bitten seiner Nachbarn, ehrenwerter Männer aus Aletrium (westlich von Arpinum), nicht habe versagen können.[22] Mit Politik hatte dieser Prozeß an und für sich nichts zu tun, aber es fällt ein wichtiges Streiflicht auf Ciceros rhetorische Meisterschaft und seine Patronatstätigkeit.

---

10 Cic. Brut. 318–319.
11 Cic. Cluent. 157. Planc. 66.
12 Cic. Cluent. 7; 82; 164.
13 MÜNZER RE 4, 112. Cic. Cluent. 49; 56; 29.
14 KLEBS RE 1, 1318.
15 Cic. Brut. 205. Cluent. 50; 58; 73; 83.
16 Cic. Cluent. 47; 49; 53; 61; 172; 201.
17 Cic. Cluent. 55; 105.
18 Cic. Cluent. 164–166. 169.
19 Quintil. inst. or. 2, 17, 21 *cum se tenebras offudisse iudicibus in causa Cluentii gloriatus est*. Im folgenden Satz vergleicht er dieses Verhalten mit der Kunst des perspektivischen Malens. Freilich was er dann 36 vom Redner sagt: *non semper autem ei, etiamsi frequentissime, tuenda veritas erit, sed aliquando exigit communis utilitas, ut etiam falsa defendat* kommt auf unser „Der Zweck heiligt die Mittel" heraus.
20 Cic. Cluent. 56–57.
21 Cic. Cluent. 46–47.
22 Cic. Cluent. 49–50; 57.

III. Die Quaestur und der Beginn der senatorischen Laufbahn

Niemand wird ohne Vergnügen lesen, wie er seine Niederlage im ersten Prozeß schildert: Da stand ihm der einfallsreiche routinierte P. Cannutius gegenüber, dessen eindrucksvolle Darlegung des Tatbestands eigentlich keinem Zweifel an der Schuld Scamanders Raum ließ. Cicero, dem vor jedem Auftreten bangte, mußte sich erheben, ganz verwirrt durch die Furcht, sich als Redner zu blamieren oder seinen guten Ruf zu verlieren; doch im Bewußtsein, seinem jugendlichen Alter halte man zugute, wenn er auch eine unsichere Sache nur mannhaft vertrete, habe er sich aufgerafft und alle Künste der *inventio* aufgeboten, um die vom Gegner vorgebrachten Beweisgründe zu erschüttern.[23] Aber Cannutius forderte unwiderlegbar, daß Scamander als Strohmann des Oppianicus für dessen Verbrechen bestraft werden müsse. Als der dem Gericht versitzende Aedilicier (79) C. Iunius am Schluß den Angeklagten, wie es das Gesetz anordnete, befragte, ob er offene oder geheime Stimmabgabe der Geschworenen wünsche, gab ihm Oppianicus eine „geheime", weil Iunius mit Cluentius befreundet sei. Doch gab es nur eine Stimme für Freispruch, die des C. Aelius Staienus, wie Cicero versicherte, da dieser im 3. Prozeß Bestechungsgelder an die Richter auszahlen sollte (55; 65; 69–72). Im Jahr 66 behauptet er, die Sache gleich für verdächtig gehalten zu haben (57), und wenn er sie trotzdem übernahm, so geschah es im Dienst der *ambitio*, wie ihn im Jahr 64 sein Bruder Quintus am Beispiel des Consuls von 75, C. Cotta, *in ambitione artifex*, schildert.[24] Wer als Patron in der Ämterlaufbahn höher steigen wollte, durfte keine Bitte abschlagen, sofern ihn nicht eine schon vorhandene Verpflichtung[25] hinderte. Denn jeder Hilfesuchende war ein künftiger Wähler. Für Cicero kam es in diesem Falle auf die Stimmen von Aletrium an. Ebenso nennt er im Jahr 66 die angesehenen Männer, die ihn zur Verteidigung des Cluentius gewannen (197–198).[26] In längern Ausführungen, worin er sich gegen den Vorwurf seiner widerspruchsvollen Haltung wehrt, bestreitet er, daß Prozeßredner auf ihre Aussagen festgelegt werden dürften: *Omnes enim illae* (sc. *orationes*) *causarum ac temporum sunt, non hominum ipsorum aut patronorum* (139), *constantia* könne höchstens in Reden *de re publica* verlangt werden (141). Dieser im Wesen des Prozeßredners liegende Sachverhalt müsse anerkannt werden.

Der von Cluentius im Jahr 74 durchgeführte Prozeßkrieg gegen Oppianicus, wobei die Verurteilungen des Scamander und des C. Fabricius nur Präjudizien bedeuteten,[27] wurde im späteren Verlauf zur politischen Sensation, als der Volkstribun von 74, L. Quinctius, der den Oppianicus im letzten Verfahren verteidigte,

---

23 Über diesen Topos der „Furcht beim Auftreten" oder „Lampenfiebertopos" J. Graff Ciceros Selbstauffassung 81–83. l60. Er gehört zu der Form einer Einleitung der Rede, die in den Lehrbüchern als *insinuatio* bezeichnet wird (ad Her. 1, 9–11. Cic. inv. 1, 23–25). Graff 82 ist der Ansicht, daß der Topos in dieser Form erst von Cicero eingeführt wurde. Von Gegnern wurde er gehässig als Feigheit verspottet (Plut. 35, 2. Cass. Dio 46, 7, 3. Graff 83).
24 Q. Cic. Comm. pet. 47. Gehässig Cass. Dio 46, 7, 1.
25 *officium*.
26 Außer dem Gemeinderat von Larinum waren die vornehmsten Leute aus den benachbarten Landschaften der Frentaner und Marruciner da, römische Ritter aus Teanum Apulum und Luceria, weitere Vertreter aus Bovianum und ganz Samnium, aus Larinum noch als Nichtbürger dort wohnhafte Gutsbesitzer und Kaufleute. Ferner werden noch einige Senatoren genannt.
27 Cic. Cluent. 59; 104.

nach dessen Verurteilung gegen die Geschworenen und ihren Vorsitzenden C. Iunius[28] eine heftige Agitation entfesselte, sie seien von Cluentius bestochen worden. Iunius wurde von ihm durch ein Multverfahren[29] politisch vernichtet, und das *iudicium Iunianum* wurde ein gefährliches populäres Schlagwort gegen die von Sulla verordnete Geschworenentätigkeit der Senatoren. Im Jahr 66 bestreitet Cicero nicht nur die Bestechung von Seiten des Cluentius,[30] sondern stellt auch die Verurteilung des Iunius als höchst anfechtbar hin, weil unter dem Einfluß demagogischer Hetze erfolgt.[31] Der Vertreter des Anklägers, T. Accius aus Pisaurum,[32] berief sich auf eine Stelle aus der ersten Verhandlung gegen Verres,[33] wonach Cicero im Jahr 70 die allgemeine Ansicht über das *iudicium Iunianum* geteilt habe. Cicero antwortete, wenn er im Verresprozeß über die Schande der senatorischen Geschworenenurteile zu sprechen hatte, habe ein solches *populare* (den Bürgern, die der Verhandlung zuhörten, angenehm) nicht fehlen dürfen.[34] Bei jener *accusatio* sei es ihm darauf angekommen, *animos et populi Romani et iudicum* zu erregen.[35] Ebenso trachteten die Censoren von 70 nach *ventus popularis* (133),[36] als sie den römischen Ritter A. Cluentius Habitus mit Rüge belegten und einige Geschworene von 74 wegen des *iudicium Iunianum* aus dem Senat stießen (130–131).[37] Im Jahr 66 rückt er möglichst vom *tribunus seditiosus* (130) und seiner populären Hetze ab (1; 61),[38] spricht von *falsa invidia* gegen die senatorischen Geschworenen (1; 61).[39] Es ist wahrscheinlich, daß ihm schon 74 das Treiben mißfiel, denn in der Rede für M. Tullius von 71 (1) bezeichnet er den L. Quinctius als *vir primarius*, was gewiß ironisch gemeint ist und zum Hohn in der Cluentiusrede passen würde (109–110). Darum betont er auch, daß er mit diesem Typ des *ignobilis* nichts gemein haben will (111–112). Jedoch spielten politische Überzeugungen bei der Übernahme einer Prozeßvertretung bei Cicero ebenso wie bei Quinctius eine geringe Rolle. Denn Oppianicus war ein berüchtigter Nutznießer der Proscriptionen gewesen.[40] Wenn Cicero auch nicht diesen selbst verteidigte, so kann ihm doch nicht verborgen geblieben sein, daß hinter Scamander Oppianicus stand (54; 55; 66).

---

28   Münzer RE 10, 963 Nr. 15.
29   Cic. Cluent. 89; 91; 96; 103. Die Buße wurde vom selben Gerichtshof *de veneficiis* wegen gesetzwidriger Bestellung eines Geschworenen verhängt. Staienus und Genossen wurden vor dem Gerichtshof für Staatsverbrechen (*maiestas*) verurteilt (97–99).
30   Cic. Cluent. 30; 124; 132. Vgl. Münzer RE 3 A, 2134.
31   Cic. Cluent. 79; 93; 103; 108; 113.
32   Nach Cic. Brut. 271 mit Cicero befreundet.
33   Cic. Verr. 1, 29; 39–40; vgl. 2, 1, 157. H. Habermehl RE 8 A, 1573.
34   Cic. Cluent. 138; 139.
35   Aber auch Cic. Cluent. 69 urteilte er so, Caec. 28–29.
36   Solche Rüge zog *ignominia* (bürgerliche Ehrlosigkeit) nach sich, was Cicero 120–132 heftig bestreitet. Nach Mommsen R. St. R. 2, 387, 2 dauerte sie nur bis zum Ablauf des Lustrums.
37   Kl. Schr. 2, 167.
38   Cic. Cluent. 77; 79; 93; 103; 110; 112; 113; 127; 134; 138. Vgl. Cic. Brut. 223. Sall. hist. 3, 48, 11 als Vorgänger des C. Licinius Macer.
39   Von vornherein bringt er den Richtern bei, daß es in diesem Giftmordprozeß eigentlich nur um diese *invidia* gehe.
40   Cic. Cluent. 25; 125.

III. Die Quaestur und der Beginn der senatorischen Laufbahn

Alle die persönlichen Beziehungen zu Standesgenossen und Clienten, in die der *nobilis* hineingeboren wurde, mußte sich ein *ignobili loco natus* wie Cicero durch unermüdliche Betriebsamkeit erwerben.[41]

Wie sein Briefwechsel beweist, besaß er dazu ein hervorragendes Geschick, und das bestätigt den Bericht Plutarchs, daß er sich geflissentlich bemühte, möglichst viele Bürger persönlich zu kennen (7,1–2),[42] und allmählich zu einem der besten Kenner der Verhältnisse in der vornehmen römischen Gesellschaft wurde. Wenn er in Italien reiste, wußte er allenthalben Bescheid über die Gutsbesitzer.

Bevor Cicero im Jahr 70 mit den Reden gegen Verres die Höhe seines Ruhmes erreichte, sind uns von seiner unermüdlichen Tätigkeit nur noch auf zwei Palimpsesten entzifferte Reste einer Rede erhalten, die er 71[43] für M. Tullius hielt. Sie bieten besonderes Interesse, weil sie die schlimmen Zustände beleuchten, wie sie unmittelbar nach dem Sklavenkrieg des Spartacus im südlichen Italien herrschten. In dem uns vorliegenden Text antwortet Cicero für den Kläger M. Tullius auf die Verteidigungsrede des L. Quinctius, die wegen Eintritt der Dunkelheit abgebrochen wurde.[44] Tullius besaß ein ererbtes Gut im Gebiet von Thurii. Daneben lag ein großes Gut, jedoch zum größern Teil nicht bewirtschaftet und mit ausgebrannten Gebäulichkeiten – wohl infolge des Sklavenkriegs – bisher dem Senator C. Claudius gehörig und nun von P. Fabius gekauft. Dieser war im Krieg in Kleinasien reich geworden und wollte sein Geld in Land anlegen (15; 19).[45] In der Enttäuschung über seinen schlechten Kauf erhob er Anspruch auf Grundstücke, die dem Tullius gehörten.[46] Tullius vereinbarte an Ort und Stelle gerichtliche Entscheidung in Rom (20; 21). Doch schon in der folgenden Nacht brachen bewaffnete Sklaven des Fabius in das dort befindliche Gehöft ein und massakrierten mehrere Sklaven des Tullius. Nun klagte dieser auf Schadenersatz. Der Praetor erteilte ihm die Klageformel, die 76 der Praetor M. Terentius Lucullus wegen der seit dem Bürgerkrieg zunehmenden Gewaltakte bewaffneter Sklaven zur Verschärfung der alten *Lex Aquilia de damno iniuria dato* in sein Edict aufgenommen hatte. Danach mußte der

---

41 Cic. Cluent. 111; off. 1, 116. 2, 45.
42 Q. Cic. comm. pet. 30 ermahnt ihn dazu. Vgl. Cic. Mur. 77. Gehässig Cass. Dio 46, 6, 3.
43 Das Datum muß aus der Nennung des Praetors, der das Judicationsdecret erließ, erschlossen werden. Er wird (Cic. Tull. 39) nur als Metellus bezeichnet. Q. Caecilius Metellus (der spätere Creticus, Consul 69), der nach Sall. hist. 2, 45 (M.) für die Praetur 74 candidierte, kann es nicht sein, weil L. Quinctius, der den Beklagten P. Fabius vertrat, im Jahr 74 Volkstribun war. Damit verträgt sich nicht, was Cicero (38/39) berichtet, daß Quinctius während des Verfahrens *in iure* die Volkstribunen anrief, um den Praetor zu einer Abänderung seines Decrets zu zwingen. Dann kommt sein Bruder L. Metellus (Consul 68) in Betracht, von dem das Jahr 71 nicht ausdrücklich bezeugt ist; aber da 73/72 Spartacus das Gebiet von Thurii, wo die Güter der beiden Prozeßführenden lagen, besetzt hielt (Appian. bell. civ. 1, 547) und Cicero den Sklavenkrieg wenigstens in den uns vorliegenden Fragmenten nicht erwähnt, ist eher an 71 zu denken, nachdem Spartacus im Frühjahr von Crassus vernichtet war (Appian. bell. civ. 1, 560 mit Kommentar von E. GABBA (1958). MÜNZER RE 6, 1748 Nr. 28.
44 Cicero nennt ihn (Tull. 1) ironisch *vir primarius* und bittet ihn (6) spöttisch, er möge so schön reden, wie er könne, nur zur Sache, damit nicht wieder ein Tag verloren gehe. Von Tullius sagt er (4) *pro homine coniuncto mecum non minus animo quam nomine*.
45 *Iste pater familias Asiaticus beatus, novus arator et idem pecuarius.*
46 *Centuria Populiana* Tull. 16; 19.

Beklagte im Fall der Verurteilung das Vierfache des geschätzten Schadens bezahlen. Als Richter wurden 3 *recuperatores* eingesetzt, was der Beschleunigung des Verfahrens diente.[47] Nach Ciceros Angaben bestritt Quinctius nicht das Verbrechen der Sklaven, wofür Fabius haftbar gemacht wurde, aber den in der Formel enthaltenen *dolus malus*, „die böse Absicht" (31–36). Weiter forderte er, es müsse geprüft werden, ob die Leute des Tullius „zu Unrecht" (*iniuria*) getötet worden seien (38–50). Er versuchte also die Taktik fortzusetzen, die er schon im Verfahren *in iure* vor dem Praetor vergeblich angewandt hatte. Vermutlich hoffte er die Recuperatoren zu verwirren. Im *Dialogus de oratoribus* (20) läßt Tacitus M. Aper, den Verfechter moderner Rhetorik, sagen, jetzt möchte niemand mehr so weitschweifige Erörterungen über Rechtsbegriffe lesen. Da Cicero die Rede veröffentlichte, hat er offenbar mit seiner überlegen vorgebrachten Rechtskenntnis den Quinctius besiegt.

---

47 Cic. Tull. 7; 8; 10; 12; 42. Die Formel blieb im Edictum perpetuum RICCOBONO FIR Nr. 65, 187.

IV. DIE ANKLAGE DES C. VERRES

Im November 72 kam im Senat auf gemeinsame Forderung der sicilischen Gemeinden hin die Sache des vor dem Propraetor C. Verres nach Rom geflüchteten vornehmen Bürgers von Thermae, Sthenius, zur Sprache.[1] Der Propraetor hatte ihn auf den 1. Dezember in einem Kapitalprozeß vor sein Tribunal geladen. Dem Vater Verres gelang es mit dem Versprechen, seinen Sohn von seinem Vorhaben abzubringen, einen Senatsbeschluß gegen ein solches Verfahren zu hintertreiben (2, 2, 96).[2] Trotzdem fällte Verres am 1. Dezember gegen den Abwesenden das Todesurteil (2, 2, 99). Nun griff der populäre Volkstribun von 71, M. Lollius Palicanus,[3] den Skandal auf. Da die Volkstribunen dieses Jahrs ein gemeinsames Edict erlassen hatten, das Personen, die in einem Kapitalprozeß verurteilt waren, den Aufenthalt in Rom verbot, erwirkte Cicero für Sthenius, seinen Gastfreund von der Quaestur her (2, 2, 117), vom Tribunencollegium die ausdrückliche Erklärung, daß er nicht betroffen werde (2, 2, 100). C. Verres, der im Jahr 74 Praetor urbanus (2, 5, 34) gewesen war und von 73–71 als Propraetor Siciliens regierte, hatte all die Jahre hindurch seine Amtsgewalt aufs gewissenloseste mißbraucht und damit die Untauglichkeit des von Sulla neu geordneten Systems der Reichsverwaltung vor aller Augen bloßgelegt. Der Senat, dem darin die Aufsicht über die Magistrate zukam, war in der Regel unfähig, sich als regierendes Organ gegen die kameradschaftlichen Verbindungen seiner Mitglieder durchzusetzen. Das zeigte der Versuch im Fall des Sthenius. Eine Handhabe, die Fehlbaren gerichtlich zur Verantwortung zu ziehen, bot das Repetundenverfahren. Doch auch dessen Wirksamkeit war geschwächt, weil nach dem Sullanischen Gesetz nur Senatoren als Richter amteten. Die berechtigte Kritik an diesem Zustand fand in der mühsam unterdrückten revolutionären Gärung Italiens[4] den günstigsten Nährboden.

Im Lauf des Jahres 71 wurde klar, daß von den designierten Consuln Pompeius und Crassus im nächsten Jahr entscheidende Reformen zu erwarten waren. Einmal sollte das Volkstribunat von den letzten sullanischen Hemmungen befreit, zum zweiten bei den Strafgerichtshöfen die ausschließliche Besetzung mit Senatoren beseitigt werden (1, 45).[5] So war die politische Lage, als von beinahe allen sicilischen Gemeinden[6] Gesandte in Rom erschienen. Sie ersuchten den Praetor von 71, L. Metellus, doch sofort nach Ablauf seines städtischen Amtsjahres nach Sicilien zu kommen, um die Ablösung des Verres zu beschleunigen (2, 2, 10). Bei den Consuln reichten sie bestimmte Forderungen ein, wie Verbot, den Statthaltern

---

1 Cic. Verr. 2, 2, 95; 97. MÜNZER RE 3 A, 2336.
2 HABERMEHL RE 8 A, 1634.
3 MÜNZER RE 13, 1391. Kl. Schr. 2, 159, 60.
4 Sall. hist. 3, 48, 9–11.
5 Über die erste Contio des *consul designatus* Pompeius. Cic. div. in Caec. 8. Plut. Pomp. 22, 4. Kl. Schr. 2, 163f.
6 Nur zwei *civitates* fehlten Cic. div. in Caec. 14, Messana und Syrakus, Verr. 2, 2, 13. 4, 25; 138.

schon während der Amtszeit Ehrenstatuen zu versprechen, und Zehntenvergebung nach der Lex Hieronica (2, 2, 146–147; 161). Sie baten ihre Patrone, die Marceller, um Fürsprache[7] und unterrichteten den designierten Consul Pompeius (2, 3, 45)[8] über ihre verzweifelte Lage und wurden von den römischen Kaufleuten unterstützt; vor allem ersuchten sie ihren früheren Quaestor Cicero, auf Grund dieses Treuverhältnisses für sie die Repetundenklage zu übernehmen.[9] Obwohl er sich bei seiner Patronatstätigkeit grundsätzlich vorgenommen hatte, in Strafprozessen nur als Verteidiger aufzutreten,[10] konnte er sich wegen seiner Treuverpflichtungen dem Auftrag nicht entziehen. Aber es gab auch keine geeignetere Gelegenheit, sein ganzes Können zu entfalten, als diesen eindeutigen Fall, der unter den damaligen politischen Umständen einen Skandalprozeß größten Formats abgeben mußte (1, 47).[11] Das Schuldkonto des Verres war so belastet,[12] daß für den Ankläger nicht die geringste Gefahr war, der Fülle des Stoffes nicht gewachsen zu sein und die Erwartungen zu enttäuschen.[13]

Aber, da die bisherigen Nutznießer der Sullanischen Reaktion mit der Entlarvung dieses ärgsten Vertreters des Systems aufs empfindlichste getroffen wurden, boten sie alle Künste politischer Regie auf, um den Skandal zu bagatellisieren. Hortensius, der bedeutende Historiker L. Cornelius Sisenna und P. Scipio, der vornehmste Mann des römischen Adels,[14] erklärten sich bereit, die Verteidigung zu übernehmen.[15] Für Cicero galt es darum insonderheit, den bisherigen Beherrscher der Gerichtshöfe endgültig zu besiegen,[16] politisch aber sich mit aller Entschiedenheit in die Front der Senatoren zu stellen, welche die oligarchische Entartung des Reichsregiments bekämpften.[17]

Diese Haltung hatte er schon im Jahr 80 angekündigt,[18] sie war die dem *homo novus* einzig angemessene (2, 3, 7–9) und entsprach der politischen Lage (2, 5, 177).[19]

---

7 Cic. div. in Caec. 13.
8 Gewiß mit Recht vermutet RICH. JOHANNEMANN Cicero und Pompeius, Diss. Münster 1935, 9, daß damals Cicero in persönliche Berührung mit Pompeius kam. Aber im Jahr 70 scheint dieser sich nicht mehr für den Prozeß interessiert zu haben. Kl. Schr. 2, 168.
9 Cic. div. in Caec. 1–5; 11; 14. Verr. 2, 1, 15. 2, 2, 10; 117–118. 2, 4, 138–139.
10 Cic. div. in Caec. 1; 4; 70. Erst 51 klagte er wiederum den T. Munatius Plancus Bursa an. fam. 7, 2, 2. J. P. V. D. BALSDON ‚Cicero the Man'. Studies in Latin Literature (1965) Cicero, 190.
11 *in hoc homine statuetur, possitne senatoribus iudicantibus homo nocentissimus pecuniosissimusque damnari.*
12 Cic. div. in Caec. 6; 12. Verr. 2, 2, 192. 1, 2; 10; 15; 17; 20; 35; 47; 48. 2, 1, 10; 26.
13 Cic. div. in Caec. 42.
14 Sein Stammbaum RE 3, 1226. Später Q. Caecilius Metellus Pius Scipio. Wir begegneten ihm schon unter den Beschützern des Sex. Roscius o. S. 22, Anm. 31. Nach dem Tod von Caesars Tochter Iulia wurde er Schwiegervater des Pompeius und Consul 52.
15 Cic. div. in Caec. 44. Verr. 1, 32. 2, 2, 110; 149. 4, 79. Plut. Cic. 7, 8. VON DER MÜHLL RE 8, 2473.
16 Cic. Verr. 1, 24; 33–35. 2, 2, 192; Brut. 319.
17 Cic. div. in Caec. 70. Verr. 1, 36. 2, 1, 155. 3, 145. 5, 126–127; 174–179.
18 Cic. Rosc. Am. 139.
19 Vgl. Cic. leg. 3, 23; 26 das Urteil über die Wiederherstellung des Volkstribunats.

Der Widerstand erhob sich gleich, als Cicero zu Anfang des Jahrs 70 die Klage beim zuständigen Repetundenpraetor M'. Acilius Glabrio[20] einbrachte. Da forderte statt seiner Q. Caecilius Niger,[21] mit zwei *subscriptores*[22] als Ankläger zugelassen zu werden. Cicero mußte in einem sogenannten Divinationsverfahren[23] vor dem Praetor und einem Consilium seinen besseren Anspruch erweisen, vermutlich im Januar 70.[24] Die dabei gehaltene Rede eröffnet das Verrinenwerk. Nachdem seine Klage angenommen war, erbat er sich zu der ihm nach dem Repetundengesetz obliegenden Ermittlung und Beschaffung des Beweismaterials[25] eine Frist von 110 Tagen (2, 1, 30). Da das laufende Amtsjahr mit den drohenden populären Aktionen für die Gegenpartei denkbar ungünstig war, insbesondere auch für die Bestechungsversuche (1, 5), trachtete sie danach, eine Verschleppung des Prozesses ins nächste Jahr zu erreichen (2, 1, 30). Zunächst veranlaßte sie,[26] daß ein anderer *accusator* für eine achaeische Repetundensache eine Frist von 108 Tagen forderte.[27] Da der Praetor die Verhandlungstermine nach den Ermittlungsfristen anzusetzen pflegte,[28] bewirkte dieser Schachzug nach Ciceros Behauptung (2, 1, 30) eine Verzögerung von drei Monaten. Weil die Verhandlung tatsächlich am 5. August begann (1, 31), ergibt sich, daß Cicero ursprünglich mit dem Mai gerechnet hatte. Er berichtet uns, daß er, um den Termin nicht zu versäumen, unter Lebensgefahr von Vibo bis Velia ein kleines Schiff benutzt habe. Offenbar handelt es sich um die Rückfahrt von Sicilien (2, 2, 99),[29] und es ist zu schließen, daß die Verschiebung des Termins während seiner Abwesenheit bewerkstelligt wurde. Für die *inquisitio* in Sicilien beschränkte er sich auf 50 Tage (1, 6).[30] Unterstützt von seinem Vetter L. Cicero,[31] brachte er in dieser kurzen Zeit dank seiner unermüdlichen Arbeits-

---

20 KLEBS RE 1, 256 Nr. 38.
21 MÜNZER RE 3, 1231 Nr. 101.
22 Cic. div. in Caec. 47–48.
23 HITZIG RE 5, 1234. Über die Bedeutung von *divinatio* W. KUNKEL Untersuchungen z. Entwicklung des röm. Kriminal Verfahrens. Abh. München 56 (1962), 95, 340.
24 CIACERI 1, 69. N. MARINONE Quaestiones Verrinae Turin 1950, 22–24. HABERMEHL RE 8 A, 1625.
25 MOMMSEN Strafr. 393. 409.
26 Nach Cic. Verr. 1, 8 mit Geld des Verres.
27 Cic. Verr. 1, 6. 2, 1, 30. Verschiedene Namen bei Ps.-Asconius und Schol. Gronov. zu 1, 6; bei letzterem ein Dasianus genannt, den MAURENBRECHER mit dem Sall. hist. 4, 55 erwähnten L. Hostilius Dasianus gleichsetzt. MÜNZER RE 8, 2506. Dieser neigt RE 2 A, 864 der Vermutung zu, es sei die Anklage des C. Scribonius Curio durch Q. Metellus Nepos gewesen.
28 MOMMSEN Strafr. 398.
29 Von CIACERI 1, 72, 2 übersehen.
30 Cic. Verr. 2, 2, 140 heißt es, daß in weniger als 30 Tagen Metellus die dreijährige Mißwirtschaft beseitigt hätte, wenn nicht Laetilius erschienen wäre, 2, 2, 64. Man müßte wissen, wann Metellus seine Statthalterschaft angetreten hat. Ob eine rhetorische Wendung chronologisch gepreßt werden darf? ZIELINSKI Philol. 52 (1894), 258, 14 und KÜBLER Philol. 54 (1895), 471 beweisen mit ihren gegensätzlichen Meinungen, daß Sicheres über die Chronologie nicht auszumachen ist. KÜBLER verweist auf Cic. Scaur. 25, Schilderung der sicilischen Reise *durissima hieme*; diese Rede ist 16 Jahre später gehalten. Daß es geraume Zeit dauerte, bis Cicero nach Sicilien kam, Verr. 2, 4, 141.
31 Cic. Verr. 2, 3, 170. 4, 25; 137; 145.

kraft das gewaltige Material zusammen, das er in den vier letzten Büchern der *actio secunda* (2. Verhandlung) vor uns ausbreitet.[32] Wie die *divinatio* (38) zeigt, bestand von Anfang an der Plan, auch die Schandtaten des Jahrzehnts von 84–74 zu behandeln, wie es im 1. Buch geschieht.

Auch in Sicilien stieß er auf Widerstand der Gegner. L. Caecilius Metellus,[33] der Nachfolger des Verres, mit seinen beiden Quaestoren und den noch in der Provinz weilenden des Verres selbst (2, 4, 146) suchte mit allen Mitteln zu verhindern, daß die Gemeinden Gesandtschaften zum Prozeß abordneten und daß die aufgerufenen Zeugen sich bei Cicero einfanden (2, 2, 11–12). Wie schon bemerkt, hatten die Siculer Metellus gebeten, seine Geschäftsübernahme möglichst zu beschleunigen (2, 2, 10), und er bemühte sich zunächst nachdrücklich darum, den von Verres durch Mißbrauch von Rechtsprechung und Finanzverwaltung angerichteten Schaden wiedergutzumachen (2, 3, 123). Erst als Cicero eintraf, wurde er durch L. Laetilius, den Kurier des Verres, zu jenem feindseligen Verhalten veranlaßt.[34] Verres berief sich dabei auch auf eine uns unbekannte verwandtschaftliche Beziehung.[35] Die Wendung bei L. Metellus war durch familienpolitische Rücksichten bedingt, die auch für Verres wichtig werden konnten. Es bewarb sich nämlich um das Consulat von 69 neben Hortensius, Verres' erstem Verteidiger, auch Q. Caecilius Metellus, der Bruder des L.,[36] und gleichzeitig um die Praetur der dritte Bruder M.[37] Diese Wahlen finanzierte Verres (1, 23; 29).[38] Am 27. Juli wurden an den Consularcomitien seine beiden Kandidaten gewählt und kurz darauf auch M. Metellus zum Praetor.[39] Bei der Losung um die Amtsgebiete erhielt dieser obendrein die Leitung der Repetundenprozesse (1, 21). Wenn es nun noch gelang, den Prozeß ins Jahr 69 zu verschleppen, so schien Verres gewonnenes Spiel zu haben (1, 19; 21). Für Cicero waren es höchst aufregende Tage; denn er selbst bewarb sich um die Aedilität, und wie er aus sicherer Quelle zu wissen behauptete, erklärte sich Verres bereit, den mit der Geldverteilung an die Wähler betrauten Fachleuten (*divisores*) 500 000 Sesterzen gegen Cicero zur Verfügung zu stellen.[40] Die Forderungen des Prozesses und der Comitien rissen Cicero nach verschiedenen Seiten (1, 24). Aber gerade daß Verres auch offen gegen ihn auftrat, schlug zu seinem Heil aus. Er wurde mit den

---

32 Cic. Mur. 46 spricht er von dem *labor in accusando*.
33 MÜNZER RE 3, 1204 Nr. 74. Er hatte als Praetor 71 das Decret im Prozeß des Tullius erlassen o. S. 33, Anm. 43.
34 Cic. Verr. 2, 2, 64; 138; 140. 4, 148.
35 Metellus nannte ihn *necessarius* Cic. Verr. 2, 3, 153. CIACERI 1, 71, 5.
36 MÜNZER RE 3, 1210 Nr. 87. u. S. 33 Anm. 43.
37 MÜNZER RE 3, 1206 Nr. 78.
38 Cicero spricht sich sehr ungeniert aus über den designierten Consul: Verres habe von ihm gesagt (mit Anspielung auf den bekannten Vers des Naevius) *te non fato, ut ceteros ex vestra familia, sed opera sua consulem factum*. Verr. 2, 4, 148 spielt Cicero darauf an, daß auch L. Metellus Geld erhoffte.
39 Ps.-Asc. zu Cic. Verr. 1, 21.
40 Cic. Verr. 1, 22–23. 2, 1, 19.

Stimmen aller Tribus gewählt (1, 25)[41] und konnte nun dem designierten Consul als designierter plebeischer Aedil gegenübertreten.[42]

Dieser Blick auf die Wahlkämpfe wurde vorweggenommen, um die Art und Stärke des Widerstandes besser zu veranschaulichen. Die Macht des sullanischen, oligarchisch entarteten Systems war keineswegs gebrochen, und es war durchaus unsicher, ob nicht schließlich die Winkelzüge der Gegner gelangen. Cicero ließ sich von L. Metellus nicht einschüchtern und klärte die Siculer darüber auf, daß sie sich an die Bestimmungen des Repetundengesetzes und seine vom Praetor M'. Acilius Glabrio erteilte Vollmacht zur Inquisition zu halten hätten.[43] Angesichts von Ciceros Entschlossenheit wagte Metellus nicht, sich seinen magistratischen Pflichten zu entziehen. Da die Rechnungsbücher der Pachtgesellschaften nicht nach Rom eingefordert werden konnten, zwang Cicero den Carpinatius, den Vizedirektor der *scriptura* (Weidegebühr) von Sicilien, der mit Verres unter einer Decke steckte, sie im einleitenden Verfahren vor dem Propraetor Metellus (*in iure*) vorzulegen, und nahm dort beglaubigte Abschrift von den kompromittierenden Akten.[44] An anderer Stelle berichtet er dagegen, daß Metellus die von einem Senator gegen den ebenso berüchtigten Helfershelfer, den Zehntpächter Q. Apronius erhobene Klage kurzerhand nicht zuließ, um kein Präjudiz zuungunsten des Verres zu schaffen (2, 3, 152–153).[45] Cicero erzwang auch von Apronius eine Aussage vor dem Propraetor (2, 3, 112). Einen schweren Kampf hatte er mit Metellus zu führen, bis ihm gestattet wurde, ein ψήφισμα der βουλή von Syrakus mitzunehmen, worin ein kurz vorher gefaßter Ehrenbeschluß für Verres aufgehoben wurde. Er las ihm schließlich die Strafdrohungen des Repetundenprozesses vor (2, 4, 146–149). Charakteristischerweise warf Metellus dem Cicero vor, daß er in der βουλή griechisch gesprochen habe (147), es sei *indignum facinus* (,eine würdelose Handlung'). Dieser beiläufig erzählte Zug gewährt uns eine interessante Einsicht in die tiefe Kluft, die den *homo novus* von den Herrenmenschen der Nobilität schied. Wir ahnen etwas davon, wie ihnen Cicero mit seiner rastlosen Betriebsamkeit und der unermüdlich wiederholten Versicherung, daß er die altrömische *virtus* und zugleich die höchste, einem Römer erreichbare Bildung viel besser verkörpere als die Träger der erlauchtesten Namen,[46] auf die Nerven fiel. Cicero gab auch in diesem Fall eine derartige Antwort, indem er einen unvorteilhaften Vergleich zog zwischen L. Metellus und dem Vetter seines Vaters, Q. Metellus Numidicus, einem *verus ac germanus Metellus* (2, 4, 147).[47]

---

41 Cic. Pis. 2. off. 2, 59.
42 Cic. Brut. 319. MOMMSEN R. St. R. 2, 518, 1.
43 Cic. Verr. 2, 2, 64. 4, 138.
44 Cic. Verr. 2, 2, 169; 186–189. HABERMEHL RE 8 A, 1613.
45 HABERMEHL RE 8 A, 1602. Daß er den weiblichen Angehörigen der von Verres zu Unrecht Hingerichteten nicht gestattete, zum Prozeß nach Rom zu reisen Cic. Verr. 2, 5, 129.
46 Cic. Verr. 2, 3, 6–9; 8 *litterae, humanitas*. 2, 4, 79.
47 Vgl. den Vorwurf des Γραικὸς καὶ σχολαστικὸς; Plut. Cic. 5, 2. *Graeculus* Cass. Dio 46, 18, 1. Dazu Sall. ep. ad Caes. 2, 9, 3 über das Zuviel griechischer Bildung bei M. Cato. Iug. 85, 32 dem Marius in den Mund gelegt. Cic. Att. 1, 15, 1 *praeter ceteros* φιλέλληνες *et sumus et habemur*. Jos. POMPE Wesen und Wirkung der *auctoritas maiorum* bei Cicero, Diss. Münster 1935, 9.

Als Cicero nach Rom zurückkehrte, erwartete ihn, wie schon ausgeführt, die Enttäuschung, daß der erste Termin auf den 5. August verschoben war. Die Gegner breiteten aus, er habe sich dazu bestechen lassen, die Sache nicht ernstlich zu führen, und suchten so das Vertrauen der Siculer zu erschüttern (2, 1, 17). Die nächsten Wochen waren mit den bereits erwähnten Wahlvorbereitungen erfüllt. Für die Klägerpartei war günstig, daß über den senatorischen Richtern das Damoklesschwert einer neuen *lex iudiciaria* hing (1, 49). Es scheint, daß der Praetor L. Aurelius sein Gesetz im September promulgierte. Denn Cicero setzt das 2, 2, 175. 3, 223. 5, 177–178 als bekannt voraus, und nach 1, 31 ist anzunehmen, daß die fingierte *actio secunda* in der Zeit unmittelbar nach den *Ludi Romani*, nach dem 19. September stattfindend, gedacht wird, also vom 20. September an.[48]

Bekanntlich hat die Lex Aurelia die Strafgerichtshöfe den Senatoren nicht ganz entzogen. Aber dem Drittel der senatorischen Geschworenen standen zwei Drittel Ritter und Aerartribunen gegenüber.[49] Verglichen mit der früheren Drohung, dem Senat diese Gerichtsbarkeit *per ignominiam turpitudinemque* zu entziehen (2, 1, 23), bedeutet das eine Abschwächung, und die Andeutungen in der fingierten Rede legen nahe, daß diese versöhnliche Lösung der tadellosen Haltung der Richter im Verresprozeß zu verdanken war. Besonders beachtenswert erscheint der Hinweis (2, 1, 22), daß viele Senatoren die Inanspruchnahme durch Gerichtssitzungen als Last empfanden.[50] Weiter erwähnt Cicero (1, 44), daß zu Anfang des Jahres, als Pompeius im Senat über die Wiederherstellung der *tribunicia potestas* verhandelte, Q. Catulus sich mit allem Nachdruck über das Versagen des Senats in den Strafgerichtshöfen ausließ.

Nach den Wahlen versuchten beide designierten Consuln noch einmal, die Siculer einzuschüchtern (1, 25–28; 53). Ihr Hauptziel war, die gesetzlich vorgeschriebene zweite Verhandlung bis in ihr Amtsjahr 69, wo M. Metellus sie als Praetor leiten würde, zu verschieben. Sie erwarteten, daß Cicero zunächst zu seiner Anklage und zum Zeugenverhör die ganze Zeit vom 5. bis 15. August brauchen werde. Dann fielen die Tage vom 16. August bis 1. September aus wegen der *Ludi votivi*

---

48 Darüber, daß für die fiktive Datierung von *actio* Cic. Verr. 2, 1 der 20. September anzunehmen ist, habe ich Kl. Schr. 2, 168, 124 die beweisenden Stellen angeführt, namentlich 1, 31; 34; 54 und 2, 2, 130. Eben um den 20. September wurde der Gesetzesvorschlag des Praetors L. Aurelius Cotta promulgiert, Kl. Schr. 2, 170, 126. Die von MARINONE ermittelten Daten des Prozeßgangs bei HABERMEHL RE 8 A, 1624–1630 zusammengefaßt. Die Zustimmung der Volksversammlung zur Lex Aurelia fiel frühestens in den Oktober. Kl. Schr. 2, 172. Schon R. HEINZE hat Abh. Leipzig 27, 976, 1 mit Recht darauf hingewiesen, daß MOMMSENS Satz aus der boshaften Charakteristik Ciceros R. G. 3, 619: „So trat er im Prozeß des Verres gegen die Senatsgerichte auf, als sie bereits beseitigt waren" nicht stimmt.

49 Ascon. zu Pis. 94. Cic. selbst Cluent. 130 *illis censoribus* (J. 70) *erant iudicia cum equestri ordine communicata*. CIACERI 1, 85. Kl. Schr. 2, 171.

50 Cic. Verr. 2, 1, 5; 22–23 vgl. Mur. 42. Dieser Gesichtspunkt wird neuerdings von W. KUNKEL Untersuchungen zur Entwicklung des römischen Kriminalverfahrens in vorsullanischer Zeit (Abh. München Heft 56, 1962), 97 ins gehörige Licht gestellt. Daß Sulla den Senat durch Aufnahme von 300 Rittern auf 600 Mitglieder brachte, genügte dem Bedürfnis nicht, weil die Senatoren durch ihre Dienste in Rom und in den Provinzen stark in Anspruch genommen waren.

des Pompeius. Vom 5. bis 19. September folgten die *Ludi Romani*.[51] Da sollte die erste Verhandlung mit den Repliken für Verres fortgesetzt werden, und dann hofften sie durch allerhand Kniffe die Durchführung der zweiten Verhandlung vor den *Ludi Victoriae Sullanae* vom 26. Oktober bis 1. November[52] verhindern zu können (2, 2, 130). Vom 4. November bis 17. November dauerten die plebeischen Spiele.[53] Bis dahin durfte die Sensation verrauscht sein. Durch den Amtsantritt der Quaestoren am 5. und der Volkstribunen am 10. Dezember schieden verschiedene Richter aus (1, 30). Außerdem sollte mit Geld nachgeholfen werden, damit eine Vertagung bis nach dem 1. Januar 69 beschlossen würde (1, 31. 2, 1, 31).

Diesen Plan durchkreuzte Cicero, indem er sich darauf rüstete, unter allen Umständen die erste Verhandlung vor dem 16. August zu Ende zu bringen, so daß die zweite noch am 20. September beginnen konnte.[54] Er beschränkte sich darum, da die Geschworenen am 5. August erst am Nachmittag zusammentraten,[55] nur auf eine kurze einstündige Rede (2, 1, 20),[56] die erhaltene *actio prima* (1. Verhandlung), und an den folgenden Tagen traten sogleich die wohlgeordneten Kolonnen der Zeugen[57] an aus Rom, Kleinasien und Sicilien und wiesen nach, daß Verres in den drei Jahren seiner Statthalterschaft sich 40 Millionen Sesterzen gesetzwidrig angeeignet hatte,[58] während Cicero vor der genaueren Prüfung im Januar von 100 Millionen gesprochen hatte.[59] Die Wirkung war vernichtend. Vergeblich versuchte Hortensius gegen das Verfahren zu protestieren (2, 1, 24) oder durch Zeugenbefragung[60] einzugreifen. Dem Verres verschlug es vollkommen die Stimme.[61] Auch Hortensius verzichtete auf eine Gegenrede.[62] Schon nach drei Tagen Zeugenverhör galt Verres in der öffentlichen Meinung bereits als verurteilt[63] und entzog sich der auf den 20. September angesetzten 2. Verhandlung durch Selbstverbannung. Aber am angesetzten Termin sprachen ihn die Geschworenen schuldig.[64] Erst bei dem 3. Verfahren, der *litis aestimatio* (der von denselben Geschworenen vorzunehmenden Abschätzung des den Geschädigten zu erstattenden Geldbetrags) be-

---

51 HABEL RE Suppl. Bd. 5, 619. Kl. Schr. 2, 165.
52 HABEL RE Suppl. Bd. 5, 629.
53 HABEL RE Suppl. Bd. 5, 621.
54 Cic. Verr. 1, 33–34; 54 u. Anm. 48.
55 Cic. Verr. 1, 1. 2, 5, 177.
56 Cicero benutzt die nachträglich veröffentlichten 5 Reden der fingierten *actio secunda*, um einzelne Vorfälle aus der wirklichen *actio prima* zu berichten und das, was er bei der Zeugenbefragung erläuternd (Verr. 1, 55) vorbrachte, nun in fingierter *oratio* oder *accusatio perpetua* (2, 1, 24; 29) rhetorisch vollendet vorzutragen.
57 Cic. Verr. 1, 55. 2, 1, 20; 27–29. Plut. Cic. 7, 5.
58 Cic. Verr. 1, 56. 2, 1, 27.
59 Div. in Caec. 19. Ps.-Asc. zu div. in Caec. 19 und Verr. 1, 56.
60 Cic. Verr. 2, 1, 71; 151. 2, 156.
61 Cic. Verr. 2, 1, 20. 3, 41. 5, 155.
62 Cic. orat. 129. Plut. Cic. 7, 8. Dazu Kl. Schr. 2, 168, 124 gegen den Versuch CARSTEN HÖEGS, Dragma, Festschrift für M. NILSSON (1939), die Reden der *actio secunda* als wirklich gehalten zu erweisen.
63 Cic. Verr. 2, 1, 20.
64 Cic. Verr. 2, 1, 3. Ps.-Asc. argum. in act. 1; zu 1, 56. Lex Acilia Z 29. Lact. inst. div. 2, 4, 34. MOMMSEN Strafr. 69. H. SIBER Abh. Leipz. 43 (1936), 58, 22. HABERMEHL RE 8 A, 1630.

mühte sich Hortensius nochmals für seinen Clienten und mag hierbei die dem Quintilian[65] bekannte Rede gehalten haben. Dem Cicero machte man es zum Vorwurf, daß sich die Entschädigungssumme nur auf 750000 Denare = 3 Millionen Sesterzen belief.[66] Das wird daher gekommen sein, daß mehr nicht beschlagnahmt werden konnte. Die Siculer waren von Ciceros Leistungen befriedigt und bezeugten ihre Dankbarkeit durch Spenden, die ihm ermöglichten, als Aedil für billiges Getreide zu sorgen.[67]

In Ciceros eigenen Augen war gewiß das größte Ergebnis der gewaltigen Anstrengung, daß er den Hortensius vernichtend geschlagen hatte und damit als anerkannt erster Redner Roms an seine Stelle trat.[68] Um das zu unterstreichen, gab er die fünf Reden der *actio secunda* heraus, die er nicht hatte halten können, in dem sichern Gefühl, damit ein Stück klassischer Literatur geschaffen zu haben.[69] Wie schon die Aedilenwahl gezeigt hatte, eröffnete solcher Patronatserfolg die besten Aussichten für die künftige politische Laufbahn, d.h. für den Aufstieg zum Consulat.[70] Da der Verresprozeß zeitweilig im Brennpunkt des politischen Interesses stand, hatte Cicero, der ja als höchste Kunst des Redners schätzt, auf der Seele des Hörers wie auf einem Instrument zu spielen,[71] auch hier wie in den früheren Prozessen die geeigneten politischen Register zu ziehen (2, 5, 177).[72] Außer den Richtern kam es ebenso auf die Stimmung der Zuhörer an, und in dieser Hinsicht lagen die Umstände im August denkbar günstig. Neben dem üblichen städtischen Publikum waren in hellen Haufen Leute aus ganz Italien zugegen, die damals wegen der Comitien, der Spiele und des Census in Rom weilten (1, 54), und es war mehr als eine Redensart, wenn Cicero sagt, daß der *populus Romanus* an der Verhandlung

---

65 Quintil. inst. or. 10, 1, 23.
66 Plut. Cic. 8, 1; vgl. Ps.-Asc. zu Verr. 1, 56.
67 Plut. Cic. 8, 2. So schrieb er später Cic. leg. 3, 7 *suntoque aediles curatores urbis annonae*. MOMMSEN R. St. R. 2, 503, 1. Das Substrat zu dieser apologetischen Nachricht könnte Tiros Vita sein, Gnomon 36 (1964), 660.
68 Cic. Brut. 320–323. Quintil. inst. or. 11, 3, 8. Schon Cic. Verr. 2, 5, 174 Herausforderung des Hortensius: *ingenio mecum atque omni dicendi facultate contendas*. F. VON DER MÜHLL RE 8, 2475.
69 Cic. orat. 131; 167. Gehässig Cass. Dio 46, 7, 4. Vielleicht liegt eine Declamation der Rhetorenschule zu Grunde. Schon in der nächsten Generation waren solche Themen beliebt, wie Seneca suas. 6 und 7 zeigt.
70 Cic. Verr. 2, 5, 36; besonders deutlich 180–181 mit der Aufzählung der *homines novi*, die seit M. Cato das Consulat erreichten. Mur. 24; 29. orat. 141.
71 Cic. orat. 131. Brut. 188.
72 *Etenim cum omnibus in rebus, tum in re publica permagni momenti est ratio atque inclinatio temporum. Inclinatio temporum* ist ein Begriff aus der Staatslehre Theophrasts, wie der Vergleich mit Cic. fin. 5, 11 zeigt: *hoc amplius Theophrastus, quae essent in re publica rerum inclinationes et momenta temporum, quibus esset moderandum, utcumque res postularet.* Fin. 5, 9–14 ist ein doxographischer Überblick über den Peripatos von Antiochos. Die Stelle über Theophrast geht nach O. REGENBOGEN RE Suppl. 7, 1517 auf dessen wichtigste Schrift πολιτικὰ πρὸς τοὺς καιρούς Theophr. frg. 129 WIMMER zurück. Die Verwendung des Begriffs in den Verrinen zeigt uns, wie sicher Cicero über das Wissen, das er Antiochos verdankte, verfügte und wie er es schon damals ins Lateinische übertrug.

teilnahm;⁷³ der Unwille dieser Zuhörer schwoll einmal so an, daß Glabrio die Sitzung unterbrechen mußte (2, 5, 163). Hortensius warf ihm *populariter agere* vor, weil er den unmündigen Sohn des verstorbenen P. Iunius⁷⁴ auftreten ließ und damit das Mitleid erregte (2, 1, 151–153). Cicero verwahrt sich dagegen und weist es bei Hortensius selbst zurück, daß dieser den von Verres zu hoch vergebenen Zehnten als ein *populare* auszuspielen versuchte (2, 3, 48–49). Das ganze Verrinenwerk läßt darüber keinen Zweifel, daß Cicero kein *homo popularis* sein wollte, worunter man damals Leute vom Schlag eines L. Quinctius oder Licinius Macer verstand.⁷⁵

Sehr wichtig ist das aus einer Cicero boshaft behandelnden Quelle stammende Urteil bei Cassius Dio. Hier wird behauptet, daß Cicero sich für das Jahr 69 um die Aedilität und nicht um das Volkstribunat beworben habe, um bei den ‚Besseren' (*boni* im Optimatenjargon) einen guten Eindruck zu erwecken. Sein Eintreten für die Lex Manilia im Jahr 66 wird dann als ein Umfall zu den *improbi* gewertet.⁷⁶ Diese grobschlächtige Einteilung in Gute und Böse hat im 19. Jahrhundert großes Unheil angerichtet, indem Drumann und Mommsen in ihr allzuviel Ähnlichkeit mit den Parteiverhältnissen der eigenen Zeit erkennen wollten. Inzwischen haben wir gelernt, die zeitbedingte Eigenart der römischen Politik besser zu würdigen, und erkannt, daß die *res publica populi Romani* ohne Optimaten, das heißt die breite Schicht von Bürgern, denen kraft ihres Vermögens Regimentsfähigkeit zukam, undenkbar war. Es gab keine demokratische Ideologie, wie sie zuerst in Nordamerika und durch die französische Revolution auch in Europa zum Durchbruch gelangte, die dieses optimatische Prinzip der Gesellschaftsordnung hätte beseitigen wollen.⁷⁷ ‚Demokraten' und gar eine ‚demokratische Partei', die in neuern Darstellungen der römischen Republik seit dem 19. Jahrhundert herumgeistern, konnte es also nicht geben. Im politischen Tageskampf verstand man unter *optimates*, *boni* zumeist die Nutznießer der Senatsherrschaft, und wer daran rüttelte, galt als ‚Böser', *improbus*.

---

73 Cic. Verr. 1, 10; 38. 2, 1, 29. 3, 80 p. R. *cuius frequentia huic causae numquam defuit*. 5, 150; 173. Über die hier ausgesprochene Drohung Ciceros, als Aedil werde er die fehlbaren Richter vor das Volksgericht stellen, MOMMSEN R. St. R. 2, 492, 5.

74 MÜNZER RE 10, 965 Nr. 28.

75 CHR. MEIER RE Suppl. 10, 569 ff. Vgl. Cic. Cluent. 77 *L. Quinctius homo maxime popularis*. 93 *contiones cotidianae seditiose ac populariter concitatae*. 113 *illa omnia Quinctiana iniqua, falsa, turbulenta, popularia, seditiosa*. 130 *tribunus seditiosus*. 138 *homines seditiosi*. Darum kann ich MAURENBRECHER nicht glauben, daß Sall. hist. 4, 54 *Canina, ut ait Appius, facundia exercebatur* auf Ciceros Verrinen gemünzt gewesen sei. Wie ep. ad Caes. 1, 1, 2 zitierte Sallust den alten Censor Ap. Claudius, ebenso Quintil. inst. or. 12, 9, 9. Die von MAURENBRECHER angeführte Beziehung auf Cicero durch Lact. inst. div. 6, 18, 26 braucht durchaus nicht aus Sallust zu stammen. Eher würde es auf M. Lollius Palicanus passen, Sall. hist. 4, 43.

76 Cass. Dio 36, 43, 4–5. πρὸς τοὺς συρφετώδεις μετέστη. Wie Heinze 984, 1 bemerkt hat, geht diese Beurteilung Ciceros auf seinen Anschluß an den Dreibund Pompeius-Caesar-Crassus seit 56 zurück und gibt uns den engstirnigen Optimatenstandpunkt. Auch E. G. SIHLER Cicero of Arpinum (1914), 105. Zu vergleichen die Suasorie des Varius Geminus bei Seneca suas. 6, 12 *iam collum tritum habet; et Pompeius illum et Caesar subiecerunt, veteranum mancipium videtis*.

77 Cic. re p. 1, 43 von Herrschaft des Demos: *ipsa aequabilitas est iniqua, cum habet nullos gradus dignitatis*. Von Athen: *quoniam distinctos dignitatis gradus non habebant*, keine Abstufung des Rangs. Dazu o. S. 15, Anm. 100. CHR. MEIER RE Suppl. 10, 566.

Wichtig an jenem Optimatenurteil über Cicero ist daher die Auffassung, daß er sich bis 66 zu den Optimaten gehalten habe, daß ihm also die Verrinen nicht als populär angerechnet wurden.

Cicero spricht denn auch durchaus als Senator zu Senatoren, im Bewußtsein der gemeinsamen Verantwortung,[78] rechnet sich zu den *omnes boni*[79] und weiß, daß der vorsitzende Praetor und die Mehrheit[80] der in sein Consilium (hier = Geschworenenbank) berufenen Richter für die Ränke des Verres unempfänglich sind.[81] Es sind *lectissimi viri alque ornatissimi*[82], befanden sich doch darunter so erlauchte Staatshäupter wie Q. Catulus und P. Servilius Isauricus[83] und C. Marcellus,[84] der Abkömmling des großen M. Marcellus.[85] Seit Bestehen von Sullas Gerichtsreform ist es das beste Consilium (2, 1, 18). Während Hortensius – das behauptet wenigstens Cicero – die Freisprechung des Verres empfahl mit Rücksicht auf das *commodum senatorium*, kündigt ihm die Möglichkeit einer solchen Rechtsbeugung den Untergang der Senatsherrschaft.[86] Für den schier unerdenklichen Fall der Freisprechung droht er allerdings, daß er noch vor dem 1. Februar 69 als Aedil gegen sämtliche Fehlbaren ein Multverfahren vor dem Volk durchführen werde.[87]

Das wäre eine populäre (durch Abstimmung der Volksversammlung bewirkte) Aktion gewesen, sie verdankt aber ihre beiläufige Erwähnung nur dem Umstand, daß Cicero eben zum Aedilen gewählt worden war. Er wünscht durchaus nicht die Beseitigung der Senatsherrschaft (2, 1, 4).[88] Ihre Schäden können geheilt werden:[89] Es sind ja nur *pauci*, die alle Mißbräuche verschuldet haben, und mit dieser oligarchischen Entartung hängt aufs engste zusammen der anmaßende Kastendünkel der

---

78 Cic. Verr. 2, 5, 171, 175. 1, 2–3, 43, 46, 49. 2, 1, 5. 9, 19. 2, 2, 1, 117. 3, 96, 98, 145. HEINZE 974. STRASBURGER Concordia ordinum, Diss. Frankfurt 1931, 28.
79 Cic. Verr. 1, 8. 2, 3, 7; ebenso 1, 20 *optimus quisque*; 2, 2, 77 während Verres *civis improbus* 1, 50. 2, 3, 2; 96. Ebenda spricht er von der *invidia imperitorum* (der Bürger in den Volksversammlungen; typischer Optimatenjargon!) gegen den Senat.
80 Cic. Verr. 2, 3, 145 will er von drei Bestochenen wissen.
81 Cic. Verr. 1, 10; 29; 50; 52; 53. 2, 1, 10. 5, 173.
82 Cic. Verr. 2, 1, 15. 5, 150.
83 Cic. Verr. 2, 1, 56. 3, 210. 4, 69. 82. 5, 79.
84 RE 3, 2733 Nr. 214. Praetor 80.
85 Cic. Verr. 2, 3, 212. 4, 90.
86 Cic. Verr. 2, 3, 225 *perniciosum nostro ordini populum Romanum existimare non posse eos homines qui ipsi legibus teneantur leges in iudicando religiose defendere.*
87 Cic. Verr. 1, 37–38. 2, 1, 9; 14. 5, 173; 178; 179; 183. MOMMSEN R. St. R. 2, 492. H. SIBER Abh. Leipz. 43, 41. 43, 7.
88 *Neque enim salus ulla rei publicae maior hoc tempore reperiri potest quam populum Romanum intellegere, diligenter reiectis ab accusatore iudicibus, socios, leges, rem publicam senatorio consilio maxime posse defendi; neque tanta fortunis omnium pernicies ulla potest accedere quam opinione populi Romani rationem veritatis, integritatis, fidei, religionis ab hoc ordine abiudicari.* Man beachte, wie jeweils in solchen Ausführungen der p. R. als oberste Instanz erscheint, nach dem Staatsrecht!
89 Cic. div. in Caec. 70. Verr. 2, 3, 145. 5, 126; 127.

Nobilität, die Absperrung der ausgezeichneten *homines novi* (2, 2, 175) – jeder Hörer denkt vor allem an Cicero – vom führenden politischen Einfluß.⁹⁰

Man braucht kein Jahrhundert zurückzugehen, um „die besten Zeiten" des römischen Staates vor Augen zu haben: den alten Cato, P. Lentulus, Consul 162 und Princeps senatus seit 125,⁹¹ und den jüngeren Scipio Africanus.⁹² So lange die Ritter richteten, 50 Jahre lang, waren die Gerichte unbestechlich; oder die gute alte Zeit erstreckt sich⁹³ bis auf Catulus *pater*, Consul 102. Aber sein Sohn (Consul 78) und P. Servilius Isauricus Consul 79 gehören auch in die Reihe der *antiquissimi clarissimique homines*. Höchst wirkungsvoll gegen P. Scipio (2, 4, 79),⁹⁴ den Gönner des Verres und Richter, daß M. Tullius sich für die Denkmäler des Scipio Africanus einsetzen muß! Verres verfuhr *novo more, nullo exemplo*.⁹⁵

Überschauen wir die politische Haltung der Verrinen, so muß zunächst noch einmal daran erinnert werden, daß die dem Ankläger gestellte Aufgabe in jeder Hinsicht darauf verwies, im Strom der großen politischen Bewegung des Jahres 70 zu schwimmen. Im übrigen war von ihm in einer Prozeßverhandlung ein in die Zukunft weisendes politisches Programm nicht zu erwarten, und er besaß dazu als designierter Aedil auch nicht den Beruf. Ihm ging es in erster Linie um die Bewährung seiner Redekunst und dann, davon nicht zu trennen, um die Förderung seiner senatorischen Laufbahn. Die aber sah er vor sich im gegebenen Rahmen, gern bereit, sich in den Dienst der ehrwürdigen Nobilitätsüberlieferungen zu stellen, wenn ihn nur deren leibliche Erben anerkennen wollten. Um diese Anerkennung warb er mit aller Leidenschaft, und nie wallte sein Blut heftiger, als wenn er empfand, daß sie ihm versagt wurde. In seiner ehrlichen Begeisterung für die gute alte Zeit, mit seinem Abscheu vor gewaltsamer Umwälzung und zugleich im stolzen Bewußtsein

---

90 O. S. 17. Cic. Verr. 1, 15. 2, 4, 81. 5, 181. *Verres summo studio potentissimorum hominum* verteidigt 2, 1, 3. 3, 8–9. HEINZE 975 ff. Dieser hebt 980 richtig hervor, daß Cicero bei scharfer Bekämpfung der Prozeßgegner jede lobende Bezugnahme auf wirkliche Popularpolitiker unterläßt. Bezeichnend die Behandlung des von Verres an seinem Consul Cn. Carbo im Jahr 83 (HABERMEHL RE 8 A, 1563/4) begangenen Verrats Cic. Verr. 2, 1, 35. Seine Entschuldigungen mit *cupiditas defendendae nobilitatis, studium partis, quod ferre novos homines non potuerit, ad nobilitatem, hoc est ad suos transisse* sind nicht stichhaltig; 37 um zu unterschlagen, *Sullanus repente factus est, non ut honos et dignitas nobilitati restitueretur*. Cicero nimmt nicht Stellung gegen die Behauptung: „*Malus civis, improbus consul, seditiosus homo Cn. Carbo fuit*"; ähnlich 39. Weiter 2, 4, 108 *apud patres nostros atroci ac difficili rei publicae tempore* (im Jahr 133), *cum Tiberio Graccho occiso magnorum periculorum metus ex ostentis portenderetur*. Die Bemerkungen über Verres' Beziehungen zur Nobilität sind natürlich bissigster Hohn, da vermutlich sein Vater zu den Rittern gehörte, die Sulla 81 in den Senat aufnahm, HABERMEHL a. O. 1634.
91 MÜNZER RE 4, 1374 Nr. 202.
92 Cic. div. in Caec. 66; 69 *Iure tum florebat populi Romani nomen, iure auctoritas huius imperii civitatisque maiestas gravis habebatur*.
93 Cic. Verr. 1, 38. 2, 3, 210 *cum et optimi mores erant et hominum existimatio gravis habebatur et iudicia severa fiebant*.
94 O. Anm. 14.
95 Cic. Verr. 2, 2, 67. 3, 16–17; 24; 38; 39; 51. 5, 76. Ein Fall, wo Verres sich auf *exempla* beruft 2, 2, 102. W. KROLL Kultur der cic. Zeit 39. Entschieden spricht sich Cicero gegen Sullas Dictatur aus 2, 3, 81 *di immortales faxint, ne sit alter*. Vgl. 2, 1, 38; 43.

geistiger Überlegenheit meinte er, Anspruch darauf zu haben, von ihnen freudig als Mitkämpfer aufgenommen zu werden, und fühlte zu wenig den Abstand, der ihn von den geborenen Herren trennte. Es war bei ihnen nicht nur Kastendünkel, wenn sie ihn nicht als ihresgleichen gelten ließen. Wir gewahrten das an der heftigen Empörung, die seine griechische Ansprache im Rathaus von Syrakus bei L. Metellus hervorrief.[96] Solche Liebedienerei war in ihrem Munde *novorum hominum industria*,[97] und es ist begreiflich, daß sie sich von diesen Leuten nicht gern über altrömische *virtus* belehren ließen. Wir, die wir mit der Kenntnis des spätern Geschichtsverlaufs auf diese Jahrzehnte blicken, können bemerken, daß Cicero trotz aller rhetorischer Superlative über die Verderbnis der Zeit die politische Lage zu oberflächlich ansah und darum zu optimistisch beurteilte. Was dagegen Kenntnis des politischen Lebens und der gesamten Staatsverwaltung sowie politisch-taktische Geschicklichkeit anbelangt, so wird er schon damals von keinem übertroffen worden sein. Nur kommt es eben gerade in der Politik viel mehr auf das Handeln als auf das Wissen an.

Über den Inhalt des Verrinenwerks läßt sich zusammenfassend nur sagen, daß es uns eine schier unvorstellbare Menge von Möglichkeiten vor Augen führt, wie ein römischer Magistrat gegenüber Mitbürgern, vor allem aber gegenüber Untertanen in den Provinzen seine Amtsgewalt in schändlichster Weise mißbrauchen konnte. In der fingierten 2. Actio gliedert Cicero den ungeheuren Stoff in 5 Reden: die 1. *de praetura* behandelt nicht nur diese Amtsführung im Jahr 74, sondern beginnt schon mit der Quästur 83, darauf folgt 80–79 die Stellung als Legat des Proconsuls Cn. Cornelius Dolabella in Kilikien. Dieser, uns vom Quinctiusprozeß her bekannt (o. S. 18), wurde 78 in einem Repetundenprozeß verurteilt. Dabei trat Verres als Zeuge gegen ihn auf, obwohl er (nach Cicero) selbst schon ein Vorspiel aller Schändlichkeiten gegeben hatte, die er nachmals in Sicilien beging. Schon die Rechtsprechung in Rom verstand er zu schamloser Bereicherung auszunutzen. Aber das Schlimmste geschah dann in den drei Jahren der Amtsführung in Sicilien. Die 2. Rede trägt den Titel *de praetura Siciliensi* (Mißbrauch von Amtsgewalt und Rechtsprechung zu Erpressungen), die 3. *de frumento* (die Erpressungen bei der Erhebung der Naturalsteuern), die 4. *de signis* (Raub von Kunstwerken) und die 5. *de suppliciis* (ungerechte Todesurteile). Cicero bot seine ganze Kunst auf, den widerwärtigen und doch die Sensationsbegierde reizenden Stoff abwechslungsreich zu gestalten. Der modernen Geschichtsforschung aber stellte er damit ungewollt unschätzbares Material über die republikanische Provinzialverwaltung und römisches Staats- und Strafrecht zur Verfügung, wobei nur wieder daran zu erinnern ist, daß es nicht Sache des Prozeßredners war, über diese Verhältnisse fachmännisch zu belehren, sondern den Gerichtshof für die vertretene Sache zu gewinnen.[98]

---

96 Über diese Auffassung der *prisci magistratus* Val. Max. 2, 2, 2. KROLL Kultur der cic. Zeit 1, 128, 68.
97 Cic. Verr. 2, 3, 7. 4, 81. 5, 181.
98 Die Ergebnisse der seit einem Jahrhundert mit viel Scharfsinn betriebenen Forschung sind von HELMUT HABERMEHL in dem mehrfach angeführten Artikel RE 8 A, 1561–1633 übersichtlich und genau zusammengefaßt. Er wirft 1631 ff. auch die wichtige Frage auf, wie weit die einseitige Darstellung Ciceros glaubwürdig ist.

Fragen wir zum Schluß nach der Grundanschauung, auf der die politischen Urteile der Reden ruhen, so ist es dieselbe, die er seit 54 im großen staatsphilosophischen Werk *de re publica* ausarbeitete. Die gute alte Zeit des römischen Staats verdankte man der Umsicht der Vorfahren, die durch Verschmelzung der einfachen Staatsformen Monarchie, Aristokratie, Demokratie die beste Verfassung, die gemischte, gewonnen hatten.[99] Diese Lehre war den römischen Senatoren wohl zuerst durch das 6. Buch des Polybios bekannt geworden, der mit Recht stolz darauf war, wie die Römer sein Geschichtswerk lasen.[100] Natürlich brauchte sich Cicero in einer *accusatio* nicht über seine Kenntnis der griechischen Verfassungslehre auszulassen. Aber wir beobachteten bereits, wie ihm Theophrasts Werk über Verfassungsänderungen bekannt war.[101] Sein Thema veranlaßte ihn aber, sich insonderheit mit der oligarchischen Entartung des von Sulla neu befestigten Senatsregiments auseinanderzusetzen. Als designierter Aedil denkt er nicht daran, ein überkommenes Recht des Senats zu verkürzen, aber damit das nicht geschehe, muß die tyrannische Gewaltherrschaft von Wenigen (*pauci*), übermäßig Mächtigen (*potentiores*) beseitigt werden.[102] Im Dialog über den Staat verwendet er für Oligarchie meist *factio*.[103] Gewiß brauchte ein damaliger Redner nicht Polybios gelesen zu haben, um von *pauci* zu sprechen, doch bei Cicero liegt die philosophische Bildung zu Grunde. Wenn er später im Dialog gerade Polybios und Panaitios erwähnt,[104] so scheint das nicht auszuschließen, daß Rutilius Rufus sie nannte bei dem Besuch, den ihm die Brüder Cicero abstatteten, wobei sie ihn über die Lage des römischen Staates befragten und über die Gründe, die ihn von einer Rückkehr abhielten. Sein nahes Verhältnis zu Panaitios ist wohl bezeugt.[105]

Viel später sagt Cicero im Rückblick auf den Dialog, die Staatsphilosophie sei seit Platon, Aristoteles und Theophrast das große Thema der Peripatetiker gewesen.[106] Im Jahr 59 erwähnt er in einem Brief, daß er aus Theophrast über den Kreislauf der Verfassungen wohl Bescheid wisse,[107] und in den um 52 geschriebenen ‚Gesetzen' nennt er eine ganze Reihe von Autoren darüber: nach Theophrast die Stoiker Diogenes (von Babylon) und Panaitios, Herakleides den Pontiker als von Platon und der Akademie herkommend, schließlich Dikaiarchos und Demetrios

---

99 Cic. re p. 1, 70. leg. 2, 23.
100 Polyb. 31, 22, 8. Über die Mischverfassung und ihr Vermögen, den Gefahren des Kreislaufs der Verfassungen abzuhelfen 6, 3, 7; 10, 7; 18, 1. Kl. Schr. 3, 193 ff.
101 O. Anm. 72.
102 O. Anm. 89; 90. Chr. Meier RE Suppl. 10, 594. 2, 5, 175 *regiam istam vestram dominationem in iudiciis et in omni re publica*. Polyb. 6, 3, 11 ὀλιγαρχικὰ πολιτεύματα. 4, 3; 6.
103 Cic. re p. 1, 68; 69. 3, 23; 44. Doch *pauci* 1, 44; 51 auch Aristokratie kann *optimus status* sein, wenn sie von ‚sittlich Guten' ausgeübt wird: *virtus quae cum in paucis est, tum a paucis iudicatur et cernitur*. Doch unwissende Menschen *opulentos homines et copiosos, tum genere nobili natos esse optimos putant*. Dann regieren *opes paucorum, non virtutes* den Staat. Solche *principes* sind nur dem Namen nach *optimates*. Der Passus schließt mit dem Urteil *nec ulla deformior species est civitatis quam illa, in qua opulentissimi optimi putantur*.
104 Cic. re p. 1, 15; 34. 2, 27. 4, 3.
105 Cic. Brut. 114. off. 3, 10.
106 Cic. divin. 2, 3. fin. 5, 11.
107 Cic. Att. 2, 9, 1–2, dazu Regenbogen RE Suppl. 7, 1519.

von Phaleron aus der Schule des Aristoteles wie Theophrast.[108] Als er seine großen philosophischen Werke verfaßte, waren ihm die Schriften solcher berühmter Vorgänger gewiß zugänglich. Dennoch möchte ich glauben, daß solche doxographischen Reihen ihm seit den Studien bei Antiochos geläufig waren, und dafür sprechen die Anspielungen in den Verrinen.[109]

---

108 Cic. leg. 3, 13–14. Demetr. frg. 72 WEHRLI.
109 Einen kurzen Abriß der peripatetischen Staatslehre lesen wir bei Ioann. Stob. 2, 7 = Bd. 2, 150 W. Er stimmt in der Abfolge der Staatsformen darin mit Polyb. 6, 4, 10; 57, 9 überein, daß er die Entartung der Demokratie als Ochlokratie bezeichnet, woraus zu erschließen ist, daß Polybios auf den (von ihm nicht genannten) Theophrast oder Dikaiarch zurückgeht, Kl. Schr. 3, 195. Im Abriß begegnet uns auch der Begriff der μικτὴ πολιτεία. 6, 5, 1 spricht Polybios von Platon und einigen andern Philosophen. Von Diodor 31, 26, 5 wird der Unterricht, den er Scipio erteilte, als philosophisch bezeichnet. Kl. Schr. 3, 178, 133.

V. VON DER AEDILITÄT BIS ZUR PRAETUR

Von Ciceros Aedilität im Jahr 69 ist bekannt, daß er die zu veranstaltenden Ludi Ceriales, Florales und Romani nach Maßgabe seines bescheidenen Vermögens ausstattete.[1] Höchstwahrschlich verteidigte er in diesem Jahr[2] M. Fonteius, der 74–72 als Propraetor in Gallia ulterior regiert hatte, in seinem Repetundenprozeß. Erhalten ist der Schluß der von Cicero in der Actio II gehaltenen Rede.[3] In der verlorenen Einleitung hatte Cicero den Fonteius von Verres abgehoben,[4] und es ist klar, daß er die Verteidigung nicht übernommen hätte, wenn dadurch der Ruhm der Verrinen beeinträchtigt worden wäre.[5] Der Redner der anklagenden Kelten (vor allem Volker und Allobroger 1; 26), M. Plaetorius, den Cicero (36) als Freund apostrophiert, sah von persönlichen Beschimpfungen des Angeklagten ab (37–40). Neben ihm hatte M. Fabius die Anklage unterzeichnet, offenbar aus der Familie des Q. Fabius Allobrogicus und daher Patron der Allobroger (36). Entsprechend war der wichtigste Zeuge Indutiomarus aus fürstlichem Geschlecht dieses Volks (29; 46),[6] der eine geschlossene Front seiner Volksgenossen hinter sich hatte.[7] Für Fonteius traten nur die römischen Bürger der Provinz ein, die Colonie Narbo, außer einigen römischen Rittern die Kaufleute, Steuerpächter und Landwirte (12; 32; 46) und die verbündete Griechengemeinde Massilia (14; 45).

Cicero gibt zu, daß die Provinz durch die Leistungen und Lieferungen für den Sertoriuskrieg schwer belastet wurde, besonders durch die Stellung von Reiterei, die sie aus eigenen Mitteln besolden und verpflegen mußte (13; 26). Dazu hatte Fonteius gegen die Vocontier (südlich von den Allobrogern) gekämpft (14; 20; 26). Er bestreitet die Glaubwürdigkeit der keltischen Zeugen nicht nur, weil sie Barbaren und mit dem noch geübten Brauch von Menschenopfern religiös zurückgeblieben seien (23; 31; 32), sondern auch mit der in berühmten Prozessen des 2. Jahrhunderts entwickelten Topik, daß man Aussagen persönlicher und hochgestellter Feinde nicht beachten dürfe (23–27). Vor allem benutzt er die Drohung mit Krieg, falls Fonteius freigesprochen werde (33; 36; 44). In der *commiseratio* am Schluß malt er in Ermangelung eines Kindes die Tränen der Schwester und Vestalin langatmig aus (46–49). Natürlich wurde Fonteius freigesprochen.[8]

Wohl auch in einem Repetundenprozeß verteidigte Cicero zur selben Zeit den P. Oppius, gewesenen Quaestor des Consuls von 74, M. Aurelius Cotta, der ihn

---

1 Cic. Mur. 40. off. 2, 58. Verr. 2, 5, 36.
2 MÜNZER RE 6, 2845. Cic. Font. 16; 32.
3 Cic. Font. 37; 40.
4 Iul. Victor S. 222 Or. = HALM, Rhetores Latini Minores, S. 400.
5 HEINZE 981.
6 *Dux Allobrogum ceterorumque Gallorum*, danach offenbar der Führerschicht, die Caesar als *principes* bezeichnet, zugehörig.
7 Cic. Font. 16 *Gallorum consensio*.
8 Cic. Att. 1, 6, 1.

wegen Bestechung und Attentatsversuchs aus dem Lager in Bithynien verwiesen hatte.[9]

Wir wissen über die politischen Umstände dieses Verfahrens nichts. Auf Ciceros Haltung wirft nur eine Nachricht Quintilians Licht:[10] *quamquam erat in Cottam gravissime dicturus neque aliter agi P. Oppii causa poterat, longa tamen praefatione excusavit officii sui necessitatem.* Damit wird wieder sein Bemühen sichtbar, ja nicht als *popularis* („Hetzer gegen die Nobilität") zu erscheinen.

Ins Jahr 69 gehört vermutlich die letzte von Cicero veröffentlichte Rede in einem Civilprozeß.[11] Er sprach für A. Caecina, einen angesehenen Bürger des in Etrurien gelegenen Municipiums Volaterrae. Seine verstorbene Frau hatte ihn zum Erben von 23 Vierundzwanzigsteln ihres Vermögens eingesetzt (17). Beklagter war Sex. Aebutius, ein früherer Vermögensverwalter der Erblasserin, der zu seiner Enttäuschung nur mit einem Zweiundsiebzigstel bedacht worden war. Er behauptete, ein Pachtgut (*fundus*) in der Erbmasse Caecinas gehöre ihm, da er es gekauft habe (13; 16; 17; 19). Nachdem sein Versuch, Caecina mit der Behauptung zu erpressen, Sulla habe im Jahr 80 den Volaterranern das Bürgerrecht entzogen, und als Nichtbürger könne er eine römische Bürgerin nicht beerben, wegen mangelnder Rechtsgrundlage mißlungen war (18; 95; 97), beschritt Caecina den Rechtsweg.

Um vom Praetor das Interdict zum Schutz vor „gewaltsamer Verdrängung aus dem Besitz" zu erlangen, wurde auf den Rat des bedeutenden (uns schon im Quinctiusprozeß begegneten) Rechtsgelehrten C. Aquilius Gallus eine symbolische Gewalthandlung mit Aebutius vereinbart, wobei dieser bei gemeinsamem Besuch des umstrittenen Gutes den Caecina „hinausführen" sollte.[12] Dieser Folge wollte sich Aebutius entziehen, indem er Caecina durch Bewaffnete am Betreten des Gutes hinderte. So mußte es zur gerichtlichen Entscheidung kommen. Der Praetor überwies sie drei Recuperatoren, die ihren Spruch zu der vom Kläger formulierten *sponsio* (Prozeßwette) zu fällen hatten: wenn Aebutius gegen das Edict des Praetors nicht zurückerstattet, Gewalt verübt habe, werde er eine vereinbarte Geldsumme zahlen (29; 45; 82).[13] Die zwei Praetorier aus der Nobilitätsfamilie der Calpurnii Pisones, die an Verhandlungsterminen für Aebutius sprachen, behaupteten auf den Rat ihres *iurisconsultus*, Caecina müsse die „Wette" verlieren, da ihm Aebutius nicht zurückerstatten könne, „woraus" (*unde*) er nicht vertrieben wurde, weil Caecina das fragliche Gut gar nicht betreten habe. Solche buchstäbliche Auslegung einer juristischen Formel nannte man *summo iure agere* (10; 65). Sie wurzelte in der archaischen Denkweise, die sich seit der Zeit des Legisactionenprozesses bei konservativen *iuris consulti* erhalten hatte. Schon vor einer Generation hatte L. Licinius Crassus gegen keinen Geringeren als den Pontifex maximus Q. Mucius

---

9 Cass. Dio 36, 40, 3. Sall. hist. 3, 59; 60. Die Zeugnisse und Fragmente von Ciceros Rede S. 395 orat. frg. ed. SCHOELL. KLEBS RE 2, 2488.
10 Quintil. inst. or. 11, 1, 67. Vgl. HEINZE 983. CIACERI 1, 99. HEINZE 982, 2 bezweifelt mit Recht, ob Quintil. inst. or. 5, 13, 21 nicht fälschlich die Rede *pro Oppio* anführt statt *pro Cluentio*.
11 S. S. 24.
12 Cic. Quinct. 2; 20; 22; 77. BERGER RE 9, 1696.
13 Kl. Schr. 1, 307.

Scaevola den Grundsatz siegreich verfochten, es komme auf den Sinn des in der Rechtsformel ausgesprochenen Inhalts an, *aequitas* gegen *summum ius* (53; 80).[14] Cicero hat die Rede wohl hauptsächlich veröffentlicht, weil er an diesem krassen Beispiel von *summum ius* die neue, nun auch von C. Aquilius Gallus, seinem Mitschüler bei Scaevola, geteilte Lehre der *aequitas*, des *aequum et bonum* siegreich darlegen konnte (77; 80; 81).

Im Jahr 67 verteidigte Cicero den *scriba aedilicius* D. Matrinius[15] in einem Disziplinarverfahren vor den Praetoren M. Iunius[16] und Q. Publicius und den Curulaedilen M. Plaetorius und C. Flaminius,[17] um nachzuweisen, daß ihn die Censoren von 70 zu Unrecht unter die Aerarier versetzt hatten. Dieses Auftreten hatte gewiß keine politische Bedeutung, beweist aber, wie Cicero auch für einen *homo tenuis* keine Mühe scheute.[18]

Der Sommer 67 brachte ihm den großen Erfolg, von sämtlichen Centurien als erster der Kandidaten zum Praetor von 66 gewählt zu werden. Die Wahlhandlung wurde zweimal abgebrochen, so daß er dreimal auf so ehrenvolle Weise ausgezeichnet wurde.[19] Die unliebsame Verzögerung wurde durch den erbitterten Streit des Volkstribunen C. Cornelius mit dem Consul C. Calpurnius Piso verschuldet. Cornelius, dessen Verteidigung Cicero zwei Jahre später übernahm, hatte einen Gesetzesantrag mit scharfen Strafen gegen Wahlbestechung eingebracht. Wie die weitern Unternehmungen seines Tribunats zeigen, war es ihm ernsthaft darum zu tun, die mit dem Schlendrian des Senatsregiments verbundene Korruption zu beseitigen. Die verbotenen Künste des Ambitus wurden damals besonders eifrig betrieben, weil die Censoren von 70 den Senat von 64 unwürdigen Mitgliedern gesäubert hatten, die nun durch Wiederwahl in ein Amt den verlorenen Rang zurückerobern wollten. Der Senat erkannte den Übelstand an und ermächtigte die beiden Consuln dazu, ihrerseits ein Gesetz gegen Ambitus, aber mit mildern Strafbestimmungen zu beantragen. Dabei drängte er aber unter Entbindung von den gesetzlich vorgeschriebenen Fristen auf sofortige Abstimmung vor den Wahlen;[20] denn das Straßenvolk der Contionen tobte gegen die Milderung[21] und wollte M. Lollius Palicanus, der sich als Tribun von 71 zusammen mit Pompeius um die Wiederherstellung der gesetzgebenden Befugnisse des Volkstribunats hochverdient gemacht hatte,[22]

---

14 Im Jahr 44 erwähnt Cicero off. 1, 33, es gebe ein Sprichwort *summum ius summa iniuria*, das Ungerechtigkeiten, „die aus einem gewissen Mißbrauch des Rechts und allzu schlauer, aber bösartiger Auslegung des Rechts" herrührten, brandmarke. Dazu JOH. STROUX Römische Rechtswissenschaft und Rhetorik (1949), 61. Kl. Schr. 1, 310.
15 MÜNZER RE 14, 2286 Nr. 2.
16 MÜNZER RE 10, 964 Nr. 25.
17 MÜNZER RE 6, 2502 Nr. 4.
18 Cic. Cluent. 126. Zum Datum 147, wonach die beiden Curulaedilen im Jahr 66 als *quaesitores* den *quaestiones inter sicarios* und *peculatus* vorsaßen. Da sich Cicero 67 um die Praetur bewarb (Att. 1, 10, 6), war ein solcher Wähler nicht zu verachten.
19 Cic. imp. Cn. Pomp. 2. tog. cand. frg. 5. Pis. 2. Brut. 321. Plut. Cic. 9, 1.
20 Cass. Dio 36, 38, 4–39, 1.
21 Corn. frg. 1, 41.
22 Kl. Schr. 2, 158 ff.

zum Consul wählen.²³ Es kam zu blutigen Ausschreitungen und die beiden so gewählten Consuln P. Sulla und P. Autronius mußten denn auch, später in Ambitusprozessen verurteilt, ihren siegreichen Anklägern L. Aurelius Cotta und L. Manlius Torquatus weichen.

Aus dem Jahr 67 stammen die frühesten Briefe in der Sammlung seines Freundes T. Pomponius Atticus.²⁴ Wir erfahren beiläufig, daß er, seiner Wahl sich sicher fühlend, seinen in Athen weilenden Freund, von dem bekannt war, wie er – der selbst nie einen Magistrat begehrte – es mit der Pflicht, den Freunden in den letzten Wahlwochen durch mündliche Empfehlung beizustehen,²⁵ von solcher Reise entband. Ein Hauptanliegen war ihm die Ausstattung der neu erworbenen Villa bei Tusculum mit griechischen Kunstwerken. Er ließ ein Gymnasium bauen, dem er in Erinnerung an die Athener Studienzeit den Namen „Academia" gab und für das ihm Atticus aus Griechenland Hermen und andere Skulpturen sowie Bücher für die Bibliothek besorgen sollte.²⁶ Wie er später gern betonte, benutzte er die freien Stunden, die ihm Patronatstätigkeit und Politik ließen, immer wieder zur Lektüre philosophischer Schriften, und die Lehrstätte Platons genoß seine besondere Verehrung.²⁷ Während er zu Anfang des Jahres 67 dem Hinschied seines geliebten Vetters L. Cicero warme Worte herzlicher Trauer widmet,²⁸ meldet er, für uns befremdlich kalt, daß sein Vater am 27. November 68 die Seinen verließ.²⁹

Von den heftigen Bewegungen des politischen Lebens gerade im Jahr 67 hielt sich Cicero zurück, so aufmerksam er auch als Senator die Ereignisse verfolgte. Da wurde vom Tribunen A. Gabinius L. Lucullus von seiner großen Stellung im Osten abberufen und bald nachher unter Mißachtung des Intercessionsrechts das Plebiscit über Erteilung einer umfassenden Vollmacht zur Beseitigung der Seeräuberei durchgesetzt, worauf dann Pompeius gewählt wurde.³⁰ Die weitern Reformbemühungen des Cornelius waren damit verglichen harmlos.

---

23 Val. Max. 3, 8, 3.
24 Cic. Att. 1, 5–11. Seit 1965 erscheint eine sorgfältig kommentierte Ausgabe Cicero's Letters to Atticus von D. R. SHACKLETON BAILEY 1968 vollendet.
25 Corn. Nep. Att. 4, 4. Q. Cic. comm. pet. 18.
26 Cic. Att. 1,5, 7; 6, 2; 7, 3; 8, 2; 9, 2; 10, 3; 4; 11, 3. Später kam noch ein *gymnasium superius* dazu, das er „Lyceum" nannte (divin. 1, 8).
27 Cic. off. 2, 4. Att. 1, 20, 7. 2, 1, 12. Tusc. 5, 5. fin. 5, 2. Später eine ebenfalls Academia genannte Villa (Plin. n. h. 31, 6) wohl auf dem Puteolanum (fat. 2). Man mag sich vorstellen, daß zu seiner Lektüre gerade auch die ihn durch ihre Form anziehenden Dialoge Platons gehörten. Nach W. BURKERT Gymnas. 72 (1965), 179 kannte er nachweislich Apologie, Protagoras, Gorgias, Phaidon, Politeia, Phaidros, Timaios und Teile der Nomoi. So bezeichnete ihn dann bald darauf der Bruder Quintus als *homo Platonicus* (comm. pet. 46), womit er auf sittliche Grundsätze anspielt, die vor den Notwendigkeiten des Wahlkampfs hintangestellt werden müßten.
28 Cic. Att. 1, 5, 1.
29 Cic. Att. 1, 6, 2 *pater nobis decessit*. W. KROLL Kultur der ciceronischen Zeit 2, 99 mit Recht: „Wir werden uns damit abfinden müssen, daß man den Tod eines alten Mannes nicht ernsthaft betrauerte."
30 Mein ‚Pompeius' [Neudruck der Ausgabe von 1984 mit Forschungsüberblick und Ergänzungsbibliographie von Elisabeth Herrmann-Otto, Stuttgart 2005] 71–74.

Als Praetor von 66 erlöste Cicero die Leitung des Repetundengerichtshofs.³¹ Aus dieser Tätigkeit ist nur der Prozeß bekannt, den der Praetorier und als rühriger Popularpolitiker und phantasievoller Historiker bekannte C. Licinius Macer³² trotz der Verteidigung durch M. Crassus³³ verlor und sich so zu Herzen nahm, daß er vor Aufregung starb.³⁴ Cicero meldet an Atticus, die Verurteilung sei vom Volk mit Begeisterung aufgenommen worden, und so bringe ihm seine Unparteilichkeit mehr Gewinn, als ihm die Dankbarkeit Macers bei einem Freispruch hätte eintragen können, ein für seine ganz auf die bevorstehende Consulwahl gestimmte Betrachtungsweise höchst bezeichnender Ausspruch.³⁵

Besonders deutlich wird uns dieses Verhalten in der ersten Rede, worin er als Magistrat des römischen Volks zu einer wichtigen politischen Frage das Wort ergriff. Der Tribun C. Manilius³⁶ erteilte ihm in einer Contio das Wort zu seiner Rogatio, dem Cn. Pompeius den Oberbefehl im Mithridatischen Krieg zu übertragen.³⁷ Eine dankbarere Aufgabe konnte ihm nicht zufallen: die Kriegführung des Lucullus war zusammengebrochen,³⁸ sein Nachfolger M'. Acilius Glabrio versagte (5), dagegen hatte Pompeius den Seeräuberkrieg dank den großen Bewilligungen der Lex Gabinia (52) in glänzendster Weise beendet. Er hatte bereits Winterquartiere in Kleinasien bezogen (45)³⁹ und konnte sofort das Kommando übernehmen (13; 50). Die Fortschritte des Mithridates duldeten keinen längern Aufschub energischer Wiederaufnahme des Kriegs (26). So war die einzig mögliche Lösung der Frage, Pompeius damit zu betrauen. Das erkannten die Consulare P. Servilius Isauricus,⁴⁰ C. Scribonius Curio,⁴¹ C. Cassius Longinus⁴² und Cn. Cornelius Lentulus Clodianus⁴³ öffentlich an (68). Widerspruch erhoben nur noch die beiden unentwegten Verteidiger der Senatsherrschaft Q. Lutatius Catulus und Q. Hortensius.⁴⁴ Der Ausgang der Abstimmung stand von vornherein fest.⁴⁵ Eintreten für Pompeius forderte jetzt von einem Senator keinen besonderen Mut mehr wie im Jahre vorher bei der Lex Gabinia, wo allein der Quaestorier C. Caesar dafür zu sprechen gewagt hatte.⁴⁶ Die gebotene Gelegenheit, sich unter solchen Umständen den allmächtigen Mann zu verpflichten, nicht zu ergreifen, wäre höchst ungeschickt gewesen, zumal

---

31 Cic. Cluent. 147. Rab. Post. 9. Corn. frg. 1, 3. Durch Losung nach Lex Cornelia. Mos. et Rom. leg. collat. 1, 3, 1. Mur. 41.
32 MÜNZER RE 13, 420.
33 MÜNZER RE 13, 308.
34 Plut. Cic. 9, 2. Val. Max. 9, 12, 7. Daß er durch Selbstmord der Verkündung des Urteils zuvorgekommen sei, widerspricht dem Zeugnis Ciceros.
35 Cic. Att. 1, 4, 2. Vgl. Brut. 238. leg. 1, 7.
36 MÜNZER RE 14, 1133.
37 Cic. imp. Cn. Pomp. 1; 3; 69.
38 GELZER RE 13, 404.
39 In Kilikien nach Appian. Mithr. 97. R. HOLMES The Rom. Rep. (1923) 1, 426.
40 RE 2 A, 1815.
41 RE 2 A, 865.
42 RE 3, 1727.
43 RE 4, 1381.
44 Cic. imp. Cn. Pomp. 51. Plut. Pomp. 30, 4.
45 Cic. imp. Cn. Pomp. 69; 63; 43–44. Mur. 34. Plut. Pomp. 30, 5.
46 Plut. Pomp. 25, 8. H. STRASBURGER Caesars Eintritt in die Geschichte (1938) 101.

von Cicero, der sich für die Consulatsbewerbung alle Verbindungen selbst schaffen mußte.[47] Der Gewinn wog schwerer als die unvermeidliche Verstimmung einiger Optimaten (71).[48] Selbstverständlich sagt er in der Rede, er spreche nicht mit solchen Hintergedanken, sondern nur für das Staatswohl (70–71). Aber der Bruder Quintus macht in seiner Denkschrift vom Jahr 64 kein Hehl daraus (5; 14; 51), und er selbst erwähnt in der Einleitung der Rede, daß ihm seine Freunde aus dem ihm so eng verbundenen Ritterstand die schwere Gefährdung der Finanzinteressen in Asia und Bithynien ans Herz legten (4–5; 17–19).

Q. Cicero stellte ihm (51) als das große, bisher von niemandem vollbrachte Kunststück vor Augen, gleichzeitig die *urbana multitudo* mit ihren Antreibern und die *splendidi homines* zu gewinnen. Insofern ist es keine unberechtigte Kritik an Cicero, wenn ihm bei Cassius Dio (36, 43, 5) anläßlich der Unterstützung der Rogatio Manilia ἐπαμφοτερίζειν (nach beiden Seiten neigen), eine Haltung, die es mit keiner Partei verderben will, nachgesagt wird. Aber es ist große Übertreibung, wenn es weiter heißt, er sei damals, nachdem er bisher den Optimaten den Vorzug gegeben habe, zum „Gesindel" (πρὸς τοὺς συρφετώδεις) übergegangen. Denn vom popularen Standpunkt aus ist die veröffentlichte Rede wenigstens denkbar zahm.[49] Abgesehen vom Lobpreis des Pompeius – übertrieben höchstens, wenn ihm auch das Hauptverdienst im Sklavenkrieg zugeschrieben wird (30) –, wobei er sich mit Recht darauf berufen kann, daß Männer wie Catulus ihm vor 70 seine außerordentlichen Imperien verschafft haben (60; 63), besteht sie aus lauter Verbeugungen vor den Optimaten, vor Lucullus (5; 10; 20–26), vor Sulla und Murena (8; 30), vor Catulus und Hortensius (51; 59; 66), den anderen erwähnten Consularen (68).

Dagegen erwähnt Cicero nicht, daß Caesar wie die Lex Gabinia nun ebenfalls die Manilia empfahl.[50] Natürlich brauchte sich ein Praetor nicht auf einen Quaestorier, der in diesem Jahr zum Curulaedil für 65 gewählt wurde,[51] zu berufen. Aber es lehrt doch auch, wie er sich jedenfalls nicht mit dem damals schon unliebsames Aufsehen erregenden *popularis* auf eine Linie zu stellen wünschte.[52] Mit Recht begründet Cassius Dio Caesars Eintreten für die Vollmachtsgesetze zugunsten des Pompeius mit dem Plan, selbst auf demselben Weg zu entscheidender Stellung zu gelangen. Wirklich bemühte er sich schon im Jahr 65 um ein Plebiscit über ein *extraordinarium imperium* zur Annexion Aegyptens, was freilich durch die Optimaten hintertrieben werden konnte.[53] An solch kühnes Eingreifen in die große Politik dachte Cicero nicht im entferntesten. Gabinius mußte nach dem glorreichen Gelin-

---

47 Cic. Att. 1, 1, 2.
48 Aufgebauscht zu *multae simultates*.
49 *Temperata oratio* nennt sie Cicero selbst orat. 102, was auf die Stilform geht, die aber durch den Inhalt bedingt ist.
50 Cass. Dio 36, 43, 3.
51 Suet. Caes. 9, 1.
52 Vgl. HEINZE 987. CIACERI 1, 124. GELZER RE 13, 309.
53 Suet. Caes. 11. Cic. leg. agr. 2, 44. RE 13, 310. ‚Caesar' [Neudruck der Auflage von 1983 mit einer Einführung und einer Auswahlbibliographie von Ernst Baltrusch, Stuttgart 2008] 34. Skeptisch STRASBURGER a.O. 114.

gen des Seeräuberkrieges gelobt werden (58), und wenn seine Gegner nun zu verhindern suchten, daß er auf Pompeius' Wunsch sich als Legat nach dem Kriegsschauplatz begab, so war das als kleinliche Schikane zurückzuweisen. Cicero beruft sich dabei auf frühere Beispiele (58), wie er nachher aus der Geschichte auch den Catulus widerlegt, der mit der Begründung arbeitete: *ne quid novi fiat contra exempla atque instituta maiorum* (60); Brauch der Altvordern sei es im Gegenteil gewesen, neuen Gefahren mit neuen Mitteln zu begegnen. Mit Stolz kündigt er an, daß er als Praetor darüber dem Senat berichten werde, falls die Consuln (L. Metellus und Q. Marcius Rex) es unterließen.

Über die im Jahr 66 übernommene Verteidigung des A. Cluentius Habitus ist schon anläßlich der im Jahr 74 von diesem geführten Prozesse ausführlich gesprochen worden.[54] Wenn Cicero diesmal den damaligen Gegner vertrat, so dürfen wir von vornherein schließen, daß es im Hinblick auf die politische Laufbahn geschah. Cluentius war ein hochangesehener Ritter und besaß in mehreren Municipien einflußreiche Freunde.[55] Außerdem bot der Versuch des Anklägers T. Accius, den Cluentius mit der Klausel der Lex Cornelia über Richterbestechung zu fassen (144), erwünschte Gelegenheit (157), den gesamten Ritterstand vor einer solchen Auslegung jener nur auf Senatoren bezüglichen Bestimmung zu schützen, insonderheit die nach der Lex Aurelia zum Geschworenendienst herangezogenen Ritter und Aerartribunen (143–160).[56] Da Cluentius selbst nicht wünschte, die Anklage nur durch solchen Nachweis der Unzuständigkeit des Gerichtshofs abzuwehren (144; 149; 156), wird Ciceros eigene Absicht, als der stets wachsame Patron der Ritterschaftsinteressen zu erscheinen, besonders deutlich. Bei dieser Gelegenheit wird auch (152) zum ersten Mal der politische Gedanke geäußert, daß der uneigennützige Teil des Senats engste Verbindung mit dem Ritterstand wünsche.[57]

Die Gegner sind *pauci, qui sese volunt posse omnia neque praeterea quicquam esse aut in homine ullo aut in ordine*. Das ist Andeutung jener *concordia ordinum*, die seit seinem Consulatsjahr seinen persönlichen politischen Leitgedanken

---

54 S. o. S. 30 ff.
55 Cic. Cluent. 197–198.
56 LANGE RA 3, 222. Nach Cic. Cluent. 151 und 154 hatte Sulla die Klausel aus der Lex des C. Gracchus von 123 übernommen. Nach W. KUNKELS plausibler Vermutung (Untersuch. z. Entwickl. d. röm. Kriminalverfahrens Abh. Bayer. Akad. 1962, 70 A. 263 a) verbot sie die Einsetzung von Sondergerichten durch den Senat, und die von Sulla übernommene Klausel war die Sanktionsklausel dieses Gesetzes. Der Gedanke, mit ihrer Hilfe die Geschworenen wegen Bestechung und übler Machenschaften zur Rechenschaft zu ziehen, stammt vom Tribunen M. Livius Drusus, der 91 schon einmal versucht hatte, die Gerichtshöfe aus Senatoren und 300 Rittern zu bilden (Appian. bell. civ. 1, 157–160 mit Kommentar E. GABBA's. Cic. Cluent. 153–154. Rab. Post. 16. MÜNZER RE 13, 867). Cicero stellt sich 151 so, als ob er nicht wüßte (s. oben S. 40 A. 49), daß im Jahr 70 durch die Lex Aurelia die Zusammensetzung der Geschworenengerichte verändert wurde, und behauptet, Sulla habe trotz seines fürchterlichen Hasses auf den Ritterstand „nicht gewagt", die Ritter in jene Klausel einzubeziehen. Sulla hatte doch 300 Ritter in den Senat aufgenommen, um seine Gerichtshöfe besetzen zu können! Wie er 140 sagt, war es nicht Sache des Prozeßredners, sich an die Wahrheit zu halten, sondern das zu sagen, was sachdienlich sei (*quae ex re ipsa causaque ducantur*).
57 *Equites ordini senatorio dignitate proximos, concordia coniunctissimos esse cupiunt.*

darstellt,[58] und diesem Gedankengang entspricht auch das Abrücken von den populären Hetzern.[59] Soweit eine solche Prozeßrede mit der Contio *de imperio Cn. Pompei* verglichen werden kann, steht sie ihr in der politischen Tendenz nahe. Cicero hält einen mittleren Kurs zwischen den Extremen der „*pauci*" und der „*seditiosi*". Das war, wie der Erfolg lehrte, taktisch richtig, deckte sich aber auch mit seiner politischen Überzeugung.[60] Erst nach dieser nur für seine politische Laufbahn bestimmten Abschweifung (143–160) wendet er sich der Abfertigung der von Accius vorgebrachten Klagepunkte zu. Die Verteidigung wandelt sich zur leidenschaftlichen Beschuldigung der ebenso lasterhaften wie tückischen und grausamen Mutter Sassia *uxor generi, noverca fili, filiae paelex* (199), so die *gradatio*, auf die er orat. 107 (vgl. 135) stolz ist. Entsetzlich die Schilderung, wie sie Sklaven foltern läßt (176; 177; 181–182; 187). Die als Zeugen zugezogenen Ehrenmänner (177; 182; 191) konnten es zuletzt nicht mehr ansehen. Natürlich kann man nicht erwarten, daß sich Cicero grundsätzlich gegen das Foltern der Sklaven äußere. Desto mehr verdient Beachtung, wie (159) er die Ritter ermahnt, *quid lex et religio cogat cogitare … maximique aestimare conscientiam mentis suae quam ab dis immortalibus accepimus, quae a nobis divelli non potest*. Oberste Instanz für sittliches Verhalten ist hier das Gewissen, die Gabe der Götter. Es ist wichtig, daß auch nat. deor. 3, 85 vom kritischen Standpunkt Philons aus das *conscientiae pondus* zugegeben wird, *qua sublata iacent omnia*. Ohne Unterscheidung von Gut und Böse ist göttliche Weltregierung nicht möglich. Weiter fin. 2, 71 *nostra stabilis conscientia*. Tusc. 2, 64 *nullum theatrum virtuti conscientia maius est*. Auch diese Rede bestätigt, daß Cicero die Philosophie stets gegenwärtig ist.

Schon einige Zeit vor dem Cluentiusprozeß (94; 147) hatte ein Volkstribun dafür agitiert, dem Faustus Sulla die von seinem Vater nicht an die Staatskasse abgeführten Gelder vor dem Gerichtshof für Unterschlagung öffentlicher Gelder abzufordern; während die radikalen Optimaten ein solches Verfahren durch Senatsbeschluß verbieten wollten, riet Cicero in einer Contio, es auf eine ruhigere Zeit zu verschieben.[61] Der Gerichtshof *de peculatu* lehnte schließlich die Annahme der Klage ab.[62]

Die Verteidigung des Q. Gallius[63] in seinem Ambitusprozeß wird von Q. Cicero[64] unverblümt als Verpflichtung für die Consulatswahl gebucht.[65] Ankläger war der hochbegabte M. Calidius (Praetor 57), der nur als ‚Atticist' nicht verstand, die Leidenschaften der Richter zu erregen und darum von Cicero überwältigt wurde.[66] So erlangte Gallius die Praetur 65.

---

58   Heinze 995. H. Strasburger Concordia ordinum, Diss. Frankf. 1931, 34. 39. 71; über den Begriff der *pauci* 36ff. und o. S. 47. R. Till Historia 11, 317, 4 verweist auf Q. Cic. comm. pet. 29 als Zeugnis vom Jahr 64.
59   S. o. S. 42ff.
60   Strasburger 38.
61   Cic. Corn. 1, frg. 34. Ascon. S. 73 *iudicium aequiore tempore fieri oportere*.
62   Cic. Cluent. 94; 147. leg. agr. 1, 12.
63   Von der Mühll RE 7, 672 Nr. 6.
64   Q. Cic. comm. pet. 19.
65   *Quattuor sodalitates hominum ad ambitionem gratiosissimorum tibi obligasti.*
66   Cic. Brut. 277–278. ORF No. 140 Malcovati.

Dieser war ein guter Freund Catilinas, der ihm bei der Beschaffung von Gladiatoren behilflich war.[67] Ebenso bewertet Q. Cicero die Verteidigung des C. Fundanius (Volkstribun 68),[68] die in das Jahr 66 oder 65 gehört. Vor eine heikle politische Aufgabe dagegen wurde Cicero an einem der letzten Dezembertage 66 gestellt, als bei ihm, dem Repetundenpraetor, C. Manilius, dessen Volkstribunat am 10. Dezember zu Ende gegangen war, angeklagt wurde.[69] Zweifellos war es ein Racheakt der über seine demagogischen Umtriebe und wegen der *lex de imperio Cn. Pompei* empörten *principes*.[70]

Cicero hatte ihm für diesen Fall seine Unterstützung zugesichert,[71] konnte aber nun, wo es ernst galt, nicht verkennen, daß er dabei wahrscheinlich zu weit ins populare Fahrwasser geriet. So versuchte er sich zunächst der Pflicht der Verteidigung zu entziehen, indem er die Verhandlung auf den letzten Tag seiner Praetur, den 29. Dezember, ansetzte, was praktisch Vertagung auf das Jahr 65 bedeutete.[72] Dieses Verfahren wurde jedoch von Manilius als ungerechte Willkür betrachtet, das Volk ergriff für ihn Partei, und die Volkstribunen nötigten Cicero, sich in einer Contio zu rechtfertigen. Es gelang ihm, die Menge zu beschwichtigen mit der Behauptung, er habe dem Manilius einen guten Dienst erweisen wollen, mußte aber versprechen, ihn im nächsten Jahr zu verteidigen, und zugleich seine entschiedene Mißbilligung aussprechen über diesen Vorstoß der Oligarchen gegen Pompeius.[73] Dieser Repetundenprozeß wurde freilich nicht mehr durchgeführt,[74] da die Regierungskreise zu Anfang des Jahres 65 vollauf mit der Abwehr der gefährlichen Putschversuche beschäftigt waren.[75] So entging Cicero der peinlichen Aufgabe und hatte zugleich die *urbana multitudo* befriedigt.[76] In der Nobilität freilich zürnten ihm manche und nannten ihn einen Überläufer.[77]

---

67 Cic. tog. cand. frg. 12. Ascon. S. 88. Frg. pro Q. Gallio ed. SCHOELL S. 399. Frg. 1 schildert drastisch seine Teilnahme an einem Bankett.
68 MÜNZER RE 7, 291. Frg. SCHOELL S. 398.
69 Cic. Corn. 1, frg. 3.
70 Cic. imp. Cn. Pomp. 64. Corn. 1, frg. 9. Ascon. u. schol. Bob. zu Mil. 22 (auch bei ZIEGLER Mil. ed.). Plut. Cic. 9, 4. Cass. Dio 36, 42, 2. 44, 1.
71 Cic. imp. Cn. Pomp. 69; 71.
72 MOMMSEN Strafr. 207, 4. 396, 6.
73 Plut. Cic. 9, 5–7. Cass. Dio 36, 44, 1–2. Aus dieser Rede das Frg. SCHOELL S. 398; vgl. HEINZE 997, 1.
74 Der Versuch des Repetundenpraetors von 65 C. Attius Celsus ist bezeugt durch Cic. Corn. 1, frg. 11. Ascon. 65. MRR 2, 157.
75 Cass. Dio 36, 44, 3. MÜNZER RE 14, 1134.
76 GELZER ‚Caesar' 32. ROBIN SEAGER Historia 13 (1964), 345, 30. Q. Cic. comm. pet. 51.
77 Cass. Dio 36, 44, 2.

VI. DER KAMPF UM DAS CONSULAT

Niemandem konnte verborgen bleiben, daß Ciceros Gedanken nur um das Consulat kreisten,[1] und die Herren der Nobilität insonderheit waren sich darüber klar, daß ein Mann von solcher Begabung dann endgültig dem Kreis der *principes civitatis*, der wahren Regenten der Republik, angehören und nie darauf verzichten werde, darin eine führende Rolle zu spielen. Desto mehr verschanzten sie sich darin hinter den ungeschriebenen Grundsatz der Nobilitätsherrschaft, daß eine solche Stellung dem *homo novus* nicht zukomme.[2]

Cicero verhehlte später seine Empfindlichkeit darüber, daß ihn der Consul L. Torquatus nicht zu den Beratungen über die gefährliche Lage des Staates zuzog, nicht.[3] Desto mehr war er nun darauf angewiesen, seine Beziehungen zum Ritterstand und auch nach der popularen Seite zu pflegen, natürlich mit dem Mittel, dem er bisher seinen Aufstieg verdankte, der Redekunst.[4] Darum ließ er sich vom Senat von der Verpflichtung, nach Ablauf der Praetur eine Provinz zu übernehmen, entbinden.[5]

Es scheint, daß er in den ersten Monaten des Jahrs 65 tatsächlich[6] nichts erfuhr von jenen Putschvorbereitungen, die den verurteilten designierten Consuln P. Autronius Paetus und P. Cornelius Sulla das Consulat zurückgewinnen sollten.[7] Im nächsten Jahr bezeichnete er Catilina und Cn. Piso als die Anführer.[8] Ein Jahr zuvor dagegen, bald nach den Consulatswahlen für 64, trug er sich mit dem Gedanken, den Catilina in seinem Repetundenprozeß zu verteidigen, weil die Zusammensetzung des Gerichtshofs einen Freispruch erwarten ließ,[9] während es Anfang Juli noch so aussah, als ob das so unmöglich sei wie die Aussage, daß zur Mittagszeit die Sonne nicht am Himmel stehe.[10] Cicero führte diesen Plan nicht aus.[11] Aber durch diese Repetundenverhandlung erfuhr die Öffentlichkeit zuerst etwas von der

---

1   Cic. Att. 1, 1, 1; 4 vom Juli 65; vgl. Sull. 11.
2   Sall. Cat. 23, 6. Cic. leg. agr. 2, 3. Mur. 17. Att. 1, 1, 2 (Juli 65) *cum perspexero voluntates nobilium, scribam ad te.* 2, 2 *summa hominum est opinio tuos familiaris nobilis homines adversarios honori nostro fore.* Über *principes* WICKERT RE 22, 2014 ff. Q. Cic. comm. pet. 51 spricht von *splendidorum hominum voluntates.*
3   Cic. Sull. 11.
4   Cic. Mur. 8.
5   Cic. Mur. 42. P. WILLEMS Le sénat de la républ. rom. 2, 583, 1.
6   Cic. Sull. 11; 81.
7   H. STRASBURGER Caesars Eintritt in die Gesch. 108. R. SEAGER Historia 13 (1964), 341 ff.
8   Cic. tog. cand. 1 bei Ascon. 92.
9   Cic. Att. 1, 2, 1.
10 Cic. Att. 1, 1, 1.
11 RE 2 A, 1698. E. G. HARDY The Catilinian conspiracy in its context (1924) 23. SIHLER 116. CIACERI 1, 166. GINA DE BENEDETTI Historia 3 (1929), 340. R. HOLMES Rom. Rep. 1, 450.

VI. Der Kampf um das Consulat 59

besagten Verschwörung, indem der Consul L. Manlius Torquatus zugunsten Catilinas erklärte, er habe etwas von der Sache gehört, sie aber nicht geglaubt.[12]

In den beiden erwähnten Briefen an Atticus vom Jahr 65 sehen wir Cicero schon mitten in Kombinationen über seine Wahlaussichten. Er stellt Erwägungen an über seine voraussichtlichen Mitbewerber für 63, aber auch über die Kandidaten für 64, deren Wahl ihm günstig sein würde.[13] Dabei rechnet er mit L. Caesar, jedoch den andern tatsächlich gewählten C. Marcius Figulus erwähnt er gar nicht, ein Beweis, wie wenig er in die *voluntates nobilium* Einblick hatte (1, 1, 2). So wenig sympathisch dem Verfasser der Verrinen und Verwandten des M. Marius Gratidianus ein Catilina sein konnte, so hätte er nicht gezögert, sich mit ihm zu verbinden,[14] wenn er ihn für den aussichtsvollsten Mitbewerber gehalten hätte.[15] Da es hieß, die römischen Bürger der Provinz Gallia ulterior besäßen großen Einfluß auf die Wahlen, erwog er sogar im September 65, wenn es auf dem Forum stiller würde, für einige Monate Rom zu verlassen und eine Legatenstelle beim dortigen Proconsul C. Calpurnius Piso[16] zu übernehmen.

In längern Ausführungen entschuldigt er sich bei Atticus, daß er dessen Oheim Caecilius[17] nicht vertreten konnte in dem Prozeß gegen A. Caninius Satyrus, weil dieser Beklagte zu ihm in freundschaftlichem Verhältnis stand, früher den beiden Brüdern Cicero bei ihren Amtsbewerbungen gute Dienste geleistet hatte und überdies den L. Domitius Ahenobarbus[18] für Cicero gewinnen konnte.[19]

Von dieser Kleinarbeit wurde er wieder in die größere Politik hineingezogen durch den Maiestasprozeß des C. Cornelius, des Volkstribunen von 67. Dieser war schon 66 von den Brüdern Cominius angeklagt worden, weil er sich als Volkstribun über die Intercession seines Collegen P. Servilius Globulus hinweggesetzt habe.[20] Dieser Prozeß war abgebrochen worden, weil die Ankläger wegen Bedrohung durch Gesindel nicht zur Verhandlung zu erscheinen wagten.[21] Nachdem aber im Jahr 65 C. Manilius, der bekannte Antragsteller des Vollmachtgesetzes für Pompeius als Rädelsführer dieses Krawalls verurteilt worden war,[22] reichte P. Cominius aufs neue die Anklage gegen Cornelius ein.[23] Cornelius galt den Optimaten als

---

12 Cic. Sull. 81.
13 Cic. Att. 1, 1, 1–2.
14 RE 2 A, 1695. Q. Cic. comm. pet. 10.
15 Cic. Att. 1, 2, 1. Im Jahr 56 Cael. 14 spricht er über diese Episode folgendermaßen: *me ipsum, me, inquam, quondam paene ille* (sc. Catilina) *decepit, cum et civis mihi bonus et optimi cuiusque cupidus et firmus amicus et fidelis videretur; cuius ego facinora oculis prius quam opinione, manibus ante quam suspicione deprendi.*
16 RE 3, 1377.
17 MÜNZER RE 3, 1189 Nr. 23.
18 MÜNZER RE 5, 1335. Cic. Mil. 22 mit Schol. Bob.
19 Cic. Att. 1, 1, 3–4. Vgl. Q. Cic. comm. pet. 5 *adulescentis nobilis elabora ut habeas vel, ut teneas studiosos quos habes.*
20 Ascon. 58. Cic. Corn. 1, frg. 5; Vat. 5. Quintil. inst. or. 4, 4, 8. u. Anm. 40.
21 Ascon. 60.
22 Ascon. 60.
23 Cic. Brut. 271. Corn. 1 frg. 3; 14; 47.

homo seditiosus[24] (Revolutionär) und ihre Häupter traten als Belastungszeugen auf. Asconius (S. 61) nennt sie *principes civitatis qui plurimum in senatu poterant*. Es waren Metellus Pius, Catulus, M. Lucullus, Hortensius und M'. Lepidus, Consul von 66.[25] Der gemeinsame Vorstoß dieser Herren gibt eine Anschauung davon, was wir unter den politischen Schlagworten *optimates, nobilitas*,[26] *pauci*,[27] *potentes*,[28] *nobilissimi homines, splendidi homines*[29] zu verstehen haben. Es war eine Gruppe von Politikern, die unbedingt an dem von Sulla geschaffenen System der Senatsherrschaft festhielt, auch nachdem dieses durch die Reformen von 70 in seinen Grundfesten zerstört war. Indem sie mit ihren Gefolgsleuten die Mehrheit im Senat zu behaupten trachteten und demgemäß dessen Ergänzung bei den Wahlen zu gestalten suchten, kämpften sie unentwegt gegen die populare Methode, die Senatsherrschaft durch Plebiscite mattzusetzen. Unter diesem Gesichtspunkt hatten sie auch das Plebiscit des C. Cornelius abgelehnt, das für einen Senatsbeschluß über Entbindung von gesetzlichen Vorschriften Anwesenheit von mindestens 200 Senatoren und nachfolgende Bestätigung durch Plebiscit forderte, obwohl in diesem Fall tribunicische Intercession untersagt wurde.[30]

Denn sie erkannten mit sicherm Instinkt, daß eine so große Anwesenheitsziffer ihren Einfluß gefährdete,[31] weil im Gesamtsenat die unbedingt verläßlichen Mitglieder nur eine Minderheit bildeten.

Nicht, daß ihnen eine geschlossene „populare Partei" gegenübergestanden hätte. Diese ist ein Phantasiegebilde des 19. Jahrhunderts.[32] Die popularen Aktionen gingen jeweils von einzelnen Politikern aus, die durch die Optimaten von einer entscheidenden Wirksamkeit ausgesperrt wurden.[33] Die systemtreuen Optimaten erblickten ihre Gegner ebensosehr in der großen Zahl der Senatoren, die sich – wie das Beispiel der *lex Manilia de imperio Cn. Pompei* zeigte, oft aus durchaus sachlichen Gründen[34] – von Fall zu Fall entschieden.

In der Lage der Ausgesperrten[35] befand sich damals auch Cicero, der doch nichts sehnlicher wünschte, als in den erlauchten Kreis der Optimaten aufgenommen zu werden, freilich – und das gerade wurde ihm bestritten – als vollberechtigter *princeps civitatis*.[36] Das revolutionäre Treiben wirklicher Popularer (*seditiosi*)

---

24 Cic. Hort. frg. 21 (GRILLI) bei Lact. inst. div. 6, 2, 15. Corn. Nep. de vita Tulli Cic. frg. 2 PETER (39 FÄRBER).
25 Ascon. 60. 79. Val. Max. 8, 5, 4. Der von Val. genannte L. Lucullus konnte für stadtrömische Vorgänge des Jahrs 67 nicht als Zeuge erscheinen.
26 Z.B. Sall. Cat. 23, 6.
27 Z.B. Ascon. 59.
28 Cic. leg. agr. 2, 7. Cass. Dio 36, 24, 3 οἱ δυνατοί. Weiter CHR. MEIER RE Suppl. 10, 594.
29 Cic. Corn. 2, frg. 1. Q. Cic. comm. pet. 51.
30 Ascon. 59. Cass. Dio 36, 39, 4.
31 Ascon. 59 *qui per paucos [amicis] gratificari solebant*.
32 Vgl. TENNEY FRANK Proceedings of the British Academy 18 (1932), Cicero 15. CHR. MEIER RE Suppl. 10, 554ff. Res publica amissa (1966), 308 A. 3.
33 Kl. Schr. 2, 342f.
34 Vgl. STRASBURGER Concordia ordinum 35.
35 Cic. leg. agr. 2, 3.
36 Q. Cic. comm. pet. 4; 5.

war ihm im innersten zuwider. Vielmehr verdichteten sich seine politischen Gedanken immer mehr zum Zukunftsbild einer sittlichen Erneuerung der Republik, worin eben der Optimatenbegriff als Zusammenfassung aller Gutgesinnten und in geordneten Vermögensverhältnissen Lebenden einen neuen Inhalt bekommen sollte. Im Jahr 56 drückt er sich so aus: *omnes optimates sunt qui neque nocentes sunt nec natura improbi nec furiosi nec malis domesticis impediti* und positiv gewendet *qui et integri sunt et sani et bene de rebus domesticis constituti*.[37] Als politisches Programm erscheint dieser *consensus omnium bonorum* erst seit dem Consulat,[38] aber, wie die bisherigen Ausführungen zeigten, kündigt es sich in seinen politischen Äußerungen schon immer an, besonders deutlich schon in der Cluentiusrede.[39]

Die Erkenntnis jedoch, daß ihm die Optimaten im herkömmlichen Sinn den weitern Aufstieg verwehren wollten, nötigte ihn, die Verteidigung des Cornelius zu übernehmen, zumal da die Niederlage der Angreifer ziemlich sicher vorauszusehen war. Denn der Angeklagte war durchaus kein *popularis*, der die Autorität des Senats untergraben wollte. Cicero nennt ihn im Jahr 56 seinen alten Freund und hebt ihn von einem *seditiosus* wie Vatinius, dem Handlanger Caesars im Jahr 59, ausdrücklich ab.[40] Servilius Globulus, der angeblich von ihm Vergewaltigte, stellte sich ihm als Entlastungszeuge zur Verfügung, die Geschworenendecurien der Ritter und Aerartribunen und sogar einige Mitglieder der Senatorendecurie waren für

---

37 Cic. Sest. 97. STRASBURGER 68.
38 STRASBURGER 39 ff. 72.
39 O. S. 55 f.
40 Ascon. 59. Cic. Corn. 1, frg. 27. 2 frg. 5. HEINZE 999. Vat. 5. Er gehörte nicht zu den *seditiosi* wie die Gracchen, Saturninus, Sulpicius. Diese Bezeichnung schreibt Cicero den *isti* (*nobilissimi*) zu. CHR. MEIER RE Suppl. 10 (1965), 573 nennt sie mit Recht „die vier großen klassischen *populares*", die mit ihren gewaltsam durchgesetzten Plebisciten staatsnotwendige Reformen im Auge hatten. So ist auch Cornelius zu beurteilen. An welche *sodalitas* bei ihm zu denken ist (Q. Cic. comm. pet. 19), kann nicht erklärt werden. MEIER a. O. 577. 614. Wenn er 544 sagt, es seien „sehr viele Fragen über das Wesen popularer Politik noch offen" und fortfährt: „A. HEUSS hat deshalb nicht ganz Unrecht, wenn er über die populare Politik schreibt: „Nach der positiven Seite ist das Phänomen nicht leicht zu fassen und hat infolgedessen auch noch keine befriedigende Behandlung gefunden" (Röm. Gesch. 1960, 555), so möchte ich doch im Widerspruch zu CHR. MEIER 557, 599 an meiner schon öfter geäußerten Ansicht festhalten (Kl. Schr. 1, 174), daß Tiberius Gracchus „den in der römischen Verfassung nie ausgeglichenen Widerspruch zwischen dem tatsächlichen Senatsregiment und der formellen obersten Gewalt des Volkes benutzte, indem er sein Tribunat mit der hellenisch-demokratischen Idee von der absoluten Volkssouveränität erfüllte". Weiter Kl. Schr. 2, 77 ff. Cic. de or. 2, 167 *si magistratus in populi Romani esse potestate debent, quid Norbanum* (tr. pl. 103) *accusas, cuius tribunatus voluntati paruit civitatis.* Dazu die Kl. Schr. 1, 221 angeführte Stelle aus ad Her. 4, 47 *populi est officium res optimas et homines idoneos maxime suis sententiis diligere et probare.* Dazu H. G. GUNDEL Historia 12 (1963), 297 vom Begriff der *maiestas*, daß sein „Inhalt die Superiorität" sei und 319 über *maiestas populi Romani*. Der Gegenstand des Corneliusprozesses war Verletzung der tribunicischen *maiestas* (o. Anm. 20). Es war grotesk, daß die *principes civitatis* den P. Cominius gerade mit dieser Anklage gegen den ehrenwerten Vorkämpfer der Volksrechte vorschickten und besonders blamabel, weil der redliche Servilius Globulus von ihnen abrückte.

ihn, weil er Quaestor des Pompeius gewesen war,[41] und selbstverständlich auch das Volk, das solchen Verhandlungen beizuwohnen pflegte.[42]

Diese dauerten vier Tage, und Cicero veröffentlichte seine Reden in zwei *actiones*, deren wesentlicher Inhalt aus dem Kommentar des Asconius bekannt ist.[43] Sie ernteten einen ungewöhnlich lauten Beifall.[44] Die Ausführungen des Cominius über die gewaltsame Verhinderung des ersten Prozesses wie auch des Repetundenprozesses gegen Manilius boten ihm Gelegenheit, von diesem abzurücken.[45] Dabei sprach er davon, daß „große Herren" zu diesem Wahnsinn anstifteten, welche Asconius (66) als L. Catilina und Cn. Piso[46] deutet.[47] Cicero sagt, diese Drahtzieher hätten Interesse gehabt an solcher Einschüchterung der Gerichtshöfe, und daraus schließt Asconius auf Catilina, dem damals ein Repetundenprozeß drohte. So verstanden würde die Stelle zeigen, daß Cicero inzwischen von „der 1. Catilinarischen Verschwörung" erfahren hatte, daß jenes Repetundenverfahren schon abgeschlossen war.[48] *Magni homines* scheint freilich etwas hoch für Catilina und Piso, und Cicero könnte wohl auch an Crassus gedacht haben, den er in der posthum veröffentlichten Schrift *de consiliis suis* als Urheber bezeichnete[49] und dessen Fürsprache sich Piso erfreute.[50] Allerdings saß Crassus unter den Richtern.[51] Doch behandelte ihn Cicero, wo er ihn unzweideutig erwähnt, auch nicht eben achtungsvoll.[52]

Natürlich versuchte Cicero, die Vorgänge, wegen derer Cornelius angeklagt war,[53] als möglichst harmlos hinzustellen[54] und die Zweckmäßigkeit seiner andern Gesetze nachzuweisen.[55] Sehr willkommen war ihm ferner der seltsame Umstand, daß sich ausgerechnet die getreuen Sullaner zu Verteidigern der tribunicischen Rechte aufwarfen.[56] Desto rückhaltloser konnte er die Volksrechte preisen.[57] Auch Pompeius erhielt Lobsprüche. Doch nannte er den Vater Cn. Pompeius Strabo *hominem dis ac nobilitati perinvisum*,[58] so daß man unmöglich von „Liebedienerei gegen Pompeius" sprechen kann.[59] In der zweiten Actio rechnete er vor allem mit den Zeugenaussagen ab (2, 1–8). Bei aller Schärfe gegen die „Tyrannei der Weni-

---

41 Ascon. 61.
42 Q. Cic. comm. pet. 19; 51.
43 Ascon. 62. ed. SCHOELL S. 401–425.
44 Quintil. inst. or. 8, 3, 3–4.
45 Cic. Corn. 1, frg. 9–18.
46 MÜNZER RE 3, 1379 Nr. 69.
47 Wie ja auch Cass. Dio 36, 44, 2 erzählt, der τάραχος dieser Rädelsführer hätte den Maniliusprozeß unmöglich gemacht.
48 O. S. 58f.
49 Ascon. 83.
50 Sall. Cat. 19, 1. GELZER RE 13, 310. HEINZE 997, 1.
51 Ascon. 76.
52 Cic. Corn. 1, frg. 48 *nihil unum posse contra multos*.
53 Ascon. 58–59. Cass. Dio 36, 38, 4–40, 3.
54 Cic. Corn. 1, frg. 31; 44; 45. Vat. 5.
55 CIACERI 1, 162.
56 Cic. Corn. 1, frg. 48; 52; 53. O. Anm. 40.
57 Cic. Corn. 1, frg. 49–51. 2, 13. 14.
58 Cic. Corn. 1, frg. 54. Kl. Schr. 2, 125ff.
59 Vgl. HEINZE 988–999.

VI. Der Kampf um das Consulat

gen" (2, 11; 12) und ihren von der Schlichtheit des altrömischen Adels grell abstechenden Luxus (2, 9), soll er nach Asconius (61) doch der *dignitas* der Herren nicht zu nahe getreten sein. Cornelius wurde mit großer Mehrheit freigesprochen,[60] gewiß ein deutlicher Wink für die Optimaten, den siegreichen Redner fortan nicht mehr zu unterschätzen. Ganz in optimatischem Sinne[61] trat er in diesem Jahr mit der Rede *de rege Alexandrino* dem Versuche des Censors M. Crassus,[62] Ägypten als Eigentum des römischen Volkes zur Provinz zu machen, entgegen.[63] Andererseits berichtet Q. Cicero[64] ganz offen, daß die Freunde des C. Cornelius wie auch in den Fällen des C. Fundanius, Q. Gallius[65] und C. Orchivius[66] vor Übernahme der Verteidigung dem Bruder für die Zukunft ihre guten Dienste feierlich versprachen.

Quintus widmete ihm die genannte Denkschrift zu Beginn des Jahres 64,[67] in dem die Entscheidung über seine Consulatsbewerbung fallen sollte. In ihrer ganz auf die politische Praxis des Alltags gerichteten Nüchternheit gibt sie ein lebendiges Bild von den ungewöhnlichen Schwierigkeiten, die ein *homo novus* zu überwinden hatte, ist aber zugleich erfüllt von Bewunderung für die bisherigen Leistungen des Bruders, die den Erfolg zu verbürgen schienen, wofern er nur nicht seine Beziehungen zu irgendeiner Wählerschicht vernachlässigte. So gipfeln die Ermahnungen in dem Rat, weder im Senat noch in einer Contio das Wort zu einer politischen Frage zu ergreifen,[68] damit der Senat ihn für einen Verteidiger seiner Autorität, die Ritter und Besitzenden für einen Verfechter ihres Wohlergehens und auch die Menge ihn für ihren Freund halten sollten.

Von den Mitbewerbern werden P. Galba[69] und L. Cassius[70] nicht ernst genommen, C. Antonius und Catilina sind gefährlicher, aber moralisch so anrüchig, daß auch durch sie Ciceros Aussichten denkbar günstig werden.[71] Dies erwies sich als richtig. Denn die durch Crassus und Caesar geförderte und finanzierte *coitio* (Wahlbündnis) der beiden „*sicarii*"[72] zwang die Optimaten, sich für Cicero einzusetzen, den einzigen von allen Bewerbern, dem Fähigkeit und Wille zum Widerstand ge-

---

60 Ascon. 81.
61 Suet. Caes. 11. ‚Caesar‘ 34, 40–43.
62 GELZER RE 13, 310.
63 Von der Rede sind nur durch die Bobiensischen Scholien einige Fragmente erhalten, SCHOELL or. frg. S. 457 ff., wo sie dem Jahr 56 zugeschrieben werden. Doch hat sie meines Erachtens MOMMSEN RG 3, 177 Anm. mit überzeugenden Gründen dem Jahr 65 zugewiesen; ebenso H. STRASBURGER Caesars Eintritt in die Geschichte, 1938, 112. VOLKMANN RE 23, 1750. E. BADIAN, Rh. Mus. 110 (1967), 185, 26. Der damalige König war Ptolemaios XII. Auletes (‚Oboer‘).
64 Q. Cic. Comm. pet. 19.
65 Der als Praetor den Prozeß des Cornelius leitete Ascon. 62.
66 Praetor 66 Cic. Cluent. 9; 147.
67 MÜNZER RE 7 A, 1288. RUD. TILL Historia 11 (1962) gegen neuerlich wieder aufgetauchte Bestreitung der Echtheit.
68 Q. Cic. Comm. pet. 53. GELZER Nobilität der röm. Rep. Kl. Schr. 1, 64. J. CARCOPINO Histoire rom. 2, 620.
69 MÜNZER RE 4 A, 758 Nr. 55.
70 MÜNZER RE 3, 1738 Nr. 64.
71 Q. Cic. comm. pet. 7–12. TILL a. O. 336 ff.
72 Q. Cic. comm. pet. 8. RE 2 A, 1698–1700.

VI. Der Kampf um das Consulat

gen den Umsturz zuzutrauen war.[73] Das, was sie ihm bisher so übel genommen hatten, sein häufiges *populariter loqui*,[74] empfahl ihn jetzt besonders für die Aufgabe. Denn Unternehmungen, die unter dem Namen von Crassus und Caesar gingen, galten als popular und fanden überall Beifall, wo das Schlagwort „popular" noch Leidenschaften erregte.[75] Da brauchte man einen Mann, der sich ebenfalls auf die *popularis ratio* verstand[76] und darum später von sich sagen konnte, er sei ein Consul *veritate non ostentatione popularis*.[77]

Angesichts der Unverschämtheit, mit der Catilina und Antonius den Stimmenfang betrieben, forderte wenige Tage vor den Wahlen, wohl im Juli,[78] ein Senatsbeschluß ein verschärftes Ambitusgesetz. Jedoch der Volkstribun Q. Mucius Orestinus[79] intercedierte sogleich; im Senat herrschte Empörung, die Cicero schlagfertig ausnutzte zu einer großen Invective gegen die *coitio*, seine *oratio in toga candida*.[80] Das Verbrecherleben der beiden ehemaligen Sullaner und ihre nunmehrigen Umsturzpläne wurden darin schonungslos aufgedeckt. Sich selbst kündigte er an als den *defensor* des römischen Volks.[81] Es gibt keinen Stand, der von Catilina etwas wissen will:[82] die *principes civitatis* haben ihn schon 66 abgelehnt, als sie dem Consul L. Volcacius rieten, seine Consulatsbewerbung für 65 nicht zuzulassen. Der Senat hätte ihn damals, als die Provinz Africa sich über sein Gewaltregiment beschwerte, gleich am liebsten den Gesandten ausgeliefert, dem Ritterstand ist er der Henker der sullanischen Proscriptionen, und auch die Plebs kann nur mit Seufzen dieser Zeit gedenken, hat er doch den M. Marius Gratidianus, einen *homo maxime popularis*,[83] eigenhändig abgeschlachtet. Ein Catilina, der, wenn es einigermaßen mit rechten Dingen zugeht, nächstens vor dem Gerichtshof für Meuchelmord verurteilt werden muß,[84] der wagt es, einem Cicero die *dignitas* zum Consulat abzusprechen! Da Caesar die besagte Verhandlung leitete, ging es freilich nachher nicht mit rechten Dingen zu[85] und, freigesprochen, konnte sich Catilina für 62 nochmals um das Consulat bewerben.

Für diesmal hatte er die Partie verloren. Auf Ciceros vernichtende Rede wußten die beiden Getroffenen nur mit Beschimpfung des „Neulings" zu antworten. Bei der Wahl erhielt Cicero die Stimmen sämtlicher Centurien,[86] Antonius gewann ei-

---

73 Plut. Cic. 10–11. Sall. Cat. 23, 6. Appian. bell. civ. 2, 5.
74 Q. Cic. comm. pet. 5; 53.
75 Cic. Catil. 4, 9–10.
76 Q. Cic. comm. pet. 41; 53. CHR. MEIER RE Suppl. 10, 569.
77 Cic. leg. agr. 1, 23. 2, 6; 7; 9; 15; 102. Vgl. Att. 1, 12, 1 (Januar 61) *res eius modi est ut ego nec per bonorum nec per popularem existimationem honeste possim hominem* (den C. Antonius) *defendere*. Hier sieht man, wie Cicero über beide Register zu verfügen glaubt.
78 Vgl. Cic. Att. 1, 1, 1. 16, 13.
79 MÜNZER RE 16, 423 Nr. 12.
80 Ascon. 83; 86. Frg. nur bei Ascon. ed. SCHOELL S. 426 ff. TILL a. O. 337.
81 Frg. 6.
82 Frg. 15–18.
83 Frg. 9; 19.
84 Frg. 20; 21.
85 Cass. Dio 37, 10, 3. Ascon. 91. Cic. Att. 1, 16, 9; Sull. 81. RE 2 A, 1700.
86 Cic. off. 2, 59.

nen kleinen Vorsprung vor Catilina[87] und wurde somit Ciceros College.[88] Diese Wahl war ein Höhepunkt in Ciceros Leben, auf den er immer wieder mit stolzer Freude zurückblickte.[89] Besonders wichtig war ihm die Einmütigkeit der Vertrauenskundgebung.[90] Wenn wir an die Stelle der Rede *in toga candida* denken, wo er den Catilina als Feind aller Stände brandmarkte, vermögen wir erst voll zu würdigen, welch Zukunftsbild Ciceros Herz seit diesem großartigen Erfolg mächtig bewegte. Sollte er nicht kraft seiner Herkunft und Redegewalt der berufene Mann sein, alle gesunden Kräfte des römischen Volks vereint zum Sieg über die Mächte der Zerstörung zu führen?[91]

Nicht mit Unrecht hatte ihn sein Bruder *homo Platonicus* genannt (comm. pet. 46). Die Vorstellung, man könne die politische Welt Roms bloß in die beiden moralisch bestimmten Fronten der *boni* und der *improbi* scheiden,[92] die an die Stelle der alten politischen Gegensätze von *senatus* und *populus*[93] getreten seien, entsprach der Wirklichkeit nicht. Da mußte mit mehr und mit massiveren Machtfaktoren gerechnet werden, die sich in den nächsten Jahren immer deutlicher enthüllten. Es war durchaus ehrenwert, daß Cicero in deren Auseinandersetzung eine selbständige Rolle spielen wollte, aber er vertrat keine eigene politische Macht und konnte daher politisch stets nur etwas bedeuten, wenn er sich einer tatsächlich gewichtigen Gruppierung anschloß. So wenig das einem Betrachter von Ciceros Gesamtleben entgehen kann, so begreiflich ist es, daß er selbst im Bewußtsein seiner geistigen und rednerischen Überlegenheit sich über diesen Sachverhalt häufig täuschte. Denn mit seiner Klugheit, Schlagfertigkeit, Beweglichkeit und unermüdlichen Arbeitskraft errang er in der Tagespolitik immer wieder Erfolge. Eine der besten Leistungen glückte ihm gegen Ende des Jahrs 64 in seinem Verhältnis zum Consulatscollegen C. Antonius. Die Enttäuschungen des M. Crassus im Consulat (mit Pompeius) und Censur (mit Catulus) 70 und 65[94] konnten zeigen, wozu die magistratische Verkoppelung zweier politischer Gegner führte. Nun hatte es Cicero allerdings nicht mit einem Collegen vom Format eines Pompeius oder Catulus zu tun und glücklicherweise auch nicht mit Catilina. Vor den Wahlen waren Gallia citerior und Makedonien zu Consularprovinzen bestimmt worden, bei der Verlosung zwischen den designierten Consuln fiel Cicero Makedonien zu. Da dieses dem schwer verschuldeten Antonius besser zugesagt hätte, erklärte sich Cicero zum Tausch bereit und nötigte

---

87 Nach Cic. Mur. 40 kamen ihm seine Ludi zustatten, vielleicht auch die verwandtschaftliche Beziehung zu Iulia, der Schwester des Consuls von 64, MÜNZER RE 10, 892 Nr. 543; Röm. Adelspart. 348.
88 Ascon. 94. Sall. Cat. 24, 1. Plut. Cic. 11, 2.
89 Cic. leg. agr. 2, 4; 7. Mur. 17; 21. Brut. 323. J. GRAFF Ciceros Selbstauffassung (1963) 25 ff. mit Anm. S. 96.
90 Cic. Vat. 6 *me cum universi populi Romani summa voluntate tum optimi cuiusque singulari studio magnificentissime post hominum memoriam consulem factum*. Pis. 3 *me cuncta Italia, me omnes ordines, me universa civitas non prius tabella quam voce priorem consulem declaravit*.
91 STRASBURGER Concordia ord. 38.
92 Cic. leg. agr. 1, 23. 2, 8. Catil. 1, 32. 4, 22 *boni omnes – perditi cives*. Att. 1, 13, 3.
93 Cic. leg. agr. 1, 27.
94 RE 13, 307. 310.

so den gierig zugreifenden Antonius, die enge Verbindung mit Catilina zu lokkern.[95] Bei Antritt des Consulats sprach er von der *concordia* mit dem Collegen als einer bekannten Tatsache.[96] Aber selbstverständlich konnte er sich auf einen dermaßen gesinnungs- und würdelosen Gesellen niemals verlassen.[97] Zum Glück war der dem Antonius zugeteilte Quaestor, P. Sestius,[98] Cicero treu ergeben und berichtete ihm fortlaufend über seinen Consul.[99] Den Catilina politisch mattzusetzen war nicht gelungen, da er in dem von Caesar geleiteten Verfahren vor dem Gerichtshof für Meuchelmord freigesprochen wurde.[100] Aber abgesehen davon deutete alles darauf hin, daß Ciceros Consulat ein Kampfjahr erster Ordnung sein werde.

---

95 Plut. Cic. 12, 4 wohl auf Tiro zurückgehend, Gnomon 36 (1964), 660. Sall. Cat. 26, 4. Cass. Dio 37, 33, 4. Cic. Pis. 5. KLEBS RE 1, 2579.
96 Cic. leg. agr. 2, 103. Es ist nicht einzusehen, warum Cicero das in die Ausgabe von 60 (Att. 2, 1, 3) eingeschoben haben sollte, wie CARCOPINO Hist. rom. 2, 634, 184 meint. Vgl. Cic. leg. agr. 1, 26. Diese Stellen auch von HARDY The Catil. Conspiracy 47 übersehen. Richtig HOLMES Rom. Rep. 1, 457.
97 Catilina soll ihn noch Mitte 63 öffentlich als seinen Helfer bezeichnet haben, Cic. Mur. 49. Cass. Dio 37, 30, 3.
98 MÜNZER RE 2 A, 1886.
99 Cic. Sest. 8. fam. 5, 2, 3.
100 ‚Caesar' 35.

VII. DAS CONSULAT

Schon geraume Zeit vor dem 10. Dezember 64, dem Amtsantritt der neuen Volkstribunen, hörte Cicero, daß mit größtem Nachdruck, auch in Nachtsitzungen,[1] an popularen Plebisciten gearbeitet werde, vor allem an einer *rogatio agraria*, dem ersten derartigen Versuch seit dem Untergang des Livius Drusus.[2] Cicero bemühte sich eifrig darum, zu den Beratungen herangezogen zu werden, wurde aber höhnisch abgewiesen, er sei für ein solches Geschenk an das Volk doch nicht zu haben.[3] Dagegen glaubten die Volkstribunen den Antonius auf ihrer Seite zu haben.[4] Als Antragsteller[5] trat in einer Contio am 12. Dezember[6] P. Servilius Rullus[7] auf. Die schriftliche Veröffentlichung folgte erst einige Tage später. Aber da Cicero das mindestens 40 Kapitel[8] umfassende Gesetz sofort durch mehrere Kopisten abschreiben ließ, gewann er doch Zeit genug, um am 1. Januar 63 wohlgerüstet mit der Abwehr beginnen zu können.[9]

Von den andern geplanten Plebisciten wurde damals auch das des Tribunen L. Caecilius Rufus[10] promulgiert (durch öffentlichen Aushang bekannt gemacht). Es zielte auf Ermäßigung der Strafe für Ambitus[11] und sollte den im Jahr 66 verurteilten designierten Consuln P. Autronius und P. Sulla helfen.[12] Rufus war Sullas Halbbruder. Eine solche Erschütterung der Rechtspflege war in so revolutionär erregter Zeit doppelt gefährlich.[13] Da war es ein schöner Erfolg der Optimaten, daß am 1. Januar 63 in der ersten von Cicero einberufenen Senatssitzung der antretende Praetor Q. Metellus Celer die Erklärung abgeben konnte, Sulla selbst wünsche dieses Gesetz nicht.[14] In derselben Sitzung hielt Cicero seine erste Rede gegen die *lex agraria*,[15] einige Tage später[16] in seiner ersten Contio die zweite. Nach einem Brief an Atticus vom Juni 60 (2, 1, 3) ergriff er danach noch zweimal das Wort. Uns ist

---

1 Cic. leg. agr. 2, 12.
2 Münzer RE 13, 879.
3 Cic. leg. agr. 2, 10–12.
4 Cass. Dio 37, 25, 3. Plut. Cic. 12, 3.
5 Cic. leg. agr. 2, 22.
6 Carcopino Hist. rom. 2, 622, 146 nimmt wohl unberechtigterweise daran Anstoß, daß dieser Tag ein *dies intercisus* war. Wissowa RuKR² 435. In den Kalendern als EN = *dies endotercisus* bezeichnet, an denen nur die mittleren Tagesstunden für profane Angelegenheiten zur Verfügung standen.
7 Münzer RE 2 A, 1808 Nr. 80.
8 Cic. leg. agr. 3, 4.
9 Cic. leg. agr. 2, 13–14.
10 Münzer RE 3, 1232 Nr. 110.
11 Lange RA 3, 236.
12 Vgl. o. S. 58.
13 Cic. leg. agr. 2, 10.
14 Cic. Sull. 65. Cass. Dio 37, 25, 3–4.
15 Cic. Att. 2, 1, 3. leg. agr. 1, 26. 2, 6; 79. Gell. N. A. 13, 25, 4.
16 Vgl. Cic. leg. agr. 1, 4. 2, 79.

als dritte Rede bloß eine erhalten, worin er auf Angriffe der Tribunen in einer tribunicischen Contio, der er nicht beigewohnt hatte, antwortete (3, 1).

Der Gesetzesvorschlag war darin äußerst geschickt abgefaßt,[17] daß er vielen Tausenden einen auskömmlichen Grundbesitz in Italien versprach aber zugleich die derzeitigen Bodeneigentümer befriedigte, indem das nötige Siedlungsland – soweit es nicht wie der Ager Campanus als Staatsdomäne zur Verfügung stand – zu besten Preisen ohne Zwang angekauft werden sollte.[18] Die gewaltigen Geldmittel dazu sollten durch Verkauf von *ager publicus* in den Provinzen[19] oder durch Steigerung seines Zinsenertrags,[20] ferner durch energische Eintreibung der von frühern Magistraten noch nicht abgeführten Gelder, insonderheit aus Kriegsbeute,[21] beschafft werden. Für die Durchführung des gigantischen Plans waren fünf Jahre vorgesehen (2, 32). Der damit beauftragte Zehnerausschuß wurde mit geradezu dictatorischer Vollmacht ausgestattet.[22] Um außerdem die innere Geschlossenheit des Ausschusses zu sichern, schrieb das erste Kapitel vor, daß die Wahl der Mitglieder nach dem Verfahren, das bei der Bestellung des Pontifex maximus geübt wurde, vor sich gehen sollte, so daß von den 35 Tribus nur 17 zur Stimmabgabe ausgelost wurden und tatsächlich schon 9 Tribus zur Mehrheit genügten (2, 16–22). In die Sprache der damaligen Politik übersetzt, bedeutete das eine außerordentliche Vereinfachung der Wählerbeeinflussung und der Finanzierung. Diese Einschränkung der freien Volkswahl bot allerdings Cicero die günstigste Angriffswaffe, indem sie im größten Widerspruch stand zu allem, was man unter „popularer" Politik verstand (2, 17; 27).

Ihm war es eine ausgemachte Sache, daß Servilius Rullus dem Gesetz nur den Namen gab, die wirklichen Verfasser *privati quidam* waren, die an den geheimen Vorberatungen teilgenommen hatten (2, 12). Wenn er die *auctores horum consiliorum*[23] auch nicht nennt, so mußte jeder Zeitgenosse merken, daß Crassus und Caesar gemeint waren. Denn nach seiner Behauptung bot die *rogatio* vor allem auch eine Handhabe zur Annexion des Ptolemaeerreichs;[24] es sollten die Pläne, die 65 mißglückt waren,[25] verwirklicht werden. Auf Crassus und Caesar ist auch die Charakteristik der Anwärter für den Zehnerausschuß gemünzt: *reperietis partem esse eorum quibus ad habendum, partem quibus ad consumendum nihil satis esse videatur* (2, 65). Ciceros Angabe wird dadurch bestätigt, daß Caesar als Consul mit seinen zwei *leges agrariae* die politischen Ziele der *rogatio Servilia* im wesentlichen wieder aufnahm.[26] Die Verbindung eines staatspolitischen Werks von schöpferischer Gestaltungskraft mit dem kühnen Griff nach der entscheidenden Macht

---

17 Ausführliche Rekonstruktion bei CIACERI 1, 196 ff. LANGE RA 3, 237.
18 Cic. leg. agr. 1, 14. 2, 34. 3, 7.
19 Cic. leg. agr. 1, 5–7. 2, 33; 48; 50; 55. 3, 12.
20 Cic. leg. agr. 1, 10. 2, 54; 56.
21 Cic. leg. agr.1, 12. 2, 59. VOGEL RE 22 (1953), 1206 ff. GELZER Stud. z. Papyrologie u. ant. Wirtschaftsgesch. Fr. Oertel zum 80. Geburtstag (1964), 170 f.
22 Cic. leg. agr. 2, 20; 34; vgl. 1, 24. *potestas regia, regnum decemvirale*.
23 Cic. leg. agr. 2, 20; 98. 2, 23 *qui haec machinabantur*.
24 Cic. leg. agr. 1, 1. 2, 41–44.
25 GELZER RE 13, 310–311 mit Belegen. CIACERI 213.
26 Vgl. Cic. Pis. 4.

atmet ganz die caesarische Genialität.²⁷ Keine Frage, daß Cicero mit einem ganz gefährlichen Gegenspieler zu tun hatte. Zu Hilfe kam ihm, wie bemerkt, nur die in ihrer Verwegenheit echt caesarische, aber ganz unpopulare Form der Bevollmächtigung und andrerseits die unverkennbare Spitze gegen Pompeius.²⁸

Es ist gewiß mehr als eine populare Redensart, wenn Cicero (2, 10) erklärt, daß er als Consul durchaus kein grundsätzlicher Gegner von *leges agrariae* sei. Denn er kannte wohl die Bedrohung der italischen Gesellschaft durch die *egentes atque improbi*,²⁹ die sich im Laufe des Jahres auch Catilina zunutze machte.³⁰ Dieses Krebsgeschwür der sozial-revolutionären Gärung konnte nur durch ganz starke Eingriffe beseitigt werden, gerade wie man zur Bewältigung der Notstände im Reich zum Ausweg außerordentlicher militärischer Vollmachten greifen mußte. Ebenso klar war, daß an solchen Gewaltkuren die alte *res publica* allmählich zerbrach (1, 22–23). In dieses konnte sich Cicero nicht schicken, am wenigsten jetzt, wo er in die erlauchte Reihe der *principes civitatis* eingetreten war.³¹ Dazu kam in diesem besonderen Fall, daß ihn die Bahnbrecher des Neuen schnöde zurückstießen. Sie sollten merken, daß das römische Volk keinen Trottel zum Consul gewählt hatte!³² So wurde er auf die optimatische Linie gedrängt.³³ Seine Vergangenheit gestattete ihm freilich dabei einen eigenen Ton. Zumal in der Contio hebt er sich geflissentlich ab von den *potentes*, den *pauci*,³⁴ von Sulla³⁵ und den Sullanern.³⁶ Er erhebt den Anspruch, im Gegensatz zur *turbulenta ratio*³⁷ der wahre *popularis* zu sein,³⁸ der Vertrauensmann des Pompeius (2, 49). Aber sein *populare* sind Schlagworte der Optimaten: *pax, concordia, otium*;³⁹ es gibt nur die Fronten der *boni* und *improbi*.⁴⁰ Um seine Uneigennützigkeit (1, 26) und Unabhängigkeit von tribunicischen Umtrieben von vornherein zu erhärten, gab er gleich am 1. Januar die feierliche Erklärung ab, nicht in seine Provinz zu gehen, falls nicht ein besonderer Notstand eintrete (1, 26).

---

27 Vgl. CARCOPINO Hist. rom. 2, 622. Skeptisch äußert sich H. STRASBURGER Caesars Eintritt in die Geschichte, 1938, 114 ff. Dagegen ‚Caesar' 36 Anm. 58.
28 Cic. leg. agr. 2, 50 *totam hanc fere legem ad illius opes evertendas tamquam machinam comparari.* 1 frg. 4. 1, 13. 2, 23–25. 46; 49; 52; 54; 60; 99. 3, 16. Appian. Mithr. 557. Verkehrt CARCOPINO Hist. rom. 2, 624 „César n'avait point la naïveté de croire au succès." Dagegen CIACERI 1, 214.
29 Cic. leg. agr. 1, 22; 26. 2, 77; 82; 84; 97. VOGT Ciceros Glaube an Rom 47.
30 RE 2 A, 1702.
31 Vgl. VOGT 67.
32 Cic. leg. agr. 2, 25; 55; 100; 103.
33 Cic. leg. agr. 3, 4 *hunc statum rei publicae magno opere defendendum.*
34 Cic. leg. agr. 2, 5; 7; 100.
35 Cic. leg. agr. 2, 56; 81. 3, 10.
36 Cic. leg. agr. 2, 69. 3, 4–14.
37 Cic. leg. agr. 1, 27. 2, 103.
38 Cic. leg. agr. 1, 23; 24. 2, 9; 101; 102.
39 Cic. leg. agr. 1, 23. 2, 9; 102. STRASBURGER Conc. ord. 73.
40 Cic. leg. agr. 2, 8; 101. Pis. 4 *ego Kalendis Ianuariis senatum et bonos omnis legis agrariae maximarumque largitionum metu liberavi.*

Selbstverständlich brachte er so im Senat eine optimatische Mehrheit hinter sich,[41] und seine Contionen waren demagogische Meisterstücke:[42] Da hatte Rullus im Senat die sozialpolitische Bedeutung des Gesetzes empfehlen wollen mit der Wendung: *urbanam plebem nimium in re publica posse; exhauriendam esse* (das gemeine Volk in Rom habe zu viel politische Macht; es müsse ausgeschöpft werden). Flugs steigert Cicero die Gehässigkeit des unvorsichtigen Worts, indem er zu *exhauriendam* ergänzt *sentinam*,[43] als „Schiffsjauche" habe er also die *optimi cives* bezeichnet (2, 70). Breit führt er aus, wie es den Antragstellern nicht ernst sei mit der Landbeschaffung (2, 69–72), gleich darauf macht er die Spießer gruselig mit der Aussicht, daß Rom und seine friedliebenden Bürger (2, 77) bedroht würden durch Tausende von schwerbewaffneten, zu jeder Gewalttat fähigen Colonisten, vorab in Capua (2, 73–97; 82). Die dritte Rede wendet sich gegen die Behauptung, er vertrete die Interessen einiger sullanischer Gutsbesitzer (die bei den Versteigerungen billig gekauft hatten 3, 3). Da Rullus selbst der Schwiegersohn eines sehr bekannten derartigen Sullaners war, des C. Quinctius Valgus,[44] fiel es Cicero nicht schwer, den Spieß umzudrehen. Der Beifall, den Cicero in den Contionen fand, war so eindeutig, daß Rullus und Genossen es offenbar gar nicht zur Abstimmung kommen ließen,[45] zumal ihr College L. Caecilius Rufus Intercession angekündigt hatte.[46]

So feierte Ciceros Beredsamkeit einen stolzen Triumph.[47] Politisch war es ein Sieg der Senatsautorität (1, 27), der allerdings in der Geschichte der untergehenden römischen Republik nur eine flüchtige Episode blieb. Mehr bedeutete sie in Ciceros Leben. Die Abwehr des *contra rem publicam* (die ‚Optimatenrepublik' 1, 22) geplanten Anschlags war seine erste Leistung, die er als verantwortlicher Leiter des Staates vollbrachte und die er auch später (54) als grundlegende Entwicklung seines politischen Programms auffaßte.[48] Wir sahen aber, wie die Sammlung „aller Guten" nach dieser Auffassung sich lediglich unter dem Schlagwort *otium* (‚Ruhe') vollziehen sollte. Cicero verkannte die Staatskrise nicht: 1, 26 *Multa sunt occulta rei publicae volnera, multa nefariorum civium perniciosa consilia*, von außen droht dem Reich keine Gefahr, *inclusum malum, intestinum ac domesticum. Huic pro se quisque nostrum mederi atque hoc omnes sanare velle debemus*. Gemessen an die-

---

41 Plut. Cic. 12, 6. Cic. fam. 1, 9, 12.
42 Grundverkehrt MOMMSEN RG 3, 182 „Cicero nahm die Gelegenheit wahr, sein Talent offene Türen einzulaufen, auch hier geltend zu machen." Es ist gerade die Leistung Ciceros, daß MOMMSEN meinen konnte, die Türen hätten offengestanden. Vgl. CIACERI 1, 214. Richtige Würdigung auch bei L. LAURAND Cicéron (1935), 28.
43 Ciceros eigener Ausdruck Att. 1, 19, 4 (60).
44 Cic. leg. agr. 2, 69. 3, 3. ILS 5318. 5627. 5636. BÜCHELER c. epigr. 12.
45 Cic. Rab. perd. 32. Plin. n. h. 7, 116 *abdicarunt tribus* kann wohl kaum als wörtlich zu nehmendes Zeugnis gelten. Plut. Cic. 12, 6.
46 Cic. Sull. 65. CARCOPINO Hist. rom. 2, 625 irrig, er habe intercediert. LANGE RA 3, 240.
47 Plut. Cic. 13, 1.
48 Cic. fam. 1, 9, 12 *tenebam memoria nobis consulibus ea fundamenta iacta iam ex K. Ianuariis confirmandi senatus*. Was er damit erreicht habe, den *consensus omnium bonorum*, erläutert er mit Berufung auf Platon, der gezeigt habe, *quales in re publica principes essent, talis reliquos solere esse civis*. Vgl. CIACERI 1, 215.

VII. Das Consulat

ser Einsicht enttäuscht der Ruf zu „Ruhe und Einigkeit". Sollte das wirklich das Heilmittel sein für den großen Teil der italischen Bevölkerung, der aus bitterer Not „unruhig" war? Cicero selbst wußte es besser, wie es seine Ausführungen zur *rogatio agraria*, womit im Jahr 60 der Volkstribun L. Flavius[49] die Rogatio Servilia wieder aufnahm, bezeugen: *et sentinam urbis* (hier braucht er vertraulich selbst das 63 so heftig kritisierte Schlagwort) *exhauriri et Italiae solitudinem frequentari posse arbitrabar*. Aber diese Einsicht wird in der vertraulichen Mitteilung – sehr charakteristisch – bloß an taktische Erwägungen angehängt, die ihm persönlich wichtiger sind. Ein wirklicher Staatsmann mußte damals seine ganze Kraft an die Bewältigung dieser Aufgabe setzen. Cicero war kein solcher Staatsmann. Man muß jedoch um der Gerechtigkeit willen beifügen, daß es außer Caesar auch sonst in Rom keinen gab, der aus den ausgefahrenen Geleisen der optimatischen und popularen Schlagworte den Weg zu schöpferischer Neugestaltung fand. Daß Cicero auf die optimatische Bahn geriet, war einmal durch die taktische Lage gegeben. Aber er wählte sich diese Richtung auch – das gibt seinem Tun die sittliche Würde[50] – in der Überzeugung, seine Politik so in Einklang zu bringen mit den von ihm inbrünstig geliebten großen Überlieferungen der Väterzeit.

Wenn wir als geistigen Urheber der Rogatio Servilia Caesar erkannten, so finden wir dafür nicht die geringste Bestätigung darin, daß nach der Niederlage der Kampf mit unverminderter Heftigkeit weitergeführt wurde. Ein kleines Zwischenspiel landläufiger popularer Agitation war es, daß der Praetor[51] L. Roscius Otho, der Volkstribun von 67 und damals Urheber des Gesetzes über die 14 Sperrsitzreihen der Ritterschaft,[52] beim Betreten des Theaters angepöbelt wurde. Als Cicero eintraf, berief er die tobende Menge zu einer Contio in den Tempel der Bellona und wußte sie mit einer Rede so umzustimmen, daß die Aufführung stattfinden konnte und Otho applaudiert wurde.[53]

Bald darauf fand ein Repetundenprozeß statt gegen den aus Gallia ulterior zurückgekehrten C. Calpurnius Piso, den bei den Popularen verhaßten Consul von 67. Als Belastungszeuge wegen ungerechter Hinrichtung eines Transpadaners trat dabei Caesar auf.[54] Cicero verteidigte den gefeierten Optimaten siegreich.[55] Den nächsten popularen Großangriff führte der Tribun T. Labienus, Caesars nachmaliger berühmter Legat.[56] Es war auf nichts Geringeres abgesehen, als das Kernstück der Nobilitätsherrschaft zu zerschlagen, nämlich das vom Senat seit den Gracchenwirren in Anspruch genommene Recht, den Magistraten zur Niederwerfung einer Revolution Vollmacht zu geben.[57] Die Inszenierung war echtester Caesar.[58] Der

---

49 RE 6, 2528 Nr. 17. Cic. Att. 1, 19, 4.
50 T. Frank Proceedings of the British Academy vol. 28, Cicero (1932), 16.
51 Plut. Cic. 13, 2. M. Hölzl Fasti praet. (1890), 46. T. R. Broughton MRR 2, 167. Vgl. Gnomon 36 (1964), 661.
52 F. von der Mühll RE 1 A, 1126 Nr. 22.
53 Cic. Att. 2, 1, 3. Plut. Cic. 13, 2–4. Frg. Schoell S. 434.
54 Sall. Cat. 49, 2.
55 Cic. Flacc. 98.
56 Münzer RE 12, 260.
57 Cass. Dio 37, 26, 1–3. H. Siber Abh. Leipz. 43, 11.
58 Suet. Caes. 12.

Schlag sollte geführt werden, indem der angebliche Mörder des sacrosancten Volkstribunen Saturninus, dem überdies der Consul Marius bereits Schonung zugesagt hatte,[59] der greise Senator C. Rabirius,[60] vom Volksgericht zum Tode verurteilt wurde, womit dann auch die ganze auf Grund eines solchen Senatsbeschlusses erfolgte Unterdrückung der Revolution des Jahrs 100 als Verletzung der Volksrechte gebrandmarkt gewesen wäre. Nach der von Sulla eingeführten Ordnung der Geschworenengerichte hätte der Fall vor den für *perduellio* oder *crimen maiestatis* zuständigen Gerichtshof gehört. Statt dessen beantragte Labienus ein Plebiscit über Einleitung eines Perduellionsverfahrens, wie man es aus den Annalen kannte.[61] Danach hatte der Praetor urbanus zwei *duoviri perduellionis* zu ernennen, die den Angeklagten des mit schmählicher Todesstrafe bedrohten Verbrechens der *perduellio* (Hochverrat, Zerstörung der Staatsordnung) für schuldig erklärten.[62] Gegen den Spruch stand dem zum Tode Verurteilten die Provocation an die Centuriatcomitien zu. Nach heftigen Auseinandersetzungen im Senat, in denen sich Caesar erfolgreich für Labienus einsetzte, wurde dieses Gesetz angenommen.[63] Über Ciceros Verhalten erfahren wir nichts. Mir scheint die Vermutung gestattet, daß C. Antonius diese Verhandlungen leitete.[64] Der Praetor urbanus L. Valerius Flaccus[65] ernannte C. Caesar und L. Caesar (Consul 64) zu Duovirn,[66] und C. Caesar wurde durch das Los bestimmt, das Todesurteil zu fällen.[67] Als die Centuriatcomitien sich anschickten, das Urteil zu bestätigen, erzwang Q. Metellus Celer, der Praetor und zugleich Augur war, die Auflösung der Versammlung, indem er die Kriegsfahne auf dem Janiculum einzog.[68] Das bedeutete in alter Zeit, als Rom noch von feindlichen

---

59 Cic. Rab. perd. 28. auct. ad Her. 4, 31. HARDY Catil. Consp. 38.
60 F. VON DER MÜHLL RE 1 A, 24 Nr. 5.
61 Cic. Rab. perd. 15.
62 Cic. Rab. perd. 12.
63 Cass. Dio 37, 27, 1. Cic. Rab. perd. 11–12; 17 *non tribunicia ratione, sed regia*. MOMMSEN R. St. R. 2, 616.
64 Zur dunkeln Frage, wie damals bei Meinungsverschiedenheiten der Consuln verfahren wurde WILLEMS Le sénat de la rép. rom. 2, 127.
65 Schon ED. MEYER Caesars Monarchie 554, 2 vermutete L. Valerius Flaccus. Seitdem MÜNZER RE 8 A, 33. Nach Cic. Flacc. 1; 100 war er 63 Praetor urbanus.
66 Cass. Dio 37, 27, 2.
67 Suet. Caes. 12.
68 Cass. Dio 27, 3–28, 3. Für das Verfahren im duoviralen Perduellionsprozeß haben wir nur die spätannalistischen Erfindungen bei Liv. 1, 26, 5–12 und 6, 20, 12. Aus dieser Variante zu einem tribunicischen Volksgericht von 385 erfahren wir, daß der Entscheidung der Volksversammlung eine an drei Tagen vorgeschriebene Verhandlung (*anquisitio*) vorangehen mußte (MOMMSEN Strafr. 164–165). Die Aufgabe der Duovirn war, auf *perduellio* zu erkennen. Zur weitern Verhandlung kam es, wenn der Betroffene provocierte. Liv. 1, 26, 6 *si a duumviris provocarit, provocatione certato*. Dazu Cic. leg. 3, 6 *cum magisiratus iudicassit inrogassitve, per populum multae poenae certatio esto*. Daß die Ernennung zum Duovir Feststellung der Perduellio bedeutete, wird bei Liv. 1, 26, 7 so ausgedrückt: *qui se absolvere ea lege* (die Bestellung als Duovir) *ne innoxium quidem posse, cum condemnavissent*. Ähnlich Cic. leg. 3, 6 *magistratus nec oboedientem et innoxium civem multa, vinculis verberibusve coherceto*. Mit VAHLEN ist *innoxium* als *lectio difficilior* nicht in *noxium* zu emendieren. Nachdem Caesar als Duovir den Rabirius schuldig erklärt hatte, ist es wohl zur *anquisitio* gar nicht gekommen, da Metellus die Einberufung der Comitien verhinderte. J. BLEICKEN ZRG 76 (1959), 337 erkannte richtig, daß darauf der tribunicische Multpro-

Nachbarn umgeben war, die Wachmannschaft sei abgerückt, die Comitien auf dem Marsfeld seien nicht mehr gesichert, folglich das Zeichen zur Entlassung. Es scheint, daß Metellus aus religiösen Gründen handelte.[69] Darauf kam es zu neuen Verhandlungen im Senat, in denen es Cicero gelang, das von Labienus ausgegrabene Perduellionsverfahren mit Haft des Angeklagten und sofortiger Vollstreckung der Todesstrafe durch Kreuzigung (oder Aufhängen)[70] als wider die milden republikanischen Sitten und die verschiedenen Schutzgesetze verstoßend (Rab. perd. 10; 13; 15; 17; 32; 33) so in Mißkredit zu bringen, daß Labienus auf seine Wiederaufnahme verzichtete.[71] Dafür beantragte er vor dem *concilium plebis*, Rabirius zu einer schweren Geldbuße zu verurteilen,[72] das heißt, er führte die Perduellionsklage nun in der Form des tribunicischen Multprozesses durch.[73]

Dabei übernahmen Cicero und Hortensius die Verteidigung. Labienus fürchtete mit Recht die Wirkung solcher Fürsprache und beschränkte die Redezeit auf eine halbe Stunde (6; 9; 38). Hortensius wies nach, daß nicht Rabirius den Saturninus erschlagen habe (18).

Cicero hielt sich nicht auf bei den sachfremden Beschuldigungen wegen angeblich früher begangener Verbrechen, die Labienus in seinem Antrag vorangestellt hatte (8), sondern verlegte seine Kraft darauf, den gegen die Senatsautorität und das Recht der Consuln, gegebenenfalls vom Senat Vollmacht zur Verteidigung des Staats zu fordern, gerichteten Schlag abzuwehren,[74] indem er ausführte, wie Rabirius als guter Bürger dem Ruf der Consuln habe folgen müssen (20–31). Es sei höchstens zu bedauern, daß ihm nicht der Ruhm zukomme, den Staatsfeind Saturninus erlegt zu haben (18–19). Wie den Rullus entlarvte er auch den Labienus als unechten *popularis*, da sein Perduellionsplebiscit die teuersten Volksrechte miß-

---

zeß folgte, meint aber irrig, daß Metellus in diesen eingriff. Dann hätte Cicero die Rede nicht veröffentlicht. Aus Liv. 26, 2, 8 ist ersichtlich, daß nach Ansicht der Antiquare, denen die Spätannalisten in ihren Prozeßberichten folgten, bei *perduellio* auf Tod oder *multa* erkannt werden konnte. Wie Varro de L. L. 6, 86–95 zeigt, konnte er für solche Fragen aus einer reichen Literatur schöpfen. Man wird vor allem an C. Sempronius Tuditanus (Consul 129) mit seinen *libri magistratuum* (MÜNZER RE 2 A, 1442) und an des M. Iunius Congus Gracchanus Werk *de potestatibus* denken (WISSOWA RE 10, 1032). Nach leg. 3, benutzte Cicero diesen für die Gesetze im 3. Buch. In de or. 1, 256 läßt er den M. Antonius sagen: *reliqua* (außer den Kenntnissen der *iuris periti*) *vero etiamsi adiuvant, historiam dico et prudentiam iuris publici et antiquitatis memoriam et exemplorum copiam, si quando opus erit, a viro optimo et istis rebus instructissimo, familiari meo Congo mutuabor.* Die Spätannalisten schöpften aus denselben Quellen.

69 Cic. Rab. perd. 11; 17 zu Labienus: *omnis religiones atque auspiciorum publica iura neglexisti.*
70 Cic. Rab. perd. 10–13. Vgl. LATTE RE Suppl. 7, 1614.
71 Cass. Dio 37, 28, 4. Der von Cicero dom. 45 berichtete Grundsatz *si qua res illum diem aut auspiciis aut excusatione sustulit, tota causa iudiciumque sublatum est* hätte ihn gewiß nicht gehindert.
72 Cic. Rab. perd. 8 *multae inrogatio*. Diese Fortsetzung hat Dio weggelassen. MOMMSEN R. St. R. 2, 298, 2.
73 Cic. leg. 3, 36. Oros. 5, 15, 24. MÜNZER RE 4, 196, Z. 3. MOMMSEN Strafr. 588. SIBER Abh. Leipz. 43, 39, 42. GELZER Kl. Schr. 2, 202/3.
74 Cic. Rab. perd. 2; 4; 34; 35. Pis. 4.

achtete (10–17)⁷⁵ und keinen Geringeren als C. Marius nachträglich zum todeswürdigen Verbrecher stempelte. Dagegen belehrte er als *homo Platonicus* das Volk darüber, wie die Geister der weisesten und tapfersten Mitbürger aus dem Menschenleben in den heiligen Bereich der Götterwelt übergegangen sind und wie Heiligtümer Anspruch auf Verehrung haben.⁷⁶ Den glorreichen Sieg „aller Guten" (21; 23; 24) und „aller Stände" (20; 27) im Jahr 100 pries er als Vorbild für die Gegenwart (34). Auf der Gegenseite stehen nur *seditiosi* (Umstürzler), *improbi* und *imperiti* (24). Rabirius wurde mit großer Mehrheit freigesprochen.⁷⁷

Jedoch war Labienus keineswegs entscheidend geschlagen. Mit lebhafter Unterstützung Caesars brachte er das Plebiscit durch, das die Ergänzung der Staatspriestercollegien wieder der Volkswahl unterwarf,⁷⁸ und zusammen mit T. Ampius ließ er für Pompeius die überschwengliche Ehrung beschließen, bei den Circusspielen in der Triumphal- und bei Bühnenspielen in der Magistratstracht mit goldenem Kranz erscheinen zu dürfen.⁷⁹ Damit widerlegte er die von Cicero verbreitete Meinung,⁸⁰ Pompeius müsse gegen populare Anschläge verteidigt werden. Cicero hinwiederum stellte bei der Nachricht vom Tode des Mithridates im Senat den An-

---

75 Weil es demagogisch wirksam war, sprach er mit größtem Pathos von der im Duoviralverfahren angedrohten grausamen Todesstrafe, obwohl diese im nunmehrigen Multprozeß gar nicht mehr in Frage stand. Wenn sich BLEICKEN ZRG 76, 335, 25 an dem Satz Liv. 1, 26, 6 *provocatione certato* stößt, so zeigt die Anm. 68 angeführte Stelle Cic. leg. 3, 6, daß es sich offenbar um eine von M. Iunius Congus Gracchanus gebrauchte Formel handelt. Das kann man nicht so abfertigen wie bei KUNKEL Kriminalverf. 22, 50. 34, 109 geschieht.

76 Cic. Rab. perd. 27–31. Zu 30 R. HARDER Kl. Schr. 392, der erwägt, ob diese Unsterblichkeitslehre erst 60 in die Buchausgabe eingeschoben wurde.

77 Cic. Rab. perd. 18. Suet. Caes. 12. Meine Ausführungen folgen im wesentlichen MOMMSEN Strafr. 588, 1. LANGE RA 3, 241. Die zahlreichen Versuche, die sich nicht eindeutig zusammenschließenden Quellen anders zu kombinieren, leuchten mir nicht ein. Vgl. ED. MEYER Caesars Mon. 543 ff. R. HOLMES Rom. Rep. 1, 250 ff. 452 ff. Ausführlicher Bericht über diese Versuche und eigene Ansicht bei CIACERI 1, 218–237. SIHLER 138. PETERSON 236. LAURAND 29. CARCOPINO Hist. Rom. 2, 628–631. H. SIBER Abh. Leipzig 43, 14. Die Beweisführung bei J. LENGLE Hermes 68 (1933), 334 baut sich auf der irrtümlichen Behauptung auf, in der Rede Ciceros sei „nichts von einer Neigung des Volks zu merken, den Angeklagten freizusprechen". Dabei sagt Cicero 18 mit aller Deutlichkeit, daß nur eine *paucitas* von *imperiti* gegen seine Ausführungen lärmt, und will eine Abnahme des Geschreis dieser Dummköpfe bemerkt haben. Wenn ferner in der Rede so häufig das *caput* des Rabirius als bedroht geschildert wird (LENGLE 336), so beweist das nichts für einen Capitalprozeß vor den Centuriatscomitien, wie schon § 36 zeigt. Cicero selbst sagt orat. 102 *ius omne retinendae maiestatis Rabiri causa continebatur; ergo in ea omni genere amplificationis exarsimus*. Auch E. LEVY Die röm. Kapitalstrafe Ber. Heidelberg 1930/31, auf den sich LENGLE 329 beruft, erkennt 31 an, daß „eine übertreibende Rhetorik" den Caput-Begriff auch für Minderung bürgerlicher Ehrenrechte (Rab. perd. 16 *ignominia* hier als Gegensatz zur Todesstrafe des Duoviralprozesses) verwende. Er verweist auf MOMMSEN Strafr. 907, 6. Vgl. Cic. Quinct. 8; 31; 32; 33; 50; 64; 95; 99. Verr. 2, 2, 28; 40; 57; 173. 3, 52; 129; 131; 133; 152; 208. tog. cand. frg. 8. Mur. 45. Flacc. frg. Med. *supplicium*; 52; 95 *mactare*. Balb. 6. Weiter über derartige *amplificatio* Kl. Schr. 3, 297, 3. Sallust der Heidelberger Texte Bd. 8⁵ (1964) Einleitung S. 10, 1.

78 Cass. Dio 37, 37, 1.

79 Vell. Pat. 2, 40, 4. Cass. Dio 37, 21, 4. MÜNZER RE 12, 261.

80 Cic. leg. agr. 2, 49. JOHANNEMANN Cic. und Pomp., Diss. Münster 1935, 18.

VII. Das Consulat

trag, ein Dankfest von zehn Tagen zu beschließen, das doppelte der bisherigen *supplicatio consularis*.[81]

Für die stadtrömische Politik war viel wichtiger,[82] daß Caesar, der in diesem Jahr für die Praetur kandidierte, bei der Ersatzwahl für den verstorbenen Pontifex maximus Q. Metellus Pius gegen zwei so angesehene Consulare wie Catulus und Servilius Isauricus siegte.[83] Dieser Erfolg stellte auch die Niederlage in den Schatten, die ein Volkstribun mit dem von Caesar geförderten Antrag erlitt, es sollten die Proscribiertensöhne sich wiederum um die Magistrate bewerben dürfen.[84] Cicero brachte ihn mit seiner Rede *de proscriptorum filiis*[85] zu Fall. Offenbar war es wieder eine rednerische Glanzleistung. Denn der Plebs beizubringen, daß der *status rei publicae* durch Beseitigung eines verhaßten sullanischen Gesetzes nicht erschüttert werden dürfe, war sicher keine leichte Sache.[86] Umgekehrt intercedierte ein Volkstribun gegen den Antrag Ciceros im Senat, den Unfug der *legationes liberae*[87] abzuschaffen. So kam es nur zur Beschränkung auf ein Jahr.[88]

Der Juli war seit Sulla der Monat der Magistratswahlen,[89] und deren Ausfall wurde in den vorangehenden Wochen eine Hauptsorge Ciceros. Denn unter den Kandidaten befand sich wiederum Catilina. In Voraussicht der bevorstehenden Schwierigkeiten brachte er im Einvernehmen mit dem Senat ein Gesetz zur Abstimmung,[90] das die Strafen für die Mißbräuche des Ambitus neu festsetzte und teilweise verschärfte. Ein Jahr zuvor war ein solcher Versuch mißlungen.[91] Die Lex Tullia *de ambitu* führte nunmehr für die Verurteilten das zehnjährige Exil ein.[92] Ferner enthielt sie die Bestimmung, daß ein Bewerber in den letzten zwei Jahren vor der Wahl kein Gladiatorenspiel geben dürfe, es sei denn auf Grund testamentarischer Verpflichtung.[93] Eine Buße bedrohte auch die Geschworenen, die sich wegen angeblicher Krankheit dem Richterdienst entzogen.[94] In der Rede für Murena vom Ende November des Jahres stellt es Cicero so dar, als ob vor allem der durch-

---

81 Cic. prov. cons. 27; zur Zeit Ioseph. ant. Iud. 14, 53 im Sommer oder Anfang Herbst 63. PAUL STEIN Senatssitzungen der cic. Zeit, Diss. Münster 1930, 12. WISSOWA RE 4 A, 947.
82 Vgl. MÜNZER Röm. Adelsparteien 360. H. STRASBURGER Caesars Eintritt in die Geschichte 128.
83 Plut. Caes. 7, 1. Suet. Caes. 13. Cass. Dio 37, 37, 2. Sall. Cat. 49, 2. Vell. Pat. 2, 43, 3. MÜNZER RE 13, 2091. Die wegen Ovid. fast. 3, 415 auf 6. März verlegte Datierung bei CARCOPINO Hist. rom. 2, 626, 163 war schon von LANGE RA 3, 244, 2 zurückgewiesen worden, da dort von der Wahl des Augustus die Rede ist.
84 Vell. Pat. 2, 43, 3. Cass. Dio 37, 25, 3. 44, 47, 4. Plut. Cic. 12, 2.
85 Cic. Att. 2, 1, 3. Quintil. inst. or. 11, 1, 85. Frg. SCHOELL S. 434.
86 Cic. Pis. 4. *restitutio damnatorum* schon leg. agr. 2, 10. ‚Caesar' 36 Anm. 58.
87 V. PREMERSTEIN RE 12, 1135.
88 Cic. leg. 3, 18. WILLEMS Le sénat de la rép. rom. 1, 150.
89 MOMMSEN R. St. R. 1, 584, 5. CH. MEIER R. p. amissa 259.
90 Cic. Mur. 3; 5; 67 *senatus consultum me referente factum*.
91 O. S. 64.
92 Cass. Dio 37, 29, 1. Cic. Planc. 83. Mur. 47; 89. Schol. Bob. zu Sull. 17. KLEINFELLER RE 6, 1684. LEVY Röm. Kapitalstr., Ber. Heidelb. 1930, 31.
93 Cic. Vat. 37. Sest. 133.
94 Cic. Mur. 47.

gefallene Consulatsanwärter und Ankläger Ser. Sulpicius Rufus[95] den Erlaß dieses Gesetzes betrieben hätte; er selbst habe sich der Autorität des Senats und dem Wunsch des Sulpicius gefügt.[96] Sich diese bescheidene Rolle zuzuschreiben, diente dem Zweck der Prozeßrede. An einer spätern Stelle hören wir von einem Senatusconsult, das auf seinen Bericht hin beschlossen wurde und dem Gesetz voranging, weil es noch eine Auslegung der Lex Calpurnia vom Jahr 67 gab.[97] Auch der College C. Antonius wirkte bei dem Gesetz Ciceros mit, was offenbar einen Fortschritt in der Loslösung von Catilina bezeichnete. Denn Catilina pochte noch immer auf dessen Unterstützung.[98] Selbstverständlich hatte Cicero in der Verteidigung gegen Catilina die entschiedenen Optimaten geschlossen hinter sich,[99] und dieser Stimmung verdankte es auch Lucullus, daß er kurz vor den Wahlen den ihm drei Jahre vorenthaltenen Triumph feiern konnte.[100] Cicero rühmt sich, ihm die Bahn frei gemacht zu haben,[101] und erzielte damit die hocherfreuliche Wirkung, daß die zum Triumph versammelten Veteranen nachher mit ihren Stimmen den Ausschlag bei den Wahlen gaben,[102] vor allem für Lucullus' Legaten L. Licinius Murena.

Catilina begann an seinen Wahlaussichten zu zweifeln. Als ihn wenige Tage vor den Comitien Cato im Senat mit einer Anklage bedrohte, ließ er sich vernehmen, wenn man seine Existenz in Brand stecken wolle, werde er das Feuer nicht mit Wasser löschen, sondern mit Zusammenreißen des ganzen Baus.[103] Bald darauf erklärte er in einer Versammlung, die er in sein Haus berief, daß er sich an die Spitze aller Enterbten setzen werde.[104] Cicero erfuhr von dieser Zusammenkunft durch eine gewisse Fulvia, deren Galan Q. Curius zum Kreise Catilinas gehörte.[105] Er berief am Vortag des angesetzten Wahltermins den Senat und bewirkte einen Aufschub der Comitien, damit der Senat über die Lage verhandeln könne. Am folgenden Tag fand eine stark besuchte Sitzung statt, worin Cicero über die ihm erstatteten Mitteilungen berichtete und Catilina aufforderte, sich dazu zu äußern. Der bestritt sie nicht, sondern erklärte, der Staat bestehe aus zwei Leibern, einem gebrechlichen mit schwachem Haupt und einem starken ohne Haupt. Wenn dieser es um ihn verdiene, biete er sich ihm als Haupt an. Trotzdem fällte der Senat keine Entscheidung gegen Catilina; die einen behaupteten, ehrlich oder böswillig, Ciceros Nachrichten seien unglaubwürdig, die andern wollten Catilina nicht noch mehr reizen.[106] Catilina verließ die Sitzung triumphierend;[107] der Versuch, ihn im letzten

---

95 MÜNZER RE 4 A, 852.
96 Cic. Mur. 46–47.
97 Cic. Mur. 67.
98 Schol. Bob. 269 Or.= p. Plancio 83 St.; 309 Or.= p. Sestio 133 St.; 324 Or.= in Vat. 37 St.; 362 Or.= p. Sulla 17, St.; Mur. 49.
99 Cic. Mur. 50. Vgl. HARDY Catil. consp. 41.
100 GELZER RE 13, 406.
101 Cic. Lucull. 3.
102 Cic. Mur. 37–39; 69.
103 Cic. Mur. 51; zeitlich verschoben Sall. Cat. 31, 9. Val. Max. 9, 11, 3. Flor. 4, 1, 7 RE 2 A, 1703.
104 Cic. Mur. 50 *miserorum*. Sall. Cat. 20, 1 mit Verschiebung ins Jahr 64.
105 Sall. Cat. 23, 1–4. 26, 3.
106 Cic. Mur. 51. Catil. 1, 30. Plut. Cic. 14, 5–7. Cass. Dio 37, 29, 3.
107 Cic. Mur. 41.

Augenblick als Bewerber auszuschließen, war mißlungen, und Cicero mußte sehen, wie er ohne Sondervollmacht die Ordnung bei den Wahlen aufrechterhielt und die von ihm befürchteten Gewaltakte Catilinas verhinderte. Als sich einige Tage später[108] die Wähler auf dem Marsfeld versammelten, erschien er, umgeben von zahlreichen Optimaten und schlagfertiger Jungmannschaft, angetan mit einem Harnisch, den er absichtlich aus der Toga herausblicken ließ. Ob tatsächlich Catilina und Autronius ein Attentat auf Cicero und die Mitbewerber geplant hatten,[109] mag dahingestellt bleiben. Jedenfalls blieb alles ruhig,[110] und gewählt wurden L. Licinius Murena und D. Iunius Silanus.[111]

Damit war die Gefahr, daß Catilina als legitimer Consul im nächsten Jahr den großen sozialrevolutionären Umschwung durchführte, gebannt. Aber wenn Cicero schärfere Maßregeln gefordert hatte, so erwies sich das als gerechtfertigt. Denn Catilina bereitete nun die Erhebung vor. In der Stadt taten sich die Umstürzler zu einer Verschwörung zusammen, in verschiedenen Gegenden Italiens wurden Leute für eine Revolutionsarmee geworben.[112] Cicero wurde von Fulvia über diese Umtriebe unterrichtet,[113] und er bemühte sich wie vor den Wahlen, vom Senat eine Vollmacht zum Einschreiten zu erhalten. Wir wissen, daß am 22. September über die Verschwörung verhandelt wurde,[114] doch fand sich keine Mehrheit für Cicero. Man bezweifelte seine Nachrichten.[115] Vor allem verhielt sich Antonius immer wieder zweideutig.[116] Wie bekannt, hatte ihn Cicero durch Abtretung der Provinz Makedonien auf seine Seite gezogen. Wenn er trotzdem wieder abzuspringen drohte, so erklärt sich das am besten damit, daß der Senat noch zu keinem Beschluß *de ornandis provinciis consularibus* (Bewilligung der Mittel) gelangt war.[117]

Diese Verzögerung hinwiederum hing offenbar damit zusammen, daß Cicero Bedenken trug, die Gallia citerior zu übernehmen. Diese Provinz war ein Hauptherd der revolutionären Bewegung,[118] ihr Inhaber in erster Linie zur bewaffneten Unterdrückung berufen. Es ist begreiflich, daß Cicero sich beim Gedanken, eine große

---

108 Im Juli oder Anfang August, CIACERI 1, 247, 2. HARDY 44. DE BENEDETTI Historia 3 (1929), 351. Die Annahme, daß wegen Suet. Aug. 94, 5 das Datum in den September hinabzurücken sei, ist unbegründet. Denn Cicero selbst bietet nicht den geringsten Anhaltspunkt dafür, daß die Wahlen ausnahmsweise vom Juli in den September verschoben worden seien, wie HOLMES Rom. Rep. 1, 461 behaupten muß. Die Spätdatierung in den September auch bei CARCOPINO Hist. rom. 2, 635, 186.
109 Cic. Sull. 51. Catil. 1, 11; 15.
110 Cass. Dio 37, 29, 5.
111 Cic. Mur. 52. Sall. Cat. 26, 4–5. Plut. Cic. 14, 8.
112 RE 2 A, 1704.
113 Appian. bell. civ. 2, 8.
114 Suet. Aug. 94, 5. Gell. N. A. 15, 7, 3.
115 Cic. Catil. 1, 30. CIACERI 1, 263. CARCOPINO Hist. rom. 2, 639.
116 Bei Cass. Dio 37, 30, 3–4. 32, 3. 33, 3 wird er zu den Verschworenen gerechnet, was gewiß zu weit geht, vgl. HARDY 52. Andeutung des Gegensatzes Cic. fam. 5, 2, 3. Sest. 8–9.
117 WILLEMS Le sénat de la rép. rom. 2, 616. Ich sehe keine Notwendigkeit, mit P. STEIN, Senatssitzungen der ciceronischen Zeit, Münster 1930, 10 diesen Beschluß in den Anfang des Jahres zu verlegen; MOMMSEN R. St. R. 3, 1103. WILLEMS 616, 7.
118 Plut. Cic. 10, 5.

militärische Aktion leiten zu müssen, wenig behaglich fühlte.[119] Zweifellos war er nach seiner Begabung als Vorsitzender des Senats viel mehr an seinem Platze. So entschloß er sich, überhaupt auf die Provinz zu verzichten. Dies konnte er aber nur verantworten, wenn ein zuverlässiger Mann an seine Stelle trat. Aus den dürftigen Andeutungen läßt sich etwa folgendes über die Erledigung dieses Geschäfts erschließen: Nachdem der Senat die Bewilligung von Truppen und Geld für die Consularprovinzen beschlossen hatte, erklärte Cicero in einer Contio, daß er im Staatsinteresse[120] auf die Provinz verzichte.[121] Leider ist diese Rede, die er im Jahr 60 als die sechste seiner consularischen veröffentlichte, nicht erhalten.[122] Wie er später berichtet, habe das Volk dawider geschrien, offenbar als Kundgebung zu der von Cicero geschilderten gefährlichen Lage des Staates zu verstehen.[123] Gallia citerior fiel damit unter die praetorischen Provinzen. Bei der Losung empfing sie Q. Metellus Celer, wie Cicero später behauptete, nicht ohne sein Zutun, Antonius habe dabei nicht ohne sein Wissen handeln können.[124] Sofort nach der Losung berief Cicero den Senat und bewirkte, daß Metellus die Provinz mit der consularen Ausstattung erhielt.[125] Wie bemerkt, glaube ich, daß im Zug dieser Verhandlungen auch Antonius bedacht wurde.[126] Zur Entschädigung ließ sich Cicero von Antonius einen Anteil an den Überschüssen der Provinzialverwaltung Makedoniens zusagen.[127]

In der Nacht vom 20. auf den 21. Oktober kamen M. Crassus, der Quaestorier M. Marcellus, der nachmalige Consul von 51,[128] und Metellus Scipio in Ciceros Haus und übergaben ihm anonyme Briefe, worin sie und einige Staatshäupter vor Mordanschlägen Catilinas gewarnt wurden.[129] Cicero versammelte am nächsten Morgen den Senat und ließ die Briefe verlesen; der Praetorier Q. Arrius fügte Mitteilungen über die Rüstungen der Verschwörer in Etrurien hinzu. Cicero selbst bemerkte, daß nach dem ihm bekanntgewordenen Plan C. Manlius am 27. Oktober dort mit dem Aufstand zu beginnen habe, und daß am 28. Oktober in der Stadt die Optimaten abgeschlachtet werden sollten.[130] Unter dem Eindruck dieser Enthüllung erteilte der Senat den Consuln die dictatorische Vollmacht, in Rom und Italien alle geeigneten Maßnahmen zur Rettung des Staats zu ergreifen.[131] Cicero bot so-

---

119 Vgl. Cic. Mur. 21; 42. Att. 1, 16, 14. fam. 15, 4, 13 *spem non dubiam triumphi neglexi* ist eine durch die Absicht dieses Briefs aus dem Jahr 50 geforderte Beschönigung; ähnlich schon Catil. 4, 23.
120 Vgl. Cic. Catil. 4, 23. Phil. 11, 23. Cass. Dio 37, 33, 4.
121 Cic. Pis. 5.
122 Cic. Att. 2, 1, 3.
123 Cic. Pis. 5. CIACERI 1, 240, 1.
124 Cic. fam. 5, 2, 3.
125 Cic. fam. 5, 2, 4. STEIN Senatssitzungen 10, 36. Nach Sall. Cat. 57, 2 kommandierte er drei Legionen, vgl. Cic. Catil. 2, 5.
126 Vgl. Cic. fam. 5, 5, 2. Darum setze ich sie nicht mit CIACERI 1, 240 vor die Consulnwahl. Gegen solche Frühdatierung auch HARDY 47.
127 Cic. Att. 1, 12, 2. STRASBURGER Gnomon 14, 186.
128 MÜNZER RE 3, 2761. Plut. Cat. min. 18, 5–8.
129 Plut. Cic. 15, 1–3. Cass. Dio 37, 31, 1. GELZER RE 13, 311. 2 A, 1704.
130 Cic. Catil. 1, 7. Plut. Cic. 15, 5.
131 Sall. Cat. 29, 2. Cass. Dio 37, 31, 1–2. Plut. Cic. 15, 5. Vgl. Cic. Catil. 1, 3; 4.

fort eine starke Abteilung bewaffneter Gefolgsleute auf,[132] denen es nach seiner Meinung zu verdanken war, daß Catilina am 28. Oktober nichts unternahm. Ciceros Widersacher erhoben jedoch sofort den Vorwurf, er habe die ganze Gefahr erfunden.[133] Da war es höchst erwünscht, daß an einem der letzten Oktobertage der Senator L. Saenius im Senat einen aus Faesulae erhaltenen Brief vorlesen konnte, wonach C. Manlius am 27. tatsächlich das Kommando übernommen hatte. Andere berichteten von Bewegungen der Sklaven in Capua und Apulien, und auch Prodigien wurden gemeldet.[134] Darauf beschloß der Senat, es sollten sich die vor dem Pomerium die Entscheidung über den Triumph abwartenden Proconsuln Q. Marcius Rex und Q. Metellus Creticus nach Faesulae und Apulien begeben, der Praetor Q. Pompeius Rufus nach Capua, der Praetor Q. Metellus Celer aber solle seine Provinz mit den dort stehenden Legionen[135] übernehmen und den Ager Picenus sichern.[136] Alle erhielten Vollmacht, in ihren Bezirken die nötigen Mannschaften aufzubieten.[137] Ferner wurden Belohnungen ausgesetzt für Anzeigen über die Verschwörung, für Sklaven die Freiheit und 100 000 Sesterzen, die Gladiatorentruppen in Campanien sollten auf Capua und die benachbarten Municipien verteilt und in Gewahrsam gehalten werden. In Rom sollten die niedern Magistrate den Wachtdienst übernehmen.[138] Cicero sandte an alle Gemeinden Italiens Weisungen, sich gegen Überrumpelung zu sichern. Als Catilina am 1. November Praeneste besetzen wollte, fand er die Colonie sorgfältig bewacht.[139] L. Aemilius Paullus klagte Catilina und C. Cornelius Cethegus auf Grund des plotischen Aufruhrgesetzes an.[140]

Allein Catilina wußte sich noch immer von einflußreichen Leuten im Senat gestützt,[141] und da er nach einleuchtender Vermutung den Erfolg von Manlius' Unternehmen abwarten wollte,[142] blieb er ruhig in Rom. Um seine Unschuld darzutun, bot er seine freiwillige Haft bei einem Senator an, unter anderm sogar bei Cicero selbst. Dieser lehnte es entrüstet ab, einen solchen Banditen in sein Haus aufzunehmen, ebenso wie M'. Lepidus und Metellus Celer. Er fand dann die gewünschte Unterkunft bei M. Metellus,[143] der nach Cicero selbst zu den Verschworenen gehörte.[144] Jedenfalls verhinderte er nicht, daß Catilina in der Nacht vom 5. auf den 6. November im Hause des M. Porcius Laeca in der Sichelmachergasse eine Beratung abhielt.[145] Er entwickelte seine Pläne. Während er selbst zu Manlius stoßen

---

132 Cic. Catil. 1, 7. 3, 5. Plut. Cic. 16, 1.
133 Cass. Dio 37, 31, 3.
134 Sall. Cat. 30, 1–2.
135 Cic. Catil. 2, 5.
136 Cic. Catil. 2, 26. fam. 5, 2, 4. Plut. Cic. 16, 1.
137 Sall. Cat. 30, 3–5.
138 Sall. Cat. 30, 6–7. Cic. Catil. 1, 1. Appian. bell. civ. 2, 9. *magistratus minores.* MOMMSEN R. St. R. 2, 592 ff.
139 Cic. Catil. 1, 8. 2, 26.
140 Cass. Dio 37, 31, 3. Sall. Cat. 31, 4. Schol. Bob. 320 zu Cic. Vat. 25. Vgl. RE 2 A, 1705.
141 Cic. Catil. 1, 5–6; 8; 9; 30. 2, 3.
142 HARDY 64.
143 Oder nach anderer Lesart Marcellus, vgl. CIACERI 1, 266, 1. 257, 3.
144 Cic. Catil. 1, 19. Cass. Dio 37, 32, 1–2. RE 2 A, 1705.
145 Cic. Catil. 1, 1; 8. 2, 6. Sull. 52 nennt er die Nacht des 6. RE 2 A, 1706. Ich halte es für unrich-

wollte, sollten sich die andern der Stadt bemächtigen. Doch erklärte er, erst fortgehen zu können, wenn Cicero beseitigt sei. Dies auszuführen übernahmen der Ritter C. Cornelius und der Senator L. Vargunteius.[146] Doch Cicero erhielt durch Fulvia alles berichtet, was ihr Curius erzählte, und als am frühen Morgen des 7. November die beiden Attentäter mit bewaffneten Begleitern sich zum Morgenbesuch beim Consul meldeten, war das Haus scharf bewacht, so daß sie unverrichteter Dinge abziehen mußten.[147]

Cicero berief sofort den Senat in den Tempel des Iuppiter Stator am Fuß des Palatins.[148] Er hatte am 6. November schon mit den führenden Männern des Senats[149] die Lage besprochen und das Attentat vorausgesagt.[150] Er nahm an, daß Catilina nunmehr die Stadt verlassen habe,[151] und hoffte jedenfalls, auf Grund der neuen Lage den Senat zu tatkräftigen Beschlüssen bestimmen zu können.[152] Statt dessen erschien zu seinem und der Optimaten größtem Erstaunen Catilina im Senat. Nach Ciceros Schilderung grüßte ihn niemand, und bestürzt räumten die Staatshäupter, in deren Nähe er sich niederließ, ihre Plätze.[153] Unmittelbare Gefahr drohte zwar nicht, der Tempel war durch starke Schutzwachen gegen jeden Überfall gesichert.[154] Allein Cicero durchschaute sofort die Absicht dieser Demonstration. Catilina wollte damit zeigen, daß er mit dem Aufstand des Manlius, gegen den sich der Senatsbeschluß vom 21. Oktober richtete, nichts zu tun und auch den gegen ihn angestrengten Prozeß nicht im geringsten zu fürchten habe.[155] Cicero war sich darüber klar, daß er unter diesen Umständen auf keine sichere Mehrheit zählen könne. Denn abgesehen vom engeren Kreis Catilinas unter den Senatoren[156] waren die Popularen niemals für eine Entscheidung gegen Catilina zu haben, solange ihnen seine Beteiligung an der Revolution nicht unwiderleglich nachgewiesen werden

      tig, von dieser Stelle auszugehen und die 1. catilinarische Rede auf den 8. November zu datieren wie MOMMSEN RG 3, 186. HOLMES Rom. Rep. 1, 461. SIHLER 145, 3. CIACERI 1, 270, 1. CARCOPINO H. R. 2, 642. LAURAND 30. Denn durch Ascon. 6 zu Cic. Pis. 4 wird sie in Erläuterung der Zeitangabe 1, 4 auf den 7. datiert. Dies richtig bei HARDY 57, der aber hier und 64 auch Sull. 52 folgt. Dagegen richtig MÜNZER RE 13, 2091. DE BENEDETTI Historia 3, 355. ED. MEYER Caesars Monarchie 29. D. MAGNINO Komm. zu Plut. Cic. 16, 3 (1963), während P. STEIN Senatssitzungen 13 Anm. 53 mit weiterer Literatur den 8. für wahrscheinlicher hält. Sall. Cat. 27, 4 chronologisch falsch vor dem 21. Oktober. Cass. Dio 37, 32, 3.
146 Cic. Catil. 1, 9. Sull. 18; 52. Sall. Cat. 27, 4–28, 1. Plut. Cic. 16, 1 mit unrichtigen Namen. Cass. Dio 37, 32, 4. Appian. bell. civ. 2, 10–11.
147 Cic. Catil. 1, 6; 10. Sall. Cat. 28, 2–3. Plut. Cic. 16, 3.
148 Plut. Cic. 16, 3. Cic. Catil. 1, 11; 33. 2, 12.
149 Cic. Catil. 1, 10 *Multi ac summi viri.*
150 Cic. Catil. 1, 2; 10, diese Stelle zeigt, wie *superior* und *proxima nox* 1, 1 zu erklären ist.
151 Cic. Catil. 1, 10; 13; 23–24. 2, 6; 15.
152 Vgl. Cic. Catil. 2, 26.
153 Cic. Catil. 1, 16. 2, 12.
154 Cic. Catil. 1, 1; 21.
155 Cic. Catil. 2, 14. Sall. Cat. 31, 5.
156 Cic. Catil. 1, 9. 2, 5 „parfümierte Gecken mit schimmernden Purpurstreifen".

VII. Das Consulat

konnte.[157] Sie spotteten über Ciceros „*comperi*",[158] brandmarkten eine etwaige Anwendung des *senatus consultum ultimum*[159] auf Catilina im voraus als *crudeliter et regie factum* (‚tyrannisch').[160] Sie befanden sich im Senat durchaus in der Minderheit.[161] Gegen den sozialen Umsturz schloß sich die Front der Besitzenden zusammen, wußte Cicero doch vor allem auch die reiche Bourgeoisie der Ritterschaft hinter sich.[162] Aber angesichts des sichern Auftretens Catilinas bekam die große Zahl der Vorsichtigen[163] Angst vor den popularen Drohungen.[164] Catilina forderte selbst eine Entscheidung des Senats und erklärte sich bereit, sich bei ungünstigem Ausgang für den Staat zu opfern und ins Exil zu gehen. Cicero konnte das nicht riskieren.[165] Aber da er selbst davon überzeugt war, daß Catilina die schon ausgebrochene Revolution weder preisgeben werde noch könne, richtete er in der leidenschaftlichen Improvisation der 1. Catilinarischen Rede seine ganze Gewalt des mitreißenden Worts auf das Ziel, Catilina zum Verlassen der Stadt zu bewegen. Er hat sie erst im Jahr 60 veröffentlicht,[166] und wieweit die nachträgliche Niederschrift den improvisierten Wortlaut wiedergibt, ist in diesem Falle besonders fraglich. Er bezeichnet sie als die siebte seiner consularischen Reden „*quom Catilinam emisi*".[167] In Anbetracht der geschilderten Umstände legte er größten Wert darauf, daß er ihn „fortschickte" und nicht „hinauswarf", daß er ihm „riet" und nicht „befahl", ins Exil zu gehen.[168] Eindrucksvoll kleidete er diese Forderung in eine dringliche Bitte der Vaterstadt (1, 18; 19). Zugleich aber überschüttete er ihn mit der Aufzählung aller seiner Schandtaten (1, 13–20) und zerstörte die ganze Finte des ungesetzlich verhängten Exils durch genaue Angaben über die Versammlung im Hause des Laeca und seine Verabredungen mit Manlius.[169] Zunächst antwortete Catilina mit Zwischenrufen (1, 13; 20). Aber glänzend parierte Cicero namentlich die Aufforderung, doch abstimmen zu lassen. Er fragte, ob es Catilina nicht genüge, daß sich keine Stimme für ihn erhebe, und wandte sich an den Senat, ob denn etwa Catulus die Stadt verlassen solle. Als mit einem gewaltigen Schrei der Empörung geantwortet wurde, erklärte er, damit habe der Senat auch unmißverständlich über Catilina geurteilt.[170] Am Ende von Ciceros Ausführungen war die allgemeine Stim-

---

157 Cic. Catil. 1, 5; 6; 30. 2, 12; 14. Als *populares* charakterisiert Sall. Cat. 37, 10. 38, 3. Ch. Meier RE Suppl. 10, 593/4.
158 Cic. Catil. 1, 10; 27. 3, 3; 4. Sull. 86. contra Q. Metell. frg. 8. fam. 5, 5, 2. Att. 1, 14, 5. Lucull. 62; 63. Sall. in Cic. 3.
159 Cic. Catil. 1, 4.
160 Cic. Catil. 1, 30. 2, 4; 17.
161 Sall. Cat. 39, 1–2.
162 Cic. Catil. 1, 21; 32. 2, 19; 25.
163 *Multi imperiti*.
164 Cic. Catil. 1, 30. 2, 3. Diod. 40, 5.
165 Cic. Catil. 1, 20; 24. Sall. Cat. 34, 2.
166 Sall. Cat. 31, 6 *orationem luculentam atque utilem rei publicae, quam postea scriptam edidit*.
167 Cic. Att. 2, 1, 3.
168 Cic. Catil. 1, 13; 23. 2, 12; 14; 15. 3, 3. Mur. 6.
169 Cic. Catil. 1, 8–9; 23; 24. vgl. 2, 6; 13.
170 Diod. 40, 5. umgearbeitet Cic. Catil. 1, 20–21, wo an Stelle von Catulus der Quaestor P. Sestius und der Quaestorier M. Marcellus genannt werden. Th. Reinach Rev. ét. gr. 17, 10. Münzer

mung so, daß Catilina sich völlig vereinsamt fühlte. Er fand keine Worte und verließ die Versammlung.[171]

Bevor der Senat am 8. November (2, 6; 12) seine Beratungen fortsetzte (2, 26), hielt Cicero seine 2. Catilinarische Rede an das Volk.[172] Bei allem Lobpreis des Erfolgs, daß der gefährliche Urheber der Verschwörung und Revolution die Stadt geräumt habe (1–2; 7–9), verhehlte er nicht seine Enttäuschung darüber, daß seine Genossen aus der Stadt nicht mitgegangen waren (4–6; 3, 3), und auch nicht die Besorgnis über die schweren Angriffe, die ihm bevorstanden, falls Catilina wirklich, wie er bei seinen Anhängern aussprengte und zahlreichen Consularen und Optimaten schriftlich mitgeteilt hatte,[173] sich in das Exil zurückzog (14). Nach seiner Kenntnis der Dinge glaubte Cicero freilich nicht an diese Möglichkeit (6; 15). Militärisch schien ihm das aufständische Gesindel in Etrurien keine ernstliche Gefahr (5; 24). Dagegen war die Lage in der Stadt zweifellos unheimlich. Solange die Verschworenen nichts unternahmen, konnte er aus den Gründen, die ihn gehindert hatten, gegen Catilina vorzugehen, keine Gewalt anwenden (27). Das sozialrevolutionäre Programm Catilinas erweckte aber weit über den Kreis der Verschworenen hinaus bei der besitzlosen Masse freudige Hoffnungen,[174] und es war nicht abzusehen, was dann geschah, wenn Catilina in Italien Erfolg haben sollte.[175] So ließ er seine Rede ausmünden in Mahnung und Warnung an alle, die mit dem Feuer spielten. Sein Wunsch war, sie möchten ruhig bleiben (17; 27; 28). Diese Hoffnung war allerdings bei den eigentlichen Catilinariern gering (22). Andere Gruppen der Unzufriedenen hält er für Vernunftgründe noch zugänglich: einmal solche, die bloß darum mit dem Schuldenerlaß liebäugeln, weil sie ihr Vermögen schonen wollen;[176] sie werden im Ernst auch ihre Haut nicht zu Markte tragen wollen (18). Den Popularen[177] sucht er begreiflich zu machen, daß ein Umsturz sie keineswegs ans Ruder bringen werde, sondern daß sie bloß Schrittmacher eines neuen Spartacus[178] wären. Den gescheiterten Sullanern vom Schlage des Manlius führt er vor Augen, wie verhaßt die Erinnerung an die Proscriptionszeit sei (20), und den übrigen Verschuldeten schließlich redet er zu, nicht sinnlos andere mit in ihren Untergang zu reißen (21). Besonders die letzten Ausführungen klingen hart und gelten als Zeugnis für

---

RE 13, 2091. Gegen diese Interpretation CIACERI 1, 273, 4. Diodors Bericht wird bestätigt durch Cass. Dio 37, 33, 1, der kürzend sogar von einem Senatsbeschluß gegen Catilina spricht.
171 Cic. Catil. 2, 12. orat. 129. Plut. Cic. 16, 6. Die Entgegnung, die ihm Sall. Cat. 31, 7–9 in den Mund legt, ist in ihrem letzten Teil nachweislich aus einer Senatssitzung vom Juli hierher versetzt, Mur. 51. Daß der Patricier Catilina den Cicero als *inquilinus* beschimpfte, könnte in einem Zwischenruf geschehen sein. Doch legt Appian. bell. civ. 2, 5 nahe, ebenfalls an frühere Vorkommnisse zu denken. Es paßt viel besser in die Wahlkämpfe 64 oder 63. Vgl. Sall. in Cic. 1; 4, 7.
172 Cic. Att. 2, 1, 3.
173 Sall. Cat. 34, 2. RE 2 A, 1707.
174 Sall. Cat. 37, 1.
175 Sall. Cat. 39, 4.
176 Vgl. Cic. Sull. 59. Caes. b.c. 3, 20, 3.
177 Vgl. Sall. Cat. 37, 10. 39, 1–3.
178 Cic. Catil. 19. Sall. Cat. 39, 4 allgemeiner von einem Gewaltherrscher.

Ciceros Verständnislosigkeit gegenüber der sozialen Frage.[179] Ich habe schon anläßlich seines Kampfes gegen die Rogatio agraria des Rullus auf diesen Punkt hingewiesen;[180] aber wie dort muß auch hier Ciceros taktische Lage beachtet werden. Der bisherige Verlauf seines Consulatsjahres hatte ihn immer mehr auf die optimatische Linie gedrängt. Er konnte sich als Consul mit Ehren nur behaupten, wenn er gegen Catilina die Sache der besitzenden Oberschicht durchfocht. Am 8. November kam es wahrhaftig nicht darauf an, ein Programm zur Behebung der sozialen Nöte Italiens – deren Vorhandensein er nicht bestritt[181] – zu entwickeln. Der Weg, den er sich vorzeichnete, führte über den Senat. Es ließe sich denken, daß ein kriegserprobter Consul[182] Gallia citerior übernommen, mit dem dortigen Heer den Aufstand in Etrurien im Keim erstickt hätte und weiter vor Rom marschiert wäre. Cicero besaß nicht diese Begabung,[183] und obendrein wäre es fraglich geblieben, wieweit der Senat das zugelassen hätte. Denn wie wir sahen, war es keineswegs leicht, den Senat zu energischen Beschlüssen zu bestimmen.[184] Die Schicksale der Consuln, die bisher auf Grund des *senatus consultum ultimum* gehandelt hatten,[185] wirkten nicht besonders ermutigend. So wird man Cicero den Ruhm eines *diligentissimus consul*, wie er selbst[186] sagt, oder eines *optimus consul*, wie ihn nachmals Brutus und Sallust bezeichneten,[187] nicht schmälern. Die allgemeine Lage des Reiches war – nach Beendigung des Mithridatischen Kriegs – so, daß alle Machtmittel gegen einen Revolutionsversuch in Italien eingesetzt werden konnten und von wirklicher Gefahr also keine Rede war.[188] Außergewöhnliche Geschicklichkeit dagegen war nötig, um rechtzeitig und zugleich verfassungsmäßig den Machtapparat in Bewegung zu setzen. Ein Stück dieser Bemühung ist die 2. Catilinaria, und die Schilderung der Gegner verfolgt außer dem Zweck der Warnung auch den, die Zuhörer hinsichtlich ihrer Gefährlichkeit zu ermutigen.

Mitte November wurde in Rom bekannt, daß Catilina, angetan mit den consularischen Insignien, in Faesulae (it. Fiesole) den Befehl über die Haufen des Manlius übernommen hatte.[189] In einem Brief, den Q. Catulus dem Senat vorlas, teilte er das offen mit.[190] Darauf erklärte der Senat den Catilina und den Manlius zu *hostes* (Landesfeinden) und forderte ihre bewaffneten Anhänger auf, sie binnen einer gesetzten Frist zu verlassen. Die Consuln sollten Truppen ausheben, Antonius sie

---

179 PÖHLMANN Gesch. d. sozialen Frage und des Sozialismus in der antiken Welt 2, 380. 383.
180 S. o. S. 69.
181 Cic. Mur. 50.
182 *Homo militaris* Sall. Cat. 45, 2.
183 Cic. p. red. ad Quir. 20. Cass. Dio 46, 9, 1 höhnisch.
184 Cicero der *togatus dux et imperator* 2, 28. 3, 15; 23. 4, 5. Sein Vers *Cedant arma togae, concedat laurea linguae.* frg. 16 MOREL FPL. J. GRAFF Ciceros Selbstauffassung 259, 7. Mur. 84. Sull. 33; 85. dom. 94. Sest. 47. har. resp. 49.
185 Cicero erwähnt sie 1, 4: L. Opimius 121 und C. Marius 100.
186 Cic. Catil. 2, 14. Mur. 82 *vigilans consul*.
187 Cic. Att. 12, 21, 1. Sall. Cat. 43, 1.
188 Cic. Catil. 2, 11; 24–26; Mur. 78. Vgl. J. VOGT Ciceros Glaube an Rom 51.
189 RE 2 A, 1708.
190 Sall. Cat. 34, 3–35, 6.

gegen Catilina führen und Cicero die Stadt schützen.[191] Jedoch die Verschworenen in der Stadt schoben den Handstreich noch immer hinaus,[192] und niemand glaubte recht an die von Cicero vorausgesagte furchtbare Gefahr.[193] Die Popularen setzten ihre Hetze fort, Cicero selbst sei schuld an der Unruhe und dem Krieg.[194] Insonderheit stießen die designierten Volkstribunen Q. Metellus und L. Calpurnius Bestia in dieses Horn,[195] was darum von großer Tragweite war, weil Metellus als der anerkannte Vertrauensmann des Pompeius galt. Um ihn mattzusetzen, hatte sich M. Cato bestimmen lassen, für 62 ebenfalls Tribun zu werden.[196] Aber auch die entschiedenen Optimaten hielten die unmittelbare Gefahr seit dem Weggang Catilinas für überwunden und boten Ende November[197] der Öffentlichkeit das seltsame Schauspiel eines Ambitusprozesses (wegen Anwendung verbotener Praktiken bei der Wählerwerbung) gegen den designierten Consul L. Licinius Murena. Ein ärgerer Schlag konnte gegen die von Cicero erstrebte *concordia ordinum* nicht geführt werden! Gelang er, so war am 1. Januar 62 die Republik des einen Consuls beraubt.[198] Selbstverständlich mußte ihn Cicero verteidigen, und erfreulicherweise stellten sich dafür auch Hortensius und M. Crassus zur Verfügung.[199] Aber die Lage war für Cicero trotzdem heikel; denn abgesehen davon, daß er selbst das scharfe Ambitusgesetz beantragt hatte,[200] gehörten die beiden Hauptankläger Ser. Sulpicius Rufus und M. Cato politisch zu seinen zuverlässigsten Stützen und mußten, sollte nicht eine ernste Verstimmung entstehen, mit großer Schonung behandelt werden.[201]

Der damals schon berühmte Jurist und Ciceros Studienfreund Ser. Sulpicius Rufus hatte bereits vor der Wahl seine in den Künsten der Bewerbung geschickteren Rivalen mit einer Anklage bedroht,[202] und Cato hatte sich in einer Contio verschworen, die Schuldigen vor Gericht zu ziehen.[203] Da er seinen Schwager D. Iunius Silanus von vornherein ausschloß, kam nur der Prozeß gegen Murena in Gang. Wie erzählt wird, soll Cicero, der als dritter Verteidiger auftrat, die große Sorge, ob er den Hortensius übertreffen werde, eine schlaflose Nacht bereitet haben, so daß er vor Ermüdung nicht mit der gewohnten Frische sprach.[204] Diese Erklärung vergißt,

---

191 Sall. Cat. 36, 2–3; 44, 6. Cass. Dio 37, 33, 3. Cic. Mur. 84.
192 RE 2 A, 1709.
193 Cic. Catil. 3, 4.
194 Sall. in Cic. 3. Cat. 43, 1. Brutus in Cic. ad Brut. 1, 17, 1.
195 Cic. Mur. 81.
196 Plut. Cat. min. 20, 1–8. MÜNZER RE 3, 1217.
197 Cic. Mur. 4; 6; 80; 81; 85. MÜNZER RE 13, 447. CARCOPINO Hist. rom. 2, 646, 210.
198 Cic. Mur. 4; 80; 82; 85.
199 Cic. Mur. 10; 48.
200 Cic. Mur. 5.
201 MÜNZER R. Adelsp. 349.
202 Cic. Mur. 43; 48.
203 Plut. Cat. min. 21, 3.
204 Plut. Cic. 35, 4. In der schriftlichen Wiedergabe der Rede erwähnt er Mur. 48, daß er nach zwei Vorgängern wie Hortensius und Crassus sprechen müsse: *itaque in isdem rebus fere versor et quoad possum, iudices, occurro vestras satietati*, 54 Wunsch Murenas.

daß Cicero in seiner für ihn höchst aufregenden Lage[205] zweifellos mehr als eine Nacht schlecht schlief. Die veröffentlichte Rede[206] läßt von solcher Abspannung nichts merken und löst die schwierige Aufgabe mit größtem Geschick.

Seine Lage war tatsächlich nicht leicht: Er selbst hatte erst kürzlich das geltende, die Strafen verschärfende Ambitusgesetz eingebracht. Der sittliche Ernst, mit dem Sulpicius und Cato die Korruption der Wählerwerbung bekämpften, war über jeden Zweifel erhaben (30; 60). Doch war Cicero darüber entsetzt, wie sie dieses Ziel zu einem Zeitpunkt, da die Gefahr des Catilinarischen Umsturzes noch keineswegs abgewandt war, verfolgten. Da half er sich damit, daß er jenen grimmigen Ernst ins Lächerliche zog. Mit freundschaftlichem Humor belehrte er Sulpicius darüber, warum er gerade als trefflicher Jurist[207] es bei den Wählern mit dem Soldatenruhm Murenas nicht aufnehmen konnte. Bei der Behandlung Catos galt es, den starken Eindruck, den schon damals die vorgelebte stoische Philosophie erweckte, abzuschwächen. Dafür kam ihm nun seine gründliche philosophische Bildung vorzüglich zustatten, indem er den vorbildlichen Römer Cato (60) in seiner Sittenstrenge zu überspannt darstellt, weil er die Kernsätze der Stoiker, die den gemeinen Menschenverstand zum Widerspruch reizen sollten (die sogenannten *paradoxa*) als Vorschriften für das tägliche Leben befolgen wollte (62–67). Cicero bezeichnet die philosophische Bildung als *studia humanitatis* (61), und wenn er nachher Cato auf Platon, Aristoteles und Panaitios verweist, deren Ethik auch Verzeihung und Versöhnung zuläßt (63; 66), erfahren wir, was mit diesem Begriff eigentlich gemeint ist. Wenn allerdings nachher *humanitas* auch dem Urgroßvater Cato zugeschrieben wird, so entgegnet Cicero damit dem Nachfahren, der sich auf ihn als Vorbild berufen hatte. Richtig daran ist nur, daß der Alte kein Stoiker war.[208] Cicero scherzte über diese Dinge in einer auch für die philosophisch ungeschulten Richter verständlichen Weise.[209]

Selbst Cato lächelte und sagte: „Was haben wir doch für einen witzigen Consul!"[210]

Aber dann ging Cicero mit eindringlichem Ernst dazu über, daß das wahre Staatsinteresse diesmal durchaus bei der Verteidigung liege (70; 85), Cato besorge ja tatsächlich die Geschäfte Catilinas und der Verschworenen (79; 83). Der Feind sitzt mitten in der Stadt,[211] und die Revolution, die seit drei Jahren geschürt wird, steht unmittelbar vor dem Ausbruch (82). Cato wird mit Cicero das erste Opfer sein (82). Vielleicht läßt sich das Unheil durch Entschlossenheit hintanhalten, aber dann

---

205 Cic. Mur. 82; 84. Catil. 3, 4.
206 Vgl. MÜNZER RE 13, 448.
207 Noch f. SCHULZ, der Verfasser der vorzüglichen Geschichte der römischen Rechtswissenschaft (1946) ließ sich dadurch so verärgern, daß er den Rechtskenntnissen Ciceros immer wieder schlechte Noten erteilt (44; 45; 51; 69; 72).
208 ULRICH KAMMER Untersuchungen zu Ciceros Bild von Cato Censorius Dissert. Frankfurt 1964, erkennt richtig, daß sich Cicero bei seiner Kritik an den paradoxa besonders an seinen Lehrer Antiochos hielt.
209 Cic. fin. 4, 74.
210 Plut. Cat. min. 21, 8.
211 Cic. Mur. 84 nicht wie Hannibal 211 am Anio, dem nördlich gelegenen Nebenfluß des Tibers. 78 *intus est equus Troianus*.

müssen am 1. Januar beide Consuln bereitstehen (80; 82; 84; 85). Die Richter verschlossen sich diesem Appell nicht, und so kam der Streit im eigenen Lager zu gutem Ende.[212]

Die Ereignisse der nächsten Tage taten das übrige zur Wiederherstellung der Front. Q. Fabius Sanga[213] meldete Cicero, daß die zwei damals in Rom weilenden Gesandten der Allobrogergemeinde ihm als ihrem Patron mitgeteilt hätten, man sei an sie herangetreten wegen militärischer Unterstützung Catilinas.[214] Cicero hieß sie die Verhandlungen fortsetzen und sich schriftliche Bestätigung der Versprechungen und Forderungen für die heimischen Behörden ausbedingen.[215] Wirklich gaben ihnen von den Häuptern der Verschwörung P. Cornelius Lentulus Sura,[216] C. Cornelius Cethegus[217] und L. Statilius[218] solche Briefe und als Begleiter zu Catilina den T. Volturcius aus Kroton.[219] Am 2. Dezember berief Cicero die Praetoren L. Valerius Flaccus und C. Pomptinus zu sich und gab ihnen den Auftrag, die nach Hause reisenden allobrogischen Gesandten und ihr Gefolge auf der milvischen Brücke festzunehmen.[220] Am Morgen des 3. Dezember, um 3 Uhr (3, 6), wurde der Befehl mit vollem Erfolg ausgeführt. Vor allem brachten die Praetoren die belastenden Schriftstücke unversehrt in ihre Hand. Die Verhafteten wurden zu Cicero geführt. Weiter bestellte er P. Gabinius Capito,[221] der hauptsächlich mit den Allobrogern verhandelt hatte, den Statilius, Cethegus und Lentulus zu sich, die der Ladung anstandslos folgten. Dagegen gelang es dem ebenfalls vorgeladenen M. Caeparius zunächst zu entkommen. Doch wurde er bald eingeholt.[222] Cicero beriet vorerst mit den Staatshäuptern über das einzuschlagende Verfahren und berichtet darüber, daß sie der Meinung waren, er solle die abgefangenen Briefe nicht erst in der Senatssitzung öffnen, damit, falls sie nichts Belastendes enthielten, nicht die ganze Sache als falscher Alarm erscheine (3, 7). Wir können daraus ersehen, wie gering der Glaube an Ciceros Enthüllungen nach wie vor war. Cicero erwähnt es, um darzutun, wie er alle verantwortliche Entscheidung dem Senat vorbehalten habe.[223]

Die eiligst einberufenen Senatoren fanden sich zahlreich im Tempel der Concordia am Forum zusammen.[224] Da Lentulus amtierender Praetor war, führte ihn der Consul eigenhändig hin. Gleichzeitig durchsuchte der Praetor C. Sulpicius nach Angabe der Allobroger das Haus des Cethegus und brachte von dort dem Senat

---

212 Plut. Cat. min. 21, 9. Cic. dom. 134.
213 MÜNZER RE 6, 1867 Nr. 143.
214 Sall. Cat. 40, 1–41, 5. Appian. bell. civ. 2, 14. Plut. Cic. 18, 4–7.
215 Sall. Cat. 41, 5. 44, 1. Cic. Catil. 3, 5.
216 MÜNZER RE 4, 1399 Nr. 240.
217 MÜNZER RE 4, 1278 Nr. 89.
218 MÜNZER RE 3 A, 2185 Nr. 6.
219 Sall. Cat. 44, 2–6. Cic. Catil. 3, 5; 9.
220 Cic. Catil. 3, 5. Flacc. 102. Sall. Cat. 45, 1.
221 MÜNZER RE 7, 431 Nr. 15.
222 Sall. Cat. 46, 3–4. 47, 4. Cic. Catil. 3, 6.
223 Cic. Catil. 3, 7 *Negavi me esse facturum ut de periculo publico non ad consilium publicum rem integram deferrem.*
224 Sall. Cat. 46, 5. Plut. Cic. 19, 1.

eine Menge aufgefundener Schwerter und Dolche mit.[225] Auf Wunsch des Senats wurde dem Volturcius das Treuwort der Gemeinde erteilt, und dieser berichtete alles, was er von den Verabredungen mit Catilina wußte, namentlich, daß bei seinem Anmarsch in der Stadt an verschiedenen Stellen Feuer gelegt und die Führer der Gegenpartei getötet werden sollten (3, 8). Nach ihm hörte man die Aussagen der Allobroger über das, was sie von Lentulus, Cethegus, Statilius und L. Cassius[226] vernommen hatten.[227] Auf Ciceros Befehl schrieben die Senatoren C. Cosconius, M. Valerius Messalla, P. Nigidius und Ap. Claudius das ganze Verhör nach.[228] Darauf wurden die aufgefangenen Briefe verlesen, nachdem die einzelnen Verfasser auf Grund von Siegel und Handschrift ihre Echtheit anerkannt hatten. Angesichts dieser erdrückenden Belastung gaben sie ihr Leugnen bald auf und waren nunmehr überführt.[229] Der Consul ersuchte den Senat um die Entscheidung. Von den *principes*, die das Wort ergriffen (3, 13), ergänzte der designierte Consul D. Iunius Silanus die Mitteilungen durch die Angabe, man habe von Cethegus gehört, es müßten drei Consuln – Cicero und die beiden designierten – und vier Praetoren beseitigt werden. C. Piso[230] bestätigte dieses und anderes.[231] In seinem Beschluß sprach der Senat Cicero den Dank aus dafür, daß durch seine Tatkraft, Klugheit und Voraussicht der Staat aus größter Gefahr befreit worden sei. Weiter wurden die beiden Praetoren belobt, ebenso C. Antonius, weil er die Verbindung mit den Verschwörern abgebrochen habe. Die Rädelsführer Lentulus, Cethegus, Statilius, Gabinius, deren man schon habhaft war, sollten als Hochverräter[232] in Haft behalten werden. Lentulus hatte sofort als Praetor abzudanken, damit jegliches Bedenken gegen Bestrafung eines amtierenden Magistrats ausgeräumt sei.[233] Ferner wurde noch gegen fünf weitere Personen Haftbefehl erlassen, von denen jedoch, wie bemerkt, nur M. Caeparius beigebracht werden konnte. Schließlich wurde zum Dank dafür, daß der Consul Cicero die Stadt vor Brand und Mord, Italien vom Krieg gerettet hatte, auf Antrag des L. Aurelius Cotta[234] ein Bitt- und Dankfesttag angeordnet.[235] Q. Catulus nannte Cicero *parens patriae*, L. Gellius Publicola erklärte, er habe sich die Bürgerkrone verdient.[236]

Die Haft wurde so durchgeführt, daß fünf Senatoren, unter ihnen M. Crassus und C. Caesar, je einen Gefangenen in Obhut erhielten.[237]

---

225 Cic. Catil. 3, 8. Plut. Cic. 19, 2.
226 MÜNZER RE 3, 1738 Nr. 64.
227 Cic. Sull. 36.
228 Cic. Sull. 41–42.
229 Cic. Catil. 3, 9–13; Sull. 33. Sall. Cat. 47, 1–3.
230 Consul von 67.
231 Plut. Cic. 19, 1.
232 Cic. Catil. 4, 5; 10. Sall. Cat. 50, 4.
233 Cic. Catil. 3, 15. 4, 5. Cass. Dio 37, 34, 2.
234 Cic. Phil. 2, 13.
235 Cic. Catil. 3, 15. 4, 5. Phil. 14, 24. Pis. 6.
236 Cic. Pis. 6. Sest. 121. Phil. 2, 13. Gell. N. A. 5, 6, 15. Nach Appian. bell. civ. 2, 24 nannte ihn Cato in einer Contio unter dem Beifall des Volks *pater patriae*. Wie Plut. Cic. 23, 6 zeigt, geschah das erst später, im Jahr 62.
237 Sall. Cat. 47, 4. Appian. bell. civ. 15–16.

Am Abend, noch während der Beschluß aufgezeichnet wurde, erstattete Cicero dem auf dem Forum versammelten Volk in einer Contio Bericht, seine 3. Catilinarische Rede.[238] Anhebend mit greller Schilderung der ungeheuren Gefahr, der man durch Hilfe der Götter entronnen, stellt er sich als den Retter gleich auf dieselbe Stufe wie Romulus (1–3). Die Unfähigkeit der in der Stadt gebliebenen Verschwörer war allerdings so groß, daß ihre Pläne scheitern mußten. Desto wichtiger war darum der Erfolg vom 7. November, der sie des starken Führers beraubte (16–17). Wie sich aber im einzelnen die Dinge abspielten, ist ein göttliches Wunder, und nie beging man eine *supplicatio* mit besserem Recht (23).[239] So erklären sich die vielen Götterzeichen seines Consulatsjahrs (18). Nichts mehr aber bezeugt das persönliche Eingreifen des Iuppiter Optimus Maximus als die wunderbare Fügung, daß eben an dem Morgen, als die gefangenen Verschwörer über das Forum geführt wurden, das große Bild des Gottes aufgerichtet wurde, das die Consuln des Jahrs 65 auf Grund eines Gutachtens der Haruspices in Arbeit gegeben hatten (19–22).[240] Nur ihm ist es zu verdanken, daß in diesem schrecklichsten Krieg der Weltgeschichte (25) der Consul im Friedenskleide ohne Blutvergießen die Mitbürger retten konnte (23). Welch ein Unterschied zu den blutigen Ausschreitungen der Revolutionsjahre von 88–77 (24)! Aber, indem Cicero so das religiöse Register zieht, lenkt er doch zurück auf den menschlichen Retter, dessen Lohn nicht in stummen Denkmälern bestehen kann, sondern nur im ewigen Gedächtnis der Nachwelt. Sein Verdienst um die Stadt kommt dem des Pompeius um das Reich gleich (25). Der Schluß der Rede erweckt allerdings den Eindruck, erst bei der Bearbeitung im Jahr 60 geformt zu sein.[241] Besonders gilt das von den Ausführungen, worin er die Quiriten um Schutz bittet gegen die Böswilligen und erklärt, als Privatmann den im Consulat gewonnenen Ruhm wahren zu wollen. Er werde dafür sorgen, daß seine Taten als Werk der eigenen Kraft, nicht des Zufalls, erkannt werden sollen (27–29).[242] Wenn man sich erinnert, daß *casus* in der Sprache der philosophisch Aufgeklärten das bezeichnete, wofür das Volk „Götter" sagte,[243] so wird man zweifeln, wie weit es Cicero mit seinen religiösen Tönen ernst war. Daß er auch da wie *de flamma, de ferro*[244] seine rhetorischen Künste spielen ließ, steht ja außer Zweifel. Im Dialog *de divinatione* (2, 45–58) gibt er sich selbst die Rolle des kritischen Akademikers, der zu der von Quintus im 1. Buch (17–22) angeführten Stelle aus dem Epos *de consulatu suo*[245] seine Zweifel äußert. Und nun sind diese 78 Verse nichts anderes als die Rede der Muse Urania über die der Catilinarischen Verschwörung vorausgehenden Götterzeichen! Die Feinde spotteten natürlich darüber.[246] Er verwendet Catil. 3

---

238 Cic. Catil. 3, 13; 29. Att. 2, 1, 3. Plut. Cic. 19, 4.
239 Vgl. Cic. Sull. 40; 43.
240 Cic. divin. 1, 21. 2, 46. Cass. Dio 37, 34, 3–4.
241 Vgl. Cass. Dio 46, 7, 3. HARALD FUCHS Hermes 87 (1959), 463 A. 3.
242 Ebenso Cic. fam. 5, 2, 8 im Februar 62 *quis esset qui me in consulatu non casu potius existimaret quam consilio fortem fuisse*? Sull. 83.
243 Cato bei Cic. fam. 15, 5, 2.
244 Cic. Att. 1, 14, 3. Vgl. Sull. 83; Flacc. 102.
245 MOREL FPL Cic. frg. 11.
246 Sall. in Cic. 3; 7.

eine Amplificatio *ab auctoritate*, wie er sie schon inv. 1, 101 beschrieb,[247] und erwähnt selbst (21), daß das Gutachten der Haruspices im Jahr 65 über *caedes, incendia, interitum rei publicae* bei manchen keinen Glauben gefunden habe.[248] Aber Ciceros *religio* war durchaus echt,[249] und die Wirkung seiner Reden muß doch zum Teil darauf beruht haben, daß er in der Leidenschaft des Vortrags selbst das glaubte, was er sagte. So fand auch diese Contio die lebhafteste Zustimmung des Volks.[250]

Die vorhin berichtete Mitteilung Silans[251] zeigt uns jedoch gut, daß die Durchschnittsoptimaten sich in der nüchternen Betrachtung der Lage nicht beirren ließen durch die Vergrößerungsgläser, mit denen die heftig erregte Einbildungskraft des redegewaltigen Consuls die Verschwörer sah.[252] Für sie handelte es sich um einen fehlgeschlagenen Putsch, wie man einen solchen auch zu Anfang des Jahrs 65 verhältnismäßig leicht überwunden hatte. Im ganzen waren nur neun Haftbefehle ausgesprochen worden (3, 14),[253] und Cicero verhehlte sich nicht, daß niemand ihm die Entscheidung abnehmen werde. Er verbrachte diese Nacht bei einem Freunde, da in seinem Hause die Frauen das Fest der Bona dea begingen.[254] Im Kreise weniger Vertrauter, darunter sein Bruder Quintus und P. Nigidius Figulus,[255] beriet er nochmals über den einzuschlagenden Weg. In seiner weichen, zum Mitleid geneigten Art schauderte ihm vor der Vollstreckung der Todesstrafe,[256] insonderheit wo drei der Verhafteten der Nobilität angehörten, zwei sogar der erlauchten patricischen gens Cornelia. Es war klar, daß deren Hinrichtung von der Adelsgesellschaft nicht gleichmütig ertragen würde.[257] Aber ließ er Milde walten, so hatte er trotzdem von ihrem Rachedurst alles zu gewärtigen, und obendrein legte man sie ihm nur als Furcht aus[258], da niemand recht an seinen Mut glaubte.[259] Während er noch diese Möglichkeit erwog, erschien seine Gattin Terentia und brachte ihm die Botschaft der in seinem Hause versammelten Vestalinnen, der Consul möge sein dem Vaterland heilsames Vorhaben ausführen. Denn als das Opfer für die Bona dea schon am Verglühen war, schlug plötzlich die Flamme noch einmal aus der Asche empor, und das schien diese Bedeutung zu haben. Quintus und Nigidius unterstütz-

---

247 *Quantae curae res ea fuerit ... diis immortalibus, qui locus sumetur ex sortibus, ex oraculis, vatibus, ostentis, prodigiis, responsis, similibus rebus.* Vgl. auct. ad Her. 2, 48.
248 So schwer, wie W. WEBER Der Prophet und sein Gott (1925), 61 ff. diese Ausführungen bewertet, sind sie gewiß nicht zu nehmen. Vgl. L. DEUBNER Gnomon 1 (1925), 163.
249 KROLL Kult. d. cic. Zeit. 2, 20. SIHLER 161. Cic. divin. 2, 48 *non equidem plane despero ista esse vera, sed nescio, et discere a te volo*. Att. 1, 16, 6. Sull. 43. har. resp. 18. Ein Gutachten des Augurs Ap. Claudius für 63 divin. 1, 105. 2, 75. Cass. Dio 37, 25, 1.
250 Sall. Cat. 48, 1–2.
251 Plut. Cic. 19, 1.
252 Vgl. Cic. Catil. 4, 4; 7. fam. 5, 2, 8 *urbem incendere et magistratus et senatum trucidare, bellum maximum conflare*.
253 Vgl. Cic. Catil. 4, 6.
254 WISSOWA RE 3, 688. Plut. Cic. 19, 4.
255 Cic. Catil. 4, 3. fam. 4, 13, 2. Plut. Cic. 20, 3. KROLL RE 17, 201.
256 Cic. Catil. 4, 11 Sull. 1; 8; 18; 20.
257 Bei Sall. in Cic. 1; 4, 7 kommt gut die Abneigung dagegen zum Ausdruck, daß der *homo novus*, der Romulus Arpinas, sich die Verteidigung der Staatsordnung anmaßte. Vgl. Cic. Sull. 30–31.
258 Vgl. Appian. bell. civ. 2, 12.
259 Plut. Cic. 19, 5–7, Sall. Cat. 46, 2 schon vor der Sitzung des 3. Dezember.

ten diese Mahnung, und Cicero entschloß sich, auf eine klare Entscheidung zu dringen.[260]

Am 4. Dezember setzte der Senat seine Beratungen fort.[261] Es wurde ein L. Tarquinius[262] vorgeführt, der auf dem Weg zu Catilina verhaftet worden war. Außer schon Bekanntem machte er die sensationelle Mitteilung, daß M. Crassus ihn zu Catilina geschickt habe, damit dieser seinen Marsch beschleunige. Nachdem Crassus schon im Oktober Cicero Material gegen Catilina geliefert[263] und Ende November mit Cicero zusammen den Murena verteidigt hatte, kann Cicero selbst das nicht geglaubt haben, und noch unwahrscheinlicher ist, daß Cicero, wie Crassus später, wohl im Jahr 55,[264] behauptete, ihn böswillig habe kompromittieren wollen.[265] Manche vermuteten, daß C. Autronius[266] den Tarquinius angestiftet habe, um durch Vorspiegelung einer solchen Verbindung die verhafteten Verschworenen vor dem Schlimmsten zu bewahren.[267] Andererseits versuchten damals die optimatischen Häupter Q. Catulus und C. Piso[268] den C. Caesar als Drahtzieher der Verschwörung zu entlarven;[269] doch davon wollte Cicero nichts wissen, und das mit gutem Grunde. Denn das von Catulus verfolgte Ziel, bei dieser Gelegenheit mit den popularen Führern aufzuräumen,[270] wäre nicht zu erreichen gewesen. Der Plan mußte zum wirklichen Bürgerkrieg führen,[271] und alle Mühe, die Cicero daran gewandt hatte, Catilina und seine Spießgesellen von den ernstzunehmenden Politikern zu isolieren (4, 9; 15), wäre umsonst gewesen. Unter diesem Gesichtspunkt entschied denn auch der Senat, die Anzeige des Tarquinius sei erlogen und er sei in Haft zu setzen, bis er den Urheber der Lüge genannt habe.[272] Während die Sitzung noch fortdauerte, erhielt Cicero Nachricht, daß von Freigelassenen und Clienten des Lentulus und Cethegus unter den kleinen Leuten der Verkaufsbuden am und beim Forum[273] zu gewaltsamer Befreiung der Gefangenen gehetzt werde. Er besetzte sogleich Capitol und Forum mit starken Wachen und ließ durch die Praetoren das waffenfähige Volk der Stadt darauf vereidigen, im Bedarfsfall zur Verteidigung anzutreten.[274] Vor allem waren es Mitglieder des Ritterstands, die sich in großer Zahl bewaffnet auf dem Capitol einfanden, darunter auch Atticus,[275] ferner Aerart-

---

260 Cic. Catil. 4, 6. Plut. Cic. 20, 1–3. Cass. Dio 37, 35, 4. Die Erzählung entstammt Ciceros Epos *de consulatu meo*. Bei MOREL FPL frg. 10. WEINSTOCK RE 5 A, 711 mit Hinweis auf die Einwände, die gegen die Erzählung zu erheben sind. CIACERI 1, 287. SIHLER 162.
261 Cic. Catil. 4, 5; 10. Sall. Cat. 48, 3.
262 MÜNZER RE 4 A, 2390 Nr. 10.
263 Plut. Crass. 13, 4.
264 GELZER RE 13, 312.
265 Sall. Cat. 48, 9. in Cic. 7.
266 KLEBS RE 2, 2613.
267 Sall. Cat. 48, 7.
268 Consul 67.
269 Sall. Cat. 49, 1–3.
270 Plut. Caes. 7, 7.
271 Plut. Cic. 20, 7. Appian. bell. civ. 2, 20.
272 Sall. Cat. 48, 6. Cic. Catil. 4, 10.
273 SCHNEIDER RE 4 A, 1864. VIEDEBANTT RE Suppl. 4, 463.
274 Cic. Catil. 4, 15–17. Cass. Dio 37, 35, 3–4. Sall. Cat. 50, 1–3. Appian. bell. civ. 2, 17.
275 Cic. Att. 2, 1, 7. Catil. 4, 15. Sest. 28. Phil. 2, 16.

ribunen.²⁷⁶ Die Schreiber der Quaestoren, die sich eben anläßlich des Amtsantritts der *quaestores urbani* beim Aerarium versammelt hatten, trugen die Namen aller, die sich meldeten, in Listen ein.²⁷⁷

Am 5. Dezember trat der Senat wieder im Tempel der Concordia zusammen.²⁷⁸ Cicero erstattete den Bericht über die Lage und stellte die Frage, was auf Grund des am 21. Oktober erteilten Vollmachtsbeschlusses mit den Verhafteten zu geschehen habe.²⁷⁹ Als ersten rief er dann zur *sententia* auf den designierten Consul D. Iunius Silanus, der erklärte, daß die fünf Verhafteten und die vier, deren man noch nicht habhaft geworden war, die „äußerste Strafe" verdient hätten,²⁸⁰ was allgemein als Hinrichtung aufgefaßt wurde.²⁸¹ Sein College Murena und alle anwesenden 14 Consulare²⁸² stimmten ihm zu. Erst der designierte Praetor C. Caesar erinnerte den Senat an die Lex Sempronia von 123, wonach ein Gerichtshof mit der Befugnis, einen römischen Bürger zum Tode zu verurteilen, nur durch einen Volksbeschluß (nicht wie bisher durch Senatusconsultum) eingesetzt werden durfte. Die Kompetenz des Senats, in höchster Not den Magistraten dictatorische Vollmacht zu erteilen, hat Caesar auch später nie bestritten.²⁸³ Damit der Senat nicht dem Todesurteil eines verfassungsgemäß eingesetzten Gerichtshofs vorgreife, schlug er vor, das Vermögen der überführten Verbrecher einzuziehen und sie selbst auf Lebenszeit einigen besonders starken Municipien in Sicherheitsverwahrung zu übergeben. Schwere Strafe sollte den treffen, der sie entkommen ließ, und jeder römische Magistrat, der in Zukunft die Sache der Gefangenen nochmals vor den Senat oder ans Volk brachte, sollte als Staatsfeind gelten.²⁸⁴ Durch die Härte der beantragten Strafe zeigte er, daß er völlig abrückte von solchen Gesellen. Er führte sogar aus, daß diese Strafe noch schwerer sei als der Tod.²⁸⁵ Zugleich aber – das war das unerhörte Meisterstück dieses Tages – gab er von den popularen Grundsätzen nicht das Geringste preis (4, 9). Die ungemeine Kühnheit dieser Haltung wird erst ganz deutlich durch den Vergleich mit Crassus, der sich in dieser Schwierigkeit nicht anders zu helfen wußte, als indem er der Sitzung fernblieb (4, 10). Angesichts des starken Aufgebots von bewaffneten Rittern schien schon das leiseste Eintreten für die Catilinarier lebensgefährlich. Aber gerade der Ton überlegener Sachlichkeit, den Caesar anschlug, erregte den Zweifel, ob der Sieg denn wirklich schon gewonnen sei.

---

276 Vgl. CIL 1², 587, 15 ff.
277 Cic. Catil. 4, 15. Phil. 2, 16. STRASBURGER Concordia ordinum 42.
278 Cic. Att. 1, 19, 6. 2, 1, 3. fam. 1, 9, 12. Flacc. 102. p. red. in sen. 12. Catil. 4, 14. Sest. 28. Phil. 2, 15; 19. Sall. Cat. 49, 4.
279 Sall. Cat. 50, 3 mit Cic. Catil. 1, 3–7.
280 Plut. Cic. 20, 4. Cat. min. 22, 4. Suet. Caes. 14, 1.
281 Cic. Catil. 4, 7. Sall. Cat. 50, 4.
282 Cic. Att. 12, 21, 1 mit Namen aufgezählt.
283 Cic. Rab. perd. 12. Catil. 4, 10. Das Verständnis des Gesetzes wurde von WOLFGANG KUNKEL Unters. z. Entwickl. des röm. Kriminalverfahrens (1962) 28, 89. 58. 89 erschlossen. Caes. b.c. 1, 5, 2–3; 7, 5.
284 Cic. Catil. 4, 7–8. 10. Sall. Cat. 51, 43. Cass. Dio 37, 36, 1–2. Plut. Cat. min. 22, 5. SIBER 58. H. STRASBURGER Caesars Eintritt in die Gesch. (1938) 122. 129.
285 Cic. Catil. 4, 7. Sall. Cat. 51, 20. 52, 13.

Darum machte der Praetorier Ti. Claudius Nero[286] den vermittelnden Vorschlag, man möge die Entscheidung aufschieben, bis Catilina geschlagen sei. Dann solle der Consul unter bewaffnetem Schutz aufs neue berichten.[287]

Da diese Stimme Beifall fand,[288] entschloß sich Cicero schlagfertig zu einer nochmaligen Darstellung der Lage (4, 6), die uns als 4. Catilinarische Rede erhalten ist. Er durchschaute sofort die Gefahr eines solchen Aufschubs. Jedes Zeichen von Unsicherheit mußte der revolutionären Bewegung neuen Auftrieb geben.[289] Darum forderte er sofortige Entscheidung für einen der beiden Anträge, Silans oder Caesars.[290] Obwohl er persönlich die Todesstrafe vorziehen würde,[291] so ist er auch bereit, den Vorschlag Caesars auszuführen (8; 11), wenn der Senat diesem zustimmt.[292] Später verwahrte sich Cicero dagegen, daß er bloß berichtet, nicht deutlich seine Ansicht zu erkennen gegeben habe.[293] Allein auch Plutarch (Cic. 21, 3) erzählt, daß Ciceros Freunde aus seiner Rede nicht eindeutig heraushörten, was er eigentlich wollte. Wahrscheinlich hat er also in der improvisierten Rede nicht so stark wie in der im Jahr 60 veröffentlichten betont, die Senatoren sollten auf ihn keine Rücksicht nehmen (2–3). Jedenfalls, als Cicero aufs neue mit der Umfrage begann, erklärte Silanus, daß er mit „äußerster Strafe" ebenfalls Haft gemeint habe.[294] Außer Catulus[295] stimmten ihm alle zu, auch Ciceros Bruder Quintus,[296] bis das Wort an den designierten Volkstribunen M. Cato gelangte. Der tadelte seinen Schwager Silanus heftig wegen seines Meinungswechsels, am schärfsten aber griff er Caesar an, brandmarkte seine Sorge für ein gesetzliches Verfahren als ein Manöver, um die Verbrecher der verdienten Strafe zu entziehen, und bezeichnete es als widersinnig, daß Caesar, der froh sein müsse, wenn er nicht mitverurteilt werde, den Senat einschüchtere.[297] Indem er darauf hinwies, wie durch Ciceros Umsicht

---

286 MÜNZER RE 3, 2777 Nr. 253. WILLEMS Le sénat de la rép. rom. 1, 458. Da die designierten Consuln vor den Consularen sprachen, ist dieselbe Reihenfolge auch bei den Praetoriern anzunehmen, obwohl Appian den Nero sich vor Caesar äußern läßt. Plut. Cic. 21, 1. Caes. 7, 9. Appian. bell. civ. 2, 20 schreiben irrtümlich auch Caesar zu, sein Antrag solle nur gelten bis zur Niederwerfung Catilinas. HARDY Catil. consp. 93 glaubt es.
287 Appian. bell. civ. 2, 19. Sall. Cat. 50, 4. Cic. Catil. 4, 6.
288 Cic. Catil. 4, 14. CHR. MEIER Athenaeum 40 (1962), 116, 47 denkt, daß Nero erst nach Cicero gesprochen habe. Ich verstehe die Zurufe, auf die Cicero Bezug nimmt, als Echo auf die *sententia* Neros. Nach Sall. Cat. 50, 4 war Silanus, der nach Ciceros Rede aufgerufen wurde, in der Lage, sich Nero anzuschließen. Cicero Att. 12, 21, 1 von Caesar *qui tum praetorio loco dixerit*. ‚Caesar' 42–44 entschied ich mich dafür, daß Caesar als designierter Praetor zuerst gesprochen habe.
289 Cic. Catil. 4, 6. Appian. bell. civ. 2, 21. Sall. Cat. 55, 1.
290 Cic. Catil. 4, 7; 8; 14; 18; 19; 24. Plut. Cic. 21, 3.
291 Cic. Catil. 4, 7; 11–13. Cass. Dio 37, 35, 4.
292 Cic. Catil. 4, 24. Wie H. FUCHS Hermes 87 (1959), 464–469 zeigte, sind 19–24 die im Jahre 60 beigefügte Zweitfassung von § 18.
293 Cic. Att. 12, 21, 2.
294 Plut. Cat. min. 22, 6. Cic. 21, 3. Suet. Caes. 14, 1. Sall. Cat. 50, 4 abweichend, er habe sich für die *sententia* des Ti. Nero ausgesprochen. S. Anm. 288.
295 Plut. Cic. 21, 5. Caes. 8, 1. s. MÜNZER RE 13, 2092.
296 Suet. Caes. 14, 2.
297 Plut. Cat. min. 23, 1–4. Die Inhaltsangabe geht wohl auf Catos Freund Munatius Rufus zurück.

die Schuldfrage eindeutig geklärt sei, forderte er die sofortige Hinrichtung,[298] und Cicero stellte diese *sententia* zur Abstimmung.[299] Sie wurde von sämtlichen Consularen und der sonstigen Senatsmehrheit mit großer Begeisterung gutgeheißen.[300] Caesar wagte es, noch dafür einzutreten, daß nun die Vermögenseinziehung unterbleibe. Das erregte größte Empörung, und Caesar bat die Volkstribunen um Hilfe, doch ohne Erfolg. Vielmehr begannen ihn auch die zum Schutz aufgebotenen Ritter mit ihren Schwertern zu bedrohen, so daß er nur unter dem Schutze Ciceros und Curios den Tempel verlassen konnte.[301] Doch verzichtete Cicero nun seinerseits auf die Vermögenseinziehung.[302] Um noch am selben Tage das Verfahren abzuschließen, gab er den *tresviri capitales* Befehl, die Hinrichtung im Carcer vorzubereiten.[303] Er selbst holte den Lentulus aus dem Gewahrsam, vier Praetoren die übrigen. In langem Zug folgten die Senatoren. So wurden die fünf vor einer großen Zuschauermenge über das Forum geführt. Cicero übergab einen nach dem andern den Henkern, die ihnen im unterirdischen Gewölbe des Tullianums mit dem Strang das Genick brachen.[304] Es war mittlerweile Nacht geworden. Um dem Anhang der Verschwörer die Hoffnung, ihre Führer könnten noch befreit werden, zu nehmen, verkündete der Consul mit lauter Stimme auf dem Forum: „Sie haben gelebt."[305] Die Nachricht von der Bestrafung der Rädelsführer verbreitete sich sofort durch die Stadt. Als Cicero nach seinem Hause zurückkehrte, waren die Straßen voll von freudig bewegten Menschen, die ihn als Retter des Vaterlands begrüßten. Vor den Häusern wurden allenthalben Leuchter aufgepflanzt und die Frauen winkten von den Dächern. Auch die Senatshäupter, die ihn begleiteten, hielten mit Lob und Dank nicht zurück.[306]

Es ist begreiflich, daß nach all den Aufregungen der letzten Tage ein ungeheures Hochgefühl seine Brust schwellte. Durch die Hinrichtung der Führer hatte er nach seiner Meinung den furchtbarsten Bürgerkrieg, der jemals einen Staat bedrohte, im Keime erstickt.[307] Es war eine Großtat, die ihn den erlauchtesten Namen der römischen Geschichte, den Paulli, Fabii, Scipiones[308] zugesellte.[309] Von den Lebenden kam ihm nur Pompeius gleich.[310] Diese alles Maß übersteigende Ruhm-

---

Hier auch die Nachricht, daß Cicero die Rede während der Sitzung nachschreiben ließ. Cic. 21, 4. Caes. 8, 2.
298 Sall. Cat. 52, 36.
299 Cic. Att. 12, 22, 1. Sest. 61; 63 erkennt er die entscheidende Wirkung von Catos Rede an. Clodius schmähte ihn als *carnificem civium, indemnatorum necis principem, crudelitatis auctorem* (dom. 21).
300 Sall. Cat. 53, 1. Cass. Dio 37, 36, 3. Vgl. Cic. Sull. 82.
301 Plut. Cic. 21, 5. Caes. 8, 3. Suet. Caes. 14, 2. Sall. Cat. 49, 4 mit zeitlicher Verschiebung.
302 Plut. Cic. 21, 5.
303 Sall. Cat. 55, 1. Über diese Triumvirn W. Kunkel Röm. Kriminalverf. 71 ff.
304 Sall. Cat. 55, 2–6. Plut. Cic. 22, 1–4. Appian. bell. civ. 2, 22. Liv. per. 102. Vell. Pat. 2, 34, 4. Cass. Dio 46, 20, 5.
305 Plut. Cic. 22, 5. Appian. bell. civ. 2, 22.
306 Plut. Cic. 22, 5–7. Cic. Phil. 2, 12.
307 Cic. Catil. 3, 25. Plut. Cic. 22, 7. Vgl. Sull. 33; 76. off. 1, 77. 2, 84.
308 Sall. in Cic. 7.
309 Vgl. Cic. Sull. 83.
310 Cic. Catil. 3, 26. 4, 21–22 im Jahr 60 geschrieben. Rich. Johannemann Cicero und Pomp.,

redigkeit, die schon den Zeitgenossen auf die Nerven fiel,[311] darf nicht dazu verleiten, die tatsächliche Leistung zu unterschätzen. Der Verlauf der letzten Senatssitzung zeigt am besten, welche Schwierigkeiten zu überwinden waren. Sie bestanden in dem durch jahrzehntelange revolutionäre Erschütterungen innerlich gebrochenen Regierungssystem, unter dem ein so schlecht geführter Umsturzversuch nicht in seinen Anfängen unterdrückt werden konnte.[312] Zweifellos galt Catilinas größter Haß dem Consul Cicero, der wie 64 so auch 63 seine Wahl verhindert hatte. Cicero kämpfte um sein Leben, befand sich aber infolge jener politischen Verwirrung in der seltsamen Lage, nachweisen zu müssen, daß der Sturz des Consuls ein Anschlag auf den Staat selbst und die Gesamtheit der besitzenden Bürgerschaft sei. Für diese Aufklärung[313] setzte er seine ganze Redegewalt ein, und daraus erklären sich seine Übertreibungen. So gelang es ihm, die Ritterschaft zur bewaffneten Abwehr aufzurufen und durch diese Machtentfaltung der Senatsmehrheit den Rücken zu stärken. Aber trotzdem gab erst Catos Rede den Ausschlag! Diese *concordia ordinum*[314] war angesichts der durch Sulla geschaffenen Lage ein Umschwung, den sein Urheber mit einem gewissen Recht für den Anbruch einer neuen politischen Aera halten durfte.[315] Die nächsten Jahre belehrten ihn bald darüber, daß diese *concordia ordinum* (Zusammenhalt von Senatoren- und Ritterstand) sofort wieder auseinanderfiel, als die unmittelbare Bedrohung von Staat und Gesellschaft beschworen schien.[316] Im großen genommen kann seiner politischen Auffassung das Urteil nicht erspart werden, daß in Wirklichkeit die Ursachen der römischen Staats- und Reichskrise viel breiter und tiefer gelagert waren, als er sie sah. Diese Kurzsichtigkeit teilte er aber mit den meisten Zeitgenossen, denen ebenfalls die Befangenheit im gemeindestaatlichen Denken den Blick umgrenzte. Davon konnte ihn auch die Überlegenheit, die ihm sonst seine tiefgegründete griechische Bildung gab, nicht befreien, weil ihre Staatstheorie an diesem Punkte selbst versagte.[317]

Als politischer Taktiker gab sich jedoch Cicero am Abend des 5. Dezembers keineswegs der Täuschung hin, schon am Ziele zu stehen, und es verdient wiederum Anerkennung, wie er in seiner Spannkraft keinen Augenblick nachließ. Caesars Rede hatte unzweideutig angekündigt, daß die populare Opposition das vom Senat beschlossene Todesurteil nicht als rechtsgültig hinnehmen würde.[318] Dieser zu erwartenden Agitation galt es den Wind aus den Segeln zu nehmen. Zu diesem Zweck ließ er das von den vier Senatoren am 3. Dezember aufgenommene Protokoll durch sämtliche Abschreiber Roms vervielfältigen und versandte die Exem-

    Diss. Münster 1935, 19.
311 Plut. Cic. 24, 3. 51, 1. Cass. Dio 38, 12, 7. Sall. in Cic. 3; 6; 7. Brut. bei Cic. ad Brut. 1, 17, 1. J. GRAFF Ciceros Selbstauffassung (1963), 77 ff.
312 RE 2 A, 1711.
313 Cic. Sull. 4.
314 Cic. Att. 1, 17, 9. 18, 3. STRASBURGER Conc. ord. 71.
315 Cic. Catil. 4, 15. STRASBURGER 39 ff.
316 STRASBURGER 43 ff. J. VOGT Ciceros Glaube an Rom 52.
317 Kl. Schr. 3, 11.
318 Cic. fam. 5, 2, 8 (Januar 62) *qua poena senatus consensu bonorum omnium eos* (die fünf am 5. Dezember 63 Hingerichteten) *adfecerat*. MOMMSEN Strafr. 173, 1 spricht von Ciceros „ebenso unpolitischem wie unmenschlichem Justizmord", mäßiger 257.

plare an die Municipien Italiens und in die Provinzen.[319] Ebenso ließ er Catos Rede vom 5. Dezember verbreiten.[320] Vor allem wandte er sich an den zur Zeit mächtigsten und voraussichtlich nunmehr auch in der Gesamtpolitik führenden Mann, den immer noch im Osten weilenden Cn. Pompeius Magnus. Ihm berichtete er in einem Briefe, der zum Umfang einer Buchrolle anschwoll, über die Taten seines Consulats und die politische Lage.[321] Er ist leider verloren; aber nach allem, was wir davon hören, schlug Cicero darin die Töne an, die wir aus der 3. Catilinarischen Rede kennen.[322] Das Schriftstück verletzte Pompeius' Eitelkeit empfindlich, und seine Antwort bestand in einer frostigen Empfangsbestätigung, worin Ciceros Taten gar nicht erwähnt waren.[323] Welchen Fehler er damit begangen hatte, konnte Cicero natürlich erst nach Wochen bemerken. Der Gedanke, den Pompeius von der popularen Opposition weg auf seine Seite zu ziehen, war durchaus richtig, und er hatte schon in frühern Kundgebungen vorgearbeitet, besonders als er im Anfang des Jahres nachwies, daß die populare Aktion der *rogatio agraria* eigentlich gegen Pompeius gerichtet[324] sei. Diese Politik hätte aber größte Geschicklichkeit erfordert; denn im allgemeinen Bewußtsein galt Pompeius als der große Mann der Popularen, und diese machten davon alsbald den kräftigsten Gebrauch.

Am 10. Dezember traten die neuen Volkstribunen ihr Amt an, und zwei von ihnen, L. Calpurnius Bestia[325] und Q. Caecilius Metellus Nepos,[326] begannen sofort die Hetze gegen Cicero, der ohne Befragung des Volks römische Bürger habe hinrichten lassen.[327] Der Angriff des L. Bestia, der selbst ein Catilinarier war,[328] wog weniger schwer als die Gegnerschaft des Nepos, der, seit 67 Legat des Pompeius, im Frühling 63 eigens dazu nach Rom gekommen war, um als Volkstribun dessen Angelegenheiten zu betreiben. Um ihn lahmzulegen, übernahm M. Cato ebenfalls das Tribunat,[329] was nun aber zur Folge hatte, daß sich Metellus schon vor dem 5. Dezember gegen die Optimaten und damit in erster Linie gegen Cicero erklärte.[330] Im Kampfe gegen Cicero führte er eine Sprache, die wir aus der *altercatio* (Frage- und Antwortspiel) mit Clodius vom 15. Mai 61 kennen[331] und die später Sallust in sein Pamphlet vom Jahr 54 übernahm. Er spottete über die Führer-

---

319 Cic. Sull. 42.
320 Plut. Cat. min. 23, 3.
321 Cic. Planc. 85 mit Schol. Bob. Sull. 67.
322 Cic. Catil. 3, 26 *uno tempore in hac re publica duos civis exstitisse quorum alter finis vestri imperi non terrae sed caeli regionibus terminaret, alter huius imperi domicilium sedisque servaret.* Vgl. JOHANNEMANN Cic. und Pomp. 19 ff.
323 Cic. fam. 5, 7, 3.
324 JOHANNEMANN 18. O. S. 69.
325 RE 3, 1367 Nr. 24.
326 RE 3, 1216 Nr. 96.
327 Cass. Dio 37, 42, 1–2.
328 Cic. Sull. 31 *is tribunus plebis, qui unus videtur ex illis ad lugendos coniuratos relictus.* Sall. Cat. 17, 3. 43, 1. Appian. bell. civ. 2, 12.
329 Plut. Cat. min. 20, 3–7. 21, 3.
330 Cic. Mur. 81.
331 Cic. Att. 1, 16, 10.

rolle, die sich der *homo novus* anmaßte,[332] traf damit aber zugleich die Optimaten, die sich das gefallen ließen.[333] Andrerseits stellte er ihn als blutdürstigen Gewalthaber hin,[334] als zweiten Sulla, wie Sallust später (6) sagte. Allein seine übertriebene Angst vor Catilina sei schuld daran, daß dieser in die Verschwörung und Revolution hineingetrieben wurde.[335] Infolgedessen sei die Lage so verwirrt geworden, daß nur noch Pompeius sie meistern könne.[336] Für Cicero war die Abwehr erschwert, weil Metellus' Bruder, der Praetor Metellus Celer, der Befehlshaber der Armee in der Gallia citerior, seine stärkste Stütze war. So wandte er sich an dessen Gemahlin – die berüchtigte – Clodia[337] und an Mucia, die Gemahlin des Pompeius und Cousine der Meteller,[338] um Vermittlung, doch vergeblich.[339] Als nach dem 5. Dezember Celer selbst einige Tage in Rom weilte, hoffte er auf dessen Einfluß; aber die Verwandten bestimmten ihn vielmehr, sich im Senat nicht zugunsten Ciceros zu äußern.[340]

So dauerte der für Cicero peinliche Gegensatz in ungeminderter Schärfe fort. Er fürchtete neue Unruhen in der Stadt und rief den Quaestor P. Sestius mit den Mannschaften, die bisher Capua gesichert hatten, herbei.[341] Da zu erwarten stand, daß Cicero den 29. Dezember, den letzten Tag seines Consulats, dazu benutzen werde, noch einmal vor dem Volk die Großtaten seiner Amtsführung darzulegen, so erklärte Nepos in einer Contio, daß der, welcher andere hinrichtete, ohne ihnen Gelegenheit zu geben, sich in einem Prozeßverfahren zu verteidigen, auch selbst nicht reden dürfe.[342] Als dann Cicero die Rostra bestieg, saßen die Volkstribunen Metellus und Calpurnius da und intercedierten gegen seine Rede. Nur den üblichen Eid, die Gesetze gewissenhaft gehalten zu haben,[343] genehmigten sie. Doch gegenüber dem Meister des Worts zogen sie den kürzern. Denn Cicero schwor ohne Zögern, daß er allein Staat und Stadt gerettet habe. Das zahlreich versammelte Volk antwortete mit dem Eid, daß er wahr geschworen habe.[344] Darauf geleitete ihn eine gewaltige Volksmenge nach Hause.[345] Noch am selben Tage schickte er einige Mittelsmänner zu Nepos. Doch der ließ ihm sagen, er könne nicht mehr zurück, da er sich nun einmal in der Contio darauf festgelegt habe, Cicero zur Rechenschaft zu ziehen.[346]

---

332 Plut. Cic. 26, 7.
333 L. Manlius Torquatus bei Cic. Sull. 22 *peregrinus rex*. Vgl. Sall. in Cic. 1; 2; 4; 5; 7.
334 Plut. Cic. 26, 6. Cic. Phil. 2, 16.
335 Dieser Gedankengang der Agitation bei Sall. in Cic. 3. Appian. bell. civ. 2, 12. Cass. Dio 46, 2, 3. 20, 1.
336 Cass. Dio 37, 43, 1.
337 RE 4, 105 Nr. 66.
338 RE 16, 449 Nr. 28.
339 Cic. fam. 5, 2, 6.
340 Cic. fam. 5, 2, 1; 4.
341 Cic. Sest. 11 mit Schol. Bob.
342 Cic. fam. 5, 2, 8 *indicta causa*.
343 MOMMSEN R. St. R. 1, 625.
344 Cic. fam. 5, 2, 7. Pis. 6. Sull. 34. dom. 94. re p. 1, 7. Att. 6, 1, 22. Plut. Cic. 23, 1–4. Cass. Dio 37, 38, 2.
345 Cic. Pis. 7. Att. 1, 16, 5.
346 Cic. fam. 5, 2, 8.

VIII. DIE VERTEIDIGUNG DER CONSULATSPOLITIK[1]

In der Senatssitzung vom 1. Januar 62 griff Metellus Cicero von neuem an. Dieser verwahrte sich entschieden dagegen und verwies darauf, daß er im Auftrag des Senats und unter der Zustimmung aller *boni* gehandelt habe.[2] Am selben Tage erhob der Praetor C. Caesar in einer Contio schwere Vorwürfe gegen Catulus und promulgierte einen Gesetzesvorschlag, es solle der Bau des capitolinischen Iuppitertempels, den dieser seit 78 nicht beendet habe, an Pompeius übertragen werden. Es erregte nicht geringes Aufsehen, daß der hochangesehene Mann sich von unten vor dem jungen Praetor verantworten mußte,[3] und als die Optimaten in großer Zahl herbeiströmten, sah Caesar, daß er nicht durchdringen konnte, und ließ den Antrag fallen.[4]

Für Cicero war es zweifellos günstig, daß durch solches Vorgehen die gesamten Optimaten auf den Plan gerufen wurden. Am 3. Januar hielt Metellus wieder eine Contio, behandelte seine von Caesar unterstützten Gesetzesvorschläge, Pompeius solle abwesend zum Consul gewählt und es solle ihm die Niederwerfung Catilinas übertragen werden,[5] wiederholte aber zugleich seine Drohungen gegen Cicero.[6] Dieser antwortete in der (verlorenen) Rede *contra contionem Q. Metelli*,[7] worin er wieder betonte, daß der Senat die Verantwortung mit ihm trage.[8] Der Volkstribun Cato pries ihn als *pater patriae*.[9] Bei der Abstimmung über das Gesetz, das Pompeius zur Wiederherstellung der Ordnung nach Italien berief, intercedierten die Volkstribunen Cato und Q. Minucius Thermus[10] unter Lebensgefahr.[11] In der sich darob entwickelnden Schlägerei gewannen schließlich die Optimaten die Oberhand.[12] Der Senat erließ das *senatus consultum de defendenda re publica*,[13] untersagte Metellus und Caesar die Amtsführung[14] und erklärte jeden, der wegen der Hinrichtung der Catilinarier eine Bestrafung der Verantwortlichen verlange, für

---

1 Ausführliche Behandlung bei GINA DE BENEDETTI „L'esilio di Cicerone e la sua importanza storica-politica" in Historia 3 (1929), 539 ff.
2 Cic. fam. 5, 2, 8. Proben von *altercationes* mit Metellus bei dieser oder anderer Gelegenheit Plut. Cic. 26, 6; 9. reg. et imp. apophthegm. Cic. 5; 6.
3 Cic. Att. 2, 24, 3.
4 Suet. Caes. 15. Cass. Dio 37, 44, 1–2. MÜNZER RE 13, 2092.
5 Schol. Bob. zu Sest. 62. Cass. Dio 37, 43, 1. Plut. Cic. 23, 4. Cat. min. 26, 2.
6 Cic. fam. 5, 2, 8.
7 Cic. Att. 1, 13, 5. Gell. N. A. 18, 7, 9. Frg. ed. SCHOELL S. 435 ff.
8 Frg. 5. 7. 9. Vgl. Cic. Sull. 21.
9 Plut. Cic. 23, 6.
10 MÜNZER RE 15, 1972 Nr. 67.
11 Cic. Sest. 62.
12 Plut. Cat. min. 27, 1–28, 6 (nach Zeugenbericht des Munatius Rufus 27, 6). Cass. Dio 37, 43, 2–3.
13 Cass. Dio 37, 43, 3. Plut. Cat. min. 28, 6. G. PLAUMANN Klio 13 (1913), 323 ff.
14 Suet. Caes. 16, 1.

einen Staatsfeind.[15] Darauf reiste Metellus unter scharfem Protest gegen die Gewaltherrschaft zu Pompeius ab,[16] Caesar dagegen verständigte sich mit dem Senat.[17] Cicero hielt sich bei den Beschlüssen gegen Metellus mit Rücksicht auf dessen Bruder Celer möglichst zurück und unterstützte Cato, als dieser die Absetzung, welche bloß Pompeius gereizt hätte, verhinderte.[18] Trotzdem schrieb ihm Celer, der wieder zu seinem Heer zurückgekehrt war, einen heftigen Beschwerdebrief, als ob er die Hauptschuld trüge an der scharfen Maßregelung des Bruders.[19] Cicero antwortete,[20] wie er in der Abwehr der bösartigen Angriffe nur das Nötigste getan habe, nachdem alle Versöhnungsversuche fehlgeschlagen seien.

Bald darauf[21] fand Catilina den Untergang.[22] Während die Praetoren Q. Cicero und M. Calpurnius Bibulus den Ausläufern der Revolution in Bruttium und im Paelignerlande den Garaus machten,[23] suchten die Optimaten in der Stadt durch gerichtliche Verurteilung auf Grund der Lex Plautia *de vi*[24] die übriggebliebenen Verschwörer zu vernichten. L. Vettius und Q. Curius lieferten bereitwillig immer neue Namen.[25] Cicero erwähnt sechs, die der verdienten Strafe verfielen,[26] darunter die beiden Attentäter vom 7. November Vargunteius und Cornelius.[27] Die Prozesse nahmen mehrere Monate in Anspruch,[28] und Cicero beteiligte sich eifrig als Zeuge.[29] Da man ihm vorwarf, römische Bürger ohne gerichtliches Verfahren getötet zu haben, war die nunmehrige Verurteilung der Mitverschworenen die beste Rechtfertigung. Jedoch wie schon am 4. Dezember 63 bemühte er sich auch, die Verfolgung auf die notorischen Catilinarier zu beschränken. So bezeugte er dem aufs neue beschuldigten Praetor C. Caesar im Senat, daß er von ihm im Gegenteil Material über die Verschwörung erhalten habe.[30] Und auf derselben Linie lag es, daß er zusammen mit Hortensius die Verteidigung des P. Sulla übernahm, der im Jahr 66

---

15 Cass. Dio 37, 42, 3.
16 Plut. Cat. min. 29, 1. Cass. Dio 37, 43, 4.
17 Suet. Caes. 16, 2. Cass. Dio 37, 44, 2.
18 Cic. fam. 5, 2, 9. Plut. Cat. min. 29, 3–4. P. STEIN Senatssitzungen der cic. Zeit (Diss. Münster 1930) 18, 97 will die Briefstelle auf Aufhebung der Suspension deuten.
19 Cic. fam. 5, 1. Vgl. R. HARDER Kl. Schr. 403. Wenn Celer § 2 schreibt *Quae quoniam nec ratione nec maiorum nostrorum clementia administratis, non erit mirandum, si vos paenitebit*, so meint er den Senat, wie § 1 *erga vos remque publicam*, nicht, wie HARDER sagt, Cicero allein. Er wandte sich an Cicero, weil er sich diesen besonders verpflichtet glaubte.
20 Cic. fam. 5, 2.
21 Etwa Februar 62.
22 RE 2 A, 1710 in der Schlacht bei Pistoria.
23 Oros. 6, 6, 7.
24 Cic. Cael. 70. Sall. in Cic. 3. Plautius war Volkstribun im Jahr 70, MRR 2, 128.
25 Cass. Dio 37, 41, 2–4. Suet. Caes. 17, 1.
26 Cic. Sull. 6–7.
27 MÜNZER RE 4, 1255 Nr. 19. Ich glaube nicht, daß aus Cic. Sull. 51 zu schließen ist, er sei begnadigt worden.
28 Cic. Sull. 92 *per hos menses*.
29 Cic. Sull. 10; 21; 48; 83. Sall. in Cic. 3.
30 Suet. Caes. 17, 2.

VIII. Die Verteidigung der Consulatspolitik

als designierter Consul wegen Ambitus verurteilt, nun von L. Manlius Torquatus[31] auch als Teilnehmer der spätern Verschwörung nochmals belangt wurde.

Hortensius behandelte den Putschversuch von 66/65,[32] Cicero die Verschwörung von 63 und bestritt jegliche Verbindung Sullas mit den Catilinariern.[33] Er ging sogar so weit, wider alle Wahrscheinlichkeit zu leugnen, daß der Putsch am 1. Januar 65 den beiden wegen Ambitus Verurteilten, Autronius und Sulla, zum Consulat verhelfen sollte.[34] Vor allem warf er seine *auctoritas* in die Waagschale,[35] es müsse ihm geglaubt werden, daß er, der Unterdrücker der Verschwörung, den Sulla nicht verteidigen würde, wenn er ihn für schuldig hielte (20; 85). Da bei jenem Versuch vom 1. Januar 65 des Torquatus Vater hätte ermordet werden sollen,[36] war der Ankläger, der mit Cicero seit mehreren Jahren eifrigen Verkehr gepflogen hatte (2; 11; 34; 47), begreiflicherweise besonders gereizt über die ihm unverständliche Verteidigung und führte seinerseits gegen ihn die Sprache der *improbi*, wie Cicero sagte (30; 34). Er behauptete nicht nur, Cicero habe die Verhörprotokolle vom 3. Dezember 63 gefälscht (40–46), sondern sprach vom *regnum* Ciceros (21; 48), höhnte den Municipalen aus Arpinum als *peregrinus rex* (22; 23) und beklagte die grausame Hinrichtung des 5. Dezember (30–31). Das waren die Angriffe des Metellus, und Cicero verwahrte sich mit Heftigkeit gegen eine solche Verletzung seiner *dignitas* (35; 46). Sulla wurde freigesprochen.[37]

Aber sein Verhältnis zu Cicero gab in der Folgezeit noch viel zu reden. Dieser fühlte – gewiß nicht zum wenigsten wegen der immer wiederkehrenden Sticheleien auf seine *novitas* – das Bedürfnis, in der Stadt einen standesgemäßen[38] Palast zu besitzen. Er verhandelte mit Crassus wegen dessen väterlichen Hauses auf dem Palatin.[39] Da es 3 1/2 Millionen Sesterzen kosten sollte, mußte er Kapital aufnehmen,[40] und es hieß, daß er 2 Millionen von Sulla, und zwar vor Erledigung des Prozesses erhielt. Darüber zur Rede gestellt, leugnete er ab, überhaupt an einen Hauskauf zu denken. Nachdem der Kauf zustande gekommen, erklärte er lachend, als guter Hausvater habe er die Pflicht gehabt, seine Absichten zu verschweigen, um nicht den Preis in die Höhe zu treiben.[41] Auch als er zu Ende des Jahres dem

---

31 MÜNZER RE 14, 1204. Sein gleichnamiger Vater war mit L. Aurelius Cotta 65 Consul gewesen, nachdem die beiden im Jahr 66 zuerst gewählten, P. Autronius Paetus und P. Cornelius Sulla, wegen Ambitus verurteilt worden waren. Als Verwandter des Dictators soll sich P. Sulla bei den Proscriptionen bereichert haben (Cic. off. 2, 29. Sull. 72). Der junge Manlius war ein vorzüglicher Vertreter der feingebildeten Aristokratie (Brut. 265). Ihm dichtete Catull das Hochzeitslied c. 61. Er war Praetor 49, im Bürgerkrieg bei Caesars Gegnern, gab sich nach Thapsus den Tod. Cicero ehrte ihn 45, indem er ihn in fin. 1 und 2 für die Lehre Epikurs sprechen ließ. JANE f. MITCHELL Historia 15 (1966), 28.
32 Cic. Sull. 3–6; 22; 12–13; 51.
33 Cic. Sull. 36–38. MÜNZER RE 4, 1520 Nr. 387.
34 Cic. Sull. 68. GELZER RE 2 A, 1696.
35 Cic. Sull. 2; 10; 35; 80–87.
36 Cic. Sull. 68.
37 Cic. Att. 4, 18, 3.
38 Cic. Att. 1, 13, 6 *ad dignitatem aliquam pervenire*.
39 MÜNZER RE 13, 290.
40 Cic. Att. 1, 12, 1. 13, 6.
41 Gell. N. A. 12, 22. ALOIS FRÜCHTL Die Geldgeschäfte bei Cicero Diss. Erlangen 1912, 47. 68.

Quaestor seines Consulatsjahrs P. Sestius darüber berichtete, war er in bester Laune.[42] Aber seine Feinde vergaßen es nicht,[43] und noch im Pamphlet Sallusts vom Jahr 54 wird er gezeichnet als der zweite Sulla, der angestachelt von seiner Frau Terentia die Prozesse des Jahrs 62 schamlos zu seiner Bereicherung benutzte, indem er alle die für Verschworene erklärte, die ihm nichts zahlen konnten für seine Villen bei Tusculum und Pompei oder das Haus in Rom.[44] Solche maßlos übertreibenden Gehässigkeiten geben zusammen mit den Angriffen des Torquatus zum mindesten einiges von der mißgünstigen Stimmung wieder, welche Ciceros Siegesfanfaren auch in den Kreisen der optimatischen Nobilität erweckten, von den Popularen ganz zu schweigen.[45]

Desto wichtiger wäre ihm darum der Beifall des Pompeius gewesen. Doch dieser hüllte sich über diesen Punkt in Schweigen. Cicero sprach sich über diese Enttäuschung in einem erhaltenen Brief[46] offen aus und bemühte sich, die Popularen als alte Widersacher des Pompeius darzustellen,[47] zugleich entschuldigend, daß Pompeius im Hinblick auf sie seinen Glückwunsch zurückhalte (3). Schließlich konnte er nicht unterdrücken, daß dieser bei seiner Rückkehr die Größe von Ciceros Leistung anerkennen werde; selbst bei weitem größer als Africanus werde er ihn wenigstens als seinen Laelius gelten lassen (3). Als der Senat über eine neue Ehrung des Pompeius beriet, formulierte er den Beschluß für eine Vermehrung der Dankfesttage auf 10.[48] Gegen Ende des Jahres äußerte sich Pompeius dann auch zu seinen Gunsten,[49] doch glaubte Cicero, daß er ihn heimlich beneide.[50]

Im Jahr 62 verteidigte er den griechischen Dichter A. Licinius Archias[51] in dem Verfahren, das ein gewisser Grattius[52] auf Grund der Lex Papia von 65 gegen jenen anstrengte.[53] Danach waren solche, die sich widerrechtlich das Bürgerrecht anmaßten, gerichtlich zu belangen. Den Vorsitz des Gerichtshofes führte der Praetor Q. Cicero.[54] Das Bürgerrecht des Archias beruhte auf der Lex Plautia Papiria von 89[55] und der Voraussetzung, daß er im Jahr 89 Bürger von Herakleia in Unteritalien gewesen war. Der Ankläger bestritt diese Voraussetzung. Archias vermochte auch keine Urkunde darüber vorzulegen, nach Ciceros Behauptung, weil im Socialkrieg das ganze Archiv von Herakleia verbrannt sei (8; 31) Er hatte sich aber ordnungs-

---

71 hat dieses Darlehen Sullas übersehen. Vgl. Cic. Att. 1, 13, 6.
42 Cic. fam. 5, 6, 2.
43 Cic. Att. 1, 16, 10.
44 Sall. in Cic. 3–6. Vgl. Didius [Cic.] in Sall. 14; 20. Darüber, daß Terentia ihm zur Hand ging, Cic. fam. 5, 6, 1. Att. 1, 12, 1. Plut. Cic. 30, 4. St. WEINSTOCK RE 5A, 711.
45 Cass. Dio 38, 12, 5–7. Vgl. Cic. Arch. 14 über die *profligatorum hominum cotidiani impetus*.
46 Cic. fam. 5, 7 etwa April 62.
47 Cic, fam. 5, 1, gemeint sind die Drahtzieher der *rogatio agraria* von 63.
48 Cic. prov. cons. 27.
49 Cic. Att. 1, 12, 3.
50 Cic. Att. 1, 13, 4.
51 REITZENSTEIN RE 2, 463 Nr. 20. W. STERNKOPF Hermes 42, 337 ff.
52 MÜNZER RE 7, 1841.
53 Cic. Arch. 10.
54 Cic. Arch. 3 mit Schol. Bob., woraus sich das Datum ergibt.
55 Cic. Arch. 7.

VIII. Die Verteidigung der Consulatspolitik

mäßig beim Praetor von 89 Q. Metellus Pius gemeldet, und Gesandte von Herakleia wie auch M. Lucullus bezeugten, daß es mit dem Bürgerrecht in Herakleia seine Richtigkeit habe (8; 31). Cicero sprach hauptsächlich über die Dichtkunst im allgemeinen und die besonderen Verdienste des Archias um die Verherrlichung des römischen Volks (21–22).[56] Offenbar hatte er die Sache übernommen, weil er von Archias ein Gedicht über sein Consulat erhoffte (28; 30). Doch dieser erfüllte ihm diesen Wunsch nicht.[57]

Als Pompeius Ende 62 mit seinem siegreichen Heer in Brundisium landete, entließ er die Soldaten alsbald zu ihren Familien.[58] Damit trat eine Entspannung der politischen Lage ein. Cato hatte den Senat davon abgehalten, daß nach Pompeius' Wunsch die Consularcomitien bis zu seiner Ankunft in Rom verschoben wurden.[59] Doch war sein Kandidat M. Pupius Piso immerhin gewählt worden.[60] Am 1. Januar 61 glaubte Cicero den Pompeius für sich günstig gestimmt.[61] Ihm war aber damals wichtiger, das fehlende Geld für den gekauften Palast zusammenzubringen, und er hatte in dieser Angelegenheit durch eine Mittelsperson auch seinen früheren Collegen, den nunmehrigen Proconsul von Makedonien C. Antonius angegangen.[62] Dessen Stellung war gefährdet, weil Pompeius bereits für seine Abberufung gewonnen war.[63] Cicero hielt selbst die Verteidigung dieses Gesellen für eine schier unmögliche Sache, da weder *boni* noch *populares* etwas von ihm wissen wollten.[64] Überdies kompromittierte er Cicero, indem er seine Erpressungen damit entschuldigte, er müsse mit Cicero teilen.[65] Trotzdem setzte Cicero im Senat durch, daß Antonius bleiben konnte,[66] und erhielt so um den 13. Februar auch das gewünschte Geld.[67]

---

56 Er hatte zu Ehren des Marius und Catulus ein Epos über den Cimbernkrieg, für L. Lucullus eines über den 3. Mithridatischen Krieg gedichtet. Wir besitzen von ihm noch etwa 20 Epigramme in der Anthologia Graeca, deren Herausgeber und Übersetzer in der Heimeranausgabe (1958) HERMANN BECKBY 4, 734 die Ansicht vertritt, daß alle mit seinem Namen bezeichneten unserm Archias gehören. Er war ein Meister im Improvisieren (18) und hatte bereits einige Verse zu Ciceros Ruhm gedichtet (28).
57 Cic. Att. 1, 16, 15. Vgl. JACOBY FgrHist. Nr. 186 mit Kommentar.
58 Cass. Dio 37, 20, 6. Plut. Pomp. 43, 3. Appian. Mithr. 116. Vell. Pat. 2, 40, 3.
59 Plut. Cat. min. 30, 2. Pomp. 44, 1.
60 Cass. Dio 37, 44, 3. Seine Überlieferung widerspricht der Plutarchs und wird von P. STEIN, Senatssitzungen d. cic. Zeit (Diss. Münster 1930) 19, 99 bevorzugt.
61 Cic. Att. 1, 12, 3.
62 Die Mittelsperson wird *Teucris illa* genannt Cic. Att. 1, 12, 1. 13, 6. 14, 7. Vgl. MÜNZER RE 5 A, 1121. Jedenfalls ist eine Frau gemeint, so gut wie sicher Cornelia, die Gattin von Antonius' Proquaestor, P. Sestius, fam. 5, 6, 1. So CIACERI 1, 192, 1. H. STRASBURGER Gnomon 14 (1938) 186–187. Ältere Deutung noch bei H. ZIEGLER T. Pomp. Attic. als Politiker, Diss. Münch. 1936, 10. SHACKLETON BAILEY Ciceros Letters to Atticus, Comm. zu 12, 1, gibt sich unentschieden, ob Cornelia.
63 Cic. Att. 1, 12, 1.
64 Cic. Att. 1, 12, 1.
65 Cic. Att. 1, 12, 2. STRASBURGER Gnomon 14, 186.
66 Cic. fam. 5, 6, 3. Vgl. 5, 3.
67 Cic. Att. 1, 14, 7. Vgl. 16, 16.

Schon am 1. Januar 61 erwähnte er gegen Atticus kurz den Anfang Dezember 62 von P. Clodius verübten Bona-dea-Skandal.[68] Am 25. Januar berichtet er über die Verhandlungen des Senats in dieser Angelegenheit; es kam zu einem Beschluß, der die Consuln aufforderte, ein Gesetz einzubringen über Bestellung eines Sondergerichtshofs.[69] Der weitere Verlauf dieser Aktion erfüllte Cicero mit Sorge. Clodius suchte mit allen Mitteln den Vorschlag zu Fall zu bringen und fand dabei die Unterstützung des ihm befreundeten Consuls Pupius Piso. Mit diesem war Cicero sowieso unzufrieden, weil er ihn bei der Senatsumfrage erst an zweiter Stelle aufrief und sich von den Optimaten distanzierte.[70] Ferner sammelte sich Clodius eine handfeste Schutztruppe, vermochte aber dank seinen Verbindungen auch „boni" zum mindesten zur Neutralität zu bestimmen. Cato führte die Gegenpartei; desto mehr stellten sich die „improbi" hinter Clodius, so daß sich Cicero fragte, ob er gut tue, sich weiter für die „Sittenstrengen" einzusetzen, deren Niederlage vorauszusehen war. Andrerseits verkannte er nicht, daß sich dadurch seine politische Stellung verschlechtern würde. Pompeius äußerte sich zwar freundlich, aber Cicero fühlte auch die Hinterhältigkeit.[71]

Den Brief vom 13. Februar durchklingt froher Siegesjubel: Auf Betreiben des Consuls Piso ließ der Volkstribun Q. Fufius Calenus in einer Contio den Pompeius zu der Rogatio sprechen. Schon da erklärte sich dieser für den Senat und wiederholte es in der nächsten Senatssitzung. Cicero persönlich erläuterte er seine Stellungnahme noch dahin, daß er damit auch dessen Consulatsangelegenheit gemeint habe. Darauf erhob sich Crassus und pries Ciceros Taten in den höchsten Tönen.[72] Dieser glaubte zu bemerken, daß das auf Pompeius Eindruck machte, und benutzte die Gelegenheit, ihm auch seinerseits die Erfolge seiner Politik noch einmal zum Bewußtsein zu bringen: „das Ansehen des Senats, die Einigung mit dem Ritterstand, die Zustimmung Italiens, den völligen Zusammenbruch der Verschwörung, die wohlfeilen Preise, den Frieden".[73]

Die Haltung des Senats wurde wieder einheitlich fest. Vor der Volksabstimmung setzten aber auch die Freunde des Clodius alle Hebel in Bewegung, um den Antrag zu Fall zu bringen, allen voran der junge C. Curio,[74] nach Ciceros Ausdruck *totus ille grex Catilinae*. Auch der Consul Piso sprach gegen sein eigenes Gesetz, und bei der Abstimmung besetzten die geworbenen Leute des Clodius die Stimmstege und verhinderten, daß Stimmtäfelchen mit Ja ausgegeben wurden. Auf heftigen Protest Catos und anderer *boni* hin wurde die Abstimmung abgebrochen und der Senat einberufen. Trotz der Bitten des Clodius und dem Widerspruch Pisos beschloß er mit mehr als 400 Stimmen, die Consuln sollten das Volk zur Annahme

---

68 Cic. Att. 1, 12, 3. har. resp. 43. FRÖHLICH RE 4, 83. Darüber J. P. V. D. BALSDON Historia 15 (1966), 65–73.
69 Suet. Caes. 6, 2. BALSDON a. O. 69.
70 Cic. Att. 1, 13, 2.
71 Cic. Att. 1, 13, 3–4. Vgl. Phil. 2, 12.
72 GELZER RE 13, 313.
73 Cic. Att. 1, 14, 1–4. Die Rede wurde veröffentlicht, orat. 210 *in senatu de consulatu meo*.
74 MÜNZER RE 2 A, 868.

VIII. Die Verteidigung der Consulatspolitik

aufrufen. Der Vater Curios[75] erhielt für den Gegenantrag, der Senat solle keinen Beschluß fassen, bloß 15 Stimmen. Der Tribun Fufius Calenus verzichtete angesichts dieser Stimmung auf Intercession. Clodius kämpfte weiter in Contionen, die er als Quaestor abhielt, und worin er die Häupter der Optimaten Lucullus, Hortensius, C. Piso und den Consul Valerius Messalla beschimpfte. Auch ihr Handlanger Cicero mit seinem „*comperi*" wurde nicht vergessen.[76] Da konnte Cicero auch nicht schweigen und goß die ganze Schale seines Zorns aus über die Feinde des Senats.[77]

Nun glaubte Hortensius einen geschickten Schachzug zu tun, indem er den Senat dazu brachte, den Gesetzesantrag dem Fufius zu überlassen. Dabei wurden die Bestimmungen über die Bestellung der Geschworenen in einem für Clodius günstigen Sinn abgeändert, mit dem Erfolg, daß dieser schließlich mit 31 gegen 25 Stimmen freigesprochen wurde.[78] Cicero sagte im Prozeß als Zeuge vernichtend gegen den Angeklagten aus. Dieser versuchte den Frevel abzuleugnen, indem er behauptete, zur betreffenden Zeit in Interamna genächtigt zu haben, Cicero aber erklärte, Clodius habe ihn an jenem Tage in Rom besucht.[79] Die Freunde des Clodius erhoben bei diesen Ausführungen ein solches Geschrei, daß die Richter aufsprangen und sich schützend vor Cicero stellten. Dieser empfing aber am folgenden Tag eine Beifallskundgebung, wie sie ihm bisher nur am 29. Dezember 63 zuteil geworden war.[80] Jedoch die Geschworenen fühlten sich durch die aufgehetzte Menge bedroht und erbaten vom Senat eine Schutzwache. Das schien auf eine gute Gesinnung zu deuten. Desto größer darum das Erstaunen, daß sie drei Tage später freisprachen. Nach Ansicht der Optimaten hatte das meiste dazu das Geld des Crassus getan.[81]

Cicero war sich klar über die politische Tragweite dieses Ereignisses. Die „Bösen" feierten es als ersten Sieg über die von ihm begründete Senatsautorität und wiegten sich in der Hoffnung, bald die Optimaten zur Strafe zu ziehen für die Tat vom Dezember 63.[82] Die Briefe an Atticus zeigen, wie es von Anfang an diese politische Gefahr war, die Cicero auf den Plan rief[83] und nicht, wie wir bei Plutarch (Cic. 29, 2–4) lesen, die Eifersucht der Terentia, welche befürchtet habe, ihr Mann könnte in die Netze der Clodia geraten! Sie nahm freilich eifrig teil an seiner Tätigkeit;[84] aber, daß sie ihn so am Gängelband führte, ist ein gehässiges Märchen

---

75 MÜNZER RE 2 A, 865.
76 Cic. Att. 1, 14, 5. 12, 21, 1. in P. Clod. et C. Cur. frg. 1. 17 mit Schol. Bob. argum. Lucull. 62–63.
77 Cic. Att. 1, 16, 1.
78 Cic. Att. 1, 16, 2; 5. in Clod. et Cur. frg. 27. Schol. Bob. arg.
79 Cic. Mil. 46 mit Ascon. dom. 80. Schol. Bob. in Clod. arg. Quintil. inst. or. 4, 2, 8. Val. Max. 8, 5, 5. Plut. Cic. 29, 1. Appian. bell. civ. 2, 52. BALSDON a. O. 72.
80 Cic. Att. 1, 16, 4–5.
81 Cic. Att. 1, 16, 5. Mil. 87. Cass. Dio 37, 46, 3. Plut. Cic. 29, 6. GELZER RE 13, 313.
82 Cic. Att. 1, 16, 6–7. Plut. Caes. 10–11.
83 Cic. Att. 1, 18, 2 *nactus, ut mihi videbar, locum resecandae libidinis et coercendae iuventutis vehemens fui et omnis profudi viris animi atque ingeni mei non odio adductus alicuius sed spe corrigendae et sanandae civitatis.*
84 Cic. fam. 5, 6, 1. Att. 1, 12, 1.

seiner Feinde.⁸⁵ Weil er sich der Gefahr bewußt war, ging er sofort wieder zum Angriff über, überschüttete die jämmerlichen Richter unermüdlich mit Hohn, ließ dem Consul Pupius Piso die Provinz Syrien, mit der er ebenso wie der Quaestor Clodius schon sicher gerechnet hatte, abnehmen⁸⁶ und brachte in der Senatssitzung vom 15. Mai den Clodius durch eine witzige *altercatio* zum Verstummen.⁸⁷ Da der alte Curio, der den Clodius im Prozeß verteidigt hatte, eine Schrift gegen Cicero herausgab, verfaßte auch er eine Invective *in P. Clodium et C. Curionem*,⁸⁸ die er zwar nicht veröffentlichte, aber doch auch nicht ganz geheim hielt.⁸⁹ Sie richtete sich im wesentlichen gegen Clodius, dessen Plan, Plebeier zu werden, bereits eine Rolle spielte.⁹⁰

Wie er im Juli Atticus berichtete, hielt er seine eigene Stellung jetzt für besser als vor dem Prozeß. Denn über die „*boni*" hinaus glaubte er, auch beim Contionenpöbel an Ansehen gewonnen zu haben. Seine guten Beziehungen zu Pompeius gaben den jungen „Catilinariern" Anlaß, diesen als Cn. Cicero zu verhöhnen. Wenn sich Cicero bei öffentlichen Veranstaltungen zeigte, erschollen ehrenvolle Zurufe, ohne daß von anderer Seite gepfiffen wurde.⁹¹ Allerdings betrachtete er mit größtem Mißfallen, daß Pompeius für das Jahr 60 mit jedem Mittel seinen verdienten Legaten und Gefolgsmann L. Afranius zum Consulat befördern wollte und von Pupius Piso unterstützt wurde; das Consulat werde so zum Possenspiel erniedrigt, nur Philosophie könne darüber weghelfen.⁹²

Der nächste Brief an Atticus ist vom 5. Dezember 61: Die Politik erfordert beständige Wachsamkeit, auch die Tätigkeit vor den Gerichten muß weitergehen, „*ut dignitatem tueri gratia possim*".⁹³ Er kann sich über die Fragwürdigkeit seines politischen Heilmittels, der von ihm in seinem Consulat „zusammengeleimten Einigung der Stände" nicht täuschen (10). Die Ritterschaft fühlte sich verletzt durch einen Senatsbeschluß, der gegen Richterbestechung ein neues Repetundengesetz verlangt. Obwohl Cicero selbst im Clodiusprozeß mit den Richtern die übelste Erfahrung gemacht hatte, bekämpft er um des großen Zieles willen den Antrag (8). Ebenso unterstützt er gegen seine Überzeugung das Gesuch der Staatspächtergesellschaft für Asia, die um Herabsetzung der übernommenen Pachtsumme bittet. Crassus setzt sich dafür ein, und Ablehnung würde gänzliche Entfremdung zwischen Senat und Ritterschaft bedeuten. In Sitzungen vom 1. und 2. Dezember ge-

---

85 Sall. in Cic. 3. Höher veranschlagt ihren Einfluß WEINSTOCK RE 5 A, 711. Ähnlich DE BENEDETTI 550. Dagegen BALSDON a. O. 73.
86 Cic. Att. 1, 16, 8. in Clod. et. Cur. frg. 8. 15. 16.
87 Cic. Att. 1, 16, 9–10. Plut. Cic. 29, 8.
88 Die Fragmente mit Schol. Bob. ed. SCHOELL. S. 439 ff. MÜNZER RE 2 A, 866.
89 Cic. Att. 3, 12, 2. 15, 3. Die Mitteilung über das Bekanntwerden solcher Schriften, die „im Buchhandel nicht erhältlich" waren, ist von Bedeutung für Philologen, die sich mit Unechtheitsbeweisen beschäftigen (Q. Cic. comm. pet., Sall. in Cic. epistulae). Quintil. inst. or. 3, 7, 2.
90 Cic. in Clod. frg. 15 Schol. Bob. arg.
91 Cic. Att. 1, 16, 11.
92 Cic. Att. 1, 16, 12–13.
93 Cic. Att. 1, 17, 6; von der allgemeinen Lage heißt es: *nos hic in re publica infirma misera commutabilique versamur* 8.

VIII. Die Verteidigung der Consulatspolitik

lingt es, die Sache wenigstens hintanzuhalten. Aber der für 60 designierte Consul Metellus Celer ist dagegen und ebenso Cato (9). Unter diesen Umständen gewährt die geborstene Front der *concordia* Cicero nicht mehr genügend Deckung. Er hofft sie bei Pompeius zu finden (10).

Der Brief vom 21. Januar 60 setzt diese Betrachtungen fort: Cicero fühlt sich vereinsamt, obwohl äußerlich sein Freundeskreis, der bei den Morgenempfängen und beim Gang auf das Forum in Erscheinung tritt, noch nicht abgenommen hat.[94] Aber der Senat genießt keine Achtung mehr, die Ritter sind verstimmt, die *concordia ordinum* ist dahin (3). Der Volkstribun C. Herennius[95] betreibt den Übertritt des Clodius zur Plebs. Der Consul Metellus Celer hält zu Cicero, ist aber bereit, der Form wegen eine solche Volksabstimmung durchzuführen (4–5). Der Volkstribun L. Flavius hat ein Agrargesetz beantragt zur Versorgung der Veteranen des Pompeius. Dieser selbst, der berufen wäre zu führen, bleibt still. Crassus vermeidet alles, was bei der Menge Anstoß erregen könnte. Die optimatischen Häupter kümmern sich nur um ihre Fischteiche. Einzig Cato ist tätig, aber nur, um die Entscheidung in der Staatspächterangelegenheit aufzuhalten (6–7).

Am 15. März ist Ciceros Stimmung weniger gedrückt: Als der Senat wegen der Helvetier drei Gesandte nach Gallien abordnet, werden bei der Losung Cicero und Pompeius nicht genommen, da man sie in der Stadt nicht entbehren könne. Das erfüllt Cicero mit Genugtuung.[96] In einer Contio werden seine Besserungsvorschläge für die Rogatio agraria des Flavius günstig aufgenommen: Das benötigte Land soll gekauft werden mit fünf Jahreserträgen der von Pompeius in den neuen Provinzen erworbenen Einkünfte; der Ager publicus, soweit er 133 bestehen blieb, soll nicht angetastet werden, ebenso nicht die sullanischen Anweisungen und das Gebiet von Volaterrae und Arretium, dessen von Sulla angeordnete Aufteilung nicht durchgeführt worden ist. Da der Senat im ganzen opponierte, war Ciceros grundsätzliche Zustimmung dem Pompeius erwünscht. Außerdem gewann er den Beifall der Besitzenden, aber auch das Volk konnte zufrieden sein, und der gute sozialpolitische Zweck wurde erreicht (4).[97]

So erscheint ihm seine politische Stellung wieder befestigt. Dabei geht es um Behauptung der am 5. Dezember gewonnenen *gloria* und *dignitas* (6). Der Clodiusprozeß, der Streit der Staatspächter mit dem Senat und die Mißgunst der „Fischteichbesitzer" gegenüber seiner Person nötigten ihn freilich, sich nach einer festern Stütze umzusehen, als er sie in der *concordia ordinum* geschaffen zu haben glaubte. So brachte er den Pompeius dazu, ihm im Senat wiederholt seine wärmste Anerkennung auszusprechen (7).[98] Angesichts dieser engen Verbindung zerrinnen die Hoffnungen, welche die *improbi* aus dem Gegensatz zu Pompeius geschöpft hatten.

---

94 Cic. Att. 1, 18, 1.
95 MÜNZER RE 8, 664 Nr. 8.
96 Cic. Att. 1, 19, 3.
97 Bei dem hier erwähnten drohenden Krieg handelt es sich nach 2 um den Plan der Helvetier, auszuwandern (Caes. Gall. 1, 5, 1), und das Vordringen Ariovists in Gallien (Caes. Gall. 1, 10–12).
98 *Pompeium adduxi in eam voluntatem, ut in senatu non semel sed saepe multisque verbis huius mihi salutem imperi atque orbis terrarum adiudicarit.*

Auch mit der ungebärdigen Jungmannschaft weiß er sich auf guten Fuß zu setzen. Er verletzt niemanden und vergibt sich doch auch nichts nach der popularen Seite. Mit diesem vorsichtigen Kurs glaubt er die Politik in eine stetige Entwicklung bringen zu können (7–8).

Im nächsten Brief von Mitte Mai setzt er sich mit den Bedenken auseinander, die Atticus in einem Schreiben vom 13. Februar gegen diesen Anschluß an Pompeius geäußert hatte.[99] Der treue Freund sah es offenbar als eine Illusion an, wenn Cicero glaubte, in dieser Verbindung der Führende zu sein. Dieser hält jedoch an seiner Meinung fest (2);[100] er denke nicht daran, den Senat im Stich zu lassen, aber seit Catulus' Tod befinde er sich auf der *via optima* vereinsamt, da ihm die „Fischteichbesitzer" – gemeint sind immer die Häupter der Optimaten wie die Luculle und Hortensius[101] – seine Stellung nicht gönnen (1, 20, 3).

Als Atticus weiter warnte, wiederholte er im Juni diese Gedanken und noch siegesgewisser (2, 1, 6–8): nicht, um selbst Schutz zu bekommen, habe er sich mit Pompeius verbunden, sondern darum, weil eine Mißhelligkeit zwischen ihnen beiden den Staat in Entzweiung gestürzt hätte. Er opfere von seiner optimatischen Politik nichts, ziehe dagegen den Pompeius in etwa auf die bessere Seite (6).[102] Dieser sei schon so weit, daß er Ciceros Taten mehr rühme als seine eigenen.[103] Das nütze ihm nichts, aber dem Staat, und wenn es ihm dann noch gelinge, den damaligen Consulatskandidaten Caesar, dessen Rückkehr aus Spanien in diesen Tagen erwartet wurde (9), ebenfalls „besser zu machen", so geschehe das doch wahrlich nicht zum Schaden des Staates. Diese Art, die Schäden des Staats zu heilen ohne chirurgische Eingriffe, wäre in jedem Fall vorzuziehen, ist aber nun die einzig mögliche, da die ehemalige Streitmacht der *concordia ordinum* zersprengt ist; die Ritter haben sich vom Senat losgesagt, die *principes* bekümmern sich nur um ihre Fischteiche, Cato kämpft zwar als ein Held, aber, als ob er es mit Platons Staat zu tun habe und nicht mit den Niederungen der römischen Politik. Immerzu stößt er die Ritter vor den Kopf, so daß schließlich keiner die Hand rührte, als der Tribun Flavius in den Kämpfen um das Agrargesetz den Consul Metellus in den Carcer abführte.[104] Soll sich Cicero etwa einer Schutztruppe von Freigelassenen und Sklaven bedienen?

Dieses politische Streitgespräch mit Atticus führt uns unmittelbar an den verhängnisvollen Wendepunkt von Ciceros Laufbahn. Es ist wohl nicht so, daß der in der Ferne weilende Atticus die politische Gesamtlage besser durchschaute als Cicero. Soweit wir aus dessen Antworten schließen können, gab Atticus die Kritik wieder, welche die ihm befreundeten Optimaten an Cicero übten. Dessen gutes Verhältnis zu Pompeius galt ihnen als Abfall zu den Popularen. Cicero verwahrte

---

99 Cic. Att. 1, 20, 1–2.
100 *A me ita sunt acta omnia, non ut ego illi adsentiens levior sed ut ille me probans gravior videretur.*
101 Cic. Att. 2, 1, 7 *nostri principes.* GELZER RE 13, 407.
102 *Ut ille esset melior et aliquid de populi levitate deponeret.*
103 Vgl. Cic. off. 1, 78 *Mihi quidem certe vir abundans bellicis laudibus Cn. Pompeius multis audientibus hoc tribuit ut diceret frustra se triumphum tertium deportatum fuisse, nisi meo in rem publicam beneficio ubi triumpharet esset habiturus.*
104 Vgl. Cass. Dio 37, 50, 1.

VIII. Die Verteidigung der Consulatspolitik

sich auf das entschiedenste dagegen. Nach seiner Meinung hatte er am 5. Dezember 63 den Staat und damit die optimatische Sache gerettet. Gegenüber dem, was man herkömmlich darunter verstand, hatte er dieser optimatischen Politik durch seine *concordia ordinum*, d. h. die Einbeziehung der Ritterschaft und überhaupt aller anständigen Bürger, eine mächtig verbreiterte Grundlage gegeben. Die engstirnigen Optimaten des alten Schlags hatten teils aus Neid gegen seine Führerschaft, teils aus Ungeschicklichkeit diesen Bau zerstört, so daß der Staat ungeschützt den popularen Fluten preisgegeben war, wenn er nicht Pompeius für die Ordnung gewonnen hätte. Über die Köpfe der engstirnigen Optimaten hinweg hatte er damit wiederum im wahren Sinn „optimatisch" gehandelt, und wenn es ihm, wie er hoffte, noch gelang, auch Caesar in diese Kombination hineinzuziehen,[105] so schien auch die fernere Zukunft gesichert.

Diese politische Rechnung enthielt nur den schweren Fehler, daß darin der Faktor seiner eigenen Person ganz unverhältnismäßig überbewertet war, und es ist für Cicero charakteristisch, daß er diesen Irrtum durchaus nicht einsehen wollte, obwohl ihn der nüchterne Atticus mit sicherm Instinkt warnte. Denn dieser erkannte deutlich, daß der Freund dabei ins Schlepptau einer andern Politik geriet. Aber Ciceros Antwort lautete, diese Gefahr bestehe nicht: *nam neque de statu nobis nostrae dignitatis est recedendum neque sine nostris copiis intra alterius praesidia veniendum.*[106]

In den ersten Monaten des Jahrs 60 war allerdings eine solche Verkennung der tatsächlichen Machtverhältnisse wohl verständlich. Denn Pompeius war gegenüber dem hartnäckigen Widerstand der Optimaten mit seinen beiden großen Forderungen, der summarischen Bestätigung seiner Verfügungen im Osten und der Veteranenversorgung, vorläufig gescheitert[107] und machte im Vergleich zu seiner Vergangenheit schließlich eine seltsam hilflose Figur,[108] so daß sich Cicero wohl als der Überlegene fühlen konnte. Aber er vergaß dabei völlig, daß Pompeius für alle seine schönen Worte über den 5. Dezember von ihm nicht die erwartete Gegenleistung empfangen hatte. Während er über den „Neid" der „Fischteichbesitzer" schalt, hatten diese immerhin seinen „Freund" Pompeius mattgesetzt. Dieser taktische Erfolg konnte jedoch nicht lange dauern; denn die auf dem Spiele stehenden Interessen besaßen zu viel eigenes Gewicht, als daß sie durch die üblichen Verschleppungskniffe in Vergessenheit geraten konnten. Hätte sich Cicero mit dieser Begründung für Pompeius eingesetzt, so hätte er sich mit Recht gegenüber den Optimaten staatsmännischen Formats rühmen dürfen.[109] Aber davon ist in den Briefen keine Rede, sondern sie sind von dem Wahn erfüllt, die Politik werde nun den von ihm gesteuerten Kurs einschlagen.

Nichts brachte ihn dabei mehr auf als der in seinen Augen hochnäsige Undank der optimatischen Herren, die seine Großtat am 5. Dezember offenbar böswillig zu Tode schweigen wollten. Desto mehr tat ihm das Lob des Pompeius wohl und er

---

105 Cic. Att. 2, 1, 6; 9.
106 Cic. Att. 1, 20, 2.
107 RE 13, 407–408. ‚Pompeius' 120–121.
108 Cass. Dio 37, 50, 6.
109 Cic. Att. 1, 20, 3 οἱ μὲν παρ' οὐδέν εἰσι, τοῖς δ'οὐδὲν μέλει.

ergriff als seine wichtigste Aufgabe, der breitesten Öffentlichkeit seine einzigartige Leistung in ihrer ganzen Tragweite zum Bewußtsein zu bringen. Den Anfang dieser Tätigkeit bildete schon sein Brief an Pompeius.[110] Während Archias versagte, verfaßte Atticus ein griechisches ὑπόμνημα über Ciceros Consulat.[111] Cicero erhielt es am 1. Juni 60,[112] nachdem er schon am 15. März dem Freund eine entsprechende eigene griechische Schrift zugesandt hatte.[113] Im Gegensatz zu Atticus' schlichtem Stil war sie mit allen rhetorischen Künsten aufgeputzt. Er schickte sie auch an Poseidonios mit der Bitte, sie einer eigenen Darstellung zugrunde zu legen,[114] und konnte schon im Juni dessen Rückäußerung berichten, die ihn trotz der Absage erfreute, weil der große Mann ihm zugestand, es selbst nicht besser machen zu können. Darum soll sie Atticus in der griechischen Welt verbreiten; *videtur enim posse aliquid nostris rebus lucis adferre* (2, 1, 2).

Am 15. März kündigt er außer der griechischen noch eine lateinische Fassung an (1, 19, 10), die er auch im Mai nochmals erwähnt (1, 20, 6). Wahrscheinlich ist sie nicht vollendet worden.[115] Dagegen war im Dezember 60 schon veröffentlicht das Epos *de consulatu meo* in drei Büchern (2, 3, 4), wovon er am 15. März ebenfalls spricht (1, 19, 10). Er empfindet selbst, der Freund könnte gegen dieses Übermaß von Eigenlob, das auf die alte Geschichte gehäuft wurde, etwas einwenden, meint aber, es gebe nichts anderes zu loben.[116] Zeigt schon der Gedankenaustausch mit Atticus eine schier unbegreifliche Verblendung, so übertraf die Ausführung des Gedichts die schlimmsten Befürchtungen. Nicht nur, daß es im allgemeinen eine auch antiken Ohren unerträgliche Eitelkeit zur Schau stellte,[117] so schien er es besonders mit dem unglücklichen Vers *cedant arma togae, concedat laurea linguae*[118] geradezu darauf angelegt zu haben, auch Pompeius zu verstimmen. Er selbst war allerdings in diesem Punkte so naiv, daß er zeitlebens nicht einsehen wollte, welchen Fehler er damit begangen hatte,[119] und so schreibt er schon im März 60 an Atticus über diese Schriftstellerei: *quamquam non* ἐγκωμαστικά; *sunt haec sed* ἱστορικά; *quae scribimus* (1, 19, 10).

---

110 O. S. 95.
111 Corn. Nep. Att. 18, 6.
112 Cic. Att. 2, 1, 1.
113 Cic. Att. 1, 19, 10. Jacoby FgrHist. Nr. 235.
114 Diese Bitte wird besonders verständlich, wenn wir mit K. Reinhardt Poseidonios über Ursprung und Entartung (1928), 33 und RE 22 (1953), 638–641 annehmen, daß der Philosoph dem Pompeius zuliebe in einem besondern Werk dessen Feldzüge behandelt habe, Strab. 11, 492 = Poseid. T. 11. Jacoby Nr. 87. H. Strasburger JRS 55 (1965), 44, 42 zieht vor, daß Poseidonios sein Geschichtswerk bis 63 hinabführte. Ich teile Reinhardts Ansicht, ‚Pompeius' 105–106.
115 Vgl. Cic. fam. 5, 12, 8. Siegfried Häfner Die literarischen Pläne Ciceros, Diss. München 1928, 61–63.
116 Frg. bei Morel FPL S. 68–72.
117 Sall. in Cic. 6–7. Quintil. inst. or. 11, 1, 15–24. Plut. Cic. 51, 1.
118 Oder *laudi* Cic. Pis. 74. off. 1, 77 ist offenbar nachträgliche Abschwächung. Morel frg. 16. Jürgen Graff Ciceros Selbstauffassung (1963) 159, 7. Meine Zustimmung Gnomon 36 (1964), 659. Auch die von Sallust in Cic. 3; 7 verspottete Götterversammlung stammt aus diesem Werk.
119 Cic. Pis. 72–76. Phil. 2, 20. off. 1, 77. Vgl. Plut. Cic. 24, 3.

VIII. Die Verteidigung der Consulatspolitik

Diesen Bemühungen, seinen Ruhm zu verkünden, diente auch die Ausgabe von zwölf *orationes consulares*, die er im Juni dem Freunde anzeigte. Er stellte sich zwar, als ob er durch das rhetorische Interesse der lernbegierigen Jugend dazu veranlaßt sei,[120] bezeichnet aber die Sammlung als ein Gegenstück zu den Philippiken des Demosthenes und setzt voraus, daß Atticus sich auch für den politischen Inhalt interessiert: *isdem ex libris perspicies et quae gesserim et quae dixerim* (2, 1, 3). Daß die uns erhaltenen Reden aus dem Jahr 63 mit Ausnahme der für Murena wohl auf diese Ausgabe zurückgehen und daß infolgedessen öfter mit nachträglichen Veränderungen gerechnet werden muß, ist wiederholt[121] bemerkt worden.

Den vollkommenen Umschwung der Dinge, den im Sommer 60 die Wahl Caesars zum Consul einleiten sollte, konnte Cicero selbstverständlich nicht vorausahnen. Wie ihm schon im Dezember 61 bekannt war, gedachte Caesar sich mit L. Lucceius, dem Freunde des Pompeius, zu verständigen.[122] Das geschah dann auch in der Form, daß Lucceius die Finanzierung der Agitation übernahm.[123] Natürlich war es auch im Sinne des Pompeius; Cicero hielt im Juni 60 Caesars Aussichten für sehr günstig und erzählte Atticus, er werde in zwei Tagen Caesar sehen und ihm dann weiteres über Lucceius berichten.[124] Entsprechend seiner ganzen Haltung beteiligte er sich also keineswegs an der Aktion der Optimaten, die mit allen Mitteln Caesars Wahl verhindern wollten, gab sich vielmehr der Illusion hin, auch Caesar „besser zu machen", das heißt für „die gute Sache", wie er sie verstand, zu gewinnen.[125]

Andererseits war er bei den Tribunenwahlen für Catos Freund M. Favonius eingetreten und hatte in seiner Tribus Cornelia erfolgreich für ihn geworben, während die Tribus des Lucceius ihn ablehnte. Er fiel überhaupt durch und belangte seinen glücklicheren Mitbewerber Metellus Scipio Nasica,[126] den hinwiederum Cicero verteidigte,[127] wegen Ambitus. Diese Vorgänge geben einen guten Begriff davon, wieviel in diesen Verhältnissen die persönlichen Beziehungen bedeuteten. Für Cicero waren die Tribunenwahlen äußerst wichtig, weil Clodius sich schon damals den Zugang zu diesem Amte schaffen wollte.[128] Dieselbe Berechnung empfahl ihm auch, sich mit Caesar gut zu stellen.

Der Kampf um das Consulat nahm den überraschenden Ausgang, daß Caesar und Bibulus gewählt wurden. Aber durch den Beschluß, der den künftigen Consuln von 59 „die Wälder und Triftwege" als „Provinzen" (Amtsgebiete) zuteilte, glaubten die Optimaten trotzdem, ausschweifenden Plänen Caesars zum voraus einen Riegel vorgeschoben zu haben.[129] Gegen diesen Versuch brachte Caesar das Bünd-

---

120 Vgl. Cic. Att. 2, 1, 11.
121 O. S. 92, Anm. 292. H. Fuchs Hermes 87 (1958), 463–469.
122 Cic. Att. 1, 17, 11. Münzer RE 13, 1556.
123 Suet. Caes. 19, 1.
124 Cic. Att. 2, 1, 6; 9.
125 Cic. Att. 2, 1, 6.
126 Münzer RE 3, 1225.
127 Cic. Att. 2, 1, 9.
128 Cic. Att. 2, 1, 4–5. Cass. Dio 37, 51, 2.
129 Suet. Caes. 19, 1–2 *silvae callesque; calles* sind die breiten Wanderwege, auf denen die Viehherden im Frühjahr vom Tiefland auf die hochgelegenen Weidegebiete getrieben wurden, Cic.

nis mit Pompeius und Crassus zustande, dessen Zweck er mit kluger Zurückhaltung auf die Formel brachte, *ne quid ageretur in re publica, quod displicuisset ulli e tribus*.[130] Daß Crassus Caesars Wahl unterstützt hatte, darf wegen der alten Beziehungen als sicher angenommen werden. Dasselbe gilt, wie wir sahen, auch von Pompeius. Caesars Meisterstück bestand darin, darüber hinaus die beiden bisherigen Feinde für eine feste politische Vereinbarung zu gewinnen.[131] Cicero erfuhr erst im Dezember 60 Genaueres von diesen Bestrebungen, als Caesars Gefolgsmann Cornelius Balbus[132] ihn aufsuchte und ihm mitteilte, Caesar beabsichtige, in seinem Consulat sich seines und des Pompeius Rat zu bedienen und werde sich außerdem darum bemühen, mit Pompeius den Crassus zusammenzubringen. Das war nichts anderes als ein Versuch Caesars, auch Cicero in sein politisches System einzubeziehen,[133] eine Folgerung, die bei seinem Verhältnis zu Pompeius nahe lag. Cicero verkannte nicht, was das Angebot für seine persönliche Sicherheit bedeutete: *Coniunctio mihi summa cum Pompeio, si placet, etiam cum Caesare, reditus in gratiam cum inimicis, pax cum multitudine, senectutis otium*.[134] Aber er hätte damit auf die eigene politische Entscheidung verzichtet. Der nächste konkrete Fall war die von Caesar vorbereitete Lex agraria. Da im wesentlichen eine Wiederholung der Rogatio Servilia von 63 zu erwarten war, sprach sein innerstes Gefühl für entschiedenen Widerstand. Neutralität lief darauf hinaus, daß er sich aufs Land zurückzog, aber Caesar erwartete von ihm bestimmt Unterstützung. Bei Ciceros Art, die politische Lage und seine eigene Stellung zu betrachten, konnte eine solche Abdankung nicht in Frage kommen. Er hätte selbst alle die hohen Worte seines eben vollendeten Epos zu leeren Prahlereien gestempelt. Vor allem verpflichteten ihn die Verse: *Interea cursus, quos prima a parte iuventae / quosque adeo consul virtute animoque petisti, / hos retine atque auge famam laudesque bonorum*. Das Vaterland rief, er gehörte an die Seite der „Guten".[135] Diese Erwägungen beruhten immer noch auf dem fatalen Wahn, er vertrete in der Politik eine eigene Richtung, während er doch nur etwas bedeuten konnte, wenn er sich einer der tatsächlich mächtigen Gruppen anschloß. Wenn er Caesars angelegentlichem Werben nicht Gehör schenken wollte, hätte er sich zu den Optimaten schlagen müssen. Die aber

---

Cluent. 161. Sest. 12. ‚Caesar' 54 Anm. 153. Sie gehörten dem Staat, und man kann vermuten, daß es sich um Grenzbereinigungen handelte. J. P. V. D. BALSDON JRS 29 (1939), 182 hält dafür, daß die Consuln in Italien bleiben sollten, ebenso Gnomon 37 (1965), 582, was viel für sich hat.

130 Suet. Caes. 19, 2.
131 GELZER RE 13, 314. HENRY A. SANDERS Memoirs of the American Academy in Rome 10 (1932), 55–68 verficht in einem Aufsatz „The so-called first triumvirate" die Meinung, das Bestehen des Dreibundes sei erst im Jahr 56 bekanntgeworden, insbesondere finde sich bei Cicero keine Andeutung einer früheren Kenntnis. Die Ausführungen enthalten Richtiges, insofern sie sich gegen die plumpe Vorstellung eines „ersten Triumvirats" wenden, verlaufen sich im übrigen aber in unbeweisbaren Vermutungen.
132 MÜNZER RE 4, 1262. ‚Caesar' 57.
133 Cic. prov. cons. 41.
134 Cic. Att. 2, 3, 4. Vgl. fam. 14, 3, 1.
135 Cic. Att. 2, 3, 4. Dazu dachte er noch an den Iliasvers 12, 243 „Ein Vorzeichen ist das beste, für das Vaterland zu kämpfen", gemeint: diese Handlung trägt die Gewähr des Gelingens in sich.

VIII. Die Verteidigung der Consulatspolitik

taten ihm nicht den Gefallen, sich um ihn zu bemühen. So geriet er in eine verhängnisvolle Isolierung. Man würde ihm jedoch nicht gerecht, wenn man sein Verhalten nur als falsche politische Berechnung verstehen wollte. Vielmehr erschien ihm letztlich ein Zusammenwirken mit Caesar als eine moralische Unmöglichkeit. So wenig er jemals Caesars Verbindung mit Catilina vergessen konnte,[136] so wenig konnte er sich schon im Dezember 60 über die Methode täuschen, womit er sich als Consul durchzusetzen gedachte. Denn sein populärer Kampfgenosse P. Vatinius, der am 10. Dezember 60 das Volkstribunat antrat, erklärte sofort, daß er sich bei seinen Aktionen um keine religiösen Einsprüche der Auguren kümmern werde.[137] In Volkstribunen solchen Schlags verkörperte sich für Cicero das Wesen der *improbi*, mit dem er, ohne seine ganze Vergangenheit und seine teuersten Ideale zu verleugnen, niemals paktieren konnte.[138]

Innerhalb Ciceros politischem Horizont war das selbstverständlich. Aber die ungeheuerliche Überschätzung seiner im Consulat vollbrachten Großtaten rührte zutiefst vom mangelnden Instinkt für wirkliche politische Macht her. Es fehlte ihm gerade das, was Caesar auszeichnete, und wir, die sein späteres Leben übersehen, vermögen zu erkennen, wie jene Ablehnung Caesars im Dezember 60 seine fernere politische Tätigkeit zum Scheitern verurteilte. Machtinstinkt hätte zur Erkenntnis führen können, daß er vom sinkenden Schiff der *principes* zum Dreibund übergehen müsse, wenn er noch weiter eine wirksame politische Rolle spielen wollte. Hätte er im Jahr 59 seine Beredsamkeit für dessen Ziele eingesetzt und die starre Opposition des Senats erweicht, so wären vielleicht die brutalen Gewaltakte, die nachmals das Verhältnis der *principes* zu Caesar so unheilbar vergifteten, daß es wieder zum Bürgerkrieg kam, zu verhüten gewesen.[139] Als dann Cicero seit 57 bei den Optimaten immer wieder Enttäuschungen erlebte, war es Caesar, der den hohen Wert seiner Beredsamkeit erkannte und sich auch nach dem Bürgerkrieg wieder bereit zeigte, ihn für seine Ziele heranzuziehen. Dazu war freilich Cicero, der in den 6 Büchern ‚de re publica' das rettende Rezept für die Krise des römischen Staates verschrieben zu haben glaubte, innerlich nicht mehr bereit. Das Fundament für ein Verhältnis, in dem auch Ciceros Ehrgeiz auf seine Rechnung kam, hätte 59 gelegt werden müssen. Aber er, der nach seiner Meinung kürzlich die Optimatenrepublik vor Catilina gerettet hatte, konnte nicht begreifen, welch dringende politische Notwendigkeit gebot, das von Caesar vorgeschlagene Siedlungsgesetz in Kraft zu setzen, weil nun einmal bei den Optimaten seit der Gracchenzeit solche Gesetze als Ausgeburten schlimmster Demagogie galten. Nicht unrichtig hatte ihn

---

136 Cic. off. 2, 84.
137 Cic. Vat. 14; 27. Sest. 114.
138 Vgl. Cic. Q. fr. 1, 1, 41.
139 Auf eine solche Möglichkeit hat kürzlich Hans Drexler hingewiesen Romanitas 8 (1966), 95 und Entdeckung des Individuums (1966) 61. 106. Er erinnert Romanitas 94, 21 an die Abhandlung von Kurt v. Fritz Tapha 72, (1941), 125 ff. der schon 1941 das Problem erwog, „ob die Gegner Caesars die Notwendigkeit einer neuen politischen Ordnung hätten anerkennen und deshalb hätten versuchen müssen, mit dem Mann mitzuarbeiten, der in hervorragender Weise geeignet war, diese neue Ordnung zu schaffen". Jetzt Gelzer Cicero und Caesar 24 (S. B. Wiss. Ges. Frankfurt 1968).

Bruder Quintus im Jahr 64 als *homo Platonicus* bezeichnet (comm. pet. 46). Seine philosophische Bildung rief ihn auf, auch in der Politik nach den Lehren der griechischen Staatsphilosophie zu handeln.

So kam es denn, daß er sich gerade zu dieser Zeit mit den Verfassungsgeschichten Dikaiarchs[140] beschäftigte.[141] Vermutlich schwebte ihm der Plan einer staatsphilosophischen Flugschrift vor.[142] Verfaßt hat er damals den in Briefform gekleideten συμβουλευτικός an seinen Bruder Quintus, der seit 61 die Provinz Asia als Proconsul regierte.[143] Veranlassung bot ihm der Umstand, daß dem Bruder bei der Verteilung der Provinzen[144] gegen seinen Wunsch und trotz Ciceros Bemühungen die Statthalterschaft für ein drittes Jahr verlängert wurde (1, 1, 1–2). Cicero entwickelte ihm nun am ausführlichen Programm einer mustergültigen Verwaltung den Gedanken, seine Verdienste durch dessen Befolgung zu krönen und damit zugleich an der Verteidigung des brüderlichen Ruhms mitzuhelfen (43). Denn er, der selbst Rom nicht verlassen mochte,[145] legte höchsten Wert auf Ansehen auch in den Provinzen und betrachtete dabei seinen Bruder sozusagen als seinen Stellvertreter. Wie er sich seinerzeit schon in Sicilien als Griechenfreund bekannt hatte, so sollen auch die Griechen Asias das besondere Wohlwollen fühlen, das die Ciceronen ihnen entgegenbringen (24–36). Er, der sich in seinem Consulat als Mann der kraftvollen Tat erwiesen hat, steht doch nicht an zu erklären, daß er alles, was er ist, seiner griechischen Bildung verdankt (28). Ist doch vielleicht im Jahr 63 dem römischen Gesamtstaat zuteil geworden, was Platon als das Heil des Staats lehrte,[146] die Verbindung von Macht und Weisheit (29),[147] was nun die Provinz Asia genießt! In solcher Gesinnung hat Quintus ungeachtet der in Rom erregten Unzufriedenheit den Gemeinden untersagt, den römischen Aedilen für ihre Spiele in Rom Geldspenden zu bewilligen, und er selbst lehnte die Ausführung des Beschlusses der asiatischen Gemeinden, ihn und seinen Bruder durch Tempel und Denkmal zu ehren, ab, obwohl es nicht unter das Verbot des Repetundengesetzes fiel (26). Wenn die Griechen an Rom Abgaben entrichten müssen, so sollen sie bedenken, daß sie damit den Frieden bezahlen, zumal sie auch vor der römischen Herrschaft tributpflichtig

---

140 MARTINI RE 5, 550 Nr. 3. FRITZ WEHRLI Die Schule des Aristoteles Heft 1 (1944), frg. 67–72. Cicero sagt, daß er von Dikaiarch viel mehr lernen könne als von Procilius, nach ZIEGLER RE 23, 68, einem Antiquar, den Varro de L. L. 5, 148 erwähnt, und wohl identisch mit dem Volkstribun 56 (Cic. Q. fr. 2, 6, 1. Att. 4, 15, 4). Außerdem bemerkt er noch, daß ein gewisser Herodes auch gut täte, vor dem Schreiben Dikaiarch zu lesen. Er war ein Atticus bekannter Athener, mit dem später Cicero noch korrespondierte (Plut. Cic. 24, 8). Wir bekommen so Einblick in Ciceros stets rege wissenschaftliche Beschäftigung.
141 Cic. Att. 2, 2, 2.
142 Vgl. S. HÄFNER Die lit. Pläne C.s 96, 1.
143 Cic. Q. fr. 1, 1.
144 Im Jahr 59 war dieser Akt im November erledigt, Cic. Q. fr. 1, 2, 8. WILLEMS Le sénat de la rép. rom. 2, 573, 6.
145 Cic. Flacc. 87 *nostrum consilium in praetermittendis provinciis*.
146 Plat. polit. 5, 473 d δύναμίς τε πολιτική καὶ φιλοσοφία. ep. 7, 335 d γενομένη φιλοσοφία τε καὶ δύναμις ὄντως ἐν ταὐτῷ. Zum Verständnis des von Platon Gemeinten W. JAEGER Paideia 2 (1944), 340 ff.
147 *Hanc coniunctionem videlicet potestatis et sapientiae*.

waren (33–34). Bei allem Entgegenkommen soll Quintus freilich darauf achten, daß er die berechtigten Interessen der Publicanen nicht verletzt, weil das die *concordia ordinum* erschüttern würde (32; 35) Es gehört wohl zum Charakter des Briefs, daß die Mahnungen, so oft sie sich auch ins Allgemeine erheben, doch ganz auf die Person des Bruders und seine besondere Lage gestimmt sind und keineswegs auf eine Gesamtreform der Provinzialverwaltung zielen. Bewährt sich sein Regiment als ehrbar, so wird es in der allgemeinen Verderbnis schon als göttlich erscheinen (19).[148] Im ganzen des hochgemut gehaltenen Briefs fällt diese Würdigung des Zeitalters[149] nur als eine beiläufige Bemerkung und soll gerade zum Handeln anspornen. Der ‚Brief‘ war natürlich zur Weiterverbreitung bestimmt.

Auch Cicero selbst war entschlossen, weiter zu kämpfen. Schon im Dezember 60 erwähnt er, daß eifrig eine Anklage des aus Makedonien zurückkehrenden C. Antonius betrieben werde.[150] Anfang 59 luden ihn M. Caelius,[151] Q. Fabius Maximus[152] und L. Caninius Gallus[153] vor den Praetor Cn. Lentulus Clodianus.[154] Der Prozeß wurde jedoch unter dem Vorsitz eines *quaesitor* verhandelt;[155] auf welcher strafrechtlichen Grundlage, ist umstritten.[156] Falls sich die Anklage wirklich auf die Catilinarische Verschwörung bezog, so wäre als Begründung etwa zu vermuten, daß Antonius durch sein zweideutiges Verhalten den Ausbruch der Revolution verschuldet habe, wie ja Sallust (in Cic. 3) in Übereinstimmung mit Cassius Dio (46, 20, 1) Cicero selbst mit der Verantwortlichkeit belastet.

Cicero hielt schon zwei Jahre früher die Verteidigung des nichtswürdigen Gesellen für aussichtslos,[157] wie er auch später zugab: *habuit quandam ille infamiam suam*,[158] konnte aber seinen ehemaligen Collegen nicht im Stiche lassen, da es letztlich – gleich wie die Anklage lautete – doch um den offiziellen Sieger von Pistoria ging. P. Vatinius hatte soeben ein neues Gesetz[159] eingebracht über die *reiectio iudicum* (Recht zur Ablehnung einer Anzahl von Geschworenen), von dem Cicero wohl eine günstige Zusammensetzung des Geschworenengerichts erhoffte. Da war es eine große Enttäuschung, daß Vatinius die Abstimmung darüber bis zur An-

---

148 *Quae cum honesta sint in his privatis nostris cottidianisque rationibus, in tanto imperio tam depravatis moribus tam corruptrice provincia divina videantur necesse est.*
149 Über Ciceros Anerkennung des Verfallgedankens J. VOGT Ciceros Glaube an R. 44 ff.
150 Cic. Att. 2, 2, 3.
151 RE 3, 1267.
152 RE 6, 1791.
153 RE 3, 1477 Nr. 4.
154 RE 4, 1381 Nr. 217.
155 Cic. Vat. 28.
156 KLEBS RE 1, 2581. DE BENEDETTI Historia 3, 558, 164; nach Cass. Dio 38, 10, 3 ἐπὶ τῇ τοῦ Κατιλίνου συνωμοσίᾳ, also *de vi*, womit Cic. Cael. 74 übereinzustimmen scheint: *praeclari in rem publicam benefici memoria nihil profuit, nocuit opinio malefici cogitati*. Vgl. 78. HEINZE Hermes 60 (1925), 211. Dagegen Flacc. 5; 95 stellt es Cicero so dar, als ob seine Verurteilung die Rache der Catilinarier gewesen wäre. Nach dem Fragment des Caelius bei Quintil. inst. or. 4, 2, 123–124 könnte es scheinen, als ob sein Versagen als Proconsul, also *laesa maiestas*, den Grund abgegeben hätte.
157 Cic. Att. 1, 12, 1.
158 Cic. Flacc. 95.
159 LIEBENAM RE 1 A, 514.

klageerhebung gegen Antonius vertagte, weil das Gesetz die bereits im Gange befindlichen Prozesse nicht einbegriff. Cicero erblickte darin eine bewußte Bosheit[160] und mußte nun erst recht die ganze Aktion als einen popularen Angriff auf seine Consulatspolitik auffassen. Denn in eben diesen Wochen zeigte sich, daß Caesar, öffentlich und mit vollem Einsatz unterstützt von Pompeius und Crassus,[161] sich kein Gewissen daraus machte, den Widerstand der optimatischen Senatsmehrheit gegen sein Agrargesetz durch rücksichtslose Anwendung auch der gröbsten und handgreiflichsten popularen Mittel zu brechen.[162] Die *improbi* beherrschten das Feld, ein Treiben, das Cicero mit Ekel und Grauen erfüllte.

Als er im März[163] für Antonius sprach, benutzte er darum die Schilderung dieser Zustände, um die Richter von der elenden Person des Angeklagten auf die politischen Hintergründe abzulenken, in der Hoffnung, sie so für einen Freispruch zu gewinnen.[164] Natürlich richtete sich das vor allem gegen den Consul Caesar und seine Verbündeten, auch wenn er ihre Namen nicht nannte.[165] Caesar, der Cicero noch immer gern auf seine Seite gezogen hätte, wollte ihm solches doch nicht durchgehen lassen und antwortete mit einem Wink, der an Deutlichkeit nicht zu überbieten war: Um die Mittagsstunde waren Ciceros Worte gefallen, drei Stunden später war die Adoption des P. Clodius durch den 20jährigen Plebeier P. Fonteius[166] von den Curiatcomitien genehmigt.[167] Pompeius wirkte als Augur mit.[168] Damit war Ciceros schlimmstem Feind der heißbegehrte Zugang zum Volkstribunat freigegeben, Ciceros Existenz dem Belieben der popularen Machthaber ausgeliefert. Das Steuerruder des Staats, an dem er bisher immer noch zu sitzen glaubte, war ihm aus der Hand geschlagen.[169]

Selbstverständlich wurde Antonius verurteilt. Die ehemaligen Catilinarier bekränzten das Grab ihres Führers und feierten das Ereignis mit Gelagen.[170] Cicero blieb in Rom, bis der letzte Akt des Kampfs um das Agrargesetz, die Vereidigung sämtlicher Senatoren, zu Ende war. Nur Cato wollte bis zuletzt den Widerstand nicht aufgeben. Da so Gefahr bestand, daß er aus dem Senat ausschied, drang vor allem Cicero in ihn, Rom diesen Verlust zu ersparen, da solcher Eigensinn gegenüber einer unabänderlichen Tatsache zum Unsinn werde und Cato im Kampf gegen Clodius dringend nötig sei.[171] Zusammen mit Favonius leistete er dann den Eid.

---

160 Cic. Vat. 27. Vgl. Att. 2, 6, 2.
161 Cass. Dio 38, 4, 4. Plut. Pomp. 47, 6. Caes. 14, 4. Appian. bell. civ. 2, 36.
162 Vgl. Cic. Att. 2, 9, 1.
163 LANGE RA 3, 284. GELZER Kl. Schr. 2, 213.
164 Suet. Caes. 20, 4.
165 Cic. dom. 41. Cass. Dio 38, 10, 4.
166 MÜNZER RE 6, 2845 Nr. 13.
167 Cic. dom. 34; 41. har. resp. 57. Sest. 15. prov. cons. 42; 45. Cass. Dio. 38, 12, 2. Suet. Caes. 20, 4. Tib. 2, 4.
168 Cic. Att. 2, 7, 2. 9, 1. 12, 1. 21, 4. 22, 2. 8, 3, 3.
169 Cic. Att. 2, 7, 4.
170 Cic. Flacc. 95. Schol. Bob. in Flacc. 5.
171 Plut. Cat. min. 32, 7–10.

VIII. Die Verteidigung der Consulatspolitik

Cicero begab sich im April zunächst in das Haus, das er in Antium besaß.[172] Am 21. April traf er in seiner Villa bei Formiae ein (2, 8, 2), wo er bis zum 6. Mai blieb,[173] um über das Arpinas auf Anfang Juli nach Rom zurückzukehren.[174] Wir besitzen aus diesen Wochen 14 Briefe an Atticus (2, 4–17), die uns einen unvergleichlichen Einblick gewähren in das stürmische Auf und Ab seiner Gemütsbewegungen, seiner Sorgen und Hoffnungen: Die Politik ist ihm zum Ekel geworden, er möchte sich in die Philosophie zurückziehen, um wenigstens seine sittliche Würde zu wahren (2, 4, 2),[175] vom Land aus der Seenot des Staatsschiffs zuschauen.[176] Um ihn auf andere Gedanken zu bringen, hat ihn Atticus zur Abfassung eines geographischen Werks aufgefordert.[177] Aber, obwohl er die übersandten griechischen Bücher liest, fehlt die innere Ruhe zu solcher Schriftstellerei (14, 2).[178] Die Politik läßt ihn nicht aus ihren Fängen. Clodius schnaubt Rache. Er muß an seine Sicherheit denken. Pompeius und Caesar bauen ihm goldene Brücken, bieten ihm nach Wunsch eine *libera legatio* (4, 2), eine Gesandtschaft nach Alexandria (5, 1) oder im Juli[179] eine Legatenstelle bei Caesar an (18, 3). Pompeius besucht ihn sogar in Antium (12, 1) und bestreitet, daß er, weil er Caesars Dienste annahm, nun mit diesem durch dick und dünn gehen müsse (16, 2). Clodius habe sich ihm gegenüber bindend verpflichtet, nichts gegen Cicero zu unternehmen.[180] Diese Lockungen bleiben nicht ohne Wirkung, auch das durch Metellus Celers Tod erledigte Augurat ist ihm nicht gleichgültig (5, 2), aber, „was werden unsere Optimaten, wenn es noch welche gibt, dazu sagen?" Und insbesondere Cato, der ihm allein soviel gilt wie 100000, und wie wird er in 600 Jahren vor dem Urteil der Geschichte dastehen? (5, 1). Dazu merkt er, daß die wackeren Bürger in Antium von dem neuen Kurs nichts wissen wollen (6, 2), aus Rom erhält er Nachrichten über Unstimmigkeiten zwischen Clodius und seinen Gönnern, die Unzufriedenheit wächst, zumal beim streitbaren politischen Nachwuchs.[181] Da regt sich auch bei ihm neuer Kampfesmut. Er beginnt eine „Geheimgeschichte" (ἀνέκδοτα) der eigenen Zeit in „theopompischem Stil" zu entwerfen[182] und sieht als Folge der skrupellosen Gewaltherrschaft bereits schon wieder die Optimaten obenauf, selbst Cato, der wegen seines Starrsinns an allem schuld ist, wird wieder als Held gepriesen. Unter diesen

---

172 Cic. Att. 2, 6, 1. 4, 8, 1. DRUMANN-GROEBE 6, 341.
173 Cic. Att. 2, 11, 2. 14, 2.
174 Cic. Att. 2, 8, 2. 16, 1.
175 *Quod a me ipse non desciverim.*
176 Cic. Att. 2, 4, 4. 5, 2. 7, 4. 9, 3. 12, 4. 13, 2. 14, 2. 16, 3.
177 Cic. Att. 2, 4, 1; 3. 6, 1. 7, 1. 20, 6. 22, 7.
178 HÄFNER Die lit. Pl. Ciceros 30–34. Att. 2, 17, 1 faßt er seine wissenschaftlichen Studien unter dem Begriff *philologia* zusammen. Darüber mit reicher Anführung moderner Literatur HEINRICH KUCH Helicon 4 (1964), 100–103.
179 Nach der Lex Vatinia *de imperio Caesaris* Kl. Schr. 2, 212, GROEBE bei DRUMANN 2, 547.
180 Cic. Att. 2, 9, 1. 22, 2. Sest. 15.
181 Cic. Att. 2, 7, 2–3. 8, 1.
182 Cic. Att. 2, 6, 2. 7, 1. 8, 1. 9, 1. 12, 3. 14, 2. Es ist die nach Ciceros Tod veröffentlichte Schrift *de consiliis suis*, Cass. Dio 39, 10, 2. 46, 21, 3–4. Plut. Crass. 13, 4. Vgl. JACOBY FgrHist. Nr. 115 T 25. HÄFNER 64ff. Darin waren Crassus und Caesar als die Drahtzieher der Catilinarischen Unruhen dargestellt, Asc. in orat. in tog. cand. S. 83.

Umständen wird Clodius, auch wenn er sich mit den Machthabern gut stellt, wenig Glück haben mit seinem Zetern über den „moralpaukenden Consular" (*de cynico consulari*), geschweige denn über die „Herrscher der Fischteiche", da sie ja ihrer Macht im Senat, gegen die bisher der Haß geschürt wurde, beraubt sind (9, 1–2). Selbst das Schiff zu lenken hat Cicero allerdings nach dem erfahrenen Undank keine Lust mehr, doch will er sich, falls er angegriffen wird, verteidigen (9, 3).

Die Nachrichten aus Rom lauten immer merkwürdiger, Clodius wolle als Tribun Caesars Gesetze für ungültig erklären, dieser bestreite, daß Clodius Plebeier sei (12, 1–2). Auch in Formiae herrscht Empörung, die Beinamen von Pompeius und Crassus, Magnus und Dives[183] haben ihren Klang verloren (13, 2). Aber, wie er nun bedenkt, daß Pompeius durch diese Opposition wahrscheinlich noch mehr auf die Gegenseite getrieben wird, versinkt er wieder in Niedergeschlagenheit und will lieber unter der Tyrannis leben als kämpfen (14, 1). Damit, daß Bibulus die Wahlen hinausschiebt, ist doch nichts gewonnen. Vielleicht ist Clodius noch eine Hoffnung, aber er ist unberechenbar (15, 2)![184] Am 29. April erreicht ihn die Nachricht über die Lex de agro Campano. Da er nicht für alle Besitzlosen ausreicht, wird auch das in der Masse Unzufriedenheit erregen, die zu einer großen Gegenaktion der *boni* ausgenützt werden könnte (16, 1). Aber die Erinnerung an den Undank der „sogenannten *boni*" empfiehlt ihm, den πρακτικὸς βίος Dikaiarchs, dem er schon übergenug getan hat, zu verabschieden und sich für Theophrasts θεωρητικὸς βίος zu entscheiden (16, 2–3). Als dann noch Pompeius' Vermählung mit Caesars Tochter Iulia bekannt wird, schwindet alle Hoffnung, Pompeius von der Tyrannis zurückzuhalten. Er ahnt, daß damit Größeres vorbereitet wird, wie es dann durch das Gesetz des Vatinius über Caesars Proconsulat in Gallia citerior geschah.[185] Pompeius' Ruhm ist freilich dahin, und Cicero – so scherzt er bitter – braucht nicht mehr zu fürchten, im Gedächtnis der Geschichte von ihm verdunkelt zu werden (17, 1–2). Trotzdem soll Atticus den griechischen Gefolgsmann des Pompeius Theophanes darüber ausholen, was Cicero von ihm zu erwarten hat (17, 3).

Nach Rom zurückgekehrt, findet Cicero im Juli alle Freiheit unterdrückt (18, 1–2). Caesar läßt ihm die Wahl zwischen einer *legatio libera* und einer formalen Legation in Gallien, die ihm die beste Deckung gegen Clodius gewähren würde. Aber sein Gefühl sträubt sich dagegen, da man von ihm erwartet, daß er sich zum Kampfe stellt (18, 3).

Der Juli war üblicher Weise der Monat der Magistratswahlen. Für Caesar und Pompeius war die Frage ersten Rangs, daß vor allem die Agrargesetzgebung, die wegen des verfassungswidrigen Zustandekommens gefährdet war, weiter bestehen blieb. Darum galt es, möglichst viele Magistrate, die zur Fortsetzung der neuen Politik bereit waren, in die wichtigen Ämter zu bringen. Schon Ende April vernahm

---

183 Vgl. MÜNZER RE 13, 249. Verkehrt H. A. SANDERS Memoirs of the American Academy in Rome 10, 63. R. JOHANNEMANN Cic. und Pomp. 35, 160 und 38, 184 hätte ihm nicht folgen sollen.

184 Verschiebung der Consulnwahlen auf den 18. Oktober durch Edict des Bibulus Cic. Att. 2, 20, 6. 21, 5. Darüber Vermutungen von J. LINDERSKI Historia 14 (1965), 429 ff.

185 Kl. Schr. 2, 211/2. L. R. TAYLOR AJPh 72 (1951), 254 ff. J. P. V. D. BALSDON Gnomon 37 (1965) 582. CH. MEIER Historia 10 (1961) 68 ff. bringt keine durchschlagende Widerlegung.

VIII. Die Verteidigung der Consulatspolitik

Cicero von Atticus, daß M. Calpurnius Bibulus, Caesars College, der beim Versuch, gegen die Abstimmung über das erste Siedlungsgesetz zu intercedieren, aufs rohste mißhandelt wurde und sich, nachdem er im Senat keine Unterstützung fand, in sein Haus zurückzog, mit dem Plan umging, die Comitien der ‚patricischen‘ Magistrate (Consuln, Praetoren, curulische Aedilen) hinauszuzögern.[186] Um den 8. Juli schreibt Cicero, daß die Empörung über die Gewaltakte des Dreibunds alle Schichten der Bürgerschaft ergreift. „Diese Populares haben auch einfachen Leuten das Pfeifen beigebracht."[187] Bei den am 6. Juli beginnenden Apollinarspielen kam es zu gewaltigen Kundgebungen dieser Mißstimmung, der Schauspieler Diphilus mußte den Vers einer Tragödie: „Durch unser Elend bist du groß" unzählige Male wiederholen, weil er auf (Pompeius) Magnus bezogen wurde, und so ging es noch mit weiteren Versen. Als der Consul Caesar das Theater betrat, herrschte völliges Schweigen, der junge Curio erhielt solchen Beifall wie Pompeius in seiner guten Zeit. Es hieß, daß Caesar diese Demonstrationen übel aufnahm, was Cicero bekümmerte, da hinter der Opposition keine Macht stand. Ihn ging vor allem an, daß sein Feind in Bälde Volkstribun 58 sein würde. Dagegen erhofft er, daß das „Heer aller Guten", das sich 63 um ihn scharte, sich wieder sammle.

Andrerseits erhält er von Pompeius beruhigende Versicherungen, Clodius werde nichts gegen ihn unternehmen, aber darüber täusche sich der wohlmeinende Ratgeber. Mehr ist, daß ihm Pompeius und Caesar auch handfeste Sicherungen bieten. Von der zur Ausführung der Agrargesetze bestellten „Zwanzigmännerbehörde" war ein Mitglied gestorben. Dessen Stelle tragen sie ihm an.[188] Doch das anzunehmen wäre das verkehrteste. Denn diese Behörde, die auf den verfassungswidrigen Gesetzen beruht, wird von den *boni* verabscheut. So würde er sich zum Haß der *improbi* (der ehemaligen Catilinarier) noch den Haß der *boni* zuziehen. Ein ehrenvollerer Ausweg wäre, die von Caesar angebotene Legation anzunehmen. Doch will er lieber mit der Gefahr kämpfen. Es gibt nichts Sicheres. Atticus, der in Epirus weilt, soll herkommen. Er will sich nichts vormachen, alles ist verloren. So geht es bei ihm auf und ab, wie immer wieder, wenn er sich zu einem Entschluß aufraffen soll. Eine Woche später, etwa am 13. Juli,[189] wiederholt er die dringende Bitte; denn die Wahl des Clodius steht bevor, und er ergeht sich in heftigen Drohungen, nur nicht vor Pompeius. Dieser klagt bei Cicero über seine Lage, ohne offenen

---

186 Cic. Att. 2, 15, 2. L. R. TAYLOR Historia 1 (1950) 46 bemerkte, daß für die plebeischen Sonderbeamten (Tribunen und Aedilen) eine solche Vertagung durch den Consul nicht in Frage kam, weil sie ohne Einholung von Auspicien gewählt wurden. Gell. N. A. 13, 15, 4 citiert aus dem Werk des M. Valerius Messalla (Consul 53) *de auspiciis: Censores aeque non eodem rogantur auspicio atque consules et praetores*, MOMMSEN R. St. R. 1, 99, 1. So sind 59 die Volkstribunen im Juli gewählt worden.
187 Cic. Att. 2, 19, 2–5.
188 Cic. Att. 2, 19, 4. prov. cons. 41. Att. 9, 2 a, 1. In den Briefen spricht er von *vigintiviratus*, während er in der Rede *quinqueviratus* sagt. Att. 2, 7, 4 erwähnt er *quinque viri*. Auf dem Elogium ILS 46 wird der Consul 61 M. Valerius Messalla als *vir a(gris) d(andis) i(udicandis)* bezeichnet. Danach erklärte MOMMSEN R. St. R. 2, 628, 4 die Fünf für einen Ausschuß der 20, dem die Judication zustand, die Rechtsprechung in Streitfällen (MOMMSEN a. O. 634).
189 Cic. Att. 2, 13 nach Datierung von L. R. TAYLOR Historia 1, 48, 10.

Kampf steht es nicht gut um den Dreibund, dagegen schließt sich die Opposition immer mehr zusammen.[190]

Am 17. Juli[191] treibt er den Freund noch mehr zur Eile, weiß ihm aber auch von einem ungeheuerlichen Streich zu berichten, mit dem der erbitterte Caesar die bejubelten beiden Angriffe der vom jungen C. Curio angeführten optimatischen Jungmannschaft treffen wollte: Unterstützt von seinem Handlanger P. Vatinius spann er den Plan, sich des durch seine Angeberdienste in den Catilinarischen Unruhen berüchtigten L. Vettius als Spitzels zu bedienen, der sich ins Vertrauen Curios einschleichen und ihn zu einem Attentat auf Pompeius verführen sollte. Doch Curio ließ sich nicht fangen, sondern unterrichtete seinen Vater, den Consular. Dieser gab die Sache sogleich an Pompeius weiter. Der Senat lud Vettius vor. Nach kurzem Leugnungsversuch erbat er das Treuwort der Gemeinde für Straflosigkeit und begann dann, obwohl das entrüstet abgelehnt wurde, mit seinen Enthüllungen, wie Curio Haupt einer Verschwörung sei; ihm habe der Schreiber des Consuls Bibulus dazu einen Dolch gebracht, was schallendes Gelächter bewirkte, da erst kürzlich Pompeius dem Bibulus öffentlich dafür gedankt hatte, weil er ihn vor Anschlägen warnte. Als der junge Curio eingeführt wurde, stellte sich sogleich heraus, daß es mit den Angaben über die Verschwörer nicht stimmte. Vettius wurde in Haft gesetzt. Doch am nächsten Tage ließ ihn Caesar auf den Rostra nach seiner Instruktion andere Namen nennen, darunter gewichtigere, wie L. Lucullus und L. Domitius Ahenobarbus, dazu einen „beredten Consular, der ihm sagte, ein neuer Servilius Ahala oder Brutus sei nötig". Als dann zuletzt auch Vatinius ihn nochmals befragte, fügte er noch C. Piso, den Schwiegersohn Ciceros und M. Iuventius Laterensis, hinzu, der als Bewerber für das Volkstribunat zurückgetreten war, weil er sich nicht, wie gefordert, eidlich auf die Agrargesetze verpflichteten wollte.[192] Vettius wurde vor dem Gerichtshof für Gewalttaten angeklagt, hoffte aber, vor der drohenden Verurteilung durch weitere Anzeigen freizukommen.[193] Cicero befürchtete für sich keine ernstliche Gefahr, fühlte sich sogar gehoben, weil er so in die Gesellschaft der erlauchten Herren gerückt wurde.[194] Doch widerte ihn dieses Treiben an, er erinnerte sich, wie der alte Senator Q. Considius während der Tumulte um die ersten Gesetze des Jahres zu Cato stand und, als Caesar ihn fragte, warum er nicht wie die andern Senatoren fern blieb, antwortete: der kleine Rest Leben bedürfe keiner weitern Vorsicht, was damals den Eindruck nicht verfehlte, aber nun doch vergeblich war;[195] und er pries den kürzlich verstorbenen Catulus glücklich, weil er das nicht mehr erleben mußte. Obwohl Vatinius dem Vettius weiter helfen

---

190 Cic. Att. 2, 23, 2 *omnis illius partis auctores ac socios nullo adversario consenescere, consensionem universorum nec voluntatis nec sermonis maiorem umquam fuisse.*
191 Cic. Att. 2, 24 nach L. R. TAYLOR a. O.
192 Cic. Att. 2, 18, 2. Als Cicero 54 als Patron des Cn. Plancius gegen ihn sprechen mußte, formulierte er etwas anders, Planc. 52. MÜNZER RE 10, 1366.
193 Cic. Att. 2, 24, 4. MOMMSEN Strafr. 504, 2.
194 Cic. Att. 2, 24, 4. Sest. 132.
195 Cic. Att. 2, 24, 2. Plut. Caes. 14, 14.

VIII. Die Verteidigung der Consulatspolitik

wollte, kam der Prozeß nicht zu Ende. Der Angeklagte wurde im Carcer tot aufgefunden, wie man glaubte, nach Caesars Weisung.[196]

Clodius wurde zum Tribun gewählt. Doch bleibt Cicero in beständiger freundschaftlicher Fühlung mit Pompeius, auch Varro stellt seine Dienste zur Verfügung.[197] Jedoch gebärdete sich die Opposition immer lauter, und Cicero befürchtete einen schlimmen Ausgang (20, 3–5). Als Pompeius am 25. Juli gegen die Edicte des Bibulus spricht, treibt ihm die klägliche Rolle des einst so gefeierten Mannes die Tränen in die Augen (21, 3–4), und es sind Erfolge des Bibulus, die mit einer Gewalttat enden werden (21, 5). Ende Juli teilt ihm Pompeius mit, Clodius habe sich ihm und seinem Bruder Appius zum Wohlverhalten gegenüber Cicero verpflichtet (22, 2).[198] Persönlich hält er sich politisch nach wie vor zurück und widmet sich der gerichtlichen Tätigkeit. So verteidigt er in zwei Prozessen den A. Minucius Thermus.[199] Das findet allgemeinen Beifall, man erinnert sich wieder seines Consulats, und er kann getrost den bevorstehenden Kämpfen entgegengehen (22, 3; 23, 3). Es scheint, daß auch Pompeius sich bei diesen Zuständen immer unbehaglicher fühlt (22, 6; 23, 2).

Etwa im August 59 sodann verteidigte er zusammen mit Hortensius[200] seinen alten Kampfgenossen vom Jahr 63, den damaligen Praetor L. Valerius Flaccus, der im folgenden Jahr als Proconsul Asia regiert hatte, in seinem Repetundenprozeß. Der Hauptankläger D. Laelius[201] verfolgte dabei kein höheres Ziel, als sich in der üblichen Weise in die senatorische Laufbahn einzuführen, und daß er erst nach zwei Jahren angriff, wurde wohl durch die sehr gründliche Vorbereitung verschuldet. Cicero selbst bezweifelt seine gute Gesinnung nicht (2; 15; 18), aber in der gegenwärtigen Lage – das führt er den Richtern mit größter Eindringlichkeit zu Gemüte – würde mit einer Verurteilung des Flaccus die Gesamtheit der *boni* getroffen.[202] Die Existenz des Staats ist in die Hand der Richter gegeben (4). Denn „gewisse Leute", die bereits das oberste zu unterst gekehrt haben, wollen an dem Helden von 63 Rache nehmen für die Hinrichtung der Catilinarier, und dazu sollen ihnen ausgerechnet die Richter, Senatoren und Ritter, die damals einmütig den Abwehrkampf führten, die Hand bieten (4; 94–96). Es wäre zu begreifen, wenn sie die unwissende Menge dazu aufzuhetzen versuchten (2; 96). Aber nicht einmal das würde ihnen gelingen. Denn auch das Volk will bereits nichts mehr von ihnen wissen. Cicero würde sich nicht besinnen, die Sache dem Volk zu unterbreiten, falls der Terror eingestellt wird (97). Es ist unmöglich, daß die Tat des 5. Dezember, die

---

196 Cic. Vat. 26. Suet. Caes. 20, 5. Plut. Luc. 42, 8. Cass. Dio 38, 9, 4. Appian. bell. civ. 2, 44. Der Bericht Appians 2, 43–46 ist eine ganz schlechte Wiedergabe der Quelle. Man merkt, wie er sich ein großes Stück vorlesen ließ und diktierte, was ihm dann in Erinnerung blieb. Auch Cass. Dio 38, 9, 2 schreibt Lucullus und Cicero den Plan zu, Caesar und Pompeius zu ermorden, was wohl schlechte Verkürzung ist, nicht in der cicerofeindlichen Quelle stand.
197 Cic. Att. 2, 20, 1. 21, 6; 22, 4.
198 Cic. Sest. 15. Datierung nach L. R. TAYLOR Historia 1 (1950), 47.
199 Cic. Flacc. 98. MÜNZER RE 15, 1966 Nr. 61.
200 Cic. Flacc. 41; 54. Att. 2, 25, 1.
201 MÜNZER RE 12, 411 Nr. 6.
202 Cic. Flacc. 3; 5; 94; 99; 102; 105.

damals einstimmig gepriesen wurde (103),[203] nun Schaden bringen soll. Selbst wenn Flaccus sich in Asia etwas hätte zuschulden kommen lassen, müßten „alle Guten" ein Auge zudrücken (25).

Sicherlich stand es bei ihm in dieser Hinsicht nicht am besten. Cicero bestritt den Zeugen aus Kleinasien, die er samt und sonders als geriebene Levantiner, wohl zu unterscheiden von wirklichen Griechen (61; 100), schilderte, jegliche Glaubwürdigkeit (6–26). Bei der Behandlung der einzelnen Fälle (27–93) entwarf er von allen auf der Gegenseite Beteiligten und ihren Verhältnissen so boshafte und witzige Karikaturen, daß die Richter nicht aus dem Lachen kamen und sich gern zum Freispruch entschieden.[204] Andererseits werden auch die pathetische Schlußpartie und das sentimentale Schauspiel des weinenden Söhnchens (106) ihre Wirkung nicht verfehlt haben.

Die souveräne Beherrschung der verschiedenartigsten Register gibt dieser Rede ihren eigenen Reiz, zumal Cicero auch hier nicht vergißt, was er den Griechen schuldig ist.[205] Trotz aller Niedergeschlagenheit war ihm die geistige Spannkraft geblieben. Der schöne Erfolg änderte freilich nichts an der allgemeinen politischen Lage,[206] aber seine persönliche Sicherheit schien gefestigt,[207] und besonders wohl tat ihm das warme Lob aus dem Mund des Hortensius.[208] Auch die Wahlen, die unter anderm Clodius das Volkstribunat eingebracht hatten, konnten seinen guten Mut nicht niederdrücken. Sollte dieser es wagen, ihm den Prozeß zu machen, „so wird ganz Italien zusammenlaufen". Auch solche, die ihm bisher fernstanden, bieten ihm ihre Hilfe an. Der Haß gegen die Tyrannen bringt die alte Garde von 63 wieder auf die Beine. Aber auch Pompeius und Caesar geben gute Worte. Die andern Volkstribunen sind für ihn, auch die künftigen Consuln lassen Günstiges erwarten, und vier Praetoren sind seine ausgesprochenen Freunde. So schreibt er im November dem Bruder.[209]

Wenn sich Cicero persönlich also nicht gefährdet fühlte, litt er doch schwer unter der Einbuße seiner politischen Stellung. Wohl galt er bei Pompeius und Caesar wegen seiner rednerischen Meisterschaft noch als Potenz. Aber wenn er nach dem Consulatsjahr gehofft hatte, fortan als einer der *principes* am Staatsruder zu sitzen,[210] so erkannte er, daß es mit der *res republica*, in der er so wirken konnte, vorüber sei. In solchen Anwandlungen tiefer Depression erinnerte er sich der Tröstungen, die ihm sein philosophisches Wissen vom Lauf der Welt darbot. Schon 61 und 60 erwähnt er bei Atticus noch scherzhaft, man müsse Philosoph sein, um die

---

203 *Quae tum cum agebantur uno consensu omnium, una voce populi Romani, uno orbis terrae testimonio in caelum laudibus efferebantur.*
204 Macrob. Sat. 2, 1, 13.
205 Cic. Flacc. 9; 61–64. Quintil. inst. or. 11, 1, 89.
206 Cic. Att. 2, 25, 2 *re publica nihil desperatius.* Q. fr. 1, 2, 15 *rem publicam funditus amisimus*, etwa November 59. Der Brief zeigt in vorzüglicher Weise, wieviel Zeit Cicero darauf verwandte, mit möglichst viel Menschen aus allen Ständen in guten Beziehungen zu stehen.
207 Cic. Att. 2, 25, 2.
208 Cic. Att. 2, 25, 1.
209 Cic. Q. fr. 1, 2, 16.
210 Vgl. Cic. Att. 2, 7, 4. 9, 3.

VIII. Die Verteidigung der Consulatspolitik

Zustände zu ertragen.[211] Doch erfreut er sich zunächst noch an seiner reich strömenden schriftstellerischen Produktion zum Preis seiner Rettertat.[212] Desto schwerer traf ihn dann die Wirklichkeit der vom Dreibund Pompeius-Caesar-Crassus skrupellos durchgesetzten Politik. Es wurde schon berichtet, wie ihm Atticus helfen wollte durch die Anregung zu einem epischen Gedicht geographischen Inhalts.[213] Doch zog er bald vor, seiner Entrüstung über Caesar und Crassus in den Enthüllungen der „Geheimgeschichte" Luft zu schaffen.[214] Diese Arbeit führte ihn wohl dazu, sich in der griechischen Staatsphilosophie umzusehen. Schon im Dezember 60 hatte er begeistert über Dikaiarchos geschrieben, dessen Verfassungsgeschichten er vornahm. Das sei ein großer Mann, von dem man mehr lernen könne als von Procilius. Von diesem wissen wir nur wenig, vermutlich war er mehr Antiquar als Historiker.[215] Man darf wohl annehmen, daß ihm Atticus diese Schriften empfahl; denn Dikaiarch wird in zwei spätern Briefen als Liebling des Atticus bezeichnet.[216] Bald darauf bittet er Atticus, ihm aus der Bibliothek des Quintus, der damals als Proconsul in Asia weilte, Theophrasts Werk „über den Ehrgeiz" zu senden.[217] Da in dem Brief sein Entschluß, sich nicht dem neugebildeten Dreibund anzuschließen, erörtert wird, mag er die Warnungen dieser Schrift auf sich selbst bezogen haben.[218]

Als dann im April die Brutalität der Dreibundpolitik zu Tage getreten war und der neugebackene Plebeier Clodius die Pläne für sein Volkstribunat ankündigte, gab ihm ein Werk Theophrasts Trost, das von der Veränderlichkeit der politischen Verhältnisse handelte und sie als Kreislauf beschrieb, wonach man dann auch auf einen Umschlag der derzeitigen schweren Lage hoffen durfte. Es ist gewiß von Theophrasts berühmtester politischer Schrift „Politik gemäß den Zeitumständen" die Rede.[219] Nach der Vettiusaffäre durchzuckte ihn die Freude, die sachte Drehung

---

211 Cic. Att. 1, 16, 13; 18, 3; später ebenso 2, 13, 2.
212 O. S. 107 ff.
213 O. S. 115.
214 O. S. 115.
215 Cic. Att. 2, 2, 2. Über Dikaiarch f. WEHRLI Schule des Aristoteles Heft 1, frg. 69. Procilius HRF S. 198. ZIEGLER RE 23, 68 Nr. 2.
216 Cic. Att. 2, 12, 4; 16, 3.
217 Cic. Att. 2, 3, 3. REGENBOGEN RE Suppl. 7, 1486 verweist auf das Theophrastcitat Plut. Agis 2, 2, wo es zunächst heißt, daß der vollkommen Gute des Ruhms nicht bedarf, daß aber junge Menschen durch Rühmen im guten Tun befestigt werden; jedoch zu viel Ehrgeiz sei immer gefährlich, führe in der Politik aber in den Untergang, von Plutarch angeführt im Blick auf die Spartaner Agis und Kleomenes und die Gracchen.
218 So Cic. Att. 2, 16, 2.
219 Cic. Att. 2, 9, 1–2. Von der Veränderung 59 gegenüber 63: *orbis hic in re publica est conversus citius omnino quam potuit – nihil me existimaris neque usu neque a Theophrasto didicisse, nisi brevi tempore desiderari nostra illa tempora videris.* Theophrast. frg. 129 (WIMMER) aus Harpokration s. v. ἐπίσκοπος. REGENBOGEN RE Suppl. 7, 1517 πολιτικὰ πρὸς τοὺς καιρούς; nach fin. 5, 11 Theophrast habe gelehrt, *quae essent in re publica rerum inclinationes et momenta temporum quibus esset moderandum, utcumque res postularet.* Das führte zu der Kasuistik, die gegebenenfalls die unbedingte Moral der Einzelperson gegenüber dem Gesamtinteresse der πόλις hintanzustellen gebot, wie bei Plut. Arist. 25, 3 aus Theophrast das Wort des Aristeides zur Überführung des Bundesschatzes von Delos nach Athen angeführt wird οὐ δίκαιον μὲν συμφέρον δὲ τοῦτ' ἔστι. Solche Kasuistik auch im Buch περὶ φιλίας Gell. N. A.

habe schon begonnen (2, 21, 2); er erkannte aber bald, daß er froh sein mußte, wenn er persönlich ungefährdet blieb. Mit Anspielung auf die eifrig betriebene Lektüre der beiden Peripatetiker schrieb er schon im Mai, er wolle den gegensätzlichen Lebensformen beider genugtun, Dikaiarch, dem Freund des Atticus, für den πρακτικὸς βίος und seinem Theophrast für den θεωρητικός,[220] und schon vorher hatte er zwar den Dikaiarch gerühmt als „nicht wenig bessern Bürger als unsere ἀδικαίαρχοι (Unrechtgebieter)", dann aber scherzhaft mit dem griechischen Gruß geschlossen: „Cicero der Philosoph grüßt den Staatsmann Atticus."[221] Später will er die Ratschläge Dikaiarchs und seiner Gesinnungsgenossen befolgen, im tätigen Leben Vorsicht walten zu lassen.[222] Es scheint nicht unmöglich, daß er die philosophische Lektüre in den Schriften, die er damals in Arbeit hatte, auch etwa der „Geheimgeschichte", verwertete. Doch an eigene Produktion in dieser Richtung konnte er in dieser aufgeregten Zeit noch nicht denken.

1, 3, 23–25. Es handelte sich um Fragen, die Cicero später im 3. Buch de officiis erörterte, off. 3, 32 *quaestiones eae in quibus ex tempore officium exquiritur*. Att. 16, 11, 4 περὶ τοῦ κατὰ περίστασιν καθήκοντος. Nachdem sich Cicero 56 in den Dienst des Dreibunds gestellt hatte, verteidigte er diese Frontveränderung gegenüber P. Lentulus Spinther (fam. 1, 9, 21 im Dezember 54): *De quo sic velim statuas, me haec eadem sensurum fuisse, si mihi integra omnia ac libera fuissent; nam neque pugnandum arbitrarer contra tantas opes neque delendum, etiam si id fieri posset, summorum civium principatum neque permanendum in una sententia conversis rebus ac bonorum voluntatibus mutatis, sed temporibus adsentiendum*. Da haben wir genau ‚Politik gemäß den Umständen'.
220 Cic. Att. 2, 16, 3.
221 Cic. Att. 2, 12, 4. WEHRLI Komm. zu Dikaiarch. frg. 25 und 27 S. 51.
222 Cic. Att. 2, 20, 1 *pragmatici homines omnibus historiis, praeceptis, versibus denique cavere iubent*. So hatte er schon 60 Epicharms Vers angeführt: „Sei nüchtern und denke daran, mißtrauisch zu sein, das sind die Gelenke des Verstands." Att. 1, 19, 8. v. WILAMOWITZ Glaube der Hellenen 2, 285, 2 bemerkt zu βίος Ἑλλάδος (WEHRLI frg. 47–66): „Seine politischen Schriften hat Cicero gelesen; daher bin ich geneigt, ihre Wirkung auf dessen politische Bücher – also de re publica und leges – hoch anzuschlagen, wenn auch der Nachweis kaum möglich ist. – Wir vergessen zu leicht, daß die früheste Zeit sehr fruchtbar war und ihre Werke, die uns ganz verloren sind, in den nächsten Jahrhunderten nachgewirkt haben müssen." Es sei an re p. 1, 45 erinnert, wo nach den guten Staatsformen *quoddam genus rei publicae maxime probandum* genannt wird, „die gemischte Verfassung", im Abriß der peripatetischen Ethik bei Stobaios 2, 151, 1 (WACHSMUTH) μικτὴ ἐκ τῶν ὀρθῶν πολιτεία ἀρίστη gleichzusetzen dem εἶδος πολιτείας ... Δικαιαρχικόν (bei WEHRLI frg. 71 mit Komm. S. 65/6).

IX. DAS EXIL UND DIE RÜCKKEHR

Nach Antritt seines Amtes am 10. Dezember 59 promulgierte Clodius vier populare Gesetze.[1] Die Abstimmung fand am 3. Januar 58 statt.[2] Cicero sah darin einen Angriff auf die Grundlagen des Staats.[3] Im Vertrauen auf die stets wiederholten Zusicherungen des Pompeius und Caesar hielt er es jedoch für unzweckmäßig, durch Widerstand den Clodius zu reizen, und riet dem Volkstribunen L. Ninnius Quadratus[4] von Intercessionsversuchen ab.[5] Insbesondere glaubte er sich den Consul L. Piso,[6] den Verwandten seines Schwiegersohns und Caesars Schwiegervater, der ihn in der Senatssitzung vom 1. Januar als dritten Consular nach Pompeius und Crassus befragte, gewogen.[7]

Allein alle diese Hoffnungen erwiesen sich bald als trügerisch. Am gefährlichsten wurde für Cicero von den neuen clodischen Gesetzen das über die Wiederherstellung der religiösen Vereine,[8] da unter seinem Schutze das Bandenunwesen ungestraft organisiert werden konnte.[9] In kurzem war Clodius Herr der Straße und holte nun zu großen Schlägen aus. Der eine davon war der Ende Januar[10] verkündete Gesetzesvorschlag, es solle der Ächtung verfallen, wer einen römischen Bürger ohne Zustimmung des Volks töte oder getötet habe.[11] Ciceros Name war darin nicht genannt, aber er war Bestätigung jener Lex Sempronia, die am 5. Dezember

---

1 FRÖHLICH RE 4, 84. Genauer LANGE RA 3, 297. ED. MEYER Caesars Mon. 95. ST. WEINSTOCK JRS 27 (1937), 218. MRR 2, 196.
2 Cic. Pis. 9.
3 Cic. Pis. 9–10.
4 MÜNZER RE 17, 632 Nr. 3.
5 Cic. Att. 3, 15, 4. Ascon. zu Pis. 8. Cass. Dio 38, 14, 1–3. Hier wird es so dargestellt, als ob Clodius ihm für Unterlassung des Widerstands Schonung seiner Person zugesagt, ihn dann aber getäuscht hätte. Plut. Cic. 30, 3–5 behauptet gar, Cicero habe sich bei Caesar um eine Legation beworben, um sich gegen Clodius zu sichern. Da Caesar darauf einging, habe Clodius sich zum Schein mit Cicero verständigt, so daß dieser Caesar wieder absagte; der darüber erbitterte Caesar habe auch den Pompeius Cicero entfremdet und Clodius freie Hand gelassen. Nach Cass. Dio 38, 15, 2 ging das Anerbieten der Legation von Caesar aus, Pompeius habe jedoch Cicero zum Bleiben veranlaßt. Das steht dem Sachverhalt, wie er aus Ciceros Briefen bekannt ist, näher. Aber bei Cass. Dio 14, 7–15, 4 wird alles als arglistiges Manöver von Caesar und Pompeius aufgefaßt. Besser Vell. Pat. 2, 45, 2 Cicero habe sich das ganze Unglück selbst zugezogen, weil er sich weigerte, in das Collegium der *vigintiviri dividendo agro Campano* einzutreten.
6 MÜNZER RE 3, 1387 Nr. 90.
7 Cic. Pis. 11. p. red. in sen. 15; 17. p. red. ad Quir. 11. Sest. 20; 24. Cass. Dio 38, 16, 5.
8 Cic. Att. 3, 15, 4.
9 Cic. Sest. 34; 55. p. red. in sen. 33. Pis. 11. dom. 54.
10 Cic. p. red. in sen. 16, als noch Piso die Senatssitzungen leitete.
11 Cass. Dio 38, 14, 4. Vell. Pat. 2, 45, 1 *qui civem Romanum indemnatum interemisset, ei aqua et igni interdiceretur*. Vgl. SIBER Abh. Leipzig 43, 14, 1. 53. W. KUNKEL Entwickl. d. röm. Kriminalverfahrens (1962) 89.

63 trotz Caesars Warnung[12] nicht beachtet worden war, und mit rückwirkender Kraft. In kluger Voraussicht hatte Cicero damals den ganzen Senat mit in die Verantwortung gezogen,[13] und bei ruhiger Überlegung hätte er sich wohl hinter diesen Beschluß verschanzen können. Aber, da er nun einmal des Glaubens war, die römische Politik drehe sich im wesentlichen um seine Person, dachte er nur an sich, eine Übereilung, die er später bitter bereute.[14] Er legte seine senatorischen Standesabzeichen ab und ließ sich das Haar wachsen, um das Mitleid des Volks zu rühren.[15] Erst dadurch lenkte er die Aufmerksamkeit von Freund und Feind auf sich allein. Denn Clodius trat ihm überall mit seinen Banden entgegen, die ihn beschimpften und mit Kot und Steinen bewarfen.[16] Andererseits versammelte sich im Februar eine große Menge, vornehmlich aus der Ritterschaft, auf dem Capitol und beschloß als Gegendemonstration, ebenfalls Trauerkleidung zu tragen. Hortensius und Curio fanden sich bereit, eine Ritterdeputation vor den Senat zu führen, der unter dem Vorsitz des Consuls A. Gabinius eben im Tempel der Concordia tagte. Piso war nicht zugegen. Gabinius lehnte brüsk ab, etwas zu Ciceros Gunsten zu unternehmen. Dagegen ergriff der Tribun L. Ninnius das Wort zur politischen Lage, und der Senat beschloß, Cicero durch Trauerkleidung seine Sympathie zu bezeugen.[17]

Gabinius berief sofort eine Contio ein, worin er ausführte, man solle nicht glauben, der Senat habe noch etwas zu sagen, und den Rittern Rache androhte für den 5. Dezember. Die Staatspächter wurden mit der Möglichkeit von Proscriptionen eingeschüchtert.[18] Zur Abschreckung gebot er dem L. Aelius Lamia,[19] der sich besonders eifrig für Cicero eingesetzt hatte, durch Edict, sich auf 200 Meilen von der Stadt zu entfernen.[20] Clodius lud die Teilnehmer der Kundgebung vor sich und ließ sie durch seine Anhänger mißhandeln.[21] So konnte auch Ninnius nichts mehr wagen.[22] Bald darauf erließen die beiden Consuln ein Edict, die Senatoren sollten wieder ihre übliche Kleidung tragen.[23]

In seinen Contionen wiederholte Clodius immer wieder, die Aktion geschehe in vollem Einverständnis mit Pompeius, Crassus und Caesar.[24] Keiner von diesen trat dem öffentlich entgegen. Denn zu Ciceros Unglück nahm gerade in diesen Ta-

---

12 S. S. 91.
13 Cic. dom. 50. p. red. in sen. 7. Sest. 53; 63; 145. Cass. Dio 38, 14, 5.
14 Cic. Att. 3, 8, 4. 9, 2. 10, 2. 13, 2. 14, 1. 15, 5 *caeci, caeci, inquam, fuimus in vestitu mutando, in populo rogando, quod nisi nominatim mecum agi coeptum esset fieri perniciosum fuit.* 4, 1, 1. Q. fr. 1, 3, 6. fam. 14, 3, 1.
15 Cass. Dio 38, 14, 7. Plut. Cic. 30, 6.
16 Plut. Cic. 30, 7. Appian. bell. civ. 2, 55.
17 Cic. Sest. 26. dom. 99. p. red. ad Quir. 8 behauptet Cicero, mit dem Senat hätten 20 000 getrauert. Plut. Cic. 31, 1.
18 Cic. dom. 55; 96. Q. fr. 1, 4, 4.
19 Klebs RE 1, 522 Nr. 75.
20 Cic. Sest. 28; 29. p. red. in sen. 12; 31; 32. dom. 55. Pis. 64. fam. 11, 16, 2. 12, 29, 1. Ascon. zu Pis. 23. Cass. Dio 38, 16, 4.
21 Cic. Sest. 27. Mil. 37. dom. 5; 54; 110. p. red. in sen. 7.
22 Cass. Dio 38, 16, 4–5.
23 Cic. Sest. 32; 52. p. red. in sen. 12; 16; 31. p. red. ad Quir. 13. Pis. 18. dom. 55; 113. Planc. 87. Cass. Dio 38, 16, 3.
24 Cic. Sest. 40. har. resp. 47.

gen der Kampf zwischen Caesar und den Optimaten wieder die schroffsten Formen an.[25] Die beiden Praetoren C. Memmius[26] und L. Domitius Ahenobarbus[27] stellten im Senat die Rechtsgültigkeit aller Amtshandlungen Caesars während seines Consulats in Frage, ein Streit, der nach dreitägiger Redeschlacht unentschieden abgebrochen wurde. Caesar verzögerte deshalb die Abreise nach Gallien und wartete vor dem Pomerium den weitern Verlauf der Dinge ab. Clodius war seine mächtigste Stütze, und die beiden Verbündeten waren ebenso wie Caesar selbst daran interessiert.

Trotzdem hoffte Cicero auf Pompeius, der ihm so oft seinen Schutz versprochen hatte.[28] Dieser suchte der für ihn peinlichen Entscheidung auszuweichen, indem er sich auf sein Albanum begab.[29] Als ihn dort eine Abordnung von Optimaten, geführt vom Praetor L. Lentulus Crus,[30] von Q. Fabius Sanga[31] und den Consularen L. Torquatus[32] und M. Lucullus[33] um Hilfe anging für Cicero, antwortete er, als Privatmann könne er gegen den Volkstribunen nichts unternehmen; falls aber die Consuln das Senatus Consultum zur Verteidigung des Staats herbeiführten, werde er zu den Waffen greifen.[34] Ähnlich äußerte sich auch Crassus.[35] Da von Gabinius nichts zu erwarten war, wandten sich dieselben Leute an Piso. Dieser gab sich wohlgesinnt,[36] erklärte aber, kein solcher Held zu sein wie Torquatus (Consul 65) oder Cicero es in ihren Consulaten gewesen seien. Man müsse Blutvergießen vermeiden, Cicero möge zum zweitenmal den Staat retten, indem er das Feld räume. Komme es hart auf hart, so werde er zum Schwiegersohn, zum Collegen und zum Volkstribunen halten.[37]

Wie Cicero andeutet,[38] brachten seine Feinde dem Pompeius die Meinung bei, sein Leben werde durch Ciceros Anhänger bedroht. Cicero selbst drang noch einmal bis zu ihm vor und warf sich bittflehend vor ihm nieder, erhielt aber auch nur den Bescheid, er vermöge nichts gegen Caesar.[39] In weitere Verhandlungen ließ er

---

25 Cic. prov. cons. 43.
26 MÜNZER RE 15, 611.
27 MÜNZER RE 5, 1335.
28 Vgl. Cic. dom. 27.
29 Cass. Dio 38, 17, 3. Plut. Cic. 31, 2.
30 MÜNZER RE 4, 1382.
31 MÜNZER RE 6, 1867 Nr. 143.
32 MÜNZER RE 14, 1202.
33 MÜNZER RE 13, 418.
34 Cic. Pis. 77.
35 Cic. Sest. 41. Cass. Dio 38, 17, 3.
36 Cass. Dio 38, 16, 5. Plut. Cic. 31, 4.
37 Cic. Pis. 78.
38 Cic. Dom. 28. Sest. 41; 67. Pis. 76.
39 Cic. Att. 10, 4, 3. So wörtlich faßt diesen Bericht auf ED. MEYER Caesars Monarchie 97, 4. Nach Plut. Cic. 31, 3 empfing ihn Pompeius nicht, sondern entwich durch eine Hintertür. Dazu würde stimmen Pis. 76: *vestrae cupiditates provinciarum effecerunt, ut ego excluderer omnesque qui me, qui illius gloriam, qui rem publicam salvam esse cupiebant, sermone atque aditu prohiberentur.* Doch berichtet Cicero anschließend von jener Optimatenabordnung, was zeigt, daß die Absperrung nicht ganz buchstäblich zu nehmen ist.

sich nicht mehr ein.⁴⁰ Cicero unternahm nun zusammen mit seinem Schwiegersohn C. Piso einen letzten Versuch bei dem Consul L. Piso. Der soll nach Ciceros gehässiger Wiedergabe gesagt haben, er befinde sich in einer ähnlichen Lage wie seinerzeit Cicero gegenüber C. Antonius; er müsse der Habgier des Gabinius Rechnung tragen, der den Clodius brauche, um sich eine gute Provinz zu verschaffen. Die Consuln könnten gegen den Tribunen nicht helfen, jeder müsse selber für sich sorgen;⁴¹ Cicero möge sich dem Clodius entziehen, das Vaterland werde dann seiner schon wieder bedürfen.⁴² Nach den Historikern⁴³ hätte er sich ähnlich geäußert wie zur Optimatendeputation.

Zwei Tage später (wohl Anfang März 58) veranstaltete Clodius mit Rücksicht auf Caesar (der sich als Proconsul außerhalb des Pomeriums aufhalten mußte) eine Contio im Circus Flaminius, worin er die Consuln und Caesar aufforderte, sich über Ciceros Consulat zu äußern. Da antwortete Gabinius, er müsse die Hinrichtung von Bürgern ohne ein ordnungsmäßiges Strafverfahren aufs schärfste mißbilligen,⁴⁴ Piso, er sei kein Freund von Grausamkeit;⁴⁵ Caesar verwies auf seine Haltung am 5. Dezember, jedermann wisse, daß er damals die Hinrichtung nicht gutgeheißen habe, doch halte er es nicht für richtig, ein Gesetz mit rückwirkender Kraft zu beschließen.⁴⁶

Allein wegen der soeben erfolgten heftigen Angriffe gegen sein Consulat kam es ihm jetzt, wo ihn die Nachrichten über die Helvetier an die Rhone riefen, darauf an, die Optimaten gründlich abzuschrecken.⁴⁷ Durch seine eigene Schuld war Cicero, der sich monatelang zurückgehalten hatte, als ihr Vorkämpfer wieder in den Vordergrund geraten und wurde nun mit Cato⁴⁸ ein Opfer dieser politischen Auseinandersetzung.⁴⁹ Er beriet sich mit vielen darüber, was er tun solle; denn der im Gesetz angedrohten Strafe verfiel er erst, wenn das Volksgericht ihn nach Erhebung der Anklage verurteilte. Alle sprachen sich für den von Piso gewiesenen Weg aus,⁵⁰ außer Hortensius und Arrius⁵¹ besonders auch Cato und Atticus.⁵² Nur M. Lucullus

---

40 Cic. Q. fr. 1, 4, 4 spricht Cicero von *subita defectio Pompei*. 1, 3, 9 heißt es: *Pompeium etiam simulatorem puto*. Das deutet wohl darauf hin, daß er persönlich von ihm den äußeren Formen nach nicht unfreundlich behandelt worden war; vgl. auch Att. 3, 15, 5 *me Pompei minus liberali responso perterritum*. dom. 28.
41 Cic. Pis. 12.
42 Plut. Cic. 31, 4. Cass. Dio 38, 16, 5. Cicero selbst unterdrückt in seinen haßerfüllten Schilderungen diese freundlichen Wendungen.
43 Cass. Dio 38, 16, 5. Plut. Cic. 31, 4.
44 Cic. p. red. in sen. 13.
45 Cic. Pis. 14. p. red. in sen. 17. Sest. 33. Cass. Dio 38, 16, 4–6.
46 Cass. Dio 38, 17, 1–2. Plut. Cic. 30, 5.
47 Vgl. Cic. p. red. in sen. 32. Sest. 52.
48 Cic. Sest. 60. dom. 21–22; 65. Dazu ausführlich E. BADIAN JRS 55 (1965), 110ff.
49 Cic. Pis. 79 *Si tantum ille* (sc. Caesar) *in me esse uno roboris et virtutis putavit, ut quae ipse gesserat conciderent, si ego restitissem, cur ego non ignoscam, si anteposuit suam salutem meae?*
50 Cic. Q. fr. 1, 3, 2.
51 Cic. Q. fr. 1, 3, 8. Att. 3, 9, 2.
52 Cass. Dio 38, 17, 4. Plut. Cat. min. 35, 1. Cic. Att. 3, 15, 2; 4. 4, 1, 1. 3, 8, 4 *quod ei crediderim quem esse nefarium non putaverim* zielt wohl auf Hortensius, vgl. Q. fr. 1, 3, 8.

IX. Das Exil und die Rückkehr 127

war für Abwarten, da alles gut ablaufen werde.[53] Wie die Dinge lagen, war dieser Optimismus gewiß nicht gerechtfertigt,[54] und Cicero selbst folgte gern dem andern Rat,[55] zumal er hoffte, bald zurückkehren zu können.[56] Erst später behauptete er das Gegenteil.[57]

Nachdem er der Minerva *custos urbis*[58] auf dem Kapitol ein Bild aus seinem Haus geweiht hatte, verließ er in der Nacht die Stadt,[59] im ersten Drittel des März.[60] Am nächsten Tage wurde das Gesetz des Clodius angenommen[61] und an diesem selben Tage Ciceros Palast auf dem Palatin geplündert und in Brand gesteckt,[62] ebenso die Villa in Tusculum geplündert und zerstört.[63]

Da sich Cicero durch seine Flucht einem Gerichtsverfahren auf Grund des neuen Gesetzes entzogen hatte,[64] promulgierte Clodius in den nächsten Tagen ein weiteres Gesetz:[65] Es soll Cicero geächtet sein,[66] weil er einen gefälschten Senatsbeschluß aufzeichnen[67] und daraufhin römische Bürger ohne Urteilsspruch töten ließ.[68] Sein gesamtes Vermögen ist einzuziehen.[69] Jeglicher Antrag, der auf Aufhebung des Gesetzes zielt, ist verboten.[70] Dieses Kapitel ließ Clodius an einem Pfeiler der Curie noch einmal besonders anschlagen.[71]

Als Cicero die Stadt verließ, gaben ihm viele Freunde das Geleit.[72] Das nächste feste Datum bietet ein Brief, der am 8. April 58 in Nares Lucanae[73] geschrieben ist.[74] Es scheint, daß er sich zunächst noch näher bei Rom aufhielt, vielleicht bei

---

53 Plut. Cic. 31, 5. Plut. denkt wohl an L. Lucullus, so auch RE 13, 409. Doch war nach Cic. Pis. 77 in der Quelle eher M. gemeint.
54 Cic. Sest. 43. dom. 5; 8; 57; 58; 67; 91.
55 Cic. Att. 3, 13, 2. 15, 4; 7. 4, 1. fam. 14, 4, 1.
56 Cic. Q. fr. 1, 4, 4. Att. 3, 7, 2. dom. 64; 96. p. red. in sen. 34. Planc. 71. Plut. Cic. 31, 5.
57 Cic. fam. 14, 1, 2.
58 Cic. fam. 12, 25, 1. dom. 144. leg. 2, 42. Att. 7, 3, 3. Obsequ. 68. ALTHEIM RE 15, 1790.
59 Cic. Planc. 73. Cass. Dio 38, 17, 5. Plut. Cic. 31, 6.
60 LANGE RA 3, 303. ED. MEYER Caesars Mon. 94, 2. DE BENEDETTI Historia 3, 568, 202. 763 mit Recht gegen die Behauptung GROEBES bei DRUMANN 2, 552, Cicero habe das Bild am 19. März geweiht, weil auf diesen Tag das Fest der Minerva fiel.
61 Cic. Sest. 53.
62 Cic. Sest. 54.
63 Cic. p. red. in sen. 18. dom. 62. Pis. 26 und dazu Ascon. Planc. 95. Unrichtig sagt SIBER Abh. Leipz. 43, 54, das sei erst nach dem Ächtungsplebiscit geschehen.
64 Cic. dom. 26; 72; 83; 86; 88. Mil. 36. Cass. Dio 46, 11, 3.
65 Cic. har. resp. 11. W. STERNKOPF Philol. 59 (1900), 278.
66 Cic. dom. 47 *ut M. Tullio aqua et igni interdictum sit*.
67 Cic. dom. 50. Vgl. Sull. 40–41. O. S. 99. WILLEMS Le sénat de la rép. rom. 2, 205.
68 Cic. Pis. 72. Liv. per. 103. Vgl. Cic. dom. 72; 75. p. red. in sen. 26. Pis. 16.
69 Cic. Att. 3, 15, 6. 20, 2; 3. dom. 33; 43–45; 51; 102; 107–108; 116; 143; 146. p. red. in sen. 22. p. red. ad Quir. 3. Sest. 65. Pis. 30. har. resp. 11. fam. 14, 2, 2; 3. 4, 3–4. Cass. Dio 38, 17, 6. Plut. Cic. 33, 1.
70 Cic. Att. 3, 12, 1. 15, 6. 23, 2. p. red. in sen. 8. dom. 68; 70. Sest. 69. Pis. 29.
71 Cic. Att. 3, 15, 6.
72 Cic. dom. 56. Planc. 73. Plut. Cic. 31, 6.
73 RE XVI 2, 1715.
74 Cic. Att. 3, 2.

Cn. Sallustius.[75] Sobald er Kunde bekam von der Rogatio des Clodius, entschloß er sich, Italien zu verlassen, und hoffte zunächst, in Sicilien eine Zuflucht zu finden.[76] Als eine andere Möglichkeit dachte er auch schon an den Osten und bat Atticus, zu ihm zu kommen, um diese Pläne zu besprechen.[77] Er reiste wegen der stürmischen Jahreszeit[78] zu Lande durch Lucanien nach Vibo, wo ihm sein ehemaliger Praefectus fabrum (Adjutant im Jahr 63) Sicca[79] in einer Villa vor der Stadt Unterkunft bot.[80] Auf dieser Reise begleitete ihn Cn. Sallustius. Als sie in einer Villa beim lucanischen Atina nächtigten, träumte Cicero von einem Zusammentreffen mit C. Marius, das von Sallust auf eine baldige glückliche Rückkehr gedeutet wurde.[81] In Vibo empfing er von C. Vergilius, dem Proconsul von Sicilien, eine Absage, da sich dieser vor den Drohungen des Clodius fürchtete.[82] Desto dringender rief er nun den Atticus herbei.[83] Er erwog den Gedanken, nach Malta zu gehen, als ihm die Nachricht zuging, Clodius habe seinem Gesetzesvorschlag eine neue Bestimmung beigefügt, wonach der Geltungsbereich der Ächtung auf 500 Meilen Entfernung von Italien festgesetzt wurde,[84] und innerhalb dieses Gebiets jeder, der dem Geächteten Hilfe leistete, denselben Strafen verfiel.[85] Infolgedessen kam nur noch der Osten in Betracht. Um Sicca nicht zu gefährden, beschloß er, sich in Brundisium einzuschiffen.[86] Wenn wir ihn am 8. April im nördlichen Lucanien, in Nares Lucanae, finden,[87] so war das offenbar ein letzter Versuch, dem Atticus eine Zusammenkunft zu erleichtern.[88] Am 10. April schreibt er aus Thurii,[89] am 17. aus der Gegend von Tarent und gibt als Reiseziel die freie Stadt Kyzikos an.[90] Am gleichen Tage erreichte er Brundisium,[91] wo er bis zum 29. bei dem mutigen, sich um Clodius nicht kümmernden Gastfreund M. Laenius Flaccus[92] wohnte.[93]

---

75 Münzer RE 1 A, 1912 Nr. 6. Daß er sich auf sein Gut bei Arpinum begab, ist wohl irrige Vermutung Drumanns 5, 630. Denn der campus Atinas, den er divin. 1, 59 erwähnt, ist wahrscheinlich beim lucanischen Atina zu suchen, Hülsen RE 2, 2105 Nr. 3. Groebe zu Drumann 5, 630, 14.
76 Cic. Planc. 95. Plut. Cic. 31, 6. Cass. Dio 38, 17, 5.
77 Cic. Att. 3, 1, etwa Mitte März geschrieben, De Benedetti Historia 3, 764.
78 Cic. Planc. 96.
79 Münzer RE 2 A, 2186.
80 Plut. Cic. 32, 2.
81 Cic. divin. 1, 59. 2, 137. Val. Max. 1, 7, 5.
82 Cic. Planc. 96. Plut. Cic. 32, 2.
83 Cic. Att. 3, 3, Ende März, De Benedetti 764.
84 Cic. Att. 3, 2; 4. 7, 1. Plut. Cic. 32, 1. Cass. Dio 38, 17, 7. Drumann-Groebe 5, 219–220. Ed. Meyer Caesars Mon. 101, 6 über die Zahl.
85 Cic. Planc. 97. dom. 51; 85. fam. 14, 4, 2. Att. 3, 2. 4. Sternkopf Philol. 59, 290. Gurlitt ebd. 582.
86 Cic. Att. 3, 4. Anfang April, De Benedetti 765.
87 Cic. Att. 3, 2.
88 De Benedetti 766, 217.
89 So wird wenigstens meist das hsl. Thuri verstanden, Cic. Att. 3, 5.
90 Cic. Att. 3, 6.
91 Cic. Att. 3, 7, 1.
92 Münzer RE 12, 421 Nr. 2.
93 Cic. fam. 14, 4, 2. Planc. 97.

IX. Das Exil und die Rückkehr

An diesem letzten Tag des April fuhr er auf einem zuverlässigen Schiff nach Dyrrhachion hinüber, einer freien Stadt,[94] die zu ihm im Treuverhältnis stand.[95] Seine nächste Absicht war, sich mit seinem aus Asia zurückkehrenden Bruder zu treffen,[96] Athen wäre dazu günstig gewesen. Aber es lag noch im Ächtungsgebiet, und in Griechenland trieben sich Autronius und andere exilierte Catilinarier herum. Darum wollte er auch nicht durch Epirus reisen, wo ihm Atticus auf seinen Gütern Aufenthalt anbot.[97] Er schickte schließlich dem Quintus Botschaft nach Athen, er möge nach Thessalonike kommen. Er selbst traf am 23. Mai dort ein.[98] Der Quaestor der Provinz Makedonien, Cn. Plancius, der Sohn eines führenden Staatspächters aus der Arpinum benachbarten Praefectur Atina,[99] reiste ihm entgegen und gab ihm in Thessalonike ein sicheres Quartier im Quaestorium.[100] Der Proconsul L. Appuleius Saturninus[101] duldete es, obwohl er politische Bedenken hatte.[102] Hier blieb er bis in den November. Am 25. November 58 traf er wieder in Dyrrhachion ein.[103] Die Zusammenkunft mit dem Bruder fand nicht statt, weil dieser wegen der Drohung mit einem Repetundenprozeß seine Rückkehr nach Rom beschleunigte,[104] wozu ihm auch Cicero riet.[105]

Sein Verhalten richtete sich nach den Mitteilungen, die ihm aus Rom zugingen, vornehmlich von Seiten des rastlos für ihn tätigen Atticus. Hierbei war von größter Bedeutung, daß es schon im April zum Bruch zwischen Pompeius und Clodius kam,[106] weil dieser den seit dem Triumph im Jahr 61 in Haft gehaltenen armenischen Prinzen Tigranes[107] entkommen ließ.[108] Aus Gesprächen mit Pompeius, Varro und P. Plautius Hypsaeus entnahm Atticus, daß die von Cicero erhoffte politische Gegenbewegung bereits im Gange sei.[109] Cicero schrieb selbst an Pompeius[110] und wollte vorderhand in Thessalonike abwarten.[111]

Am 1. Juni beschloß der Senat in Abwesenheit des Clodius[112] einstimmig auf den Bericht des Tribunen L. Ninnius hin die Rückberufung Ciceros. Jedoch der

---

94 Cic. fam. 14, 1, 7.
95 Cic. Planc. 97.
96 Cic. Att. 3, 7, 3.
97 Cic. Att. 3, 7, 1. 8, 1. Planc. 98.
98 Cic. Att. 3, 8, 1.
99 Cic. Planc. 23–24.
100 Cic. Planc. 71; 98–99. p. red. in sen. 35.
101 Klebs RE 2, 269 Nr. 30.
102 Cic. Planc. 99.
103 Cic. Att. 3, 22, 4. fam. 14, 1, 6.
104 Cic. Att. 3, 8, 2–4. 9, 1. 10, 2.
105 Cic. Q. fr. 1, 3, 4 vom 13. Juni.
106 Cic. Sest. 6. har. resp. 48–49.
107 Geyer RE 6 A, 979.
108 Cass. Dio 38, 30, 1. Plut. Pomp. 48, 10. Ascon. in Mil. § 37. Cic. dom. 66.
109 Cic. Att. 3, 8, 3 vom 29. Mai. 9, 2 vom 13. Juni. 10, 1 vom 17. Juni. 11, 1 vom 27. Juni. Shackleton Bailey Nr. 53.
110 Cic. Att. 3, 8, 4. 9, 3.
111 Cic. Att. 3, 8, 3. 9, 3. 10, 1. 11, 1.
112 Cass. Dio 38, 30, 4.

Tribun Aelius Ligus intercedierte.[113] Auch der Beschluß, es solle nicht weiter verhandelt werden, bis die Consuln über diesen Punkt Bericht erstattet hätten, konnte nicht durchgeführt werden, da diese erklärten, an die Lex Clodia gebunden zu sein.[114] Es half nichts, daß der Schwiegersohn Piso und seine Gattin Tullia nochmals ihren Geschlechtsgenossen angingen.[115] Atticus vertröstete sie auf die Comitien, Pompeius habe versprochen, dann solle wieder etwas unternommen werden.[116] Aber am 5. August hatte Cicero darüber noch nichts weiter gehört, obwohl die Wahlen stattgefunden hatten,[117] und dachte wieder daran, sich nach Kyzikos zu begeben.[118] Dazu riet ihm auch der Legat seines Bruders, L. Aelius Tubero, wegen der exilierten Catilinarier. Doch hielt ihn Plancius zurück,[119] und die Freunde aus Rom nährten noch immer die Hoffnung auf eine plötzliche Wendung.[120] Am 17. August erhielt er gleichzeitig vier Briefe des Atticus (3, 15, 1). Von einer wesentlichen Änderung konnten sie nichts melden, doch zeigten sie, daß die Freunde in Rom nicht müßig waren. Varro berichtete Günstiges von Pompeius und sogar von Caesar (1; 3). Der Praetor L. Domitius Ahenobarbus plante, die Angelegenheit wieder vor den Senat zu bringen (6). Der Volkstribun Q. Terentius Culleo[121] vertrat die Ansicht, Clodius' zweites Gesetz, das sich ausschließlich auf Cicero bezog, sei ein *privilegium* und darum ungültig (5). Dies war auch Ciceros Meinung.[122] Aber mit Recht glaubte er nicht daran, daß sich diese Feststellung durchsetzen lasse, solange Clodius Volkstribun war. Die förmliche *abrogatio* durch Plebiscit war allerdings auch unmöglich, solange ein Volkstribun intercedierte.[123]

Mitte September weiß er noch immer nicht, was er von den Andeutungen Varros zu halten hat und fürchtet mit Recht, Caesar, dessen Zustimmung Pompeius einholen wollte, habe ablehnend geantwortet (18, 1). Tatsächlich reiste P. Sestius im Herbst zu ihm nach dem diesseitigen Gallien und erhielt ausweichenden Bescheid.[124] Sestius gehörte zu den neugewählten Volkstribunen, die am 10. Dezember 58 ihr Amt antreten sollten.[125] Er verfaßte einen Gesetzesentwurf, der Cicero die Rückkehr ermöglichen sollte. Dieser kennt ihn am 4. Oktober, ist jedoch nicht befriedigt davon, weil er darin nicht mit Namen genannt und die Rückerstattung

---

113 Cic. Sest. 68. p. red. in sen. 3. Plut. Cic. 33, 3.
114 Cic. Pis. 29. p. red. in sen. 4. dom. 70. Att. 3, 24, 2. Plut. Cic. 33, 3.
115 Cic. p. red. in sen. 17. Sest. 68.
116 Cic. Att. 3, 12, 1 vom 17. Juli. 14, 1 vom 21. Juli.
117 Cic. Att. 3, 13, 1. Q. fr. 1, 4, 3; 5.
118 Cic. Att. 3, 13, 2. 15, 6. 16.
119 Cic. Planc. 100. Att. 3, 14, 2.
120 Cic. Q. fr. 1, 4, 2. fam. 14, 2, 4.
121 MÜNZER RE 5 A, 653 Nr. 44.
122 Cic. p. red. in sen. 8. dom. 26; 43 *vetant leges sacratae, vetant XII tabulae leges privatis hominibus inrogari; id est enim privilegium*; 51; 57. Sest. 65. leg. 3, 11; 44. Gell. N. A. 10, 20, 4. Zwölftafelgesetz, Texte, Übersetzungen und Erläuterungen von RUD. DÜLL (1959) Tab. 9, 1. SIBER RE 21, 178. WESENBERG RE 23, 19. CHRIST. MEIER RE Suppl. 10, 606 Nr. 15.
123 Cic. Att. 3, 15, 5–6.
124 Cic. Sest. 71. Vgl. Att. 3, 19, 2.
125 Cic. Q. fr. 1, 4, 3.

des Vermögens nicht deutlich genug behandelt war.[126] Doch leuchtete ihm die Hoffnung auf, er könne vielleicht den „Geburtstag seiner Rückkehr" (doch wohl den 3. Januar 57) schon vereint mit seiner Familie im Hause des Atticus feiern. Atticus befand sich schon seit längerem auf seinen Gütern in Epirus, und Cicero erwog immer wieder, ihn dort aufzusuchen. Doch außer den Bitten des Plancius[127] hielt ihn die gute Verbindung, welche die Via Egnatia zwischen Thessalonike und Rom bot,[128] zurück.[129] Auch so sorgte Atticus unablässig für ihn, er hatte ihm 250 000 Sesterzen geschenkt[130] und ließ ihn von seinen Gütern aus mit Lebensmitteln versehen.[131] Im November besaß er die feste Zusage, daß der designierte Consul P. Cornelius Spinther[132] sich für ihn einsetzen werde,[133] und, wie ihm Quintus schrieb, war es der Vermittlung des Atticus gelungen, auch den Collegen Q. Metellus Nepos, mit dem er sich 63 so schwer verfeindet hatte,[134] günstig zu stimmen. Schließlich sollte nach Atticus' Meinung Lentulus großen Einfluß auf Pompeius haben (22, 2). Um näher bei Rom zu sein, siedelte Cicero nach Dyrrhachion über, wo er am 25. November eintraf.[135]

In Thessalonike konnte er auch darum nicht bleiben, weil die Ankunft L. Pisos in seiner Provinz Makedonien bevorstand.[136] Am 29. November empfing er von Atticus Briefe, worin für den nächsten Januar die große Aktion angekündigt war (3, 23, 1). Ferner erfuhr er daraus, daß bereits am 29. Oktober 58 die acht ihm freundlich gesinnten Tribunen unter Führung des Ninnius (23, 4) und Zustimmung des Pompeius[137] ein Gesetz über seine Rückkehr promulgiert hatten (23, 1). Als die Consuln im Senat die Zulässigkeit bestritten, erklärte Lentulus, daß er das *privilegium* nicht als rechtsgültig anerkenne.[138] Da jedoch einer der Tribunen – Clodius oder Aelius Ligus – intercedierte, war es ein vergeblicher Versuch.[139] Cicero war auch von diesem Vorschlag nicht befriedigt, weil die Rückerstattung seines Vermögens vergessen war (23, 2). Dann hielt er es für bedenklich, in ein solches Gesetz eine Sanktionsklausel aufzunehmen, weil dadurch die Lex Clodia anerkannt würde. Ein Kapitel genüge, wenn nur sein Vermögen wiederhergestellt werde. Ein Entwurf, den sein Vetter, der Aedilicier C. Visellius Varro für den designierten Tribunen T. Fadius[140] verfaßt hatte, gefiel ihm (23, 4). Jedoch verbarg ihm Atticus in einem Brief vom 4. November nicht, daß noch allerhand Hemmungen bestünden,

---

126 Cic. Att. 3, 20, 3. 23, 4.
127 Cic. Att. 3, 22, 1. fam. 14, 1, 3.
128 Cic. Att. 3, 14, 2. 20, 1. 22, 4.
129 Cic. Att. 3, 13, 1. 14, 2. 15, 6. 16. 17, 2. 19, 1–3. 21. Vgl. fam. 14, 2, 4.
130 Corn. Nep. Att. 4, 4.
131 Cic. Att. 3, 19, 3. 20, 2.
132 MÜNZER RE 4, 1394.
133 Cic. p. red. ad Quir. 15.
134 S. S. 95 f.
135 Cic. fam. 14, 1, 7.
136 Cic. Att. 3, 22, 1. fam. 14, 1, 3.
137 Cic. p. red. in sen. 29.
138 Cic. dom. 70. Sest. 70. p. red. in sen. 8.
139 Cic. p. red. in sen. 8. Att. 3, 23, 1.
140 MÜNZER RE 6, 1959 Nr. 9.

„bei Crassus, Pompeius und den übrigen" (23, 5). Das hing offenbar mit dem seltsamen Kurswechsel des Clodius zusammen, der in der letzten Zeit seines Tribunats die Agitation gegen die Rechtsgültigkeit von Caesars Consulatsakten wiederaufnahm. Dabei erklärte er sogar einmal, wenn der Senat ihm folge, so werde er selbst Cicero auf seinen Schultern in die Stadt zurücktragen.[141] Vermutlich wollte er seine ehemaligen Gönner durch einen solchen Seitensprung daran erinnern, daß sie sich nicht über seinen Kopf hinweg und gegen ihn mit dem Senat verständigen könnten.[142]

Um die beiden designierten Consuln der optimatischen Richtung zu verbinden, faßte der Senat schon im November den Beschluß *de ornandis provinciis*. Cicero befürchtete in seinem Brief vom 10. Dezember davon eine ungünstige Rückwirkung für sich, da die designierten Volkstribunen verstimmt sein könnten, weil sie nicht dabei beteiligt waren (24, 1); außerdem mißbilligte er, daß der Senat damit den früheren Beschluß preisgegeben habe, keine Entscheidung zu treffen, bevor Ciceros Fall erledigt sei (24, 2). Je näher der 1. Januar 57 heranrückte, um so größer wurde seine Aufregung. Ein Besuch des Atticus konnte ihn nicht beruhigen, und Ende Dezember bat er ihn dringend, wieder zu ihm zu kommen (25). Als der Consul P. Lentulus am 1. Januar 57 zum erstenmal die Senatssitzung im Tempel des Iuppiter[143] leitete, stellte er sofort die Frage, wie Cicero zurückzurufen sei. Sein College Metellus Nepos erklärte sich mit dieser Tagesordnung einverstanden, da seine persönliche Feindschaft hinter dem Wunsche des Senats zurückstehen müsse.[144] Der zuerst aufgerufene Consular und Censorier L. Aurelius Cotta[145] sagte, es genüge ein Senatsbeschluß, da die Lex Clodia keine Rechtskraft besitze.[146] Dagegen forderte Pompeius einen Volksentscheid, weil andernfalls die populare Opposition nicht zum Stillschweigen gebracht würde. Ihm schloß sich Bibulus und der übrige Senat an.[147] Nur der Tribun Sex. Atilius Serranus[148] erbat einen Tag Bedenkzeit und verhinderte an den weitern Sitzungstagen im Januar durch seinen Einspruch einen Beschluß.[149] Schon im Dezember 58 hatte der Tribun C. Messius ein Gesetz über Rückberufung Ciceros promulgiert.[150] Der Antrag wurde dann von den acht gutgesinnten Tribunen[151] unter Führung des Q. Fabricius aufgenommen und sollte am 23. Januar 57 zur Abstimmung kommen.[152] Allein in der vorangehenden Nacht besetzte Clodius mit bewaffneten Sklaven und der Gladiatorentruppe seines Bruders, des Praetors Ap. Claudius Pulcher,[153] das Forum und zersprengte nach

---

141 Cic. dom. 40. har. resp. 48.
142 Vgl. DE BENEDETTI Historia 3 (1929), 774, 246.
143 Cic. prov. cons. 22.
144 Cic. p. red. ad Quir. 11. p. red. ad sen. 5; 8–9. Sest. 72.
145 KLEBS RE 2, 2486.
146 Cic. dom. 68; 84. Sest. 73. leg. 3, 45.
147 Cic. dom. 69. Sest. 74. leg. 3, 45.
148 KLEBS RE 2, 2099 Nr. 70.
149 Cic. p. red. in sen. 12. Sest. 74–75. Att. 4, 2, 4.
150 Cic. p. red. in sen. 21. MÜNZER RE 15, 1243 Nr. 2.
151 Ihre Namen Cic. p. red. in sen. 19–22.
152 Cic. p. red. in sen. 22. Sest. 75.
153 MÜNZER RE 3, 2850. Vgl. Cic. Sest. 85; 126.

blutigem Handgemenge die Wahlversammlung. Q. Cicero wurde in dem Getümmel von den Rostra hinuntergeworfen.[154] Der Tribun T. Annius Milo ließ einige Gladiatoren ergreifen und setzte sie nach Verhör vor dem Senat in Haft. Jedoch sein College Atilius Serranus befreite sie.[155] Bis auf weiteres beherrschte Clodius die Straße; Magistrate und Senat fanden keine Mittel, sich durchzusetzen.[156]

Als Cicero in Dyrrhachion von den ersten Senatsberatungen im Januar hörte, wurde er hochgemut und schrieb an Atticus, falls das Gesetz auf Hindernisse stoße, genüge ihm schon die Meinungsäußerung des Senats zur Rückkehr (3, 26). Sobald ihn aber die Nachrichten vom 23. Januar erreichten, brach er wieder in tiefster Verzweiflung zusammen (3, 27). Dieses ist der letzte Brief aus dem Exil, der uns erhalten ist,[157] und erst am 4. August konnte er die Heimfahrt antreten.[158] Das Exil dauerte somit gegen 17 Monate. Zum Verständnis von Ciceros Gemütsverfassung, die er in den Briefen in kläglicher Maßlosigkeit bloßlegt, darf nicht vergessen werden, daß er innerlich beim Weggang aus Rom keineswegs mit einer so langen Zeit gerechnet hatte. Er wollte zunächst schlechterdings nicht daran glauben, daß man den *pater patriae*[159] wirklich ziehen lasse. Noch als er am 29. April 58 unmittelbar vor der Einschiffung aus Brundisium an Terentia schrieb, hatte er nicht alle Hoffnung aufgegeben die zweite Lex Clodia möchte nicht durchgegangen sein.[160] Seitdem verfolgte er die Bemühungen der Optimaten um seine Wiederherstellung mit bebender Ungeduld, und man wird ihm billigerweise nachfühlen wie das Auf und Ab der politischen Taktik seine Nervenkraft auf die härteste Probe stellte.

Aber nicht nur überstiegen seine Klagen, er sei der unglücklichste Mensch, das Leben habe jeden Wert verloren,[161] alles Maß;[162] er erging sich auch in den gehässigsten Vorwürfen gegen die, welche ihm geraten hatten, sich zu entfernen: Hortensius und andere falsche Freunde haben ihn aus Neid verraten,[163] während sie ihn, als er in einem Anfall von Furcht den Kopf verlor, hätten zurückhalten müssen.[164] Auch gegen Atticus erhebt er immer wieder die Klage, er habe im entscheidenden

---

154 Cic. Sest. 76–78; 85. Cass. Dio 39, 7, 2. Plut. Cic. 33, 4.
155 Cic. Sest. 85.
156 Cic. Sest. 85.
157 C. BARDT Röm. Charakterköpfe in Briefen (1913) 173, 1 vermutet, Atticus habe die Briefe der letzten Monate des Exils aus der Sammlung herausgenommen, weil darin eine starke Verstimmung zwischen den Freunden Ausdruck gefunden hatte. L. A. CONSTANS Cicéron correspondance 2 (1935), 26. 90 meint, daß Cicero und Atticus im Jahr 57 bis zu Ciceros Rückkehr in Dyrrhachion oder auf einem Gut des Atticus zusammengewesen seien, sehr unwahrscheinlich. An BARDT schließt sich an H. ZIEGLER T. Pomponius Atticus als Politiker, Diss. Münch. 1936, 38 f.
158 Cic. Att. 4, 1, 4.
159 Vgl. Cic. Sest. 121.
160 Cic. fam. 14, 4, 3. Vgl. Att. 3, 7, 2 vom selben Tag.
161 Cic. Att. 3, 4. 5. 6. 7, 1; 3. 8, 2. 14, 2. 15, 2. 17, 1. 18, 2. 19, 1. 22, 3. fam. 14, 4, 3; 5. Q. fr. 1, 3, 6. 4, 4.
162 Das zeigt die Kritik der Zeitgenossen, obwohl man doch an rührselige Gesten gewöhnt war, W. KROLL Kultur der cic. Zeit 2, 103–105.
163 Cic. Att. 3, 7, 2. 8, 4. 9, 2. 10, 2. 13, 2. 15, 4; 7. 19, 3. 20, 1. Q. fr. 1, 3, 5; 8. 4, 1; 2. fam. 14, 1, 1. ganz anders Mil. 37.
164 Cic. Att. 3, 13, 2. 15, 7.

Augenblick geschwiegen.¹⁶⁵ Man begreift, daß schließlich selbst diesem Getreusten, der mit selbstverständlicher Noblesse ihn und seine Familie vor jeglicher wirtschaftlichen Not schützte,¹⁶⁶ die Geduld ausging und daß er ihm gründlich die Wahrheit sagte über seine ganz unmännliche Haltung¹⁶⁷ und die ungerechtfertigten Ausfälle gegen andere (3, 15, 2). Bei Cato sieht Cicero sich selbst gezwungen, sie zurückzunehmen (15, 2), erkennt auch bei Atticus an, daß dessen *humanitas* größer sei als seine eigene (20, 3). Doch seine Schuld sieht er nach wie vor nur darin, daß er den schlechten Ratgebern folgte.¹⁶⁸ Man erzählte in Rom, er habe den Verstand verloren (13, 2), und ein Freigelassener des Crassus berichtete, wie er vor Kummer abgemagert sei (13, 1), was er beides lebhaft bestritt. Als er nach seiner Rückkehr am 29. September 57 vor den *pontifices* sprach, empfand er selbst die Notwendigkeit, sich über seine, die allgemeine Verwunderung erregenden Aussprüche des Schmerzgefühls zu erklären: „Ich litt an großem und unglaublichem Schmerz. Ich erhebe nicht Anspruch auf eine Weisheit, die manche bei mir vermißten, als sie davon sprachen, mein Mut sei zu sehr gebrochen und niedergeschlagen."¹⁶⁹ Aber er meint, das Opfer, das er dem Staat brachte, empfange eben dadurch seinen höchsten moralischen Wert, daß es ihm den größten Schmerz auferlegte. Wenn er darunter mehr litt als andere Menschen, so kam es daher, daß er tiefer stürzte und seine Familie so innig liebte.¹⁷⁰ Überschwenglich wie seine Äußerungen des Hochgefühls waren eben auch seine Klagen. Ohne tiefste Leidenschaft wäre er nicht der geniale Redner gewesen, wie Künstler oft, in hohem Maße manisch-depressiv veranlagt. Freilich war solche Haltung weder altrömisch heldisch noch – was man eher von ihm erwartet hätte – philosophisch. Die Tröstung, die sich Cicero selbst nicht zu geben wußte, holte später die Rhetorenschule nach, und eine Probe der darüber verfaßten Übungsreden gibt uns wohl Cassius Dio in dem Dialog zwischen Cicero und dem Philosophen Philiskos (38, 18–29) wieder.¹⁷¹

In Rom versuchte der Tribun T. Annius Milo den Clodius durch einen Strafprozeß *de vi* unschädlich zu machen.¹⁷² Aber dieser wußte mit Hilfe des Consuls Metellus Nepos, des Praetors Ap. Claudius und eines Tribunen¹⁷³ die Durchführung zu

---

165 Cic. Att. 3, 15, 4; 7. 4, 1, 1.
166 S. o. S. 131, Anm. 130. 131.
167 Cic. Att. 3, 10, 2. 11, 2. 12, 1. 13, 2.
168 Cic. Att. 3, 15, 4; 5; 7. 19, 3. fam. 14, 1, 1. Q. fr. 1, 4, 1.
169 Cic. dom. 97.
170 Cic. dom. 98. Ähnlich schon Att. 3, 10, 2 *ecquis umquam tam ex amplo statu, tam in bona causa, tantis facultatibus ingenii, consilii, gratiae, tantis praesidiis bonorum omnium concidit?* 15, 2. 19, 2. 22, 1. 23, 5. Q. fr. 1, 3, 3; 6. fam. 14, 4, 3. 2, 1. 1, 1. 3, 1.
171 ED. SCHWARTZ RE 3, 1719. BERTHOLD HÄSLER Favorin über die Verbannung, (Diss. Berl. 1936) 33. 58. MÜNZER RE 19, 2379 Nr. 3. R. PHILIPPSON RE 19, 2384 Nr. 8. Über Ciceros Maßlosigkeit in Freud und Leid trefflich J. P. V. D. BALSDON ‚Cicero the man' in: Studies in Latin Literature, Cicero ed. by T. A. DOREY (1965), 195 f.
172 Cic. p. red. in sen. 19. Sest. 87; 89. Mil. 35; 40. Att. 4, 3, 2. Plut. Cic. 33, 4. Cass. Dio 39, 7, 4 scheint diese Anklage mit der vom Ende des Jahres zusammenzuwerfen, KLEBS RE 1, 2271. ED. MEYER Caesars Mon. 109, 2. P. STEIN Senatssitzungen der cic. Zt. 37, 198.
173 Cic. Sest. 89. fam. 5, 3, 2. Angedeutet wohl p. red. in sen. 7. ED. MEYER 110–111.

IX. Das Exil und die Rückkehr

hintertreiben. Da die Magistrate seinem Treiben weiter ohnmächtig zusahen,[174] entschloß sich Milo, durch eine eigene Schutztruppe den Terror zu brechen.[175] Seinem Beispiel folgte alsbald sein College P. Sestius.[176] Als dieser nämlich bei einer Gelegenheit dem Consul Metellus Nepos[177] im Castortempel obnuntiierte,[178] hatte ihn die Bande des Clodius überfallen und war er mit Wunden bedeckt nur knapp dem Tod entronnen. Auch die Fasces des Consuls wurden zerbrochen.[179] Darum umgab sich nun auch Sestius mit bewaffneten Clienten, Freigelassenen und Sklaven.[180]

Während vieler Wochen durchtobten Straßenschlachten die Stadt.[181] Allmählich gewann der „Selbstschutz" der beiden Tribunen die Oberhand.[182] Nun, nachdem mit seinem Einverständnis die grobe Arbeit getan war, hielt auch Pompeius die Zeit für gekommen, den Clodius durch Rückberufung Ciceros zu bestrafen.[183] Caesar stimmte zu.[184] Als Duovir von Capua führte Pompeius einen Beschluß der Colonie herbei, der die Lex Clodia *de exilio Ciceronis* als *privilegium* brandmarkte.[185] Ende Mai[186] beschloß der Senat auf Bericht des Consuls Lentulus im Tempel der Virtus,[187] die sämtlichen Stimmberechtigten Italiens zur Teilnahme an den Comitien für Ciceros Wiederherstellung aufzurufen, dem Cn. Plancius und den Gemeinden, die Cicero aufnahmen, den Dank auszusprechen, und Cicero dem Schutz sämtlicher Magistrate und Legaten in den Provinzen zu empfehlen.[188] Pompeius sprach persönlich in mehreren Municipien für Cicero,[189] der römische Ritterstand, die *scribae* (die Schriftführer der Magistrate), die Kultgenossenschaften der Stadt faßten Ehrenbeschlüsse.[190]

Anfang Juli trug Lentulus im Iuppitertempel auf dem Capitol wiederum über die Angelegenheit vor. Bei der Umfrage redete P. Servilius Isauricus dem andern Consul Metellus Nepos, der sich noch immer zurückhielt, dringend zu, sie gemeinsam mit dem Collegen vor die Centuriatcomitien zu bringen, und dieser erklärte

---

174 Cic. Sest. 85.
175 Cic. p. red. in sen. 19–20. Sest. 86 *praesidio et copiis*. 127 *per familias comparatas et homines armatos*. Mil. 38.
176 Cic. p. red. in sen. 20. Sest. 78; 90; 92 *praesidio contra vim et manum comparando*.
177 Cic. dom. 13.
178 Cic. Sest. 79; 83. Mommsen R. St. R. 1, 113, 3.
179 Cic. p. red. in sen. 7. Sest. 79–83; 85. Q. fr. 2, 3, 6. Mil. 38.
180 Cic. p. red. in sen. 20. Sest. 84.
181 Cass. Dio 39, 8, 1.
182 Cic. p. red. in sen. 19–20; 30. p. red. ad Quir. 15.
183 Cic. dom. 25. Cass. Dio 39, 8, 1. Plut. Cic. 33, 4. Pomp. 49, 4. Appian. bell. civ. 2, 59. Vell. Pat. 2, 45, 3.
184 Cic. prov. cons. 43. Pis. 80. fam. 1, 9, 9; 14. Cass. Dio 39, 10, 1.
185 Cic. p. red. in sen. 29. Mil. 39.
186 P. Stein Senatssitzungen der cic. Zt. 32.
187 Cic. divin. 1, 59.
188 Cic. p. red. in sen. 24. Planc. 78. dom. 85. Sest. 50; 116; 120; 128. Pis. 34. Appian. bell. civ. 2, 57.
189 Cic. p. red. in sen. 31. dom. 30. har. resp. 46. prov. cons. 43. Pis. 80.
190 Cic. dom. 74.

sich in freundlicher Rede dazu bereit.[191] Darauf las Pompeius den schriftlich formulierten Antrag vor. Von den 417 anwesenden Senatoren widersprach nur Clodius. Intercession wurde nicht mehr gewagt.[192] Danach sollte ein Gesetz über Aufhebung der Acht und Wiedereinsetzung in das Vermögen vorgelegt werden.[193] Am folgenden Tag beschloß der Senat auf seinen Antrag weiter, wer durch Himmelsbeobachtung oder auf andere Art die Abstimmung verzögere, solle als Staatsfeind gelten, über den alsbald dem Senat zu berichten sei; wenn an den nächsten fünf möglichen Terminen nicht mit dem Volk verhandelt sei, so solle Cicero ohne Volksbeschluß zurückkehren.[194] Nachher sprachen die Staatshäupter (*principes*) in einer Contio auf dem Marsfeld nach Lentulus zum Volk,[195] vor allem wieder Pompeius, der dabei öffentlich anerkannte, daß Cicero im Jahr 63 den Staat gerettet habe, ferner, daß es bei dieser Abstimmung um die Autorität des Senats und das Gesamtwohl gehe und daß Senat, Ritter und die Bürger aus Italien einmütig Ciceros Rückberufung wünschten.[196] Von andern Consularen werden Servilius Isauricus und L. Gellius Publicola erwähnt.[197] Sie alle forderten die Bürger auf, sich am Abstimmungstag möglichst vollzählig einzufinden.[198] Die Centuriatcomitien[199] traten am 4. August 57 unter gewaltiger Beteiligung zusammen.[200] Milo sicherte mit seiner Schutztruppe, und ohne Störungsversuch wurde das Gesetz angenommen.[201]

Cicero fuhr schon am 4. August von Dyrrhachion ab, legte am 5. in Brundisium an, wo er wieder bei Laenius Flaccus Quartier nahm. Seine Tochter Tullia, die unlängst ihren Gatten Piso verloren hatte, war ihm entgegengeeilt – es war gerade ihr Geburtstag.[202] Am 11. erhielt er von Quintus Kunde über den glücklichen Verlauf der Abstimmung. Auf der Reise nach Rom empfingen ihn allenthalben Glückwunschabordnungen der Gemeinden.[203] Bei der Ankunft an der Porta Capena am 4. September[204] erwartete ihn eine dichtgedrängte Volksmenge, und unter beständigen Beifallskundgebungen erstieg er das Capitol,[205] um den Göttern zu danken.[206] Wie in den 16 Monaten des Exils vom Jammer, so wurde er nun schier von der Freude überwältigt. Ganz Italien, so jubilierte er, habe ihn sozusagen auf den Schul-

---

191 Cic. fam. 5, 4, 2. In Ciceros Dankesbrief aus Dyrrhachion. p. red. ad Quir. 15 *primo non adversante, post etiam adiuvante.* prov. cons. 22.
192 Cic. p. red. ad Quir. 15.
193 Cic. p. red. in sen. 1; 25–26. dom. 14; 30. har. resp. 11. Sest. 129–130. Pis. 35. Cass. Dio 39, 8, 2. Plut. Cic. 33, 6.
194 Cic. Sest. 129. p. red. in sen. 27. Pis. 35.
195 Cic. Sest. 107–108.
196 Cic. p. red. ad Quir. 16. p. red. in sen. 29. Mil. 39.
197 Cic. p. red. ad Quir. 17. p. red. in sen. 26. Pis. 34.
198 Cic. p. red. in sen. 27. Sest. 129.
199 Cic. p. red. ad Quir. 17. Sest. 109. Pis. 35.
200 Cic. Att. 4, 1, 4. Pis. 36. p. red. in sen. 28. dom. 75; 90. Sest. 109; 112. har. resp. 11. fam. 1, 9, 16. Mil. 38.
201 Cass. Dio 39, 8, 3. Plut. Pomp. 49, 6.
202 Cic. Sest. 131.
203 Cic. Att. 4, 1, 4. Sest. 131. Plut. Cic. 33, 7.
204 Cic. Att. 4, 1, 5.
205 Cic. dom. 76. Sest. 131. Appian. bell. civ. 2, 60. Liv. per. 104.
206 Vgl. Cic. dom. 144; 145. p. red. ad Quir. 1.

tern nach Hause getragen.²⁰⁷ Tags darauf, am 5. September,²⁰⁸ strömte er das ihm neu geschenkte Glücksgefühl in zwei überschwenglichen uns erhaltenen Dankesreden an Senat und Volk aus.²⁰⁹ Um keinen einzigen, der sich um ihn verdient gemacht hatte, zu vergessen, zeichnete er sich die für den Senat bestimmte Rede vorher auf und las sie vor.²¹⁰ Den ganzen Senat, sagte er, müsse er fortan wie Götter verehren,²¹¹ außer den Magistraten vor allem den Pompeius,²¹² den Lentulus nennt er *parens ac deus nostrae vitae fortunae memoriae nominis* (8). Von den Lichtgestalten seiner Wohltäter heben sich ab die Feinde. Dabei bleibt Clodius, der *inimicus* (4; 25), *latro* (13), *sceleratus civis aut domesticus potius hostis* (19), wohl als Vetter des andern Consuls Q. Metellus Nepos²¹³ merkwürdig im Hintergrund gegenüber den zur Zeit in ihren Provinzen abwesenden Consuln von 58 (9–18; 32–33), bei deren Zerrbildern Haß und Verachtung gleichermaßen den Pinsel führen. Seine Feinde sind das alte Heer Catilinas (32), und er verschweigt nicht die verhängnisvolle Wirkung, die der Schein ausübte, auch Caesar und seine Verbündeten ständen auf Seiten der Feinde (32–33). Denn nun lähmte die Furcht vor einem Blutbad seine Verteidiger. Er wollte die Verantwortung dafür nicht auf sich nehmen, wußte aber auch, daß seine Entfernung nur so lange dauern würde, als die *res publica* aus der Stadt gewichen war. Ihre Wiederherstellung rief auch ihn zurück. *Mecum leges, mecum quaestiones* (die Strafgerichtshöfe), *mecum iura magistratuum, mecum senatus auctoritas, mecum libertas, mecum etiam frugum ubertas, mecum deorum et hominum sanctitates et religiones afuerunt* (34). Dieser Zusammenhang zeichnet ihm seine künftige politische Aufgabe vor (36).²¹⁴

In der Danksagung an das Volk entläßt er auch die Quiriten mit der Anerkennung, *qui apud me deorum immortalium vim et numen tenetis* (25). Im übrigen bemüht er sich nach seiner Gewohnheit um populare Töne,²¹⁵ zieht mehrmals den C. Marius zum Vergleich heran,²¹⁶ wenn er sich auch politisch von ihm distanziert. Mit Wohlgefallen unterstreicht er, daß er seine ehrenvolle Rückkehr nicht den Bitten vornehmer Verwandter zu danken hat wie P. Popillius und Q. Metellus Numidicus (6), und er läßt auch dem vor dem Senat unterdrückten Groll gegen die „neidi-

---

207 Cic. p. red. in sen. 39. Plut. Cic. 33, 7. Verspottet von Sallust in Cic. 7.
208 Cic. Att. 4, 1, 6.
209 Eingehende Würdigung der beiden Reden von DIETRICH MACK Senatsreden und Volksreden bei Cicero, Diss. Kiel 1937, 18 ff. 99 ff. Noch im 19. Jahrhundert wollten dem Cicero wohlgesinnte Philologen sie für unecht erklären, G. BERNHARDY Grundriß der röm. Litteratur (1862) 766.
210 Cic. Planc. 74.
211 Cic. p. red. in sen. 30 *homines de me divinitus meriti*.
212 Cic. p. red. in sen. 5; *omnium gentium, omnium saeculorum, omnis memoriae facile princeps* 29; 31. Vgl. p. red. ad Quir. 16 *vir omnium qui sunt, fuerunt, erunt virtute sapientia princeps*.
213 Seine Tante Caecilia Metella war mit Appius Claudius, Consul 79 und Vater von P. Clodius und Ap. Claudius verheiratet. MÜNZER RE 3, 1235 Nr. 135. o. S. 20, Anm. 18.
214 Cic. fam. 1, 9, 4.
215 Vgl. Quintil. inst. or. 11, 1, 45 *quis vero nesciat quanto aliud dicendi genus poscat gravitas senatoria, aliud aura popularis*.
216 Cic. p. red ad Quir. 7; 9; 10; 11; 19.

schen und feigen" Optimaten freien Lauf.[217] Vier Arten von Menschen hätten sich an ihm vergangen: außer den *inimicissimi*, den Catilinariern und den Consuln von 58 solche, *qui per simulationem amicitiae nefarie me prodiderunt, tertium, qui cum propter inertiam suam eadem adsequi non possent, inviderunt laudi et dignitati meae*. Er ist kein Marius und will sich nicht blutig rächen, aber er wird sie bestrafen, wie es das Staatswohl erheischt: *malos civis rem publicam bene gerendo, perfidos amicos nihil credendo atque omnia cavendo, invidos virtuti et gloriae serviendo, mercatores provinciarum revocando domum atque ab iis provinciarum rationem repetendo* (21).

Wir wissen aus den Briefen an Atticus, wie er in den dunkeln Monaten des Exils dauernd über der „Schuldfrage" brütete, und es ist menschlich, daß er dabei an sich nur den Fehler entdecken konnte, in einem schwachen Augenblick dem schlechten Rat vermeintlicher Freunde gefolgt zu sein. Wir mögen auch begreifen, daß ihn seine glorreiche Rückkehr, nachdem er sich 16 Monate hindurch ausschließlich mit seiner Person beschäftigt hatte, vollends in seinem alten Wahn befestigen mußte, als hochragendes Wahrzeichen, an dem sich die Guten und die Bösen schieden, im Mittelpunkt der römischen Politik zu stehen. Aber wir müssen doch staunen, daß er schon an diesem ersten Tage, wo er aus ehrlichem Herzen danken wollte, wieder so wenig die psychologische Wirkung seiner Worte abwog. Wie reimte sich der maßlose Lobpreis des Pompeius mit dem schweren Angriff auf die Politik der drei Verbündeten, geschweige denn mit den Schmähungen auf die beiden Consuln, die jene Politik durchführten? Wie konnte er im selben Atemzug sich rühmen, daß alle maßgebenden Senatoren, die *principes civitatis*, alle Consulare und Praetorier ihm vor dem Volk das Zeugnis gaben, allein den Staat gerettet zu haben,[218] und sich weitläufig ergehen über die Verräter und Neidlinge dieses Kreises? Schon nach einigen Tagen mußte er denn auch an Atticus schreiben: *iam quidam qui nos absentis defenderunt incipiunt praesentibus occulte irasci, aperte invidere*.[219] In Thessalonike war ihm einmal die richtige Erkenntnis aufgeleuchtet, als ihm Atticus schrieb, seine Rede gegen Curio sei bekannt geworden.[220] Da meinte er, Atticus solle sie für unecht erklären, damit der einflußreiche Herr nicht verstimmt werde.[221] Doch das war offenbar längst vergessen, und auch sonst fehlte ihm jegliche diplomatische Zurückhaltung.

Im Punkt des Eigenlobs (*sui iactatio*) empfanden die antiken Menschen nicht anders als wir,[222] was Quintilian gerade an Cicero erläutert.[223] Das Gefühl, daß ihn die Herren der Nobilität auch jetzt, wo er zu den *principes civitatis* zählte, innerlich

---

217 Cic. p. red ad Quir. 13 *cum viderem ex ea parte homines, cuius partis nos vel principes numerabamur, partim quod mihi inviderent, partim quod sibi timerent, aut proditores esse aut desertores salutis meae.*
218 Cic. p. red ad Quir. 17.
219 Cic. Att. 4, 1, 8. Vgl. 4, 2, 5. fam. 1, 9, 5.
220 S. S. 118.
221 Cic. Att. 3, 12, 2. 15, 3.
222 Cic. off. 1, 137.
223 Quintil. inst. or. 11, 1, 15–17: *qui se supra modum extollit, premere ac despicere creditur nec tam se maiorem quam minores ceteros facere. inde invident humiliores (hoc vitium est eorum, qui nec cedere volunt nec possunt contendere), rident superiores, improbant boni. plerumque*

IX. Das Exil und die Rückkehr

nicht als ihresgleichen anerkannten, war natürlich richtig. Aber niemand bestritt seine geistige Begabung. Dagegen lehnten sie seinen vom 5. Dezember 63 hergeleiteten Anspruch,[224] ihr politischer Führer zu sein, ab. Und das mit Recht. Denn seine Beredsamkeit vermochte in dem damaligen politischen Chaos auch nicht mehr als ihre Geschäftsroutine. Durch die Wiederherstellung des Volkstribunats im Jahr 70 waren die Rechtsgrundlagen des Staats der zügellosesten Demagogie überantwortet worden. Die Organe, welche nach der Verfassung führen sollten, Magistrate und Senat, besaßen, auch wenn sie in ihrer Mehrheit einig waren, keine gesetzlichen Machtmittel zur Bändigung von Obstruktion und Terror. Seit Caesars Consulat wurde die Politik durch die Vereinbarungen einiger Führer gestaltet, deren persönliche Macht unabhängig von staatlichem Auftrag existierte.

Die politische Werktagsarbeit ließ nicht auf sich warten. Schon am 5. September inszenierte Clodius eine Hungerrevolte.[225] Wegen der vielen Auswärtigen, die zu Ciceros Begrüßung zugereist waren, sollte der Brotpreis gestiegen sein.[226] Nachdem das Capitol gesäubert war, verlangten dem Cicero wohlgesinntes Volk und *boni* von ihm einen Antrag, daß Pompeius die Not beheben solle. Am 7. September beriet der Senat darüber. Die andern Consulare weigerten sich, unter dem Druck der Straße zu verhandeln.[227] Sie durchschauten, daß die an Cicero gerichtete Aufforderung ein Manöver des Pompeius war, der als Gegengewicht gegen Caesars glänzende Kriegserfolge eine dictatorische Vollmacht in Rom haben wollte, und billigten nicht, daß Cicero an der Sitzung teilnahm.[228] Dagegen hielten die beiden Consuln einen solchen Beschluß für nötig und forderten die Anhänger des Pompeius von Cicero den Antrag als Erfüllung seiner Dankespflicht.[229] Dieser formulierte dann das Senatus Consultum, wonach die Consuln mit Pompeius verhandeln und eine Lex einbringen sollten.[230] Als darauf der Beschluß in einer Contio verlesen wurde, forderte das Volk im Sprechchor,[231] Cicero zu hören, was dann auch unter Zustimmung aller Magistrate mit Ausnahme eines Praetors und zweier Tribunen[232] geschah.[233] Am 8. September waren alle Consulare zugegen und widersprachen den Forderungen des Pompeius nicht.[234] Nach der Rogatio der Consuln erhielt er in Form eines proconsularen Imperiums Vollmacht über die Getreidevorräte des ganzen Reichs für 5 Jahre und zur Unterstützung 15 Legaten. Der Tribun C. Mes-

---

vero deprendas adrogantium falsam de se opinionem, sed in veris quoque sufficit conscientia. Darüber ausführlich J. GRAFF Ciceros Selbstauffassung (1963) 77 ff.
224 Vgl. Cic. fam. 1, 9, 12. har. resp. 58 behauptet er, sich selbst immer nur als *comes* nicht als *dux senatus* bezeichnet zu haben.
225 Cic. dom. 6; 12; 14.
226 Cic. dom. 15.
227 Cic. dom. 8.
228 Cic. dom. 5. J. STROUX Philol. 93, 87.
229 Cic. dom. 7.
230 Cic. dom. 9–11; 16–17. Att. 4, 1, 6.
231 Cic. Att. 4, 1, 6 *cum populus more hoc insulso et novo plausum meo nomine recitando dedisset.*
232 Ap. Claudius und Q. Numerius Rufus und Atilius Serranus. Cic. Sest. 72. MÜNZER RE 17, 1326.
233 Cic. Att. 4, 1, 6.
234 Cic. Att. 4, 1, 7. dom. 19.

sius dagegen forderte *imperium maius* in allen Provinzen, dazu Vollmacht über die gesamten Finanzen und Verfügung über Heer und Flotte. Da Pompeius vorgab, die consulare Lex vorzuziehen, hatte es dabei sein Bewenden. Doch zunächst herrschte bei „den Consularen" größte Erregung. Cicero schwieg dazu, weil ein großer Teil der Herren im Pontificalcollegium saß, das in der Sache seines Hauses auf dem Palatin noch ein Gutachten zu erstatten hatte.[235] Es war ein Intrigenspiel, worin Cicero es unmöglich allen recht machen konnte. Die optimatischen Führer sahen sich enttäuscht;[236] Clodius höhnte, nachdem er eben erst als angeblicher Wiederhersteller der Senatsautorität zurückgekehrt sei, habe er sich bereits wieder zum Volk geschlagen,[237] habe er einem allein eine außerordentliche Vollmacht übertragen.[238] Aber auch Crassus und Caesar waren unzufrieden mit der Parteinahme für Pompeius.[239] Die Front „aller Guten",[240] welche ihn zurückgerufen hatte, entpuppte sich in Wirklichkeit wieder als ein Phantom. Aber er konnte noch immer nicht davon lassen.

Durch das Rückberufungsgesetz war auch die Rückerstattung des eingezogenen Vermögens angeordnet.[241] Abgesehen von den angerichteten Zerstörungen bot das keine besonderen Schwierigkeiten, da sich bei den von Clodius veranstalteten Versteigerungen kaum Käufer gefunden hatten.[242] Nur das Grundstück auf dem Palatin brachte Clodius mittels eines vorgeschobenen Strohmanns[243] in seine eigene Hand, um es seinem dort geplanten Villenkomplex anzugliedern.[244] Er schlug einen Teil des Landes dem benachbarten, von Catulus als Denkmal für den Kimbernkrieg gestifteten Säulenhof[245] zu. Auf dem übrigen errichtete er ein Heiligtum der Libertas.[246] Nachdem er sich einige Wochen hatte ducken müssen, war er doch keineswegs gesonnen, den verhaßten Feind seinen Triumphgefühlen zu überlassen. Als dem anerkannten Führer der popularen Richtung, Organisator terroristischer Straßenkämpfer und nicht weniger wegen seiner Vornehmheit und der sich daraus ergebenden Beziehungen zu Magistraten und Senatskreisen war ihm mit gesetzlichen Mitteln nicht beizukommen, und er erhob nun Einspruch dagegen, daß der von ihm geweihte Teil des Hausplatzes zurückgegeben werde. Der Senat beschloß auf Antrag des Bibulus, sich über diese Frage von den *pontifices* ein Gutachten erstatten zu lassen.[247] Die Verhandlung vor diesem Collegium[248] fand am 29. Sep-

---

235 Cic. Att. 4, 1, 7. Cass. Dio 39, 9, 1–3. Plut. Pomp. 49, 6–9. Liv. per. 104.
236 Cic. Att. 4, 1, 8. dom. 29 ihre angeblichen Vorwürfe: *quid sibi iste vult? nescit quantum auctoritate valeat, quas res gesserit, qua dignitate sit restitutus? cur ornat eum a quo desertus est?*
237 Cic. dom. 3–4.
238 Cic. dom. 18.
239 Cass. Dio 39, 10, 1.
240 Cic. dom. 5.
241 Cic. har. resp. 11.
242 Cic. dom. 107–108. Plut. Cic. 33, 1.
243 Cic. dom. 116.
244 Cic. dom. 115. har. resp. 30.
245 Cic. dom. 114.
246 Cic. dom. 51; 116. K. Ziegler RE 18, 3, 45.
247 Cic. dom. 69. har. resp. 11.
248 Aufzählung der Mitglieder Cic. har. resp. 12.

tember statt.²⁴⁹ Wie schon bemerkt, suchte Clodius die optimatischen Mitglieder durch gehässige Beleuchtung von Ciceros Eintreten für die *curatio annonae* des Pompeius gegen ihn einzunehmen. Das reizte Cicero, nun auch mit ihm gründlich abzurechnen: Nach Rechtfertigung seines Antrags vom 7. September (dom. 3–31) schildert er in grellsten Farben die Schreckenszeit jenes Tribunats, das, wegen der höchst seltsamen Form der Adoption (34–42) schon in seiner Rechtsgrundlage anfechtbar, nichts war als eine Kette ungesetzlicher Gewalttaten und insbesondere in der Ächtung Ciceros ein in jeder Hinsicht rechtswidriges und rechtsungültiges Privileg hervorbrachte (43–90). Die Tempelweihe auf dem Palatin ist außerdem auch für sich betrachtet ungültig, weil sie gegen die Lex Papiria verstößt, die zur Vornahme einer solchen Weihung einen Volksbeschluß fordert (127–137).

Cicero hielt diese Rede für eine seiner besten Leistungen und schrieb an Atticus, sie müsse sofort in die Hand der lernbegierigen Jugend kommen (4, 2, 2). Ob sie auf die Zuhörer so gewirkt hat, dürfte zweifelhaft sein, besonders weil er sich – ungeachtet der Beteuerung, sich nur auf das Nötigste zu beschränken (93) – in eine Heldenpose hineinsteigerte, die von der wohlbekannten Wirklichkeit doch zu stark abwich: er habe sich dem Kampf nur entzogen, weil er gesehen habe, daß auch sein Sieg vom Staat nur schwache Überreste zurückgelassen, seine Niederlage ihn aber ganz vernichtet hätte (96).²⁵⁰ Die schweren Verstöße, die beim Weiheakt dem unerfahrenen Pontifex L. Pinarius Natta,²⁵¹ dem Schwager des Clodius, angeblich unterliefen, erscheinen ihm als Strafe der *Di immortales, suorum templorum custodem ac praesidem sceleratissime pulsum cum viderent, ex suis templis in eius aedis immigrare nolebant, itaque istius vaecordissimi mentem cura metuque terrebant* (141).

Die *pontifices* entschieden nüchtern, falls die Weihung ohne Bevollmächtigung durch Volksbeschluß stattgefunden habe, könne der Platz ohne religiöse Bedenken zurückgegeben werden.²⁵² Der Praetor Ap. Claudius erteilte sogleich seinem Bruder das Wort in einer Contio. Dieser erklärte, die Entscheidung sei für ihn günstig ausgefallen und die Menge möge zusammen mit den beiden Brüdern die Libertas gegen einen Anschlag Ciceros schützen.²⁵³ Am folgenden Tag, dem 1. Oktober, hielt er auch bei der Umfrage im Senat eine beinahe dreistündige Rede. Doch der Senat bejahte gegen die einzige Stimme des Clodius die vom Gutachten gestellte Frage.²⁵⁴ Da der Tribun Atilius Serranus intercedierte, eröffneten die Consuln sogleich die Debatte darüber. Erst als Cicero selbst zustimmte, erklärte man sich einverstanden, daß Serranus seine Entscheidung bis zum nächsten Tag aufschob.²⁵⁵ Am 2. Oktober konnte der Senat ungehindert beschließen. Die Consuln verdingten sogleich die Wiederherstellung der Porticus Catuli. Die Cicero für den angerichte-

---

249 Cic. Att. 4, 2, 2. har. resp. 12 *causa cognita, duobus locis dicta* deutet vielleicht darauf hin, daß das Collegium selbst einen Augenschein vornahm.
250 Diese Legende wiederholte er seitdem als feststehende Tatsache, Cic. Mil. 36. leg. 3, 25.
251 Cic. dom. 134. Mur. 73. MÜNZER RE 20, 2, 1402 Nr. 19.
252 Cic. Att. 4, 2, 3. ungenau har. resp. 12/13.
253 Cic. Att. 4, 2, 3.
254 Cic. Att. 4, 2, 4. vgl. har. resp. 13; 14.
255 Cic. Att. 4, 2, 4.

ten Schaden anzuweisende Vergütung[256] schätzten sie beim Haus auf 2 Millionen, bei der tusculanischen Villa auf 500 000 und bei der formianischen auf 250 000 Sesterzen.[257] Er war davon innerlich nicht befriedigt,[258] widersprach aber nicht. Nur dem Freunde schrieb er, jene bekannten Herren, die ihm seinerzeit die Schwungfedern gestutzt hätten, wollten eben nicht, daß sie nachwüchsen. Doch er hoffe, daß sie trotzdem wachsen würden.[259] Er fand, daß die Mittel nicht reichten, die drei Bauten gleichzeitig auszuführen, und wollte das Tusculanum verkaufen (4, 2, 7), besann sich bald aber anders.[260] Im übrigen gedachte er die ihm von Pompeius schon am 8. September angebotene Legatenstelle (4, 1, 7) anzunehmen, da sie ihm völlig freie Hand ließ. Doch kam auch eine *legatio votiva* zum Besuch heiliger Stätten in Betracht. Falls es im nächsten Jahr zu Censorenwahlen kommen sollte, wollte er sich bewerben, keinesfalls vor dem nächsten Sommer verreisen, um den Bürgern, die sich so sehr um ihn verdient gemacht hatten, in den Augen zu bleiben (4, 2, 6). Als im Senat über Caesars diesjährigen Feldzugsbericht verhandelt wurde, schloß er sich selbstverständlich dem Pompeius an, der eine *supplicatio* von 15 Tagen beantragte.[261]

Clodius bewarb sich für 56 um die Aedilität.[262] Es kam aber bis zum November noch nicht zu Wahlen, da Milo die Anklage gegen ihn wieder aufnehmen wollte.[263] Clodius antwortete mit neuem Terror. Am 3. November vertrieb eine bewaffnete Rotte die Handwerker von Ciceros Haus und demolierte die Neubauten an der Porticus Catuli. Ferner steckte sie das ebenfalls auf dem Palatin gelegene Haus des Q. Cicero in Brand.[264] In seiner Agitation versprach Clodius eine Sklavenbefreiung.[265] Am 11. November bedrohte er Cicero auf der Via Sacra tätlich. Dieser flüchtete vor den Steinwürfen in das Haus des Tettius Damio, das erfolgreich gegen das Gesindel verteidigt werden konnte. Am 12. November wurde das Haus des Milo belagert, bis es einem Gegenangriff seiner Mannschaft gelang, die Clodianer mit Hinterlassung einiger Toter zu vertreiben.[266] Am 14. November tagte der Senat. Obwohl der Consul Metellus, (als Vetter des Clodius) unterstützt von Ap. Claudius und Hortensius,[267] durch langes Reden eine Beschlußfassung verhindern wollte und Clodius heftige Drohungen ausstieß für den Fall, daß seine Comitien nicht stattfinden sollten, entschied der Senat auf Antrag des designierten Consuls Cn. Lentulus Marcellinus, es solle gegen die Verbrecher ein Verfahren nach der Lex Plautia *de vi* eingeleitet werden. Milo kündigte an, an allen Comitialtagen durch

---

256 Cic. har. resp. 15.
257 Cass. Dio 39, 11, 1–3.
258 Vgl. Cic. fam. 1, 9, 5.
259 Cic. Att. 4, 2, 5. har. resp. 13; 16.
260 Cic. Q. fr. 2, 2, 1. DRUMANN-GROEBE 6, 337.
261 Cic. prov. cons. 25–27. Balb. 61. Caes. Gall. 2, 35, 4. Cass. Dio 39, 5, 1. Plut. Caes. 21, 1.
262 Cic. Sest. 118.
263 Cass. Dio 39, 7, 4. Cic. Att. 4, 3, 2.
264 Cic. Cael. 78.
265 Cic. Att. 4, 3, 2.
266 Cic. Sest. 85.
267 Vgl. Cic. fam. 1, 9, 5. f. VON DER MÜHLL RE 8, 2477.

Himmelsbeobachtungen eine Wahl zu verhindern.[268] Am 19. November besetzte er mit einer Schutztruppe den Wahlplatz, so daß Clodius nicht zu kommen wagte, ebenso am 20. und 23. Cicero, der an diesem Tage an Atticus schrieb, war guter Dinge, hoffte, es werde mit der Anklage gelingen, falls Clodius nicht schon vorher in einem Zusammenstoß mit Milo totgeschlagen werde.[269] Jedoch Metellus erklärte, da infolge der verschleppten Aedilenwahlen noch keine Quaestoren für den kommenden 5. Dezember bestellt seien, könne das geforderte Strafverfahren, wozu die Quaestoren die Geschworenen auszulosen hatten, vor diesen Wahlen nicht begonnen werden.[270] In einer kurz nach dem 10. Dezember einberufenen Senatssitzung stellte der designierte Consul Marcellinus den Antrag, der Praetor urbanus solle die Auslosung der Richter vornehmen, nach der Auslosung sollten die Comitien gehalten werden. Wer die Prozesse hindere, solle als Staatsfeind gelten. Der andere designierte Consul, L. Marcius Philippus, stimmte zu, zwei Volkstribunen sprachen dagegen. Darauf hielt Cicero eine Rede gegen Clodius und wurde unterstützt vom Volkstribunen Antistius Vetus. Während Clodius entgegnete, erhob sich draußen heftiges Geschrei seiner Anhänger, so daß die Senatoren eilig ohne Beschluß auseinandergingen.[271] Von den Volkstribunen war L. Racilius der tapferste.[272] Cicero verfaßte unter dem Titel *Edictum L. Racili tribuni plebis* eine Invective gegen Clodius.[273] Am 20. Januar 56 wurde Clodius zum curulichen Aedil gewählt,[274] nachdem der Senat dem Milo von einer Anklage abgeraten hatte.[275] Verschiedene Optimaten wünschten nämlich, daß er sich gegen Pompeius betätigen könne.[276]

Anfang März 56 hat Cicero die Verteidigungsrede für P. Sestius dazu benutzt, sich mit einem politischen Programm an die Öffentlichkeit zu wenden: Da der römische Staat von keinen äußern Feinden mehr bedroht ist, handelt es sich nur um die Ordnung im Innern, das heißt, der Staat ist zu verteidigen gegen den Ansturm der *improbi* (Sest. 51). Diese haben ihn im Jahr 58 an den Rand des Abgrunds gebracht; denn damals ist Cicero, weil er nach dem Willen des Senats und unter dem Beistand aller *boni* den Staat verteidigte, vertrieben worden (53), zum Schmerz ganz Italiens (5; 32; 38). Das Senatsregiment war dahin (30; 42; 44; 46), die Grundrechte der römischen Bürger aufgeboben (65), das Reich der Willkür preisgegeben (66), die Stadt vom Feinde erobert (112). Durch seinen Weggang hat Cicero den Bürgerkrieg verhütet und so den Staat gerettet (49). Jedoch ist er in Wirklichkeit nicht vor den *improbi* gewichen, sondern vor den drei mächtigen Verbündeten Pompeius, Crassus und Caesar, die zu jenem Zeitpunkt sich den Clodius nicht entfremden wollten (39–41). Doch diese ungünstige Konstellation war von kurzer

---

268 Cic. Att. 4, 3, 3. har. resp. 25. P. STEIN Senatssitzungen 36.
269 Cic. Att. 4, 3, 4–5.
270 Cass. Dio 39, 7, 4. Vgl. Jos. LENGLE Röm. Strafrecht bei Cicero (1934) 39.
271 Cic. Q. fr. 2, 1, 2–3.
272 MÜNZER RE 1 A, 30.
273 Cic. Planc. 77 und Schol. Bob. Frg. (SCHOELL) S. 487.
274 Cic. Q. fr. 2, 2, 2. har. resp. 27. Cass. Dio 39, 18, 1.
275 Cic. Sest. 95. har. resp. 50. fam. 1, 9, 15.
276 Cic. har. resp. 50. Nach prov. cons. 24 hätten sie es getan, um Ruhe zu haben.

Dauer und wird nicht wiederkehren (52). Noch im Jahr 58 erhob sich Pompeius gegen das Unwesen (67), begannen Senat, Ritterschaft und alle *boni* die Rückberufung Ciceros zu betreiben (68–70). Milo und Sestius vollstreckten den Willen der Gesamtheit (87). Das war im wahren Sinn optimatische Politik (96), und sie ist das Gebot der Stunde. Es gibt keine „Optimatensippe", wie Vatinius behauptete (96; 132). Optimaten sind nicht nur die Staatshäupter, sondern die Gutgesinnten aller Stände, die unter ihrer Führung für Frieden und Ehre im Staatsleben eintreten (97; 98). Bisher gab es in der Politik den Gegensatz von Optimaten und Popularen (96). Heute – das ist das Hauptstück des Programms – ist kein Anlaß mehr vorhanden zum Zwiespalt von Volk und Elite. Das Volk[277] will nichts mehr von Aufruhr und Streit wissen (104). Die Contionen der *seditiosi* bestehen aus gedungenem Gesindel, stellen nicht den Volkswillen dar (104; 106; 127). Ihre Anführer sind keine Popularen im alten Sinn.[278] Die nunmehrige Einigkeit des wahren Volks (106; 108) zeigte sich in der überwältigenden Fülle von Kundgebungen für Cicero, einen „*homo non popularis*" (122), in den Comitien, bei den Spielen und bei seiner Heimkehr (106–131). Auch die drei Verbündeten gehören zu den *boni* (52). Optimatische Politik ist „der einzige Weg" für den anständigen Bürger und besteht in der Kenntnis der von den Altvorderen geschaffenen Staatsordnung, worin die Leitung dem Senat zusteht. Der Aufstieg in diese Körperschaft steht den Besten aus dem ganzen Volke offen. Ihrer Autorität bedienen sich die Magistrate, der Senat aber sorgt für das Ansehen der Ritterschaft und die Freiheit und Wohlfahrt des Volks (137). Die Optimaten müssen freilich kämpfen gegen *audaces*, *improbi* und gelegentlich auch *potentes* (139). Aber die Geschichte lehrt, daß schließlich diese Feinde, *qui senatus consilium, qui auctoritatem bonorum, qui instituta maiorum neglexerunt et imperitae aut concitatae multitudini iucundi esse voluerunt*, beinahe alle Unterlagen (140). Daher *imitemur ... qui hanc rem publicam stabiliverunt ... amemus patriam, faveamus senatui, con sulamus bonis* (143).

Man sieht leicht, daß Cicero im *populi Romani consensus* (106) von 57 die *concordia ordinum* von 63 aufs neue verwirklicht fand.[279] Auf der Grundlage der Senatsautorität gilt es, den Staat zu erneuern.[280] Denn diese Autorität ist nun wieder vorhanden, weil Pompeius sich mit dem Senat zusammengefunden hat (107). Auch Crassus verteidigt den Sestius (39; 41) und – Caesar galt nur fälschlich als Ciceros Feind.[281] Im Mittelpunkt dieser Politik steht natürlich er selbst. Seine Rückberufung war die *causa rei publicae. Simplex causa, constans ratio, plena consensionis omnium, plena concordiae* (87).

Die Tagespolitik stand zu diesem Programm in schreiendem Widerspruch. In den beiden ersten Wochen des Januars 56 wurde im Senat über die Rückführung des Königs Ptolemaios XII. (Auletes) verhandelt. Er war aus Alexandrien geflüchtet und weilte seit 57 in Rom bei Pompeius.[282] Im September 57 hatte der Senat

---

277 *Verus populus* Cic. Sest. 108; 114.
278 Cic. Sest. 114; 116; 125; 127; 96.
279 H. STRASBURGER Concordia ordinum 68.
280 *Renovare rem publicam* Cic. Sest. 147.
281 Cic. Sest. 39; 41; 52; 71; 132; 135.
282 Cass. Dio 39, 14, 3. ED. MEYER Caesars Mon. 127. HANS VOKLMANN RE 23, 1752.

IX. Das Exil und die Rückkehr

beschlossen, der damalige Consul P. Lentulus Spinther, dem für 56 die Provinz Kilikien bestimmt war, solle ihn zurückbringen.[283]

Gegen diesen Beschluß wurde vom Kreise des Pompeius her gearbeitet.[284] Zu Anfang des Jahrs 56 berichtete der Consul Cn. Lentulus Marcellinus[285] dem Senat über ein soeben hervorgezogenes sibyllinisches Orakel, das davor warnte, den König von Ägypten mit „einer Menge" zu unterstützen.[286] Cicero sprach von *religionis calumnia* (Mißbrauch)[287] oder *nomen fictae religionis*[288] und faßte es als ein Manöver auf, das die Schaffung eines militärischen Sonderkommandos für Alexandrien – gedacht wurde vor allem an Pompeius – verhindern sollte. Getroffen wurde aber auch Lentulus Spinther. Mit Hortensius und M. Lucullus setzte sich Cicero dafür ein, daß ihm wenigstens der Auftrag, wenn auch ohne Verwendung militärischer Kräfte, erhalten bleibe (fam. 1, 1, 3. 2, 1). Auch Pompeius sprach im Senat in diesem Sinne (1, 1, 2). Aber der Tribun P. Rutilius Lupus schlug den Pompeius vor (1, 1, 3). In der Sitzung vom 14. Januar sprach sich der Senat dahin aus, daß „Rückführung mit einer Menge" als staatsgefährlich erscheine.[289] Dagegen kam eine Entscheidung über den zu Beauftragenden nicht zustande. Gegen einen Beschluß, der Verhandlung des Gegenstandes vor dem Volk untersagen wollte, intercedierten die Tribunen C. Porcius Cato und L. Caninius Gallus.[290] Am 16. Januar macht Cicero zwar dem Lentulus noch Hoffnung, fügt aber hinzu, gegen *vis* gebe es keine Mittel! Wie er am 17. Januar seinem Bruder schreibt, vermutet er solche Gewaltanwendung beim Tribunen Caninius.[291] Dieser stellte den Antrag, Pompeius solle mit zwei Lictoren nach Ägypten gehen.[292] C. Cato dagegen promulgierte Anfang Februar ein Gesetz, dem P. Lentulus das Imperium zu entziehen.[293] Diese Anträge gelangten freilich nicht zur Abstimmung. Der Consul Marcellinus machte energischen Gebrauch von dem staatsrechtlichen Kniff, Comitialtage aufzuheben, und Pompeius selbst legte im März keinen Wert mehr auf den Antrag des Caninius.[294] Cicero empfand es peinlich, daß er sich dem Lentulus nicht durch einen gewichtigen Gegendienst erkenntlich zeigen konnte; aber, als er dem Bruder darüber schreibt, kann er doch nicht unterdrücken, daß Lentulus ihm Anlaß genug zur Unzufriedenheit gegeben habe. Vermutlich dachte er an seine Schadenersatzforderungen.[295]

---

283 Cic. fam. 1, 1, 3. 7, 4. Cass. Dio 39, 12, 3. Plut. Pomp. 49, 9. P. STEIN Senatssitzungen 35.
284 Cic. fam. 1, 1, 1. 3. 5b, 2. MEYER 128.
285 MÜNZER RE 4, 1389.
286 Cass. Dio 39, 15, 2. Cic. Q. fr. 2, 2, 3. fam. 1, 1, 2.
287 Cic. fam. 1, 1, 1.
288 Cic. fam. 1, 4, 2.
289 Cic. Q. fr. 2, 2, 3. fam. 1, 2, 1.
290 MÜNZER RE 3, 1477 Nr. 3. Cic. fam. 1, 2, 4. 4, 1.
291 Cic. fam. 1, 4, 3. Q. fr. 2, 2, 3.
292 Plut. Pomp. 49, 10. Cass. Dio 39, 16, 1. Cic. fam. 1, 7, 3.
293 Cic. Q. fr. 2, 3, 1. fam. 1, 5 a, 2. 5 b, 2. Sest. 144.
294 Cic. Q. fr. 2, 4, 4; 5. fam. 1, 5 b, 1; 2. Vgl. Cass. Dio 39, 55, 1.
295 Cic. Q. fr. 2, 2, 3. fam. 1, 6, 1. 7, 2.

Nachdem Clodius am 20. Januar 56 Aedil geworden war – das Werk der optimatischen Feinde des Pompeius![296] – eröffnete er sofort vor dem Volk ein Strafverfahren wegen *vis* gegen Milo.[297] Der erste Anquisitionstermin fand am 2. Februar statt. Pompeius und Cicero standen Milo zur Seite. Auf Ciceros Bitte sprach M. Marcellus[298] für ihn.[299] Am 6. Februar ergriff Pompeius das Wort und wurde von den Clodianern durch wüstes Geschrei häufig unterbrochen. Als dann Clodius sprechen wollte, wurde er eine Stunde lang von der Gegenpartei niedergeschrien. Mitten im Lärm fragte er schließlich seine Leute: „Wer läßt die Plebs Hungers sterben?" Im Sprechchor ertönte es:[300] „Pompeius" und ebenso auf die Frage: „Wer will nach Alexandria gehen?" Zuletzt rief er: „Wen wollt ihr schicken?" Antwort: „Crassus". In dem darauf folgenden Handgemenge wurde Clodius von den Rostra hinuntergeworfen. Cicero flüchtete mit den andern Freunden Milos. An der alsbald einberufenen Senatssitzung nahmen weder Pompeius noch Cicero teil. Da verschiedene Optimaten Pompeius angriffen, wollte Cicero es vermeiden, für ihn eintreten zu müssen und dadurch jene *boni* zu verstimmen.[301] Zu den Senatsverhandlungen am 7. und 8. Februar erschien Pompeius. Sie endeten mit dem Beschluß, die Vorgänge vom 6. Februar seien gegen das Staatsinteresse gewesen. Der mit Clodius verbündete Tribun C. Cato hielt eine scharfe Rede gegen Pompeius und pries darin Cicero, natürlich nur, um auch zwischen diese Freunde einen Keil zu treiben.[302] Pompeius war überzeugt, daß Crassus der eigentliche Drahtzieher sei, der ihn gleichzeitig in den Gegensatz zum Contionenpöbel und zu den Optimaten hineinmanövriert habe. Schon im Senat erklärte er, er werde sich gegen Mordanschläge besser zu schützen wissen als seinerzeit der jüngere Scipio Africanus, und Cicero persönlich teilte er noch Genaueres mit über die gegen ihn ins Werk gesetzten Intrigen. Clodius hatte den nächsten Termin gegen Milo auf die Quirinalien am 17. Februar angesetzt und rüstete eine schlagfertige Mannschaft. Milo tat desgleichen und Pompeius rief handfeste Gefolgsleute aus Picenum und Gallia citerior herbei. So war die Lage wieder äußerst gespannt.[303] Am 10. Februar raffte sich der Senat zu dem Beschluß auf, die von Clodius im Jahr 59 wieder zugelassenen Vereine sollten sich auflösen, und es möge ein Gesetz eingebracht werden, das Nichtbefolgung unter die Strafe für *vis* stelle.[304]

Am 11. Februar verteidigte Cicero erfolgreich den von M. Caelius Rufus wegen Ambitus angeklagten L. Calpurnius Bestia,[305] der seinerzeit unter eigener Lebensgefahr bei der Schlägerei am Castortempel im Jahr 57 dem P. Sestius das Le-

---

296 Cic. har. resp. 50.
297 Cass. Dio 39, 18, 1. Cic. Sest. 95. Vat. 41. Schol. Bob. zu Mil. 40.
298 MÜNZER RE 3, 2761.
299 Cic. Q. fr. 2, 3, 1.
300 Cass. Dio 39, 19, 1–2.
301 Cic. Q. fr. 2, 3, 2.
302 Cic. Q. fr. 2, 3, 3. fam. 1, 5 b, 1.
303 *Magnae mihi res iam moveri videbantur* Cic. Q. fr. 2, 3, 4.
304 Cic. Q. fr. 2, 3, 5. Dazu J. LINDERSKI Hermes 89 (1961), 107 ff.
305 MÜNZER Hermes 44 (1909), 139. RE 3, 1367 Nr. 25. RE 2 A, 1366 Nr. 26. ILS 9461. R. HEINZE Hermes 60 (1925), 195.

ben gerettet hatte.³⁰⁶ Er betrachtete die Behandlung dieses Falles als ein Vorspiel zu dem bevorstehenden Prozeß des Sestius, gegen den am 10. Februar gleichzeitig Anklagen wegen *ambitus* und *vis* eingereicht wurden. Cicero stellte sich ihm natürlich sofort zur Verfügung, obwohl er auch ihm gegenüber Grund zur Unzufriedenheit zu haben glaubte.³⁰⁷

Dieser Prozeß – *de vi*³⁰⁸ – fand Anfang März statt und endete am 11. mit einstimmigem Freispruch. Vor Cicero sprachen Hortensius, Crassus und Licinius Calvus. Pompeius, Milo und der junge Lentulus Spinther traten als Zeugen für Sestius auf, Ankläger war der von Clodius vorgeschickte P. Albinovanus.³⁰⁹ Zur Verteidigung führte Cicero aus, daß Sestius durch Bildung einer bewaffneten Schutztruppe (78)³¹⁰ wie Milo nur den Staat gegen seine Zerstörer verteidigt habe, nachdem Gesetze und Gerichte sich ohnmächtig erwiesen hatten (86). Gerade wie einstmals kraftvolle Führer die Menschen von der Stufe der Tierheit emporhoben zur Lebensordnung in der Gemeinschaft und Staat und Recht schufen, so haben Milo und Sestius den Rückfall in den Zustand unmenschlicher Gewaltherrschaft erkannt und durch tapfere Tat den Rechtsstaat wiederhergestellt (91–92).³¹¹ Zum Beweise dient die Schilderung der im Jahr 58 schon beinahe vollendeten Vernichtung des römischen Staats (31).

Es ist bereits³¹² dargelegt worden, wie diese Würdigung der politischen Lage sich in der für die Veröffentlichung breit ausgebauten Rede zum Programm einer nunmehr neu zu gestaltenden optimatischen Staatsführung ausweitet. Man kann nicht leugnen, daß die Front von Verteidigern und Entlastungszeugen, die in diesem Prozeß in Erscheinung trat, die von Cicero so eindringlich empfohlene Ausdehnung des Optimatenbegriffs auf die „Gutgesinnten" aller Stände gewissermaßen schon verwirklichte und daß auch das entsprechende Echo bei den Geschworenen nicht ausblieb.³¹³ Doch in demselben Brief an den Bruder muß Cicero mitteilen, daß das Verhältnis der *boni* zu Pompeius schlecht ist, so daß er selbst sich den Senatssitzungen und der Politik möglichst fernhält.³¹⁴ Ende März³¹⁵ konnte es geschehen, daß Sex. Cloelius,³¹⁶ der Client und wichtigste Gehilfe des P. Clodius, in

---

306 Cic. Q. fr. 2, 3, 6. Cael. 16; 26; 76; 78.
307 Cic. Q. fr. 2, 3, 5–6. 4, 1.
308 Cic. Sest. 75; 78; 80; 90.
309 MÜNZER RE 2 A, 1887–1888.
310 *Praesidium magnum*.
311 Man beachte, wie ihm die griechische Staatsphilosophie stets gegenwärtig ist. Cic. re p. 1, 39. off. 1, 11–13.
312 S. o. 143 ff. Der Abschnitt Cic. Sest. 90–143 ist deutlich als beigefügte Digression bezeichnet. Er wendet sich insonderheit an die „Jungen", die in die politische Laufbahn eintreten (95; 136 *adulescentes; rem praeclaram iuventuti ad discendum nec mihi difficilem ad perdocendum*). Im Gegensatz zu R. G. M. NISBET im Sammelwerk ‚Cicero' (v. A. 171) 66 glaube ich, daß Cicero damit sein Bestes geben wollte. Ferner A. THIERFELDER Gymnasium 72 (1965), 398 ff.
313 Cic. Q. fr. 2, 4, 1 *vehementer interfuit rei publicae nullam videri in eiusmodi causa dissensionem esse*.
314 Cic. Q. fr. 2, 4, 5.
315 Cic. Cael. 78.
316 MÜNZER RE 4, 65 Nr. 52. Der Name Clodius muß in Cloelius verbessert werden. H. BLOCH Gnomon 37 (1965), 559 f. nach D. R. SHACKLETON BAILEY CQ 10 (1960), 41 f.

einem von Milo veranlaßten Prozeß mit drei Stimmen Mehrheit freigesprochen wurde; nach Ciceros Ansicht kam auch darin die Mißstimmung der Richter und namentlich der Senatoren gegen Pompeius zum Ausdruck.[317]

Cicero streift ferner die Tatsache, daß von gewissen Volkstribunen „ungeheuerliche" (*monstra*) Anträge zugunsten Caesars betrieben würden[318] und daß Ap. Claudius Pulcher bei Caesar in Gallien weilte.[319] Aber er erwartet, daß der energische Consul Lentulus Marcellinus jene Antragsteller zur Ruhe bringe wie den C. Cato, und fragt sich offenbar nicht, ob Caesar denn die Dinge so werde laufen lassen. In der Tat waren Pompeius und Crassus wieder so auseinandergekommen, daß eine Wiederkehr der Machthaberpolitik vom Jahr 59 unmöglich schien.[320] Pompeius war schwer zu durchschauen:[321] aber die Sestiana geht von der Voraussetzung aus, daß er sich in die dort gezeichnete „optimatische" Politik einreihen lasse. So nahm Cicero auch keinen Anstand, gegen die beiden von Pompeius und Caesar eingesetzten Consuln des Jahrs 58, Gabinius und Piso, wiederum die schärfste Tonart anzuschlagen.[322] Die Verhandlung führte außerdem noch zu einem unmittelbaren Zusammenstoß mit P. Vatinius, der als Tribun von 59 Caesars stärkste Stütze gewesen war, und nun als Zeuge gegen Sestius aussagte.[323] Er hatte das Schlagwort von der „*natio optimatium*" geprägt, und Cicero widmete ihm schon in der großen Rede einige gehässige Ausfälle.[324] Als nun aber der Angegriffene seine Zeugenrede dazu benutzte, den Verkündiger des neuen Optimatenprogramms als einen Opportunisten ohne eigenes politisches Gewicht bloßzustellen, geriet er in eine rasende Wut und „schlug" ihn – wenigstens seiner Meinung nach[325] – mit einer Invective gröbster Art, die er in die Form der Zeugenbefragung kleidete, „zusammen". Er veröffentlichte auch diese Rede, aber mit Unterdrückung einer, wie er offenbar gleich bemerkte, für Pompeius besonders anstößigen Stelle.[326] Da Ciceros Zorn dem Tribunat des Vatinius galt, fiel diesem nicht schwer, den krassen Widerspruch aufzudecken, der darin lag, daß sich Cicero nun als Freund des Pompeius gebärde, während er doch mit den Schmähungen auf Vatinius die Politik des Jahrs 59, die lediglich im Auftrage von Caesar und Pompeius geführt wurde, verdammte. Höhnisch meinte er, Cicero sei wohl durch die glänzenden Erfolge Caesars inzwischen eines bessern belehrt worden. Hierauf entfuhr Cicero die Antwort, daß er das Schicksal des in sein Haus eingeschlossenen Consuls Bibulus höher schätze als alle Triumphe und Siege. Die Feinde des Bibulus hätten ihn selbst ja dann aus Rom

---

317 Cic. Q. fr. 2, 4, 6.
318 Cic. Q. fr. 2, 4, 5. Es sind fam. 1, 7, 10: *et stipendium Caesari decretum est et decem legati et ne lege Sempronia succederetur*.
319 Cic. Q. fr. 2, 4, 6.
320 Vgl. Cic. Sest. 52.
321 Cic. fam. 1, 5 b, 2 an P. Lentulus: *sed nosti hominis tarditatem et taciturnitatem*.
322 Cic. Sest. 17–35; 38; 44; 53.
323 H. Gundel RE 8 A, 495 ff. Ein Witz des Vatinius über Cicero Macrob. Sat. 2, 3, 5: Als Cicero sich rühmte, er sei auf den Schultern der res publica zurückgetragen worden: „Also daher die Krampfadern!"
324 Cic. Sest. 114; 132–135. Vat. 1.
325 Cic. Q. fr. 2, 4, 1.
326 Ed. Meyer Caesars Mon. 134, 2.

IX. Das Exil und die Rückkehr

vertrieben.[327] Wie er im Jahr 54 dem Lentulus schreibt, verstimmten diese Worte den Pompeius. In der veröffentlichten Rede behauptete er nun zwar, er wolle den Vatinius so beschießen, daß seine vornehmen Gönner nicht zugleich verwundet würden (13),[328] Caesar sei mit ihm gar nicht zu vergleichen (15), habe mit den Gewaltakten seines Consulatsjahres nichts zu tun (22). Er, den Vatinius bei Caesar anzuschwärzen pflege, sei dessen guter Freund (29). Kürzlich erst habe Caesar in Aquileia sich höchst abfällig über Vatinius geäußert (38). Er habe das getan *suae dignitatis augendae causa* (39). Wir wissen nicht, wieweit das zutraf. Aber was besagten alle schönen Worte, womit er den edlen Caesar von dem rohen Raufbold abhob (15; 22), wenn er ausgerechnet die Lex Vatinia de imperio Caesaris als eines der schwersten Verbrechen brandmarkte (35–36)? Man bekommt den Eindruck, daß Vatinius mit großem Geschick Ciceros empfindlichste Stelle traf. So erinnerte er daran, wie er im Jahr 65 mit der Verteidigung des Cornelius[329] das Mißfallen der *boni* erregte (5; 6) und sich dann im Consulat als Tyrann erwies (23; 29). Er höhnte über Ciceros Exil und erklärte, seine Rückberufung hätte gar nicht seiner Person gegolten, sondern sei nur eine politische Maßnahme zur Wiederherstellung der Ordnung gewesen (7–9). Unter diesem Gesichtspunkt billigte er die Selbsthilfe Milos und erkannte an, daß auch Sestius den Dank der *boni* verdiene; er sei mit der Anklage *de vi* durchaus nicht einverstanden (41). Ciceros Interrogatio gilt, soweit sie zur Sache gehört (41), gerade diesen letzten Punkten, weil Vatinius mit sich selbst in Widerspruch gerate, indem er an einem der Anquisitionstermine des Clodius gegen Milo geredet habe (40). Augenscheinlich gab er sich im Sestiusprozeß als den stets getreuen Gefolgsmann der Verbündeten, der selbstverständlich die politische Schwenkung des Pompeius zur Wiederherstellung der Senatsautorität gegenüber Clodius mitmachte, im übrigen aber der alte *popularis* blieb (39) und den Pompeius auf seiner Seite sah. Dieser schwieg sich über diesen Punkt aus, so daß Cicero glaubte, ihn für seine „Optimaten" in Anspruch nehmen zu können.[330]

Am 5. April bewilligte der Senat dem Pompeius zur Getreidebeschaffung 40 Millionen Sesterzen.[331] Aber gleich darauf wurde die Frage aufgeworfen, ob nicht der durch Caesars 2. Agrargesetz für die Colonie Capua bestimmte Ager Campanus wieder den Staatsfinanzen dienstbar gemacht werden könnte.[332] Das war ein optimatischer „Sturmangriff gegen die Citadelle" von Caesars Consulatspolitik, den man wagte, weil es seit längerm schien, als ob Pompeius die überraschende gewaltige Prestigezunahme auf Caesars Seite mit Argwohn verfolge.[333] Auch Cicero, der dieses Gesetz immer als einen schweren Schlag gegen die Staatsfinanzen mißbilligte,[334] hielt das Verhältnis von Pompeius und Caesar für so gelok-

---

[327] Cic. fam. 1, 9, 7.
[328] Vgl. Cic. Vat. 30; 33. THIERFELDER a.O. 410.
[329] S. o. S. 59.
[330] Cic. Fam. 1, 9, 6 *non reputans, quid ille vellet, in omnibus meis sententiis de re publica pristinis permanebam.*
[331] Vgl. Cass. Dio 39, 16, 2, er sollte dadurch von Ägypten abgelenkt werden.
[332] Cic. Q. fr. 2, 5, 1.
[333] Cass. Dio 39, 25, 3.
[334] Cic. Att. 7, 7, 6. Vgl. Pis. 4.

kert, daß er nicht etwa warnte, sondern vielmehr den Antrag stellte, es solle am 15. Mai darüber berichtet werden, wie dann beschlossen wurde.[335] Da er selbst am 8. April auf seine Güter verreisen wollte[336] und Pompeius sich rüstete, am 11. April wegen der *curatio annonae* zunächst nach Sardinien zu fahren, stattete er ihm am 7. April in seinen Gärten einen Abschiedsbesuch ab. Wieder deutete ihm Pompeius nichts an von irgendeiner Unzufriedenheit und noch weniger natürlich von seiner Absicht, sich in Luca mit Caesar zu treffen.[337]

An einem der Tage vom 4.–7. April verteidigte Cicero den M. Caelius Rufus in einem Prozeß *de vi*.[338] Vor ihm sprachen M. Crassus (18; 23) und Caelius selbst (45). Nach Quintilian (inst. or. 4, 2, 27) scheint es, daß Caelius darauf noch einmal das Wort ergriff. Wie bemerkt,[339] hatte Caelius zwei Monate vorher den L. Calpurnius Bestia erfolglos angeklagt. Als er nun eine zweite Anklage einreichte,[340] suchte ihn der leibliche Sohn des Bestia, L. Sempronius Atratinus,[341] unterstützt von L. Herennius Balbus[342] und P. Clodius (27),[343] vorher durch eine Verurteilung unschädlich zu machen. Die Anschuldigungen, welche die Anklage *de vi* begründeten, wurden in der Hauptsache von Crassus behandelt (18; 23), dessen Gefolgschaftskreis Caelius ebenso angehörte wie dem Ciceros (9). Eine davon betraf die skandalösen Anschläge auf das Leben der alexandrinischen Gesandten, wodurch König Ptolemaios im Jahr 57 verhindern wollte, daß die gegen ihn gerichteten Beschwerden vor den Senat gelangten.[344] Cicero befaßte sich einmal mit der Zeugenaussage des Q. Fufius Calenus,[345] der behauptete, bei Pontificalcomitien von Caelius verprügelt worden zu sein (19). Ferner überließ ihm Crassus einen Anklagekomplex, der Caelius' Mitschuld an der Ermordung des Führers der alexandrinischen Gesandtschaft, des Philosophen Dion,[346] betraf. Wegen dieser Tat war früher

---

335 Cic. fam. 1, 9, 8. Vgl. Att. 4, 5, 2.
336 Cic. Q. fr. 2, 5, 4.
337 Cic. Q. fr. 2, 5, 3. fam. 1, 9, 9. ED. MEYER Caesars Mon. 136. R. JOHANNEMANN Cic. u. Pomp. 60.
338 Cic. Cael. 1; 70. Ciceros Rede ausführlich erklärt von R. HEINZE Herm. 60 (1925), 193–258. Über die Dauer des Prozesses 240. HANS DREXLER NGA 1944, 1, 1 ff. das Verständnis der *inventio* weiter aufhellend. R. G. M. NISBET Cicero The speeches (o. Anm. 312) 67–69. A. THIERFELDER Gymnasium 72 (1965), 409 f.
339 S. o. S. 146.
340 Cic. Cael. 16. 56; 76; 78.
341 MÜNZER RE 2 A, 1366 Nr. 26. Ihn behandelt Cicero 7 betont nachsichtig als Sohn des kürzlich verteidigten Vaters. Er erwähnt nicht, wie vorher Caelius (45) getan hatte, daß seine Rede von dem bekannten ‚rhetor Latinus' L. Plotius Gallus verfaßt war, Suet. de gramm. et rhet. 26. Kl. Schr. 1, 214 f.
342 MÜNZER RE 8, 665 Nr. 18.
343 R. HEINZE 196. 214 hält ihn nicht für den bekannten. DREXLER a. O. 22, 30 „ein Beweis nach Lage der Dinge" unmöglich! H. MALCOVATI ORF S. 492 Nr. 164 hält ihn auch nicht für den bekannten, bemerkt aber, die Bezeichnung als *amicus meus* sei ironisch.
344 Cass. Dio 39, 13, 2. Strabo 17, 796. CIACERI 2, 89 versucht auch die andern Cic. Cael. 23 angegebenen Klagepunkte mit dieser Affäre zu verbinden; anders HEINZE 201 f.
345 MÜNZER RE 7, 205. HEINZE 219.
346 V. ARNIM RE 5, 847 Nr. 14.

P. Asicius[347] angeklagt, aber, von Cicero verteidigt, freigesprochen worden (24). Doch nun stellte sich die dämonische Clodia[348] den Anklägern als Zeugin zur Verfügung (50) und gab an, Caelius habe sich von ihr Gold geben lassen, das dazu dienen sollte, Sklaven des L. Lucceius[349] für ein Attentat auf den bei ihrem Herrn einquartierten Dion zu erkaufen (51).[350] Später sollte Caelius dann noch einen Vergiftungsversuch gegen die frühere Geliebte selbst unternommen haben (56). Diese unwahrscheinlichen Geschichten boten Cicero willkommene Gelegenheit, die verhaßte Schwester seines Todfeinds moralisch zu vernichten, und da er hierbei den Liebeshandel des Caelius zu erörtern hatte, übernahm er es auch, im ersten Teil der Rede (3–18) die Angriffe auf den ausschweifenden Lebenswandel seines jungen Freundes zurückzuweisen.[351] Da Pompeius der Gönner des Ptolemaios war, ließ sich eine gewisse Verantwortlichkeit für das ruchlose Treiben des Königs nicht bestreiten,[352] und es ist möglich, daß diese Prozesse, in denen über die Mordtaten an den Alexandrinern verhandelt wurde, auch ihn kompromittieren sollten.[353] Wenn Cicero den Asicius und Caelius verteidigte, so hätte er also zugleich ihm einen Dienst geleistet, und man würde besser verstehen, daß er unter diesen Umständen sein Unbehagen bei manchen Äußerungen des beredten Freunds verschwieg. Freilich bedarf die Rede für Caelius dieser Ausdeutung keineswegs.[354] Man darf nicht übersehen, daß Cicero trotz manchem Ärger, den ihm der junge Mann durch die Anklagen des C. Antonius und des Calpurnius Bestia und die Beziehungen zu Catilina und Clodia bereitet hatte, von seiner Begabung (45) viel hielt und sich an ihm für die Zukunft eine Stütze seines politischen Ehrgeizes erhoffte (77). Rhetorisch ist die Rede durch die Art, wie Peinliches beiseite geschoben oder verharmlost und schließlich die von der zur Kurtisane herabgesunkenen Patricierin Clodia bezeugten Verbrechen als ein nur in ihrem Milieu mögliches Possenspiel entlarvt werden (51–69), ein virtuoses Meisterstück wie früher die Reden für Cluentius und Murena.

---

347 KLEBS RE 2, 1579. Vgl. Cic. Q. fr. 2, 8, 2.
348 MÜNZER RE 4, 105 Nr. 66.
349 MÜNZER RE 13, 1556.
350 HEINZE 222.
351 Quintil. inst. or. 4, 2, 27. Vgl. HEINZE 246. 252.
352 HEINZE 198.
353 Mit zuviel Sicherheit behauptet das CIACERI 2, 91.
354 HEINZE 197.

X. „ME STATUS HIC REI PUBLICAE NON DELECTAT"[1]

Am 8. April schrieb Cicero seinem Bruder, er gedenke am 6. Mai wieder in Rom zu sein, weil am 7. die Entscheidung im Prozeß Milos fallen sollte.[2] Wir wissen nicht, ob er diesen Plan ausführte. Clodius ließ es wahrscheinlich gar nicht zur Abstimmung über Milo kommen.[3] Am 15. Mai sollte im Senat gemäß Ciceros Antrag über den Ager Campanus verhandelt werden. Kurz vorher erschien jedoch des Pompeius Vertrauensmann L. Vibullius Rufus bei ihm und bat ihn dringend, sich in dieser Angelegenheit zurückzuhalten, bis Pompeius zurückgekehrt sei. Vielleicht machte er auch Andeutungen über die veränderte politische Lage.[4] Eine entsprechende Nachricht erhielt er auch von Quintus, der damals als Legat der *curatio annonae* in Sardinien tätig war. Denn Pompeius hatte sich inzwischen in Luca wiederum mit Caesar über die künftige Politik verständigt, nachdem dieser vorher in Ravenna bereits mit Crassus verhandelt hatte. Das Gesamtergebnis dieser Besprechungen blieb in dichtes Dunkel gehüllt.[5] Cicero wußte zunächst nur, daß Pompeius die Aufrollung der campanischen Frage nicht wünschte, und blieb den Senatssitzungen am 15. und 16. Mai fern. Natürlich war dieser Wunsch auch andern maßgebenden Senatoren mitgeteilt worden, und so unterblieb überhaupt die Beratung dieses Gegenstands.[6] Näheres erfuhr Cicero kurz darauf, als sein Bruder nach einer Unterredung mit Pompeius aus Sardinien zurückkehrte. Danach hatte sich Caesar über Ciceros Antrag vom 5. April bitter beklagt. Pompeius stellte es so dar, als habe Quintus eine Bürgschaft für das Wohlverhalten des Bruders übernommen, und verlangte von ihm, er habe dafür zu sorgen, daß dieser zum mindesten die Angriffe auf Caesars Consulatspolitik einstelle, falls er es nicht über sich bringe, sie öffentlich anzuerkennen. Er erinnerte auch daran, daß er sich nur im Einverständnis mit Caesar für Ciceros Rückberufung habe einsetzen können.[7] Als Cicero zwei Jahre später dem Lentulus darüber berichtete, gab er begreiflicherweise der an ihn ergangenen Mahnung eine möglichst ehrenvolle Form. Vermutlich wurde ihm im Mai 56 gleich

---

1 Cic. fam. 1, 7, 10. „An diesem politischen Zustand habe ich keine Freude."
2 Cic. Q. fr. 2, 5, 4.
3 LANGE RA 3, 330. Cic. har. resp. 6. Vielleicht bezieht sich darauf der Glückwunsch, den Cicero im Juli aus Kilikien von P. Lentulus erhielt: *quod mihi de nostro statu, de Milonis familiaritate, de levitate et imbecillitate Clodi gratularis* fam. 1, 7, 7.
4 Cic. fam. 1, 9, 10.
5 Außer bei Cicero können wir das am besten aus Cass. Dio 39, 25–31 ersehen, dessen Quelle von der Bedeutung der Verhandlungen in Ravenna und Luca überhaupt nichts weiß. Daß Suet. Caes. 24, 1 und Plut. Caes. 21, 5. Pomp. 51, 4. Crass. 14, 6 auch den Crassus nach Luca kommen lassen, ist eine Ungenauigkeit. Vgl. RE 13, 317. Kl. Schr. 2, 201. 218, 20. ‚Caesar' 101. Crassus kam gewiß auch nach Luca, aber vermutlich nicht schon gleichzeitig mit Pompeius.
6 Cic. Q. fr. 2, 6, 2.
7 Cic. fam. 1, 9, 9.

klargemacht, daß es zunächst gelte, für jene Forderungen Caesars einzutreten, die er im März noch als *monstra* („ungeheuerlich") bezeichnet hatte.[8]

Seine von ihm in der Sestiana mit soviel Hochgefühl gepriesene neue Front der Optimaten zerfiel, sobald nur einmal Caesar seine diplomatischen Künste spielen ließ. Es war Ciceros großer Fehler, daß er diesen Gegenspieler unterschätzte, ja überhaupt außer acht gelassen hatte. Für ihn war eben Pompeius die Hauptperson, und auch noch als er Lentulus den Umschwung schilderte, sah er seinen Fehler darin, daß er nicht erkannte, was Pompeius eigentlich wollte.[9] Hierin dürfte er sich getäuscht haben. Denn die Ansicht, daß Pompeius seit 57 Caesars Erfolge mit Sorge betrachtete, war gewiß nicht unbegründet,[10] und so wäre es wohl schon damals möglich gewesen, ihn auf die Seite des Senats zu ziehen. Cicero glaubte ihn ja bereits so weit zu haben und beklagte von diesem Standpunkt aus mit Recht, daß die Optimaten vom alten Schlag ihn immer wieder so schlecht behandelten.[11] Die Herren von der Nobilität konnten eben seine Vergangenheit nicht vergessen, und die Art, wie er die Frechheiten des Clodius hinnahm, vermochte auch nicht zu imponieren.[12] Er aber erreichte durch seine zweideutige Zurückhaltung, daß er nicht mit leeren Händen zu Caesar kam. Hätte dieser ihm nicht den geforderten Ausgleich geboten, so konnte er die vom Senat eingeleitete Absetzungsaktion in die Hand nehmen. Denn eine solche Wahlparole gab L. Domitius Ahenobarbus bereits für seine Consulatsbewerbung aus.[13]

In den nächsten Sitzungen im Mai[14] wurde Caesar bewilligt, daß die Staatskasse den Sold der von ihm eigenmächtig ausgehobenen vier Legionen tragen und daß er zehn Legaten haben solle.[15] Kein anderer als Cicero mußte die Anträge formulieren.[16] Er mochte darauf verweisen daß er schon im Vorjahr den Antrag für Caesars *supplicatio* gestellt hatte und daß Caesars Kriegsruhm durch kleinliche Kniffe nicht geschmälert werden konnte;[17] aber dieser Eifer verhüllte nur schlecht einen Meinungswechsel, der nach den kürzlich vernommenen und seitdem in Buchform veröffentlichten maßlosen Angriffen auf Vatinius bei allen Nichteingeweihten nur größtes Befremden erregen konnte.[18] Die Optimaten widersprachen heftig; besonders Favonius fühlte sich als Vertreter seines abwesenden Freundes M. Cato. Allein Caesar und seine Verbündeten hatten für eine starke Mehrheit ge-

---

8 O. S. 148. Cic. prov. cons. 43. T. P. WISEMAN JRS 56 (1966), 115 äußert die höchst unwahrscheinliche Vermutung, Cicero habe sich die Rückberufung von Caesars Schwiegervater Piso und dessen Beschimpfung in der Rede in Pis. eingehandelt.
9 Cic. fam. 1, 9, 6.
10 Cass. Dio 39, 25, 3.
11 Cic. Q. fr. 2, 4, 5. har. resp. 50. 51. fam. 1, 8, 4. Cass. Dio 39, 24, 3.
12 Cic. har. resp. 48–52.
13 Suet. Caes. 24, 1.
14 Nach P. STEIN Senatssitzungen 41, vom 21.–24. Mai.
15 Nach Cass. Dio 39, 25, 1 wäre darunter die übliche Senatorenkommission zur Einrichtung der neueroberten Provinz zu verstehen, schwerlich richtig.
16 Cic. Balb. 61.
17 Cic. prov. cons. 27–28.
18 Vgl. Cic. prov. cons. 18; 26; 29; 40. Balb. 62. fam. 1, 9, 17.

sorgt.[19] So wurden die Gegner niedergestimmt, Cicero stellte sich als Zeuge der Niederschrift zur Verfügung.[20] Als dann im Juni[21] auf Grund der Lex Sempronia über die Provinzen der für 55 zu wählenden Consuln beraten wurde, zwangen ihn die Ausführungen des Consuls Lentulus Marcellinus[22] und verschiedener vor ihm befragter Consulare (1), sich nochmals entschieden für Caesar einzusetzen. Zur Rechtfertigung seiner politischen Wandlung und zugleich als Zeugnis seines guten Willens gegenüber Pompeius und Caesar veröffentlichte er dann diese Rede *de provinciis consularibus*.

Es traf sich günstig, daß er ausgehen konnte von einem bereits gestellten Antrag des P. Servilius Isauricus (1), der sich für Syrien und Makedonien, die Provinzen des Gabinius und Piso, ausgesprochen hatte (2–3). Wie er ausführte, konnte nur auf diesem Wege erreicht werden, daß diese beiden ihm so verhaßten Männer ihre zugrunde gerichteten Provinzen im Jahr 54 sicher abgeben mußten (17). Zur sachlichen Begründung verwies er darauf, daß auch der Senat am 15. Mai[23] dem Gabinius die erbetene *supplicatio* verweigert hatte.[24] Auch hatte man schon im Jahr 57 versucht, ihre Provinzen den Consuln von 56 zu geben (13), Caesars Gegner hatten es auf die beiden Gallien abgesehen (17). Hier bestand nun aber die staatsrechtliche Schwierigkeit, daß man über die vom Senat übertragene Gallia ulterior frei verfügen konnte, während für die citerior die Klausel der Lex Vatinia zu beachten war, wonach vor dem 1. März 54 über diese vom Volk verliehene Provinz nichts beschlossen werden dürfe.[25] Einige Consulare hatten darum vorgeschlagen, Gallia ulterior und Syrien zu Consularprovinzen zu bestimmen, obwohl sie die Rechtsgültigkeit der Lex Vatinia bezweifelten (36; 45). Dies lehnt Cicero ab mit dem Hinweis auf die Kriegslage: Caesar hat in Gallien schon Gewaltiges erreicht; aber die Eroberung ist noch nicht abgeschlossen (19). Er braucht dazu nach seiner eigenen Erklärung (29; 35) noch die Jahre 56 und 55 (34), und das entspricht durchaus dem Staatsinteresse (28; 35; 36; 47). Ein anderer Vorschlag, und zwar der des Consuls Marcellinus (39), forderte, daß am 1. März 54 einer der Consuln von 55 die citerior übernehme (36), weil verhütet werden müsse, daß andernfalls dann wieder durch Volksbeschluß darüber verfügt werde (39). Hiergegen wendet Cicero ein, daß eine Provinz, die erst am 1. März 54 frei werde, nicht im Juni 56 zur Consularprovinz bestimmt werden könne, indem so der künftige Consul bis dahin ohne Provinz wäre

---

19   Cic. fam. 1, 7, 10. Plut. Caes. 21, 8.
20   Cic. prov. cons. 28.
21   Cic. prov. cons. 14; 16. Q. fr. 2, 6, 1. Kl. Schr. 2, 215. P. STEIN 41.
22   Cic. prov. cons. 39. Daß dieser gemeint ist, ergibt sich aus Q. fr. 2, 4, 4. Der andere, L. Marcius Philippus, damals vermählt mit Caesars Nichte Atia, der Mutter des spätern Augustus (MÜNZER RE 14, 1568/69), scheint die Sitzung geleitet zu haben, prov. cons. 21.
23   Cic. Q. fr. 2, 6, 1.
24   Cic. prov. cons. 14; 15; 25.
25   Kl. Schr. 2, 215f. Der Termin des 1. März erklärt sich daraus, daß nach der Lex Pupia von 72 (GUNDEL RE 23, 1988) im Januar wegen der zahlreichen Comitialtage der Senat zu selten tagen konnte und im Februar nach der Lex Gabinia von 67 die Senatssitzungen für die Verhandlungen mit den auswärtigen Gesandtschaften beansprucht wurden. (Cic. Q. fr. 2, 11, 3. fam. 1, 4, 1. Vgl. CHR. MEIER RE Suppl. 10, 607 Nr. 18).

(37).²⁶ Beide Vorschläge würden bewirken, daß Piso seine Provinz behielte (38). Vor allem aber würde Caesar durch einen solchen Beschluß dem Senat wieder entfremdet und zur Wiederaufnahme populärer Politik genötigt. Also vertritt Cicero auch in dieser Hinsicht das Staatsinteresse (29; 38–40).

Schon bei seinen Ausfällen gegen Gabinius und Piso wurde er durch den Zuruf, Caesar sei an seinem Unglück ebenso schuldig gewesen wie Gabinius, unterbrochen (18; 29) Hierauf erwiderte er, daß er den besten Vorbildern folge, wenn er im Staatsinteresse seinen persönlichen Schmerz unterdrücke (18–22). Seine glühende Vaterlandsliebe nötige ihn, sich mit einem so hochverdienten Mann zu versöhnen (22–23), wobei er übrigens ebenso handle wie der ganze Senat, der seit 57 für Caesar eine Reihe der ehrenvollsten Beschlüsse gefaßt habe (24–29). Schließlich stellte er in ausführlicher Darstellung in Abrede, daß zwischen ihm und Caesar wirkliche *inimicitiae* bestanden hätten (47). Im Jahr 63 sei die *amicitia* nicht durch die *disiunctio sententiae* unterbrochen worden (40); 59 sei es seine eigene Schuld gewesen, daß er die wiederholten ehrenvollen Angebote Caesars nicht angenommen und sich gegen die populären Angriffe – auch das Tribunat seines Feindes Clodius – nicht durch populären Schutz gedeckt habe (41–42). Falls Caesar, wie manche behaupten, 58 an seinem Sturz mitgewirkt haben sollte, *inimicus esse debui, non nego* (43). Aber das soll nun vergessen sein, nachdem Caesar der Rückberufung zustimmte und Pompeius zwischen ihnen vermittelt hat (43; 47). Wenn er von seinen optimatischen Kritikern nicht verlangte, daß sie sein Unglück mit ihm teilten, möchten sie von ihm nicht Beteiligung an ihrer Feindschaft begehren, sondern ihm zugestehen, jene Handlungen Caesars, die er früher weder bekämpfte noch verteidigte, nunmehr zu verteidigen (44). Auch müsse er auf den Widerspruch aufmerksam machen, daß sie die Rechtskraft von Caesars Gesetzen bestritten, aber das Gesetz des Clodius über seine Ächtung anerkannten (45–47).

Die lange Rechtfertigung zeigt, daß die Unzufriedenheit der optimatischen Häupter über Ciceros politischen Stellungswechsel groß war und zugleich, welch einen Gewinn sein Übertritt für Caesar bedeutete. Wenn wir nur die Rede lesen, mag es scheinen, er habe die peinliche Angelegenheit mit Geschick in die günstigste Beleuchtung gesetzt. Daß er auch den Schwiegervater Piso (8) nicht schonte, ist nicht zu übersehen.

Bald darauf, also etwa im Juni/Juli, zog er sich in sein Haus bei Antium zurück und beschäftigte sich mit der Ordnung seiner Bibliothek.²⁷ Aber er kam nicht los von der Politik, und je länger er darüber nachdachte, empfand er seine Wandlung als schwere moralische Niederlage.²⁸ Als ihn Atticus fragte, warum er die Rede *de provinciis consularibus* noch nicht erhalten habe, gestand er, daß sie ihm als eine peinliche παλινῳδία vorkomme,²⁹ ein Widerruf der stolzen Fanfare, mit der er am

---

26 Kl. Schr. 2, 215.
27 Cic. Att. 4, 4 a, 1. 5, 3. 8, 1; 2.
28 Cic. Att. 4, 6, 2.
29 Cic. Att. 4, 5, 1. MÜNZER Gnomon 7 (1921), 33, 1. Kl. Schr. 2, 231, 1. L. A. CONSTANS Cicéron correspondance 2, 119. J. P. V. D. BALSDON ‚Cicero the Man' (1965), 196. Die Meinung von T. R. HOLMES Rom. Rep. 2, 297, es sei die Rede von einem Brief an Pompeius, scheint mir im Gegensatz zu H. ZIEGLER T. Pomp. Attic. als Politiker, Diss. München 1936, 117 Anm. 370

5. April die Optimaten zum Sturm auf Caesars Citadelle geführt hatte.[30] Jetzt wußte er, daß der freudige Beifall der Herren nur die Hoffnung ausdrückte, ihn mit Pompeius entzweit zu sehen.[31] Zum zweitenmal hatten sie ihn verraten, aus Neid.[32] Mochten sie sich nun ärgern, die ihm sein Tusculanum nicht gönnten, das frühere Besitztum des Catulus, und fanden, er hätte sein Haus auf dem Palatin verkaufen sollen.[33] Durch ihre Torheit und ihren Wankelmut brachten sie es dahin, daß die „Mächtigen" nun auch den Staat beherrschten.[34] Wie richtig hat ihm doch Atticus geraten, sich von den „Ohnmächtigen", die von ihm nichts wissen wollten, zu trennen und sich der Gunst der Mächtigen zu versichern! Er war ein „rechter Esel", ihm nicht zu folgen,[35] weil er glaubte, an seiner politischen Linie festhalten zu müssen.[36] Desto mehr muß er jetzt an seine eigene Sicherheit denken.[37] Freilich, der kluge Atticus wird finden, er habe wohl so handeln, nicht aber seine Rede veröffentlichen sollen. Dies tat er eben, um sich selbst den Rückzug zu den Neidern unmöglich zu machen.[38]

Doch seine Lage ist fürchterlich.[39] Handelt er nach seinem Gewissen, so ist er verrückt, tut er, was nötig ist, ein Sklave. Seinen Schmerz darf er nicht zeigen, um nicht undankbar zu erscheinen. Aus der Politik zurückziehen kann er sich auch nicht. Warum, wird nicht erörtert; es wäre für einen Consular seines Formats offenbar unmöglich. Allerdings, da er nicht Führer sein wollte, muß er sie nun als Gefolgsmann treiben.[40] Wir fühlen, hier deckt der Verfasser der Sestiana die eigentliche Wunde auf. Sein Platz wäre an der Spitze der *natio optimatium*, aber durch seinen Anschluß an Pompeius und Caesar hat er ihn preisgegeben. An Lentulus schreibt er, er möge sich über die letzten Ereignisse nicht weiter auslassen, *quia me status hic rei publicae non delectat*.[41]

Besondere Erbitterung empfand er gegen Hortensius, in dem wir vielleicht auch den Zwischenrufer im Senat zu erkennen haben.[42] Er hatte Ciceros Exil als *funus rei publicae* bezeichnet, aber das Gesetz des Clodius als rechtsgültig anerkannt, obwohl er doch der Wortführer jener Optimaten war, welche sonst die Recht-

---

unbegründet, weil wir von einem solchen Schriftstück nirgends hören; ebenso die bei R. GNAUK Die Bedeutung des Marius und Cato maior für Cicero (Diss. Leipz. 1935) 47, 54 und 60, 76 wiedergegebene Behauptung, die Palinodie sei eine besondere Lobschrift auf Caesar.

30 Cic. fam. 1, 9, 8. s. S. 149f.
31 Cic. Att. 4, 5, 2.
32 Cic. fam. 1, 7, 7.
33 Cic. Att. 4, 5, 2. DRUMANN-GROEBE 6, 339.
34 Cic. fam. 1, 7, 10.
35 Cic. Att. 4, 5, 3.
36 Cic. fam. 1, 7, 7. Vgl. 1, 9, 6; 8.
37 Cic. Att. 4, 5, 3. fam. 1, 7, 7.
38 Cic. Att. 4, 5, 2.
39 Cic. Att. 4, 6, 2.
40 Cic. Att. 4, 6, 2.
41 Cic. fam. 1, 7, 10.
42 Cic. prov. cons. 18 *meus familiarissimus*.

mäßigkeit von Caesars Gesetzen bestritten.⁴³ Atticus riet ihm, etwas gegen ihn zu schreiben. Doch dies schien ihm falsch angewandte Muße.⁴⁴

Selbstverständlich brannte er nun, da er unter dem Zwang der Umstände einstweilen auf die ihm – nach seiner Meinung – zukommende Führung verzichtete, erst recht darauf, die Erinnerung an seine Großtaten und an den dafür geernteten Undank wachzuhalten, verhehlte sich aber nicht, daß dies noch wirkungsvoller als immer wieder durch ihn selbst von anderer Seite geschehen könne.⁴⁵ Aus diesem Grunde wandte er sich in diesen Julitagen⁴⁶ mit einem berühmten Brief an seinen alten Freund L. Lucceius.⁴⁷ Dieser schrieb damals an einem Geschichtswerk, von dem er, beginnend mit dem Bundesgenossenkrieg, den Bürgerkrieg beinahe vollendet hatte (2). Cicero schlug ihm nun vor, die Darstellung *a principio coniurationis usque ad reditum nostrum*, also „die innere Geschichte von 66–57" in einer Monographie vorweg zu behandeln (4), und schilderte ihm beredt die besondere Eignung dieser dramatisch bewegten Vorgänge (6) für ein solches Werk. Er sprach es mit aller Deutlichkeit aus, daß es seiner Verherrlichung dienen solle (2), und daß er es fast nicht erwarten könne, bis andere und er selbst es zu lesen bekämen (9). Andererseits erhoffte er, daß Lucceius dann auch freimütig *multorum in nos perfidiam, insidias, proditionem* brandmarken werde (4). Wie er den Lucceius auf die historiographischen Vorbilder Herodot, Xenophon, Kallisthenes, Timaios und Polybios verwies (2; 3; 7), so erläuterte er den ihm zu leistenden Dienst an Alexander dem Großen, Agesilaos, Timoleon und Themistokles (7). Zur Erleichterung versprach er ihm *commentarios rerum omnium* (10). Da Lucceius zusagte,⁴⁸ schickte er sie ihm im April 55.⁴⁹ Doch ist das Werk des Lucceius nie erschienen. An Atticus schrieb Cicero, der Brief an Lucceius sei „allerliebst" (*valde bella est*), und er möge sich von Lucceius eine Abschrift verschaffen.⁵⁰ Wohl erwähnt er im Eingang, „ein Brief erröte nicht" (1), war sich also der naiven Offenherzigkeit seiner Bitte schon bewußt. Aber, daß wenigstens ein Freund wie Lucceius die hohe Meinung von seiner politischen Rolle teile, stand ihm unbedingt fest. Das war die große Selbsttäuschung seines Lebens, die wir natürlich noch leichter erkennen als die Zeitgenossen. Doch läßt sich gerade in diesen Jahren beobachten, wie der unerschütterte Glaube an seinen politischen Beruf seine geistige Spannkraft steigerte und immer neue schöpferische Leistungen hervortrieb.

Vermutlich arbeitete er in Antium auch an dem Epos *de temporibus suis*.⁵¹ Fragmente sind keine erhalten; aber die drei Bücher bildeten jedenfalls die Fortsetzung von *de consulatu suo* und schlossen mit der glorreichen Rückkehr aus dem

---

43 Cic. prov. cons. 45. Vgl. Q. fr. 1, 3, 8.
44 Cic. Att. 4, 6, 3. Vgl. VON DER MÜHLL RE 8, 2479.
45 Cic. fam. 5, 12, 8.
46 Cic. Att. 5, 6, 4.
47 Cic. fam. 5, 12. MÜNZER RE 13,1557. J. P. V. D. BALSDON ‚Cicero the Man' 203.
48 Cic. Att. 4, 6, 4.
49 Cic. Att. 4, 11, 2.
50 Cic. Att. 4, 6, 4.
51 MOREL FPL S. 72.

Exil. Im Herbst war diese Dichtung der Vollendung nahe.[52] Als er, etwa im August,[53] nach Rom zurückkehrte, beschäftigte man sich in den politischen Kreisen mit dem Gutachten der Haruspices über verschiedene damals vorgefallene Prodigien,[54] worin nach Aufzählung der religiösen Verfehlungen Vorsorge gegen Bürgerkrieg und daraus erstehende Alleinherrschaft empfohlen wurde.[55] Weil darin auch die Rede war von der Profanierung geweihter Stätten,[56] versuchte der Aedil Clodius wiederum, das im Neubau befindliche Haus Ciceros zu zerstören. Aber Milo war mit seiner Schutztruppe rechtzeitig zur Stelle und wehrte den Angriff ab.[57] Auf Bericht der beiden Consuln beschloß der Senat,[58] eine Beschädigung dieses Hauses solle als Staatsverbrechen gelten,[59] über die auf Grund des Gutachtens zu treffenden Maßnahmen sollten die Consuln in einer spätern Sitzung berichten.[60] Dagegen trug Clodius einer Contio seine Auslegung vor und pries unter Schmähung der Optimaten Pompeius, mit dem er sich versöhnt habe.[61] Bald darauf kam es in einer Senatssitzung zu einem heftigen Zusammenstoß zwischen Cicero und Clodius, als dieser gegen eine Beschwerde der syrischen Staatspächter die Partei des angegriffenen Proconsuls Gabinius ergriff.[62] Clodius fragte ihn höhnisch, wo er eigentlich Bürger sei, worauf ihm erwidert wurde: in dem Staate, der ihn nicht habe entbehren können (17). Ferner hatte Clodius gedroht, Cicero vor das Volksgericht zu laden. Dieser antwortete, daß dann sofort ihm selbst der Prozeß gemacht würde, so wie es Milo schon zweimal versucht hatte.[63] Wie Cicero sagt, verstummte darauf sein Feind. Von mancher Seite wurde dieser Zornesausbruch für übertrieben gehalten[64]

---

52 Cic. Att. 4, 8 a, 3. fam. 1, 9, 23, wonach Ende Dezember 54 nur wenigen Freundlichgesinnten mitgeteilt. S. HÄFNER Die literar. Pläne Ciceros, Diss. München 1928, 64. K. BÜCHNER RE 7 A, 1250 ff. Doch irrt er sich, wenn er Sall. in Cic. 3; 7 auf Kenntnis dieses Werks bezieht. Denn der Brief Q. fr. 3, 1, wo Cicero § 24 vom Plan schreibt, ins 2. Buch noch ein *concilium deorum* einzuschieben, in dem Apollo die schmachvolle Rückkehr von Gabinius und Piso aus ihren Provinzen weissagt, stammt frühestens aus einem der letzten Septembertage 54. Caesar (Q. fr. 2, 15, 5) las das Epos noch ohne dieses *mirificum embolium*. Danach läßt sich auch nicht halten, was BÜCHNER Sallust (1960) 32 erschloß. Wir wissen übrigens nicht, ob Cicero sein Vorhaben ausführte.
53 Die Chronologie dieser Zeit klargestellt von P. STEIN Senatssitzungen 97 ff. Kl. Schr. 2, 229 ff. Falsch L. A. CONSTANS Cic. corresp. 2, 116, der har. resp. in die zweite Hälfte des April setzt.
54 Cass. Dio 39, 20, 1. Wortlaut aus har. resp. rekonstruiert von WISSOWA RuKR² 545, 4.
55 Cic. har. resp. 40.
56 Cic. har. resp. 9.
57 Cass. Dio 39, 20, 3.
58 Im September nach STEIN 42.
59 Cic. har. resp. 15.
60 Cic. har. resp. 11; 14; 30.
61 Cic. har. resp. 8; 51–52. Cicero hatte sich den Wortlaut verschafft, *quae est ad me tota delata* (8; 51).
62 Cic. har. resp. 1.
63 Cic. har. resp. 1; 7. *fecissem ut ei statim tertius a praetore dies diceretur* ist wohl auf Ansetzung des Termins in einem Quaestionenprozeß zu beziehen (MOMMSEN Strafr. 396), obwohl sonst *diem dicere* beim Volksgericht gebraucht wird. (MOMMSEN 163). MOMMSEN 168, 5. R. St. R. 1, 195, 4 denkt an Berufung der Centuriatcomitien, die sich ein Tribun vom Praetor erbittet. Aber Cicero bedroht Clodius mit einem *iudicium* (1; 5) auf Grund einer *lex* (7).
64 Cic. har. resp. 3.

und ebenso der Ausspruch über seine Rückberufung (17). Darum gab Cicero am nächsten Tage im Senat die Erklärung ab, daß er gegen die beiden Consuln von 58, die ihn verraten hätten, weiter den schärfsten Kampf führen werde, daß er aber die Vernichtung des Clodius von Milo erwarte und darum selbst von einer Anklage absehen könne, so lange ihn Clodius in Ruhe lasse.[65]

Fortfahrend deutete er dann aber in der nachher veröffentlichten Rede *de haruspicum responso* jenes Gutachten Punkt für Punkt gegen Clodius aus, um dessen Contio bei der künftigen Beratung im Senat von vornherein den Wind aus den Segeln zu nehmen. Dabei benutzte er sehr geschickt die Warnung der Haruspices vor *optimatium discordia dissensioque* zu einer neuen Rechtfertigung seiner jetzigen politischen Haltung (40): Diese Entzweiung trat ein im Jahr 59 und als ihre Folge, daß Caesar und Pompeius den Übertritt des Clodius zur Plebs zuließen. Sie erreichte ihren Höhepunkt 58, als die Autorität des Senats und die *consensio bonorum* bedrängt wurden und Cicero als erster die auf sie zielenden Schläge auffing (45). Mit seiner Rückberufung schien die Einigkeit wiederhergestellt. Aber Clodius läßt keine Ruhe und bringt aufs neue Pompeius und die Senatshäupter auseinander. Diese klugen Herren bilden sich ein, Clodius vermöge einem Pompeius Abbruch zu tun und bedenken nicht, daß jener Rasende sich jederzeit gegen sie selbst wenden kann (46). Die ganze Gefahr, die den Staat bedroht, besteht in dem Gegensatz zwischen den Häuptern und den drei Verbündeten,[66] der den Clodius instand setzt, nach Belieben die eine Partei gegen die andere auszuspielen (47–52). Nichts anderes als dieser Gegensatz kann mit *optimatium discordia* gemeint sein, nämlich *clarissimorum et optime meritorum civium dissensio* (53). Man beachte, wie er hier Pompeius, Caesar und Crassus als *optimates* und *principes* bezeichnet und damit an das Optimatenprogramm der Sestiana anknüpft.[67] Auch wenn es die Götter nicht verkündigten, lehren die Beispiele von Cinna und Sulla, daß aus Entzweiung der *principes* Alleinherrschaft entsteht. Darum muß die *discordia* beseitigt werden (54; 55).

Die letzte Mahnung der Haruspices lautete: *ne rei publicae status commutetur*. Die Lage ist bereits schlimm genug: die Staatskasse leer, die Staatspächter kommen nicht auf ihre Rechnung, die Autorität der *principes* ist zusammengebrochen, der *consensus ordinum* zerrissen, die Gerichtshöfe untergegangen, die Abstimmungen in der Hand einiger weniger (60). Nur *concordia* kann den Staat, solange Clodius unbestraft ist, am Leben erhalten. Sonst bleibt nur Untergang oder Sklaverei (61). Cicero bezeichnet selbst (61) diese Rede als *orationem tam tristem, tam gravem*, weil sie eingegeben sei von der *publica religio*. Seine Bildung, sagt er (18), mache ihn nicht zu einem Verächter der *religio*, worin überhaupt das zu sehen sei, was die Römer vor andern Völkern auszeichne (19). Der Aufruf zur *concordia* am

---

65 Cic. har. resp. 4–7. Daß Clodius einmal von Milo erschlagen würde, hatte er schon am 23. November 57 gehofft, Att. 4, 3, 5. Aber hier ist nur mit der bekannten Übertreibung (darüber Kl. Schr. 3, 297, 3) Verurteilung gemeint.

66 Cic. har. resp. 55 *qui non tantum opibus valent* = Att. 4, 5, 2 *qui nihil possunt*. 55 *qui sine controversia plus possunt* = fam. 1, 7, 10 *qui plus opibus, armis, potentia valent*. 1, 8, 4 *ii, qui potiuntur rerum*. Att. 4, 5, 2 *qui possunt*.

67 S. S. 144.

Schluß gewinnt durch diesen Ton zweifellos an Eindringlichkeit. Da wir aus seinen intimen Briefen[68] wissen, wie sauer ihm selbst der politische Stellungswechsel wurde, muß man vor allem anerkennen, wie er nach außen die Haltung bewahrt und es versteht, von den Gedanken der Sestiana her eine Brücke zu schlagen zu einer ganz andern politischen Lage. Sehen wir das Gutachten als ganzes an, so scheint sicher, daß die politischen Folgerungen den Haruspices von optimatischen Mitgliedern der Quindecemviri sacris faciundis eingegeben waren. Als solche sind uns bekannt L. Aurelius Cotta (Consul 65) und M. Porcius Cato (Praetor 54).[69] Die Warnung vor Tyrannis zielte wohl auf Pompeius, Cato könnte auch an Caesar gedacht haben. Da ist es denn ein publizistisches Meisterstück, wie Cicero den Clodius als Erzschädling darstellt und die Versöhnung des Senats mit dem Dreibund als Heilmittel empfiehlt. Geradezu genial ist, wie er dem Clodius, der aus niedrigsten Motiven *popularis* wurde, als Gegenbild an den vier großen Popularen, den Gracchen, Saturninus und Sulpicius das Aufkommen der popularen Politik und an den Zerwürfnissen zwischen Marius und Sulla, Octavius und Cinna den Ursprung des Bürgerkriegs mit Sullas Schreckensherrschaft als Ende zeichnet.[70]

Der Vorschlag, die im Senat herrschende Oligarchie der Principes aus den Nobilitätsgeschlechtern solle sich mit den großen Einzelgängern des Dreibunds vereinigen, war für Cicero mehr als eine zur Ausdeutung des Orakelspruchs zweckdienliche Improvisation. Nachdem ihm in seinem Consulat die *concordia ordinum* geglückt war, hatte er nach schweren Enttäuschungen 60 gehofft, Caesar auf die bessere Seite zu ziehen.[71] Die Erlebnisse der Jahre 59 und 58 endeten mit seinem Sturz in die Tiefe. Die triumphale Rückkehr war dann auch mit Caesars Zustimmung zu Stande gekommen. So war für ihn persönlich die für die andern Principes höchst befremdende Wandlung zum Sprachrohr des Dreibunds kein völliger Abfall von einem bisher gehegten Ideal. Der rückblickende Historiker wird auch anerkennen, daß der politische Gedanke von der Notwendigkeit solcher Verständigungspolitik vollkommen richtig war. Welch eine geschichtliche Wende hätte es bedeutet, wenn es nicht zu den Bürgerkriegen vor und nach Caesars Ermordung gekommen wäre!

In der Politik genügt leider Einsicht nicht, wenn sie der Macht entbehrt. Cicero war politisch ein Einzelgänger. Wohl war er kraft seiner geistigen Begabung in den Kreis der Principes aufgestiegen, aber er konnte nicht teilnehmen an dem instinktiven Haß, der die Herren der Nobilität, die bisherigen Herrscher der Republik, gegen Caesar beseelte, seitdem er als Consul die ehrwürdigen Praktiken ihrer Regierungsweise niedergetreten hatte. Cicero wußte aus der griechischen Staatsphilosophie bestens Bescheid über die Staatsformen und ihre Entartungen, ihren Wandel und dessen Vermeidung durch die Mischverfassung, aber er war von Caesars Schlägen nicht so getroffen wie die geborenen Optimatenhäupter. Der einzige, der seinen Gedankenflügen zu folgen vermochte, war – Caesar, freilich ohne Ciceros romanti-

---

68 Cic. Att. 4, 5, 2. 6, 2. fam. 1, 7, 10.
69 C. BARDT Die Priester der vier großen Collegien (1871), 30.
70 Cic. har. resp. 41; 44; 54.
71 O. S. 109.

sche Verklärung der guten alten Zeit ernstzunehmen. Darum ist die wiederholt versuchte Verständigung zuletzt doch gescheitert.[72]

Bald darauf[73] bot Cicero die Verteidigung des L. Cornelius Balbus[74] noch einmal Gelegenheit, sein Mittel zu empfehlen, sprach er doch nach Crassus und Pompeius[75] für einen mit Caesar besonders eng verbundenen Gefolgsmann (58). In diesem Sinne bemerkt er, daß Balbus in den *discordiae* der letzten Jahre nie jemanden von der Gegenseite gekränkt habe, also selbst keinen Feind haben könne. Der Angriff gilt seinen Gönnern (59). Da fragt nun Cicero die optimatischen Hintermänner der Anklage ob es nicht besser wäre, den aussichtslosen Kampf gegen die Verbündeten aufzugeben. Er selbst habe diese Folgerung gezogen und sich in den Senatsberatungen im Mai und Juni[76] an führender Stelle für Caesars Forderungen eingesetzt, um so der gegenwärtigen Lage und der *concordia* Rechnung zu tragen. Er halte es nicht für Unbeständigkeit, sich wie ein Schiffer nach den politischen Witterungsverhältnissen zu richten, verhehle sich aber nicht, daß *certi homines* unversöhnlich bleiben werden.[77]

Die tatsächlichen Verhältnisse waren, gerade wie im März zur Zeit der Sestiana, viel verworrener, als daß ein solcher Appell zur Einigkeit Gehör finden konnte. So wenig damals Cicero in die Pläne des Pompeius eingeweiht war, so wenig scheint er nun durchschaut zu haben, was Pompeius und Crassus vorhatten. In den Optimatenkreisen fürchtete man, daß sie für 55 das Consulat erstrebten, was die regierenden Consuln nicht zulassen wollten.[78] Pompeius und Crassus bestritten zwar diese Absicht,[79] aber der Tribun C. Porcius Cato intercedierte beständig gegen Comitien und versuchte schließlich im November, freilich erfolglos, auch einen Senatsbeschluß zu verhindern, aus Protest den Ludi plebei fernzubleiben.[80] Auch Clodius hielt eine Rede gegen die Consuln. Als ihm dann die Senatoren den Eintritt in die Sitzung verwehrten und einige Ritter ihn bedrängten, kam ihm der Pöbel zu Hilfe und drohte, das Gebäude mitsamt dem Senat zu verbrennen.[81] Nun erst erklärten Pompeius und Crassus auf Befragen des Consuls Marcellinus, daß sie um des Staates willen gegebenenfalls bereit seien, das Consulat zu übernehmen.[82] Darauf verzichtete Marcellinus auf weitern Kampf. Die meisten Optimaten kamen nicht mehr in den Senat, so daß bis zum Schluß des Jahres keine Beschlüsse mehr zustande kamen.[83] Damit war das Schicksal der Kandidatur des L. Domitius Ahe-

---

72 Caesar selbst: Cic. Att. 14, 1, 2. 2, 3. ‚Caesar' 276 Anm. 249. Ferner ‚Caesar' 281 Anm. 271 mit Cic. fam. 6, 1, 6. 6, 5. ‚Caesar' 239 Anm. 23.
73 Cic. Balb. 64. Caes. Gall. 3, 28, 1, wohl auch im September, Kl. Schr. 2, 236.
74 Über den Prozeß MÜNZER RE 4, 1263.
75 Cic. har. resp. 2–4; 17; 50; 59.
76 S. S. 121 Anm. 219.
77 Cic. har. resp. 61–62. Theophrasts πολιτικὰ πρὸς τοὺς καιρούς (frg. 129 WIMMER. REGENBOGEN RE Suppl. 7, 1517) waren ihm stets gegenwärtig.
78 Cass. Dio 39, 27, 3.
79 Cass, Dio 39, 27, 2.
80 Cass. Dio 39, 28, 3.
81 Cass. Dio 39, 29, 1–3.
82 Cass. Dio 39, 30, 1–2. Plut. Pomp. 51, 7–8. Crass. 15, 2–3.
83 Cass. Dio 39, 30, 2–4.

nobarbus⁸⁴ besiegelt. In diese Zeit scheint der Brief an Atticus 4, 8a zu gehören, wo Cicero ausführt, daß Domitius nun ebenso im Stiche gelassen werde wie er im Jahr 58.⁸⁵ Daraus ist doch wohl zu schließen, daß Cicero bisher mit einer solchen Wendung nicht gerechnet hatte. Auch empfing er die Nachricht von Atticus, was zeigt, daß er an den Senatssitzungen nicht mehr teilnahm.

Er hatte nach der Rede ‚über das Gutachten' den Kampf gegen Clodius fortgesetzt. Besonders kränkte ihn, daß die Bronzetafel mit dem Gesetz über sein Exil noch auf dem Capitol aushing. Milo und einige Volkstribunen des Jahres, darunter sicher L. Racilius,⁸⁶ waren bereit gewesen, sie wegzunehmen. Aber Clodius mit seinem Bruder, dem Praetor C. Claudius Pulcher,⁸⁷ brachte sie wieder an ihren Ort.⁸⁸ Nun wartete Cicero einen Tag ab, da Clodius die Stadt verließ, und entführte sie in sein Haus, wo er sie zerschlug.⁸⁹ In einer darauf folgenden Senatssitzung kam es zu einer Redeschlacht, worin Cicero wiederum das ganze Tribunat für verfassungswidrig und die Plebiscite für ungültig erklärte.⁹⁰ Dagegen verwahrte sich nun aber der aus dem Osten heimgekehrte M. Cato, weil nach dieser Ansicht auch das Vollmachtsgesetz, auf Grund dessen er Cypern zur Provinz gemacht hatte, ungültig gewesen wäre. So ließ der Senat die Frage unentschieden,⁹¹ bei Cicero aber trat eine langdauernde Verstimmung gegen Cato ein.⁹²

Er hielt sich in der nächsten Zeit nach dem Rat des Atticus politisch möglichst zurück.⁹³ Nachdem im Januar 55⁹⁴ Crassus und Pompeius zu Consuln gewählt waren, schrieb er an Lentulus Spinther in Kilikien, daß er sich nun ganz in den Dienst des Pompeius stelle, ohne Hintergedanken.⁹⁵ Es bleibe nichts anderes übrig, da seine „Freunde" die Macht fest in der Hand hielten; daran werde sich in diesem Menschenalter wohl nichts mehr ändern (1). Auch die Gegner des Pompeius täten besser, sich damit abzufinden (2). Eine selbständige politische Haltung ist unmöglich; darum widme er sich, soweit es ihm die Verpflichtung gegen Pompeius gestatte, der Schriftstellerei (3). Aber unter der Resignation wühlt der Schmerz über den Verlust der *dignitas consularis fortis et constantis senatoris*. Schuld tragen die, welche den Ritterstand und Pompeius dem Senat entfremdet haben (4). Der letzte Satz zeigt, wie er innerlich noch immer sein Programm der *concordia ordinum* mit Einbeziehung des Pompeius für die Lösung der politischen Krise hielt. Aber er fühlte zugleich seine Ohnmacht, etwas zu seiner Verwirklichung zu tun. In den heftigen Kämpfen, die im Februar um die Besetzung der übrigen Magistrate geführt

---

84 MÜNZER RE 5, 1336.
85 § 2.
86 Cic. Planc. 77.
87 MÜNZER RE 3, 2856 Nr. 303.
88 Cass. Dio 39, 21, 1–2. Vgl. de aere al. Mil. frg. 5 mit Schol. Bob. = SCHOELL S. 454.
89 Cass. Dio 39, 21, 2. Plut. Cic. 34, 1. Cat. min. 40, 1.
90 Cass. Dio 39, 21, 4. Plut. Cat. min. 40, 2.
91 Cass. Dio 39, 22, 1. Plut. Cat. min. 40, 2–3.
92 Plut. Cic. 34, 3. Cat. min. 40, 4.
93 Cic. Att. 4, 8a, 4.
94 STEIN Senatssitzungen 44.
95 Cic. fam. 1, 8, 2.

wurden,⁹⁶ hielt er sich zurück. Natürlich hatte er trotz der Verstimmung gewünscht, daß M. Cato Praetor würde, und sprach im Senat gegen die Bewerbung des Vatinius. Aber nachdem die beiden Consuln ihren Willen durchgesetzt hatten, schickte er sich auch in den Praetor Vatinius und ging die durch Pompeius vermittelte Versöhnung ein.⁹⁷ Zum Entgelt waren Pompeius und Crassus bereit, ihm gegen Clodius zu helfen. Es ging ihm vor allem darum, daß Clodius einen von Cicero verdingten Bau⁹⁸ durch eine Inschrift als sein Werk bezeichnet hatte, eine Beschwerde, die bisher vom Senat überhört worden war.⁹⁹ P. Crassus, der in Cicero ein Vorbild bewunderte,¹⁰⁰ bemühte sich darum, ihn in ein besseres Verhältnis zu seinem Vater zu bringen.¹⁰¹

Er hatte damals das Epos *de temporibus suis* bereits seinem Bruder übersandt, der es mit Beifall aufnahm.¹⁰² Veröffentlicht hat er das Gedicht nicht,¹⁰³ vielleicht auf Atticus' Rat,¹⁰⁴ aber Atticus sollte es dem Lucceius geben.¹⁰⁵

Im April 55 begab er sich auf seine Güter am Golf von Neapel, zuerst nach dem Cumanum, dann nach dem Pompeianum.¹⁰⁶ Am 21. April traf auch Pompeius auf seinem Cumanum ein und schickte Cicero sogleich Nachricht. Dieser besuchte ihn am folgenden Tag¹⁰⁷ und erhielt bald auch einen Gegenbesuch.¹⁰⁸ Pompeius gab sich recht herzlich, schien selbst nicht befriedigt von der politischen Lage, doch guter Dinge darüber, daß ihm das fünfjährige Imperium über Spanien und nicht Syrien zugefallen war. Doch schenkte Cicero solchen Reden nur noch wenig Vertrauen.¹⁰⁹ Vielleicht hat er damals Pompeius sein Bedenken gegen die Verlängerung von Caesars Proconsulat ausgesprochen.¹¹⁰ Ihn konnte die schöne Gegend nicht von der leidigen Politik ablenken. Sein Trost waren die Bücher.¹¹¹ Jedenfalls arbeitete er an den Büchern *de oratore*, die im November dieses Jahres beendet waren.¹¹² Unter dem Beistand des ihm von Atticus zur Verfügung gestellten Freigelassenen M. Pomponius Dionysius ,verschlang' er eine Menge von Büchern.¹¹³ Aber es mag ihn auch schon der Plan zu einem staatsphilosophischen Werk beschäftigt haben. Es ist sehr wahrscheinlich, daß das Werk des Demetrios von

---

96 RE 13, 318.
97 Cic. Q. fr. 2, 7, 3. fam. 1, 9, 19.
98 *Aedes Telluris*? Cic. Q. fr. 3, 1, 14. har. resp. 31.
99 Cic. Fam. 1, 9, 15. Q. fr. 2, 7, 2. DRUMANN-GROEBE 2, 231, 4. 6, 649, 11.
100 MÜNZER RE 13, 291.
101 Cic. Q. fr. 2, 7, 2. fam. 1, 9, 20.
102 Cic. Q. fr. 2, 7, 1.
103 Cic. fam. 1, 9, 23.
104 Cic. Att. 4, 8a, 3. S. HÄFNER Die literar. Pläne Ciceros 64. o. S. 158, Anm. 52.
105 Cic. Att. 4, 11, 2.
106 Cic. Att. 4, 9, 2.
107 Cic. Att. 4, 10, 2.
108 Cic. Att. 4, 9, 1.
109 Cic. Att. 4, 9, 1.
110 Cic. Phil. 2, 24.
111 Cic. Att. 4, 10, 1. Q. fr. 2, 8, 3.
112 Cic. Att. 4, 13, 2. fam. 1, 9, 23.
113 S. S. 201.

Magnesia,[114] das er damals dem Atticus zurückschickte,[115] die Schrift περὶ ὁμονοίας[116] war. Den unermüdlichen Verkünder von Concordia-Programmen mußte dieses lebhaft interessieren.[117]

Auf den Juni kehrte er nach Rom zurück[118] und nahm an den Senatssitzungen teil, so im Juni, als der Senat eine Erweiterung des Geltungsbereichs für das Repetundengesetz ablehnte,[119] und im Juli, als über die *rogatio de sodaliciis* des Crassus beraten wurde.[120] Soviel wir wissen, blieb er seinem Vorsatz, sich politisch möglichst zurückzuhalten, treu. Als aber im September[121] der verhaßte Consul von 58, L. Calpurnius Piso Caesoninus, aus seiner Provinz Makedonien zurückkehrte, brach der ob dieser Rolle des ohnmächtigen Zuschauers aufgestaute Zorn mit desto heftigerem Ungestüm durch. Cicero hatte seit seiner Rückkehr Piso und Gabinius immer wieder mit gehässigsten Schmähungen bedacht[122] und insonderheit durch seinen Antrag bei der Beratung über die Consularprovinzen von 55[123] dazu beigetragen, daß Makedonien zur praetorischen Provinz erklärt wurde.[124]

Leider wissen wir nicht, warum Caesar 59 Pisos Tochter heiratete. Abgesehen von der Tatsache der Vermählung begegnet sie uns nur am Todestag Caesars, wobei sie als besorgte Gattin erscheint. Der Vater war der Gönner des bekannten Epikureers und Epigrammatikers Philodemos von Gadara.[125] Ganz anders, als Cicero be-

---

114 SCHWARTZ RE 4, 2814. Danach ein damals lebender Kompilator.
115 Cic. Att. 4, 11, 2.
116 Cic. Att. 8, 11, 7. 12, 6. 9, 9, 2.
117 Cic. re p. 2, 69 *concordia artissimum atque optimum omni in re publica vinculum incolumitatis.* Vgl. EILIV SKARD Schrift. Akad. Oslo hist.-phil. Kl. 1932, 94 ff.
118 Cic. Att. 4, 12.
119 Cic. Rab. Post. 13.
120 Cic. Planc. 37. P. STEIN Senatssitzungen 45.
121 Cic. Pis. 55; 65; 86; 97. Nach § 65 stehen die Festspiele des Pompeius zur Einweihung seines Theaters bevor; nach 59 wären die *supplicationes* von 20 Tagen für Caesars Erfolge im Jahr 55 schon beschlossen (Caes. Gall. 4, 38, 5). Dies könnte bei der Veröffentlichung der Rede beigefügt worden sein. Wie ich unten bemerke, S. 168, Anm. 149, wurde darüber nach dem damaligen Kalender erst im November (julianisch Ende Oktober) beschlossen. Vgl. noch meinen Aufsatz Festgabe für PAUL KIRN (1961) 46 f. 52.
122 MÜNZER RE 3, 1388.
123 S. S. 154.
124 Ascon. argum. in Pis. 2. Cic. Pis. 88; 89.
125 Philodemos erwähnt Cic. Pis. 68–71 mit Ascon. zu 68. Über ihn R. PHILIPPSON RE 19, 2444–2483. Ausgezeichnet H. BLOCH L. Calpurnius Piso Caesoninus in Samothrace and Herculaneum AJ 44 (1940), 485–493, ferner Gnomon 37 (1965), 558–562 (Besprechung der Ausgabe Cic. in Pis. (1961) von R. G. NISBET). Wie schon PHILIPPSON rückt er ins Licht, daß die prächtige Villa in Herculaneum (H. NISSEN It. Ldk. 2, 760) mit den zahlreichen Statuen und den Porträtbüsten des Epikur und der Epikureer Hermarchos und Zenon und der auf hunderten (leider schwer beschädigten) Papyrusrollen erhaltenen Bibliothek mit den Werken Philodems und anderer Epikureer dem Piso gehörte. Von Philodems Gedichten sind in der Anthologia Graeca (ed. BECKBY 1958) 20 Epigramme meist lasciven Charakters erhalten, darunter aber auch die witzige Einladung Pisos zur Epikur-Geburtstagsfeier im Häuschen Philodems (A. G. 11, 44). Ob die Erwähnung des keltischen Schnees 10, 21, 4 mit einem Besuch Pisos in Caesars Hauptquartier zusammenhängt, wie sich C. CICHORIUS Röm. Stud. (1922) 296 ausmalte, mag auf sich beruhen. Eher deuten auf Campanien die Reize der „Oskerin Flora" 5, 132, 7. Anspie-

hauptet, zeugt seine stets bewährte Friedfertigkeit dafür, daß er den ethischen Gehalt von Epikurs Lehre wohl verstand. So erbot er sich nach Caesars erstem Sieg in Spanien 49 zum Friedensvermittler, regte er 46 im Senat die Bitte um die Rückkehr des M. Marcellus an, dessen Begnadigung Caesar nach allem, was seit 51 geschehen war, besonders schwer fiel. Nach Caesars Ermordung war er der erste, der im Senat gegen Antonius sprach, bemühte sich dann aber 43 ebenso redlich, in dem zwischen dem Senat und Antonius eingetretenen Kriegszustand zu vermitteln.[126] Er war gewiß weder ein passionierter Politiker noch ein großer Kriegsheld, jedoch durchaus Manns genug, in einer Rede vor dem Senat Ciceros Wutausbrüche als ganz unberechtigt abzutun. Er verwies auf seine erfolgreiche Ämterlaufbahn[127] und bemerkte, daß er 63 durchaus auf Ciceros Seite gestanden habe (72). Daß diesen dann 58 Verbannung und Acht getroffen habe (31; 34), sei seine alleinige Schuld, habe er doch durch seine überheblichen Verse Pompeius aufs schwerste beleidigt (72) und sich mit Caesar verfeindet (82). Wie hätte ihn der Consul gegen diese Feinde schützen sollen (18)! Auch jetzt binde Cicero nur mit solchen an, die ungefährlich seien, hüte sich aber wohl, die „Mächtigen" zu berühren, denen eigentlich sein Zorn gelten müßte (75). Statt Piso zu beschimpfen und der größten Verbrechen zu bezichtigen, solle er ihn doch anklagen (82).

Das waren die Wahrheiten, unter denen Cicero innerlich so schwer litt. Der ganze „Mythus" über Consulat, Exil und Rückkehr, den er nun seit zwei Jahren unermüdlich in Reden und Gedichten verkündigte, und den Lucceius in die Geschichte einführen sollte, löste sich im Lichte solcher Sachlichkeit auf. Natürlich mußte er antworten. Da Pisos Feststellungen nicht zu widerlegen waren, suchte er sie durch eine bis zur Grenze des Möglichen gesteigerte Invective zu verschütten und schrie andererseits der Welt, die so schnell vergaß, sein eigenes Lob wieder einmal in die Ohren. Er schenkte damit der römischen Literatur eine Musterinvective, woran man fortan die gesamte Topik dieser Gattung studieren konnte. Zur Charakteristik des Tons genügt das Verzeichnis der Schimpfwörter, mit denen er den Gegner anredet:[128] Untier (1), Furie (8), Dreck (13), Halb-Placentiner, Galgen-

lung auf ein weiteres Epigramm bei Hor. sat. 1, 2, 121. Wie unglaubwürdig alles ist, was Cicero 70/71 über Philodems Erotika als Schilderung von Pisos Lasterleben angibt, zeigen die Fragmente der Schrift „Über den guten König auf Grund der Homerischen Dichtung" (RE 19, 2474). Darüber ausführlich OSWYN MURRAY JRS 55 (1965), 159–182. Mit PHILIPPSON ist er der Ansicht, daß sie Piso gewidmet war. Philodem habe die βασιλεῖς, die Fürsten Homers, im Auge gehabt und sie als Vorbilder der römischen Principes behandelt (178). Als Abfassungszeit vermutet er (180) ansprechend 59, als Piso zum Consul gewählt war und damit in die Rangstufe der Principes aufstieg.

126 Der Geschichtsschreiber, der Appians Werk zu Grunde liegt, gab ihm dementsprechend bell. civ. 3, 222–248 eine recht verständige gegen Cicero gerichtete Versöhnungsrede. Möglicherweise betrieb Caesar 59 seine Wahl zum Consul, weil ein Mann dieser Sinnesart den optimatischen Gegnern als ungefährlich gelten mußte. So versah sich ja Cicero zunächst keines Bösen von seiner Seite. Seine Enttäuschung mag die nachherigen maßlosen Beschimpfungen erklären. Aber offenbar hielt er ihn auch für außerstande, sich dagegen zu wehren. Über den Kreis der Epikureer in Campanien orientiert vorzüglich MEINOLF DEMMEL Cic. u. Paetus (Dissert. Köln 1962) 300 ff.

127 Cic. Pis. 2.

128 Cic. de or. 3, 164 wird die Bezeichnung des Glaucia als *stercus curiae* getadelt.

strick (14), Consul aus der Kaschemme (18), Vieh, faules Fleisch, Schindangeraas, kastriertes Schwein (19), Epikur im Bart, Laternenträger Catilinas (20), unflätiger Säufer (22), Hund des Clodius (23), Dreck-Caesoninus (27), ungeschlachtes und scheußlichstes Ungeheuer, weggeworfener und halblebender Mensch (31), Insubrer (34), Epikur aus der Hundehütte (37), Dieb, Tempelschänder, Raubmörder, Geier der Provinz (38), Schmach der behosten Sippe (53), Menschlein, Epikur aus Ton und Dreck (59), Finsternis, Dreck, Schmutz (62), unsauberes und unmäßiges Vieh (77), Esel (73), weggeworfenes Aas (82), Strafe und Furie der Untertanen (91).

Sein in jeder Hinsicht schmutziges Privatleben kenne man aus den lasciven Epigrammen Philodems (71),[129] das Proconsulat in Makedonien habe er nicht nur in seinen Anfängen selbst miterlebt, sondern er habe ihn auch weiterhin beobachten lassen (83; 84). Eine in seinem Heer ausgebrochene Epidemie sei Strafe der Götter für seine Frevel gewesen (85). Während die Consuln von 58 die Bürger der Sklaverei überantworteten (15), war Ciceros Consulat die ideale Verwirklichung der *concordia*: *ita a me consulatus peractus ut nihil sine consilio senatus, nihil non approbante populo Romano egerim, ut semper in rostris curiam, in senatu populum defenderim, ut multitudinem cum principibus, equestrem ordinem cum senatu coniunxerim* (7). Dementsprechend war sein Exil *luctus senatus, desiderium equestris ordinis, squalor Italiae, curiae taciturnitas annua, silentium perpetuum iudiciorum ac fori* (32). Seine Rückkehr war ehrenvoller als jeglicher Triumph (35). Er erlebte an diesem Tag bereits die Unsterblichkeit, *cum senatum egressum vidi populumque Romanum universum, cum mihi ipsa Roma prope convolsa* (hochgerissen) *sedibus ad complectendum conservatorem suum progredi visa est* (52). Pompeius war immer sein Freund, nur Verleumdungen des Jahrs 58 brachten vorübergehendes Mißverständnis hervor (76). Gegenüber Caesar bestand eine größere Meinungsverschiedenheit, und deswegen hielt dieser Ciceros Entfernung für zweckdienlich (79).[130] Aber seitdem hat ihn Pompeius bei Ciceros Rückberufung zu seinem Verbündeten und Helfer gemacht (80). Doch auch abgesehen davon, müßte sich Cicero zum Eroberer Galliens, dem Italien seine Sicherheit verdankt, freundschaftlich stellen, aber Caesar kommt ihm außerdem freundschaftlich entgegen. Darum will ihn Cicero mit dem Ungemach, das ihm ein Repetundenprozeß seines Schwiegervaters brächte, verschonen (82).

Die Rede, wenigstens die stark erweiterte, veröffentlichte, hat als rhetorische Leistung gewirkt, wie die Anführungen bei Quintilian zeigen,[131] politisch war sie ein Fehlschlag. Wenn Cicero es so darstellt, als ob sein Gegner ein Mann sei ohne *dignitas*, völlig verachtet und vereinsamt und moralisch schlimmer verurteilt, als es durch gerichtliche Bestrafung möglich gewesen wäre (43–47; 96–99), so war das ein reines Wunschbild. Piso lebte fortan als angesehener Consular in Rom und

---

129 Einen *lascivus lusus* Ciceros erwähnt Plin. ep. 7, 4, 6! Vgl. DRUMANN-GROEBE 6, 357, 3.
130 Weil Anfang 58 versucht wurde, Caesars Amtsführung als Consul für rechtswidrig zu erklären.
131 Im September 54 schreibt er (Q. fr. 3, 1, 11) gegen eine Flugschrift Pisos brauche er nichts zu schreiben, *cum illam nemo lecturus sit, si ego nihil rescripsero, meam in illum pueri omnes tamquam dictata perdiscant*. Daß Erwachsene nur wenig vom Inhalt solcher Invectiven glaubten, gut bemerkt von W. KROLL Kultur d. ciceron. Zeit (1933) 1, 77f.

wurde so zum Censor gewählt.[132] Auf die Zeitgenossen, die Bescheid wußten, mußte Ciceros Wüten den Eindruck eines von bösen Buben gereizten Kettenhunds machen. Niemand nahm ernst, was er über Piso zusammenfabulierte, und ebensowenig, was er von sich selbst rühmte. Mit seinem Haß gegen Piso stand er allein, die beständigen Verbeugungen vor Pompeius und Caesar (4; 72–82) konnten ihm bei den Optimaten, die nunmehr unter Catos Einfluß immer mehr in Caesar den gefährlichen Feind erkannten, nur schaden. Andrerseits stellte er mit den Ausfällen gegen die Politik des Jahrs 58 auch an die Nachsicht der „Mächtigern" große Anforderungen.

Natürlich griff er in dieser Rede auch den Gabinius an, der in diesem Jahr Alexandrien besetzt und Ptolemaios XII. zurückgeführt hatte;[133] er habe sich damit zum Söldner des Königs gemacht (49), seine Amtsbefugnisse überschritten und den sibyllinischen Spruch von 56 für nichts geachtet (48). Als bald darauf im Senat neue Beschwerden der syrischen Staatspächter gegen ihren Proconsul verhandelt wurden, nahm sich Cicero ihrer eifrig an und forderte eine neue Befragung der sibyllinischen Bücher, wovon er eine religiöse Handhabe gegen Gabinius erhoffte.[134] Auch Consul Crassus sprach sich gegen Gabinius aus. Jedoch nach einigen Tagen schwenkte er unter dem Einfluß des Pompeius um, und die beiden Consuln ließen es nicht zu einer Beschlußfassung kommen.[135] Cicero, dem Crassus von jeher widerwärtig gewesen war,[136] hatte sich bisher um der neuen *concordia* willen ihm gegenüber beherrscht. Aber nun kam es auch hier zu einer fürchterlichen Explosion. Crassus erinnerte daran, wie ihn Cicero am 4. Dezember 63 als Catilinarier bloßstellen wollte,[137] und höhnte ihn als *exul*.[138] Cicero dagegen ließ seinen aufgestauten Zorn ausströmen wie kürzlich gegen Piso. Aber anders als damals erscholl nun brausender Beifall der Optimaten. Man beglückwünschte ihn dazu, daß er wieder der Alte sei, jetzt wirklich dem Staat zurückgegeben. Doch bald merkte er, daß die Freude weniger seiner Person galt als dem Anschein, daß seine Freundschaft mit den „Mächtigern" in die Brüche gegangen sei. Auf der andern Seite bemühte sich Pompeius um eine Aussöhnung, und Caesar sprach ihm brieflich sein tiefes Bedauern aus über diese Entzweiung. Nach den Erfahrungen von 59 durfte Cicero

---

132 MÜNZER RE 3, 1389. O. S. 164.
133 Vgl. o. S. 144. VON DER MÜHLL RE 7, 428.
134 Cass. Dio 39, 59, 2–3.
135 Cass. Dio 39, 60, 1.
136 Vgl. Plut. Cic. 25, 2–5.
137 Sall. Cat. 48, 9. RE 13, 312. Wie BROUGHTON MRR 2, 217 nehme ich an, daß Sallust 55 Quaestor urbanus war und als solcher an den Senatssitzungen teilnahm (P. WILLEMS Le sénat de la r. r. 2, 189, 2). Aus dem Zusammenhang der angeführten Stelle ergibt sich, daß Crassus behauptete, Cicero habe ihm Schmach (*contumelia*) angetan, indem er L. Tarquinius vor dem Senat aussagen ließ, er sei von Crassus mit einer Botschaft zu Catilina gesandt worden. Nach Ciceros Brief fam. 1, 9, 20 tat Crassus ihm in der Debatte über Gabinius ‚Schmach' an. Damit konnte er außer dem *exul* gut auch an die Verleumdung von 63 erinnern, wo jetzt Gabinius vom selben Cicero beschimpft wurde. Natürlich kann eine solche Kombination verschiedener Quellenstellen nicht ‚bewiesen' werden. Aber ich halte mich durch die Ablehnung K. BÜCHNERS Sallust (1960), 34 f. auch nicht für widerlegt.
138 Cass. Dio 39, 60, 1.

solche Wünsche nicht überhören.[139] Auch Crassus selbst, der im November nach Syrien abzureisen gedachte, wünschte nicht, Cicero als Gegner zurückzulassen. Zu Anfang dieses Monats fand dann die Versöhnung anläßlich eines Gastmahls in der Villa von Ciceros Schwiegersohn Furius Crassipes[140] statt.[141] Gleich darauf (um den 15. November 55) bemerkte er zu Atticus *O hominem nequam!*[142]

Im Oktober nahm er an den Festspielen zur Einweihung des Pompeiustheaters teil,[143] worüber er seinem Freunde M. Marius[144] in einem ausführlichen Briefe berichtete.[145] Er schreibt davon als von einer lästigen Repräsentationsverpflichtung, der er sich um des Pompeius willen unterziehen mußte (1–3). Ebensowenig Freude bereitete ihm, auf dessen Wunsch die Verteidigung des L. Caninius Gallus[146] zu übernehmen, da dieser im Vorjahr seine Bemühungen für Lentulus Spinther durchkreuzt hatte.[147] Es lastete auf ihm, daß er sich auch in seiner Patronatstätigkeit nicht mehr frei bewegen konnte, und in solcher Stimmung wünschte er sich wohl das *otium* des Freundes, wo er ihm dann zeigen wollte, *quid sit humaniter vivere* (5).

Am 14. November traf er auf seinem Tusculanum ein, froh, den Senatsberatungen entronnen zu sein: *nam aut defendissem quod non placeret aut defuissem cui non oporteret.*[148] Jedenfalls handelte es sich unter anderm um Catos Antrag, Caesar zur Sühne für die Verletzung von Treue und Glauben den Germanen auszuliefern.[149] Auch die Consulnwahlen fanden erst jetzt statt. Darum bittet er Atticus dringend um Bericht über die politischen Vorgänge. Zugleich kann er auch mitteilen, daß nach langer angestrengter Arbeit das Werk *de oratore* vollendet ist; Atticus möge es abschreiben lassen.[150]

Mit diesem Werk über das Wesen des vollkommenen Redners hat Cicero ein Thema ergriffen, das ihn seit seinen Lehrjahren aufs lebhafteste beschäftigt hatte. Was er darüber zu sagen hatte, bot er in der Form von Gesprächen, die er auf drei Tage Anfang September 91 verlegte. Hauptpersonen sind die beiden Meister, die in seiner Jugend als die großen Vorbilder galten, M. Antonius (Consul 99, ermordet 87) und L. Licinius Crassus (Consul 95, am 19. September 91 gestorben 3, 3; 6). Der Künstler in Cicero fühlte sich offenkundig durch Platons Dialoge angeregt, wie zumeist die lebensnahe Inszenierung der Gespräche zeigt. Mit den beiden genannten Consularen unterhalten sich im 1. Gespräch Q. Mucius Scaevola (Consul 117), C. Aurelius Cotta (Consul 75), für Cicero, der als zu jung nicht zugegen sein konnte,

---

139 Cic. fam. 1, 9, 20 *habui non temporum solum rationem meorum, sed etiam naturae.*
140 MÜNZER RE 7, 351 Nr. 54.
141 Cic. fam. 1, 9, 20. Plut. Cic. 26, 1.
142 Cic. Att. 4, 13, 2.
143 Cic. Pis. 65.
144 MÜNZER RE 14, 1819 Nr. 25.
145 Cic. fam. 7, 1.
146 MÜNZER RE 3, 1477 Nr. 3. Cic. orat. frg. ed. SCHOELL, 474.
147 Cic. fam. 7, 1, 4. o. S. 145.
148 Cic. Att. 4, 13, 1.
149 RE 13, 321. L. A. CONSTANS Cicéron corr. 3, 18 versucht eine Bezugnahme auf Crassus zu konjizieren. J. VAN OOTEGHEM Pompée le Grand (1954) 413, 2. Meine Ansicht in Festgabe für PAUL KIRN (1961), 46ff. 52.
150 Cic. Att. 4, 13, 2.

der Gewährsmann der Dialoge (1, 26; 29. 3, 16), und P. Sulpicius Rufus (88 als Tribun getötet). Nachdem sich Scaevola am Ende des 1. Tags nach Hause begibt, finden sich Q. Lutatius Catulus (Consul 102, 87 zum Selbstmord gezwungen) und sein Halbbruder C. Iulius Caesar Strabo (Aedil 90, 87 ermordet) als neue Gäste in der Villa des Crassus bei Tusculum ein. Die Platane, unter der das erste Gespräch stattfindet, wird mit ausdrücklicher Erinnerung an Platons Phaidros erwähnt.[151] Der sie vorbringt, ist der alte Scaevola, dessen Einführung und frühzeitige Entfernung Cicero gegenüber Atticus[152] mit der kurzen Anwesenheit des alten Kephalos im Anfang von Platons Politeia erläutert. Jedoch schrieb er schon 54 an Atticus (4, 16, 2), daß er sich in der schriftstellerischen Gestaltung an die Dialoge des Aristoteles gehalten habe, der die fingierten Gespräche mit Vorreden (*prohoemia*) eingeleitet habe.[153] So spricht er sich in *de oratore* in einem langen Vorwort an Bruder Quintus über seine Absicht aus (1, 1–23). Die Einleitung des 2. Buchs (2, 1–11) erinnert den Bruder daran, wie die Auffassungen von Crassus und Antonius ihnen durch den Vater und die Oheime L. Cicero und C. Visellius Aculeo bekannt wurden und wie sie sich schon als Knaben bemühten, noch genaueres zu erfahren und er selbst noch Antonius befragen konnte (2, 1–4). Es soll den Einwand entkräften, er sei in der Idealisierung der beiden großen Vorbilder zu weit gegangen (2, 7). Im 3. Prooemium berichtet er, wie er bald nach dem Tod des Crassus, der durch die Aufregungen des Zusammenstoßes mit dem Consul L. Marcius Philippus verursacht war,

---

151 Cic. de or. 1, 28. Plat. Phaidr. 230 b. Ebenso ist der Hinweis auf Hortensius 3, 228–230 mit dem auf Isokrates Phaedr. 228 c zu vergleichen, W. BURKERT Gymnasium 72, 178.
152 Cic. Att. 4, 16, 3 *feci idem quod in* πολιτείᾳ *deus ille noster* Plat. polit. 328 b–331 d.
153 Diese ausdrückliche Berufung auf Aristoteles und zwar auf die für die Öffentlichkeit bestimmten (uns verlorenen) Schriften scheint O. GIGON nicht beachtet zu haben, als er Hermes 87 (1959), 144 schrieb: „Wohl kann man mit guten Gründen daran zweifeln, daß Cicero Bücher des Aristoteles selbst in der Hand gehabt hat." Freilich teile ich durchaus die Meinung, daß man nicht jeden Autor, den Cicero nennt, für eine von ihm eingesehene ‚Quelle' halten soll. Man hat vor allem mit den Kenntnissen zu rechnen, die er in der Jugend aus den Vorträgen seiner philosophischen Lehrer Diodotos, Philon, Antiochos erworben hatte. In diesem Unterricht wurde viel ‚Geschichte der Philosophenschulen' und Doxographie getrieben, welche die Grundlage bildete, von der die Lehrer ihre eigene Philosophie abhoben. Daneben wurden auch mit dem Lehrer berühmte Schriften gelesen, wie de or. 1, 47 von Crassus berichtet wird, er habe unter Anleitung des Neu-Akademikers Charmadas Platons Gorgias gelesen (Darüber trefflich W. BURKERT ‚Cicero als Platoniker und Skeptiker' Gymnasium 72 [1965], 179f.). Fam. 1, 9, 23 nennt er die Dialogform *Aristotelio more*. Att. 13, 19, 4 erklärt er Ἀριστοτέλειον *morem* als Dialog, in dem ein Sprecher den Hauptvortrag hält wie in de finibus Torquatus über die epikureische Lehre, Cato über die stoische und M. Pupius Piso über die peripatetische. Aristotelisch kann aber auch auf die Schule gehen, von deren großen Vertretern zahlreiche Dialoge verfaßt wurden, K. O. BRINK RE Suppl. 7, 923. f. WEHRLI Schule des Aristoteles Dikaiarchos frg. 5–12; 13–22. 68. Demetrios Phal. frg. 101–109. Herakleides der Pontiker, auf den sich Cicero gern beruft, Att. 13, 19, 3. Q. fr. 3, 5, 1 und Frg. 27 a–f WEHRLI. Über die selbständigen Prooemien frg. 23 zu Theophrast REGENBOGEN RE Suppl. 7, 1481–1482. In Rom verfaßte C. Scribonius Curio (Consul 76) einen Dialog, worin er selbst sich mit seinem Sohn und C. Vibius Pansa über eine 59 vom Consul Caesar geleitete Senatssitzung unterhielt (Brut. 218). Cicero sagt dazu *ut est consuetudo dialogorum*. Dialoge waren wohl auch Varros Logistorici H. DAHLMANN RE Suppl. 6, 1261 ff.

den Platz in der Curie aufgesucht habe, wo jener seine letzte gewaltige Rede gehalten hatte.

Die größte Leistung vollbrachte Cicero damit, daß er die griechische Dialogform vollkommen mit römischer Lebenswirklichkeit erfüllte. Wir vernehmen in diesen Unterhaltungen die Sprache der geistig-sittlichen Bildung, in der die vornehmen Senatoren miteinander verkehrten. Auf dem düstern Hintergrund der drohenden Bürgerkriege breitet sich über das heitere Zusammensein Älterer und Jüngerer und ihre ernste geistige Bemühung eine Atmosphäre von eigenartigem Reiz.[154]

Die Hauptrede am 2. Vormittag hält Antonius, der aber durch verständnisvolle Einwürfe des Catulus immer wieder auf neue Themen gelenkt wird. Als er zur Wirksamkeit gutgezielten Witzes gelangt, übergibt er das Wort an den hierfür geeigneten Sachverständigen Caesar Strabo (2, 217–289). Weil Antonius gegen Crassus behauptet, seine Virtuosität der praktischen Erfahrung, nicht den griechischen Lehrbüchern zu verdanken, erhalten wir eine Fülle von Schilderungen berühmter Prozesse aus dem Gebiet von Privat- und Strafrecht. Davon zeichnet sich besonders durch größte Lebendigkeit aus der Maiestasprozeß des C. Norbanus (Volkstribun 103. Consul 83) im Jahr 94, in dem er als Verteidiger über den Ankläger P. Sulpicius Rufus siegte.[155] Es ist ein Genuß, mit Cicero zu verfolgen, wie er alle Schwierigkeiten meistert, und da Sulpicius auch Dialogperson ist, erhöht es die Wirkung, daß dieser auch seinerseits den Bericht des Antonius bestätigt. Weder Antonius noch Sulpicius haben ihre Reden veröffentlicht.[156] Nach seiner Angabe begann Cicero erst seit 90 die Reden auf dem Forum anzuhören. Einen Fingerzeig dafür, wieso er die Redekunst des Antonius so lebensvoll darstellen konnte, gibt uns das Lehrbuch des Cornificius,[157] der seine Beispiele für die verschiedenen Stilarten (*elocutio*) auf Grund bekannter Prozeßsituationen bildet. Danach dürfen wir annehmen, daß die römischen Lehrer der Beredsamkeit sich über Gang und Topik meisterhafter Reden Aufzeichnungen verschafften.[158]

Wenn sich Antonius auch als Verächter der griechischen Kunstlehre ausgibt, so liegt ihr System in Ciceros Darstellung seinen Ausführungen doch zu Grunde, und wir erfahren auch, daß Antonius eine kleine Schrift über seine Redeweise verfaßt hatte.[159] Daraus erwähnt Cicero das berühmt gewordene Wort: er habe schon einige ‚Sprachgewandte' (*disertos*), aber noch nie einen ‚Beredten' (*eloquentem*) kennen gelernt. Wie Cicero erzählt, soll er sich diese Ansicht gebildet haben, als er 101 bei der Fahrt in seine Provinz Kilikien längere Zeit in Athen bleiben mußte und so ei-

---

154 Ausführlich W. STEIDLE ‚Einflüsse römischen Lebens und Denkens auf Ciceros Schrift ‚de oratore' M. Helv. 9 (1952), 10–43. Zu *humanitas* W. SCHMID Gnomon 28 (1956), 592 ff. Ein Kabinettstück bietet die Ankunft von Catulus und Caesar Strabo am 2. Tag und das Wortgeplänkel mit Crassus, um die Debatte wieder in Gang zu bringen (de or. 2, 12–28).
155 Cic. de or. 2, 89; 107; 124; 197–201. Kl. Schr. 1, 218.
156 Cic. orat. 132. Brut. 163. Cluent. 140. Cicero berichtet Brut. 205, daß er nach dem Tod des Sulpicius P. Cannutius seine Reden niedergeschrieben habe.
157 Ad Her. 4, 1–10 um 85 v. Chr.
158 Ähnlich H. MALCOVATI ORF S. 221.
159 *Libellus* Cic. de or. 1, 94; 206. *liber* orat. 18. *commentarius* de or. 1, 208 *neque enim sum de arte dicturus, quam numquam didici, sed de mea consuetudine*.

nen eindrucksvollen Vortrag des Karneadesschülers Charmadas hörte, der eine Rhetorik ohne gründliche Kenntnis der Gegenstände, wie sie die Philosophie zu geben vermöge, für wertlos erklärte. Da Cicero sich ausdrücklich auf Gespräche mit Antonius beruft,[160] scheint tatsächliche Erinnerung vorzuliegen und nicht zu bezweifeln, daß Antonius mit der griechischen Rhetorik wohl vertraut war. Ciceros Ansicht finden wir wohl in dem Urteil des Catulus, in dem er seinen Eindruck von der Rede des Antonius zusammenfaßt: Seine Genialität[161] (*divinitas*) beruhe darauf, daß er seine Kenntnis der griechischen Kunstlehre auf Grund der eigenen Handhabung teils verbesserte, teils bestätigte. Charakteristisch dürfte der Ausspruch des Antonius sein, daß er zum Vergnügen gemeinverständliche griechische Bücher lese, daß ihm aber die Philosophen und Dichter zu hoch seien.[162] Dem Urteil im *libellus*, es sei ihm bisher noch kein *eloquens* begegnet, läßt Cicero den tröstlichen Hinweis auf die Zukunft folgen: es könne einer kommen, der an Begabung dem Crassus gleiche, aber noch mehr ‚gehört, gelesen und geschrieben' habe. Am Nachmittag hält Crassus seine Hauptrede, die alles zusammenfaßt, was Cicero als seine Lebensleistung ansieht.

Im Prooemium des 3. Buches spricht er offen davon, daß er zu seiner Tröstung schreibe (3, 14); der Bruder, dem er das Werk widmet, habe ihn je und je vom politischen Kampf zurückrufen wollen. In der Tat mußte er ja *ob amorem in rem publicam incredibilem et singularem* Schweres durchmachen (3, 13); doch *summi labores nostri magna compensati gloria mitigantur*, und, wie er auch öfter in den Briefen sagt, er kann darüber nicht mehr frei entscheiden. Wie nicht anders zu erwarten, ist dieser Dialog das stärkste Bekenntnis zum politischen Beruf des wahren Redners. Der Beredsamkeit des *perfectus*[163] oder *summus*[164] *orator*, der nicht anders möglich ist denn als *doctus*, d.h. philosophisch gebildeter *orator*,[165] gebührt die Staatsleitung.[166] Diese Ansicht wird von Crassus, den Cicero selbst (3, 15)[167] mit Platons Sokrates vergleicht und so in eine höhere Sphäre versetzt, vorgetragen: 1, 264 *oratorem praesertim in nostra re publica nullius ornamenti expertem esse oportere*. 3, 63 *quem auctorem publici consili et regendae civitatis ducem et sen-*

---

160 Cic. de or. 1, 82–94. 2, 3 v. ARNIM RE 3, 2172 hält die Erzählung für Fiktion.
161 Cic. de or. 2, 120 *vis illa divina virtusque cernitur ea, quae dicenda sunt, ornate, copiose varieque dicere*. 127 *divinitus*. 2, 362 *nec enim te ista attigisse arbitrabar, quae diligentissime cognosse et undique collegisse usuque doctum partim correxisse video, partim comprobasse*.
162 *Quae ipsi, qui scripserunt, voluerunt vulgo intellegi*. Cic. de or. 2, 61; 55; 59.
163 Cic. de or. 1, 34; 59; 71; 128; 130; 197. 2, 33. 3, 71; 80.
164 Cic. de or. 3, 84. 85. 213.
165 Cic. de or. 3, 143. 3, 80 der *sapiens orator* ist der *verus, perfectus, solus orator*; auch 1, 20; 48; 54; 60; 64; 93. Gegensatz *vulgaris eloquentia* 3, 147. Sulpicius Rufus sagt, daß sie ihm genüge; 188; 79.
166 Cic. de or. 1, 38 *praeclara gubernatrix civitatum eloquentia* 44; 46; 105 Crassus angesprochen *qui … in hoc domicilio imperii et gloriae sit consilio linguaque princeps*; 225 *amplissimus princeps civitatis*, auch 3, 131. 1, 214 *civitatum regendarum oratori gubernacula sententia sua tradidit*; vorher 211 wird von M. Antonius der Staatsmann definiert: *qui quibus rebus utilitas rei publicae pareretur augereturque teneret eisque uteretur, hunc rei publicae rectorem et consilii publici auctorem esse habendum*.
167 Vgl. Cic. Att. 4, 16, 3.

tentiae atque eloquentiae principem in senatu, in populo, in causis publicis esse volumus. Damit wird der Wirkungskreis eines führenden Senators umschrieben. Von der Philosophie braucht dieser *orator* die Ethik, weil er ihrer zur Politik bedarf, *ad hanc civilem scientiam* (3, 122/123). Jedoch faßt Cicero unter *philosophia* alle Einzeldisziplinen zusammen. Vorab sind für den *doctus orator* unentbehrlich Jurisprudenz und Kenntnis der Geschichte. Jeder Leser von Ciceros Reden, Schriften, Briefen kennt die Fülle von geschichtlichen Beispielen. So wundert nicht, daß er später bemerkt, Crassus hätte nur übertroffen werden können von einem, *qui a philosophia, a iure civili, ab historia fuisset instructior*.[168] In der Vergangenheit wurde in Rom solche Allseitigkeit schon verwirklicht vom alten Cato (3, 135): *nemo apud populum fortior, nemo melior senator, idem facile optimus imperator*, bei den Griechen von den alten Weisen, Peisistratos und vor allem von Perikles (3, 138):[169] *hic doctrina consilio eloquentia excellens quadraginta annos praefuit Athenis et urbanis eodem tempore et bellicis rebus*, später (3, 139) auch von Dion, Timotheos, Konon, Epaminondas, Archytas. Demosthenes, das vorzüglichste Beispiel des *orator perfectus* (3, 71) begegnet hier nicht; denn er war kein Feldherr. Von der Beredsamkeit gilt (1, 30): *haec una res in omni libero populo maximeque in pacatis tranquillisque civitatibus praecipue semper floruit semperque dominata est* oder (2, 33) vom *usus dicendi*: der *perfectus orator qui in omni pacata et libera civitate dominatur*.[170]

Wenn auch im Dialog Crassus selbst als der erscheint, der das geforderte Rednerideal in der Gegenwart verkörpert, so wird der Leser doch darüber nicht im unklaren gelassen, daß das eigentlich nicht zutraf.[171] Aber, wie bemerkt, hofft Antonius (1, 95), daß in Zukunft ein solcher Redner erscheinen könnte, der, dem Crassus an Begabung gleich, noch mehr studiert hat. Damit wußte jeder, daß Cicero selbst gemeint sei,[172] und aus dem weiteren Zusammenhang auch, worauf sich sein Anspruch auf politische Führerstellung[173] gründete. Den geschichtlichen Beweis hatte er im Jahr 63 erbracht, wie er es gegen Piso (20) hinausschrie: *qui in maximis turbinibus ac fluctibus rei publicae navem gubernassem salvamque in portu conlocassem*,[174] und in den Reden von 56 pro Sestio, *de provinciis consularibus, de*

---

168 Cic. Brut. 161 und dementsprechend 322, außer ihm (Cicero) habe es niemanden gegeben, *qui philosophiam complexus esset, matrem omnium bene factorum beneque dictorum, nemo qui ius civile didicisset, rem ad privatas causas et ad oratoris prudentiam maxime necessariam, nemo qui memoriam rerum Romanarum teneret, ex qua, si quando opus esset, ab inferis locupletissimos testis excitaret*. Aus orat. 120 *nescire autem quid ante quam natus sic acciderit, id est semper esse puerum*. de or. 1, 159 *perdiscendum ius civile, cognoscendae leges, percipienda omnis antiquitas, senatoria consuetudo, disciplina rei publicae*. 1, 201 ähnlich *monumenta rerum gestarum et vetustatis exempla*. 1, 256 gibt Antonius zu, der Redner brauche *historiam et prudentiam iuris publici et antiquitatis memoriam et exemplorum copiam*, meint aber, dafür solle man einen Spezialisten zuziehen.
169 Vgl. Cic. de or. 1, 216. 3, 71 Perikles und Demosthenes.
170 Vgl. H. ROLOFF Maiores bei C., Diss. Leipz. 1938, 126. W. STEIDLE Mus. Helv. 9 (1952), 31 ff.
171 Cic. de or. 1, 71; 77; 78; 130. 2, 1; 3; 16; 74; 84.
172 Cic. Q. fr. 3, 5, 1.
173 Ein *clarissimus vir et amplissimus princeps civitatis* Cic. de or. 1, 225.
174 Vgl. Cic. Att. 4, 18, 2 *recordor quam bella paulisper nobis gubernantibus civitas fuerit*.

haruspicum responso und *pro Balbo* waren politische Programme enthalten, die Wege zur Überwindung der Krise weisen sollten. Weil er im Dialog über den wahren Redner in Wirklichkeit seine eigene Leistung darstellte, floß ihm Redner, Philosoph und Staatsmann zu einer Gestalt zusammen, und weil er nun einmal Römer war, konnte diese Gestalt nicht anders aussehen als wie ein mächtiger Patron und Consular, kurz ein *princeps civitatis*.

So kann nicht verwundern, daß er sofort nach Beendigung seines ersten Dialogs den Plan faßte, in einem zweiten derartigen Werk den Römern eine Staatslehre[175] zu schenken, die würdig neben den großen Hervorbringungen der griechischen Philosophie stehen sollte. Wir glaubten[176] schon die Beschäftigung mit dem Buch des Demetrios von Magnesia so deuten zu dürfen.[177] Die nächste Spur der Arbeit an *de re publica* finden wir dann in einem Briefe vom Mai 54.[178] Die krisenhafte Unsicherheit der politischen Lage schritt 54 weiter vor: Die drei Verbündeten, räumlich weit getrennt, verfolgten im wesentlichen wieder ihre eigenen Ziele und gaben damit den optimatischen Gegnern ebenfalls größeren Spielraum. Abgesehen von dem kleinen Kreis um Cato, der in unversöhnlichem Kampf gegen Caesar stand, gab es keine festen Fronten, da Pompeius nie die Verbindungen zu den Optimaten abreißen ließ und Caesar mit den Reichtümern Galliens erfolgreich neue Parteigänger warb. So wollte jetzt C. Memmius, der ihn 58 als Praetor aufs schärfste bekämpft hatte, mit seiner Hilfe zum Consul von 53 gewählt werden.[179] Besonders ließ es sich Caesar angelegen sein, auch Cicero zu gewinnen, und fand dafür mit einem Darlehen von 800 000 Sesterzen[180] bei dem auf hohem Fuße lebenden „*princeps civitatis*" bereitwilliges Gehör.[181]

Als er im Frühling 54 auf den gallischen Kriegsschauplatz zurückkehrte, schrieb er während des Alpenübergangs sein grammatisches Werk „de analogia"[182] und widmete es Cicero, den er darin als den Meister des künstlerischen Prosastils pries, mit dem Urteil, er habe sich wohlverdient gemacht um Namen und Würde des römischen Volkes.[183]

Ein weiteres Bindeglied bildete Q. Cicero, der von 54–51[184] als Legat am gallischen Krieg teilnahm. In den an ihn gerichteten Briefen des Bruders können wir

---

175 Cic. Q. fr. 3, 5, 1 *de optimo statu civitatis et de optimo cive*.
176 O. S. 164, Anm. 114.
177 Cic. Att. 4, 11, 2.
178 Cic. Att. 4, 14, 1. 16, 2. Hier sehen wir ihn mit der Erfindung des in der heutigen Forschung viel besprochenen „Scipionenkreises" beschäftigt. H. STRASBURGER Hermes 94 (1966), 60 ff.; Q. fr. 2, 12, 1. In dieselbe Zeit setzt S. HÄFNER Die literar. Pläne Ciceros 23 auch die Arbeit an der nicht vollendeten Schrift *de iure civili in artem redigendo*, Gell. N. A. 1, 22, 7 auf Grund von Cic. de or. 2, 142. Vgl. 1, 191.
179 MÜNZER RE 15, 613.
180 Cic. Att. 5, 1, 2. 4, 3. 5, 2. 6, 2. DRUMANN-GROEBE 6, 351. ALOIS FRÜCHTL Die Geldgeschäfte bei Cicero Diss. Erlangen 1912, 71–73.
181 Cic. Q. fr. 2, 10, 5 vom Februar 54.
182 Suet. Caes. 56, 5.
183 Cic. Brut. 253 *cuius te paene principem copiae atque inventorem bene de nomine ac dignitate populi Romani meritum esse existumare debemus.* KLOTZ RE 10, 262. ‚Caesar' 116.
184 Caes. Gall. 7, 90, 7. Cic. fam. 1, 9, 21. Att. 5, 1, 3. fam. 16, 27, 2.

das neue Verhältnis zu Caesar von Februar bis Dezember 54 verfolgen.[185] Ergänzend treten hinzu die Briefe an den von ihm an Caesar empfohlenen jungen Freund, den namhaften Juristen C. Trebatius Testa,[186] die sich vom Mai 54 (6) bis in den Juli 53 (14) erstrecken. Voran steht der Empfehlungsbrief an Caesar (7, 5).[187] In der Regel ließ Cicero die für Gallien bestimmten Briefe durch Caesars in Rom weilenden Vertrauensmann C. Oppius befördern, der den Schriftenverkehr des Proconsuls besorgte.[188] Gelegentlich benutzte er auch die Briefboten des Legaten Labienus.[189] Doch war dabei das Briefgeheimnis nicht gesichert,[190] so daß er sich nach Möglichkeit auch solcher Persönlichkeiten bediente, die aus Gefälligkeit ein Schreiben mitnahmen,[191] wie des Kriegstribunen M. Orfius (2, 12, 3), des L. Minucius Basilus,[192] des Salvius,[193] des Labeo[194] und des A. Ligurius.[195] Das muß natürlich bei den Erwähnungen Caesars in den nach Gallien gehenden Briefen berücksichtigt werden. Desto wichtiger sind darum die gleichzeitigen Bemerkungen in den Briefen an den vor Caesar warnenden[196] Atticus: 4, 15, 10[197] *Illud quidem sumus adepti, quod multis et magnis indiciis possumus iudicare, nos Caesari et carissimos et iucundissimos esse.* 17, 6 *Ex fratris litteris incredibilia quaedam de Caesaris in me amore cognovi eaque sunt ipsius Caesaris uberrimis litteris confirmata.* 17, 7[198] *Caesaris amici, me dico et Oppium.* 19, 2[199] *Cum Caesare suavissimam coniunctionem, haec enim me una ex hoc naufragio tabula delectat.*

Sie lassen keinen Zweifel, daß ihn Caesars überströmende Freundlichkeit und Hochschätzung[200] in der politischen Isolierung, in die er geraten war, mit aufrichtiger Dankbarkeit und Freude erfüllten, und so kamen auch die begeisterten Äußerungen an den Bruder aus dem Herzen, wie etwa 3, 5, 4[201] *unum ex omnibus Cae-*

---

185 Cic. Q. fr. 2, 10–3, 9. Der Glückwunsch des Q. zur Freilassung Tiros vom Mai 53 fam. 16, 16. Der Aufsatz ‚The ambition of Quintus Cicero‘ von T. P. WISEMAN JRS 56 (1966), 108 ff. ist dem durch keine Quelle bezeugten Einfall gewidmet, Q. habe sich um die Wahl zum Consul bemüht.
186 Cic. fam. 7, 6–18. SONNET RE 6 A, 2251 Nr. 7. Zum „antiquarischen" Witz 7, 12, 2 W. KUNKEL Röm. Kriminalverf. (1962) 109.
187 Dazu FRIEDRICH LOSSMANN in dem ausgezeichneten Buch ‚Cicero und Caesar im Jahr 54, Studien zur Theorie und Praxis der römischen Freundschaft‘, Hermes Einzelschriften 17 (1962), 6. 24–33. 48–51.
188 Cic. Q. fr. 3, 1, 8; 13; 18.
189 Cic. Q. fr. 3, 7, 2. 8, 2.
190 Cic. Q. fr. 3, 1, 21. 8, 2. 9, 3. Dazu f. LOSSMANN a. O. 131 ff.
191 Vgl. REINCKE RE 16, 1534.
192 MÜNZER RE 15, 1948.
193 MÜNZER RE 1 A, 2022 Nr. 4.
194 MÜNZER RE 12, 245 Nr. 1. Cic. Q. fr. 3, 1, 21. 2, 1.
195 Cic. Q. fr. 3, 7, 2. MÜNZER RE 13, 534 Nr. 1.
196 Cic. Q. fr. 4, 17, 7. 19, 2.
197 27. Juli 54.
198 1. Oktober 54. Irrtum LOSSMANNS a. O. 127, daß der Ritter Oppius Freigelassener gewesen sei. MÜNZER RE 18, 729 ff.
199 Oktober 54.
200 Cic. Q. fr. 2, 13, 1. fam. 11, 27, 2.
201 Oktober 54.

sarem esse inventum qui me tantum quantum ego vellem amaret aut etiam, sic ut alii putant, hunc unum esse qui vellet.[202] Daß er dies nicht früher erkannte, erscheint ihm als Versäumnis.[203] Das Opfer, das Quintus durch den ihm beschwerlichen Kriegsdienst brachte, machte sich durch die erlangten Vorteile reichlich bezahlt.[204] Während ihn die Optimaten nie als ihresgleichen anerkannten und Pompeius ihn immer wieder durch seinen kühlen Egoismus abstieß,[205] behandelte ihn Caesar mit unvergleichlichem Charme als geistig Ebenbürtigen. Er versprach ihm eine große politische Stellung,[206] bat ihn zur Vertretung seiner Sache in Rom zu bleiben,[207] übertrug ihm, gemeinsam mit C. Oppius, die Durchführung seiner Bauvorhaben am Forum und auf dem Marsfeld,[208] las das Epos *de temporibus suis*,[209] wünschte ein weiteres Werk dieser Art über Britannien[210] und nahm Ciceros Empfehlungen bereitwillig entgegen.[211] Quintus durfte sich selbst sein Winterquartier aussuchen.[212]

In den Anfang vom Jahr 54 scheint zu gehören das in Gestalt des Entwurfs überlieferte Schreiben an Crassus fam. 5, 8.[213] Im Anschluß an die im November 55 erfolgte Versöhnung soll der Brief ein schriftlich bestätigtes *foedus* darstellen (5). Dabei teilt Cicero mit (1; 3), daß er im Senat nachdrücklich gegen den Widerstand der Consuln L. Domitius Ahenobarbus und Ap. Claudius Pulcher[214] und vieler Consulare für Crassus eingetreten sei.[215]

Im Februar befürwortete er vergeblich, zusammen mit Bibulus, Calidius und Favonius, ein Gesuch der Gemeinde Tenedos um Gewährung der Freiheit.[216] Dage-

---

202 Vgl. Cic. Q. fr. 3, 1, 18.
203 Cic. Q. fr. 2, 13, 2 Juni 54: *quoniam in isto homine colendo tam indormivi diu.*
204 Cic. Q. fr. 3, 8, 1 November 54: *non enim commoda quaedam sequebamur parva ac mediocria. Quid enim erat, quod discessu nostro emendum putaremus? praesidium firmissimum petebamus ex optimi et potentissimi viri benevolentia ad omnem statum nostrae dignitatis.* LOSSMANN a.O. 120 ff.
205 Cic. Q. fr. 3, 4, 2. LOSSMANN a.O. 129 wohl auch 2, 11, 1.
206 Cic. Q. fr. 2, 13, 1. 3, 5, 3. fam. 1, 9, 18; 22 *nullum meum minimum dictum, non modo factum, pro Caesare intercessit, quod ille non ita inlustri gratia exceperit, ut ego eum mihi devinctum putarem,* so Ende 54 an Lentulus Spinther. Caesar wußte wohl, wie empfänglich Cicero für solche Freundlichkeit war. Noch 44 sagte er zu Matius: *si quisquam est facilis, hic est* Att. 14, 1, 2.
207 Cic. fam. 7, 5, 1. 17, 2. Q. fr. 2, 13, 2. 3, 1, 18.
208 Cic. Att. 4, 17, 7.
209 Cic. Q. fr. 2, 15, 5.
210 Cic. Q. fr. 2, 13, 2. 15, 4. 3, 1, 11. 5, 4. 9, 6.
211 Cic. fam. 7, 5, 2. 8, 1. Q. fr. 2, 13, 3. 1, 10.
212 Cic. Att. 4, 19, 2.
213 ED. MEYER Caesars Mon. 168, 1. 592. 1.
214 L. Domitius Ahenobarbus und Ap. Claudius Pulcher.
215 Erwähnt auch Cic. fam. 1, 9, 20. ED. MEYER 168, 1 denkt, es habe sich um den Streit mit Ateius Capito (RE 13, 321) gehandelt; ebenso CIACERI 2, 117. § 1–2 sind ein Entwurf, dem 3–5 in verbesserter Fassung beigefügt wurden. WALTER SCHMID datiert Hermes 91 (1963), 165 den Brief in den August 54, nicht richtig, da nach 2 und 4 der Sohn Publius, Ciceros Schüler, in Rom weilt. Im Herbst führte er 1000 von Caesar geschickte Reiter nach Syrien (Plut. Crass. 17, 7).
216 Cic. Q. fr. 2, 9, 2.

gen bewirkte sein witziges Votum, daß die Bitte des Antiochos von Kommagene,[217] ihm eine Stadt am Euphrat zu geben und die im Jahr 59 verliehene Ehre der *toga praetexta* zu erneuern, abgelehnt wurde. Der Consul Ap. Claudius hatte eifrig versucht, ihn umzustimmen; wie Cicero spottet, weil er dabei verdienen wollte. Da er sich auf Veranlassung von Pompeius und Caesar auch mit ihm versöhnt hatte,[218] wollte er ihm weiter das Spiel nicht verderben.[219] Bei den Beschwerden der syrischen Staatspächter brauchte er nicht einzugreifen, da die beiden Consuln sich der Sache annahmen.[220]

Den April und Mai verbrachte er auf seinen Gütern bei Cumae und Pompei[221] und arbeitete emsig an dem Werk *de re publica*.[222] Zu diesen Studien benutzte er auch die Bibliotheken des Atticus und des M. Varro.[223] Geplant war ein Dialog von neun Büchern.[224] Im Juni kehrte er, Caesars Wunsch entsprechend,[225] nach Rom zurück mit dem Vorsatz, sich Kämpfen möglichst zu entziehen. Der Staat erschien ihm eher altersschwach als beruhigt. Man raunte mancherorts von einer kommenden Dictatur, und die Rolle, die er – als Gefolgsmann der Verbündeten – im Senat zu spielen hatte, gefiel ihm nicht.[226] Jedoch, wie er im Juli schreibt, konnte er sich so vor Clodius vollkommen sicher fühlen und genoß wieder Ansehen in der Öffentlichkeit.[227] Seine Gegenleistung bestand in einer zumal zur Sommerszeit sehr anstrengenden Prozeßtätigkeit,[228] meist nicht nach eigener Wahl, sondern wie es die Interessen der mächtigen „Freunde" geboten. So konnte er den Procilius, gewesenen Volkstribunen von 56,[229] gegen P. Clodius nicht verteidigen.[230] Dagegen bestand keine Schwierigkeit, daß er für seine alten Clienten, die Reatiner, ihren Streithandel mit den Interamnaten wegen der Wasserverhältnisse[231] vor den Consuln und zehn Legaten siegreich durchkämpfte, zusammen mit Q. Axius.[232] Auf Caesars Wunsch scheint er die Verteidigung des M. Livius Drusus Claudianus[233] übernommen zu haben;[234] C. Messius,[235] der im Dezember 58 als Volkstribun einen Antrag über Ciceros Rückberufung betrieben hatte,[236] stand im übrigen Pompeius und

217 WILCKEN RE 1, 2487 Nr. 37.
218 Cic. Scaur. 31. fam. 1, 9, 4. 3, 10, 8.
219 Cic. Q. fr. 2, 10, 2–3.
220 Cic. Q. fr. 2, 11, 2–3. Cass. Dio 39, 60, 2–61, 4.
221 Cic. Q. fr. 2, 12, 1. Att. 4, 14.
222 Cic. Q. fr. 2, 12, 1.
223 Cic. Att. 4, 14, 1.
224 Cic. Q. fr. 3, 5, 1. Att. 4, 16, 2.
225 Cic. Q. fr. 2, 13, 2.
226 Cic. Q. fr. 2, 13, 4–5.
227 Cic. Q. fr. 2, 14, 2. Att. 4, 15, 6.
228 Cic. Att. 4, 16, 1. Q. fr. 2, 15, 1. 3, 3, 1.
229 MRR 2, 209. RE 23, 68.
230 Cic. Att. 4, 16, 5. 15, 4.
231 WEISS RE 1 A, 346. H. NISSEN It. Landesk. 1, 313.
232 Cic. Att. 4, 15, 5. Scaur. 27. frg. ed. SCHOELL S. 481. KLEBS RE 2, 2633 Nr. 4.
233 Des Großvaters des Kaisers Tiberius mütterlicherseits MÜNZER RE 13, 881.
234 Cic. Att. 4, 16, 5. 15, 9. Q. fr. 2, 15, 3. MÜNZER RE 13, 883.
235 MÜNZER RE 15, 1243.
236 S. S. 140.

Caesar nahe.²³⁷ Doch darf nicht übersehen werden, daß er außer Cicero auch den C. Licinius Calvus zum Patron gewann, der sonst gerade in diesem Jahr die Gefolgsleute der beiden Machthaber bekämpfte, so den Drusus.²³⁸ Wie C. Messius war auch M. Cispius, mit dessen Verteidigung Cicero kein Glück hatte,²³⁹ Volkstribun im Jahr 57 gewesen. Dieser Handel wird in den Briefen nicht erwähnt, mag aber auch in diese von Prozeßkämpfen erfüllten Wochen gehören.²⁴⁰

Der peinlichste Dienst, dem er sich auf Caesars dringendes Bitten unterziehen mußte, war die Rede für P. Vatinius in einem Prozeß auf Grund der Lex Licinia *de sodaliciis*.²⁴¹ Der vielverhaßte Handlanger Caesars wurde seit 58 immer wieder mit Prozessen verfolgt.²⁴² Cicero selbst glaubte einmal, im März 56, ihn durch seine Invective vernichtet zu haben;²⁴³ mußte sich aber im Februar 55 auf Pompeius' Wunsch dazu herbeilassen, sich mit ihm, der damals Praetor geworden war, zu versöhnen.²⁴⁴ So war die nunmehrige Wendung für ihn selbst nicht ganz unvermittelt.²⁴⁵ Aber daß er den Optimaten damit einen schlagenden Beweis seiner „Fahnenflucht"²⁴⁶ lieferte, war ihm klar. Er suchte diese Angriffe zu parieren, indem er auf ihr zweideutiges Verhältnis zu Clodius hinwies; er habe eben auch seinen Publius, mit dem er sie ärgere.²⁴⁷ Es ist begreiflich, daß Vatinius von dieser Art der Verteidigung trotz des Freispruchs²⁴⁸ nicht voll befriedigt war.²⁴⁹

Wenn Cicero selbst diese Angelegenheit von der leichten Seite her nehmen wollte, so ließen ihn die andern nicht so billigen Kaufs davon. Lentulus Spinther schrieb ihm aus Kilikien, er begreife die Versöhnung mit Caesar und Ap. Claudius, aber Cicero möge ihm erklären, wie er dazu gekommen sei, den Vatinius zu verteidigen und zu loben.²⁵⁰ Allen übelwollenden und Feinden aber bot er den willkommenen Anlaß, auf den kläglichen Kontrast hinzuweisen zwischen den frühern großen Worten und den jetzigen Taten, ihn anzuprangern als den gewohnheitsmäßigen „Überläufer". Mit der Anrede „*levissime transfuga*" hört die Invective auf, die Quintilian dem Sallust zuschreibt.²⁵¹

---

237 Cic. Att. 4, 15, 9.
238 MÜNZER RE 13, 432.
239 MÜNZER RE 3, 2589. Nr. 4 Planc. 75–76 und Schol. Bob. or. frg. ed. SCHOELL S. 475.
240 So LANGE RA 3, 347.
241 Cic. Orat. frg. ed. SCHOELL S. 463 ff.
242 Von C. Licinius Calvus, MÜNZER RE 13, 430/31. Ob auch diesmal Calvus der Ankläger war, ist nicht überliefert; ED. MEYER 198 und CIACERI 2, 120 nehmen es an. H. GUNDEL RE 8 A, 508.
243 S. S. 148 ff.
244 S. S.163.
245 Cic. Q. fr. 2, 15, 3 *ea res facilis est*.
246 Cass. Dio 39, 63, 5.
247 Cic. fam. 1, 9, 4; 19. Ascon. in Scaur. argum. Schol. Bob. in Planc. 40. in Vat. 14. Quintil. inst. or. 11, 1, 73. Val. Max. 4, 2, 4. CIACERI 2, 120.
248 Hirtius bell. Gall. 8, 46, 4.
249 Cic. Q. fr. 3, 9, 5; als er sich im Jahr 45 wiederum an Cicero wandte, war davon natürlich keine Rede mehr, vielmehr heißt es da fam. 5, 9, 1 von Cicero *qui potentissimorum hominum conspirationem neglexit pro mea salute*.
250 Cic. fam. 1, 9, 4. Ausführliche Würdigung der Briefe bei LOSSMANN a. O. 135 ff.
251 Quintil. inst. or. 4, 1, 68. 9, 3, 89. Die letzte darin erwähnte und für uns zeitlich feststellbare

Tatsache ist eben die Verteidigung des Vatinius: § 7 *Vatini causam agis, de Sestio male existimas*. Da Cicero in dem Brief Q. fr. 2, 15, 4, worin von der Verteidigung des Vatinius die Rede ist, schon Bericht aus Britannien hat, muß sie in den August 54 gesetzt werden. R. REITZENSTEIN und ED. SCHWARTZ Hermes 33 (1898), 87 ff. 101 ff. haben überzeugend nachgewiesen, daß die Invective in dieser Zeit entstanden sein muß, nicht von einem später lebenden Rhetor verfaßt ist. Sie sprechen sie jedoch dem Sallust ab, weil sie noch in dem Irrtum des ‚Demokraten-Sallust' befangen sind. Dieser Irrtum ist seither in weitern Kreisen eingesehen worden; vgl. z. B. KROLL Gnomon 8, 321; ich habe ihn schon 1915 Wochenschr. f. klass. Philologie 32, 946 bekämpft; vgl. auch Phil. Wochenschr. 44, 445 = Kl. Schr. 2, 98. SCHWARTZ versucht vielmehr, den L. Calpurnius Piso Caesoninus als ihren Verfasser zu erweisen und darin jene *Calventi Mari oratio* zu sehen, von der Cicero im September an den Bruder schreibt (Q. fr. 3, 1, 11). Dieser hatte ihn aufgefordert, darauf zu antworten. Aber Cicero meinte, dadurch erst würde jener Angriff bekannt, der so von niemandem gelesen werde. Sachlich wäre die Identifizierung der erhaltenen Invective wohl möglich; aber aus zeitlichen Gründen müßte angenommen werden, daß sie schon nach Britannien geschickt wäre, bevor Cicero für Vatinius gesprochen hatte, nach SCHWARTZ 102 Mitte Juli 54. Darum empfiehlt sich, das Zeugnis Quintilians für zutreffend zu halten, und dementsprechend ist sie in dieser Darstellung als eine der wertvollsten zeitgenössischen Quellen benutzt worden. Ebenso FUNAIOLI RE I A, 1933–1935. ED. MEYER Caesars Mon. 163, 2. B. EDMAR Gnomon 11, 219 ff. GUNNAR CARLSSON Eine Denkschrift an Caesar über den Staat, Lund 1936, 57, 46 spricht von der „vielumstrittenen Invective". Gegen die Echtheit O. SEEL DLZ 60 (1939), 585.

In den drei Jahrzehnten, die seit der oben mitgeteilten Ansicht über die Echtheit vergangen sind, habe ich daran festgehalten, obschon manches dagegen geschrieben wurde. Ich verweise nur auf die große, durch vornehme Polemik ausgezeichnete Abhandlung GÜNTHER JACHMANNS ‚Die Invective gegen Cicero' Miscellanea Academica Berolinensia (1950) 2, 235–265. Er vermutet als Verfasser einen Rhetor, der in der Person des L. Piso auf Ciceros Invective geantwortet hatte. Für die Echtheit tritt K. BÜCHNER ein, Sallust (1960) 20–40. Nur kann ich ihm darin nicht folgen, wenn er meint, die Erwähnungen des Götterconcils beträfen Ciceros Werk *de temporibus suis*. Im Brief Q. fr. 3, 1, 24 schreibt Cicero Ende September 54, er denke daran, ins 2. Buch noch eine Partie einzuschieben, in der Apollo die schmachvolle Rückkehr von Piso und Gabinius weissage. Ob dieser Plan ausgeführt wurde, wissen wir nicht, und keinesfalls konnte Sallust im August 54 etwas davon wissen. Dagegen hat BÜCHNER erkannt, daß die Erwähnung des M. Crassus § 4 und seines Vaters P. Crassus § 3 (und dazu rechne ich auch den Satz § 7 *cui in civitate insidias fecisti, ancillaris*; gegen W. SCHMID Hermes 91, 169, 2 vermute ich bei *insidiae* die Schädigung, die Sall. Cat. 48, 9 als *contumelia* bezeichnet) erschließen läßt, Sallust habe – wie Caelius Rufus – dem Gefolgschaftskreis des M. Crassus angehört. Dazu stimmt auch, daß er 55 unter dem 2. Consulat des Crassus Quaestor war, MRR 2, 217. Sallust Heidelberger Texte Bd. 8[5] Einleitung 10. Man versteht so auch die Bemerkung Cat. 48, 9, wonach Sallust von Crassus selbst hörte, welche Schmach ihm Cicero am 4. Dezember 63 angetan habe. Wir dürfen nicht vergessen, daß Cicero in dem nachgelassenen Werk *de consiliis* Crassus als Anstifter Catilinas bezeichnete o. S. 62. In der Invective höhnt Sallust, wie Cicero sich Crassus zum Vorbild nehme. Stand er Crassus nahe, so kannte er auch Ciceros überschwenglichen Brief (fam. 5, 8, 3–5), worin er sich ihm mit all seinen Fähigkeiten zur Verfügung stellte. WERNER EISENHUT Hermes 93 (1965), 476, 1 bestreitet das mit Unrecht. Auch Lentulus Spinther in Kilikien bat darüber um Auskunft fam. 1, 9, 20 ff. Aus fam. 15, 21, 4 ist bekannt, wie Cicero die Briefe, die nur der Empfänger las, von denen unterschied, die viele lesen werden. Natürlich kannte Sallust nicht den Brief vom November 55 (o. S. 168), wo er an Atticus über Crassus geschrieben hatte: „O der nichtswürdige Mensch!" Aber aus Brut. 282 ersehen wir, daß er den allzugroßen Ehrgeiz des P. Crassus (des Sohns) mißbilligte. So mag dieser die Liebesbeteuerungen fam. 5, 8, 4 auch nicht mehr so ernst genommen haben. Dafür, daß Sallusts Invective mit L. Piso zu tun habe, gibt es in der Schrift keinen Anhaltspunkt. Wesentliches für die Interpretation der Invective als einer Schrift Sallusts hat W. SCHMID

X. „me status hic rei publicae non delectat" 179

Durch einen glücklichen Zufall ist uns in dieser sallustischen Flugschrift eine Probe der vielen derartigen damals umlaufenden publizistischen Erzeugnisse bewahrt geblieben. Darunter sind auch manche von Catulls *nugae* zu rechnen. Wenn im Gedicht 52 miteinander Nonius und Vatinius genannt werden, so könnte das sehr wohl in das Jahr 54 gehören, nachdem sie beide freigesprochen waren.[252] Dasselbe könnte auch von den sonstigen Erwähnungen des Vatinius gelten.[253] Weiter läge dann nahe, auch das (ironische?) Lobgedicht 49 auf Cicero den *disertissimus Romuli nepotum* und *optimus omnium patronus*[254] in dieselbe Zeit zu setzen.[255]

Zunächst gingen diese Stimmen im Lärm des politischen Lebens unter. In demselben Brief, worin Cicero die Verteidigung des Vatinius ankündigt, berichtet er auch vom bevorstehenden Repetundenprozeß des M. Aemilius Scaurus.[256] Dieser war einer der Consulatskandidaten für das Jahr 53. Es war eines der augenfälligsten Symptome der unheilbaren Zersetzung des republikanischen Staatsgefüges, daß sich der Ambitus in diesen Monaten zu einem unerhörten Korruptionsskandal auswuchs.[257] Scaurus war zuletzt Proconsul von Sardinien gewesen und sollte durch den Prozeß als Kandidat beseitigt werden.[258] Die Klage wurde am 6. Juli beim Praetor M. Cato anhängig gemacht.[259] Die Verhandlungen gingen am 2. September zu Ende.[260] Wie es schien, war Scaurus der von Pompeius begünstigte Kandidat; doch zweifelte Cicero daran, ob es dieser ehrlich meine.[261] Außer Cicero waren noch fünf Patrone für ihn tätig: M. Marcellus, M. Calidius, M. Messalla Niger, Q. Hortensius und – bezeichnend für Ciceros Zwangslage – P. Clodius Pulcher.[262] Außerdem sagten für ihn aus als ‚Charakterzeugen',[263] meist schriftlich, die neun Consulare L. Piso, L. Volcacius, Q. Metellus Nepos, M. Perperna, L. Philippus, M. Cicero, Q. Hortensius, P. Servilius Isauricus und Cn. Pompeius Magnus. Von Ciceros Rede sind längere zusammenhängende Bruchstücke in zwei Palimpsesten

---

Hermes 91 (1963), 159–178 geleistet. JACHMANN a. O. 239. 243 erinnert daran, daß die großen Latinisten FRIEDRICH LEO und EDUARD NORDEN Sallust für den Verfasser hielten.

252 Nonius Sufenas Cic. Att. 4, 15, 4. Daß MÜNZER RE 17, 899 Nr. 50 einen Nonius Struma von M. Nonius Sufenas 900 Nr. 52 unterscheidet, scheint mir unnötig.
253 Catull. 14, 3. 53, 2. unter der Annahme daß Calvus im Jahr 54 der Ankläger gewesen wäre.
254 „Patron aller" (so ernst gemeint im Jahr 46 von A. Caecina, Cic. fam. 6, 7, 4) ironisch zu verstehen; diese Ansicht WÖLFFLINS von B. SCHMIDT Rh. Mus. 69 (1914), 273 vertreten; daß sie „verfehlt" sei, wie W. KROLL im Komm. zu Catull. 49 sagt, dürfte kaum zu beweisen sein.
255 Vgl. auch die Gedichte gegen Mamurra Catull. 29, 3. 41, 4. 43, 5. 57, 2. 94. 114, 1. 115, 1; gegen Caesar auch 54, 7. 93. Die optimatische Kritik an Ciceros Unzuverlässigkeit hallt ferner nach bei Cass. Dio 36, 43, 5. 39, 63, 5. 46, 3, 4. 9, 1. 22, 2 und in der Deklamation des Rhetors Varius Geminus (Seneca suas. 6, 12. RUDOLF HELM): *iam collum tritum habet; et Pompeius illum et Caesar subiecerunt: veteranum mancipium videtis*, später (13) *ipsum exoratum a Vatinio Gaio quoque verri adfuisse*.
256 KLEBS RE 1, 588 Nr. 141. Cic. Q. fr. 2, 15, 3. Att. 4, 16, 6. 15, 9.
257 MÜNZER RE 15, 613.
258 Cic. Scaur. 30; 33. Ascon. in Scaur. argum.
259 Ascon. a. O.
260 Ascon. init.
261 Cic. Att. 4, 15, 7. Ascon. in Scaur. argum.
262 Ascon. in Scaur. argum. 37.
263 MOMMSEN Strafr. 441. Ascon. zu § 46.

erhalten. Wie üblich, sprach er den Zeugen aus der Provinz die Glaubwürdigkeit ab (13; 38). Doch bemerkte er, daß kürzlich sein Bruder als Legat des Pompeius in Sardinien geweilt und sich dort große Beliebtheit erworben habe (39). Darum liege ihm ferne, alle Sarden in einen Topf zu werfen (43–44). Im allgemeinen seien sie jedoch ihrer Herkunft nach der Auswurf der Punier (42) und gehörten zu den unzuverlässigsten Untertanen (45). Mehr sachliches Gewicht kam dem Umstande zu, daß die Kläger es unterlassen hatten, selbst Sardinien zu bereisen. Cicero hält ihnen seine mühevollen Nachforschungen im Verresprozeß und seine kürzliche Reise anläßlich der Reatinerstreitigkeit entgegen (23–28).

Während Clodius zu den Verteidigern gehörte, stand sein Bruder, der Consul Ap. Claudius, auf der Gegenseite. Cicero entschuldigt dieses „Versehen" (31) unter ständigen Verbeugungen damit, daß er Amtsvorgänger des Scaurus in Sardinien gewesen sei und sich auf seine Kosten in gute Erinnerung bringen wolle (33), und weiter damit, daß er geglaubt habe, sein Bruder C. Claudius wolle sich ebenfalls um das Consulat bewerben (34–35). Dem Ruf des Scaurus könnten natürlich solche *inimicitiae* nichts schaden (32). Zum Schluß beschwor er die Gestalten des Großvaters L. Caecilius Metellus Delmaticus,[264] des Pontifex maximus, und des Vaters M. Aemilius Scaurus, des Princeps senatus (46–50). Dank dieser Abstammung und den vornehmen Fürsprechern wurde der Angeklagte mit großer Mehrheit freigesprochen.[265]

Um dieselbe Zeit, einige Tage vor den am 4. September[266] beginnenden Ludi Romani,[267] verteidigte Cicero den Aedilen[268] Cn. Plancius gegen die von M. Iuventius Laterensis[269] und L. Cassius Longinus[270] erhobene Anklage auf Grund der Lex Licinia *de sodaliciis*.[271] Es war ein typischer Ambitusprozeß ohne allgemeineres politisches Interesse. Plancius gehörte ebenso zu den *boni* wie die Ankläger. Wenn wir Cicero glauben dürfen, stand die strafrechtliche Begründung auf ganz schwachen Füßen. Er bestritt von vornherein, daß Plancius unrechtmäßige Praktiken habe anwenden müssen (6), und behandelte diese Seite der Angelegenheit mehr beiläufig (36–57). Doch ist möglich, daß Hortensius, der tags zuvor gesprochen hatte (37), schon ausführlicher darauf eingegangen war. Im übrigen ist die Rede, sofern sie die Topik des Ambitusprozesses entfaltet, gerade wie die für Murena von größter Wichtigkeit für die Kenntnis des wirklichen politischen Lebens.[272]

Wie Cicero gleich zu Beginn bemerkt (3), hatten die Ankläger sich beinahe mehr mit seiner Person befaßt als mit Plancius. Laterensis fühlte sich dadurch tief verletzt, daß Cicero diese Verteidigung übernahm, weil er insonderheit im Jahr 58

---

264 MÜNZER RE 3, 1212 Nr. 91.
265 Cic. Att. 4, 17, 4. Asc. in Scaur. fin. Val. Max. 8, 1, 10.
266 WISSOWA RuKR² 587.
267 Cic. Planc. 83.
268 Über die Möglichkeit strafrechtlicher Verfolgung eines amtierenden Magistrats MOMMSEN R. St. R. 1, 708, 2.
269 MÜNZER RE 10, 1366.
270 MÜNZER RE 3, 1739 Nr. 65. Cic. Planc. 58.
271 Cic. Planc. 36.
272 Würdigung der Rede durch W. KROLL Rh. Mus. 86, 127 ff.

sich mit größtem Eifer für Cicero und während des Exils auch für seine Familie eingesetzt hatte,[273] und seine gereizte Stimmung wurde natürlich durch die Aussicht, daß der große Meister des Worts wahrscheinlich die Richter von der Unschuld seines Lebensretters (102) überzeugen werde, noch verschärft. So suchte er recht geschickt die von Cicero zu erwartenden rhetorischen Kunstgriffe im voraus um ihre Wirkung zu bringen,[274] traf dann aber in seinem Bemühen, die von Cicero überschwenglich gepriesene Rettertat des Plancius als unbedeutend und überflüssig abzutun,[275] auch den Verteidiger an seiner empfindlichsten Stelle. Denn er ging soweit zu behaupten, daß dieser im Jahr 58 gar nicht ernsthaft gefährdet gewesen sei (86), aus allzugroßer Ängstlichkeit für sein Leben ins Exil flüchtete (90) und Senat, Ritterschaft (87) und *boni* (89), die sich wehren wollten, im Stiche ließ, beraubte ihn also des Ruhms, sich zur Vermeidung blutigen Bürgerkriegs in hochherzigster Gesinnung geopfert zu haben. Die damals gezeigte Schwäche brachte er dann in Verbindung mit der jetzt bei Cicero festzustellenden Preisgabe seiner senatorischen Unabhängigkeit (91), worauf auch die Wendung anspielte, daß Cicero „zu viele verteidige".[276]

Auf den ersten Punkt erwidert Cicero, daß tatsächlich der schrecklichste Bürgerkrieg ausgebrochen wäre, da die beiden damaligen Consuln, die scheußlichsten der ganzen römischen Geschichte – zur selben Zeit verteidigte er neben Clodius und Piso den Scaurus – auf der Gegenseite standen und Clodius immerzu behauptete, außer ihnen auch die drei Machthaber,[277] für sich zu haben (86). Den Tod fürchtete der Held des Jahrs 63 nicht, er hätte ihm die Unsterblichkeit eingetragen, aber um des Staats willen mußte die Begierde zu sterben hintangestellt werden. Beim zweiten Punkt[278] handelte es sich einmal um die Pflicht der Dankbarkeit. Dann würde auch die *res publica*, der er bisher stets und durchaus nicht zu eigenem Vorteil gedient habe, selbst ihn auffordern, auch an sich und die Seinigen zu denken (92). Allein, in Wirklichkeit ist Cicero überhaupt derselbe geblieben; der Staat befindet sich in einer Kreislaufbewegung, und diese Bewegung fordert vom Bürger, daß er immer wieder die Haltung wählt, die dem Staate frommt (93). So wird ihm sein Verhältnis zu Pompeius und Caesar vom Staate vorgeschrieben. Soll er den Pompeius nicht ehren, *quem omnes in re publica principem esse concedunt*? Ebenso steht es mit Caesar, der zuerst vom römischen Volk, jetzt aber auch vom Senat mit höchster Anerkennung ausgezeichnet wurde (93). Lebenserfahrung und Geschichtswerke lehren, daß die klügsten und berühmtesten Politiker nicht immer auf derselben Meinung verharrten, sondern sich nach den jeweiligen Erfordernissen richteten (94).[279] Gerade solche Anpassung sei die wahre Freiheit. Die Schrift Theophrasts

---

273 Cic. Planc. 2; 73; 78; 79.
274 Cic. Planc. 75–76. 83–85. CIACERI 2, 131 äußert die Vermutung, daß Cicero sich teilweise auf Zwischenrufe beziehe, die während seiner Rede fielen.
275 Cic. Planc. 72; 95 *me arcem facere e cloaca lapidemque e sepulcro venerari pro deo*.
276 Natürlich vor allem in Hinsicht auf Vatinius; vgl. Catull. 49, 7 *optimus omnium patronus*.
277 *Qui exercitu, qui armis, qui opibus plurimum poterant*.
278 Cic. Planc. 91 *quod non ab omnibus isdem a quibus antea solitus sum dissentire dissentiam*.
279 *Rei publicae status, inclinatio temporum, ratio concordiae*.

„Politik nach der Zeitlage", die ihn schon 59 tröstete, bot ihm jetzt wieder willkommene Hilfe![280]

Über den Ausgang des Prozesses ist nichts überliefert. Aber, da Cicero bald darauf dem Bruder berichtet, er habe diese Rede und die für Scaurus zur Veröffentlichung niedergeschrieben,[281] so ist am Erfolg nicht zu zweifeln. In demselben Brief meldet er, daß Gabinius, den er in der Planciusrede als *saltator Catilinae* noch besonders beschimpft hatte (87), am 19. September vor der Stadt anlangte. Es waren bereits drei Prozesse gegen ihn eingeleitet wegen Maiestas, Repetunden und Ambitus.[282] Am 28. September erschien er im Senat, um seinen Anspruch auf den Triumph zu begründen. Da fast keine Senatoren anwesend waren, wollte er sich wieder zurückziehen. Doch hielten ihn die Consuln fest, damit er sich gegenüber den beschwerdeführenden Steuerpächtern verantworte. Wie schon wiederholt, machte sich Cicero zu ihrem Anwalt und rechnete mit dem verhaßten Feind Auge in Auge ab, natürlich im Ton der Pisoniana. Gabinius schleuderte ihm mit bebender Stimme „*exul*" entgegen. Da erhob sich der Senat und drang mit empörtem Geschrei auf ihn ein, ebenso die Staatspächter, eine Demonstration, die Cicero in innerster Seele wohltat.[283] Wie gerne wäre er in dem bevorstehenden Maiestas-Prozeß als Ankläger aufgetreten! Aber so weit durfte er aus Rücksicht auf Pompeius nicht gehen, hatte dieser doch bereits von ihm die Versöhnung verlangt, freilich umsonst. Cicero fügt bei:[284] *nec si ullam partem libertatis tenebo proficiet*.[285] Außerdem schien ihm die Verurteilung nicht sicher.[286] Auch am 21. Oktober, zwei Tage vor der Schlußverhandlung, sah er noch nicht deutlicher.[287] Am 23. Oktober wurde Gabinius tatsächlich mit 38 gegen 32 Stimmen freigesprochen, nach Ciceros Meinung vor allem unter dem Druck des Pompeius, um eine sonst zu befürchtende Dictatur zu vermeiden.[288] Auch er selbst vermochte diesem Druck nicht zu widerstehen und sagte als Zeuge so aus, daß Gabinius versprach, falls er nicht verurteilt würde, ihm Genugtuung zu leisten.[289] Er behauptete, sich möglichst neutral ausgedrückt zu haben.[290] Der treue Freund Cn. Sallustius[291] billigte diese Neutralität nicht; er meinte Cicero hätte anklagen oder andernfalls dem Pompeius den drin-

---

280 O. S. 121 f., Anm. 219. Darum auch im großen Brief an Lentulus Cic. fam. 1, 9, 21. Ebd. 18 vergleicht er sich mit Plato nach dem (v. Wilamowitz Platon 2, 280, 3. Anders f. Dornseiff Hermes 69, 223 ff.) unechten 5. Brief 322 b. Vgl. 7, 326 a; 331 a–d. Dieser habe sich nicht politisch betätigt, weil das Volk Athens für seinen Rat unzugänglich war. Cicero kann sich nicht von der Politik zurückziehen und freut sich, wenn sich sein persönliches Interesse mit einer politischen Haltung deckt, die jeder Gute anerkennen muß.
281 Cic. Q. fr. 3, 1, 11.
282 Cic. Q. fr. 3, 1, 15; 24. Att. 4, 18, 3. von der Mühll RE 7, 429.
283 Cic. Q. fr. 3, 2, 2 *aliquid in re publica perdita delectare* schreibt er dem Bruder.
284 Cic. Q. fr. 3, 1, 15.
285 Vgl. Cic. Planc. 91.
286 Cic. Q. fr. 3, 2, 2. 4, 2.
287 Cic. Q. fr. 3, 3, 3.
288 Cic. Att. 4, 18, 1; 3. 19, 1. Schoell frg. S. 485. Q. fr. 3, 4, 1.
289 Cic. Q. fr. 3, 4, 3. Att. 4, 18, 1.
290 Cic. Q. fr. 3, 4, 3 *hac mediocritate delector*. 5, 5. 9, 1. Cass. Dio 39, 62, 2 irrtümlich, Cicero habe aufs heftigste angeklagt. Ebenso verkehrt Appian. bell. civ. 2, 90.
291 Münzer RE 1 A, 1912 Nr. 6.

gend erbetenen Dienst leisten sollen, zu verteidigen. Nach Ciceros Ansicht hätte die Anklage den Bruch mit Pompeius bedeutet mit der Folge, daß Clodius wieder gegen ihn losgelassen worden wäre wie im Jahr 58. Damals hatte es schon genügt, daß er, der unermüdliche Lobredner des Pompeius, eine abweichende Haltung einnahm. Jetzt ist Pompeius viel Mächtiger,[292] er selbst erhebt gar keinen Anspruch mehr auf eine Führerstellung,[293] die *res publica*[294] bedeutet gar nichts mehr. Wie sollte er einen Kampf mit so ungleichen Mitteln wagen! Die Verteidigung dagegen wäre eine „ewige Schmach" gewesen.[295]

Als ihm dann auch Quintus aus Gallien schrieb, Caesars Gefolgsmann C. Vibius Pansa[296] meine, er hätte verteidigen sollen, führte er nochmals aus, in welch verkehrte Lage er dadurch gekommen wäre: Senat und Ritterstand hassen den Gabinius um Ciceros willen; diesen Haß hätte er auf sich gelenkt.[297] Noch im Dezember wiederholt er, lieber hätte ihn der Erdboden verschlingen mögen.[298] Wenn er sich auch zum Gleichmut zwingen wollte, in Wirklichkeit kündigte ihm der Skandal dieses Freispruchs den bevorstehenden Untergang der Republik[299] an. An Quintus 3, 4, 1: *vides nullam esse rem publicam, nullum senatum, nulla iudicia, nullam in ullo nostrum dignitatem*. In 5, 4 erläutert er diesen Zustand als die Vernichtung seiner politischen Existenz: *illud vero quod a puero adamaram* πολλὸν ἀριστεύειν καὶ ὑπείροχον ἔμμεναι ἄλλων[300] *totum occidisse*. Außer dem Gabiniusprozeß bewies vor allem der mit unglaublichen Mitteln betriebene Ambitus der Consulatskandidaten,[301] daß die alte Republik aus den Fugen ging. Man trieb wieder einem Interregnum entgegen; im November stand das schon fest; und dahinter lauerte die Dictatur.[302] Zweifellos fühlte Cicero ob diesem Zustand tiefen Schmerz; aber selbst handelnd eingreifen konnte er nicht mehr. Im Dezember schreibt er, über die Dictatur sei noch nichts entschieden: Pompeius sei abwesend,[303] Appius intrigiert, Hirrus betreibt sie, man spricht von vielen, die intercedieren wollen; das Volk ist gleichgültig, die *principes* wollen nicht, ich bleibe still.[304] Seine Gelassenheit erklärt er schon etwas früher dem Atticus folgendermaßen: „Ich denke daran, wie schön der Staat ein Weilchen war, als wir ihn regierten, welcher Dank mir erstattet wurde. Kein Schmerz würgt mich, daß Einer alles vermag; die zerplatzen, denen es leid tat, daß ich etwas vermochte."[305]

---

292 *Cum unus ille omnia possit* Cic. Q. fr. 3, 4, 2.
293 *Cum ego ne curem quidem multum posse.*
294 Gemeint die „Optimatenrepublik".
295 Cic. Q. fr. 3, 4, 2–3.
296 Cic. fam. 7, 12, 1 im Jahr 53 *Pansa meus*.
297 Cic. Q. fr. 3, 5, 5.
298 Cic. Q. fr. 3, 9, 1.
299 Cic. Att. 4, 18, 2. Q. fr. 3, 7, 1. 9, 3 im Dezember: *Gabini absolutio lex impunitatis putatur.*
300 Nach Hom. Il. L 784.
301 Cic. Att. 4, 17, 2–3. Q. fr. 3, 1, 16. 2, 3. 3, 2. 8, 3.
302 Cic. Att. 4, 18, 3. Q. fr. 3, 8, 4. 6, 9, 3.
303 Wegen der Getreideversorgung Cass. Dio 39, 63, 3.
304 Cic. Q. fr. 3, 9, 3.
305 Cic. Att. 4, 18, 2.

Solche vertraulichen Geständnisse bezeichnen besser als jede Schilderung eines andern die eigentümliche Begrenzung von Ciceros politischer Perspektive. Mit seinem Consulat und seiner ehrenvollen Rückkehr im Jahr 57 glaubte er tatsächlich die Krise der Republik überwunden zu haben. Wenn nun Pompeius das Heft in der Hand hielt – übrigens auch eine recht kurzsichtige Einschätzung der wirklichen Machtverhältnisse –, so war das nur die Schuld der optimatischen Neider. Aber ebenso charakteristisch ist dann, wie er fortfährt: Den besten Trost findet er in seiner eigentlichen Begabung, in Schriftstellerei und Philosophie.[306] So arbeitete er in jeder freien Stunde an ‚de re publica'. Im Tusculanum liest er dem Freunde Cn. Sallustius die beiden ersten Bücher vor. Dieser rät ihm, statt des Africanus sich selbst zur Hauptperson des Gesprächs zu machen, sei er doch kein Herakleides Pontikos, sondern ein Consular mit reicher eigener Erfahrung aus politisch bedeutsamer Zeit. Auch Aristoteles halte es so in seinem Dialog über Staat und Staatsmann.[307] Cicero hat davon nur abgesehen, weil er fürchtete, Lebende zu verletzen. Doch scheint ihm nun, das lasse sich vermeiden, und so plant er, das Gespräch sich und seinem Bruder zuzuschreiben.[308] Da er bei dieser Gelegenheit von einem Dialog in neun Büchern spricht, ist wohl anzunehmen, daß das Werk *de legibus* den erhaltenen Rest dieser zweiten Bearbeitung darstellt.[309]

Als nun aber im Dezember 54 der von C. Memmius[310] geführte Repetundenprozeß gegen Gabinius zur Verhandlung kam, setzte Pompeius erneut alle Hebel in Bewegung für seinen hochgeschätzten Gefolgsmann. Der erste Freispruch war keineswegs nach dem Geschmack des Straßenvolks gewesen.[311] Darum wartete er diesmal das Urteil auf seinem Gut außerhalb des Pomeriums ab und ließ nicht locker, bis Cicero sich förmlich mit Gabinius versöhnte und die Verteidigung übernahm.[312] Cicero strengte sich selbstverständlich ehrlich an, ihm zu helfen.[313] Denn das war ja bisher sein stärkster Einwand gegen diese Zumutung gewesen, daß er sich eine Schlappe holen könnte.[314] Desto schlimmer war es nun, daß die Hoffnung auf das Prestige des Pompeius trog. Mächtiger als je gellte ihm die Verhöhnung als „Überläufer" in den Ohren.[315] Jedoch zeigte sich andrerseits, daß er den Schlag leichter überwand, als er früher selbst geglaubt hätte.[316] So lange er reden konnte,

---

306 Cic. Att. 4, 18, 2. Vgl. fam. 1, 9, 23.
307 *De re publica et praestanti vivo*; vgl. Cic. fam. 1, 9, 21 *praestantibus in re publica gubernanda viris* Heinze Hermes 59, 78, 1 darüber, daß *praestans vir* hier πολιτικός wiedergibt. Vom Dialog des Aristoteles ist kein Fragment erhalten.
308 Cic. Q. fr. 3, 5, 1–2.
309 S. Häfner Die literar. Pläne Ciceros 95. Ciaceri 2, 186.
310 Cic. Rab. Post. 7. Münzer RE 15, 617.
311 Cass. Dio 39, 63, 1.
312 Cic. Rab. Post. 19; 32. Was Cicero 33 öffentlich über seine Willensfreiheit sagt, widerspricht den frühern vertraulichen Äußerungen.
313 Frg. bei Schoell S. 486.
314 Cic. Q. fr. 3, 2. 2, 4, 2.
315 Cass. Dio 39, 63, 5. 46, 3, 4. 8, 1. 22, 1.
316 Cic. Q. fr. 3, 5, 5 *concidissem*. 9, 1 τότε μοι χάνοι.

gab er öffentlich eine Niederlage niemals zu. So wird er wohl die Gelegenheit, sich nochmals vor einem Gerichtshof zur Sache zu äußern, gern ergriffen haben.[317]

Nachdem der von Gabinius zu vergütende Schaden von den Geschworenen festgesetzt worden war,[318] wurde zur Deckung des Betrags als einer, der sich an dem nunmehr zahlungsunfähigen Gabinius bereichert hatte, C. Rabirius Postumus, der zeitweilige Dioiket (Finanzminister) des ägyptischen Königs,[319] auf Grund des iulischen Repetundengesetzes ebenfalls von Memmius angeklagt.[320] Cicero bestritt die Rechtmäßigkeit des Verfahrens (8–13; 37–38) und die Glaubwürdigkeit der Zeugen (34–36). Da der Ankläger die frühere, für Gabinius günstige Zeugenaussage der Alexandriner ebenso wie Ciceros Verteidigung mit dem von Pompeius ausgeübten Druck erklärt hatte, betonte er angelegentlich, Pompeius habe ihm ein Opfer seiner Überzeugung nicht zugemutet und er selbst habe daher die Verteidigung ohne unehrliche Hintergedanken geführt (33). Rabirius war vor allem ein Gefolgsmann Caesars, und dieser hatte ihn vor dem Bankrott gerettet, indem er die von Ptolemaios nicht einzutreibende Schuld selber übernahm. Diese Freundestreue pries Cicero in den höchsten Tönen. Sehr wirkungsvoll stellte er vor Augen, wie Caesar, der eben in diesem Winter durch seinen Sieg über Eburonen, Nervier und Aduatuker Q. Cicero aus größter Gefahr befreit hatte,[321] trotz räumlicher Entfernung und dem Höhenunterschied des sozialen und politischen Rangs seinen alten Freund aus dem Ritterstande nicht vergaß. Die Richter sollen diese Tat unerhörten Edelmuts nicht entwerten, zumal es sich überhaupt um einen Angriff auf Caesars *dignitas* handelt (41–44). Cicero erinnerte auch an seine eigene Verbundenheit mit dem Ritterstand (15), und so ist anzunehmen, daß er in diesem Prozeß obsiegte.[322]

Die Worte über Caesar atmen aufrichtige Wärme,[323] die man ihm in seiner Isolierung wohl nachfühlen kann. Verständnis dafür erhofft er wie von Atticus auch von dem wohlgesinnten Lentulus Spinther.[324] Der lange Brief, worin er seine politische Entwicklung seit 56 darlegt, ist allerdings noch vor der Verteidigung des Gabinius geschrieben. Auch sonst ließ er die persönlichen Beziehungen zu den führenden Optimaten nicht abreißen. So verfaßte er dem Consul L. Domitius Ahenobarbus zum 23. November 54 die *laudatio funebris* für seinen Sohn Atilius Serranus.[325] Etwa im November 54 schrieb er an Atticus, daß er vom 13. Januar 53 ab sich als Pompeius' Legat in der Getreideversorgung betätigen werde.[326] Ob das ausgeführt wurde, wissen wir nicht.

Seit Beginn des Jahrs 53 befand sich das politische Leben in einem noch nie dagewesenen Zustand der Zerrüttung. Die einzigen gewählten Beamten waren die

---

317 Dezember 54 oder Anfang 53.
318 Cic. Rab. Post. 8.
319 Cic. Rab. Post. 22. VON DER MÜHLL RE 1 A. 26.
320 Cic. Rab. Post. 7. MOMMSEN Strafr. 731.
321 Caes. Gall. 5, 39, 3. 51, 5.
322 Vgl. VON DER MÜHLL RE 1 A, 27. CIACERI 2, 136.
323 Vgl. Cic. Att. 4, 19, 2 *haec enim me una ex hoc naufragio tabula delectat*.
324 Cic. fam. 1, 9, 21–22.
325 Cic. Q. fr. 3, 8, 5 mit MÜNZERS Emendation *Domitii* für *Domestici* Röm. Adelsparteien 332. Anders, nicht überzeugend C. CICHORIUS Röm. Studien 244.
326 Cic. Att. 4, 19, 2; gewiß nicht in Spanien, wie CIACERI 2, 134 meint.

Volkstribunen.[327] Erst im Juli ließ Pompeius auf Grund ihm erteilter Vollmacht die Consuln Cn. Domitius Calvinus und M. Valerius Messalla wählen.[328] Der eigentliche Kampf ging um die Dictatur des Pompeius. Da dieser selbst in seiner bekannten Manier nicht Farbe bekannte, gelang es M. Cato, schließlich diese ungefährlichere Lösung durchzusetzen.[329] Cicero wird sich möglichst zurückgehalten haben. Innerlich war er empört über das Possenspiel, das mit der Verfassung getrieben wurde. An Trebatius schrieb er mit bitterem Scherz über die Dauerinterregna.[330] Außer den Briefen an diesen, worin er nach wie vor seinen Witzen freien Lauf ließ,[331] besitzen wir aus dieser Zeit einige an den hochbefähigten C. Scribonius Curio,[332] in dem er eine zuverlässige Stütze zu gewinnen hoffte.[333] Ihm schrieb er, ein richtiger Bürger könne in solcher Zeit nicht mehr lachen.[334] Man stehe am Ende,[335] daher brauche man dringend einen Mann seiner Gaben.[336]

Sein größtes Anliegen war, daß Milo für das Jahr 52 zum Consul gewählt würde, und dafür warb er auch bei Curio.[337] Denn Clodius bewarb sich um die Praetur[338] und unterstützte eifrig die Gegenkandidaten Milos, P. Plautius Hypsaeus und Q. Metellus Scipio.[339] Da Pompeius und Caesar Milo ablehnten,[340] waren die Aussichten allerdings sehr zweifelhaft. Die Kandidaten kämpften nicht nur mit Geld, sondern lieferten sich auch Straßenschlachten.[341] Als der Senat darüber beriet, richtete Clodius, der seine Kandidatur zurückgezogen hatte,[342] heftige Beschuldigungen gegen Milos Gewaltakte und hielt ihm vor, daß er seine Schulden mit 6 Millionen Sesterzen viel zu niedrig angegeben habe. Einem solchen Bankrotteur dürfe man nicht den Staat ausliefern. Darauf erbat sich Cicero nochmals das Wort und beantwortete den Angriff mit der Interrogatio de aere alieno Milonis.[343] Das ganze Leben des Clodius wurde als Kette von Ruchlosigkeiten dargestellt, dabei geflissentlich die frühere Feindschaft gegen Pompeius hervorgehoben.[344] Er allein trage auch jetzt die Schuld an den Krawallen zur Verhinderung der Wahlen, wobei sogar die amtierenden Consuln mit Steinen beworfen wurden.[345] Die Senats-

327 Cass. Dio 40, 45, 3. Vgl. MÜNZER Hermes 71, 223.
328 Cass. Dio 40, 45, 2. Appian. bell. civ. 2, 71.
329 Plut. Pomp. 54, 5.
330 Cic. fam. 7, 11, 1.
331 Cic. fam. 7, 11. 12. 13. 14. 15. 18.
332 MÜNZER RE 2 A, 868.
333 Cic. fam. 2, 1, 2.
334 Cic. fam. 2, 4, 1.
335 Cic. fam. 2, 5, 2 *ita sunt omnia debilitata et iam prope extincta.*
336 Cic. fam. 2, 3, 2. 5, 2. Brut. 280. Phil. 2, 46.
337 Cic. fam. 2, 6.
338 Cic. Mil. 24.
339 Cic. Mil. 25. Ascon. in Mil. argum.
340 Cic. Q. fr. 3, 2, 2. 8, 6. fam. 7, 6, 3.
341 Ascon. in Mil. argum. und zu § 37. Nach der Vermutung des Asconius soll Cicero bei einer solchen Gelegenheit in die Lebensgefahr geraten sein, von der er Mil. 37 spricht.
342 Interrogatio de aere al. Mil. frg. 16 SCHOELL S. 455. Cic. Mil. 24.
343 Fragm. erhalten durch Schol. Bob. SCHOELL S. 451 ff.
344 Frg. 3. 4. 10. 25.
345 Frg. 13. Cic. Mil. 41; 96. Vgl. Cass. Dio 40, 46, 3.

X. „me status hic rei publicae non delectat" 187

sitzung verlief ergebnislos, und so kamen auch in diesem Jahr weder Consuln- noch Praetorenwahlen zustande.[346]

Dagegen wurde Cicero als Nachfolger des im Juni 53 bei Carrhae gefallenen P. Crassus nach Nomination durch Pompeius und Hortensius[347] zum Augur gewählt,[348] eine Ehre, die ihn nach dem Verlust seines früheren politischen Ansehens sehr befriedigte.[349] Bemerkenswert war, daß C. Lucilius Hirrus, der Verwandte und Gefolgsmann des Pompeius, gegen ihn unterlag.[350] Auch M. Antonius rühmte sich später, Cicero den Vortritt gelassen zu haben.[351] Dies bestreitet Cicero entschieden; indessen hatte Caesar zwischen ihnen vermittelt, so daß Cicero den Antonius bei der Bewerbung um die Quaestur für 52 unterstützte. Hingegen wollte er nicht wahrhaben, daß er den Antonius zu einem Attentat auf Clodius ermuntert habe.[352]

Pompeius wollte um jeden Preis die Wahl Milos zum Consulat verhindern und ließ seit dem 1. Januar 52 durch den Volkstribunen T. Munatius Plancus Bursa gegen die Bestellung eines Interrex intercedieren.[353] Da wurde am 18. Januar Clodius bei einem Zusammenstoß mit der Schutzwache Milos auf der Via Appia bei Bovillae niedergemacht.

Die wüsten Ausschreitungen des Pöbels an den folgenden Tagen[354] zwangen den Senat zu durchgreifenden Beschlüssen: Zunächst wurde ein Interrex bestellt und diesem, den Volkstribunen und dem vor der Stadt weilenden Proconsul Pompeius der Schutz des Staates übertragen.[355] Einige Tage später erhielt Pompeius noch die Vollmacht, zur Wiederherstellung der Ordnung in ganz Italien Truppen auszuheben.[356] Pompeius hatte bald die erforderlichen Mannschaften beisammen, ließ aber den Dingen weiter ihren Lauf, bis er am 24. Intercalaris (dem im altrömischen Kalender nach dem 23. Februar eingeschobenen Schaltmonat von 23 oder 22 Tagen, denen die Tage vom 24.–28. angehängt wurden) zum Consul *sine collega* gewählt wurde.[357] Seit der Ermordung des Clodius waren 58 Tage vergangen,[358] während deren er mit Caesar einerseits und den von Cato[359] geführten Optimaten andrerseits über die für ihn zu schaffende Stellung verhandelt hatte.[360] Caesars Gefolgsleute in Rom verlangten zunächst für ihren Patron die zweite Consulatsstel-

---

346 Cass. Dio 40, 46, 3.
347 Cic. Brut. 1. Phil. 2, 4.
348 Plut. Cic. 36, 1.
349 Cic. leg. 2, 31. fam. 15, 4, 13.
350 Cic. fam. 8, 3, 1. 2, 15, 1. Att. 7, 1, 8. MÜNZER RE 13, 1643.
351 Cic. Phil. 2, 4.
352 Cic. Phil. 2, 21; 49. Mil. 40. Hirtius bell. Gall. 8, 2, 1.
353 Ascon. in Mil. argum. MÜNZER RE 16, 552.
354 Cic. Mil. 90–91.
355 Cic. Mil. 70. Cass. Dio 40, 49, 5.
356 Cic. Mil. 61; 67; 70. Cass. Dio 40, 50, 1. Ascon. in Mil. argum. S. 34. Cl. zu Mil. 67. Caes. Gall. 7, 1, 1. ED. MEYER Caes. 214, 2. 217.
357 Ascon. in Mil. argum. S. 36. Schol. Bob. arg. Cass. Dio 40, 50, 4. Plut. Pomp. 54, 8. Cat. min. 47, 3. Caes. 28, 7. Appian. bell. civ. 2, 84. Suet. Caes. 26, 1. Val. Max. 8, 15, 8. Liv. per. 107. ‚Pompeius' 160.
358 ED. MEYER Caes. 221, 3.
359 Plut. Cato min. 47, 2.
360 Die hohe Bedeutung dieses Vorgangs hat zuerst ED. MEYER 224 ff. richtig gewürdigt.

le.³⁶¹ Da angesichts des Vercingetorix-Aufstands in Gallien dieser Plan unmöglich wurde, setzte Caesar wenigstens das bindende Versprechen durch, daß ihm durch Plebiscit das Recht gewährleistet werde, sich um sein zweites Consulat im Jahr 48 nicht persönlich bewerben zu müssen.³⁶²

Von den führenden Köpfen des Tribunencollegiums war nur M. Caelius scharf optimatisch, im Gegensatz zu T. Munatius Plancus Bursa, Q. Pompeius Rufus und C. Sallustius Crispus, dem Verfasser der Invective gegen Cicero und nachmals berühmten Historiker.³⁶³ Um sich gegen seine Intercession zu sichern, berief Caesar Cicero nach Ravenna, und dieser versprach ihm in die Hand, Caelius davon abzuhalten. Auch Pompeius war mit diesem Mittlerdienst Ciceros durchaus einverstanden.³⁶⁴ Daß er sich bemühte, sich seinen beiden mächtigen „Freunden" nützlich zu erweisen, ist begreiflich. Denn er war durch die Ermordung seines verhaßten Feindes in eine schwierige Lage geraten. Er wollte Milo unbedingt die Treue halten,³⁶⁵ was seinem Charakter alle Ehre machte,³⁶⁶ den Absichten jener beiden aber stracks zuwiderlief.³⁶⁷ Außerdem bezichtigten ihn die für Bestrafung Milos eintretenden Volkstribunen Munatius Plancus, Pompeius Rufus und Sallust in ihren Hetzreden der geistigen Urheberschaft an der Bluttat.³⁶⁸ Während die beiden letztern nach einiger Zeit diese Angriffe einstellten, so daß man auf eine Versöhnung mit Cicero und Milo schloß,³⁶⁹ drohte Plancus Bursa auch Cicero mit einer Anklage.³⁷⁰

Schon bevor Pompeius das Consulat übernahm, richteten die Ankläger Milos im Schaltmonat an den tatsächlichen Inhaber des Notregiments den Antrag, es möchten ihnen Milos – vorsichtigerweise bereits freigelassene³⁷¹ – Sklaven zur Untersuchung ausgeliefert werden. Als Beistände Milos traten dagegen auf Hortensius, Cicero, M. Marcellus, M. Calidius, M. Cato, Faustus Sulla. Hortensius führte das Wort.³⁷² Bei Cicero ist zu beachten, daß er sich damit wieder in die Reihe der ausgesprochenen Optimaten gestellt hat. Als Consul griff Pompeius seine Aufgabe, wie man von ihm erwartete,³⁷³ energisch an. Schon am 26. Intercalaris legte er dem Senat zwei Gesetzesentwürfe *de ambitu* und *de vi* vor.³⁷⁴ Der erste³⁷⁵ fand trotz

---

361 Cass. Dio 40, 50, 3–51, 1.
362 Suet. Caes. 26, 1.
363 Cic. Mil. 91. Ascon. in Mil. argum. S. 33; 36; 37. Appian. bell. civ. 2, 79–83.
364 Cic. Att. 7, 1, 4. 3, 4. 6, 2. 8, 3, 3. Phil. 2, 24 sagt er, er habe dem Pompeius abgeraten.
365 Cic. Mil. 100. Att. 9, 7, 3.
366 Plut. Cic. 35, 5. Ascon. in Mil. argum. S. 38 Cl.
367 Cic. Mil. 61; 66; 67. Ascon. z. St. 88.
368 Cic. Mil. 12; 47 und Ascon. z. St. und § 67; ferner in Mil. argum. S. 37. Phil. 2, 21.
369 Ascon. in Mil. argum. S. 37. Damit mag zusammenhängen, daß sie in der veröffentlichten Rede nicht genannt werden. Freilich deutet Asconius zu § 45 den *mercennarius tribunus* auf Q. Pompeius und 47 *me videlicet latronem ac sicarium abiecti homines et perditi describebant*. Damit hat er auch dem Verfasser der Invective eine Antwort gegeben!
370 Ascon. in Mil. argum. S. 38. Cic. fam. 7, 2, 3.
371 Cic. Mil. 57.
372 Ascon. in Mil. argum. S. 34.
373 Cic. Mil. 78.
374 Ascon. in Mil. argum. S. 36.
375 RE 12, 2403.

Catos Widerspruch Zustimmung.³⁷⁶ Am 28. Intercalaris, dem Tage vor dem 1. März, wurde über den Vorschlag *de vi* beraten, der insbesondere auf Milo gemünzt war. Hortensius versuchte ein verschärftes Prozeßgesetz abzuwenden durch den Antrag, der Senat möge feststellen, die Bluttat vom 18. Januar und die nachfolgenden Krawalle seien gegen das Staatsinteresse erfolgt, im übrigen solle ein außerordentlicher Gerichtshof auf Grund der bestehenden Gesetze urteilen. Auch Cicero war eifrig in diesem Sinne tätig.³⁷⁷ Aber Q. Fufius Calenus, der alte Freund des Clodius, durchkreuzte die Rechnung, indem er über beide Punkte getrennte Abstimmung verlangte. Nachdem der Senat durch Annahme des ersten – nach Ansicht der Clodianer – dem Milo seine Mißbilligung ausgesprochen hatte,³⁷⁸ intercedierten Bursa und Sallust gegen den zweiten,³⁷⁹ und Pompeius brachte dann vor dem Volk sein scharfes Gesetz durch.³⁸⁰ M. Caelius kämpfte leidenschaftlich dagegen mit dem Hinweis, es sei ein „Privileg" gegen Milo.³⁸¹ Schon darüber geriet der sonst so phlegmatische Pompeius in solchen Zorn, daß er schrie, er werde den Staat gegebenenfalls mit den Waffen verteidigen.³⁸² Die Atmosphäre wurde noch ungünstiger, weil Pompeius sich selbst durch Attentate bedroht glaubte.³⁸³ Milo wurde gleichzeitig *de vi*, *de sodaliciis* (staatsgefährliche Vereine) und *de ambitu* belangt.³⁸⁴ Man begann mit der Verhandlung *de vi* am 4. April unter dem Vorsitz des Quaesitors L. Domitius Ahenobarbus (Consul 54).³⁸⁵ Nach den Zeugenverhören fand die Schlußverhandlung am 8. April statt.³⁸⁶ Zur Einschüchterung der Richter hatte Munatius Bursa am 7. noch eine Hetzversammlung abgehalten.³⁸⁷ Pompeius ließ das Forum, wo die Geschworenen tagten, mit mehreren Cohorten sichern; er selbst saß vor dem Aerarium.³⁸⁸ Die Verkaufsläden waren geschlossen, so daß kein Publikum Zutritt hatte.³⁸⁹

Da den Angeklagten nach dem neuen Gesetz nur drei Stunden Redezeit gestattet waren,³⁹⁰ sprach Cicero als einziger Patron.³⁹¹ Seine Nervenkraft war erschöpft. Um ihm weitere Aufregungen zu ersparen, ließ ihn Milo in einer geschlossenen Sänfte abholen. Als er begann, ertönte hinter der Absperrung das wüste Geschrei

---

376 Plut. Cat. min. 48, 5. Appian. bell. civ. 2, 88.
377 Cic. Mil. 13; 14; 23; 31.
378 Cic. Mil. 12.
379 Ascon. zu Mil. 14. P. Stein Senatssitzungen 53.
380 Cic. Mil. 13; 15; 70.
381 Ascon. in Mil. argum. S. 36. Gell. N. A. 10, 20, 3.
382 Ascon. in Mil. argum. S. 36.
383 Cic. Mil. 61–71. Ascon. in Mil. argum. S. 38.
384 Ascon. in Mil. argum. S. 38.
385 Cic. Mil. 22.
386 Ascon. in Mil. argum. S. 40.
387 Cic. Mil. 3; 71. Ascon. in Mil. argum. S. 40.
388 Ascon. in Mil. argum. S. 41. Cic. Mil. 67; 71. opt. gen. or. 10.
389 Cic. Mil. 1–3; 71; 101. opt. gen. or. 10. Ascon. in Mil. argum. S. 41. Cass. Dio 40, 53, 2–3. Plut. Cic. 35, 2. Pomp. 55, 6.
390 Ascon. in Mil. argum. S. 39.
391 Ascon. in Mil. argum. S. 41.

der Clodianer.³⁹² Ebenso brachte ihn der Anblick der Soldaten aus der Fassung.³⁹³ Er zitterte beim Reden, die Stimme versagte und er suchte möglichst bald zum Schluß zu kommen.³⁹⁴ Dem entsprach die Wirkung. Von den 51 Richtern sprachen 38 schuldig.³⁹⁵ Milo bewährte sich als tapferer Draufgänger und verschmähte es, die übliche Jammerszene zu spielen.³⁹⁶ Er begab sich sogleich ins Exil und wurde darauf abwesend noch *de ambitu, de sodaliciis* und nochmals *de vi* verurteilt.³⁹⁷

Ciceros Rede war nachgeschrieben worden.³⁹⁸ Es ist begreiflich, daß er dieses Denkmal seiner Niederlage durch ein Meisterwerk ersetzte, das nach antikem Urteil als seine beste Leistung galt.³⁹⁹ Er sandte es auch Milo nach Massilia, und dieser antwortete mit dem witzigen Kompliment, es sei sein Glück, daß Cicero vor dem Gerichtshof nicht so sprach, da er sonst nicht so gute Seebarben essen könnte.⁴⁰⁰

Cicero führte die Verteidigung durch den Nachweis, daß Milo in Notwehr gegen einen von Clodius vorbereiteten Überfall gehandelt habe.⁴⁰¹ Milo hatte kein Interesse an Clodius' Tod (34), Clodius war *latro*, Milo *viator* (55). Dieser Nachweis befriedigte die Richter nicht, weil tatsächlich Milo den bereits verwundeten Clodius hatte töten lassen.⁴⁰² M. Cato vertrat darum immer die Ansicht, Milo müsse freigesprochen werden als ein um den Staat hochverdienter Mann,⁴⁰³ und sein Neffe M. Brutus verfaßte eine in diesem Sinn gehaltene Rede.⁴⁰⁴ Cicero lehnte das ab (6) führte aber in der veröffentlichten Rede den Gedanken ebenfalls breit aus.⁴⁰⁵ Milo hat lediglich die Strafe der Götter vollstreckt.⁴⁰⁶ In Hellas würde er als Tyrannenmörder göttliche Ehren empfangen.⁴⁰⁷ Er hat einen Ruhm erworben, mit dem die Menschen den Aufstieg in den Himmel verdienen (97). In seiner hochherzigen Gesinnung nimmt er auch das Exil auf sich.⁴⁰⁸ Mit stärksten Farben wird geschildert, was gekommen wäre, wenn Clodius am Leben geblieben wäre.⁴⁰⁹ Den Pompeius erinnert Cicero an Clodius' Feindschaft im Jahr 58⁴¹⁰ und beschwört ihn, sich den Milo für künftige Fälle zu erhalten: *erit, erit illud profecto tempus et illucescet ille aliquando dies, cum tu salutaribus ut spero rebus tuis, sed fortasse motu aliquo*

---

392 Ascon. in Mil. argum. S. 41. Plut. Cic. 35, 2. Quintil. inst. or. 4, 3, 17.
393 Cass. Dio 40, 54, 2.
394 Cass. Dio 40, 54, 2. Plut. Cic. 35, 5. Schol. Bob. Mil. arg.
395 Ascon. in Mil. argum. S. 53.
396 Cic. Mil. 92; 101; 105. Plut. Cic. 35, 5.
397 Ascon. in Mil. argum. S. 54.
398 Ascon. in Mil. argum. S. 41. Schol. Bob. arg. frg. ed. KLOTZ S. 2.
399 Ascon. in Mil. argum. S. 42.
400 Cass. Dio 40, 54, 3–4. Vgl. 46, 7, 3.
401 Cic. Mil. 6; 9–11; 23; 26–29; 30; 37; 44–46.
402 Ascon. in Mil. argum. S. 35; 54.
403 Cic. fam. 15, 4, 12. Ascon. in Mil. argum. S. 54. Vell. Pat. 2, 47, 4.
404 Quintil. inst. or. 3, 6, 93. RE 10, 978.
405 Cic. Mil. 72–83. Der Abschnitt 72–91 wird 92 als *extra causam* bezeichnet.
406 Cic. Mil. 83–88. Vgl. leg. 2, 42.
407 Cic. Mil. 80. Vgl. 35.
408 Cic. Mil. 68; 93–98; 104.
409 Cic. Mil. 76; 89; vgl. 103.
410 Cic. Mil. 18; 21; 87.

communium temporum – qui quam crebro accidat experti scire debemus – et amicissimi benevolentiam et gravissimi hominis fidem et unius post homines natos fortissimi viri magnitudinem animi desideres (69). Natürlich vergißt er seine eigenen Großtaten nicht.[411] Die Lage gestattete nun auch wieder, die Verbundenheit mit den *boni* zu betonen.[412]

Wenn auch der Prozeßausgang die angedeuteten Erwartungen nicht erfüllte, so bekundete die veröffentlichte Rede doch eine gute Witterung für den beginnenden politischen Umschwung: Der scheinbar allmächtige Consul (70) geriet in die Strömung einer optimatischen Ordnungspolitik.[413]

Als M. Saufeius, der Anführer des Trupps, der den Clodius erschlug, zweimal wegen Vis belangt wurde und Cicero ihn verteidigte, wurde er beide Male freigesprochen.[414] Dagegen wurden Sex. Clodius und viele andere verurteilt.[415] Sogleich nach Ablauf des Tribunatsjahrs am 9. Dezember 52 kamen auch Q. Pompeius Rufus und T. Munatius Plancus an die Reihe.[416] In krassem Widerspruch zu seinem eigenen Gesetz stellte Pompeius Magnus dem Gerichtshof eine Lobschrift für Plancus zu.[417] Cicero hatte die Anklage übernommen. Er soll auch diesmal wie im Miloprozeß nicht besonders gut gesprochen haben;[418] allein die Richter waren über Pompeius' Parteilichkeit so empört, daß sie ihn schuldig sprachen. Cicero empfand über die Strafe des „erbärmlichen Clodiusaffen", der so infam gegen ihn gehetzt hatte, besondere Genugtuung, zumal er sie auch als persönlichen Sieg über Pompeius auffaßte.[419] In seinem an M. Marius gerichteten Brief vom Februar 51 spricht er davon, daß ihm auch sonst diese Prozesse[420] viel Arbeit machten, doch wissen wir im einzelnen nur, daß er im Jahr 52 den M. Aemilius Scaurus erfolglos wegen Ambitus verteidigte.[421] Auch die beiden Capitalprozesse, in denen er seinen nachmaligen Schwiegersohn P. Cornelius Dolabella[422] verteidigte,[423] mögen in diese Zeit gehören. Ferner wurde damals verurteilt sein ehemaliger Quaestor vom Jahr 63, T. Fadius, an den das Trostschreiben fam. 5, 18 gerichtet ist.[424] Dagegen scheint P. Sestius, dem Cicero in seinem Ambitusprozeß beistand,[425] freigesprochen worden zu sein.[426]

---

411 Cic. Mil. 8; 73; 82. 87; 94; 103.
412 Cic. Mil. 12; 21; 30; 88; 91; 94.
413 Cass. Dio 40, 50, 5. Vell. Pat. 2, 47, 3. 48, 4.
414 Ascon. in Mil. argum. S. 55. MÜNZER RE 2 A, 257 Nr. 6. SCHOELL frg. S. 482.
415 Ascon. in Mil. argum. 55/56.
416 Cass. Dio 40, 55, 1.
417 Cass. Dio a. O. Cic. fam. 7, 2, 2. Plut. Pomp. 55, 8. Cat. min. 48, 8. Val. Max. 6, 2, 5.
418 Cass. Dio 40, 55, 4.
419 Cic. fam. 7, 2, 3.
420 Des *iudicialis annus* Cic. Brut. 243.
421 Quintil. inst. or. 4, 1, 69. Appian. bell. civ. 2, 91. Cic. Brut. 324. off. 1, 138.
422 MÜNZER RE 4, 1300 Nr. 141.
423 Cic. fam. 3, 10, 5. 6, 11, 1.
424 MÜNZER RE 6, 1959 Nr. 9.
425 Cic. Att. 13, 49, 1. fam. 7, 24, 2.
426 MÜNZER RE 2 A, 1888.

X. „me status hic rei publicae non delectat"

Die Zeitgenossen beobachteten wohl, daß er in den Fällen des Milo und Bursa den Absichten des Pompeius zuwiderhandelte,[427] und er selbst empfand seine Haltung als Rückkehr zu den *boni: in primisque me delectavit tantum studium bonorum in me extitisse contra incredibilem contentionem clarissimi et potentissimi viri.*[428] Der quälende innere Zwiespalt, in den ihn seit dem Mai 56 die Abhängigkeit von den Verbündeten geführt hatte, wurde durch die neueste politische Entwicklung immer wesenloser. Soviel er an den einzelnen Wortführern der optimatischen Politik auszusetzen hatte, fühlte er sich nun, wo die Krise des Staats zusehends auf einen Kampf um das Ganze hintrieb, durchaus ihnen zugehörig. Denn sie waren doch nun einmal die Verteidiger der von ihren Ahnen geschaffenen *res publica*, an deren ehrwürdigen Formen und stolzen Erinnerungen[429] er mit allen Fasern seines Herzens hing.

Ein tiefer äußerer Einschnitt in seinem Leben kündete sich im Februar 51[430] an durch den Senatsbeschluß, er habe für ein Jahr das Proconsulat in der Provinz Kilikien zu übernehmen.[431] Eine Lex Pompeia des vorigen Jahrs hatte nämlich bestimmt, es solle der Senat bei Vergebung der consularen und praetorischen Provinzen die Magistrate früherer Jahre heranziehen.[432] Für Cicero, der nach seiner Quaestur keine Provinzialverwaltung mehr übernommen hatte, war dieser Beschluß eine unerfreuliche Überraschung.[433] Er sah in der ihm zugefallenen Aufgabe nur eine *ingens molestia*,[434] konnte sie aber infolge der gesetzlichen Bestimmungen diesmal nicht wie bisher ablehnen. Denn der Senat beschloß, offenbar auf Grund einer vom Gesetz erteilten Vollmacht, es sollten solche Senatoren die Provinzen übernehmen, die bisher noch nie Statthalter gewesen waren.[435] Da der von Crassus so unglücklich eröffnete Partherkrieg weiterging, brachte sie außerdem erhöhte Verantwortung. Kriegerische Lorbeeren waren gewiß nicht zu verachten, aber es sollte doch nicht zu gefährlich werden.[436] In dieser Hinsicht war unerfreulich, daß sich bei der Senatsberatung im März der Consul Ser. Sulpicius Rufus den Anträgen, für die beiden bedrohten Provinzen Syrien und Kilikien Truppenersatz zu bewilligen, widersetzte;[437] Cicero sollte sich die nötigen Heeresverstärkungen aus der Provinz

---

427 Cass. Dio 40, 55, 4.
428 Cic. fam. 7, 2, 2.
429 Cic. re p. 1, 34; 70. 2, 52. 66.
430 P. STEIN Senatssitzungen 55.
431 Cic. fam. 15, 9, 2. 14, 5. 2, 7, 4. Att. 5, 1, 1. 2, 3. 11, 5. 14, 1. 15, 1.
432 Cic. fam. 8, 8, 8. Caes. b. c. 1, 6, 5. 85, 9. Cass. Dio 40, 30, 1. 46, 2. 56, 1 spricht er von der Vorschrift, es müsse mindestens ein Quinquennium verflossen sein, was kaum richtig sein dürfte, wohl Vorwegnahme der kaiserzeitlichen Ordnung 53, 14, 2. GELZER Kl. Schr. 2, 221. Ein anderer Erklärungsversuch bei MOMMSEN R. St. R. 2, 249. WILLEMS Le sénat de la rép. rom. 2, 592.
433 Cic. fam. 3, 2, 1.
434 Cic. Att. 5, 2, 3. fam. 2, 7, 4.
435 Cic. fam. 2, 15, 4. Vgl. 8, 8, 8. 15, 1, 4. WILLEMS 2, 592.
436 Dieser Gedankengang des Caelius Cic. fam. 8, 5, 1 entsprach jedenfalls Ciceros eigener Stimmung, fam. 2, 10, 2.
437 Cic. fam. 3, 3, 1. 8, 5, 1. STEIN 55.

selbst beschaffen.⁴³⁸ Die Geldbewilligungen erfolgten⁴³⁹ mit der üblichen Großzügigkeit, so daß Cicero am Ende des Proconsulats einen Überschuß von 2 200 000 Sesterzen behielt.⁴⁴⁰

Cicero blieb bis Ende April 51 in Rom⁴⁴¹ und erlebte noch den ersten großen Vorstoß des Consuls M. Marcellus gegen Caesar mit, der im allgemeinen erfolglos blieb, nur den wegen tribunicischer Intercession rechtsunwirksamen Senatsbeschluß zutage förderte, es stehe den Colonisten Caesars in Novum Comum das römische Bürgerrecht nicht zu.⁴⁴²

Sozusagen als sein geistiges Vermächtnis für die Zeit der Abwesenheit veröffentlichte er in diesen Wochen seine sechs Bücher *de re publica*. Etwa am 22. Mai schrieb ihm M. Caelius *„Tui politici libri omnibus vigent"*.⁴⁴³ Wie wir sahen,⁴⁴⁴ hatte er dieses Werk unmittelbar nach dem Abschluß von *de oratore* im Jahr 55 in Angriff genommen, und die Arbeit daran und zugleich auch an *de legibus* begleitete ihn alle die Jahre hindurch. Daß von diesem, dem Dialog *de oratore* schriftstellerisch mindestens ebenbürtigen Meisterwerk nur Bruchstücke auf uns gelangt sind, gehört zu den schmerzlichsten Verlusten der römischen Literaturgeschichte.

Mit Recht betont die neuere Forschung, daß es sich um ein philosophisches Werk handelt, mit dem Cicero bewußt ein römisches Gegenstück zu Platons Politeia schaffen wollte.⁴⁴⁵

---

438 Cic. fam. 15, 4, 3.
439 Wohl erst im Mai Cic. Att. 5, 4, 2.
440 Cic. fam. 5, 20, 9. Att. 11, 1, 2. MOMMSEN R. St. R. 1, 298, 1.
441 O. E. SCHMIDT Briefwechsel des M. Tullius Cicero (1893) 72.
442 Cic. fam. 4, 3, 1. Suet. Caes. 28, 3. Plut. Caes. 29, 2. Cic. Att. 5, 2, 3 vom 10. Mai 51 *nondum enim satis huc erat adlatum quo modo Caesar ferret de auctoritate perscripta*. HOLMES Rom. Rep. 2, 239. P. STEIN 102. ‚Caesar' 145 Anm. 312.
443 Cic. fam. 8, 1, 4. O. E. SCHMIDT 11. 75.
444 O. S. 173.
445 Plin. n. h. praef. 22. Cic. fam. 1, 9, 18. R. HARDER Antike 5 (1929). 306 ff. = Kl. Schr. (1960) 344 ff. Über Ciceros Somnium Scipionis (Schriften der Königsberger Gesellsch. 6) 115 ff. = Kl. Schr. 354 ff. besonders 388. M. POHLENZ Festschr. f. R. REITZENSTEIN dargebr. 1931, 77. 104. Das Verhältnis zur griechischen Staatsphilosophie behandelt VIKTOR PÖSCHL Röm. Staat und griech. Staatsdenken bei Cicero 1936; über Platon 108 ff. vgl. DIETRICH MACK Gnomon 14 (1938), 148 ff. Für Ciceros Verhältnis zu Platon ist sehr wichtig die Erkenntnis des Aufsatzes von WALTER BURKERT Cicero als Platoniker und Skeptiker (Gymnasium 72, 1965, 175 ff. bes. 179 ff.), daß er Platon mit von Philon und Antiochos geschulten Augen las. Sehr anregend wirkte seinerzeit R. REITZENSTEIN Die Idee des Principats bei Cicero und Augustus (GGN 1917), 399–436. 481–598, worin er behauptete, Cicero vertrete die von Panaitios übernommene Lehre eines monarchischen Principats und das Principat des Pompeius, 402. 428. 434. 493. ED. MEYER Caesars Mon. 188 behauptete: „Daß Cicero bei der Schilderung des republikanischen Regenten an Pompeius gedacht hat, bedarf keiner Ausführungen." Er beachtete nicht, daß Pompeius die philosophische Bildung, die Cicero von seinem Staatsmann fordert, nicht besaß. MEYER zustimmend A. v. PREMERSTEIN Vom Werden und Wesen des Prinzipats, Abh. München 1937, aus dem Nachlaß herausgegeben von H. VOLKMANN Heft 15, 5 (Der Herausgeber scheint der im folgenden angeführten Ansicht den Vorzug zu geben). Diese Auffassung hat R. HEINZE Hermes 59 (1924), 73 ff. = Vom Geist des Römertums (1938) 142 ff. in seinem bahnbrechenden Aufsatz „Ciceros Staat als politische Tendenzschrift" widerlegt. Ihm folgen K. SPREY De M. Tulli Ciceronis politica doctrina, Diss. Amsterdam 1928, 254. ALFRED

Der eindringliche Vergleich mit den griechischen Vorgängern[446] lehrt, wie Cicero sich die griechische Philosophie dermaßen zu eigen gemacht hat,[447] daß er seinen Stoff als Römer für Römer mit voller künstlerischer Freiheit gestaltet. Mit berechtigtem Stolz hebt er hervor,[448] daß er im Gegensatz zu allen griechischen Büchern nicht einen Idealstaat konstruiert, sondern seine Gedanken über die beste Verfassung und Regierung am Beispiel des altrömischen Staats durchführt, von dem er überzeugt ist, daß er wie kein anderer den besten Staat in der Geschichte verwirklicht habe.[449] Seine Dialogteilnehmer sind bewährte oder angehende Staatsmänner, vorab die Hauptperson Scipio Aemilianus wird als der größte Mann seiner Zeit eingeführt.[450] Er ist ein *princeps rei publicae*,[451] aber als der vertraute Freund und Gönner von Polybios und Panaitios (1, 34) besonders geeignet, von Cicero, der selbst in einer Person Staatsmann und Philosoph verkörpert (1, 13),[452] zur Darlegung seiner Lehre verwendet zu werden. Wie wir sahen,[453] dachte er eine Zeitlang daran, sich selbst als Hauptperson reden zu lassen, und man wird gut tun, das über der geschichtlichen Einkleidung nicht zu vergessen. Weil wie bei Scipio auch bei C. Laelius und L. Furius Philus die römischen politischen Überlieferungen sich mit Philosophie verbinden, ruft er 3, 5 aus: *quid perfectius cogitari potest?* – Leitung des Staats (*civitatis gubernatio*) ist die vornehmste Art, die *virtus* zu betätigen (1,

---

GWOSZD Der Begriff des röm. princeps, Diss. Breslau 1933, 90 ff. Weiter GUNNAR CARLSSON Eine Denkschrift an Caesar über den Staat, Lund 1936, 105 ff. Für REITZENSTEINS These CIACERI 2, 177, der aber 183 der Ansicht ist, daß Cicero sich selbst im Bilde des vollkommenen Staatsmanns darstellte. Unzulänglich wegen mangelhafter Kenntnis der maßgeblichen wissenschaftlichen Literatur H. WAGENVOORT Philologus 91 (1936), 206 ff., 323 ff. Ebenso urteilt JEAN BÉRANGER Recherches sur l'aspect idéologique du principat (1953) 35, 25. Über den Begriff *princeps* in republikanischer Zeit grundlegend LOTHAR WICKERT RE 22 (1954), 2014–2057. Ferner Gnomon 28 (1956), 294–299 (Besprechung von ETTORE LEPORE Il princeps ciceroniano e gli ideali politici della tarda repubblica 1954), zuletzt MÉLANGES CARCOPINO (1966) 979–986 ‚Princeps'. Gnomon 295 faßt er als Ergebnis zusammen: „Der ideale Staatsmann, wie er in Ciceros politischem Denken allmählich Gestalt gewinnt, ist der *princeps* nicht im Sinn der Superiorität, nicht der *princeps civitatis*, sondern der *princeps* schlechthin, der Mann der heilsamen Initiative, der *auctor* alles dessen, was dem Gemeinwesen nützen kann." Diese Formulierung wird abgeleitet aus de or. 1, 211. 3, 63; 122. Aber 1, 211 zeigt, wie Cicero bei *consilii publici auctor* an *principes civitatis* im üblichen Sinn denkt, die ersten Männer des Senats, die durch ihre *sentientia* wirken. Die Voraussetzung solcher Wirkung ist die vollendete Redekunst. Man sollte nie vergessen, daß Cicero immer sich im Auge hatte, wie leg. 3, 14 zeigt. Darin grundverschieden von Platon, der kein Staatsmann war.

446 Über Polybios PÖSCHL 40 ff.
447 PÖSCHL 161 verweist auf Cic. leg. 1, 63 *quod eam* (sc. *sapientiam*) *cuius studio teneor quaeque me eum, quicumque sum, effecit, non possum silentio praeterire*.
448 Cic. re p. 2, 3; 21. Vgl. Liv. 26, 22, 14.
449 Cic. re p. 1, 34; 70. Vgl. 2, 64; 66. leg. 3, 29.
450 Cic. re p. 1, 31; 34; 37; 71.
451 (Wie in de or. 1, 225 L. Crassus) Cic. re p 1, 35 *procuratio atque administratio rei publicae* ist ihm von Vorfahren als Erbe vermacht. Vgl. fin. 5, 11.
452 *Quoniam nobis contigit, ut iidem et in gerenda re publica aliquid essemus memoria dignum consecuti et in explicandis rationibus rerum civilium quandam facultatem non modo usu, sed etiam studio discendi et docendi essemus auctores.*
453 O. S. 184.

2). Der Staatsmann steht über dem Nur-Philosophen. Wer die Menschheit zu ihrer höheren Bestimmung führen will, muß Politiker sein (1, 3). Wenn er im Prooemium (1, 4–12)[454] die Einwände gegen politische Betätigung zurückweist, stellt er seine Person als Beispiel in den Mittelpunkt. Denn nie bestand für den Weisen größere Notwendigkeit, in die Politik einzugreifen, als im Jahr 63.[455] Einer ähnlichen Lage sah sich Scipio im Jahr 129 gegenüber: Senat und Volk waren durch den Tod des Ti. Gracchus in zwei Parteien zerrissen, einzig Scipio wäre fähig gewesen, die Schwierigkeiten zu meistern, wenn ihm die Neider freie Hand gelassen hätten (1, 31). Ihm hätte eine Dictatur zur Ordnung des Staates gebührt.[456]

Daran, daß Cicero die Not der Gegenwart ebenso schwarz sah, ist nicht zu zweifeln.[457] Folglich wird ihm auch eine entsprechende Dictatur als Ausweg vorgeschwebt haben.[458] Nachdem im September 46 Caesar den unversöhnlichen M. Marcellus begnadigt hatte, war er kurze Zeit sogar bereit, solche staatsmännische Größe mit dieser Aufgabe zu betrauen.[459] Seit 57 war davon die Rede, daß dem Pompeius eine solche Vollmacht übertragen werden müsse.[460] Aber, indem Cicero 51 mit einem staatsphilosophischen Werk hervortrat, gab er deutlich zu erkennen daß es ihm darauf ankam, die geistige Grundlage für die Reform zu schaffen, nicht um eine Personenfrage.[461] Er schrieb *de optimo statu civitatis et de optimo cive*,[462] um damit einen Maßstab aufzustellen für das Wesen römischer Staatskunst; und nicht zum wenigsten maß er sich selbst daran.[463] So zeigt er in den vier ersten Büchern, daß der geschichtliche Römerstaat dem Ideal entspricht, weil er zur Mischverfassung gelangte;[464] aber auch diese Verfassung bewährt ihre Vorzüge nur, wenn sie wie zur Zeit der Väter von den geeigneten Männern gehandhabt wird. Darum widmet er die beiden letzten Bücher der Darstellung des wahren Staatsmanns,[465] auf dessen Bedeutung innerhalb des Werks er schon 2, 51 hingewiesen hat.[466] Dem

---

454 M. POHLENZ Festschrift f. Reitzenstein 73.
455 Cic. re p. 1, 10 *consul autem esse qui potui, nisi eum vitae cursum tenuissem a pueritia, per quem equestri loco natus pervenirem ad honorem amplissimum?*
456 Cic. re p. 6, 12 spricht zu ihm das Traumbild des ältern Africanus: *in te unum atque in tuum nomen se tota convertet civitas, te senatus, te omnes boni, te socii, te Latini intuebuntur, tu eris unus, in quo nitatur civitatis salus, ac ne multa: dictator rem publicam constituas oportebit, si impias propinquorum manus effugies.*
457 Cic. re p. 5, 2 *nostris vitiis, non casu aliquo rem publicam verbo retinemus, re ipsa vero iam pridem amisimus.* Vgl. o. S. 176. 183. 184. 186. HEINZE 82. PÖSCHL 106. Jetzt CHRISTIAN MEIER Res publica amissa (1966) alle Vorgänger übertreffend.
458 Vgl. Cic. re p. 1, 63. 2, 56.
459 Cic. Marc. 8; 22–29.
460 O. S. 176. 183. 186.
461 Cic. leg. 3, 29. PÖSCHL 31–33. J. VOGT Ciceros Glaube an Rom. 56.
462 Cic. Q. fr. 3, 5, 1. re p. 2, 65; 67; 69. Vgl. 1, 45; 71. 2, 45.
463 Cic. Att. 6, 2, 9. 7, 3, 2. 8, 11, 1. HEINZE 76. 94.
464 Cic. re p. 1, 45; 54; 69. 2, 30; 41; 43.
465 O. S.184.
466 *Tutor et procurator rei publicae; sic enim appelletur quicumque erit rector et gubernator civitatis. quem virum facite ut agnoscatis; iste est enim qui consilio et opera civitatem tueri potest.* leg. 3, 32 *pauci enim atque admodum pauci honore et gloria amplificati vel corrumpere mores*

Staat die Dauerhaftigkeit zu sichern, ist die eigentliche Aufgabe der Staatskunst;[467] der Staatsmann soll seinen Mitbürgern ein glückliches Leben schaffen, das in Wohlstand, Ruhm und Ehrenhaftigkeit[468] besteht. Vor allem muß der Staat gegen Krisen gewappnet sein.[469]

Leider sind die Fragmente der beiden letzten Bücher zu kümmerlich, um von der Durchführung dieser Gedanken eine Vorstellung zu geben. Aber sehr bezeichnend ist die von den Herausgebern unter 5, 2 mitgeteilte Inhaltsangabe aus einem Kommentar zu *de inventione*: *In Politia sua dicit Tullius rei publicae rectorem summum virum et doctissimum esse debere, ita ut sapiens sit et iustus et temperans et eloquens.* Die Kenntnis der griechischen Literatur wird gefordert unter Hinweis auf den ältern Cato, der sie sich noch als Greis erworben habe. Dieses Ideal deckt sich also vollkommen mit dem, was schon in *de oratore* dargelegt worden war;[470] und man kann sich des Eindrucks nicht erwehren, daß Cicero dabei wiederum sich selbst schilderte. Scipio hatte vor ihm allerdings voraus, daß er der Zerstörer von Karthago und Numantia war.[471] Er verkörperte so jene Allseitigkeit, die Cicero in de or. 3, 135 am alten Cato so pries.[472] Daß in der jüngern Schrift der *imperator* vom *moderator rei publicae* (5, 8) geschieden wird, hat außer dem genannten persönlichen wohl auch den Grund, daß Cicero die kriegerischen Aufgaben der Römer für beendet ansah.[473] Den Kriegsruhm erkennt er Pompeius und Caesar zu,[474] aber als *moderator rei publicae* hatte er selbst sich im Jahr 63 erwiesen.[475] Diese Leistung sollte Lucceius in seinem Geschichtswerk verkünden,[476] und sie gibt der ganzen Schrift ihre Autorität.[477] Es ist schon früher[478] dargelegt worden, daß diese einseitige und subjektive Betrachtungsweise Cicero verhinderte, die römische Staats- und Reichskrise in ihrem wirklichen Ausmaß zu erkennen.[479] Darum geht sein „Staat" insonderheit an den eigentlichen Ursachen des unzulänglichen Reichs-

---

civitatis vel corrigere possunt mit Verweis auf re p. Solche Stellen widerlegen die Meinung, es handle sich um ein „monarchisches Principat". HEINZE 77, 1. PÖSCHL 118.
467 Cic. re p. 3, 7; 34; 41.
468 Cic. re p. 5, 8 = Att. 8, 11, 1. Vgl. 4, 3.
469 *Dissensio civilis, seditio* Cic. re p. 6, 1.
470 O. S. 171 f.
471 Cic. re p. 6, 11. Dazu H. STRASBURGER Hermes 94 (1966), 69.
472 O. S. 172.
473 Cic. re p. 3, 35 *noster autem populus sociis defendendis terrarum iam omnium potitus est.* Ebenso in der Sestiana o. S. 143. Vgl. RUD. STARK Res publica, Diss. Göttingen 1937, 48, 1.
474 O. S. 154. 181. 191.
475 O. S. 96. 138. 143. 166. 172 ff.
476 O. S. 157.
477 O. S. 195. Vgl. Cic. Att. 7, 3, 2 wo er sich als dem Ideal nahekommend bezeichnet. Am deutlichsten jedoch leg. 3, 14. Dort rühmt er Demetrios von Phaleron, der Philosoph und Staatsmann in einem war, und fragt: *qui vero utraque re excelleret, ut et doctrinae studiis et regenda civitate princeps esset, quis facile praeter hunc inveniri potest?* Darauf antwortet Atticus, daß einer der drei Dialogteilnehmer (M., Q. Cicero und Atticus) diese Forderung erfülle! Ebenso 3, 37 *eamque optimam rem publicam esse dico, quam hic consul constituerat, quae sit in potestate optimorum.*
478 O. S. 144. 159. 162. 167. 183.
479 U. S. 198.

regiments vorbei. Die Verhältnisse lagen nicht so einfach, daß der „alte Staat" genügte, wenn seine Verfassung von den richtigen Männern gehandhabt wurde.[480] Im Hinblick auf das Provinzialreich war diese Verfassung keineswegs so ideal, wie Cicero das im Glauben an die griechische Staatslehre seit Platon annimmt.[481] Diese „klassische" Staatslehre, die den Staat nicht anders denn als πόλις zu verstehen vermochte, war ihm eben mit der griechischen Bildung gegeben,[482] und es hieße eine übermenschliche Forderung an ihn stellen, daß er sich von ihr hätte befreien sollen.

Darum konnten die sechs Bücher vom Staat nur literarisch wirken, freilich als ein Stück Literatur, das für Zeitgenossen und Nachwelt das Wesen römischer Staatsgesinnung in unvergänglichen Worten erklingen ließ und sich deshalb kraft seines sittlichen Gehalts bei dafür empfänglichen Politikern auch wieder in entsprechendes Handeln umsetzte.[483]

Glücklicherweise ist uns dank dem Interesse der spätantiken Platoniker wenigstens der Schluß des Werks unversehrt erhalten geblieben, das *Somnium Scipionis*, eine durchaus selbständig gestaltete Nachbildung des Mythos, mit dem Platons Staatswerk endet. Dort ist es der Pamphyler Er, der zwölf Tage nach seinem vermeintlichen Tod in der Schlacht auf dem Scheiterhaufen wieder zum Leben erwacht und berichten kann, was er im Weltall schaute und vom Schicksal der abgeschiedenen Seelen erfuhr.

Bei Cicero erzählt Scipio (6, 9 ff.), wie er 149 als Kriegstribun im 3. Punischen Krieg den 80jährigen Numiderkönig Masinissa besuchte und dessen begeisterten Erinnerungen an den Adoptivgroßvater Africanus lauschte, worauf ihm dieser in der folgenden Nacht im Traum erscheint und von seinem Wohnsitz in der Sternenwelt aus die künftige ruhmreiche Laufbahn verkündet, aber zuletzt mit dunklen Worten auf das bevorstehende Todesjahr 129 anspielt (12). Da ist es eine wohlgelungene Fortsetzung des Gesprächs, wie Aemilianus auf das Seufzen der Zuhörer mit sanftem Lächeln bittet, ihn nicht aufzuwecken, sondern auch die Tröstungen des Traums zu vernehmen; denn Africanus verweist ihn darauf, daß vorab den Lenkern wohlgeordneter Staaten selige Unsterblichkeit im Himmel beschieden ist (13), und zur Bestätigung erscheint alsbald noch der leibliche Vater L. Aemilius Paullus. Der Sohn ist davon so ergriffen, daß er am liebsten gleich aus dem Leben scheiden möchte, aber der Vater belehrt ihn, daß er sich wie seine Ahnen so lange in der Vaterstadt durch Gerechtigkeit und Frömmigkeit zu bewähren habe, bis ihn der höchste Gott abruft (16). Von der Milchstraße aus, wohin ihn der Traum gehoben hat, sieht die Erde mit dem römischen Reich nur wie ein Pünktchen aus (16), Anlaß für Africanus, ihm das Weltall mit den Bewegungen der Planeten und der Sphärenmusik zu erklären (17–19). Vor dieser Größe von Raum und Zeit verschwindet der menschliche Ruhm, und die Tugend muß ihren Lohn in sich selbst tragen (25).

---

480 Cic. re p. 3, 41. 5, 1.
481 Vgl. Cic. leg. 3, 18/19. f. CAUER Ciceros politisches Denken (1903) 137. GELZER Gemeindestaat und Reichsstaat in der röm. Gesch. (1924) 12 ff. = Kl. Schr. 1, 241 ff. VOGT Ciceros Glaube an Rom 70.
482 Cic. divin. 2, 3.
483 Vgl. u. S. 198.

Doch dann wendet sich Aemilianus vom Kosmos ab und verspricht, sich in den Fußstapfen von Vater und Adoptivgroßvater um den Aufstieg in den Himmel zu bemühen, worauf ihn Africanus mit dem Unsterblichkeitsbeweis aus Platons Phaidros des Fortlebens als eines Gottes versichert (26–28).[484]

ANHANG

Zur Entstehungsgeschichte von De re publica

Wie Cicero in *de oratore* den C. Aurelius Cotta als Gewährsmann einführte,[485] so will er den Bericht über die Unterhaltung des jüngern Scipio mit seinen Freunden von P. Rutilius Rufus (Consul 105), der seit der skandalösen Verurteilung im Repetundenprozeß 92 im Osten lebte, wo ihn Cicero 76 in Smyrna besuchte, erhalten haben. Als Magistrat, Geschichtsschreiber, wohlvertraut mit der stoischen Philosophie und 134/3 Tribun unter Scipio[486] vor Numantia empfahl er sich für eine solche Vermittlerrolle im Szenenbild des Dialogs. Es ist durchaus möglich, daß Cicero, der von Jugend auf in Scipio und Laelius Vorbilder verehrte,[487] ihn über seine Erinnerungen an diese Größen einer bessern Vergangenheit befragte.[488] Aber es waren erst Philologen unserer Zeit, die aus den von Cicero zum Dialog zusammengeführten Personen den ‚Scipionenkreis' erschlossen und als Pflanzstätte der griechisch-

---

484 Zur Erklärung die ausgezeichnete Interpretation von RICHARD HARDER, Kl. Schr. 354–395, bahnbrechend durch Überwindung der bisherigen Quellenkritik, die überall nach ausgeschriebenen Autoren suchte. Besonders wertvoll der Hinweis S. 370 auf „altakademische Übermittlung" des platonischen Gedankenguts. Da erinnert man sich sogleich der Studienzeit bei Antiochos. Auch nachher stoßen wir bei Cicero immer wieder auf Spuren seiner Beschäftigung mit griechischer Staatsphilosophie. Wenn er auch gern in Platons Schriften las, so ist gut möglich, daß die Phaidrosstelle (auch Tusc. 5, 53–54) ihm schon aus seiner Nachschrift eines Lehrvortrags des Antiochos geläufig war. Wie der Brief von Sohn Cicero an Tiro zeigt, wünschte er sich für das mühselige Geschäft des Mitschreibens einen des Griechischen kundigen Schreiber (fam. 16, 21, 8). Über die Stelle § 26 *deum te igitur scito esse* HARDER 368. 370, 57. E. KAPP Hermes 87 (1959) 131 f. wollte sie als Interpolation beseitigen, doch ohne Andeutung, von wem und wann der Satz, auf den Macrobius in somn. Scipionis 2, 12, 5 so entscheidendes Gewicht legt, eingeschoben sein soll. Tusc. 1, 32 heißt es: *abiit ad deos Hercules, numquam abisset, nisi, cum inter homines esset, eam sibi viam munivisset.* Dann geht er über zu den *principes* und sagt: *nemo sine magna spe inmortalitatis se pro patria offerret ad mortem,* und erwähnt als Beispiele Themistokles und Epaminondas, und *ne et vetera et externa quaeram,* sich selbst! Ferner 1, 51 *certe et deum ipsum et divinum animum corpore liberatum cogitatione complecti possumus.*

485 O. S. 168.

486 Cic. re p. 1, 1. Brut. 114.

487 Cic. inv. 1, 5. Brut. 82–89; 211, 295.

488 Schon Cic. Mur. 66 werden Scipio, Laelius und Furius Philus dem stoischen Starrsinn Catos als Beispiele der *humanitas* entgegengehalten. Die Drei waren in den giftigen Versen des Porcius Licinus (Anfang des 1. Jahrhunderts v. Chr. LEO Gesch. d. röm. Lit. 436) als Gönner des Terenz, die seiner Armut nicht abhalfen, genannt. Suet. de poetis (vita Terenti REIFFERSCHEID S. 27/28). H. STRASBURGER Hermes 94 (1966), 62, 7.

römischen Kultur und Gesittung ausmalten.[489] Auch wenn im Dialog Laelius den Scipio auffordert, den Vortrag über Staat und Staatsmann zu übernehmen, weil er darüber in Anwesenheit des Polybios oft mit Panaitios verhandelt habe (1, 34), so geschah das nicht den modernen Quellenforschern zuliebe, sondern um Scipios Eignung für das philosophische Thema zu erklären. Freilich besitzen wir vom 6. Buch des Polybios ausreichende Fragmente, worin er an Hand des römischen Staats die Vorzüge der Mischverfassung erläutert, und dazu noch die Andeutung, daß er auch deren geschichtliches Werden bis zum Jahr 450 darlegte.[490] Gerade den Gedanken, daß die römische Verfassung nicht wie die spartanische von einem Gesetzgeber (Lykurg) geschaffen, sondern in jahrhundertelanger Entwicklung geworden sei, vertritt auch Cicero, beruft sich dabei freilich auf Cato;[491] vor allem übernahm er den Werdegang von *regnum, civitas optimatium, civitas popularis* zur Dauerform des *genus quod erit aequatum et temperatum ex tribus primis rerum publicarum modis*,[492] doch gewiß reicher und farbiger als das Polybios vermochte.

Viel besser behandelte Cicero anscheinend die Mischverfassung, weil er auf die philosophischen Hauptwerke, in denen sie erörtert wurde, zurückgriff. Wir erinnern uns, wie er sich schon 59 mit den Schriften Theophrasts und Dikaiarchs tröstete.[493] Bei Theophrast fand er in der ‚Politik gemäß den Umständen' die Lehre vom Kreislauf der Verfassungen und den Umschwüngen, wie sie bei Entartung einer guten Verfassung (Königtum-Tyrannis, Aristokratie-Oligarchie, Demokratie-Ochlokratie) vorkommen, aber vom weisen Staatsmann verhütet werden können.[494]

---

489 Diese Legende zerstört STRASBURGER a. O. 60–72. – Schon 54 spottete Sallust (in Cic. 1) über den Senat *ubiubi M. Tullius ... ita moderatur quasi unus reliquus e familia viri clarissimi Scipionis Africani ac non reperticius accitus ac paulo ante insitus huic urbi civis.* Damit ist nicht der ‚Scipionenkreis' gemeint, sondern die politische Gefolgschaft, wie Sallust bald darauf (4) auch sagt, Cicero gebärde sich wie einer *ex Marci Crassi familia.* Wie sich Sallust anderswo auf Ciceros Epos *de consulatu suo* beruft, so geht es dort um Äußerungen Ciceros, von denen uns im Brief an Pompeius von 62 (fam. 5, 7, 3) eine erhalten ist, wo er sich dem siegreichen Imperator als Laelius empfahl. Wir wissen nicht, ob dieser Brief veröffentlicht war; aber, wie geläufig ihm war, sich Scipio gleichzustellen, zeigt im Brief an Quintus (1, 1, 23) das *noster ille Africanus.* Dazu Att. 2, 19, 5 wo er für sich das Pseudonym Laelius, für Atticus Furius (Philus) wählt. WILHELM SÜSS Cicero, eine Einführung in seine philosophischen Schriften (Abh. Mainz 1965 Nr. 5) 165 erinnert gut daran, wie viel schon Ennius (gest. um 168) für die Verbreitung griechischer Philosophie getan hatte mit Euhemerus, Protrepticus (VAHLEN S. 223 ff.) und mit der Bearbeitung euripideischer Tragödien. Darüber ausführlich FR. LEO Gesch. röm. Lit. (1913) 150–211. Ebenda 385 hebt er hervor, daß der Tragödiendichter Accius nicht Scipio, sondern D. Brutus Callaicus (Consul 138) zum Gönner hatte. Cic. Arch. 27. Brut. 107. MÜNZER RE 10, 1024.
490 FRITZ TAEGER Die Archäologie des Polybios (1922) versuchte eine Rekonstruktion.
491 Cic. re p. 2, 2–3. Ich halte nicht für ausgeschlossen, daß Cato es von Polybios übernahm, Kl. Schr. 3, 193/4. Lykurg bei Cic. 2, 15; 18; 24; 43; 50; 58.
492 Cic. re p. 1, 45; 69. 2, 3; 4–69.
493 O. S. 121.
494 Cic. re p. 1, 45 *mirique sunt orbes et quasi circuitus in rebus publicis commutationum et vicissitudinum*, ähnlich o. S. 121. Att. 2, 9, 1 *orbis hic in re publica*. Bei Polybios 6, 7, 8–9; 9 ist die Gefährdung der einfachen Staatsformen zu einem Naturgesetz erstarrt, wonach sich die 3 Stadien von Blüte und Verfall regelmäßig wiederholen, indem aus der Ochlokratie wiederum ein Königtum ersteht usw. Über ‚Polybios und seine Quellen im 6. Buch' scharfsinnig und mit reichhaltiger Bibliographie THOMAS COLE Historia 13 (1964), 440–486. Sein Ergebnis (441)

Doch während Theophrast ein Leben, das der wissenschaftlichen Erkenntnis diente (βίος θεωρητικός, *vita contemplativa*) als das bestmögliche schätzte, war für ein Werk, das zum staatsmännischen Handeln anleiten wollte, die Philosophie Dikaiarchs, die auf die Bewährung im tätigen Leben (βίος πρακτιός, *vita activa*) zielte, ergiebiger, geradezu die Rechtfertigung der römischen Lebensauffassung.[495] Einen lehrreichen Einblick in die Gründlichkeit, mit der Cicero während der Arbeit an den beiden staatsphilosophischen Werken gerade peripatetisches Schrifttum studierte, gewährt der Abschnitt über die Gründung Roms im 2. Buch (5–10), wo er rühmte, wie Romulus nicht einen Platz an der Küste wählte; denn damit sicherte er die langdauernde Zukunft der neuen Siedlung, während Seestädte leicht feindlichen Überfällen zum Opfer fallen und der Handelsverkehr die angestammten Sitten verdirbt, wie das Beispiel Altgriechenlands und seiner Kolonien zeigt. Das gelte auch für die Peloponnes, wo nur Phlius im Binnenland liege (2, 8). Als Atticus im Jahr 50 die Richtigkeit dieser Behauptung bezweifelte, antwortete er ihm aus der Provinz, er habe sie in Dikaiarchs Dialog ‚Trophonios' gefunden,[496] habe sich auch darüber gewundert und den Dionysius zu Rate gezogen. Auch dieser sei zunächst betroffen gewesen, habe ihn dann aber von Dikaiarchs wissenschaftlicher Zuverlässigkeit überzeugt.[497]

M. Pomponius Dionysius wird zum ersten Mal genannt, als er 56 zusammen mit dem Grammatiker Tyrannio und dem Sklaven Menophilus Ciceros Bibliothek in der Villa bei Antium ordnete.[498] Wie wir im Juli 54 erfahren, hatte ihm Atticus

---

befriedigt mich nicht, weil er nicht wahrhaben will, daß die erwähnte Polybiospartie zu den häufigen Zusätzen gehört, die Polybios in seinen letzten Lebensjahrzehnten der ersten Ausgabe des Geschichtswerks beifügte, Kl. Schr. 3, 193/194. 207–210 im Anschluß an f. LEO G. r. Lit. 326, 1 und W. THEILER Hermes 81 (1953), 296 ff. Die einfachste Lösung fand jedoch K. E. PETZOLD Historia 9 (1960), 254, weil sie den Einschub auf 6, 9, 9–14 verkürzt. Bei COLE fehlt ausgerechnet dieser wichtige Beitrag!

495 Es ist das große Verdienst FRANZ EGERMANNS Die Prooemien zu den Werken des Sallust Ber. Wien 214 (1932), 2, Abt. 52 ff. im Anschluß an W. JAEGER ‚Über Ursprung und Kreislauf des philosophischen Lebensideals' Ber. Berlin 1928, 25, 30–34 dies gezeigt zu haben. EGERMANN 56 weist die dikaiarchische Lehre nach in Ciceros Prooemium 1, 2 *virtus in usu sui tota posita est; usus autem eius est maximus civitatis gubernatio.* Darum werden 1, 4–13 die Philosophen, die Teilnahme am politischen Leben widerraten, bekämpft, 12 die 7 Weisen Altgriechenlands, die Staatsmänner waren, als Vorbilder genannt. Eben für diesen Gedanken wird Dikaiarch angeführt in dem Fragment einer an Sebosus (wohl der Att. 2, 14, 2; 15, 3 erwähnte Freund des Catulus) gerichteten philosophischen Schrift, frg. 31 WEHRLI. Ferner frg. 30. 32, so auch Pythagoras frg. 33. 34. Vor allem fand er bei Dikaiarch im Dialog ‚Tripolitikos' die ausführlich am spartanischen Staat demonstrierte Darlegung der Vorzüge einer Mischverfassung. Der Titel genannt Att. 13, 32, 2 = frg. 70 und 72 WEHRLI. Re p. 2, 42 übersetzt ihn Cicero mit *triplex rerum publicarum genus.* In frg. 71 als ‚Dikaiarchische' Verfassung bezeichnet. Vielleicht war Polybios der erste, der ihn für die römische verwandte. Kl. Schr. 3, 210.
496 Cic. Att. 6, 2, 3. Dikaiarch frg. 20. Über diesen Dialog WEHRLI im Kommentar zu frg. 13–22. Der Gedanke aus Platons Gesetzen 4, 705 a. W. JAEGER Paideia 3, 340.
497 Für uns ist verwunderlich, daß sich Dionys zum Beweis auf Homers Schiffskatalog berief, denn dort sind B 603–614 die binnenländischen arkadischen Städte genannt. Vgl. VIKTOR BURR Νεῶν κατάλογος 1944, 67 ff., der bemerkt, daß der Führer Agapenor (609) im Epos nicht vorkommt. Sollte Dionys in seiner Ausgabe diese Verse nicht gelesen haben?
498 Cic. Att. 4, 8, 2. E. BERNERT RE 21, 2328 ff.

bei der Freilassung zu Ehren Ciceros das Praenomen Marcus gegeben.[499] Schon Ende 55, nach Beendigung von *de oratore*,[500] schreibt Cicero: „Wir verschlingen die Wissenschaft mit einem wunderbaren Menschen (so empfinde ich es bei Gott), dem Dionysius, der Dich und Euch Alle grüßt." Er hat nur Dionys bei sich im Cumanum und fürchtet keinen Mangel an Gesprächsstoff. Im Juli 54 bittet er Atticus, den Dionys zu grüßen und zu bitten, baldigst zu kommen, um dem Sohn, aber auch ihm selbst Unterricht zu erteilen.[501] Im Oktober bittet er wieder dringend ihn zu senden; auch der Sohn schließe sich an.[502] Wie schon bemerkt, nahm er ihn 51 als Lehrer von Sohn Marcus und Neffen Quintus mit in die Provinz.[503] Während der Vater nach wie vor entzückt ist (*homo nec doctior nec sanctior fieri potest nec tui meique amantior*), klagen die Jungen über seinen – gewiß verdienten – Jähzorn.[504] Auf der Rückreise, schon wieder in Italien, antwortet Cicero auf die Frage, warum er in einem Brief aus Athen geschrieben habe „*in Piraeea cum exissem*",[505] statt „*Piraeum*", daß Dionys und der ebenfalls mitreisende Grammatiker Nicias[506] aus Kos ihn belehrten, daß es sich um einen δῆμος,[507] nicht um eine selbständige Stadt handle. Erst als Cicero bei Ausbruch des Bürgerkriegs auf sein Gut bei Formiae ging, trübte sich das Verhältnis, weil er nicht mehr von Atticus zurückkehren wollte,[508] und Cicero machte seinem Groll in heftigen Worten Luft: mit welch übertriebenen Ehrenbezeugungen er ihn zum Unterricht der jungen Ciceronen eingeladen habe, daß man hätte denken können, es gehe um einen Dikaiarch oder Aristoxenos und nicht um einen Schwätzer ohne jedes Lehrgeschick.[509] Eine persönliche Aussprache half nicht.[510] Vergeblich, daß Atticus ihn in Schutz nahm, er hasse den Menschen und werde ihn hassen, der bei ihm mehr geehrt worden sei als Panaitios von Scipio,[511] er möge nicht mehr zu ihm kommen.[512] Er nahm ihm übel, daß er sich ihm nicht anschließen wollte, weil er nicht mehr an Ciceros ‚Glück' glaubte. Möge ihm Atticus die Freundschaft bewahren![513] Im Jahr 45 stand ihm der treffliche Gehilfe aber wieder zur Verfügung.[514]

Die für Ciceros philosophische Werke offenbar sehr bedeutsame Persönlichkeit interessiert in unserm Zusammenhang einmal, weil wir wieder sehen, wie Cicero

---

499 Cic. Att. 4, 15, 1.
500 Cic. Att. 4, 13, 1.
501 Cic. Att. 4, 15, 10.
502 Cic. Att. 4, 18, 5.
503 Cic. Att. 5, 3, 3; 9, 3.
504 Cic. Att. 6, 1, 12.
505 Cic. Att. 6, 9, 1.
506 Über Curtius Nicias Suet. gramm. 14. Strabo 14, 658. Er wurde um 40 unter Antonius Tyrann in seiner Heimat. Die Identität erkannte RUD. HERZOG HZ 125 (1922), 189–216.
507 Cic. Att. 7, 3, 10.
508 Cic. Att. 7, 4, 1. 7, 1.
509 Cic. Att. 8, 4, 1–2.
510 Cic. Att. 8, 5, 10. 8, 10.
511 Cic. Att. 9, 12, 2.
512 Cic. Att. 10, 2, 2.
513 Cic. Att. 10, 16, 1.
514 Cic. Att. 13, 2 b. 33 a, 1, fam. 12, 24, 3.

sich seinem Scipio gleichstellte und eben in Dionys auch seinen Panaitios hatte. Dann geschieht es gewiß nicht aufs Geratewohl, wenn er ihn mit Dikaiarch und Aristoxenos vergleicht. Dieser wird zwar in den Fragmenten der beiden staatsphilosophischen Schriften nicht erwähnt. Er hat aber auch über „Gesetze" geschrieben und eine Biographie des Pythagoras und des Pythagoreers Archytas verfaßt,[515] und als Cicero 45 nochmals den Tripolitikos Dikaiarchs braucht, bittet er Atticus auch um Zusendung des Briefs an Aristoxenos.[516]

Im 3. Buch der ‚Gesetze', das von den Magistraten handelt, erwähnt Cicero die griechischen Philosophen, die über dieses Thema schrieben:[517] nach Theophrast den Diogenes den Babylonier.[518] Atticus wundert sich, daß auch ein Stoiker sich damit befaßte, worauf Cicero antwortet, daß nach Diogenes sich auch der große Panaitios (*a magno homine et in primis erudito*) dazu in gemeinverständlicher Sprache geäußert habe; ausgegangen sei diese Literatur zu praktischer Belehrung von Aristoteles, neben ihm lehrte Herakleides der Pontiker, ebenfalls Platonschüler, Theophrast in Nachfolge des Aristoteles und aus derselben Schule Dikaiarchos. Von Theophrast kam Demetrios aus Phaleron her, der eine Sonderstellung einnahm, weil er sich selbst als Staatsmann bewährte, es folgt der schon erwähnte Hinweis auf das römische Ebenbild. Man sieht, welch reiches Schrifttum zu Gebote stand, und begreift, wie unentbehrlich ein Dionys war, der dem vielbeschäftigten Consular diese Schätze erschloß, wichtiges aushob und wohl auch übersetzte, wie uns die erhaltene Übertragung aus Platons Timaios zeigt. Vergessen wir nicht, daß alles, was Cicero in der Jugend bei Philon und Antiochos studiert und seitdem noch gelesen hatte, ein fester Besitz war, der ihm das Gestalten erleichterte; und das Genie des Redners, an jeder Aufgabe die zweckdienlichsten Gesichtspunkte aufzufinden, war auch hier am Werk.[519]

Am Schluß des 2. Buchs des „Staats" weist Scipio auf die Gerechtigkeit als die Kraft, die in der Mischverfassung die Eintracht schafft. Damit kommt Cicero zu einer Frage, die für Platon im Mittelpunkt seines Staatswerks steht. Doch während Platon vom Einzelmenschen ausgeht und den Staat zunächst als großes Modell benutzt[520] und im Schlußmythus zurückführt zur sittlichen Verantwortung des Einzel-

---

515 Frg. 42–45 WEHRLI. Frg. 26–32. 47–50. Cic. Cat. mai. 39–41.
516 Cic. Att. 13, 32, 2. FR. WEHRLI zu frg. 70 „Der Brief an Aristoxenos scheint nach Ciceros Meinung mit dem Tripolitikos so eng verbunden gewesen zu sein, daß ihm beide zusammen als ein Werk galten."
517 Cic. leg. 3, 13/4.
518 v. ARNIM RE 5, 774 ff.
519 Die Philologen, die nach einzelnen Schriften suchen, die Cicero ausgeschrieben haben soll, scheinen die Wichtigkeit des Dionys und anderer Hilfskräfte nicht bedacht zu haben. K. ZIEGLER berichtet in der Einleitung (Heidelberger Texte 20, 13) zur Stelle, daß es Philologen gibt, die auf Panaitios raten, andere auf Antiochos, einer gar auf Poseidonios. Jedoch scheint Dionys besonders mit den Peripatetikern vertraut gewesen zu sein. Seltsam PHILIPPSON RE 7 A, 1121, der gewiß richtig Panaitios ausschließt, aber nach Aufzählung der Peripatetiker sagt: „Schon das weist auf einen jüngern Platoniker als Quelle" (warum?), „diese scheint Antiochos zu sein". Cicero selbst sagt im Rückblick divin. 2, 3: *Magnus locus philosophiaeque proprius a Platone, Aristotele, Theophrasto totaque Peripateticorum familia tractatus uberrime.*
520 Plat. rep. 2, 369 a. 4, 434 d.

nen, dessen unsterbliche Seele durch Ausübung von Gerechtigkeit, wie sie Einsicht verleiht, in die glückselige Ewigkeit des Göttlichen aufsteigen kann,[521] handelt es sich für Cicero zunächst um den Staat. Er ließ sich durch die zwei berühmten Reden anregen, womit Karneades, der Begründer der neu-akademischen erkenntniskritischen Dialektik 155 die gebildeten Römer in Aufruhr versetzt hatte. Er war mit dem Stoiker Diogenes und dem Peripatetiker Kritolaos als Gesandter Athens nach Rom gekommen und hielt bei dieser Gelegenheit einen Vortrag über das Naturrecht, dessen allgemein gültige Gerechtigkeit „jedem das Seine" zuteilt (3, 10), aber am folgenden Tag erklärte er, daß dieses Naturrecht nirgends verwirklicht werde (3, 13), da jeder Staat nur seine eigenen Gesetze anerkenne, die von der klugen Wahrnehmung des eigenen Interesses bestimmt seien (3, 13–18).[522] Cicero drehte die Reihenfolge der beiden Karneadesreden um; denn Karneades hatte gerade auch mit einer *imperiosa civitas* (einem über andere Länder und Völker gebietenden Staat 3, 36. or. 120 *imperiosi populi* neben *reges illustres*)[523] operiert und behauptet, die Ergebnisse von Eroberungskriegen beruhten auf Ungerechtigkeit. Das paßte nicht zu dem von Cicero erstrebten Nachweis der Vorbildlichkeit seiner römischen Verfassung. So ließ er zuerst den L. Furius Philus die Notwendigkeit von Ungerechtigkeit als Staatsinteresse, wie auch beim Einzelnen die Beobachtung der staatlichen Gesetze als Klugheit erläutern (3, 24; 26). Philus verwahrt sich frei-

---

521 Plat. rep. 10, 618 a; 619 a; 621 c. E. ROHDE Psyche 2, 286 ff. W. JAEGER Paideia 3, 104.
522 Über Karneades v. ARNIM RE 10, 1964–1985. Über die Vorträge in Rom 1978–1981. Von Karneades gab es keine eigenen Aufzeichnungen. Dagegen soll sein Schüler Kleitomachos, ein gebürtiger Karthager, mehr als 400 Bücher verfaßt haben (Diog. Laert. 4, 67). Dessen Schüler und Nachfolger war Phion von Larissa (v. ARNIM RE 11, 656–659. v. FRITZ RE 19, 2535–2543), der maßgebliche Lehrer Ciceros. Diogenes Laert. bemerkt ausdrücklich, daß Kleitomachos auch stoische und peripatetische Philosophie von Grund auf studiert hatte. Das war ja Voraussetzung für die Methode *in utramque partem disserendi* (Cic. re p 3, 9), muß aber betont werden, weil POHLENZ RE 18, 3, 437 für nötig hielt, eine politische Schrift des Panaitios zu erschließen, in der gezeigt worden sei, daß die gemischte Verfassung darum die beste und dauerhafteste sei, weil sich in ihr die platonische Idee der Gerechtigkeit verwirkliche. Dagegen H. STRASBURGER JRS 55 (1965), 45, 50.
523 In Cic. orat. 120 werden diese Bezeichnungen wie geläufige Begriffe für wirksame Kräfte der Geschichte gebraucht. Bei den *populi* ist wohl vor allem an die griechischen Hegemoniemächte Sparta und Athen gedacht, von denen Isokrates im Panegyricus ausführlich handelte, ähnlich Aristoteles Pol. 7, 13, 14 (1314 a, 1). Bei Thukydides entspricht 6, 85 1 πόλις ἀρχὴν ἔχουσα; 2, 63, 2. 3, 37, 2 als Tyrannis gekennzeichnet. Sehr gut hat Polybios in seiner Verfassungslehre das Problem gesehen, welche Voraussetzungen erfüllt sein müßten, damit eine Stadtgemeinde Herrschaft ausüben könne über andere Staaten und Völker, besonders 6, 50, 3 τὸ πολλῶν μὲν ἡγεῖσθαι, πολλῶν δ'ἐπικρατεῖν καὶ δεσπόζειν; dazu Kl. Schr. 2, 59. 64. 68; Sparta, sagt er 6, 48, 6–8; 49, 10, sei trotz Mischverfassung dafür nicht ausgestattet gewesen, Rom überlegen durch seine Wirtschaftsordnung (50, 6), ebenso Karthago (51, 1). Darüber hinaus hat Polybios im Zusatz zum Prooemium des 3. Buchs erklärt, sei noch zu fragen, welchen Gebrauch die Römer nach dem Sieg 167 von ihrer Herrschaft gemacht haben, wie sie darüber dachten und wie die Beherrschten, damit die Nachgeborenen wissen, ob die römische Herrschaft wünschenswert sei (3, 4, 4–7). Ciceros Bruchstücke erlauben keine Vermutung, ob er Ähnliches bot. Aber schon bei Polybios fehlt die Vorstellung, daß der herrschende Staat das Verhältnis von einst Besiegten zu den Siegern zu einer den gemeindestaatlichen Rahmen überschreitenden Reichsordnung gestalten könnte. Für Cicero wäre ein solcher Gedanke unfaßlich gewesen; daher auch die Verständnislosigkeit für Caesar.

lich dagegen, solches Lob der Ungerechtigkeit für seine eigene Ansicht zu halten.[524] Gegen ihn versucht dann C. Laelius das Naturrecht zu verteidigen (3, 33 ff.). Dabei wird behauptet, daß Rom nur gerechte Kriege geführt habe, entweder zur eigenen Verteidigung oder zum Schutz von Verbündeten (3, 35).[525] Auf die Frage nach der Gerechtigkeit der Herrschaft über andere Völker wurde geantwortet, eben das Naturrecht gebe dem Stärkern die Herrschaft zum Wohl des Unterworfenen (3, 36). Ungerecht sei nur die Knechtschaft solcher, die zur Freiheit fähig sind (3, 37). Für solche Rechtfertigung des römischen ‚Imperialismus' brauchte Cicero keine Buchrollen zu entfalten. Schon Ende 60 hatte er darüber an Quintus ausführlich geschrieben:[526] Der römische Magistrat hat für das Wohl der Untertanen zu sorgen; für die Brüder Cicero gilt das ganz besonders, weil sie nach Platons Forderung zugleich *docti et sapientes* sind (29). Auch die Griechen bedürfen der Bevormundung, weil sie unfähig sind, sich selbst zu regieren (33).

524 Cic. re p. 3, 8 gerade wie Platons Brüder Glaukon und Adeimantos Plat. rep. 2, 358 c; 367 b.
525 *Bellum iustum* bedeutete eigentlich den gemäß dem römischen Sacralrecht eröffneten Krieg, H. HAUSMANINGER Österr. Ztschr. f. öffentliches Recht 11 (1961), 340; erfüllte nicht die Forderung des absolut gültigen Naturrechts. Pol. frg. 99. 32, 13, 9. Kl. Schr. 2, 319, 34.
526 Cic. Q. fr. 1, 1, 26–35 mit Berufung auf Xenophons Kyrupaedie (24) *ut ... sint quam beatissimi*; 27, dazu STRASBURGER Hermes 94, 72. Es handelt sich um Topik, die EDM. BUCHNER Hermes 82 (1954), 378 ff. über Aristoteles und Isokrates bis ins 5. Jahrhundert v. Chr. verfolgt hat und gleichzeitig H. VOLKMANN Hermes 82, 465 ff. STRASBURGER JRS 55, 45, 50; 50 a. Die Zeugnisse Ciceros über die Arbeit an re p. in der Praefatio der Ausgabe von K. ZIEGLER (1955) XXXIX XLI. Nach Att. 4, 14, 1 stand ihm neben den eigenen Büchern auch die Bibliothek des Atticus zur Verfügung, darin *libri ... Varronis*, vermutlich die Antiquitates, H. DAHLMANN RE Suppl. 6, 1221 ff. Zum Freigelassenenstand des Dionys ist zu bemerken, daß von den *grammatici*, die Suet. behandelt, fast alle Freigelassene sind: 4. 5. 6. 7. 8. 10. 11. 12. 13. 14. 15. 16. 17. 18. 19. 20. Dionys fehlt wohl darum, weil er nicht öffentlich lehrte.

XI. DAS PROCONSULAT

Cicero verließ Rom am 1. Mai 51,[1] verabschiedete sich in seinem Tusculanum von Atticus,[2] am 3. Mai besuchte er sein Gut in Arpinum, wo ihn Quintus traf, am 4. frühstückte er bei diesem auf dessen Arcanum, nächtigte in Aquinum und erreichte am 5. Minturnae.[3] Hier verabschiedete er sich von A. Manlius Torquatus.[4] Etwa am 7. hielt er sich auf seinem Cumanum auf, wo er außer vielen andern wie M. Caelius[5] den Hortensius sprechen konnte.[6] Dann begab er sich nach seinem Pompeianum und langte am 10. Mai auf dem Trebulanum des Pontius an,[7] am 11. in Benevent, am 14. in Venusia,[8] am 18. in Tarent.[9] Hier traf er, wie er von Anfang an gehofft hatte,[10] den Pompeius und konnte sich auf seinem Gute drei Tage lang ausgiebig mit ihm unterhalten.[11] Schon in Cumae hatte er gehört, Caesar werde den im April unternommenen Vorstoß[12] mit einem Gewaltstreich wie Erteilung des Bürgerrechts an alle transpadanen Latinergemeinden erwidern.[13] Wie sich bald herausstellte, waren das leere Gerüchte.[14] Aber es spiegelte sich darin die weitverbreitete Bangigkeit, daß man mit solchen Auseinandersetzungen in einen neuen Bürgerkrieg hineintreibe, wovor der Consul Ser. Sulpicius seinen Collegen M. Marcellus schon in der Senatssitzung des April mit ernsten Worten gewarnt hatte.[15] Cicero war darüber hinaus noch von der persönlichen Sorge bewegt,[16] daß solche Verwicklungen zu einer Verlängerung seines Proconsulats führen könnten. Durch Senatsbeschluß und Lex de imperio[17] war die Amtsdauer genau auf ein Jahr festgelegt.[18] Aber das konnte durch einen neuen Beschluß abgeändert werden, und so legte er allen Freunden als wichtigsten Auftrag ans Herz,[19] dies zu verhüten, dem

---

1 O. E. Schmidt Der Briefwechsel des M. Tullius Cicero (1893) 72.
2 Cic. Att. 5, 1, 3.
3 Cic. Att. 5, 1, 3; 5.
4 Münzer RE 14, 1197.
5 Cic. fam. 8, 1, 2.
6 Cic. Att. 5, 2, 1–2.
7 Cic. Att. 5, 3, 1.
8 Cic. Att. 5, 5, 1.
9 Cic. Att. 5, 6, 1.
10 Cic. Att. 5, 2, 3; 4, 3; 5, 2. fam. 8, 1, 2.
11 Cic. Att. 5, 6, 1; 7. fam. 2, 8, 2.
12 O. S. 193.
13 Cic. Att. 5, 2, 3; 3, 1; 4, 4. fam. 8, 1, 2.
14 Cic. Cael. fam. 8, 1, 2.
15 Cic. fam. 4, 3, 1. Cass. Dio 40, 59, 1.
16 Cic. Att. 5, 5, 1.
17 Caes. b. c. 1, 6, 6.
18 Cic. fam. 2, 7, 4; 12, 1; 13, 3; 15, 4. 3, 6, 5. 15, 9, 2; 14, 5. Att. 5, 14, 1; 15, 1; 18, 1; 21, 9. 6, 2, 6; 3, 1; 5, 3; 6, 3. 7, 3, 1. Vgl. fam. 8, 8, 8.
19 Cic. Att. 5, 2, 1.

Atticus,[20] dem Hortensius,[21] dem Tribunatskandidaten C. Furnius[22] und dem M. Caelius.[23]

Aus dem Brief, den dieser am Ende Mai 51 aus Rom schrieb,[24] sehen wir, daß man im Kreise der entschiedenen Optimaten dem Pompeius noch nicht traute.[25] Cicero erhielt den Eindruck, daß er unbedingt auf der richtigen Seite stehe und jeden Angriff abzuwehren imstande sei.[26] Nur gefiel ihm nicht, daß Pompeius anscheinend beabsichtigte, nach Spanien zu gehen, und er bat den Theophanes, ihn davon abzubringen.[27] Ihn selbst drückten in dieser politischen Lage die 800000 oder mit fälligen Zinsen 820000 Sesterzen, die er Caesar schuldete, und er bat immer wieder Atticus, ihm zur Rückzahlung behilflich zu sein.[28] Doch schlief die Angelegenheit wieder ein und war noch Ende Dezember 50 nicht bereinigt.[29]

Wegen Krankheit[30] und in vergeblichem Warten auf den Legaten C. Pomptinus[31] verweilte Cicero vom 22. Mai bis etwa 10. Juni in Brundisium.[32] Hier berichtete ihm Q. Fabius Vergilianus, der Legat seines Amtsvorgängers Ap. Claudius Pulcher, über die Truppenverhältnisse in Kilikien, woraufhin er sogleich Appius bat, keine Entlassungen vorzunehmen.[33] In einem zweiten Brief versicherte er ihn seiner freundschaftlichen Gesinnungen,[34] die durch Widmung des Werkes über die Auguraldisciplin und die Vermählung seiner Töchter mit Cn. Pompeius' Sohn und M. Brutus noch wärmer geworden sei.[35]

Am 14. Juni landete er in Aktion,[36] von dort reiste er zu Lande nach Athen, wo er am 25. Juni eintraf[37] und bis zum 6. Juli blieb (5, 11, 4; 12, 1). Der Legat C. Pomptinus, der Quaestor L. Mescinius Rufus und andere Mitglieder des Gefolges fanden sich ein. Von den Legaten[38] fehlte nur noch L. Tullius (5, 11, 4; 14, 2). Cicero verkehrte namentlich mit den Vertretern der Philosophenschulen (10, 5; 11, 6). Patron, das Haupt der Epikureer, bat ihn, sich bei C. Memmius für die Erhaltung des Epikur-Hauses zu verwenden. Da diese Sache auch Atticus am Herzen lag (5,

---

20 Cic. Att. 5, 1, 1; 2, 3; 9, 2; 11, 1; 5; 13, 3; 15, 1; 3.
21 Cic. Att. 5, 2, 1; 9, 2; 17, 5. 6, 1, 13.
22 Cic. Att. 5, 2, 1; 18, 3.
23 Cic. fam. 8, 10, 5. 2, 8, 3.
24 Cic. fam. 8, 1, 3.
25 Vgl. Cic. Att. 6, 1, 11.
26 Cic. Att. 5, 7 *civem illum egregium relinquebam et ad haec quae timentur propulsanda paratissimum.* Ähnlich an Cael. fam. 2, 8, 2, dazu: *iam idem illi boni et mali cives videntur, qui nobis videri solent.*
27 Cic. Att. 5, 11, 3. Vgl. fam. 3, 8, 10.
28 Cic. Att. 5, 1, 2; 4, 3; 5, 2; 6, 2; 9, 2; 10, 4; 13, 3.
29 Cic. Att. 7, 3, 11; 8, 5.
30 Cic. Att. 5, 8, 1; 11, 7.
31 O. S. 86.
32 O. E. Schmidt 74.
33 Cic. fam. 3, 3.
34 Vgl. o. S. 176.
35 Cic. fam. 3, 4.
36 Cic. Att. 5, 9, 1.
37 Cic. Att. 5, 10, 1.
38 Außer Pomptinus noch Q. Cicero und M. Anneius Cic. Att. 5, 4, 2; 10, 5.

19, 3) und Memmius eben verreist war, schrieb Cicero den Brief fam. 13, 1, worin er sich sichtlich bemühte, den Empfänger durch Höflichkeit und witzige Lässigkeit in gute Laune zu versetzen.[39] In Athen erhielt er auch die erste Nachrichtensendung des M. Caelius.[40] Dieser ließ ihm durch seine Leute alle städtischen Neuigkeiten[41] genau zusammenstellen.[42] Seine eigenen Briefe bilden nur die Würze zu diesem Rohmaterial, und Cicero forderte von ihm wie auch von Atticus[43] politische Prognosen.[44]

Am 6. Juli ging es über Keos, Gyaros, Delos[45] und Samos nach Ephesos, das am 22. Juli erreicht wurde.[46] Er freute sich, daß ihm hier wie schon in Samos[47] Abordnungen von Gemeinden und Staatspächtergesellschaften ihre Aufwartung machten, und daß ihn die Bevölkerung begrüßte, als ob er der Statthalter von Asia sei,[48] empfand aber auch desto stärker die Verpflichtung, künftig in seiner Provinz das Idealbild, das er seinerzeit[49] von einem Statthalter entworfen hatte, zu verwirklichen,[50] zumal auch schon Klagen über seinen Vorgänger einliefen.[51] Mit dem Hinweis auf diese Aufgabe hatte Atticus seinem Ehrgeiz glücklich ein befriedigendes Ziel gegeben, und er bemühte sich schon während der ganzen Reise die Untertanen mit Quartierlasten für seine Person und sein Gefolge zu verschonen.[52] Aber dazwischen bricht immer wieder der Unmut durch über die ihm so gar nicht zusagenden Amtsgeschäfte. Insonderheit verkannte er nicht, wie schwierig es war, die guten Absichten durchzusetzen (5, 10, 3). Die Rechtsprechung in der Provinz schien ihm unter seiner Würde wie das Kommando über bloß zwei, keineswegs kriegsstarke Legionen, kaum besser als ein Exil;[53] dazu die Ungewißheit über den Partherkrieg![54]

Mit dem Propraetor von Asia, Q. Minucius Thermus,[55] verkehrte er in freundschaftlicher Weise und empfahl ihm namentlich Angelegenheiten des Atticus und

---

39 MÜNZER RE 15, 615.
40 Cic. fam. 2, 8. Antwort auf 8, 1.
41 Cic. fam. 8, 1, 1 *omnia enim sunt ibi senatus consulta, edicta, fabulae, rumores.* WILHELM KROLL Kultur der ciceron. Zeit 1, 82.
42 Cic. fam. 8, 2, 2 *commentarius rerum urbanarum.*
43 Cic. Att. 5, 12, 2; 13, 3; 14, 3; 15, 3.
44 Cic. fam. 2, 8, 1; 10, 4. 8, 5, 3.
45 Cic. Att. 5, 12, 1.
46 Cic. Att. 5, 13, 1.
47 Cic. fam. 3, 8, 4. Att. 5, 19, 2; 20, 1. Im Heraion von Samos (BÜRCHNER RE 1 A, 2198) auf der Basis einer Statue die Inschrift Suppl. epigr. Graec. 1, 381. M. SCHEDE Ath. Mitt. 44, 34. f. K. DÖRNER Ath. Mitt. 68, 63 οἱ ὁ δῆμος Μᾶρκον Τύλλιον [Μ]άρκου υἱὸν Κικέρωνα möglicherweise anläßlich dieses Besuchs.
48 Man zeigte ihm ein Brustbild seines Bruders, sein Witz Macrob. Sat. 2, 3, 4.
49 O. S. 112f.
50 Cic. Att. 5, 13, 1. Vgl. 14, 2. fam. 13, 56, 1.
51 Cic. Att. 6, 1, 6; 2, 9.
52 Cic. Att. 5, 9, 1; 10, 2; 11, 5; 14, 2; 15, 2; 16, 3.
53 Cic. Att. 5, 15, 1; 3. Vgl. fam. 2, 11, 1; 12, 2.
54 Cic. Att. 5, 9, 1; 11, 4; 14, 1.
55 MÜNZER RE 15, 1972.

seines Legaten M. Anneius.[56] Weiter traf er hier den P. Nigidius Figulus, und von Mytilene her kam der Peripatetiker Kratippos zur Begrüßung.[57] Am 26. Juli verließ Cicero Ephesos, langte am 27. in Tralles an[58] und am 31. in Laodikeia (Phrygien), der ersten Stadt seiner Provinz.[59] Außer dem eigentlichen Kilikien, Pamphylien, Isaurien, Lykaonien[60] und Cypern[61] waren ihm nämlich auch drei Bezirke von Asia zugeteilt,[62] die Convente von Kibyra, Apameia und Synnada.[63] Der Vorgänger Ap. Claudius hatte die Untertanen mit den üblichen Praktiken drangsaliert und bot so eine gute Folie zu Ciceros *iustitia, abstinentia, clementia.*[64] Cicero hielt sich je drei Tage in Laodikeia, Apameia und Synnada auf[65] und bekam nichts als Klagen zu hören. Vor allem wollten die Gemeinden von der kostspieligen Zumutung, Gesandtschaften zu Ehren des Ap. Claudius nach Rom senden zu müssen, befreit sein.[66] Cicero verfügte sofort, das dürfe bloß mit seiner Genehmigung erfolgen.[67] Ähnlich entschied er über einen von der Gemeinde Appia aufzuführenden Bau.[68] Eine Abteilung Reiter, die zur Eintreibung von Schulden nach Salamis auf Cypern ins Quartier gelegt worden war, rief er sofort zurück.[69] Appius hatte ihm früher zugesagt, ihn in Laodikeia zu begrüßen,[70] begab sich nun aber, schwer verärgert über das, was sich der *homo novus* ihm gegenüber herausnahm,[71] vielmehr nach Tarsos[72] und hielt dort während des August Convent ab, als ob der Nachfolger die Amtsgeschäfte noch nicht übernommen hätte.[73] Noch am 29. August wußte dieser nicht, wo drei seiner Cohorten standen.[74] Gegen Ende von Appius' Proconsulat war es wegen seiner säumigen Soldzahlung zu einer Meuterei der Truppen gekommen;[75] so war es Ciceros erste Aufgabe, die Disziplin wieder herzustellen und der Provinz zu zeigen, daß das Heer kriegsbereit sei.[76] Zum Glück waren seine Legaten kriegserfahrene Männer.[77] M. Anneius brachte fünf Cohorten, die ohne Offiziere bei Phi-

56 Cic. Att. 5, 13, 2. fam. 13, 55, 1; 57, 2.
57 Cic. Tim. 2.
58 Cic. fam. 3, 5, 1. Att. 5, 14, 1.
59 Cic. Att. 5, 15, 1; 20, 1. fam. 3, 6, 6. 15, 2, 1; 4, 2.
60 Cic. Att. 5, 21, 9.
61 Cic. Att. 5, 21, 6. divin. 1, 2.
62 Cic. fam. 13, 67, 1. Att. 5, 21, 7.
63 Cic. Att. 5, 21, 9. Plin. n. h. 5, 105–106.
64 Cic. Att. 5, 15, 2; 16, 2–3; 17, 2; 6. 6, 1, 2.
65 Cic. Att. 5, 16, 2. fam. 15, 4, 2. O. E. SCHMIDT 79.
66 Cic. fam. 3, 8, 2–5; 10, 6. Att. 5, 20, 1.
67 Cic. fam. 3, 8, 4.
68 Cic. fam. 3, 7, 3.
69 Cic. Att. 6, 1, 6; 2, 9.
70 Cic. fam. 3, 5, 3.
71 Cic. fam. 3, 7, 5.
72 Cic. Att. 5, 16, 4; 17, 6.
73 Cic. fam. 3, 6, 4; 8, 6.
74 Cic. fam. 3, 6, 5.
75 Cic. Att. 5, 14, 1. fam. 15, 4. 2.
76 Cic. Att. 5, 14, 2. fam. 15, 1, 3; 2, 1; 4, 4.
77 Vgl. BRUNO BARTSCH Die Legaten der röm. Rep. vom Tode Sullas bis zum Ausbruch des 2. Bürgerkriegs, Diss. Breslau 1908, 79–83.

XI. Das Proconsulat

lomelion stehengeblieben waren, zur Raison und zog sämtliche verfügbaren Truppen in einem Lager bei Ikonion zusammen.[78] Cicero traf am 17. August in dieser Stadt ein und nahm am 24. Aufenthalt im Lager.[79] Am 28. August fand die Lustration statt,[80] und am selben Tag meldeten ihm Gesandte des Königs Antiochos von Kommagene,[81] daß die Parther den Euphrat überschritten und daß auch Artavasdes von Armenien[82] vermutlich gegen Kappadokien vorgehen werde.[83] Darauf ordnete er für den 29. August den Abmarsch des Heers nach Kybistra am Fuß des Taurus an, von wo aus er je nach Bedarf in Kilikien oder Kappadokien einrücken konnte.[84] Damit ihn Appius nicht verfehle, teilte er ihm diese Absicht mit,[85] mußte aber die neue Brüskierung einstecken, daß dieser in der Nacht darauf am Lager vorbeizog und auch in Ikonion nicht wartete.[86]

Am 18. September empfing Cicero durch Briefe des kilikischen Fürsten Tarkondimotos und des arabischen Iamblichos genauern Bericht über die Stellung der Parther; da dem Vernehmen nach M. Bibulus noch nicht in Syrien angelangt war, hielt er für angezeigt, dem Senat ein grelles Bild von der Unzulänglichkeit der örtlichen Verteidigungsmittel zu entwerfen.[87] Er wußte ja auch, daß im Senat für den Osten wenig Interesse vorhanden war.[88] Der zwei Tage später an Atticus gesandte Brief zeigt jedoch, daß er stark übertrieb. Die verbündeten Fürsten und Gemeinden stellten Auxilien, römische Veteranen taten Dienst als *evocati*,[89] und weitere römische Bürger wurden ausgehoben. Deiotaros setzte sich mit seiner ganzen Armee in Marsch. Dazu war Getreide in Fülle vorhanden.[90]

Vom 19.–24. September[91] lagerte das Heer bei Kybistra; eine Kavallerievorhut wurde zur Beobachtung der syrischen Grenze nach Epiphaneia in Kilikien am Fuß des Amanos vorgetrieben.[92] Da Kybistra im Königreich Kappadokien lag, machte Ariobarzanes III.,[93] zu dessen Gunsten der Senat besondere Aufträge erteilt hatte,[94] dem Proconsul seine Aufwartung. Der offizielle Bericht über diese Verhandlungen ist fam. 15, 2 erhalten; weiteres berichtete Cicero darüber noch an M. Cato, der in Rom vor allem sich dieses Königs annahm.[95] Angesichts der entschiedenen Haltung Roms gaben die Widersacher des Königs ihren Plan, ihn zu stürzen, auf, ohne

---

78 Cic. fam. 15, 4, 2.
79 Cic. Att. 5, 20, 1. O. E. Schmidt 78. Etwas abweichend L. W. Hunter JRS 3, 86.
80 Cic. Att. 5, 20, 2.
81 Wilcken RE 1, 2488.
82 Baumgarnter RE II 1, 1309.
83 Cic. fam. 15, 3, 1; 1, 2; 2, 2; 9, 3.
84 Cic. Att. 5, 20, 2. fam. 15, 2, 2; 4, 4.
85 Cic. fam. 3, 6, 6.
86 Cic. fam. 3, 7, 4. O. E. Schmidt 81.
87 Cic. fam. 15, 1.
88 Vgl. Cic. fam. 8, 5, 1; 10, 1.
89 Cic. fam. 3, 6, 5. 15, 4, 3.
90 Cic. Att. 5, 18, 2. fam. 15, 2, 2; 4, 5. 2, 10, 2. Phil. 11, 34.
91 Cic. Att. 5, 19, 1; 10, 2. fam. 15, 4, 6. O. E. Schmidt 81.
92 Cic. fam. 15, 2, 3; 4, 7.
93 Niese RE 2, 834 Nr. 7.
94 Cic. fam. 15, 2, 4. 2, 17, 7.
95 Cic. fam. 15, 4, 6; 5, 1.

daß Cicero militärisch einzugreifen brauchte.⁹⁶ Mittlerweile war auch bekannt geworden, daß die Parther nicht in Kappadokien einzumarschieren beabsichtigten.⁹⁷ Sie bedrohten vielmehr Antiochien, und einige Abteilungen hatten den Amanos überschritten und waren mit Ciceros Reitern in Epiphaneia zusammengestoßen.⁹⁸ Darum ging Cicero über den Taurus, erreichte am 5. Oktober Tarsos, am 8. Mopsuhestia. Von Feinden war nichts mehr zu sehen,⁹⁹ und er hatte Muße, in einem langen Brief¹⁰⁰ Vorwürfe des Ap. Claudius zurückzuweisen.

Dann setzte er den Marsch nach dem Amanos fort, um die von der noch niemals unterworfenen Gebirgsbevölkerung stets bedrohte Verbindung mit der syrischen Nachbarprovinz zu sichern.¹⁰¹ Am 10. Oktober bezog er Lager bei Epiphaneia und vernahm zu seiner großen Erleichterung, daß C. Cassius Longinus, der Proquaestor von Syrien, die Parther vor Antiochien geschlagen habe.¹⁰² So teilte er dem Deiotaros mit, er bedürfe seiner Unterstützung vorläufig nicht.¹⁰³ Am Abend des 12. Oktobers marschierte er von Epiphaneia ab und erstieg in der Frühe des 13. mit vier Kolonnen das Gebirge. Die erste, bei der er sich selbst befand, befehligte sein Bruder Quintus; die übrigen wurden von den andern Legaten geführt. Nur Pomptinus hatte mehrstündige Kämpfe zu bestehen. Verschiedene Ortschaften und Befestigungen wurden erobert und verbrannt. Darauf vereinigte sich das Heer wieder in einem Lager bei Issos, wo es bis zum 17. Oktober blieb.¹⁰⁴ Hier, an der Stätte der Alexanderschlacht, riefen die Soldaten ihren Proconsul zum Imperator aus.¹⁰⁵ Er wußte wohl, daß das nur eine *appellatio inanis* war,¹⁰⁶ schmeichelte sich aber doch, daß Bibulus, der inzwischen in seiner Provinz eingetroffen war, es ihm gleichtun wollte, als er nun ebenfalls in den Amanos zog. Wie Cicero mit unverhohlener Schadenfreude schreibt, soll er dabei die erste Cohorte einer Legion samt

---

96 Cic. Att. 5, 20, 6. 6, 2, 7.
97 Cic. Att. 5, 20, 2.
98 Cic. fam. 15, 4, 7.
99 Cic. fam. 3, 8, 10.
100 Cic. fam. 3, 8.
101 Cic. fam. 15, 4, 8.
102 Cic. fam. 15, 4, 8. 2, 10, 2. O. E. SCHMIDT 82. Att. 5, 20, 3 stellt Cicero es so dar, als ob wegen seines Anmarsches bei den Parthern eine Panik ausgebrochen wäre, die Cassius ausgenützt habe. Ebenso auch später über Bibulus 7, 2, 6. 6, 1, 14 spricht er von einem „albernen Brief" des Cassius über die Kriegslage. Es ist der 5, 21, 2 erwähnte zweite Brief des Cassius, worin er den Partherkrieg als durch ihn beendet erklärte. In dem Brief, den Cicero selbst um diese Zeit an Cassius richtete, beglückwünschte er ihn, *quod te de provincia decedentem summa laus et summa gratia provinciae prosecuta est*, fam. 15, 14, 3.
103 Cic. fam. 15, 4, 7. Sein Heer belief sich auf 12 000 Mann zu Fuß und 1 600 Reiter, Plut. Cic. 36, 1. Nach Cic. Att. 6, 1, 14 besaß Deiotaros 12 000 zu Fuß und 2 000 Reiter, so daß sich bei einer Vereinigung Ciceros Streitmacht gerade verdoppelt hätte, Att. 5, 18, 2.
104 Cic. fam. 15, 4, 9.
105 Cic. Att. 5, 20, 3. fam. 2, 10, 3. 3, 9, 4. Plut. Cic. 36, 6.
106 Cic. Att. 5, 20, 4. Dem Cato verschwieg er darum diese Ehrung, fam. 15, 4, 9. *M. Tull. imp.* auf dem Kistophor von Laodikeia bei M. PINDER Über die Cistophoren der Provinz Asia, Abh. Akad. Berl. 1855, 533. 571. Taf. 1 Abb. 29. Ferner HEAD HN² 666. 678. Catalogue of the Greek Coins of Phrygia S. XXXIII über die Kistophoren mit Ciceros Namen.

XI. Das Proconsulat

ihren Centurionen und einem Kriegstribunen verloren haben.[107] Der Grund für Ciceros Verhalten scheint darin zu liegen, daß Bibulus von Ciceros Feldherrnkunst wenig hielt.[108]

Am 18. Oktober führte Cicero sein Heer gegen Pindenissos, eine Bergfeste der Eleutherokiliker, die im Vertrauen auf parthische Hilfe sich noch nicht unterworfen hatten. Der Platz wurde mit Belagerungswerken völlig eingeschlossen und mit Fernwaffen beschossen, bis die Besatzung am 17. Dezember, am ersten Tag der Saturnalien, kapitulierte. Die Zahl der Verwundeten war auf römischer Seite beträchtlich. Mit Ausnahme der Pferde überließ Cicero die Beute den Soldaten. Am 19. Dezember wurden die Gefangenen den Sklavenhändlern verkauft. Der Ertrag belief sich auf 120 000 Sesterzen. Die Eroberung von Pindenissos bewirkte, daß eine benachbarte Bevölkerung sich zur Geiselstellung bequemte. Cicero selbst begab sich nun nach Tarsos[109] und übertrug seinem Bruder die Aufgabe, das Heer im Feldzugsgebiet in Winterquartieren unterzubringen und als sein Stellvertreter in Kilikien zu bleiben.[110]

Man merkt es seinen Berichten an, daß er auch bei dieser Waffentat mehr Zuschauer als Befehlshaber war. Während der Belagerung schrieb er an den zum Curulaedilen gewählten Caelius die Briefe fam. 2, 9 und 10, an den am 10. Dezember 51 das Volkstribunat antretenden C. Curio fam. 2, 7.[111] Caelius hatte ihm über diesen die Erwartung ausgesprochen, er werde sich auf die optimatische Seite schlagen,[112] und Cicero bemühte sich, ihn durch väterlichen Zuspruch darin zu bestärken. Beiden jungen Freunden aber legt er wiederum ans Herz, sich dafür einzusetzen, daß sein Proconsulat nicht verlängert werde.[113] Gerade aus den Berichten des Caelius wußte er, daß der Streit um Caesars Nachfolge darauf ungünstig wirken könnte.[114] Am 29. September beschloß der Senat, es solle am 1. März 50 über die Consularprovinzen berichtet werden.[115] In einem weitern Antrag des Consuls M. Marcellus wurde Kilikien zur künftigen Provinz eines Praetoriers bestimmt, aber dagegen wurde von caesarfreundlichen Tribunen intercediert.[116] Cicero hatte am 19. Dezember, als er an Atticus schrieb, davon schon Kenntnis, war aber nicht ohne Hoffnung, Caesar werde sich fügen,[117] wie das ja auch Pompeius in Aussicht stellte.[118] Schon gleich, nachdem er die im Juli[119] stattgefundene Wahl von C. Marcellus und L. Aemilius Paullus zu Consuln des Jahrs 50 erfahren hatte, bat er sie in

---

107 Vgl. Cic. fam. 8, 6, 4.
108 Cic. fam. 2, 17, 6. Att. 6, 5, 3.
109 Cic. Att. 5, 21, 7.
110 Cic. Att. 5, 20, 5; 21, 6; 14. fam. 15, 4, 10. 2, 10, 3.
111 MÜNZER RE 2 A, 869.
112 Cic. fam. 8, 4, 2.
113 Cic. fam. 2, 7, 4; 10, 4.
114 Cic. fam. 8, 4, 4; 5, 2; 9, 2.
115 Cic. fam. 8, 8, 5; Att. 6, 1, 24.
116 Cic. fam. 8, 8, 8.
117 Cic. Att. 5, 20, 7–8.
118 Cic. fam. 8, 8, 9.
119 Cic. fam. 8, 4, 1.

Glückwunschschreiben um ihre Unterstützung,[120] und zugleich erinnerte er auch den amtierenden M. Marcellus an sein Anliegen.[121]

Obwohl er guten Freunden gegenüber selbst über seinen Imperatortitel scherzte,[122] erweckte der glückliche Verlauf seines Sommerfeldzugs nun in ihm den lebhaften Wunsch, durch Supplicatio und Triumph[123] seinem wundersamen Aufstieg vom Mitglied des Ritterstands zum *princeps civitatis* auch die letzten Zeichen äußerer Anerkennung hinzuzufügen. Der offizielle Bericht an den Senat[124] begründete das Begehren. Daß er zum mindesten eine Supplicatio erwartete, sprach er in persönlichen Begleitschreiben an die beiden Consuln von 50 unverhohlen aus;[125] ebenso später gegenüber Ap. Claudius.[126] Vor allem aber suchte er in einem langen, wohl in Tarsos ausgearbeiteten Brief, Cato dafür zu gewinnen.[127] Abgesehen davon, daß zwischen ihnen seit 56 eine gewisse persönliche Spannung bestand,[128] hatte Cato als Volkstribun 62 das ältere Gesetz, wonach Triumph nur bewilligt werden durfte, wenn der Gegner in einer Feldschlacht mindestens 5 000 Tote verloren hatte, durch schärfere Bestimmungen ergänzt[129] und wachte überhaupt eifrig über dem Mißbrauch dieser höchsten Ehren zu Eitelkeitskundgebungen. Cicero sagte sich wohl mit Recht, daß bei der genügend bekannten Abneigung der Nobilität, den *homo novus* als ihresgleichen zu behandeln, ein sachlicher Widerspruch Catos besonders schwer ins Gewicht fallen mußte.[130] In seinem unermüdlichen Kampf gegen die Korruption verfolgte Cato insonderheit auch die Mißstände der Provinzialverwaltung.[131] Man gewinnt den Eindruck, daß er damals, wohl im Zusammenhang mit dem Gesetz des Pompeius,[132] einen besonderen Appell an die Statthalter gerichtet hatte. Denn Cicero spricht davon, daß außer ihm auch Bibulus in Syrien, Thermus in Asia,[133] Silius in Bithynien,[134] Nonius[135] und Tremellius Scrofa[136] sich an die Grundsätze Catos hielten.[137] Schon Ende August 51 schrieb Cicero, daß er in Ermanglung ausreichender Truppen durch Güte und Uneigennützigkeit die Treue der Untertanen zu gewinnen trachte,[138] und im großen

---

120 Cic. fam. 15, 7 und 12.
121 Cic. fam. 15, 9, 2.
122 Cic. Att. 5, 20, 3. fam. 2, 10, 3. 9, 25, 1. MEINOLF DEMMEL Cicero und Paetus Diss. Köln 1962, 13 ff.
123 Cic. Att. 6, 3, 3. fam. 3, 9, 2.
124 Cic. Att. 5, 21, 3. 6, 1, 9. fam. 2, 7, 3. 3, 9, 4.
125 Cic. fam. 15, 10–13.
126 Cic. fam. 3, 9, 4.
127 Cic. fam. 15, 4.
128 O. S. 162.
129 Val. Max. 2, 8, 1.
130 Vgl. Cic. fam. 8, 11, 2. ‚Caesar' 150f. Anm. 338.
131 GELZER Antike 10, 68 = Kl. Schr. 2, 265.
132 O. S. 192.
133 Cic. fam. 2, 18, 1. 13, 55, 2.
134 Cic. fam. 13, 65, 1. MÜNZER RE 3 A, 72 Nr. 8.
135 MÜNZER RE 17, 901 Nr. 52.
136 Vielleicht in Makedonien und Cyrenaica, HÖLZL Fasti praetorii 60. BROUGHTON MRR 2, 243.
137 Cic. Att. 6, 1, 13. Vgl. 1, 7, 5, 21. 13. 6, 2, 8.
138 Cic. fam. 15, 3, 2.

Brief nahm er das als sein eigentliches Verdienst in Anspruch, Cato wisse selbst, daß Siege über die Begierden seltener seien als Waffensiege.[139] Wenn er ihn zum Schluß an das gemeinsame ernste Verhältnis zur Philosophie erinnerte (15, 4, 16), so vergaß er nicht, daß die Bemühung um äußere Anerkennung seines Verdiensts zu Catos Philosophie nicht passe, und erklärte, seit der Rückkehr aus dem Exil erstrebe er solche Ehren zum Ausgleich des erlittenen Unrechts (4, 13–14).

Am 5. Januar 50 verließ er Tarsos[140] und langte am 11. Februar in Laodikeia an.[141] Sein Plan war, hier vom 13. Februar an Recht zu sprechen für die Convente von Kibyra und Apameia, vom 15. März an für Synnada, Pamphylien, Lykaonien und Isaurien. Der Juni war für Kilikien vorgesehen.[142] Hatte Cicero zunächst dazu geneigt, die Fron der Provinzialverwaltung nur unter dem Gesichtspunkt zu betrachten, wieviel Ruhm sie ihm eintragen könnte, so gewann er im Verlauf dieser Tätigkeit auch große innere Befriedigung am gewissenhaften Dienst für die Wohlfahrt der ihm unterstellten Bevölkerung.[143] Selbstverständlich, daß er die von andern Statthaltern mit der Androhung von Truppeneinquartierung geübte Gelderpressung unterließ (5, 21, 7); aber er verschonte auch weiter die Ortschaften mit den gesetzlich zulässigen Aufwendungen für sich und sein Gefolge; verbat sich kostspielige Ehrungen wie Statuen und Tempel (5, 21, 5; 7). Auf der Reise von Tarsos nach Laodikeia linderte er die Folgen einer Mißernte, indem er die römischen und einheimischen Aufkäufer von Getreide veranlaßte, von ihren Vorräten abzugeben (5, 21, 8). In seinem Provinzialedict hielt er sich an das berühmte Vorbild des Q. Mucius Scaevola (6, 1, 15).[144] Seine Rechtsprechung war milde, ohne brutale Exekutionen.[145] Jedem, der ihn zu sprechen wünschte, stand er trotz seiner 56 Jahre schon vor Tagesanbruch zur Verfügung wie in seinen Kandidatenjahren.[146] Bei Prozessen der Griechen untereinander gewährte er die Gerichtsautonomie der Gemeinden.[147] Besonderen Eifer verwandte er darauf, der heillosen Verschuldung der Gemeinden abzuhelfen: Dadurch, daß er sie zu keinen neuen Auflagen nötigte, ermöglichte er manche Rückzahlung.[148] Andererseits ging er den Veruntreuungen der einheimischen Beamten zu Leibe und konnte Schulden von zehn Jahren her beitreiben (6, 2, 5). Ferner beobachtete er streng den in den Provinzialedicten festgesetzten Höchstzinsfuß von 12 % (5, 21, 11; 12); auch die von den Staatspächtern ausbedungenen Verzugszinsen berechnete er so, falls die Schuld innerhalb eines von ihm bestimmten Termins abgetragen wurde, ein Verfahren, dessen Vernünftigkeit auch die Gläubiger anerkannten.[149]

---

139 Cic. fam. 15, 4, 1; 2; 14–15. Vgl. Att. 5, 20, 6.
140 Cic. Att. 5, 21, 7.
141 Cic. Att. 5, 21, 4.
142 Cic. Att. 5, 21, 9. 6, 2, 4.
143 Cic. Att. 5, 20, 6.
144 Consul 95. MÜNZER RE 16, 438.
145 Plut. Cic. 36, 5.
146 Cic. Att. 6, 2, 5.
147 Cic. Att. 6, 1, 15; 2, 4. WENGER Abh. Akad. Münch. 1928 (Die Augustusinschrift auf dem Marktplatz von Kyrene), 75. 77–80.
148 Cic. Att. 5, 21, 11. 6, 2, 4.
149 Cic. Att. 6, 1, 16; 2, 5; 3, 3. fam. 2, 13, 3.

In ihrer unglaublichen Leichtfertigkeit hatten freilich im Jahr 56 die Häupter der Stadt Salamis auf Cypern (6, 5, 9) bei M. Brutus eine Anleihe zu 48% aufgenommen.[150] Auf Grund von Ciceros Edict belief sich die Schuld Ende 51 auf 106 Talente, nach der Berechnung von Brutus' Geschäftsführern auf 200.[151] Nicht nur Brutus selbst fand die ihm zugemutete Einbuße zu hoch, sondern auch L. Lucceius[152] und Atticus (6, 2, 8). Dieser wollte auch nicht einsehen, warum Cicero nicht nach bewährter Methode den Geschäftsführer Scaptius zum Praefecten ernannte und mit 50 Reitern nach Salamis schickte (6, 2, 8–9).[153] Denn das gehörte auch zu den Grundsätzen Ciceros, daß er keinem Geschäftsmann eine Offizierssstelle übertrug (6, 1, 4; 6). Doch kam er Brutus soweit entgegen, daß er zwei seiner Leute, die sich in Kappadokien aufhielten, zur Beitreibung der Schulden des Königs Ariobarzanes zu Praefecten ernannte. Dort hatte Cicero überdies für Pompeius einzutreten (6, 1, 3–4; 3; 5–7). Das war eben der eigentliche Krebsschaden der römischen Nobilitätsoligarchie, den der Einzelne nicht zu beseitigen vermochte, daß die Stellung ihrer Mitglieder zum guten Teil auf den Diensten und Gefälligkeiten beruhte, die sie ihren „Freunden und Clienten" zu leisten vermochten. So sollte Cicero den Aedilen M. Octavius[154] und M. Caelius[155] Panther für ihre Spiele besorgen; natürlich sollten die Kibyraten sie fangen. Er antwortete dem Caelius, die Panther beklagten sich heftig, daß ihnen allein in der Provinz Fallen gestellt würden; darum hätten sie beschlossen, nach Karien auszuwandern.[156] Cicero selbst schrieb diesen Winter nicht wenige Empfehlungsbriefe, an die Propraetoren von Asia[157] und Bithynien,[158] aber auch an Praetoren in Rom (13, 58; 59).

Die Zwangslage gegenseitiger Rücksichtnahme bekundete sich besonders charakteristisch im Verhältnis zu Ap. Claudius Pulcher.[159] Zu Anfang des Aufenthalts in Laodikeia wies Cicero die sachlich höchst ungerechtfertigten Beschwerden in sehr deutlichem Ton zurück.[160] Dann lenkten beide ein, weil sie sich zur Förderung ihrer ehrgeizigen Absichten gegenseitig brauchten (3, 9). Besonders verzwickt wurde die Lage, als im Februar 50 P. Cornelius Dolabella[161] gleichzeitig Appius strafrechtlich belangte und sich um Ciceros Tochter Tullia bewarb.[162] Da Pompeius sich für den Angeklagten einsetzte,[163] erklärte sich auch Cicero zu jeglicher Unterstützung bereit, wünschte ihm Glück bei der Bewerbung um die Censur (3, 10, 3; 11) und stritt lebhaft ab, die Entsendung von Entlastungszeugen aus der Provinz

---

150 GELZER RE 10, 977. Syll.³ 748, 37.
151 Cic. Att. 5, 21, 12. 6, 2, 7.
152 Cic. Att. 5, 21, 13. MÜNZER RE 13, 1554 Nr. 5.
153 Über diesen Handel RE 10, 979.
154 Cic. Att. 5, 21, 5. 6, 1, 21.
155 Cic. fam. 8, 4, 5; 8, 10. 9, 3.
156 Cic. fam. 2, 11, 2. Plut. Cic. 36, 6. Weiteres MÜNZER RE 3, 1269.
157 Cic. fam. 2, 18. 13, 53–57.
158 Cic. fam. 13, 61–65.
159 Cic. Att. 6, 1, 2; 2, 10. fam. 2, 13, 2.
160 Cic. fam. 3, 7; 11, 5.
161 MÜNZER RE 4, 1300 Nr. 141.
162 Cic. fam. 8, 6, 1–3. 3, 10, 5.
163 Cic. Att. 6, 2, 10. fam. 3, 10, 10. 2, 6, 3; 13, 2.

XI. Das Proconsulat

gehindert zu haben (3, 10, 6–8). Als er dann im Juni 50 den Freispruch im Maiestasprozeß erfuhr, äußerte er überschwengliche Freude (3, 11). Im nächsten Brief vom 3. August hatte er die schwierige Aufgabe zu bewältigen, mit dem Glückwunsch zum Freispruch im Ambitusprozeß eine Darlegung darüber zu verbinden, wie es kam, daß eben zu dieser Zeit Dolabella sein Schwiegersohn geworden war (3, 12).[164] Der letzte erhaltene Brief (3, 13) enthält die Danksagung dafür, daß Appius sich im Mai so eifrig um das Zustandekommen der Supplicatio bemüht hatte.

Am 7. Mai 50 brach Cicero wiederum von Laodikeia nach Kilikien.[165] Die Parther hatten auch im Winter Syrien keineswegs geräumt,[166] und es bereitete Cicero große Sorge, ob er unter diesen Umständen seine Provinz am 30. Juli[167] verlassen durfte. Wie ihm Caelius schon im November 51 schrieb, nahm man nun auch in Rom diesen Krieg ernst und machte allerhand Vorschläge wie, Pompeius oder Caesar mit seiner Führung zu betrauen, natürlich, um so deren Zusammenstoß zu verhindern.[168] Ein dritter Plan galt den Consuln, wurde aber von diesen als Schachzug aufgefaßt, sie von der Leitung der Geschäfte zu entfernen, weswegen sie die Angelegenheit ruhen ließen.[169] Cicero hatte schon im September 51 auf Pompeius verwiesen,[170] kannte aber die Gründe, die dagegen sprachen (5, 21, 3). Doch dieser selbst schrieb ihm, er betrachte diesen Krieg als seine Aufgabe.[171] Seitdem im Februar 50 Curio sich auf Caesars Seite geschlagen hatte,[172] rückte eine Beschlußfassung über die Provinzen in die Ferne.[173] Nur erging im April[174] der Beschluß, daß Pompeius und Caesar je eine Legion für den Partherkrieg stellen sollten.[175] Daß sie kommen würden, schien Cicero mit Recht sehr zweifelhaft.[176] Im Laufe des Mai[177] kam es im Senat zu Verhandlungen über die Supplicatio für die kriegerischen Erfolge Ciceros. Wie es damals nicht anders möglich war, geriet auch diese Frage in den Strudel der großen politischen Auseinandersetzung. Curio wollte an und für sich durchaus nicht zu Ciceros Ungunsten intercedieren, fürchtete aber, die Consuln möchten diese Feiertage zur Beschränkung seiner tribunicischen Tätigkeit ausnutzen. Caelius brachte nun eine Vereinbarung zustande, wonach die Consuln ihr Wort gaben, das nicht zu tun.

Eine andere Opposition ging von Lucilius Hirrus[178] aus, der 53 bei der Augurenwahl gegen Cicero durchgefallen war. Ihn konnte Caelius soweit beschwichti-

---

164 Vgl. Cic. fam. 2, 13, 2.
165 Cic. Att. 6, 2, 6. fam. 2, 13, 3.
166 Cic. Att. 5, 21, 2. Vgl. fam. 8, 7, 1. 12, 19, 2.
167 Cic. Att. 5, 21, 9. 6, 2, 6; 3, 1.
168 Cic. fam. 8, 14, 4.
169 Cic. fam. 8, 10, 2.
170 Cic. Att. 5, 18, 1.
171 Cic. Att. 6, 1, 3; 14.
172 Cic. fam. 8, 6, 5.
173 Cic. fam. 8, 11, 3.
174 P. STEIN Senatssitzungen 103.
175 Hirt. bell. Gall. 8, 54, 1. Cass. Dio 40, 65, 2. Appian. bell. civ. 2, 114.
176 Cic. fam. 2, 17, 5.
177 P. STEIN 103. Cic. fam. 8, 11, 1.
178 MÜNZER RE 13, 1643.

gen, daß er sich mit Favonius bloß dem M. Cato anschloß. Dieser gab eine für Cicero sehr ehrenvolle Erklärung ab, nämlich, daß durch seine Uneigennützigkeit und Umsicht die Provinz verteidigt, das Königreich des Ariobarzanes gerettet, der gute Wille der Untertanen für das römische Regiment zurückgewonnen sei,[179] stimmte aber gegen eine Supplicatio. Diese Haltung war für den Beauftragten Caesars, Cornelius Balbus,[180] Grund, eifrig für Cicero zu werben. Die Häupter der Optimaten wie Metellus Scipio und L. Domitius Ahenobarbus hinwiederum stimmten ebenfalls dafür, aber wie Caelius behauptete, mit dem Hintergedanken, daß gerade deshalb Curio intercedieren werde. Schließlich wurde der Antrag gegen die drei genannten Stimmen angenommen.[181]

In einer Antwort auf Ciceros langen Brief[182] begründete Cato seine Haltung damit, daß die Supplicatio ein Dank an die Götter oder, philosophisch ausgedrückt, den Zufall sei, sein Vorschlag aber auf das eigene Verdienst Ciceros zielte. Ferner bedeute eine Supplicatio keineswegs die Zusage eines künftigen Triumphs. Übrigens halte er sein Ehrendekret auch für viel rühmlicher als einen Triumph.[183] Cicero erwiderte darauf, daß er diese Gründe vollauf zu würdigen vermöge und sich freue, daß ihn Cato außerdem zur empfangenen Ehrung beglückwünsche.[184] Innerlich aber wallte sein Blut, zumal ihm Caesar in seinem Glückwunsch Catos Verhalten als schnöden Undank bezeichnete. Er übersah auch, daß mit Catos Auslegung die Zustimmung zu einer Supplicatio von 20 Tagen für Bibulus nichts Verletzendes hatte.[185] In solchen Fällen schlug immer noch das Minderwertigkeitsgefühl des *homo novus* durch, und er schien plötzlich zu vergessen, daß in Wahrheit doch kein einziger Senator ohne irgendwelche eigensüchtige Berechnung für seine Ehrung gestimmt hatte. Die Bewilligung der Supplicatio war allerdings von ihm zur Prestigefrage erhoben worden, nachdem er sozusagen jeden namhaften Senator brieflich darum angegangen hatte.[186]

Am 5. Juni 50 kam er in Tarsos an. Die Truppen fand er in ziemlich schlechter Verfassung, in der Provinz trieben Räuber ihr Unwesen.[187] Am meisten Verlaß war auf die Auxilien galatischer, pisidischer und lykischer Herkunft.[188] Von der früher erörterten Anwesenheit des Deiotaros verlautet nichts. Da man in Syrien mit Wiederausbruch des Kriegs rechnete, rückte er zunächst bis an den Pyramos vor,[189] dann wahrscheinlich wiederum nach Issos.[190] In Wirklichkeit zogen sich die Par-

---

179 Cic. fam. 15, 5, 1. Att. 7, 1, 8; 2, 7.
180 O. S. 161.
181 Cic. fam. 8, 11, 1–2. 2, 5, 1. 15, 11, 1.
182 O. S. 212.
183 Cic. fam. 15, 5, 2.
184 Cic. fam. 15, 6. Att. 7, 1, 7.
185 Cic. Att. 7, 1, 7; 2, 7; 3, 5.
186 Cic. Att. 7, 1, 8.
187 Cic. Att. 6, 4, 1.
188 Cic. Att. 6, 5, 3.
189 Cic. fam. 3, 11, 1.
190 Cic. Att. 6, 7, 2 *Issi* Emendation von Manutius.

ther aus Syrien zurück.¹⁹¹ Cicero entließ die aufgebotenen Auxilien und konnte sich schon Mitte Juli nach Tarsos begeben.¹⁹²

Damit erleichterte sich nun auch die Lösung der Frage, wen er bei seinem Abgang am 30. Juli als Stellvertreter zurücklassen könne. Denn da infolge der Intercession Curios der Senat nicht dazu kam, etwas über die Provinzen zu beschließen,¹⁹³ konnte sich Cicero mit Fug und Recht an dieses einmal festgesetzte Datum halten.¹⁹⁴ Solange jedoch Kriegsgefahr drohte, durfte der Stellvertreter nicht ein unerprobter Quaestor sein. Pomptinus ließ sich nicht länger halten als bis Februar.¹⁹⁵ Dann kam Quintus in Betracht, der auch nicht die geringste Neigung dazu hatte.¹⁹⁶ Der Quaestor Mescinius Rufus¹⁹⁷ erschien als völlig untauglich. Nun traf aber im Juli als sein Nachfolger C. Caelius Caldus ein,¹⁹⁸ auch er durchaus unbewährt, aber ein *nobilis* und als amtierender Quaestor der gesetzmäßige Vertreter, sobald kein Legat höhern senatorischen Ranges in Betracht kam. Ein solcher war jetzt nicht mehr nötig. Auch Pompeius und Caesar hatten ihre Quaestoren Q. Cassius und M. Antonius so verwendet,¹⁹⁹ und entsprechend hatte Cicero schon früher dem Minucius Thermus hinsichtlich seines Quaestors L. Antonius geraten.²⁰⁰ Außerdem meinte Cicero, die Betrauung seines Bruders konnte in Rom übel gedeutet werden, und fürchtete insgeheim auch, seine Launenhaftigkeit möchte Unheil anrichten.²⁰¹

Von Tarsos aus nahm er den Seeweg und erreichte am 3. August 50 Side,²⁰² etwa am 10. Rhodos.²⁰³ Die Abrechnung mit dem Aerar sollte der Quaestor Mescinius Rufus in Laodikeia aufstellen und gemäß der Lex Iulia von 59 in Laodikeia und Apameia abschriftlich niederlegen.²⁰⁴ Eine weitere Abschrift reichte Cicero nach seiner Rückkehr dem Aerarium ein.²⁰⁵ Da er sich in Laodikeia durch seinen Scriba hatte vertreten lassen, kam es zu Mißverständnissen, die er in dem Briefe fam. 5, 20 zu klären suchte.²⁰⁶ Eigentlich wollte er von Rhodos aus möglichst bald nach Athen weiterfahren.²⁰⁷ Aber Passatwinde zwangen ihn, in Ephesos anzulegen und dort bis zum 1. Oktober zu warten.²⁰⁸ Hier vernahm er am 29. September das Gerücht, daß Caesar keinesfalls sein Heer entlassen werde und sogar, daß Pom-

---

191 Cic. Att. 6, 6, 3. 7, 1, 2; 2, 8.
192 Cic. fam. 2, 17, 1; 3.
193 Cic. fam. 8, 13, 2. Att. 6, 2, 6. 7, 7, 5.
194 Cic. Att. 7, 3, 1.
195 Vgl. Cic. fam. 3, 10, 3. 2, 15, 4.
196 Cic. Att. 5, 21, 9. 6, 1, 14; 3, 1–2; 4, 1.
197 MÜNZER RE 15, 1076.
198 Cic. fam. 2, 19, 1. Att. 6, 5, 3.
199 Vgl. M. BÜLZ De provinciarum Romanarum quaestoribus, Diss. Leipz. 1893, 10. 24.
200 Cic. fam. 2, 18, 2.
201 Cic. Att. 6, 6, 3–4; 9, 3. 7, 1, 1. fam. 2, 15, 4.
202 Cic. fam. 3, 12, 4.
203 Cic. fam. 2, 17, 1. Att. 6, 7, 2. Brut. 1.
204 Cic. Att. 6, 7, 2. fam. 2, 17, 4.
205 Cic. fam. 5, 20, 1 f.
206 Vgl. MOMMSEN R. St. R. 1, 703. ferner Cic. Att. 7, 1, 5–6; 3, 8.
207 Cic. Att. 6, 7, 2.
208 Cic. Att. 6, 8, 4.

peius die Stadt verlassen wolle.[209] Andererseits sollte sich Bibulus um den Triumph bemühen, was ihn aufs neue anstachelte, nun auch seinerseits wieder in dieser Richtung vorzustoßen.[210] Natürlich fehlte es in Rom nicht an Leuten, welche ihm zuredeten, während der kluge Atticus abriet. Cicero war von dem Gedanken erfüllt, den er schon zu Anfang des Jahres Cato dargelegt hatte,[211] es würde diese Auszeichnung seine politische Wiedergeburt fördern.[212]

Am 14. Oktober landete er im Peiraieus.[213] In Athen erfreute er sich wieder am Verkehr mit den Philosophen. So disputierte er mit Aristos, dem Bruder des Antiochos von Askalon, darüber, ob (wie die Stoiker behaupteten) die Tugend allein ausreiche zum höchsten Grad der Glückseligkeit[214] und ließ sich von den Griechen feiern.[215] Dann reiste er Ende des Monats nach Patrai, wo er sich am 2. November wieder einschiffte.[216] In Athen hatte ihn sogleich die Falschmeldung empfangen, Caesar habe vier Legionen nach Placentia verlegt.[217] Waren die Feindseligkeiten auch noch nicht so weit fortgeschritten, so war doch auch nach der Ansicht des Caelius der Kriegsausbruch nur eine Frage der Zeit,[218] falls es nicht gelang, Pompeius oder Caesar mit dem Partherkrieg zu beschäftigen (8, 14, 4). Cicero empfand vor allem, daß er durch diese Spannung vor ganz schwierige persönliche Entscheidungen gestellt wurde, und begann sich beinahe nach der Provinz zurückzusehen, die ihn dieser Not enthoben hatte.[219] Denn er fand in Athen zwei gleichermaßen liebenswürdige Begrüßungsschreiben der beiden mächtigen, jetzt unter sich verfeindeten „Freunde" vor.[220] Das war ihm allerdings nicht zweifelhaft, daß er im äußersten Fall ins Lager des Pompeius gehörte, lieber mit diesem besiegt werden als mit dem andern siegen wollte.[221] Seit dem dreitägigen Zusammensein mit Pompeius im Mai 51[222] hatte er wieder herzliches Vertrauen zu dessen politischen Absichten gefaßt und ihn gelegentlich auch bei Atticus gegen den Vorwurf der Hinterhältigkeit verteidigt.[223] Aber zunächst handelte es sich noch um die Stellungnahme zur Streitfrage, ob Caesar sein Heer entlassen müsse und sich, ohne in Rom persönlich zu erscheinen, um das Consulat bewerben dürfe, und da konnte Cicero nicht mit gutem Gewissen vergessen, wie im Jahr 52 die Zusagen an Caesar zustande

---

209 *Meros terrores Caesarianos; – spero falsa sed certe horribilia* Cic. Att. 6, 8, 2.
210 Cic. Att. 6, 8, 5.
211 Cic. fam. 15, 4, 13.
212 Cic. Att. 6, 6, 4.
213 Cic. Att. 6, 9, 1. 7, 1, 1. fam. 14, 5, 1.
214 Cic. Tusc. 5, 22.
215 Plut. Cic. 36, 7. Ob er die von Atticus empfohlene Getreidespende vornahm, wissen wir nicht, Cic. Att. 6, 6, 2.
216 Cic. fam. 16, 1, 2; 9, 1. Att. 7, 2, 3.
217 Cic. Att. 6, 9, 5. 7, 1, 1.
218 Cic. fam. 8, 14, 2.
219 Cic. Att. 7, 1, 5.
220 Cic. Att. 7, 1, 3.
221 Cic. Att. 7, 1, 4.
222 O. S. 205.
223 Cic. Att. 6, 1, 11; 3, 4. o. S. 214. 215.

XI. Das Proconsulat   219

gekommen waren,[224] und er hatte ja auch mit Caesar eifrig Freundschaft gepflegt.[225] Indessen, Entscheidung für Caesar würde andererseits Verleugnung seiner ganzen politischen Vergangenheit bedeuten. Wie stände er vor Pompeius, Cato und den andern Optimaten da![226] Zu diesen großen grundsätzlichen Gesichtspunkten kam nun aber noch sein Triumph, mit dessen Finanzierung er sich bereits ernstlich befaßt.[227] Auch der konnte nur gelingen, wenn Caesar und die Optimaten zustimmten, und so schließt diese politische Betrachtung mit der Bitte an Atticus, ihm dabei zu helfen (7, 1, 7–8).

Die Seereise brachte ihn am 5. November nach Alyzia in Akarnanien,[228] am 6. nach Leukas, am 7. nach Aktion, am 9. nach Korkyra. Erst am 22. erlaubte das Wetter die Abfahrt von der Insel. Am 23. landete er zunächst in Hydruntum und erreichte am 24. Brundisium.[229] Von dieser Fahrt besitzen wir neun Briefe an seinen zärtlich geliebten Freigelassenen Tiro,[230] den er krank in Patrai zurücklassen mußte. Die darin sich bekundende herzliche Fürsorge zeigt Cicero von seiner menschlich liebenswertesten Seite.[231] Die Gattin Terentia war ihm entgegengereist und traf gerade am 24. November in Brundisium ein.[232]

Die Freude beim Wiederbetreten des italischen Bodens ließ ihn zunächst die politischen Sorgen etwas weniger schwer nehmen: *Romae vereor ne ex K. Ian. magni tumultus sint. Nos agamus omnia modice*, schreibt er am 26. November an Tiro.[233] Aus dem gleichzeitigen Brief an Atticus sehen wir, daß ihn auch ein Bericht über eine Unterhaltung, die dieser in Neapel mit Pompeius gehabt hatte, günstig stimmte. Atticus hatte die Stimmung für Ciceros Triumphbegehren sondiert und konnte über diesen Punkt wie auch über die allgemeine politische Gesinnung Günstiges melden (7, 2, 5). So gab Cicero die Hoffnung nicht auf, es möchte auch hier gehen wie mit dem Partherkrieg, der plötzlich ein Ende nahm (7, 2, 8).[234]

Während der Weiterreise auf der Via Appia schreibt er am 9. Dezember vom Gut des Pontius bei Trebula (7, 3, 12), sich auseinandersetzend mit den Gedankengängen des Atticus: Meinte dieser, es wäre günstiger gewesen, in der Provinz zu bleiben, so antwortet er, er wolle in Rom dabei sein, sei es, daß Verständigung gelinge, sei es, daß die „Guten" siegen. Im Fall der Niederlage gehöre er überall zu den Besiegten. Wäre die Behinderung durch die Triumphabsicht nicht vorhanden, so würde er den Idealstaatsmann seiner Republik vollendet verwirklichen. Ja, er wäre bereit, um seiner Freiheit willen den ehrgeizigen Plan aufzugeben (7, 3, 1–2). Freilich will er das nicht überstürzen, da die für einen Triumphanwärter erforderli-

---

224 O. S. 187.
225 Cic. Att. 7, 1, 2. o. S. 174.
226 Cic. Att. 7, 1, 4.
227 Cic. Att. 6, 9, 2.
228 Cic. fam. 16, 2.
229 Cic. fam. 16, 9, 1–2.
230 Cic. fam. 16, 1–9. Att. 7, 5, 2.
231 Vgl. W. KROLL Kultur der cic. Zeit 2, 113.
232 Cic. Att. 7, 2, 2. fam. 16, 9, 2. WEINSTOCK RE 5 A, 712. O. SEEL Cicero (1953), 318.
233 Cic. Fam. 16, 9, 3.
234 Vgl. Cic. Att. 7, 26, 3. 8, 11, 7.

che Beibehaltung des Imperiums[235] ihm selbst, aber auch dem Staat nützlich sein könnte. Das steht ihm fest, daß Pompeius zur Zeit die *res publica* bedeutet. Gerne hört er, daß nach Atticus' Urteil Caesar ihm gegenüber seinen Verpflichtungen nicht genügt habe. Aber auch wenn er das getan hätte, dürfte er bei seiner Vergangenheit nicht einmal neutral bleiben wie die Consulare Volcacius Tullus und Ser. Sulpicius Rufus, auf die ihn Atticus verwies (7, 3, 3). Allerdings erntet er nun die Früchte der falschen Politik des Pompeius seit 59 (3, 4). Trotzdem wird er sich öffentlich für diesen erklären, ihm persönlich dagegen zur Verständigung raten. Denn ein Sieg Caesars wäre bei der Zusammensetzung seiner Anhänger aus Bankrotteuren und Gesindel so schrecklich, daß ein Kampf gar nicht riskiert werden sollte (3, 5). Davon läßt er sich durch keine liebenswürdigen Briefe Caesars oder seines Vertrauensmanns Balbus abbringen. Eine Schwierigkeit bildet nur das Darlehen.[236] Es wäre doch recht peinlich, wenn Balbus ihm nach einer freimütigen Rede für den Staat beim Hinausgehen sagen würde: „Bitte, laß das Geld zahlen" (3, 11).

Jenes Urteil über die Anhänger Caesars war ähnlich schon im September von Caelius gefällt worden. Dieser skrupellose politische Rechner fügte dem aber bei, solange nur politisch gekämpft werde, habe man zur anständigen Partei zu halten, sobald dagegen der Krieg beginne, gelte es, sich der stärkern anzuschließen und das Sicherere als das Bessere zu bezeichnen.[237] Er handelte auch danach, und Cicero wußte am 9. Dezember bereits, daß er zu Caesar übergegangen sei, meinte aber, er werde es bald bereuen.[238] Als er dann zunächst nach seinem Cumanum[239] weiterreiste, traf er am 10. Dezember – wohl in Capua – mit Pompeius zusammen und besprach sich zwei Stunden lang mit ihm.[240] Ihm hatte am 2. Dezember der Consul C. Marcellus[241] die Vollmacht übertragen, zum Schutze des Staats militärische Vorkehrungen zu treffen,[242] und er befand sich nun in Capua,[243] um das Kommando über die beiden dort einquartierten, seinerzeit für den Partherkrieg bestimmten[244] Legionen zu übernehmen. Er begrüßte Cicero aufs herzlichste, versprach ihm seine Unterstützung für den Triumph und riet ihm, solange, bis diese Sache in Ordnung sei, nicht an Senatssitzungen teilzunehmen, um sich keine Volkstribunen zu entfremden. Eine Verständigung mit Caesar hielt er für ausgeschlossen, da noch am 6. Dezember Caesars Vertrauter A. Hirtius nach Rom gekommen und am 7. gleich wieder abgereist sei, ohne ihn aufzusuchen.[245] Trotzdem wollte Cicero die Hoffnung nicht aufgeben, daß auch Caesar es nicht zum Äußersten treiben werde (7, 4, 3). Als er auf seinem Cumanum weilte, suchte ihn M. Caelius auf, offenbar

---

235 Mommsen R. St. R. 1, 130. 641.
236 O. S. 206.
237 Cic. fam. 8, 14, 3.
238 Cic. Att. 7, 3, 6.
239 Cic. fam. 2, 16, 3.
240 Cic. Att. 7, 4, 2.
241 Münzer RE 3, 2735.
242 Ed. Meyer Caesars Mon. 272.
243 Appian. bell. civ. 2, 115; 121.
244 O. S. 215.
245 Cic. Att. 7, 4, 2.

XI. Das Proconsulat

um ihm seine politische Schwenkung näher zu begründen.[246] Ferner besuchten ihn damals der designierte Praetor L. Torquatus und C. Triarius.[247] Cicero hatte inzwischen durch T. Ampius gehört, daß man vielleicht Rom preisgeben müsse, und sprach sein Entsetzen aus über einen solchen Gedanken.[248] Dann finden wir Cicero bis zum 29. Dezember auf dem Formianum.[249] Er sah hier verschiedene Senatoren und Männer des Ritterstands, die alle höchst ungehalten waren über Pompeius' Reise nach Capua, weil das Krieg bedeute. Das bestärkte ihn in der Ansicht der Friede müsse erhalten bleiben. Es war ihm klar, daß in jedem Fall der Sieger Tyrann werde (7, 5, 4). Außerdem sei Caesar bereits zu stark (5, 5). Trotzdem – schreibt er im nächsten Brief – müsse er sich öffentlich zu Pompeius bekennen (7, 6, 2). Allerdings, heißt es etwas später, wenn er das tue, handle er bloß wie ein versprengtes Stück Vieh, das der Herde nachstrebe. Er gehöre nun einmal zu den sogenannten *boni* (7, 7, 7). Aber zugleich bricht die Kritik los über diese Bezeichnung, das Versagen des Senats seit 59, indem man Caesar und seinen Anhang so stark werden ließ, die Unzuverlässigkeit der Kapitalisten, die sich vor jeder Macht beugen, wenn sie nur Ruhe haben (7, 5–6). Alles in allem wäre jedoch der Sieg Caesars das größere Übel, da man sich von ihm keines Bessern ersehen könne als von Cinna und Sulla (7, 7). Ob er selbst seine Bemühungen um den Triumph fortsetzen soll, wird ihm fraglich,[250] wo er hört, daß Pompeius ihn als Inhaber des Imperiums nach Sicilien schicken will, was er als Abderitenstreich bezeichnet (7, 7, 4).

Am 25. Dezember traf er in der Nähe von Formiae wiederum mit dem von Capua zurückkehrenden Pompeius zusammen.[251] Dieser bestritt aufs neue eine Möglichkeit, mit Caesar zu einem wirklichen Frieden zu gelangen. Wenn er losschlage, sei nichts zu befürchten, da man über genug Abwehrmittel verfüge (7, 8, 4). Pompeius schien von einer Verständigung vor allem zu befürchten, daß er dann Rom verlassen müßte.[252] Auf Cicero machten diese Ausführungen großen Eindruck, und es kam ihm vor, er müsse kurzerhand mit dem für den Triumph bereitgestellten Geld die fatale Schuld an Caesar zurückzahlen (7, 8, 5).

Der letzte Brief aus dem Jahr 50 schließt mit den Worten *equidem dies noctesque torqueor*.[253] In der gedrängten Erörterung aller denkbaren Eventualitäten[254] spiegelt sich offenbar die Unterhaltung mit Pompeius. Es wird bereits die Frage aufgeworfen, ob bei einem Angriff Caesars Rom zu halten sei oder geräumt werden solle, um ihn von Zufuhr und Verbindung mit seinen übrigen Truppen abzuschneiden (7, 9, 2). Auch die Lösung, daß Caesar das Heer abgebe und Consul werde, verwirft er; denn 59 war Caesar auch schwach und doch stärker als der ganze Staat! Freilich befände sich Caesar mit dieser Forderung im Recht. Das ist der Jammer, daß schon das, was nicht abgelehnt werden kann, das größte Übel ist (9, 3).

---

246 Vgl. O. E. Schmidt 95.
247 Cic. fin. 1, 14. 2, 74. Münzer RE 14, 1206.
248 Cic. fam. 2, 16, 3.
249 Cic. Att. 7, 5, 3.
250 Vgl. Cic. Att. 7, 5, 5.
251 Cic. Att. 7, 8, 4.
252 O. E. Schmidt 102.
253 Cic. Att. 7, 9, 4.
254 Vgl. die lichtvolle Übersetzung bei C. Bardt Röm. Charakterköpfe 126.

XII. IM BÜRGERKRIEG

Am 4. Januar 49 langte Cicero vor der Stadt an.[1] Obschon die größte Aufregung herrschte über die Forderung Caesars und die Intercession seiner Volkstribunen,[2] fand sich doch eine stattliche Menge zur Begrüßung ein.[3] Als Triumphanwärter konnte er wie der Proconsul Pompeius an den Senatssitzungen innerhalb des Pomeriums nicht teilnehmen. Dafür betätigte er sich mit größtem Eifer an den nicht minder wichtigen privaten Verhandlungen, und zwar kehrte er wieder zu der Ansicht zurück, es müsse alles versucht werden, eine Verständigung zu finden.[4] Er ging davon aus, daß Caesar auf Grund des Plebiscits von 52[5] das Recht hatte, sich von Rom abwesend um das Consulat zu bewerben.[6] Gegenüber standen sich die Forderung Caesars[7] und der Antrag des Metellus Scipio.[8] Cicero schlug nun das Kompromiß vor, Caesar solle sich auf Gallia citerior und Illyricum mit zwei Legionen beschränken,[9] Pompeius nach Spanien gehen.[10] Als das Pompeius nicht genügte, brachte er Caesars Freunde dazu, auf eine Legion und Illyricum hinabzugehen.[11] Dies anzunehmen, war Pompeius geneigt.[12] Aber der Consul Lentulus war dagegen,[13] und Cato erklärte, der Staat dürfe sich nicht von einem Bürger Bedingungen vorschreiben lassen.[14] Von der andern Seite trieb besonders Curio zum Bruch.[15] Vergeblich, daß Cicero rief, es gebe nichts Kläglicheres als den Bürgerkrieg.[16] Leute wie Lentulus und Domitius Ahenobarbus schalten ihn einen Feig-

---

1 Cic. fam. 16, 11, 2. Att. 7, 7, 3; 8, 2.
2 Caes. b. c. 1, 2, 8.
3 Cic. fam. 16, 11, 2.
4 Cic. Att. 9, 11a, 2 an Caesar vom 19. März 49. Phil. 2, 24 sein Wort sei gewesen *Utinam, Pompei, cum Caesare societatem aut numquam coisses aut numquam diremisses! fuit alterum gravitatis, alterum prudentiae tuae.* Vgl. fam. 6, 6, 4; 4, 4.
5 O. S. 188.
6 Cic. Att. 9, 11 a, 2. fam. 6, 6, 5. Caes. b. c. 1, 9, 2.
7 Suet. Caes. 29, 2 *ne sibi beneficium populi adimeretur aut ut ceteri quoque imperatores ab exercitibus discederent.* Caes. b. c. 1, 9, 3. Cic. fam. 16, 11, 2 am 12. Januar 49 *omnino et ipse Caesar, amicus noster, minacis ad senatum et acerbas litteras miserat et erat adhuc impudens qui exercitum et provinciam invito senatu teneret.* Appian. bell. civ. 2, 128. Cass. Dio 41, 1, 4.
8 Caes. b. c. 1, 1, 6 *uti ante certam diem* (einem noch zu bestimmenden Tag, Caes. b. c. 1, 9, 2) *Caesar exercitum dimittat; si non faciat, eum adversus rem publicam facturum videri.* Vell. Pat. 2, 49, 4.
9 Plut. Caes. 31, 1. Pomp. 59, 5.
10 Cic. fam. 6, 6, 5.
11 Plut. Pomp. 59, 6. Caes. 31, 2. Suet. Caes. 29, 2. Vell. Pat. 2, 49, 4.
12 Cic. fam. 6, 6, 6. Att. 8, 11 d, 8.
13 Plut. Pomp. 59, 6.
14 Vell. Pat. 2, 49, 3. Suet. Caes. 30, 1.
15 Cic. fam. 16, 11, 2; 12, 2 *sed mirus invaserat furor non solum improbis sed etiam iis qui boni habentur.* Vell. Pat. 2, 48, 5.
16 Cic. fam. 16, 12, 2. 4, 1, 1.

ling.¹⁷ So ging man in der entscheidenden Sitzung am 7. Januar 49, in der das *s.c. ultimum* beschlossen wurde,¹⁸ über diese Bemühungen hinweg. Diese Vollmacht wurde ausdrücklich auch den *qui pro consulibus sint ad urbem* erteilt und betraf also auch Cicero.¹⁹ Bei der Verteilung der Befehlsbezirke Italiens überließ man ihm Capua.²⁰ In den weitern Beratungen kam auch Ciceros Triumph zur Sprache. Consul Lentulus erklärte, darüber erst zu berichten, wenn die dringlichen Geschäfte erledigt seien.²¹ Cicero selbst äußerte, er wolle lieber in Caesars Triumph mitziehen, wenn man sich verständige.²² Als ihn Caelius nachts vor seiner Abreise nach Ariminum besuchte, gab er auch ihm Auftrag, bei Caesar für den Frieden zu wirken²³ und schrieb entsprechende Briefe.²⁴

Zunächst stand alles unter dem Eindruck der großsprecherischen Auskünfte des Pompeius über die Kriegsbereitschaft.²⁵ Man gab sich der Hoffnung hin, Caesar werde mit seiner einzigen Legion das Äußerste nicht wagen.²⁶ Daraus erklärt sich auch Ciceros schmerzliche Enttäuschung, als am 17. Januar²⁷ Pompeius auf die Nachricht von Caesars Vormarsch über den Rubico die Räumung Roms anordnete.²⁸ Denn von dieser möglicherweise eintretenden Notwendigkeit hatte ihm Pompeius doch schon im Dezember gesprochen!²⁹ Da Verbleiben in Rom bei Senatoren dem Übergang zum Feind gleichgestellt wurde,³⁰ verließ auch Cicero mit seinen lorbeergeschmückten Lictoren die Stadt³¹ und begab sich auf sein Formianum. Pompeius gestattete ihm, als seinen Befehlsbezirk die Küste von Formiae bis Campanien unter seine Aufsicht zu nehmen,³² ohne Verantwortung für Capua.³³ Im übrigen teilte ihm dieser begreiflicherweise seine Absichten nicht mit.³⁴ Doch

---

17 Cic. fam. 6, 21, 1.
18 Caes. b.c. 1, 5, 4.
19 Cic. fam. 16, 11, 2.
20 Cic. fam. 16, 11, 3.
21 Cic. fam. 16, 11, 3.
22 Plut. Cic. 37, 1. Vgl. Cic. Marc. 15.
23 Cic. fam. 8, 17, 1.
24 Plut. Cic. 37, 1. Vgl. Sall. ep. ad Caes. frg. 9. 10. PURSER.
25 Caes. b.c. 1, 6, 2; 30, 5. Anspielung Ciceros Att. 7, 14, 1 am 25. Januar *hunc nostrum copiarum suppaenitet*. 7, 21, 1. fam. 16, 12, 4.
26 Vgl. Cic. Att. 7, 16, 2. O. E. SCHMIDT 123.
27 Cic. Att. 9, 10, 2.
28 Cic. Att. 7, 10; 11, 3; 12, 3; 13, 1 *quae condicio non hinc fugere praestitit?* am 23. Januar, nach MAX BINDER Studien zur Geschichte des zweiten Bürgerkriegs, besonders zum Verlauf des Januars und Februars 49 v. Chr., Diss. Freiburg i. Br. 1928, 3. Am 26. Januar Att. 7, 15, 3 *sumus enim flagitiose imparati cum a militibus tum a pecunia*, 21, 1. 8, 8, 1. Ähnlich soll sich nach Caes. b.c. 1, 30, 5 später M. Cato geäußert haben über Pompeius, *qui omnibus rebus imparatissimis non necessarium bellum suscepisset*. Vgl. Att. 8, 11 d, 5. 9, 13, 4.
29 O. S. 221. Cic. Att. 8, 11 d, 6.
30 Cic. Att. 8, 1, 4. 9, 10, 2. Caes. b.c. 1, 33, 2. Vgl. Att. 7, 13, 3 *in communi bonorum fuga*; sie wird erwartet von den *amplissimi cives*. fam. 14, 18, 1. Lig. 33. Appian. bell. civ. 2, 148. Plut. Pomp. 61, 6. Cass. Dio 41, 6, 2.
31 Cic. Att. 9, 10, 4.
32 Cic. Att. 7, 11, 5. 14, 3. 8, 11 b, 1; 3. fam. 16, 12, 5.
33 Cic. Att. 8, 3, 4. 11 d, 5. 12, 2. Etwas anders HOLMES Rom. Rep. 3, 367.
34 Cic. Att. 7, 10. 12, 1. 13, 2.

wußte er von Anfang an, daß Pompeius den Gedanken erwog, Italien zunächst preiszugeben und von den Provinzen aus zurückzuerobern,[35] wenn ihm auch Pompeius selbst, wie er am 27. Februar behauptet, davon nichts gesagt haben mochte.[36] Das war eine Wiederholung des Sullanischen Bürgerkriegs, ein Gedanke, vor dem ihm schauderte.[37]

Eben darum hatte er bisher seine ganze Kraft daran gesetzt, den Frieden zu erhalten, obgleich er keinen Augenblick im Zweifel war, daß Caesar die ihm so teure Republik zerstören wollte und darum von ihm nur als Feind angesehen werden konnte.[38] Nachdem man alle seine Mahnungen in den Wind geschlagen hatte, schien ihm die am 17. Januar ausbrechende Panik nur allzusehr recht zu geben,[39] und so hielt er es weiter für seine Pflicht, alles zu tun, um den Frieden wiederherzustellen.[40] Dabei kam ihm zustatten, daß er anders als die *principes* aus der Nobilität[41] noch immer freundschaftliche Beziehungen mit Caesar unterhielt,[42] und da dieser selbst die Verständigung mit Pompeius wünschte, fanden eben dort seine Bemühungen das freundlichste Echo.[43] Das bestärkte ihn darin, immer wieder zu hoffen,[44] bis er einsehen mußte, daß die dem Pompeius am 17. März geglückte Abfahrt von Brundisium[45] diese Möglichkeit zerstörte.[46]

Ciceros Friedensliebe ist menschlich sehr verständlich. Die Schreckenszeiten Cinnas und Sullas standen ihm noch lebhaft vor Augen.[47] Abgesehen vom Abscheu, den er gegen einen neuen Bürgerkrieg hegte,[48] ersehnte er für sich – er zählte nun 58 Jahre – nach den mancherlei Stürmen seines Lebens ein geruhsames Alter in Ehren.[49] Auch war die Sorge, daß er bei einer popularen Bewegung besonders gefährdet sei, gewiß nicht unbegründet.[50] Und gerade, wenn sich Caesar wirklich mit Pompeius verständigte, fürchtete er, daß ihn schließlich Pompeius wieder opfern könnte wie im Jahr 58.[51] Dagegen fiel weniger ins Gewicht, daß der Schwieger-

---

35 Cic. Att. 7, 10. 11, 3. 8, 11, 2. 12, 2; 4. 9, 1, 3. 10, 8, 4.
36 Cic. Att. 8, 11 d, 1; 6.
37 Cic. fam. 2, 16, 3. Att. 8, 11, 2–4. 11 d, 3–5. 9, 10, 3; 6. 6, 7. 9, 2.
38 Cic. Att. 7, 11, 1. 12, 2. 13, 1. 14, 3. 18, 2 *perditus latro*. 26, 2. 8, 1, 4. 9, 12, 4. 10, 4, 2–3. 8, 5. 10, 5. 12 a, 1.
39 Cic. Att. 7, 12, 3. 13, 1. 21, 3. 8, 3, 3. 9, 10, 2.
40 Cic. Att. 7, 14, 3. 9, 10, 3.
41 Cic. Att. 9, 1, 4.
42 Cic. Att. 7, 17, 3. 8, 3, 2; 6. 9, 11 a, 2.
43 Cic. Att. 7, 21, 3 *ipse me Caesar ad pacem hortatur*. 8, 9, 4. 11, 5. 15 a, 1; 2. 9, 6 a. 7 b, 1. 7 c, 1. 11, 2. 13 a, 1. fam. 4, 2, 3. Vgl. Caes. b. c. 1, 24, 5. 32, 8. 3, 10, 3. 15, 8.
44 Cic. Att. 10, 8, 5.
45 Cic. Att. 9, 15, 6.
46 Vgl. Cic. Att. 9, 9, 2 vom 17. März nach der Abfahrt der Consuln am 4. März, 9, 6, 3. Ferner 9, 10, 3 vom 18. März.
47 Cic. Att. 8, 3, 6; 9, 4; 11, 2. 9, 7, 3; 10, 6; 11, 3; 15, 2.
48 Cic. Att. 8, 11 d, 6.
49 Cic. Att. 9, 6, 7. 10, 3. fam. 2, 16, 6.
50 Cic. Att. 7, 26, 2. 8, 3, 5. 11 d, 7. 9, 1, 3 *odia improborum rursus in nos quae iam exstincta erant incendamus!*
51 Cic. Att. 10, 8, 5. Vgl. 8, 12, 5. 9, 2 a, 1.

sohn Dolabella ein eifriger Caesarianer war,[52] da er unter dessen Schutz Terentia und Tullia mit größerer Beruhigung zurück lassen konnte.[53]

Allein man kann nicht übersehen, daß er sich politisch wieder in eine peinlich zweideutige Rolle hineinmanövrierte: Am 7. Januar hatte er als Proconsul und Imperator die ihm durch das *s.c. ultimum* überwiesene Aufgabe übernommen.[54] In dieser Hinsicht befand er sich in einer ganz andern Lage als die Consulare ohne Imperium, mit denen er sich immer wieder verglich, wie M.' Lepidus, L. Volcacius Tullus, L. Piso, Ser. Sulpicius, L. Marcius Philippus.[55] Daß ihm Pompeius statt Capua die *ora maritima* übertrug, änderte an dieser Tatsache formal nichts, und er erkannte den ihm erteilten Auftrag auch am 15. Februar in seinem Brief an Pompeius an, freilich mit dem Zugeständnis, bisher in Ermanglung von Weisungen nichts dafür getan zu haben.[56] An Caesar aber ließ er schon am 2. Februar mitteilen, er sitze auf seinen Gütern und rühre keine Hand,[57] und schrieb ihm selbst am 19. März, er habe sich bisher am Krieg in keiner Weise beteiligt.[58] Pompeius führte damals noch nicht den Oberbefehl,[59] und so konnte er am 10.[60] und am 20. Februar[61] den ihm im Range gleichstehenden Imperator Cicero nur höflich auffordern, ihm nach Luceria oder Brundisium zu folgen. Aber die Art, wie Cicero „seine eigene Rechnung aufstellte",[62] entsprach zweifellos nicht dem vom Senat erteilten Auftrag. Wohl stellte er es nun so dar, als ob er Capua als eine von vornherein aussichtslose Aufgabe abgelehnt habe,[63] am 20. Januar[64] jedoch teilte er mit, daß ihm Pompeius den Küstenbezirk zur Wahrnehmung der Aushebung und Verteidigung zugewiesen habe:[65] *Vult enim me Pompeius esse quem tota haec Campania et maritima ora habeat* ἐπίσκοπον, *ad quem dilectus et summa negotii referatur*.[66] Daß er sich dann untätig verhielt, war eine durchaus eigenmächtige Auslegung. Wie er am 27. Januar an Tiro schrieb, bevorzugte er dieses minder wichtige Kommando, um seinen Friedensmahnungen an Caesar größeres Gewicht zu geben. Wenn es zum wirklichen Kriege komme, so glaubte er damals noch, zur Übernahme von Legio-

---

52 Cic. fam. 16, 12, 5. 14, 14, 1.
53 Cic. Att. 7, 13, 3.
54 Cic. Att. 10, 8, 8 vom 2. Mai.
55 Cic. Att. 7, 12, 4. 13, 1. 17, 3. 23, 1. 8, 1, 3. 6, 1. 9, 3. 15, 2. 9, 1, 2. 10, 7. 15, 4. 19, 2. 10, 3 a, 2. 4, 10. 7, 2. fam. 14, 14, 2. 4, 1, 1. 2, 3.
56 Cic. Att. 8, 11 b, 1; 3. Vgl. 1, 2. 11 d, 5; 8. 3, 5.
57 Cic. Att. 7, 17, 4.
58 Cic. Att. 9, 11 a, 2. 8, 9, 1.
59 Von M. BINDER 64 richtig bemerkt mit Hinweis auf Caes. b.c. 3, 16, 4.
60 Cic. Att. 8, 11 a.
61 Cic. Att. 8, 11 c.
62 Cic. Att. 8, 11 d, 7.
63 Cic. Att. 8, 3, 4. 11 d, 5. 12, 2 vom 28. Februar, wo er Atticus den Brief vom 27. an Pompeius erläutert, *nam certe neque tum peccavi, cum imperatam iam Capuam non solum ignaviae delictum sed etiam perfidiae suspicionem fugiens accipere nolui*.
64 BINDER 4.
65 Cic. Att. 7, 11, 5.
66 Vgl. Cic. Att. 7, 14, 3.

nen berufen zu werden.[67] Er konnte also nicht mit gutem Gewissen behaupten,[68] sich von *ignavia* und *perfidia* durchaus rein bewahrt zu haben.[69]

Am 3. April erinnerte er selbst an Solons Gesetz, das Nicht-Partei-Ergreifen im innern Streit mit Todesstrafe bedrohte.[70] Charakteristischerweise fiel es ihm ein, als er den Plan erwog, sich in die Neutralität zurückzuziehen. Aber dem mußte er gleich beifügen, daß Caesar für ihn weniger in Frage komme als Pompeius. So hat er schließlich auch gehandelt, als er sich am 7. Juni 49 von seinem Gut bei Formiae aus nach Griechenland einschiffte.[71] Wir besitzen aus der Zeit vom 20. Januar bis zum 7. Juni nicht weniger als 83 Briefe, die uns in einzigartiger Weise Einblick gewähren in die der Entscheidung vorangehenden Überlegungen. Besonders gilt das von den an Atticus gerichteten, in denen er seine innersten Gedanken mit rückhaltloser Offenherzigkeit bloßlegt.

In der Plutarchbiographie wird sehr treffend ihr Thema in den Satz zusammengefaßt: Er wisse, wen er zu fliehen, aber nicht, zu wem er zu fliehen habe.[72] Wie die zweimalige Berufung ἐν ἐπιστολαῖς 37, 3 und 4 zeigt, handelt es sich wohl um eine Formulierung Tiros.[73] Denn darauf beruhten im Grunde alle seine Schwierigkeiten, daß er sich in einer gegebenen politischen Lage als Politiker entscheiden sollte, aber vor dieser Entscheidung auswich, als ob er die Freiheit besessen hätte, wie ein weltfremder Privatgelehrter nach gesinnungsethischen Prinzipien zu wählen. Als er im März seine Friedenshoffnungen dahinschwinden sah, schrieb er sich griechisch die in der philosophischen Topik für diesen Fall vorgesehenen Streitfragen auf und disputierte beim Spazierengehen mit sich selbst darüber.[74] Daß er seine politische Pflicht an den Kategorien des *honestum* oder *rectum* und *turpe*[75] maß, wird jeden sittlichen Empfindungen zugänglichen Leser der Briefe ergreifen; denn diese Denkweise entquoll seiner tiefsten Überzeugung. Aber, völlig anders als bei M. Cato, fehlte ihm die Kraft, sie auch durch politische Charakterfestigkeit zu bewähren. Seine unbestreitbare geistige Überlegenheit und seine rednerischen Erfolge verleiteten ihn immer wieder dazu, die Rolle, die ihm im politischen Kräftespiel zukam, maßlos zu überschätzen. So konnte er sich in aller Naivität dem The-

---

67 Cic. fam. 16, 12, 5. Vgl. Att. 7, 17, 4.
68 Vgl. Cic. Att. 10, 4, 5.
69 R. HOLMES Rom. Rep. 3, 367.
70 Cic. Att. 10, 1, 2.
71 Cic. fam. 8, 17, 1. 14, 7, 2. Att. 10, 4, 10. 16, 6.
72 Plut. Cic. 37, 3. Wir lesen den Satz im Brief vom 21. Februar Cic. Att. 8, 7, 2.
73 Erhalten auch Plut. reg. et imp. apophthegm. Cic. 14. S. 205 c. Macrob. Sat. 2, 3, 7 *ego vero quem fugiam habeo, quem sequar non habeo*.
74 Cic. Att. 9, 4, 2. 9, 1.
75 Cic. Att. 7, 21, 3. 22, 2. 23, 3. 26, 2. 8, 1, 3. 2, 4. 3, 2; 6. 9, 3. 11, 1 mit Berufung auf seinen „Staat". 12, 3; 5. 15, 2. 9, 5, 3. 6, 4; 5. 7, 1 *unum illud extimescebam, ne quid turpiter facerem vel dicam iam ne fecissem*. 12, 4. 10, 4, 5. 8, 5; 9. 9; 2. 12 a, 1. fam. 4, 1, 1. 2, 2; 3. 5, 19, 2 an seinen früheren Quaestor L. Mescinius Rufus: *si nos ii sumus, qui esse debemus, id est studio digni ac litteris nostris, dubitare non possimus quin ea maxime conducant, quae sunt rectissima*.

mistokles des Thukydides[76] gleichstellen.[77] Besonders gefiel er sich in dem Gedanken, daß Pompeius und die Optimaten es nicht um ihn verdient hätten, daß er sich nun für ihre verlorene Sache opfere, da er die Verkehrtheit ihrer Politik schon seit zehn Jahren durchschaut habe.[78] Nur das Mitleid mit Pompeius und die Dankbarkeit für die seit 57 bewiesene echte Freundschaft vermögen ihn dazu.[79] Denn dieser besitzt in keiner Weise die vom wahren Staatsmann geforderten Eigenschaften, denkt ebenso wie Caesar nur an seine Macht,[80] und die sog. *boni* führen diese Bezeichnung sehr zu Unrecht.[81] Was Ciceros Größe als Redner ausmachte, die nie versagende Beherrschung der rhetorischen Topik, die ihm für jeden Fall alle erdenklichen Gesichtspunkte des Für und Wider an die Hand gab, wurde ihm nun zum Fluch, weil er auf der Seite, nach der ihn sein Herz zog, so viel Unzulängliches sah. Auf Vorwürfe wegen seines Zauderns antwortete er, er sei nicht ängstlich, Gefahren zu bestehen, sondern so lange sie nur vorauszusehen seien.[82]

Wie bereits ausgeführt, war es zumeist der Ärger über das Scheitern seiner Friedensbemühungen vor dem 7. Januar, der ihn anstachelte, auch nach dem Kriegsausbruch seine Friedenspolitik auf eigene Faust zu betreiben, obwohl er im Grunde genau wußte, daß er nach seiner gesamten bisherigen Haltung in das Lager des Pompeius gehörte.[83] Aber – das war zweifellos für ihn der springende Punkt – dort gaben Lucceius und Theophanes den Ton an,[84] und als Truppenführer war er auch nicht zu gebrauchen.[85] Ein πολιτικὸν *opus* hätte er gern vollbracht,[86] wozu doch keine Gelegenheit war, solange es hart auf hart ging.[87] Er glaubte eben immer mit vornean stehen zu müssen. Als ihn am 22. Januar Caesar durch Trebatius auffordern ließ, er möge sich ihm zur Verfügung stellen oder sich, falls er sich zu alt fühle, nach Griechenland in die Neutralität zurückziehen, gab er die gereizte Antwort, er werde nichts tun, was seiner bisherigen politischen Haltung unwürdig sei.[88] So kam es, daß er am 6. Mai sein ganzes Unterfangen als Irrtum eingestehen mußte. Je klüger er alles ausgedacht zu haben glaubte, desto ungeschickter war es herausgekommen,[89] und die Korrespondenz mit Atticus schließt am 19. Mai mit

---

76 Thuk. 1, 138, 3.
77 Cic. Att. 10, 8, 7.
78 Cic. Att. 7, 12, 3. 13, 1. 20, 2. 21, 3. 8, 2, 3–4. 8, 1. 9, 3. 11, 6. 16, 1. 9, 2 a, 2. 10, 4, 3; 5.
79 Cic. Att. 8, 1, 4. 2, 4. 14, 2. 9, 1, 4. 5, 3. 7, 4. 9, 2.
80 Cic. Att. 8, 11, 1–2. 9, 7, 1; 5. 9, 2. 10, 4, 4. 7, 1.
81 Cic. Att. 8, 1, 3. 16, 1. 9, 1, 4. 5, 4.
82 Quintil. inst. or. 12, 1, 17.
83 Cic. Att. 7, 12, 3. 13, 3. 18, 2. 22, 2. 23, 1. 8, 1, 3. 3, 2 *si maneo et illum comitatum optimorum et clarissimorum civium desero*. 9, 3, wo er das Verhalten des Lepidus und Tullus für sich nicht als maßgebend anerkennt, *minus multa dederant illi rei publicae pignora*. 14, 2. 16, 3. 9, 1, 3. 6, 4. 7, 4. 10, 3.
84 Cic. Att. 9, 1, 3. 11, 3.
85 Cic. Att. 8, 2, 4. 12, 4. Liv. per. 111 *vir nihil minus quam ad bella natus*.
86 Cic. Att. 9, 11, 2.
87 Cic. fam. 4, 7, 2. Vgl. Phil. 8, 11. 7, 8 *pacis alumnus*. 12, 24.
88 Cic. Att. 7, 17, 3. Plut. Cic. 37, 4.
89 Cic. Att. 10, 12 a, 1.

dem verzweifelten Satz: *Ipse conficior venisse tempus, cum iam nec fortiter nec prudenter quicquam facere possim.*[90]

Im einzelnen verlief diese Entwicklung in Phasen, die den Kriegsereignissen entsprachen. Nachdem Cicero am 20. Januar in Formiae angekommen war,[91] erhielt er von Pompeius die Weisung, nach Capua zu kommen, um dort bei der Aushebung zu helfen.[92] Auf dem Wege dorthin sah er am 23. Januar den L. Caesar, der Friedensbedingungen Caesars an den in Teanum befindlichen Pompeius überbrachte.[93] Mehr als davon erwartete er zunächst eine günstige Wendung vom Übertritt des Labienus.[94] Dann erfuhr er aber am 25. Januar in Cales, daß Pompeius mit Gegenbedingungen geantwortet hatte, bevor er sich nach Larinum aufmachte.[95] Wiewohl er die Zugeständnisse an Caesar für zu groß hielt, schien ihm doch jeder Friede besser als der Krieg.[96] Noch am 25. Januar traf er in Capua die Consuln und viele Senatoren. Außer Favonius billigten alle die Vorschläge, selbst Cato. Allerdings glaubten die wenigsten, daß Caesar es ernst meine. Er dagegen war anderer Ansicht, da Caesar mit der Zuerkennung des Consulats für 48 sein Ziel erreiche. Nur erwartete er nichts Gutes davon, daß Cato für den Fall, daß Caesar annahm, bei den weitern Verhandlungen in Rom zugegen sein wollte (7, 15, 2). Die Consuln setzten eine weitere Beratung auf den 5. Februar an, da bis dahin Caesars Antwort eingelaufen sein konnte.[97] Von Pompeius erhielt er einen zuversichtlichen Brief, er werde nach Picenum vorrücken, und dann könnten auch die Senatoren wieder nach Rom zurückkehren, da nach Labienus' Ansicht Caesar nicht über genügend Truppen verfüge (7, 16, 2). Unter dem Eindruck dieser beruhigenden Auskünfte schrieb er am 27. Januar an Tiro, der noch immer krank in Patrai lag,[98] falls Caesar seine Vorschläge wieder zurückziehe, dürfe man hoffen, ihn militärisch zu bezwingen,[99] und begab sich am 28. Januar wieder zurück auf das Formianum (7, 16, 2).

Doch schon in den nächsten Tagen hörte er, daß Caesar seine kriegerischen Bewegungen mit größter Energie weiterführe.[100] Die Zusammenkunft in Capua stand unter Panikstimmung. Der eine Consul kam erst spät am 5. Februar, C. Marcellus war am 7., als Cicero wieder abreiste, überhaupt noch nicht erschienen (7, 21, 1). Nur Cicero wußte durch einen Brief Dolabellas, daß Picenum für Pompeius bereits verloren sei (21, 2). Während ihn so Pompeius aufs neue enttäuschte, ergingen von Caesar selbst und durch Trebatius, Dolabella und Caelius vermittelt, die freundlichsten Angebote, wie befriedigt Caesar von seiner Haltung sei und ihn für Verständigung zu wirken bitte.[101] So wenig er sich Caesar wirklich anzuschließen

---

90 Cic. Att. 10, 18, 3.
91 Cic. Att. 7, 11, 5.
92 Cic. Att. 7, 14, 2. 8, 11 b, 2.
93 Cic. Att. 7, 13 a, 2.
94 Cic. Att. 7, 12, 5. 13, 1. 13 a, 3. fam. 14, 14, 2. ‚Caesar' 157 Anm. 373. 166 Anm. 9.
95 Cic. Att. 7, 13 a, 3. 14, 1.
96 Cic. Att. 7, 14, 3. 15, 3. fam. 16, 12, 4 *spes est pacis non honestae – leges enim imponuntur*.
97 Cic. Att. 7, 16, 2. 17, 5. 18, 1.
98 Cic. Att. 8, 5, 2.
99 Cic. fam. 16, 12, 4.
100 Cic. Att. 7, 18, 2. 19.
101 Cic. Att. 7, 17, 3. 21, 3. 22, 2. 23, 3.

gedachte, verstärkten sie doch in ihm die Stimmung, auch dem Pompeius nicht auf seiner Flucht zu folgen (7, 24). Sie schlug aber sogleich wieder um, als er am 13. Februar[102] vernahm, daß Domitius Ahenobarbus Widerstand leisten wolle (7, 26, 1; 3). Als ihn Pompeius durch den Brief vom 10. Februar aufforderte, nach Luceria zu kommen (8, 11 a), durchschaute er wohl die strategische Absicht, durch Vereinigung der ausgehobenen Mannschaften in Apulien möglichst viel Truppen vor Caesar in Sicherheit zu bringen (8, 1, 2), versuchte aber durch eine Rückfrage am 15. Februar (8, 11 b, 3) seine Entscheidung hinauszuzögern (8, 1, 3–4). An Caesar hatte er schon von Capua aus geschrieben und verspürte gar keine Lust, mit Pompeius Italien zu verlassen (8, 2, 1; 4). Sobald er am 18. Februar hörte, daß Domitius sich in Corfinium zum Kampf stelle, hoffte er, Pompeius werde ihm zu Hilfe kommen (8, 3, 7), und hielt daran noch bis zum 24. morgens fest (8, 6, 3),[103] obwohl alle Nachrichten das Gegenteil besagten.[104] Desto schwerer traf ihn dann am 24. nachmittags die Meldung von der am 21. (8, 14, 1) erfolgten Kapitulation (8, 8). In seiner Enttäuschung traute er dem Pompeius sogar zu, den Domitius und seine Standesgenossen in Erwartung eines Blutbads preisgegeben zu haben, um zugkräftigen Propagandastoff gegen Caesar zu bekommen (8, 9, 3).[105] Die von Caesar bei dieser Gelegenheit bewiesene *clementia* schien ihm allerdings auch nur ein Propagandamittel. Eben am 24. abends reiste der jüngere Balbus bei ihm durch mit Aufträgen an den Consul Lentulus Crus. Er bestätigte ihm mündlich, was sein Oheim, der ältere Balbus, ihm schrieb, daß Caesar nichts dringender wünsche, als sich mit Pompeius zu versöhnen. Auch das wollte er zunächst nicht glauben (8, 9, 4).

Aber fürchtete er in Caesar einen zweiten Cinna (8, 9, 4), so schreckten ihn auch bei Pompeius die Züge eines zweiten Sulla (8, 11, 2–4). Das bestimmte ihn, am 27. Februar dessen Einladung (8, 11 c), nach Brundisium zu kommen, abzulehnen[106] und sich von Atticus die Schrift des Demetrios von Magnesia περὶ ὁμονοίας[107] zu erbitten,[108] um sie für eine eigene Denkschrift, ein πολίτευμα *de pace* (9, 7, 3), zu gebrauchen. Am 3. März erhielt er einen Brief des Balbus (8, 15 a), worin ihm für die Friedensvermittlung Caesars wärmster Dank angekündigt wurde. Aber Vertrauen konnte er zu Caesar nicht fassen, wegen seines Charakters und besonders nicht wegen seiner Anhänger.[109] Und als er am 11. März die Falschmeldung vernahm, Pompeius habe sich bereits am 4. eingeschifft, übermannte ihn sofort wieder der Schmerz, den Anschluß versäumt zu haben (9, 6, 4). Gleichzeitig erhielt er den Brief Caesars (9, 6 a), worin er bat, ihm in Rom mit seinem Rat bei-

---

102 BINDER 5.
103 BINDER 9.
104 Cic. Att. 8, 4, 3. 7, 1 vom 21. Februar. BINDER 7.
105 Daß Pompeius dem L. Domitius Ahenobarbus nicht Hilfe brachte, wird von ALFRED BURNS Historia 15 (1966), 74 ff. als entscheidender Fehler bezeichnet. Ich möchte ihm nicht folgen, da ich bezweifle, ob die S. 93, 99 genannten Philologen die Chancen einer Schlacht gegen Caesars Veteranen besser zu beurteilen vermochten als Pompeius.
106 Cic. Att. 8, 11 d, 3–4. 12, 3.
107 O. S. 163 f.
108 Cic. Att. 8, 11, 7. 12, 6.
109 Cic. Att. 9, 2 a, 3. 5, 1.

zustehen. Nun ahnte er, daß er bereits die Freiheit zur Neutralität verloren hatte, und er fragte sich nur noch, ob er auch so noch für den Frieden wirken könne (9, 7, 3), wie es die Briefe des Balbus und Oppius und ein von Caesar selbst an diese gerichteter möglich erscheinen ließen (9, 7 a–c). Aber, da bei Pompeius keine Friedensbereitschaft vorauszusetzen war (9, 7, 3), blieb doch die Flucht zu ihm der einzige Ausweg; denn das Treiben der bankrotten Caesarianer mochte er unter keinen Umständen mitansehen (9, 7, 5), geschweige denn bei den von Caesar betriebenen Aktionen zur Durchführung seiner Consulwahl mitwirken (9, 9, 3). Darum sandte er am 17. März dem Atticus das Buch des Demetrios wieder zurück (9, 9, 2).[110]

Am 19. März besuchte ihn C. Matius[111] und deutete ihm Caesars Brief dahin, daß er ihn als Friedensvermittler wünsche. Jedoch, von den Caesarianern, dem „Schattenreich", wie sie Atticus witzig nannte, befürchtete auch er das Schlimmste.[112] Cicero antwortete nun auf Caesars Brief, er fühle sich mit Pompeius und Caesar gleichermaßen befreundet und als einer, der sich bisher noch nicht am Kriege beteiligte, besonders geeignet für eine Aktion *de otio, de pace, de concordia civium*. Caesars Absicht zeuge von *admirabilis ac singularis sapientia*, und so möge er ihm gestatten, seinen Dankbarkeitsverpflichtungen gegenüber Pompeius zu genügen und seine Mittelstellung zu wahren (9, 11 a). Wenn auch in verklausulierter Form hatte sich Cicero damit bereit erklärt, Caesars Einladung, nach Rom zu kommen, anzunehmen, und da Caesar größten Wert darauf legte, als der Friedfertige zu erscheinen, konnte er in seiner Propaganda den Brief als Zustimmung zu seiner Politik benutzen und ließ ihn sofort möglichst weit verbreiten.

Selbst Atticus fand, Cicero sei darin in Anerkennung Caesars reichlich weit gegangen, und daran mag man ermessen, wie der Brief auf richtige Optimaten wirken mußte. Cicero verteidigte sich damit, daß er um des Friedens willen auch vor einem Fußfall nicht zurückscheuen würde.[113] Auch glaubte er damals schon nicht mehr an eine Friedensmöglichkeit (8, 9, 2). Am 20. März erfuhr er, daß Caesar den Pompeius in Brundisium einzuschließen beginne (9, 12, 1), am 26., daß Pompeius am 17. entkommen sei (9, 15, 6).

Damit zerstob das Phantom der Mittelstellung, und er war ganz dem guten Willen Caesars anheimgegeben (9, 12, 4). Auch eine Einladung des Atticus nach Epirus konnte er nur mit Caesars Zustimmung annehmen (9, 12, 1).[114] Nicht der bezaubernde Charme Caesars war mehr zu fürchten, sondern die Druckmittel, die nunmehr seiner Überredungskunst zu Gebote standen (9, 13, 4). Schon am 11. März machte sich Cicero Gedanken darüber, wo er sich am besten zu einer persönlichen Zusammenkunft mit Caesar stellen könnte. Um Rom zu vermeiden, schien ihm das

---

110 Über den Plan einer Schrift „de concordia" S. HÄFNER Die literar. Pläne Ciceros, Diss. München 1928, 34–41.
111 MÜNZER RE 14, 2207.
112 Cic. Att. 9, 11, 2. fam. 11, 27, 3.
113 Cic. Att. 8, 9, 1. Dieser Brief bis zum ersten Satz von § 3 gehört in diese Zeit und ist irrtümlich mit dem am 25. Februar geschriebenen verbunden worden, BINDER 8, 3. SHACKLETON BAILEY Nr. 188.
114 Cicero hatte sie angeregt Att. 9, 7, 7.

an der Via Appia gelegene Formiae am meisten geeignet, da Caesar dort durchreiste. Denn sich abseits nach Arpinum zu begeben, forderte geradezu die Frage heraus, warum er nicht nach Rom komme (9, 6, 1). Was Balbus über Caesars Friedensliebe schrieb (9, 13 a, 2), stimmte keineswegs zu den Reden anderer Caesarianer (9, 14, 2).[115] Daß er sich Caesars Wünschen nicht fügen konnte, stand ihm fest; aber würde ihm dieser Neutralität gestatten (9, 15, 3)? Am 26. erhielt er schon wieder einen Brief, Caesar erwarte ihn in Rom (9, 16, 2). Der Senat wurde auf den 1. April einberufen (9, 17, 1). Am 27. erhoffte er Winke von Trebatius und Matius für die gefürchtete Unterredung (9, 17, 1).[116]

Am 28. März fand die Zusammenkunft statt.[117] Caesar stellte ihm vor, daß sein Fernbleiben als Verurteilung seiner Sache wirken würde, er möge kommen und über den Frieden reden. Auf Ciceros Frage, ob er sich frei äußern dürfe, antwortete er, daß er ihm nichts vorschreiben werde. Darauf erklärte Cicero, er werde im Senat vorschlagen, Caesar möge weder nach Spanien noch nach Griechenland gehen, auch werde er aus seiner Sympathie für Pompeius kein Hehl machen. Als Caesar das ablehnte, fuhr Cicero fort, daß er dann nicht kommen könne, worauf Caesar erwiderte, wenn Cicero sich versage, werde er sich anderer Ratgeber bedienen, und sich mit der Mahnung, Cicero solle es sich weiter überlegen, verabschiedete. Der war froh, fest geblieben zu sein.[118] Aber Caesar war verstimmt, und sein Gefolge bestand aus dem Abschaum der menschlichen Gesellschaft;[119] darum mußte alles daran gesetzt werden aus Italien fortzukommen.

Zunächst verlieh er am 31. März seinem Sohn in Arpinum die *toga virilis*,[120] in den nächsten Tagen hielt er sich auf den Gütern seines Bruders auf.[121] Caesar schrieb ihm, daß er ihm sein Nichterscheinen verzeihe und in gutem Sinn auslege (10, 3 a, 2). Am 13. April finden wir ihn auf seinem Cumanum (10, 4, 7). Hier besuchte ihn am 14. Curio und sprach sich sehr offenherzig über die politische Lage aus. Danach war unter Caesar mit einer Fortdauer der *res publica* nicht mehr zu rechnen (10, 4, 9).[122] Dagegen versicherte er immer wieder, daß Caesar von Cicero nicht mehr als Neutralität verlange, hatte auch kein Bedenken, daß Cicero sich mit seinen Lictoren nach Griechenland zurückziehe, und versprach sogar, ihm in seiner Provinz Sicilien zur Überfahrt behilflich zu sein (10, 4, 10). Da jedoch Griechenland nicht als neutraler Zufluchtsort anerkannt werden konnte, dachte Cicero in der

---

115 Auch der absichtlich dunkel gehaltene Brief des Caelius fam. 8, 15 sollte ihn wohl warnen, noch Hoffnung auf Pompeius zu setzen.
116 Cic. fam. 11, 27, 3 wird der betreffende Brief des Matius erwähnt.
117 O. E. SCHMIDT 161.
118 Cic. Att. 9, 18, 1; 3. 10, 1, 1. In dem etwa am 5. April an Ser. Sulpicius Rufus geschriebenen Brief lesen wir, daß Caesar ihn auf dessen Vorbild hinwies, der in die Sitzung kam und schon als Consul 51 tatkräftig um Erhaltung des Friedens bemüht war. In diesem Bericht gibt er sich nicht so kühn wie gegenüber Atticus. Er hätte nur sagen wollen, was Sulpicius in der Sitzung erklärte: *omnia, quae a te de pace et de Hispania dicta sunt* (fam. 4, 1, 1).
119 Cic. Att. 9, 18, 2. 19, 1.
120 Cic. Att. 9, 19, 1. 8, 9, 3.
121 Cic. Att. 10, 1, 1. 2, 1.
122 Vgl. L. WICKERT Klio 30 (1937), 246.

nächsten Zeit an Malta.[123] Den Rat der Tullia, zunächst noch abzuwarten, wie Caesars spanischer Feldzug ausgehe, verwarf er: Im Fall von Caesars Niederlage sei ein ehrenvoller Empfang bei Pompeius verscherzt, und, siege Caesar, so könne er erst recht nicht in Italien bleiben (10, 8, 2–3).

Allein am 2. Mai erschien der von Caesar als Statthalter in Italien zurückgelassene M. Antonius in Misenum (10, 8, 10) und bedeutete ihm in einem von heuchlerischer Freundschaftlichkeit triefenden Brief, daß Caesar sein Bleiben wünsche (10, 8 a). Ein Brief Caesars selbst bestätigte das alsbald (10, 8 b), und Caelius warnte noch deutlicher, jetzt Caesar, dessen Sieg sicher sei, zu reizen.[124] Trotzdem meinte Cicero, an Malta festhalten zu können (10, 9, 1; 3). Doch noch am 3. Mai belehrte ihn ein zweiter Brief des Antonius, daß Caesar ihm ausdrücklich befohlen habe, niemanden aus Italien abreisen zu lassen (10, 10, 2), und wie er durch Trebatius erfuhr, war er persönlich damit gemeint (10, 12, 1), bemerkte auch, daß er bewacht wurde.[125] Während er an Caelius schrieb, daß ihn nur nach Ruhe verlange und daß ihm jegliches Finassieren fernliege,[126] war er mehr als je zur Flucht entschlossen.[127] Schon am 2. Mai hatte er die Prophezeiung gewagt, Caesars Herrlichkeit werde keine sechs Monate dauern (10, 8, 6–8), und in den nächsten Tagen glaubte er weitere Anzeichen zu erkennen; beim Zusammenbruch werde er aber erst recht um sich schlagen. Darum ist es jetzt höchste Zeit (10, 12, 2). Am 19. Mai spielte er schon mit dem Gedanken eines Aufstands in Campanien (10, 15, 2–3). Um den Fluchtverdacht abzulenken, suchte er am 13. sein Pompeianum auf.[128] Da teilte ihm L. Ninnius[129] mit, die Centurionen der drei in Pompei einquartierten Cohorten seien bereit, sich seinem Befehl zu unterstellen. Nachdem er eben durch Curio erfahren hatte, daß Cato vor ihm aus Sicilien gewichen sei (10, 16, 3), erkannte er sofort das Unsinnige einer solchen Unternehmung, die möglicherweise nur ein Bespitzelungsversuch war, und kehrte eilends auf das Cumanum zurück (10, 16, 4).

Dort hatte soeben der jüngere Hortensius, den Caesar mit dem Schutz der tyrrhenischen Küste betraut hatte,[130] der Terentia seine Aufwartung gemacht (10, 16, 5) und äußerte sich dann auch Cicero gegenüber in entgegenkommender Weise, so daß dieser wieder Hoffnung schöpfte, unbehindert abfahren zu können (10, 7, 1; 3). Doch erwies sich auch das bald als trügerisch. Ebenso erklärte sich Balbus gegen Malta (10, 18, 1; 3). Wie es dann Cicero gelungen ist, von Formiae aus am 7. Juni in See zu stechen, wissen wir nicht. Ein Schiff hatte er in Caieta schon seit längerm bereit liegen.[131] Außer seinem Sohn begleitete ihn auch der Bruder mit dem

123 Cic. Att. 10, 7, 1. 8, 10.
124 Cic. Att. 10, 9 a = fam. 8, 16.
125 Cic. Att. 10, 12, 1. 12 a, 2.
126 Cic. fam. 2, 16, 2; 6.
127 Cic. Att. 10, 10, 3. 12, 2. 12 a, 3. 13, 2. 14, 3.
128 Vgl. Cic. fam. 7, 3, 1.
129 MÜNZER RE 17, 633.
130 MÜNZER RE 8, 2468 Nr. 8.
131 Cic. Att. 8, 3, 6. 4, 3. M. ROTHSTEIN Hermes 67 (1932), 83 Anm. möchte den Brief fam. 14, 7 durch Änderung von *idus iun.* in *idus quinct.* auf den 9. Juli 49 datieren und mit Caes. b. c. 1, 53, 3 kombinieren, wo es heißt, daß auf Grund von Siegesnachrichten des Afranius und Pe-

seinigen,¹³² und als Proconsul und Imperator führte er noch seine zwölf Lictoren mit sich,¹³³ deren lorbeerbekränzte *fasces* schon seit längerm den Spott Böswilliger reizten.¹³⁴ Die leibhaftige Erinnerung an Imperium und Triumphhoffnungen wurde ihm selbst immer peinlicher, aber auch in dieser Frage kam er zu keinem Entschluß, aus Furcht, irgendeinen Vorteil preiszugeben.¹³⁵

Ciceros Reiseziel war wohl Thessalonike, wohin die Consuln den Senat eingeladen hatten.¹³⁶ Nach seiner spätern Erzählung gewann er auch jetzt kein Vertrauen zu den Kriegsvorbereitungen und riet zunächst dem Pompeius wieder zur Verständigung, kam aber damit schlecht an.¹³⁷ Irgendein Kommando wollte er nicht übernehmen¹³⁸ und geriet so in die Rolle eines verbitterten Zuschauers, der die Ereignisse mit boshaften Witzen begleitete.¹³⁹ Daß es an entsprechendem Echo nicht fehlte, verwundert nicht. Pompeius soll einmal zu ihm gesagt haben: *Transi ad Caesarem, me timebis*.¹⁴⁰ M. Cato sagte ihm, er hätte nützlicher wirken können, wenn er weiter zwischen den Parteien gestanden hätte.¹⁴¹ Denn auch Cato hielt Verständigung für besser als den Krieg und warnte vor einer kriegerischen Entscheidung.¹⁴² Diese letztere Ansicht, den Krieg durch Hinziehen zu gewinnen, vertrat nun auch Cicero.¹⁴³ Der letzte Brief, den ihm Caelius kurz vor seinem Untergang¹⁴⁴ sandte, wird ihn auch darin bestärkt haben. Denn er schloß mit dem Hinweis, daß die strapazengewöhnten Veteranen Caesars auf eine Schlacht brannten.¹⁴⁵

Die sechs Briefe Ciceros, die aus der Zeit des Aufenthalts im Lager des Pompeius erhalten sind,¹⁴⁶ gehören erst in das Jahr 48. Er mußte sich im Verkehr mit den in Italien Gebliebenen Zurückhaltung auferlegen¹⁴⁷ und schrieb vorzugsweise von seinen wirtschaftlichen Schwierigkeiten. Atticus sollte ihm aushelfen gegenüber den Gläubigern in Rom (11, 1, 2), bei der Ausrichtung der *dos* für Tullia (11,

---

treius viele aus Italien zu Pompeius hinüberfuhren. Aber trotz der Änderung des Datums ist dieser Zusammenhang nicht zu erreichen, weil Caesars Schwierigkeiten erst am 28. Juni begannen, T. R. HOLMES Rom. Rep. 3, 59, 1. 408.

132 Cic. fam. 14, 7, 3. Att. 11, 6, 7. 10, 1. 12, 2.
133 Cic. Att. 11, 6, 2.
134 Cic. fam. 2, 16, 2.
135 Cic. Att. 7, 22, 2. 8, 3, 5; 6. 9, 1, 3. 2 a, 1. 10, 4, 10. 10, 1. 11, 6, 2. 7, 1.
136 Cass. Dio 41, 18, 4–5; 43, 2. 46, 12, 2. Plut. Pomp. 64, 6. Als Mitglied dieses Senats bekennt sich Cicero Phil. 13, 26; 28, wie GROEBE bei DRUMANN 6, 200, 1 bemerkt; *in Graecia* Deiot. 28.
137 Cic. fam. 4, 9, 2. 6, 21, 1. Deiot. 29. Phil. 2, 37–38.
138 Cic. Att. 11, 4, 1.
139 Cic. fam. 7, 3, 2. 4, 7, 2. 9, 2. 14, 2. 6, 6, 6. 9, 6, 3. 13, 29, 4; 7. Phil. 2, 38–39. Lig. 28. Macrob. Sat. 2, 3, 7–8. Plut. Cic. 38, 2–8. reg. et imp. apophthegm. 205 c, Cic. 14–18.
140 Quintil. inst. or. 6, 3, 111.
141 Plut. Cic. 38, 1.
142 Plut. Cat. min. 53, 5.
143 Cic. fam. 7, 3, 3. Lig. 28.
144 Caes. b. c. 3, 22, 3.
145 Cic. fam. 8, 17, 2.
146 Cic. Att. 11, 1–4 a. fam. 14, 6. In der Ausgabe von D. R. SHACKLETON BAILEY Bd. 5 (1966) mit Übersetzung und Kommentar wegen des Datums vorangestellt.
147 Cic. Att. 11, 2, 4. fam. 14, 6.

2, 1), deren zweite Rate am 1. Juli 48 fällig war.[148] Daß Tullia außerdem Mangel litt, machte ihm besondern Kummer.[149] Atticus und Terentia müssen ihr helfen.[150] Überdies drohte die Ehe mit Dolabella auseinanderzugehen.[151] Die Sorge, daß Ciceros Haus in Rom weggenommen werde, bezeichnet Atticus als gegenstandslos.[152] Die 2 200 000 Sesterzen, die er in Ephesos deponiert hatte, beabsichtigte er im Januar noch für seine eigenen Bedürfnisse zu verwenden (11, 1, 2) Dann aber gab er sie ganz als Darlehen dem Pompeius,[153] da sich dieser in Verlegenheit befand und ein solcher Dienst nach Wiederherstellung der Ordnung Anerkennung eintragen konnte.[154] Cicero mußte sich nun aber für seine persönlichen Bedürfnisse beim Gutsverwalter des Atticus und andern Geld borgen.[155]

Der Brief 11, 1 gehört wohl in die aufregenden Tage des Januar, als Pompeius nach Caesars Landung rasch auf der Via Egnatia vorrückte, um wenigstens Dyrrhachion zu behaupten.[156] Cicero fügt der Bitte um Atticus' Hilfe bei: *quam si his temporibus miseris et extremis praestiteris, haec pericula quae mihi communia sunt cum ceteris fortius feram* (11, 1, 1) und am Schluß *ut si ii salvi erunt quibuscum sum, una cum iis possim incolumis esse*. Brief 11, 3 ist auf den 13. Juni datiert, in Erwartung eines größern kriegerischen Ereignisses (1), das 4 a eingetreten ist und mit Groebe bei Drumann 3, 750 auf den Angriff des Pompeius zu beziehen ist,[157] durch den Caesar gezwungen wurde, seine Zernierungslinie viel weiter nach Süden auszudehnen. Cicero hatte sich so aufgeregt, daß er krank wurde und sich zur Erholung nach Dyrrhachion begab.[158] Doch konnte er sich nun dem allgemeinen Optimismus nicht entziehen und gedachte bald wieder ins Lager zurückzukehren. Brutus pflog freundschaftlichen Verkehr mit ihm.[159]

Etwas später, also Ende Juni, als Pompeius völlig eingeschlossen war,[160] schrieb ihm Dolabella aus Caesars Lager, er werde nun auch die Aussichtslosigkeit von Pompeius' Kriegsführung eingesehen haben und möge es darum mit der bisher bewiesenen Anhänglichkeit bewenden lassen: Er solle, wenn Pompeius sich wieder zurückziehe, sich nach Athen oder sonst einem Ort außerhalb des Kriegsschauplatzes begeben. Dolabella wolle ihm dann von seiten Caesars die seiner *dignitas* zukommende Behandlung erwirken.[161] Der hier vorgesehene Fall trat jedoch nicht so ein, wie Dolabella erwartete. Vielmehr gelang es Pompeius in siegreicher Schlacht,

---

148 Cic. Att. 11, 3, 1. 4 a, 2.
149 Cic. Att. 11, 2, 2. 3, 1.
150 Cic. Att. 11, 4, 1. fam. 14, 6. Kritisch über das Idealbild, das Cicero gibt, OTTO SEEL Cicero (1953), 314–326.
151 Cic. Att. 11, 3, 1.
152 Cic. Att. 11, 2, 3. 3, 2.
153 Cic. Att. 11, 2, 3. 3, 3. 13, 4. O. E. SCHMIDT 187.
154 Cic. Att. 11, 3, 3. 13, 4.
155 Cic. Att. 11, 2, 4 Kleider und 70 000 Sesterzen.
156 Caes. b. c. 3, 13, 1–3. O. E. SCHMIDT 184. R. HOLMES Rom. Rep. 3, 122. ‚Pompeius' 200.
157 Caes. b. c. 3, 45, 6. 46, 6. ‚Pompeius' 206.
158 R. HOLMES Rom. Rep. 3, 480.
159 Cic. Att. 11, 4 a. ‚Pompeius' 207.
160 Cic. fam. 9, 9, 2.
161 Cic. fam. 9, 9, 3.

die Einschließung zu durchbrechen. Die daran von Pompeius und namentlich von den andern Optimaten geknüpften überschwenglichen Hoffnungen[162] teilte Cicero nicht und beharrte auf seinem Rat, Caesar keine Schlacht zu liefern.[163] Da er noch immer leidend war, blieb er wie M. Varro[164] in Dyrrhachion, wo M. Cato mit 15 Cohorten, zurückgelassen wurde.[165] Am 15. Juli schrieb er an Terentia[166] und um dieselbe Zeit an Atticus.[167] Seine gedrückte Stimmung spiegelt sich in den Sätzen: *quippe cui nec quae accidunt nec quae aguntur ullo modo probentur* und *ipse fugi adhuc omne munus eo magis, quod ita nihil poterat agi, ut mihi et meis rebus aptum esset*. Besonders stieß ihn das beständige Gerede von Rache und Proscriptionen ab, wie es in den vornehmen Optimatenkreisen zu hören war.[168] Als im August die Kunde eintraf, daß in Thessalien eine Schlacht bevorstehe, waren auch Cato und Varro von düstern Vorahnungen bewegt,[169] und dazu kam noch die Prophezeiung einer schweren Katastrophe durch einen Hellseher, der auf der rhodischen Flotte als Ruderknecht diente. Mitte August erschien dann T. Labienus als Flüchtling aus der Schlacht von Pharsalos. Ein Teil der Soldaten meuterte, die Magazine wurden geplündert. Die Senatoren flüchteten auf die Kriegsschiffe, und während die Lastschiffe von den Meuterern in Brand gesteckt wurden, segelte Cato nach Korkyra, dem Standort der Flotte.[170] Für ihn war es eine Selbstverständlichkeit, daß der Krieg fortzuführen sei, und er schlug vor, daß der Imperator und Consular Cicero als der Ranghöchste den Befehl übernehmen solle. Dieser jedoch, des Kriegs schon längst überdrüssig, war entschlossen, sich nun von der seiner Meinung nach ganz aussichtslos gewordenen Sache zurückzuziehen[171] und lehnte einen derartigen Auftrag ab. In den Augen des in Korkyra weilenden Sohns Cn. Pompeius war solches Verhalten Verrat, und in heftigem Zorn zückte er das Schwert gegen Cicero; nur dem Eingreifen Catos war es zu verdanken, daß Cicero mit seinem Bruder nach Patrai fahren durfte,[172] wo er bei seinem Gastfreund M'. Curius freundlich aufgenommen wurde.[173] Hier erhielt er wiederum einen dringlichen Brief Dolabellas, mit dem Hinweis, auch Caesar lasse ihm sagen, er möge sogleich nach Italien kommen.[174] Quintus dagegen machte ihm heftige Vorwürfe darüber, daß er durch ihn in das Unglück gekommen sei.[175] Als dann auch die republikanische Flotte nach Patrai verlegt wurde,[176] wurde ihm Patrai zu unsicher, und so entschied er sich

---

162 Caes. b. c. 3, 79, 4. Plut. Pomp. 66, 2. Appian. bell. civ. 2, 261. ‚Pompeius' 210–213.
163 Cic. fam. 7, 3, 2.
164 Cic. divin. 1, 68. 2, 114. Dahlmann RE Suppl. 6, 1177.
165 Plut. Cic. 39, 1. Cat. min. 55, 1. Liv. per. 111. Cic. fam. 9, 18, 2.
166 Cic. fam. 14, 6.
167 Cic. Att. 11, 4, 1. O. E. Schmidt 194.
168 Cic. Att. 11, 6, 2; 6.
169 Cic. divin. 2, 114. fam. 9, 6, 3.
170 Cic. divin. 1, 68–69. Plut. Cat. min. 55, 4. Cass. Dio 42, 10, 2.
171 Cic. Att. 11, 6, 5. 7, 3. 9, 1. fam. 15, 15, 1. 7, 3, 3. Deiot. 29.
172 Plut. Cic. 39, 1–2. Cat. min. 55, 5–6. Cic. Att. 11, 5, 4.
173 Cic. fam. 13, 17, 1. 7, 28, 2. O. E. Schmidt 197.
174 Cic. Att. 11, 7, 2.
175 Cic. Att. 11, 9, 2.
176 Cic. Att. 11, 5, 4 über die Ankunft des Sohns Quintus Cass. Dio 42, 14, 5.

kurzerhand, nach Brundisium überzusetzen.[177] Etwa Mitte Oktober 48 landete er dort.[178]

Um seine offizielle Stellung zu wahren, führte er auch jetzt noch seine Lictoren mit sich, befahl ihnen aber beim Eintritt in die Stadt, um die Soldaten der caesarischen Besatzung nicht zu reizen, ihre Rutenbündel mit Stöcken zu vertauschen und so unauffällig im Gefolge mitzuziehen.[179] Caesars Kommandant P. Vatinius[180] empfing ihn freundschaftlich.[181] C. Matius eilte von Tarent herbei, um ihn zu grüßen und aufzumuntern.[182] Auch als Antonius mit einem Teil des siegreichen Heers durch Brundisium marschierte, widerfuhr ihm keine Unbill.[183] Aber das entscheidende Wort über sein Schicksal konnte nur Caesar selbst, der, seit September[184] wieder zum Dictator ernannt, durch die Wirren in Alexandrien aufgehalten wurde, sprechen.[185] In mehreren Briefen setzte ihm Cicero auseinander, daß ihn das Gerede der Leute, entgegen seinem eigenen Wunsch, genötigt habe, sich zu Pompeius zu begeben.[186] Ebenso schrieb er nach der Landung an Balbus und Oppius und erhielt die beruhigende Versicherung, Caesar werde ihm zweifellos eine ehrenvolle Stellung gewähren. Den Atticus bat er, auch Trebonius und Pansa als Fürsprecher zu gewinnen.[187]

Allein diese Hoffnungen zerstörte bald ein Schreiben des Magister equitum, M. Antonius,[188] worin ein Befehl Caesars mitgeteilt wurde, der den bisherigen Gegnern das Betreten Italiens verbot, bevor nicht Caesar selbst den Fall entschieden habe. Cicero schickte sofort den L. Lamia zu Antonius und berief sich auf Dolabellas Einladung. Darauf erließ der Magister equitum ein Edict, das Cicero und D. Laelius[189] von der Verfügung des Dictators ausnahm.[190] Diese Art, vor der Öffentlichkeit als einer gekennzeichnet zu sein, der in Brundisium Caesars Begnadigung abzuwarten hatte, behagte ihm wenig, zumal er merkte, daß kein Mann seines Rangs die Übereilung beging, gleich nach Italien zu fahren.[191] Insbesondere zog sich Ser. Sulpicius Rufus nach Samos[192] und M. Marcellus[193] nach Mytilene zurück, wo sie mit ruhiger Würde abwarteten, was die Zukunft brachte. Dieses Verhalten gibt den gerechten Maßstab ab dafür, was auch von Cicero hätte verlangt

---

177 Cic. Att. 11, 5, 1. 6, 2. fam. 14, 12.
178 Nach O. E. Schmidt 200.
179 Cic. Att. 11, 6, 2.
180 Caes. b. c. 3, 100, 2. bell. Al. 44, 1.
181 Cic. Att. 11, 5, 4. Vgl. fam. 5, 11, 1.
182 Cic. fam. 11, 27, 4.
183 Cic. Phil. 2, 5; 59. Cass. Dio 46, 22, 5. Damals auch der Verkehr mit Caesars Legaten M. Acilius Caninus fam. 13, 50, 1. Caes. b. c. 3, 39, 1. Klebs RE 1, 252 Nr. 15.
184 O. E. Schmidt 211. MRR 2, 272.
185 Plut. Cic. 39, 3.
186 Cic. Att. 11, 12, 1. fam. 13, 10, 3.
187 Cic. Att. 11, 6, 3. 7, 5. 8, 1.
188 Cic. Phil. 2, 62; 71.
189 Münzer RE 12, 412.
190 Cic. Att. 11, 7, 2 vom 17. Dezember 48.
191 Cic. Att. 11, 7, 4. 9, 1. 14, 1. 15, 1; 2. 16, 2.
192 Münzer RE 4 A, 855.
193 Münzer RE 3, 2762; fam. 4, 9, 3.

werden dürfen. Seine Hoffnung war gewesen, daß es bald zu einem Frieden komme und Caesar nach Italien zurückkehre.[194] In Wirklichkeit ließ Caesars Ankunft bis Ende September 47 auf sich warten,[195] und in dem Jahre, das seit der Schlacht von Pharsalos verfloß, schien mehr als einmal sein Sieg wieder in Frage gestellt.[196] Cicero aber hatte sich durch seine eigene Unvorsichtigkeit[197] wieder in dieselbe peinliche Lage versetzt wie im Februar 49, als er den Anschluß an Pompeius versäumte.

Zunächst beschäftigte ihn die Sorge, ob er überhaupt von Caesar begnadigt werde.[198] Dabei regte ihn besonders auf, daß sein Bruder Quintus und dessen Sohn sich auf seine Kosten bei diesem entschuldigen wollten.[199] Vorher hatte er gehört, daß Caesar gerade Quintus für den Anstifter der Abreise zu Pompeius hielt, und nahm in einem Brief an Caesar den Bruder in Schutz.[200] Der Eintritt in das 60. Lebensjahr[201] am 3. Januar 47 gab ihm Anlaß, seine elende Lage in ganzer Schwere zu fühlen: Das Edict des Antonius, das ihm eine Sonderbehandlung gewährte, hinderte ihn daran, Brundisium mit irgendeinem abgelegenen Ort zu vertauschen. Außerdem war nach dem Antritt der neuen Volkstribunen der Erlaß Caesars über die Pompeianer durch ein Plebiscit bekräftigt worden.[202] So war er noch mehr nur auf Caesars Gnade angewiesen und verfolgte mit Bangen die Stimmung in den Briefen des Balbus. Alles war um so schlimmer, weil er selbst sich in diese Not gebracht hatte.[203] Dazu kam die Entdeckung, daß sein Bruder Quintus in zahlreichen Briefen gegen ihn arbeitete. Ein größeres Bündel war in Brundisium angekommen. Cicero sah es durch, ob einer für ihn dabei sei, fand keinen, dafür aber zwei an die in Brundisium weilenden Caesarianer Vatinius und Ligurius, die er diesen zustellte. Von ihnen hörte er von dem schlimmen Inhalt, erbrach nun auch die übrigen und schickte sie an Atticus, den Schwager des Quintus. Er stellte ihm anheim, ob er sie den Adressaten weitergeben wolle. In diesem Falle möge Pomponia sie wieder siegeln mit dem Petschaft ihres Gatten! Das Verfahren entschuldigte er damit, daß Quintus sich durch sein Verhalten nur selbst schade.[204] Zu all dem Leid kam noch, daß die Tochter Tullia von allen Mitteln entblößt war; da die Mutter ihr ebensowenig wie der Vater zu helfen vermochten, war Atticus die einzige Rettung. Der Brief schließt mit dem Ausdruck völliger Depression: Er verwünscht seine und seines Bruders Geburt und vermag vor Tränen nicht weiterzuschreiben.[205]

---

194 Cic. Att. 11, 16, 1. fam. 15, 15, 2–3.
195 Cic. fam. 14, 20. O. E. SCHMIDT 226.
196 Cic. fam. 15, 15, 2 *interpositus annus*.
197 Cic. Att. 11, 9, 1.
198 Cic. Att. 11, 7, 5.
199 Cic. Att. 11, 8, 2 vom 18. Dezember 48.
200 Cic. Att. 11, 12, 2 vor 3. Januar 47. O. E. SCHMIDT 218.
201 Vgl. Cic. Brut. 8.
202 Vgl. GROEBE bei DRUMANN 1, 403. Kaum die Lex Hirtia Phil. 13, 32. VON DER MÜHLL RE 8, 1957. SHACKLETON BAILEY im Kommentar zu Att. 11, 9, 1 regt als Vermutung zu *cum iam lege etiam sim confectus et oppressus* an, Atticus habe etwas gewußt von den demagogischen Plänen des Volkstribunen 47, P. Dolabella, was Cicero nur bedrücken konnte.
203 Cic. Att. 11, 9, 1.
204 Cic. Att. 11, 9, 2.
205 Cic. Att. 11, 9, 3.

Am 19. Januar kamen zu den alten Sorgen die Nachrichten aus Africa, Spanien und über die revolutionären Umtriebe in Italien selbst,[206] während Monate hindurch von Caesar kein eigenhändiger Bericht, der nach dem 13. Dezember 48 abgefaßt war, nach Italien gelangte.[207] Besonders schlimm war für Cicero, daß die Unruhen in Rom von seinem Schwiegersohn Dolabella ausgingen, ihn also auch noch kompromittierten, wo doch diese Ehe seiner Tochter nur Unglück brachte.[208] Am 8. März äußert er die Befürchtung, daß am Ende die ‚republikanische' Gegenpartei siegen könnte,[209] und das gerade macht seinen Schmerz unerträglich, weil er nun auf der verkehrten Seite steht (13, 1). Am 14. Mai sieht er schon vor Augen, daß die Republikaner aus Africa nach Italien zurückkommen werden (15, 1)!

Endlich, am 3. Juni, erhält er durch Atticus einen vom 9. Februar 47 datierten Brief Caesars aus Alexandrien mitgeteilt,[210] der dem auf Begnadigung Harrenden freundliche Aussichten eröffnete.[211] Allein Cicero zweifelt an der Echtheit, und da noch gar nichts verlautet, ob Caesar sich aus der schwierigen Lage in Alexandrien wirklich befreien konnte, fürchtet er, daß in Italien die Entscheidung vor Caesars Rückkehr fallen könnte.[212] Darum gibt er den Plan, seinen Sohn dem Sieger entgegenzusenden wieder auf.[213] Der Besuch der Tochter Tullia seit dem 12. Juni verschlimmert nur die Depression.[214] Es ist ihm klar, daß ihre Ehe mit Dolabella geschieden werden muß. Trotzdem hat er das zweite Drittel der Mitgift ausbezahlt,[215] denn er weiß nicht, ob der Bruch mit Dolabella ihm schaden kann,[216] und so hält er die Scheidungserklärung, die er am 9. Juli schon abzusenden gedachte, wieder zurück.[217] Daß es zum Frieden kommt, kann er nicht glauben,[218] nicht den Optimismus des Atticus teilen, daß ein Brief Caesars die Republikaner in Africa bewegen werde, die Waffen niederzulegen.[219]

Am 12. August[220] erfuhr er durch Caesars noch in Alexandrien geschriebenen Brief, er möge getrost und ohne Furcht vor einer Demütigung seiner Ankunft entgegensehen.[221] Schon am 9. Juli wußte er, daß am 26. Juni der Freigelassene der Terentia, Philotimus, mit diesem Brief in Rhodos eingetroffen war, und der Bruder

---

206 Cic. Att. 11, 10, 2. Vgl. 16, 1. ‚Caesar' 214. 222.
207 Cic. Att. 11, 17 a, 3. Vgl. 15, 1.
208 Cic. Att. 11, 12, 4. 14, 2. 15, 3. 23, 3. Münzer RE 4, 1302. Groebe bei Drumann 1, 406. O. Seel Cicero (1953), 299 ff.
209 Cic. Att. 11, 11, 1. 12, 3. 14, 1 etwa vom 25. April, O. E. Schmidt 219.
210 Cic. fam. 14, 8. Att. 11, 16, 1. 17, 3.
211 Cic. Att. 11, 16, 2. 17 a, 3.
212 Cic. Att. 11, 16, 1; 17 a, 3 vom 14. Juni. O. E. Schmidt 223 bemerkt wohl mit Recht, daß Caesars Sieg am Nil vom 27. März 47 damals in Italien bekannt sein mußte.
213 Cic. Att. 11, 17 a, 1. 18, 1. fam. 14, 11. 15.
214 Cic. fam. 14, 11. Att. 11, 17 a, 1.
215 Cic. Att. 11, 25, 3. fam. 14, 10.
216 Cic. fam. 14, 13 an Terentia vom 10. Juli.
217 Cic. Att. 11, 23, 3. 24, 1 (6. August 47).
218 Cic. Att. 11, 25, 2. 19, 1 (22. Juli).
219 Cic. Att. 11, 24, 5 (6. August). Shackleton Bailey vermutet *quod scribis <te binis> litteris putare Africanum negotium confici posse* „Zwei Buchstaben Caesars".
220 Cic. fam. 14, 23.
221 Cic. Lig. 7. Deiot. 38.

beglückwünschte ihn bereits zum Inhalt.[222] Aber, daß Philotimus sich nicht mehr beeilte, dämpfte in den nächsten Wochen seine Hoffnungen (19, 2. 24, 4). Und, als er am 14. August hörte, daß der Neffe Quintus, der sich seit längerm in fortgesetzten Gehässigkeiten gegen den Oheim gefiel, in Antiochien die Begnadigung seines Vaters[223] erlangt habe, begann er auch wieder zu sorgen, ob Caesar an seiner Zusicherung festhalten werde (20, 1). Denn sein Fall wurde bei dieser Gelegenheit überhaupt nicht erwähnt (21, 3. 22, 1). Dagegen konnte hoffnungsvoll stimmen, daß um diese Zeit – dank der Fürsprache des M. Brutus[224] – auch einer der hervorragenden Pompeianer, C. Cassius Longinus,[225] begnadigt und zu tätiger Mitarbeit herangezogen wurde.[226] An ihn wandte sich darum Cicero, wohl noch im August,[227] um von ihm zu hören, ob er eine ähnliche Behandlung erwarten dürfe. Denn, so begründete er die Bitte, nur um Caesar beim Friedenswerk seine Dienste zur Verfügung zu stellen, sei er so frühzeitig nach Italien gefahren.[228] Die Optimaten, die den Kampf nach Pharsalos noch fortsetzen, werden als Leute bezeichnet, die den Untergang des Staats einer kümmerlichen Fortdauer vorziehen. Er habe vielmehr große Hoffnungen auf einen Frieden gesetzt. Fortuna sei schuld daran, daß die Wirren in Alexandrien und Kleinasien den Sieger noch ein Jahr aufhielten (2). Die Unterhaltungen mit Cassius, auf die er im Eingang (1) anspielt, hatten wohl während des Aufenthalts in Capua vom 5.–7. Februar 49[229] stattgefunden. Zum Schluß (3) erwähnt er noch einen Brief aus Luceria, worin ihm Cassius offenbar geraten hatte, in Italien zu bleiben, und meint, wenn er diesen Rat befolgt hätte, würde er seine *dignitas* ohne Schwierigkeit gewahrt haben.

Jedoch am 25. August empfing er von Atticus die Kopie des Briefs, den Quintus an Caesar geschrieben hatte, und wurde wieder vom Schmerz überwältigt.[230] Er konnte es sich nicht anders denken, als daß Caesar ihn durch die Mitteilung bloßstellen wollte (22, 1). Von Caesars Sieg bei Zela hatte er noch nichts gehört, und so folterte ihn weiter die Ungewißheit, wann die Zusammenkunft einmal stattfinde. Dazu meuterten die Legionen, die nach Africa bestimmt waren (21, 2. 22, 2), und er verzweifelte daran, eine seiner würdige Behandlung finden zu können (21, 3). In den beiden letzten Briefen, die er Ende August aus Brundisium an Atticus richtete (21, 2. 22, 2), klagt er auch über das Klima, das ihm und der Tochter den Aufenthalt in der Hafenstadt unerträglich mache. Dann fehlte es ihm stets wieder an Geld (11, 13, 4). Daß ihm Terentia nicht mehr schickte, schob er auf bösen Willen,[231] und darob trat in diesen Monaten jene Entfremdung ein, die nach der Rückkehr zur Scheidung führte.[232]

222 Cic. Att. 11, 23, 2. MÜNZER RE 20, 185.
223 Vgl. Corn. Nep. Att. 7, 3.
224 Plut. Brut. 6, 6. RE 10, 981.
225 Caes. b. c. 3, 101, 1.
226 Cic. fam. 15, 15, 3.
227 O. E. SCHMIDT 227.
228 Cic. fam. 15, 15, 3.
229 Cic. Att. 7, 21, 2. 23, 1. o. S. 228.
230 Cic. Att. 11, 21, 1.
231 Cic. Att. 11, 16, 5. 24, 3. 21, 1. Plut. Cic. 41, 3.
232 WEINSTOCK RE 5 A, 713.

Der letzte Brief an die Gattin ist am 1. Oktober 47 auf der Reise nach Rom geschrieben und betrifft Quartiervorbereitungen in seinem Tusculanum.[233] Caesar landete am 24. September in Tarent.[234] Über seine Gesinnung war Cicero inzwischen schon beruhigt worden durch einen Brief des M. Brutus aus Asia, der dort in enger Verbindung mit Caesar stand,[235] ferner durch eine mündliche Mitteilung des C. Vibius Pansa, daß Caesar ihn als Imperator anerkenne und ihm das Gefolge der zwölf Lictoren mit lorbeergeschmückten Fasces weiter bewillige.[236] Als man am 25. September Caesar von Tarent her in Brundisium erwartete, ging ihm Cicero zum Empfang entgegen und wurde tatsächlich mit ausgesuchter Herzlichkeit behandelt. Der Dictator stieg, sobald er ihn erblickte, vom Wagen und überhob ihn jeder Demütigung, indem er eine größere Wegstrecke im Gespräch mit ihm zurücklegte. Cicero reiste dann jedenfalls möglichst bald nach Rom, wo er im Oktober ankam. Vor dem Betreten der Stadt entließ er stillschweigend die Lictoren.[237] Das Imperium, das er im Jahr 51 empfangen hatte, war abgelaufen!

---

[233] Cic. fam. 14, 20. (Danach hat O. E. SCHMIDT 222 als Tag der Zusammenkunft mit Caesar den 25. September errechnet).
[234] Plut. Cic. 39, 4.
[235] Cic. Brut. 11; 330. RE 10, 982.
[236] Cic. Lig. 7. Phil. 7, 6.
[237] Cic. Lig. 7.

XIII. UNTER CAESARS DICTATUR

Caesars großartige Noblesse[1] hatte Cicero der Sorge um Leben, Hab und Gut enthoben. Aber desto schwerer lastete nun der Gram über die politische Lage wieder auf ihm. Als er sich im Juni 49 zum Entschluß durchrang, zu Pompeius zu gehen, war es nicht zum wenigsten der Abscheu vor Caesars Kreaturen gewesen,[2] der ihn forttrieb. Darin hatte sich noch nichts gebessert: Der Bürgerkrieg ging weiter, Ende November 47 reiste der Dictator nach dem africanischen Kriegsschauplatz ab,[3] in Rom regierten seine *familiares*.[4] Offenbar hatte ihm Caesar keine Vorschriften gemacht über seinen Aufenthalt. Aber, nachdem er die ihm im Jahr 49 großzügig gewährte Freiheit, auf seinen Gütern zu leben, zur Flucht benutzt hatte, hielt er es mit Recht für geboten, bis zur Beendigung des africanischen Kriegs in Rom zu bleiben, um sich nicht Verdächtigungen auszusetzen.[5]

Wie er gegen Ende des Jahres an M. Varro, mit dem er zuletzt 48 in Dyrrhachion[6] zusammengewesen war, schrieb, wandte er sich wieder seinen „alten Freunden", den Büchern, zu und möchte sich durch Wiederaufnahme persönlichen Verkehrs über die schwere Zeit trösten.[7] Es war Atticus, der ihm gleich beim Wiedersehen im Tusculanum[8] zu solcher Tätigkeit riet und ihn um einen neuen Dialog bat,[9] und in derselben Richtung wirkte der Umgang mit M. Brutus.[10] So entstand in diesen Monaten vor April 46[11] der *Brutus*.[12] Aber auch dieses wohlgelungene Werk half ihm nicht weg über die trüben Gedanken, in die uns der Brief an P. Nigidius Figulus von Anfang August 46[13] erschütternden Einblick gewährt: Das Leben bietet ihm keine Freude, und er zweifelt, ob er überhaupt recht tue, es noch fortzusetzen. Seine besten Freunde sind tot oder geächtet, und alle Gesinnungsgenossen, mit denen er einst den Staat rettete, sind nicht mehr da. Vielmehr muß er mitansehen, wie ihre Güter verschleudert werden. Seine eigentliche Begabung liegt brach, er kann weder als Politiker noch als Patron wirken (1–3). Auch wenn er witzige Töne anschlägt, klingt die Bitterkeit durch: Er sei Epikureer geworden, schreibt er zur

---

1 Cic. fam. 4, 13, 2 *Caesaris summa erga nos humanitas*. 6, 6, 8 *mitis clemensque natura*.
2 O. S. 231.
3 O. E. Schmidt 233.
4 Cic. fam. 6, 6, 13. 4, 13, 6.
5 Cic. fam. 9, 3, 1. 2, 3. 5, 21, 3.
6 O. S. 235.
7 Cic. fam. 9, 1, 2.
8 Cic. Brut. 20.
9 Cic. Brut. 19.
10 Vgl. Cic. orat. 110.
11 Cic. parad. stoic. prooem. 5. Brut. 118; 226. Nach Groebe bei Drumann 6, 685 von Februar bis März 46.
12 Vgl. Kroll RE 7 A, 1098.
13 Cic. fam. 4, 13. Kroll RE 17, 201.

selben Zeit an Papirius Paetus,[14] aufgegeben habe er alle Arbeit für den Staat, Nachsinnen über die Reden im Senat und Vorbereitung für Prozesse. Verloren ist das *regnum forense*.[15]

Eben diese Gedanken durchziehen nun aber auch den „Brutus" und machen die „Geschichte der römischen Beredsamkeit dargestellt an ihren Vertretern", die ja zur Veröffentlichung bestimmt war, zu einer sehr wichtigen politischen Kundgebung: Cicero beginnt sogleich damit, den Hortensius glücklich zu preisen, weil er im Jahr 50 vor Ausbruch des Bürgerkriegs starb. Er lebte so lang, als man im römischen Staat glücklich leben konnte, während er ihn jetzt nur betrauern könnte (1–4; 9). Cicero selbst beklemmt die Sorge um die *res publica*. Denn seitdem sie den Frieden verloren hat, gilt seine Begabung für geistige Führung nichts mehr (7).[16] Mit deutlicher Rückverweisung auf seinen „Staat" erläutert er, daß er damit die Eigenschaften des *praestans in re publica vir*,[17] die für einen wohlgeordneten Staat[18] Lebensnotwendigkeiten sind, bezeichne. Er beklagt es als sein persönliches Unglück, daß ihm, der nunmehr in den Zustand des reifen Alters getreten sei, das *otium moderatum atque honestum*,[19] versagt bleibe,[20] so daß er sich nur mit der Erinnerung an die früheren Ruhmestaten begnügen müsse (9; 330).

Der Dialog wird dann dadurch in Gang gebracht, daß ihn die Freunde Atticus und Brutus von der Politik ablenken wollen (11), ein Kunstgriff, der stets wiederholt wird und damit die Klagen über die jammervollen Zustände erst recht unterstreicht, so, wenn er den Brutus bedauern läßt, daß außer Cicero auch Ser. Sulpicius Rufus schweigen muß (157), so, wenn die Sprache auf den im Exil lebenden M. Marcellus kommt (251), oder wenn Brutus im Hinblick auf die Toten des Bürgerkriegs beklagt, daß Ciceros Friedensbemühungen erfolglos blieben (266). Brutus selbst wird bedauert, weil er seine hervorragende rednerische Begabung nicht entfalten könne (21; 22; 332), und der Schluß nimmt, nachdem Cicero im Vergleich mit Hortensius die eigene Entwicklung geschildert hat, die düstern Molltöne der Ouvertüre wirkungsvoll wieder auf: Mit Ausbruch des Bürgerkriegs bricht die römische Beredsamkeit jäh ab, als sie eben den Gipfel erreicht hat (161; 296; 324). Aber während Hortensius in diesem Augenblick starb, unterlag Cicero dem *fatum publicum* (328). Wohl wünscht er Brutus, er möge nochmals eine *res publica* erleben, wo er das Gedächtnis seiner Vorfahren, der gefeierten Freiheitshelden L. Brutus und C. Servilius Ahala, erneuern könne (331); aber viel Hoffnung hat er nicht mehr (329–330). Mit schneidender Schärfe wird das dem jüngern C. Curio von Caesar übertragene Imperium als *invitis civibus* erworben gebrandmarkt im Gegensatz zum römischen *honor* (281).

Es gehört zu den politischen Absichten des Dialogs, daß auch Ciceros Gesprächsgenossen seine politischen Urteile als selbstverständlich anerkennen. Atti-

---

14 Cic. fam. 9, 20, 1. M. DEMMEL Cicero u. Paetus 80.
15 Cic. fam. 9, 18, 1. DEMMEL a. O. 62 ff.
16 *Non consili non ingeni non auctoritatis armis egere rem publicam*. Cic. Brut. 45.
17 O. S. 184. Anm. 307.
18 Cic. Brut. 7 *bene morata et bene constituta civitas*.
19 Vgl. Cic. fam. 5, 21, 2.
20 Vgl. Cic. fam. 4, 4, 4 *desiderium pristinae dignitatis*.

cus meint, wenn man begänne, von den Verlusten zu sprechen, würde man der Trauer kein Ende finden (157). Viel wichtiger aber ist, daß Cicero auch den Brutus dafür in Anspruch nimmt (10; 157; 250; 266; 329) und ihm zuweist, Caesars meistgehaßte Feinde zu loben, den Cato (118), den Metellus Scipio (312), die beiden Führer im africanischen Krieg, und den M. Marcellus (248–251), wobei er sich nicht scheut, diesen unversöhnlichen Optimaten unmittelbar neben Caesar zu nennen und diese beiden Lebenden mit schmeichelhaftem Lob zu würdigen, während er sich sonst – abgesehen von seiner eigenen Person – auf Verstorbene beschränkt. Denn Brutus besaß damals in hohem Maß Caesars Vertrauen (171);[21] und wenn der gegenwärtige Zustand als *rei publicae nox* bezeichnet wird (330), so soll das als Forderung an Caesars Ohr schlagen. Eine solche Zeit war schon einmal da in der römischen Geschichte, in den Jahren 87–82, *temporibus iis quibus inter profectionem reditumque L. Sullae sine iure fuit et sine ulla dignitate res publica* (227).[22] Da bedeutete dann Sullas Dictatur *leges et iudicia constituta, recuperata res publica* (311) und zugleich die Möglichkeit (312), daß Cicero, mit dem die römische Beredsamkeit ihre Vollendung[23] erreichte,[24] seine ruhmvolle Laufbahn in der Öffentlichkeit antreten konnte. Man kann kaum überhören, daß Caesar hier ein Angebot gemacht wird, unter welchen Bedingungen der in *de re publica* geschilderte Staatsmann[25] sich wieder politisch betätigen könnte. Das wird dadurch noch besonders hervorgehoben, daß Ciceros Stellung innerhalb der Geschichte der römischen Beredsamkeit mit Caesars eigenen Worten in *de analogia*[26] charakterisiert wird (253).[27] Dieses gemessene Lob muß freilich noch durch eine Bemerkung des Brutus zu der von Cicero gewünschten Höhe gesteigert werden (955).[28] Denn, hatte ihn Caesar nur als Geistesgröße anerkannt, so wird nun mit der Erinnerung an die

---

21   Cic. orat. 34. RE 10, 983.
22   Vgl. Cic. Brut. 308. Dieses Urteil über die ‚Zeit Cinnas' fehlt in dem Rettungsversuch von CHR. M. BULST Historia 13, 307–337. Wie Att. 11, 21, 3 (vom 25. August 47) zeigt, hatte Atticus den verzweifelten Freund auf die tröstliche Erfahrung hingewiesen, wie Sulla nach dem Bürgerkrieg wieder eine neue Zeit der Staatsordnung heraufführte. Cicero antwortet darauf mit dem eigentümlichen Satz: *in quibus* (sc. *Sullanis*) *omnia genere ipso* (durch die optimatische Tendenz) *praeclarissima, moderatione paulo minus temperata* (ein wahrlich sehr mildes Urteil über die Proscriptionen, ähnlich mild aber auch Sall. ep. ad Caes. 2, 4, 2). Er traut der *clementia* Caesars nicht wegen der Caesarianer. Darum fährt er fort: *haec* (die jetzige Lage) *autem eiusmodi sunt, ut obliviscar mei multoque malim quod omnibus sit melius quam quorum* (der Caesarianer. SHACKLETON BAILEY ergänzt vor *quorum <quam quod iis ad>*) *utilitatem meam iunxi*. Da war es im September der Brief des Brutus an Atticus (Brut. 11–12 u. S. 240), der diese trübe Stimmung wieder aufhellte.
23   Ihre „klassische Stufe" 70/71, JOH. STROUX Das Problem des Klassischen und die Antike[2] (1961), 3. 11.
24   Cic. Brut. 123; 149; 161/62; 254–257; 290; 292; 296; 322; 333.
25   O. S. 195.
26   O. S. 173.
27   *Cuius te paene principem copiae atque inventorem bene de nomine ac dignitate populi Romani meritum esse existumare debemus.* Daß auch die berühmte Stelle Plin. n. h. 7, 117 auf diese Anerkennung zurückgeht, hat H. DREXLER Herm. 70 (1935), 204 mit Recht bemerkt.
28   *Hanc autem, inquit, gloriam testimoniumque Caesaris tuae quidem supplicationi non, sed triumphis multorum antepono.*

Supplicatio vom 3. Dezember 63[29] die politische Großtat als mindestens gleichgewichtig daneben gestellt[30] und zugleich über die üblichen Triumphe weit hinausgehoben. Cicero selbst will die genialen Feldherrn gelten lassen, aber *multo magnus orator praestat minutis imperatoribus* (256), und wenn man sagt, der Militär sei nützlicher, so antwortet er, lieber wolle er ein Phidias als ein noch so nützlicher Dutzendhandwerker sein (257).

Es mag wohl etwas Staunen erregen, daß er in seiner damaligen Lage und in dieser Schrift es wagte, seine politischen Gefühle so unverblümt auszusprechen. Aber er konnte sich dabei gerade auf Brutus berufen, der ihm in jenem Brief aus Asia[31] geschrieben hatte, er solle mutigen Sinnes sein; denn seine Taten seien derart, daß sie für sich selbst sprächen und nach seinem Tod fortleben würden; ob es gut herauskomme oder anders, sie würden beim Fortbestand wie beim Untergang der *res publica* von seiner politischen Einsicht zeugen (330).

Trotz der melancholischen Grundstimmung merkt man dieser ersten Schrift seit der Rückkehr doch auch an, wie die Gewißheit über seine persönliche Sicherheit die geistige Schwungkraft neu belebte. Ich möchte sie für eine seiner besten halten. Für uns bedeutet sie das einzig erhaltene Beispiel einer literaturgeschichtlichen Monographie aus dem Altertum. Wir wissen, daß der Tragödiendichter L. Accius (170–90) in einem Werk von 9 Büchern unter dem Titel *Didascalica* schon die Geschichte der römischen Poesie, vor allem der dramatischen, behandelt hatte.[32] Vorbilder fand er dafür in zahlreichen Schriften des Aristoteles und seiner Schule.[33] Mit vollem Recht leitete Cicero sein Werk mit einer kurzen Darstellung der griechischen Entwicklung der Redekunst ein und berief sich dafür auf das ihm schon in *de inventione* bekannte Sammelwerk des Aristoteles über die Lehrbücher der Redekunst.[34] Dasselbe gilt vom Buch Theophrasts, aus dem er die Lehre von ‚den vier Vorzügen' der Redekunst (*virtutes dicendi*) übernahm:[35] *Latine* (fehlerfreies Latein), *plane* (Klarheit), *ornate* (Schönheit des Ausdrucks), *apte congruenterque* (angemessene Verwendung des rednerischen Schmucks) und die drei Stilarten, der hohen, mittleren, schlichten (*genus grande, medium, tenue*).[36] Natürlich waren ihm diese Begriffe seit dem Jugendunterricht bei den griechischen Lehrern geläufig.

Da die römische Literatur ein Abkömmling der griechischen in lateinischem Sprachgewand war, hatten ihre Vertreter mit der Aneignung auch die ästhetischen Maßstäbe, wie sie den Hellenen durch ihr Normbewußtsein gegeben waren, über-

---

29 O. S. 88.
30 Vgl. Cic. orat. 140 *de cuius meritis tanta senatus iudicia fecisset comprobante populo Romano, quanta de nullo.*
31 O. S. 240.
32 Fr. Leo Gesch. d. röm. Lit. 386 ff. Cicero erwähnt ihn Brut. 72–74; er kannte ihn noch persönlich 107; 229.
33 Fr. Leo Die griech.-röm. Biogr. 99 ff.
34 Cic. Brut. 46. inv. 2, 6. de or. 2, 160. Diog. Laert. 2, 104 ἐπιτομὴ τῶν ῥητόρων.
35 περὶ λέξεως Diog. Laert. 5, 47. Cic. de or. 3, 184. orat. 39; 79; 172; 228. Regenbogen RE Suppl. 7, 1527–1531. Kroll RE Suppl. 7, 1071.
36 Cic. de or. 3, 37; 199. Über die Grundbegriffe der Rhetorik K. Barwick in der ausgezeichneten Einleitung zu Ciceros Brutus (Heidelberger Texte Bd. 14, 1949, 10–13. ebenso O. Seel ebendort Bd. 21 (Cic. orat.) S. 148–156 Terminologische Übersicht.

nommen. Danach hatten die verschiedenen Gattungen in ihrer Entwicklung jeweils einen idealen Höchststand erreicht, der fortan als vorbildlich galt, als klassisch, wie die Römer später sagten.[37] Dementsprechend zeigt auch Cicero zunächst, wie bei den Griechen die künstlerische Beredsamkeit zur Vollendung emporstieg. Der Ort, wo das geschah, war Athen.[38] Als ersten Meister, dem er das Prädikat *perfectus* erteilt, nennt er Isokrates, dann Lysias, der beinahe als *perfectus* gelten könne. Der *plane perfectus* aber ist Demosthenes und neben ihm die Zeitgenossen Hypereides, Aischines, Lykurgos, Deinarchos. Als letzten attischen Klassiker erwähnt er Demetrios von Phaleron (37–38). Die Ausbreitung der Redekunst nach Kleinasien bedeutete demgegenüber ein Absinken. Damit gelangte er schon in die eigene Zeit, deren Beredsamkeitslehrer in Asia und Rhodos er auf seiner Reise in den Osten gehört hatte (51). Er deutet denn auch an, daß die Rhodier den Attikern wieder ähnlicher seien und berührt so einen Richtungsstreit innerhalb der damaligen Rhetorik, der ihn mit Mißbehagen erfüllte.[39]

Die Übertreibungen des Asianismus, sei es durch Auflösung der Perioden in kleine Sätzchen, sei es durch überladenen Schwulst[40] weckten eine Reaktion, die sich, da sie Rückkehr zu den attischen Klassikern forderte, als ‚attisch' bezeichnete, also eine klassizistische Bewegung. Da Rom als politischer Mittelpunkt auch die Stätte der großen Beredsamkeit war, spielte sich der Kampf gerade hier ab, wo so viele Griechen lehrten.[41] Dabei ging es bei den Klassizisten noch um die Frage, welche Meister als Vorbilder gelten sollten. Auch die Römer eiferten sich als gelehrige Schüler darüber, welche Stilart bei Übertragung ins Lateinische ihre Bedürfnisse am besten befriedige.

Wir sahen, daß Cicero sich längst für Demosthenes entschieden hatte und sich als den römischen Demosthenes fühlte, wobei er betonte, daß dieser nicht einseitig den hohen Stil pflegte, sondern nach Bedarf die drei Stilarten beherrschte.[42] Doch mußte er nach Erscheinen von *de oratore* erleben, daß ‚Neu-Attiker' ihn als zu ‚asianisch' kritisierten. Genannt werden als namhafte Gegner seiner Kunst C. Licinius Calvus und der von ihm so angelegentlich umworbene Brutus.[43] Mit diesen Großen, die selbst anerkannte Redner waren, setzte er sich in Briefen auseinander, die leider nicht erhalten sind. Von den an Calvus gerichteten erfahren wir aus einem

---

37 Ed. Norden Ant. Kunstpr. 1, 181 ff. J. Stroux Das Problem des Klassischen² (1961), 2 ff. H. Kuhn ebenda 118 ff.
38 Cic. de or. 2, 92–95. Brut. 26; 32.
39 Die daraus hervorgegangene Tendenz gegen die neu-attische Bewegung vorzüglich behandelt von Barwick a. O. 13–17.
40 Cic. opt. gen. or. 8 *vitiosa abundantia*. Brut. 325. Dionys. Hal. ant. or. 1. Cic. orat. 23; 26. Ed. Norden Ant. Kunstpr. 1, 133 ff. 140. 226.
41 Dionys. Hal. ant. or. 3.
42 Cic. de or. 1, 89; 260. 3, 71; 213. opt. gen. or. 6; 13. orat. 6 *unus Demosthenes*; 23. Brut. 35. orat. 23; 56; 104; 110.
43 Tac. dial. 18, 5. Quintil. inst. or. 12, 1, 22; 10, 12–15. Hier § 12 *suorum homines temporum incessere audebant ut tumidiorem et Asianum et redundantem et in repetitionibus nimium et in salibus* (Witz) *aliquanto frigidum et in compositione* (Wortfügung) *fractum, exultantem ac paene, quod procul absit, viro molliorem*. Ed. Norden Ant. Kunstpr. 1, 228 ff.

Brief an C. Trebonius aus dem Jahr 46.[44] Trebonius hatte sich gewundert, daß Cicero sich über jenen Atticismus des schlichten Stils nicht schärfer ausließ. Cicero antwortete, der Briefwechsel sei zur Veröffentlichung bestimmt gewesen, er habe Calvus gelobt, wie er es nach seiner Begabung verdiente, weil er durch Lob sein Urteil zu verbessern hoffte. Er sei ein feingebildeter Redner gewesen, nur habe ihm die Kraft (*vis*) der großen attischen Meister gefehlt.

Gegenüber Brutus hat er sich in dem ihm gewidmeten Dialog bereits in einer besonderen Einlage (292)[45] über den Atticismus geäußert. Er erinnert kurz daran, daß die als Vorbilder empfohlenen attischen Redner durchaus persönliche Vorzüge vertreten. Sogar der Hegesias von Magnesia, einer der Begründer des Asianismus, wolle als ‚Attiker‘ gelten. Er verwahrt sich dagegen, daß seine Kritiker kurzatmiges und schwächliches Reden als ‚attisch‘ ausgeben, weil sie dem Demosthenes nicht nacheifern können. Eine besondere Rüge trifft noch einige, die behaupten, sie hielten sich an Thukydides (287; 289; 290). Der sei gewiß vorbildlich für Geschichtsschreibung, aber nicht für Reden vor Gericht oder Volk. ‚Attisch Reden‘ heißt in Wirklichkeit so auf die Hörer wirken wie Perikles, Hypereides, Aischines und vor allem Demosthenes. So wurde Calvus (283) zwar von Kennern geschätzt, aber zum Auftreten auf dem Forum mangelte ihm das ‚richtige Blut‘.

Zwischen dem Briefwechsel mit Calvus und dem *Brutus* ist wohl das Schriftchen mit dem Titel *de optimo genere oratorum* entstanden,[46] das die Einleitung bildete zu einer Übersetzung der ‚Kranzreden‘ des Aischines und des Demosthenes. Diese Bearbeitungen sind nicht erhalten, sie sollten aber den Atticisten zwei Beispiele der großen Beredsamkeit Athens vor Augen bringen, die ihre Vorliebe für den schlichten Stil des Lysias als mangelnde Begabung erwiesen. Auch hier wird Thukydides scharf als unbrauchbar für das öffentliche Auftreten abgelehnt: Wer auf dem Forum in seiner Art sprechen würde, zeigt, daß er keinen Schimmer hat von der dort geforderten Aufgabe. Auch Platon und Isokrates kommen nicht an Aischines und Demosthenes heran (16–17).[47]

---

44 Cic. fam. 15, 21, 4 über das Datum MÜNZER RE 6 A, 2277.
45 ‚Brutus‘ sagt *ista mihi tua fuit periucunda a proposita oratione digressio*.
46 Der Tod des Calvus wurde früher auf Grund des *Brutus*, in dem nur Verstorbene behandelt werden (abgesehen von den 3 Ausnahmen) ins Jahr 48 oder 47 verlegt (so KROLL RE 7 A, 1101). Doch hat MÜNZER RE 13, 433 daraus, daß Calvus nach 54 in unsern Quellen nicht mehr vorkommt, überzeugend erschlossen, daß er schon etwa 53 verstorben ist. Das wird auch dadurch bestätigt, daß er kein Amt erreicht hat. Cic. opt. gen. or. 10 bemerkt Cicero, daß man bei der Verteidigung Milos 52 nicht wie in einem Civilprozeß habe sprechen können. Somit entstand die Schrift nach 52. Ich möchte vermuten, daß Cicero sich während seines Proconsulats 51/50 mit den Übersetzungen beschäftigte, etwa während der Belagerung von Pindenissos. Er hatte Dionysius und Tiro als Helfer bei sich. Darum sind wir nicht genötigt, mit der Datierung ins Jahr 46 hinabzugehen, wofür sich nach andern S. HÄFNER (Lit. Pl. Cic.) 4 ff. einsetzte. Auch der Briefwechsel mit Calvus fällt einige Jahre früher, so daß wir die Topik nicht aus Brut. und orat. ableiten müssen. Daß das Schriftchen im Verzeichnis der Werke divin. 2, 4 fehlt, gilt ebenso für ‚partitiones orator.‘ und ‚parad. Stoic.‘
47 Wir kennen Thukydides-*imitatio* außerhalb der Geschichtsschreibung nur aus den beiden Denkschriften Sallusts von 50 und 48, Einleitung zu Sallust (Heidelberger Texte 1964) 14.

Die Entwicklung der römischen Beredsamkeit wird in chronologischer Aufreihung der Vertreter dargelegt, wofür ihm der nach Magistraten geordnete *liber annalis* des Freundes Atticus den willkommenen Rahmen bot.[48] Außerdem erwähnt er zweimal (60; 205)[49] M. Terentius Varro. Durch die Dialogform wird die Einförmigkeit der Aufzählung aufs anmutigste aufgelockert. Obwohl sich die Darstellung auf Verstorbene beschränken soll (231; 251), geben Zwischenfragen Gelegenheit, bei drei großen Zeitgenossen von diesem Vorhaben abzuweichen, bei dem großen Rechtsgelehrten Ser. Sulpicius Rufus (150–156), dann noch bei Caesar und M. Marcellus (248–262).[50] Und zuletzt kann Cicero bei der Würdigung des Hortensius durch Vergleich das Werk mit seiner eigenen Leistung abschließen (301–333). Nachdem er berichtet hat, wie Hortensius seit seinem Consulat 69 aufhörte, an seiner Technik weiterzuarbeiten, fährt er fort (322): „Ich will nichts von mir sagen, aber bei den Andern war niemand, der über das Durchschnittsmaß die Redekunst mit ihren ‚Vorzügen‘ und Gattungen gründlicher studierte oder die ganze Philosophie, die Mutter alles gut Handelns und Sagens, die Rechtskunde und die Geschichte beherrschte."

Welche Bedeutung diesen Mitteilungen über Ciceros Bildungsgang zukommt, wurde schon bei der Behandlung der Lehrjahre ersichtlich. In einem längern Gespräch (183–200) führt er lebhaft aus, worauf es ihm ankommt. Zu Brutus gewandt faßt er es in den Satz:[51] „Singe mir und dem Volk, mein Brutus", was bedeutete, der große Redner vom Schlag des Demosthenes und seiner Rivalen müsse beim Volk ebenso Beifall finden wie bei den Kennern. Diese unterscheiden sich von den Ungebildeten nur dadurch, daß sie über die zum Erfolg führenden Mittel Bescheid wissen. Dagegen geschieht es den Neu-Attikern, die in einem Strafprozeß vor dem Geschworenengericht sprechen, daß nicht nur das zuhörende Publikum wegläuft, sondern auch die geladenen Zeugen (289).

Am Schluß (325–327) bemerkt er, daß Hortensius im Alter seinen Rang als erster Redner nicht behaupten konnte, weil er noch immer an dem in der Jugend gelernten, damals erfolgreichen Asianismus festhielt. Als Ciceros große Vorgänger bleiben am Ende außer dem alten Cato nur übrig (333): Ser. Sulpicius Galba (Consul 144; 86–93), M. Aemilius Lepidus Porcina (Consul 137; 95–96), C. Papirius Carbo (Consul 120; 103–106), die Gracchen, nach ihnen die Gesprächsführer in *de oratore* Antonius, Crassus, Cotta, Sulpicius Rufus und zum Abschluß Hortensius. Doch ist nicht zu übersehen, daß vorher Atticus in längerer Rede (292–297) das allzu reichliche Lob dieser römischen ‚Vorklassiker' als Ironie auffaßt, was freilich Cicero nicht gelten lassen will. Aber nach diesen Vorgängern erheben sich dann Hortensius und Cicero.

Einige Wochen später schickte er Brutus sozusagen als Anhang zur kurzen Erwähnung Catos im Dialog die *paradoxa stoicorum*,[52] worin er an einigen Probe-

---

48 Cic. Brut. 14–15; 19; 44; 72. Corn. Nep. Hannib. 13, 1. Cic. Att. 18, 1–2.
49 Vielleicht *de poetis* und *antiquitates humanae* DAHLMANN RE Suppl. 6, 1222.
50 Auch M. Porcius Cato, der Oheim des Brutus, wird Brut. 118–119 erwähnt als *perfectissimus stoicus*, der auch über *summa eloquentia* verfügte.
51 Cic. Brut. 187; ähnlich 290.
52 Etwa Anfang Mai 46, noch bevor er Catos Tod in Utica vernommen hatte, parad. stoic. 1–5; 19.

stücken zeigte, wie jene absonderlichen Kernsätze der Stoa, die er 59 in der Rede für Murena lächerlich gemacht hatte, von einem in der neu-akademischen Dialektik geschulten Redner sinnvoll verwendet werden können.[53] Ob das Schriftchen schon damals der Öffentlichkeit zugänglich gemacht wurde, ist zu bezweifeln. Denn dann wäre es nicht anders denn als caesarfeindliche Äußerung verstanden worden. Cicero ging nämlich aus von der politischen Beredsamkeit Catos, der, des Brutus Oheim, damals immerhin in Utica gegen Caesar befehligte, und die behandelten Themen führten immer wieder auf den Nachweis, wie die Römer der guten alten Zeit bereits das Ideal des stoischen Weisen (wonach sittliche Tugend allein zur vollen Glückseligkeit genügt) verwirklichten,[54] wohingegen jüngste Vergangenheit und Gegenwart die Gegenbeispiele lieferten. Der übliche politische Ehrgeiz kommt ebenso schlecht weg wie Habsucht und verschwenderischer Prunk der zeitgenössischen *principes civitatis* (6; 36). Insonderheit ist zu beachten, daß auch *imperia* (6) und Imperatortitel (33; 37; 41) irgend welcher Wert abgesprochen wird, sofern ihre Inhaber sich nicht durch sittliche Haltung würdig erweisen, über Freie zu gebieten. Der Weise allein ist unabhängig von der Laune der Fortuna (17; 34). So hat sich Cicero durch seine Taten einen Ruhm erworben, den ihm keine Schicksalsschläge rauben können (17–19). Eine Auseinandersetzung (27–32) ist dem Nachweis gewidmet, daß Cicero in seinem Exil in Wahrheit Bürger blieb, während Clodius durch sein Treiben den Staat vernichtete. Sobald es in Rom wieder einen Consul, einen Senat und freie Meinungsäußerung des Volks gab, wurde Cicero daher alsbald zurückgerufen (28), sein *exilium* war *iter ob praeclarissimas res gestas susceptum* (30). Zur Schilderung unersättlicher Habgier wird in ähnlicher Weise das Bild des M. Crassus beschworen (45–46).

Indem Cicero für seine Person in die Fußstapfen Catos trat, sagte er deutlich genug, was er vom siegreichen Imperator und seiner Gefolgschaft hielt.[55] Aus dem gleichzeitig an L. Mescinius Rufus[56] gerichteten Brief[57] sehen wir ebenfalls, wie er sich an dem Gedanken aufrecht zu halten suchte, daß er anders als die sonstigen Politiker nur aus sittlichen Beweggründen gehandelt habe.[58] Nur, daß Pompeius ihn beneidete und seinem Rat nicht folgte, führte in die Katastrophe.

Unmittelbar nach dem Eintreffen der Nachricht von der am 6. April[59] 46 erfolgten Entscheidungsschlacht bei Thapsus schrieb er an Varro: So gern er sich den höhnischen Blicken entzogen hätte, rät ihm die Vernunft, gerade jetzt keinen Argwohn zu erregen und von der allmählich erworbenen Dickfelligkeit Gebrauch zu

---

O. E. SCHMIDT 234. PHILIPPSON RE 7 A, 1122. O. S. 247, Anm. 50.

53 Über den geistesgeschichtlichen Zusammenhang K. REINHARDT Poseidonios (1921), 210. 214.
54 Cic. parad. stoic. 7; 9–13; 16; 38.
55 Vgl. Cic. Att. 12, 2, 2, in derselben Zeit die bittere Äußerung über Balbus' Luxusbauten *homini non recta sed voluptaria quaerenti nonne* βεβίωται?, dazu parad. stoic. 14.
56 O. S. 217.
57 Cic. fam. 5, 21, 2.
58 *Qui nihil umquam mea potius quam meorum civium causa fecerim.* Vgl. Cic. parad. stoic. 29 *divina animi mei conscientia meis curis vigiliis consiliis stare te* (sc. *Clodio*) *invitissimo rem publicam.*
59 ILS 8744 a.

machen.⁶⁰ Auch wollte er abwarten, wie Caesar sich nun nach dem Endsieg verhalte. Er war nicht ohne Hoffnung, daß er bei der *clementia* verharre,⁶¹ und hielt es nicht für ausgeschlossen, daß er selbst und Varro dann zum Neubau des Staats herangezogen würden (4–5). Sollte man sie nicht politisch verwenden, so wollte er mit einer staatstheoretischen Schrift hervortreten.

Mit großer Wahrscheinlichkeit ist zu vermuten, daß er damals das unvollendete Werk über die „Gesetze" wieder vornahm. Wie wir sahen,⁶² hatte es Cicero zu der Zeit begonnen, als er sich selbst, Atticus und Bruder Quintus das Gespräch über den Staat führen ließ.⁶³ Nach Platons Vorbild⁶⁴ wollte er zeigen, welche Gesetze die Grundlage des im ersten Werk dargestellten ‚besten Staats' bilden müssen (1, 20. 2, 23). In der nach Caesars Tod verfaßten Aufzählung seiner philosophischen und rhetorischen Schriften⁶⁵ fehlt *de legibus*. Die uns erhaltenen Bücher brechen im dritten ab. Doch hat Macrobius um 400 noch aus dem 5. Buch zitiert.⁶⁶ Offenbar ist das Werk erst aus dem Nachlaß herausgegeben worden. Für die erneute Beschäftigung im Jahr 46 bieten sich die Monate April und Mai an.⁶⁷ Es spricht vieles dafür, daß erst damals die ausführliche Behandlung des Naturrechts im 1. Buch beigefügt wurde (18–63). Denn im 2. Buch, das Gesetze für die Sacralordnung in der altertümlichen Sprache der 12 Tafeln entwirft und nachher erläutert, finden wir in der Einleitung (8–16) schon den Gedanken, daß die Staatsgesetze auf der von der göttlichen Vernunft begründeten Weltordnung beruhen müssen (13; 16). Da es Cicero darauf ankam, die durch das göttliche Naturrecht gesicherte Gerechtigkeit mit vollkommener Sittlichkeit gleichzusetzen und damit als höchstes Gut zu erweisen (1, 19; 22; 25; 33; 37; 45; 54; 56), hat er nach dieser Vermutung im Jahr 46 die philosophische Begründung verstärkt, wohl auch zur Ergänzung dessen, was im ‚Staat' zur Widerlegung des Karneades geschehen war. Obwohl er als Schüler Philons die neu-akademische Dialektik, die nicht wie die platonische zur Erkenntnis Gottes führte, sondern sich mit der Glaubhaftigkeit (*probabilitas*, Lucull. 99) abfand, billigte, zieht er nun die Lehre des Antiochos, der über Platon und Aristoteles hinaus sogar die stoische Dogmatik anerkannte, vor.⁶⁸

60 Cic. fam. 9, 2, 3.
61 Vgl. bell. Afr. 88, 6. 89, 5.
62 O. S. 173. 184, Anm. 308
63 Cic. leg. 3, 40 wird *noster Cato* (der Uticensis) wegen seiner Dauerreden im Senat gerühmt. HEINRICH ROLOFF Maiores bei Cicero, Diss. Leipz. 1938, 7. 48. In diese Zeit fällt denn auch der Plan, die gesamte römische Geschichte darzustellen, wie nachmals T. Livius tat. leg. 1, 5–8. Plut. Cic. 41, 1. S. HÄFNER 88.
64 Cic. leg. 1, 15. 2, 14; 16.
65 Cic. divin. 2, 3. K. ZIEGLER Einl. zu Heidelberger Texte 20, 6.
66 Macrob. Sat. 6, 4, 8.
67 So schloß S. HÄFNER 97, der 94–103 die ganze Frage scharfsinnig behandelt.
68 Cic. leg. 1, 54; 37–39. Wenn er 39 Arkesilaos und Karneades bittet, bei dieser Erörterung zu schweigen, so scheinen mir das keine „harten Worte", wie WILHELM SÜSS Cicero (1965), 18 sich ausdrückt. Über Platon W. JAEGER Paideia 3, 8. 20. 35 ff. 283. 342. Um den Nachweis der spätern Abfassung von Buch 1, 18 ff. hat sich vor allem RICH. REITZENSTEIN Drei Vermutungen zur Gesch. d. röm. Literatur (1893), 1 ff. mit wichtigen Beobachtungen zum Verständnis bemüht. Jedoch infolge der in seiner Generation üblichen Unterschätzung von Ciceros philosophischer Bildung meinte er, man müsse sie in die Zeit 44/43 datieren, nachdem Cicero seine

Im Einleitungsgespräch des 2. Buchs führt uns Cicero in anmutiger Unterhaltung mit Atticus an die Stätte seiner Geburt in Arpinum, an die Stelle, wo der Fibrenus in den Liris mündet, was ihm Gelegenheit gibt, mit Liebe und Stolz seines Municipiums zu gedenken, das nach einem Wort des Pompeius die beiden Retter Roms, Marius und Cicero, hervorbrachte (6). Zur Stilisierung seiner religiösen Gesetze erinnert er den Bruder an die 12 Tafeln, die sie als Knaben noch auswendig gelernt hatten (9; 59), und nennt als deren Erklärer: Sex. Aelius Paetus und L. Acilius, die Zeitgenossen des alten Cato, und seinen Lehrer L. Aelius Stilo. Weiter beruft er sich (47; 49; 50; 52) auf die Pontifices maximi P. Mucius Scaevola (Consul 133) und seinen Lehrer Q. Scaevola (Consul 95). Als Augur rühmt er die politische Wichtigkeit seines Collegiums und ergreift in dem Streit zwischen den Collegen C. Marcellus (Praetor 80) und Ap. Claudius (Consul 54) die Partei des letzteren, der die Zukunftserkundung zur Weissagung erhebt, wenigstens für die gute alte Zeit, während er in der spätern Erörterung (divin. 2, 70) auch das nicht mehr gelten läßt. Ebenso urteilt er über die göttliche Bestrafung der Frevler zuversichtlicher als nachmals im Werk über ‚die Götter' (2, 44. nat. deor. 3, 86). Wir bemerkten bereits, wie er nach der Absicht dieser Schrift die neu-akademische Dialektik beiseite schob. Dagegen greift er wiederholt auf Platons ‚Gesetze' zurück.[69] Zu den Beisetzungsgebräuchen wird neben den Erklärern der 12 Tafeln auch Demetrios von Phaleron herangezogen.

Daß vom 3. Buch, das die Magistrate behandelt, nur der erste Teil erhalten blieb, ist schmerzlich, da Cicero in den Erläuterungen zu den zahlreichen archaisierenden Gesetzen kritisch auf die eigene Zeit einging. Wir wissen, daß C. Sempronius Tuditanus (Consul 129) ein Werk von mindestens 13 Büchern über die Magistrate verfaßt hatte. Cicero erwähnt das Werk des M. Iunius Congus Gracchanus *de potestatibus*, das dem Vater des Atticus gewidmet war.[70] Für den lateinischen Wortlaut seiner Gesetze konnte Cicero vermutlich aus ihnen schöpfen. Für die wissenschaftliche Erläuterung beruft er sich auf Platon, den Stoiker Diogenes von Babylon und dessen Schüler Panaitios, vor allem aber auf Theophrast und die andern berühmten Peripatetiker (1; 13–14. o. S.201ff.). Dazu verfügte er über die reichen historischen Kenntnisse, die er sich von Jugend auf für seine Betätigung als Redner angeeignet hatte. So bekommen wir in der Erklärung der von ihm als Muster ent-

---

philosophische Schriftstellerei großen Stils aufgenommen hatte, eine Auffassung, die schon HÄFNER 100–102 treffend widerlegte. Dazu allgemein R. HARDER Kl. Schr. 340ff. und besonders zu leg. 1: ebenda 396ff. Wir wissen ja, wie eifrig Cicero seit 54 mit Pomponius Dionysius die für Staatsphilosophie maßgeblichen Peripatetiker studierte (o. S. 200f.). Ausgezeichnet bemerkte darum K. ZIEGLER in der Einleitung zu seiner Ausgabe von leg. S. 14, „daß man nicht mit einem schülerhaften Klittern verschiedener Lehrmeinungen rechnen darf, die sich mehr oder weniger leicht voneinander scheiden lassen, sondern mit der freien und originalen Gestaltung des Stoffes durch eine Persönlichkeit, die sich mit den philosophischen Problemen der Zeit von Jugend an eindringlich beschäftigt hatte und an Denkschärfe und Ausdrucksfähigkeit den Philosophen, auf deren Lehren sie fußt, gewiß nicht unterlegen war".

69   Cic. leg. 2, 38: Plat. leg. 7, 790 e; 39: 7, 799 b; 41: 4, 716 a; 45: 12, 955 e übersetzt; 67: 12, 958 d übersetzt. W. JAEGER Paideia 3, 330ff.
70   Cic. leg. 3, 49. C. CICHORIUS Unters. zu Lucilius (1908), 122ff. WISSOWA RE 10, 1031ff. E. SECKEL – B. KÜBLER Iurisprud. antei. rel. 1, 9–14.

worfenen Gesetze eine Fülle Kritik am tatsächlichen politischen Leben. Wenn er die einseitig optimatische Verurteilung des Volkstribunats und besonders seines Wiederherstellers Pompeius durch den Bruder Quintus abschwächt, so ist das bemerkenswert.[71] Welche Bedeutung im politischen Leben den *principes* zukam, sehen wir daran, wie das auf den Senat gemünzte Gesetz *ceteris specimen esto* (10) später (30–32) stets auf die *principes* (die Consulare des Senats) bezogen wird.[72]

Als Anfang Mai 46[73] bekannt wurde, wie Catos Proquaestor L. Caesar trotz der Begnadigung durch den Dictator ums Leben kam,[74] dämpfte das den Optimismus gleich wieder. Es gebe nichts Schlimmes, was man nicht fürchten müsse, schrieb er an Varro (9, 7, 2). Doch fühlte er sich persönlich nicht bedroht, da der Caesar nahestehende Ritter M. Seius[75] freundschaftlich mit ihm verkehrte und auch P. Dolabella, der eben aus Africa zurückkam, sogleich mit ihm in Verbindung trat. Die furchtbare Spannung, die bis zur Schlacht bestanden hatte, war gelöst. Er wußte, woran er war: *tempori serviendum est.*[76]

Caesars Rückkehr nach Rom zögerte sich noch bis zum 25. Juli 46[77] hin. Da die Politik so lange ruhte,[78] konnte Cicero nun am 5. Juni dem schon lange gehegten Wunsch nachgeben, sein Tusculanum zu beziehen und sich dort im Gedankenaustausch mit M. Varro zu erholen.[79] Ein πρόβλημα Ἀρχιμήδειον stellte ihm allerdings die Bitte des M. Brutus, dem M. Cato ein literarisches Denkmal zu errichten.[80] Brutus selbst empfahl ihm dabei politische Zurückhaltung.[81] Aber Cicero sagte mit Recht, daß man Cato nicht losgelöst von seiner politischen Haltung preisen könne, und daß überhaupt jedes Lob Catos für die Ohren der Caesarianer[82] immer schlechte Musik sein werde,[83] und da Brutus die Verantwortung für das Unternehmen trug,[84] ergriff er die Gelegenheit, sich über echtrömische *virtus* zu äußern, mit Freuden.[85] Von der verlorenen Schrift hat sich nur das Urteil erhalten, daß Cato einer der wenigen Menschen gewesen sei, der in Wirklichkeit größer war als sein Ruf.[86]

---

71 Cic. leg. 3, 19–26. 26 die Causa ... *ita popularis, ut non posset obsisti* abgehoben vom Treiben eines *perniciose popularis civis*. Vgl. CHRISTIAN MEIER RE Suppl. 10, 572.
72 Kl. Schr. 1, 53 ff. Keine zeitliche Anspielung führt über 52 hinaus.
73 O. E. SCHMIDT 236.
74 Suet. Caes. 75, 3. Cass. Dio 43, 12, 3. ‚Caesar' 229 Anm. 354.
75 MÜNZER RE 2 A, 1122.
76 Cic. fam. 9, 7, 2. Att. 12, 5 c. Lange Erörterung des Themas *temporibus adsentiendum* nach Theophrasts πολιτικὰ πρὸς τοὺς καιρούς. fam. 1, 9, 21 im Jahr 54.
77 Bell. Afr. 98, 2. Cic. fam. 9, 6, 1. O. E. SCHMIDT 234. R. HOLMES Rom. Rep. 3, 540.
78 Cic. fam. 9, 5, 1.
79 Cic. fam. 9, 4; 6, 4–5. Die Datierung der in diesen Zeitraum gehörigen Briefe an Atticus bei O. E. SCHMIDT 241.
80 Cic. orat. 35.
81 Quintil. inst. or. 5, 10, 9.
82 „Des Atticus Kumpane", wie er Att. 12, 4, 1 scherzt.
83 Cic. Att. 12, 4, 2.
84 Cic. orat. 35. fam. 6, 7, 4.
85 Cic. Att. 12, 5, 2.
86 Macrob. Sat. 6, 2, 33. Wahrscheinlich deutet die Erwähnung des *quadrimus Cato* Cic. fam. 16, 22, 1 darauf hin, daß auch die Anekdote Plut. Cat. min. 2, 1–5. Val. Max. 3, 1, 2. Plut. v. ill. 80,

Mitte Juni ging Cicero für einige Tage nach Rom, um bei Hirtius Genaueres über Caesars Rückkehr zu erfahren (fam. 9, 6, 1). Da sich dieser damit Zeit ließ, freute er sich, sein Tusculanum wieder aufsuchen zu können. Im ganzen empfand er Caesars Sieg doch als das kleinere Übel, wenn er bedachte, was ihm von der Gegenpartei gedroht hätte (3), und auch der Verlust der politischen Stellung schien ihm erträglich bei der Aussicht, mit Varro den gelehrten Meinungsaustausch fortzusetzen (4–6). Er spielte sogar mit dem Gedanken, sich, falls Caesar es zulasse, ganz auf schriftstellerische Tätigkeit zurückzuziehen.[87] Die beiden Briefe, die er im Juli vom Tusculanum aus an L. Papirius Paetus schrieb,[88] zeigen, wie sich mit der Beruhigung über seine Sicherheit auch die witzige Laune wieder einstellte. Hirtius und Dolabella nahmen bei ihm Unterricht in Rhetorik und revanchierten sich mit üppigen Schmäusen.[89] Daß sie das mit Caesars Einverständnis taten, deutete auf wohlwollende Absichten des Dictators (16, 2). Dieser ließ sich alle Witze Ciceros melden und scherzte, er sei imstande, die echten von den unechten zu unterscheiden (16, 4), so daß die Mahnungen des Papirius, sich in Acht zu nehmen, überflüssig schienen (16, 1).[90]

Seit Caesars Ankunft in Rom nahm Cicero an den Senatssitzungen teil,[91] doch zur Wahrung seiner Würde,[92] ohne das Wort zu ergreifen.[93] Schon das war einigen unentwegten Optimaten zuviel Entgegenkommen. Sie ließen durchblicken, daß sich für Cicero der Heldentod geziemt hätte, so daß er sich in einem Brief an M. Marius ausführlich rechtfertigte.[94] Im allgemeinen galt er jedoch als der hervorragendste Vertreter der Republik, und seine Morgenempfänge waren stärker besucht als jemals.[95] Neben den *boni viri* fehlten auch die „Sieger" nicht,[96] und Männer wie Balbus[97] und Hirtius[98] versicherten ihm fortwährend, daß es Caesar ernstlich um die Wiederherstellung der *res publica* zu tun sei.[99] Darüber bestand kein

---

1 darin angeführt war. Die Vermutungen O. E. SCHMIDTS 366 sind unnötig. Der Brief an Tiro gehört dann ins Jahr 46.
87 Cic. fam. 7, 33, 2. J. STROUX Philol. 93, 409. M. DEMMEL 78, 1 erinnert an Quintil. inst. or. 12, 11, 7, dem die Lehrtätigkeit Ciceros als glücklichste Zeit vorkam.
88 Cic. fam. 9, 16. 18. MÜNZER RE 18, 2, 1071. Der Verfassername ist durch Versehen nicht bezeichnet. Irrtümlich hat MEINOLF DEMMEL Cic. u. Paetus Diss. Köln 1962, 348 RUD. HANSLICK für den Verfasser gehalten.
89 Cic. fam. 9, 16, 7. 18, 3. 7, 33, 1.
90 Ciceros Briefe an Paetus in fam. 9 sind durchweg in dem witzig-ironischen Ton gehalten, den auch Caesar schätzte, der freilich von den vielen betroffenen Zeitgenossen meist übel vermerkt wurde. Plut. Cic. 25–27. 38, 2–8. Zum sprachlichen und sachlichen Verständnis hat DEMMEL a.O. in gründlicher Forschungsarbeit und Auseinandersetzung mit Vorgängern Ausgezeichnetes geleistet.
91 Cass. Dio 43, 15, 2. 27, 1.
92 Cic. fam. 4, 4, 4. 13, 2.
93 Cic. Marc. 1. fam. 9, 20, 1.
94 Cic. fam. 7, 3. Über Marius M. DEMMEL a.O. 295f. §2 entwirft Cicero ein sehr ungünstiges Bild von den Verhältnissen im Lager des Pompeius. Vgl. 9, 18, 2. 4, 13, 2.
95 Cic. fam. 7, 28, 2.
96 Cic. fam. 9, 20, 3.
97 Cic. fam. 9, 19, 1.
98 Cic. fam. 9, 20, 2.
99 Cic. fam. 6, 10, 2; 5. 13, 2. 4, 8, 2. 13, 5.

XIII. Unter Caesars Dictatur 253

Zweifel, daß sich Caesar beim Heranziehen ehemaliger Gegner keine engen Grenzen zog, weil er zum Wiederaufbau die bürgerliche Oberschicht, die bisher wo nicht mit den Waffen so doch mit dem Herzen auf der andern Seite gestanden hatte, nicht entbehren konnte.[100] Das brauchte er von Sallust[101] nicht zu lernen, behielt sich freilich bei Senatoren und Rittern die Entscheidung über die Rückkehr nach Italien vor. Männer wie M. Brutus[102] und Ser. Sulpicius Rufus[103] hatten bereits wichtige Vertrauensposten erhalten. Die *res publica* dagegen, die Cicero wünschte, war mehr als solche Versöhnungspolitik. In einem Senat, dessen Rat nicht begehrt wurde, konnte er nicht reden.[104] Aber, je mehr Optimaten nach Rom zurückkehrten, desto mehr war zu hoffen, daß sie wieder zu Einfluß gelangten. Darum bemühte sich Cicero eifrig, durch Vermittlung der ihm nahestehenden Caesarianer die Begnadigung solcher Männer zu erwirken, so des P. Nigidius Figulus,[105] des Q. Ligarius,[106] des Trebianus.[107] Ungleich wichtiger war jedoch, den letzten noch lebenden Consular aus der Reihe der führenden Caesargegner,[108] den charaktervollen M. Marcellus,[109] dafür zu gewinnen, auf Caesars Anerbieten einzugehen. Cicero schrieb ihm drei Briefe nach Mytilene.[110] Sein Vetter C. Marcellus,[111] verheiratet mit Caesars Großnichte Octavia, hatte schon 49 die Sache des Pompeius verlassen und war nun sein eifriger Fürsprecher bei Caesar.[112] Doch M. Marcellus fiel es äußerst schwer, von Caesar eine Gnade anzunehmen.[113] Darum verwies ihn Ci-

100 Cic. fam. 4, 7, 5. 8, 2. 13, 5. ‚Caesar' 239 Anm. 26.
101 Sall. ep. ad Caes. 1, 3, 3–4. Vgl. J. Vogt Cicero und Sallust über die catil. Verschwörung (1938), 48.
102 Cic. Att. 11, 7, 2. Marc. 15. Cass. Dio 41, 62, 2. 43, 13, 2. RE 10, 983.
103 Münzer RE 4 A, 855.
104 Cic. fam. 4, 9, 2 an M. Marcellus *dicere fortasse quae sentias non licet, tacere plane licet. Omnia enim delata ad unum sunt; is utitur consilio ne suorum quidem sed suo.* fam. 9, 16, 3 an Paetus: an Caesar hat er nur auszusetzen *quod omnia sunt incerta, cum a iure discessum est nec praestari quicquam potest quale futurum sit, quod positum est in alterius voluntate.*
105 Cic. fam. 4, 13, 5–6. Er starb 45 noch nicht begnadigt. Kroll RE 17, 201.
106 Cic. fam. 6, 13, 3. Münzer RE 13, 520.
107 Cic. fam. 6, 10, 2. Freund des Atticus. Münzer RE 6 A, 2270. fam. 13, 19, 1 für Lyson von Patrai. 52 für A. Licinius Aristoteles.
108 Cic. Phil. 13, 29.
109 Münzer RE 3, 2763. Cicero hatte ihn schon Brut. 248–250 durch eine höchst ehrenvolle Würdigung ausgezeichnet. ‚Brutus' sagt, er sei Cicero ähnlich, keine *virtus oratoris* fehle ihm; er habe ihn kürzlich in Mytilene besucht und gefunden, daß er nun auch mit dem Peripatetiker Kratippos Philosophie treibe. Schon 51 hatte Cicero ihm selbst geschrieben, wie sie von kompetenten Beurteilern als einander ähnlich bezeichnet würden (fam. 15, 9, 1).
110 Cic. fam. 4, 8–9.
111 Münzer RE 3, 2736.
112 Cic. fam. 4, 7, 6 Cicero von sich selbst: *quod ius adeundi* (Caesar zu bitten), *cum ipsi deprecatione eguerimus, non habemus.* 9, 4.
113 Cic. fam. 4, 7, 3. 9, 4. Er hatte als Consul 51 mit allen Mitteln Caesars Abberufung betrieben, u. S. 254. ‚Caesar' 145 ff. Ganz in seinem Sinn übertrug dann im Dezember 50 sein Vetter und Nachfolger C. Marcellus dem Pompeius den Befehl über die zwei für den Partherkrieg bestimmten Legionen, ‚Caesar' 157. Dann waren sie schwer enttäuscht, als Pompeius Rom und Italien preisgab, Att. 9, 1, 4. Da Marcus sich vor Caesar nicht sicher fühlte, ging er zu Pompeius, wollte aber von Fortsetzung des Kriegs nach Pharsalos nichts wissen und begab sich

cero darauf, daß beim Siege des Pompeius die politische Lage nicht besser gewesen wäre,[114] daß es angesichts von Caesars Allmacht doch eine Illusion sei zu glauben, man könne in Mytilene freier leben als in Rom (7, 4), und auch darauf, daß er durch seine Zurückhaltung sein Leben und sein Vermögen gefährde.[115]

Noch bevor M. Marcellus sich geäußert hatte, brachte Mitte September[116] L. Piso, der Censorier und Caesars Schwiegervater (einst von Cicero aufs unflätigste beschimpft), den Fall im Senat zur Sprache. Was dann geschah, hat Cicero sogleich dem als Proconsul in Griechenland weilenden Ser. Sulpicius Rufus, 51 Consulatscollegen des Marcellus, geschrieben.[117] C. Marcellus warf sich Caesar zu Füßen, der ganze Senat erhob sich und schloß sich der Bitte an. Caesar erinnerte an die „Schroffheit" des Marcellus und lobte mit höchster Anerkennung das gerechte und kluge Verhalten des Sulpicius,[118] erklärte dann aber völlig überraschend, er werde dem Senat die Bitte nicht abschlagen, auch wenn es üble Vorbedeutung haben sollte.[119] Bei der darauf folgenden Umfrage sprachen alle Consulare ihren Dank aus mit Ausnahme des L. Volcacius Tullus (Consul 66), der sagte, er hätte an Caesars Stelle nicht so gehandelt.[120] Cicero dagegen war hingerissen von der Caesar eigenen Großheit der Gesinnung und der Haltung des Senats. Seit dem Jammer des Kriegs sei es die erste mit Würde vollzogene Handlung. „Frage mich nicht, dieser Tag erschien mir so schön, daß mich die Ahnung der wieder auflebenden *res publica* überkam."

Er, der bisher aus Gram um den frühern Ehrenplatz im Senat geschwiegen hatte, strömte nun seinen Dank in der nachmals veröffentlichten Rede aus. Ihn, der das große Werk über den besten Staat geschrieben und für die Gebrechen der römischen Gegenwart schon die Dictatur empfohlen hatte, durchzuckte die Hoffnung, die Gelegenheit zur Verwirklichung seiner Gedanken sei gekommen. Die Rede zeugt dafür, daß er solche Möglichkeit im Sinne hatte. Sulpicius gegenüber gab er sich zurückhaltend, eigentlich sei ihm die bisherige Muße erwünscht gewesen, da die geistige Bildung und Philosophie von Jugend auf seine Freude gewesen; aber er wolle Caesar durch sein Schweigen nicht beleidigen, als ob er zur Zeit die *res pu-*

nach Mytilene, dessen Stellung als einer freien verbündeten Gemeinde Pompeius dem Theophanes zu Ehren wieder erneuert hatte, was Caesar schon 47 bestätigte (IGRR 4, 33 col. a).
114 Cic. fam. 4, 9, 2. vgl. 3, 1.
115 Cic. fam. 4, 7, 5. 9, 4. ‚Caesar' 239 Anm. 25.
116 O. E. SCHMIDT 253. 255 auf Grund von fam. 12, 18, 2 vor den *ludi victoriae Caesaris*, die 46 vom 20. September bis 1. Oktober stattfanden. ‚Caesar' 239 Anm. 26. 244 Anm. 55. Datierung in den August versucht DEMMEL 91, 1 ohne überzeugende Gründe.
117 Cic. fam. 4, 4, 3–4.
118 *Accusata acerbitate Marcelli, sic enim appellabat.* Sulpicius hatte 51 aufs dringendste vor neuem Bürgerkrieg gewarnt, setzte nach Kriegsausbruch seine Friedensbemühungen fort (Cic. Att. 9, 18, 2. 10, 3 a, 2) und begab sich nach Samos (Brut. 156).
119 *Se senatui roganti de Marcello ne ominis quidem causa negaturum.* Über *omen* E. RIESS RE 18, 350 ff. Nach Cic. Marc. 3; 21–26; 32 *quoniam subesse aliquid putas quod cavendum sit* spielte Caesar auf Attentatsversuche an, deren Urheber solche Milde als Schwäche auslegen könnten.
120 Er hatte seinerzeit am 1. April 49 mit Sulpicius an der Sitzung des Rumpfsenats teilgenommen. Sein Sohn war 46 Praetor, 33 Consul. Er hielt offenbar die Begnadigung für ein schlechtes *omen*!

blica als nicht vorhanden ansehe, und wolle ihm so weit zu Willen sein, daß er gleichzeitig auch Zeit für die Studien behalte.

Die Rede beginnt mit einem Lob von Caesars Milde, die eine beinahe göttliche Weisheit bekunde. Die Begnadigung des Cicero in Gesinnung und Betätigung so Nahestehenden gibt auch ihm die Möglichkeit, seine Stimme und seinen Einfluß für Senat und *res publica* zur Geltung zu bringen (1–2). Dieser Tag, an dem Caesar die Willenskundgebung des Senats und die Würde der *res publica* anerkannte, übertrifft an Ruhm alle vorangegangenen Großtaten (3–5). Hier hat nicht Fortuna (das Glück) mitgewirkt, einzig Caesars weiser Entschluß hat es vollbracht (7), hat durch die Begnadigung dieses hervorragenden Gegners seine widerstrebenden Gefühle besiegt, was ihn einem leibhaftigen Gott gleichstellt. Die Wände der Curie sind beglückt, weil hier bald die Stimme der Altvorderen wieder gehört wird (6–10). Weil Caesar sich selbst besiegte, ist er der einzige Unbesiegte. Durch seine Entscheidung sprach er die früheren Gegner, die durch ein Verhängnis geirrt hatten, von Schuld frei. So war Cicero immer für Frieden und folgte dem Pompeius nur wegen persönlicher Verpflichtung. Während dort seiner Haltung Todesgefahr drohte, hat Caesar auch nach dem Sieg seine Friedensliebe bewahrt. Wenn er auch die Toten nicht zurückrufen kann, erhält er die übrigen am Leben, dafür haben ihn offenbar die Götter mit dem Sieg belohnt. Was er so vollbrachte, ist einzig sein Verdienst. So möge er nicht müde werden, die Gutwilligen zu begnadigen, die nur infolge ihrer vielleicht törichten, aber sicher nicht bösartigen politischen Meinung irrten (11–20).

Wenn Caesar auf die Bedrohung seines Lebens hingewiesen hatte mit der Beifügung, er habe für seinen Ruhm lange genug gelebt, so stellt Cicero die Gefahr nicht in Abrede, müßte aber an Gott verzweifeln, wenn ein solches Verbrechen begangen würde; denn an Caesars Leben hänge das Leben aller, philosophische Geringschätzung des Lebens zieme ihm nicht, der sein großes Werk, die Kriegswunden zu heilen, noch vor sich habe (22–26). Er müsse die *res publica* aufrichten und danach die Friedenszeit genießen. Im einzelnen erinnert er an die Ordnung der Rechtsprechung, Rückkehr von Treu und Glauben im Wirtschaftsleben, Bevölkerungsnachwuchs, Bändigung des Sittenverfalls durch strenge Gesetze. Das Leben endet für ihn nicht mit dem letzten Atemzug, sondern sein Andenken wird ewig dauern, wenn er die ihm vorgezeichnete Aufgabe erfüllt. Der Bürgerkrieg war ein trauriges Verhängnis (*hoc misero fatalique bello*). Caesar ließ sich durch sein Glück nicht zum Haß entflammen. Die schon im Krieg bewährte Milde muß zur Einigkeit des Wollens fortgeführt werden. Darum ergeht die Bitte an Caesar, sein Leben zu erhalten.

Wir erinnern uns, daß Cicero in seinem ‚Staat' (6, 12) die Rettung der *res publica* von einem Dictator erwartete. Caesar war nach dem Sieg in Africa für 3 Jahre zum *praefectus morum* und auf 10 Jahre zum Dictator gewählt worden.[121] Auf diesem Hintergrund leuchtete nun ein Zukunftsbild seiner *res publica*, das von Caesar verwirklicht werden sollte. Im Mund Ciceros kann die Würdigung von Caesars Taten nicht für übertrieben gelten, wenn wir uns an die Danksagungsreden erin-

---

121 Cass. Dio 43, 14, 4. Cic. fam. 9, 15, 5. Suet. Caes. 76, 1. ‚Caesar' 237 Anm. 19.

nern, die er nach seiner Rückkehr aus dem Exil hielt.[122] Caesar mochte solcher Überschwang willkommen sein; doch schätzte er ihn richtig ein, wenn er später Cicero als „leicht zu gewinnen" bezeichnete.[123] Für die *principes* aus der Nobilität war die *res publica* kein philosophisches Gedankengebilde, sondern ein Machtkomplex, in dem ihnen nach Väterbrauch das Regiment zustand.[124] Sie konnten nicht vergessen, was ihnen Caesar seit 59 angetan hatte. Der Dankesbrief des Marcellus ist sehr kühl gehalten.[125] Er schrieb, daß ihn nur Ciceros Zureden dazu gebracht habe, auf den ganzen Plan einzugehen, und daß ihm die freundschaftliche Gesinnung die Hauptsache bleibe. Caesar ließ es sich angelegen sein, Cicero durch liebenswürdige Behandlung in seinem Vertrauen auf eine bessere Zukunft zu bestärken,[126] und dieser glaubte gern an Caesars guten Willen,[127] verkannte jedoch nicht, daß Caesar aus Rücksicht auf seine Anhänger nicht frei handeln und so auch nicht seine vielleicht guten Absichten für die *res publica* verwirklichen konnte.[128] Caesars Triumphe und die anschließenden Festspiele[129] zeigten freilich bald, daß die Hoffnungen nicht leicht zu erfüllen waren. Cicero schrieb damals an den von Caesar nach Kilikien gesandten Legaten Q. Cornificius,[130] das sei nun einmal so, daß der Sieger im Bürgerkrieg abhängig sei von seinen Helfern,[131] und so habe er sich für die Spiele mit Gleichmut panzern müssen, doch sei auch Caesar selbst von diesen Verhältnissen nicht befriedigt.[132] Er erwähnte dabei auch das Auftreten des dem Ritterstand zugehörigen Mimendichters D. Laberius.[133] Als dieser nach seiner Rehabilitierung auf Geheiß Caesars sich zu den Rittern setzen wollte, rückte niemand vom Platz. Da rief Cicero, er würde ihn gerne bei sich aufnehmen, wenn er nicht selbst so beengt säße,[134] worauf Laberius schlagfertig entgegnete: Du pflegst ja immer auf zwei Stühlen zu sitzen![135]

---

122 Cic. p. red. ad sen. 8: P. Lentulus Spinther „Gott", ebenso p. red. ad Quir. 11. p. red. ad sen. 30 alle Senatoren *in deorum numero*. Zu Anfang des 19. Jahrhunderts wollte Fr. Aug. Wolf sie und Marc. für unecht halten, G. Bernhardy Grundr. d. röm. Lit. (1862) 766; in der Ausgabe von J. K. Orelli 1826 Bd. 1, 649ff. unter den *scripta dubia et suppositia*.
123 Cic. Att. 14, 1, 2 *atqui si quisquam facilis est, hic est.* 2, 3.
124 Christian Meier Res publica amissa (1966), 51. 54.
125 Cic. fam. 4, 11.
126 Cic. fam. 4, 4, 4. 6, 6, 10; 13. 12, 17, 1. Vgl. 13, 52.
127 Cic. fam. 6, 6, 8–11. 13, 68, 2.
128 Cic. fam. 9, 17, 3 an Paetus: *hoc tamen scito, non modo me qui consiliis non intersum sed ne ipsum quidem principem scire, quid futurum sit; nos enim illi servimus, ipse temporibus; ita nec ille, quid tempora postulatura sint, nec nos, quid ille cogitet, scire possumus.*
129 20. September bis 1. Oktober, Ed. Meyer Caesars Monarchie 380ff. R. Holmes Rom. Rep. 3, 541.
130 Gegen Demmels Versuch, die Spiele in den August zu datieren S. 254, Anm. 116. Münzer RE 4, 1626.
131 Vgl. Plut. Caes. 51, 4.
132 Cic. fam. 12, 18, 2.
133 Kroll RE 12, 246 Nr. 3.
134 Mit Anspielung auf Caesars neue Senatoren, vgl. Cic. fam. 6, 18, 1.
135 Senec. controv. 7, 3, 9. Macrob. Sat. 2, 3, 10.

Wo er sich frei äußern konnte, machte er kein Hehl daraus, daß die Zustände sich noch nicht gebessert hätten.[136] Aber dank dem nähern Verhältnis zu Caesar konnte er seine Bemühungen für ehemalige Pompeianer erfolgreich fortsetzen,[137] so für T. Ampius Balbus,[138] die *tuba belli civilis*,[139] und für Q. Ligarius. Auf Bitten von dessen Brüdern überwand er seinen Widerwillen gegen das Antichambrieren und trat am 26. November vor Caesar in dessen Haus auf, während sich jene ihm zu Füßen warfen.[140] Die Aufnahme war gnädig, ohne daß eine Entscheidung fiel. Doch hoffte Cicero zuversichtlich, Caesars Vertrauensleute – gegenüber Ampius nennt er Pansa, Hirtius, Balbus, Oppius, Matius und Postumius[141] – für einen günstigen Fortgang interessieren zu können.[142] Diesen Erfolg suchte nun aber Q. Aelius Tubero durch eine Anklage wegen Hochverrats, begangen durch Anschluß an Iuba,[143] zu durchkreuzen;[144] Caesar entschied darüber kraft seiner dictatorischen Vollmacht in einem Verfahren, das im *mensis intercalaris prior*[145] auf dem Forum stattfand.[146] Nach C. Vibius Pansa[147] sprach Cicero für den Angeklagten und bot in seiner Rede das Musterbeispiel einer *deprecatio*.[148] Es wird erzählt, daß Caesar, als er Cicero unter den Verteidigern erblickte, zu seiner Umgebung bemerkte: „Was hindert, einmal wieder Cicero sprechen zu hören, da das Urteil über Ligarius als einen Bösewicht und Feind feststeht."[149] Aber Ciceros Rede schilderte Caesars *clementia*,[150] *misericordia*,[151] *liberalitas*,[152] *lenitas* (15), *humanitas* (16; 29) und *bonitas* (37) so eindringlich als seine größten Charaktereigenschaften (37; 38),[153] die ihn am meisten den Göttern annähern, daß die Begnadigung folgen mußte.[154] Wie stand demgegenüber der Ankläger da, der selbst zu den begnadigten Besiegten gehörte und trotzdem Caesar abhalten wollte einem weniger schuldigen Schicksalsgefährten[155] ebenfalls zu verzeihen (16; 29)! Nicht einmal unter Sulla, der doch selbst grausam war und darum Caesar bekämpfte, war solches vorgekommen (12).

---

136 Cic. fam. 4, 3, 1; 2; 4 an Sulpicius Rufus. 10 an M. Marcellus.
137 Cic. Lig. 31.
138 Cic. leg. 2, 6. KLEBS RE 1, 1978.
139 Cic. fam. 6, 12, 3.
140 Cic. Lig. 14.
141 Cic. fam. 6, 12, 2.
142 Cic. fam. 6, 14. Lig. 31; 32.
143 Quintil. inst. or. 11, 1, 80.
144 MÜNZER RE 13, 521, auf dessen Artikel überhaupt für alle Einzelheiten verwiesen wird.
145 = Oktober des damals durch Einschieben von 2 Schaltmonaten berichtigten julianischen Kalenders SONTHEIMER RE 16, 62. O. E. SCHMIDT 258.
146 Cic. Lig. 6; 14; 30; 37.
147 Cic. Lig. 1; 7.
148 Cic. inv. 2, 104–108. Vgl. ad. Her. 2, 25–26.
149 Plut. Cic. 39, 6.
150 Cic. Lig. 6; 10; 15; 19; 29; 30.
151 Cic. Lig. 1; 15; 29; 37.
152 Cic. Lig 6; 23; 31.
153 *Nihil habet nec fortuna tua maius quam ut possis nec natura melius quam ut velis servare quam plurimos.*
154 Plut. Cic. 39, 7. Cic. Brut. 11, 1.
155 Cic. Lig. 10; 19–22; 25.

An seinem eigenen Beispiel erläuterte er Caesars einzigartige Noblesse, der ihm nun sogar gestattete, für andere einzutreten (6–7). Eben darum durfte er sich frei als Pompeianer bekennen, der einst wie Tubero und Ligarius Caesars Niederlage gewünscht hatte (28),[156] und erklären, daß diese Haltung kein Verbrechen, sondern schicksalsbestimmtes Unheil war (17). Weil Caesar seine Gegner als „gute Bürger" anerkannte, habe er mit ihnen Frieden geschlossen (18–19). Die *dignitas* der beiden feindlichen *principes* sei beinahe gleich gewesen, nicht vielleicht die der Anhänger; doch jetzt sei die von den Göttern unterstützte Sache für die bessere zu halten (19).[157] Daß Caesar sich mit dem Sieg über die bewaffneten Feinde begnügte, sei besser, als was von Pompeius zu erwarten war (19; 28). Galt bei den Pompeianern jeder Neutrale als Feind, so erklärte Caesar, er rechne die Neutralen zu den Seinen (33). Caesars Milde verhütete namenloses Unglück und ist einzig seine Tat, da er sich gegen seine eigenen Leute durchsetzen muß (15).

Die Ligariana wurde durch Atticus mit großem Erfolg verbreitet,[158] und Balbus und Oppius sandten sie auch an Caesar nach Spanien.[159] Politisch versuchte sie recht geschickt, den Dictator auf seine Versöhnungspolitik festzulegen, und stieß in der Rechtfertigung der ehemaligen Pompeianer bis an die Grenze des Möglichen vor. Cicero sprach hier mit der gebotenen Behutsamkeit, doch in aller Öffentlichkeit aus, was er im Oktober an Caecina[160] geschrieben hatte:[161] *Nemo est tam inimicus ei causae, quam Pompeius animatus melius quam paratus susceperat, qui nos malos civis dicere aut homines improbos audeat. In quo admirari soleo gravitatem et iustitiam et sapientiam Caesaris. Numquam nisi honorificentissime Pompeium appellat. At in eius persona multa fecit asperius. Armorum ista et victoriae sunt facta, non Caesaris; at nos quem ad modum est complexus! Cassium sibi legavit, Brutum Galliae praefecit, Sulpicium Graeciae, Marcellum, cui maxime suscensebat, cum summa illius dignitate restituit.*[162]

Die Entwicklung, die Cicero so auf seine *res publica* hin vorwärts zu treiben hoffte, geriet jedoch bald wieder ins Stocken. Caesar mußte im 2. Intercalaris[163] zur Niederwerfung des Aufstands der Pompeiussöhne[164] selbst nach Spanien gehen und kehrte erst im September 45 nach Rom zurück.[165] Die eifrige Gesetzgebungs-

---

156 Vgl. Caecina in fam. 6, 7, 2.
157 Dieses Verhalten der Götter kann vor dem Richterstuhl der stoischen Ethik freilich nicht bestehen, wie später Lucan verkündete (1, 128): *victrix causa deis placuit, sed victa Catoni*. Dazu GEORG PFLIGERSDORFER Hermes 87 (1959), 353 mit vielen Hinweisen auf die bisherige gelehrte Literatur.
158 Cic. Att. 13, 12, 2 im Juni 45.
159 Cic. Att. 13, 19, 2.
160 MÜNZER RE 3, 1237 Nr. 7.
161 Cic. fam. 6, 6, 10.
162 Vgl. § 11 *rerum hoc natura et civilium temporum non patietur, ... ut in eam civitatem boni viri et boni cives nulla ignominia notati non revertantur, in quam tot nefariorum scelerum condemnati reverterunt*. Dazu schon Sallusts Denkschrift ep. ad Caes. 1, 5, 1 (von 48) *ita bonis malisque dimotis patenti via ad verum perges*.
163 November 46 jul. O. E. SCHMIDT 258. SONTHEIMER RE 16, 61 f.
164 Cic. Phil. 2, 75.
165 Cic. Att. 13, 45, 1. Suet. Caes. 83, 1. ED. MEYER Caesars Mon. 452, 1.

tätigkeit, die Caesar in den letzten Wochen vor seiner Abreise entfaltete,[166] wird von Cicero nicht als ‚republikanisch' gewertet.[167] Denn der Senat war nichts Besseres als eine Bestätigungsmaschinerie. Cicero mußte erleben, seinen Namen unter den Aufzeichnungszeugen zu lesen, obwohl er den Senatsbeschluß gar nicht kannte. Er, der früher am Staatsruder gesessen hatte, gehörte nun eben auch zum ‚Schiffsbodenwasser'.[168] Man lebte in Knechtschaft (*servitus*).[169]

Etwa im *Intercalaris posterior*[170] wurde der „Orator" veröffentlicht, an dem Cicero während der letzten Monate gearbeitet hatte.[171]

Anders als im „Brutus" sind in dieser Schrift die politischen Anspielungen selten. Nur in den Ausführungen (140–148), worin er erklärt, warum ein Consular seiner Bedeutung so viele rhetorische Schriften verfasse, bemerkt er, daß solche Tätigkeit ihm über die Traurigkeit hinweghelfe, *cum meae forenses artes et actiones publicae conciderint* (148); dann ist eben auch dieses Buch dem Brutus gewidmet,[172] und nicht ohne Absicht wird immer wieder an das Freundschaftsverhältnis erinnert.[173] Die beiden großen Werke, in denen er sich bisher über seine Kunst geäußert hatte, *de oratore* und *Brutus* waren als Dialoge gestaltet. Diesmal wählte er die Form eines an Brutus gerichteten Lehrvortrags. Seitdem ihn im Herbst 47 Brutus aus Asia über Caesars Stimmung beruhigt hatte, strengte er sich unermüdlich an, mit dem Sohn von Catos Halbschwester Servilia, der trotz der Unversöhnlichkeit des nunmehrigen Uticensis das uneingeschränkte Vertrauen Caesars behielt, im besten Einvernehmen zu bleiben. Ein solches Verhalten wurde noch dadurch gefördert, daß Brutus ganz im Sinne Ciceros die rhetorische Bildung mit philosophischer Schulung vereinigte, die ihn befähigte, auf diesem Gebiet neben Cicero produktiv tätig zu sein.[174] Desto mehr mußte es den ältern schmerzen, daß die von ihm – wie er glaubte – meisterhaft geübte Redekunst von Brutus nicht als Vorbild anerkannt wurde. Ihm mißfielen die in wortreichem Rhythmus strömenden Perioden. Er vermißte die feste Fügung und fand sie zu weichlich.[175] Er selbst

---

166 GROEBE RE 10, 246. LANGE RA 3, 447 ff.
167 Cic. fam. 9, 15, 3 spöttisch über *hic praefectus moribus* und seine *lex sumptuaria*. 26, 3 ebenso. Dem Versuch DEMMELS 126 ff., diese Briefe in den Oktober 44 zu versetzen, kann ich nicht folgen. Denn *praefectus morum* wurde Caesar 46 nach der Rückkehr aus Africa. Cass. Dio 43, 14, 4. ‚Caesar' 237 Anm. 19.
168 Cic. fam. 9, 15, 3–4 an Papirius Paetus. 13, 77, 1 an P. Sulpicius Rufus, MÜNZER RE 4 A, 850, er besucht die Senatssitzungen nur aus besonderem Anlaß.
169 Cic. fam. 9, 26, 1. Man erinnere sich, daß Caesar, als er Ende des Jahrs auf den spanischen Kriegsschauplatz reiste, an Stelle von Praetoren, curulischen Aedilen und Quaestoren 8 *praefecti* ernannte (Suet. Caes. 76, 2, *qui absente se res urbanas administrarent*) Cass. Dio 43, 28, 2.
170 November jul. 46.
171 Cic. Att. 12, 6, 3. fam. 12, 17, 2. Vgl. KROLL RE 7 A, 1100–1101. OTTO SEEL Heidelberger Texte Bd. 21 (1952) mit vorzüglichen Erläuterungen.
172 Cic. Att. 14, 20, 3.
173 Cic. orat. 1; 33–35; 112; 114; 140; 147; 174; 227.
174 Es werden von ihm Schriften *de virtute, de officiis* und *de patientia* erwähnt, Quintil. inst. or. 10, 1, 123. Von Cicero anerkannt Acad. 1, 12. Senec. dial. 12, 9, 4 über *de virtute*, wo M. Marcellus gefeiert wurde.
175 Tac. dial. 18, 5 er nannte Cicero *fractum atque elumbem*. Quintil. inst. or. 12, 10, 12 *ut tumi-*

wurde von den kaiserzeitlichen Klassizisten zu den großen Rednern seiner Zeit gerechnet. Wir besitzen von ihm längere Stücke nur in zwei ausführlichen Briefen aus dem Jahre 43,[176] denen die Rhythmisierung fehlt und deren gefeilte Sätze eckig wirken.[177] Cicero tadelte das als „ohne Leidenschaft" und „zerhackt". Schließlich sagte er in der Einleitung zum 2. Buch der dem Brutus gewidmeten Tusculanen (3) von diesem ‚Atticismus': Es hatten sich einige gefunden, die nichts lobten, als was sie glaubten nachahmen zu können, und solche Hoffnung als Ziel der Redekunst hinstellten, und, wenn sie zugedeckt wurden vom Reichtum der Gedanken und Wörter, erklärten, ihnen seien Nüchternheit und Hunger lieber als Überfluß und Fülle.[178]

Dem Brutus zu Gefallen will er nun im *Orator* – obwohl er das nach unserm Empfinden in *de oratore* schon genügend getan hatte – darlegen, worin das Wesen der allseitigen Meisterschaft in der Redekunst besteht. Er erinnert dabei wiederholt an den vom Karneadesschüler Charmadas angeregten Satz des M. Antonius, er kenne in Rom einige sprachgewandte Leute (*disertos*), aber keinen ‚beredten' (*eloquentem*),[179] und erklärt dazu, es handle sich bei dem Thema im Sinne Platons um den idealen Redner.[180] Der Meister muß gleichermaßen die drei Sprachstile, den schlichten, den mittleren und den hohen (hinreißenden) beherrschen.[181] Vor ihm brachte es in Rom keiner so weit, er zuerst strebte so hoch in Nachfolge des Demosthenes, was mit fortlaufenden Hinweisen auf seine Reden erläutert wird (106–140). Dabei vergißt er nicht, seinen ‚neu-attischen' Zeitgenossen beizubringen, daß sie über das ‚Schlicht-nüchterne' nicht hinauskommen.[182] Schon beim ersten Lob des Aischines und Demosthenes gießt er über einige der Redekunst Beflissene in Rom seinen Spott aus, die zur Verwendung vor Gericht und Volksversammlung statt des Lysias den Thukydides als Vorbild wählen, auf welch absurden Gedanken kein griechischer Rhetor je verfallen wäre, da der ausgezeichnete Historiker dazu nicht taugt und dieser Schlag von ‚Attikern' damit nur seine schlechtgebauten Sätze verteidigen will.[183]

---

diorem et Asianum et in repetitionibus nimium et in compositione fractum, exultantem ac paene, quod procul absit viro molliorem 25, 3.

176 Bei Cic. ad Brut. 1, 16 und 17.
177 Quintil. inst. or. 9, 4, 76 *componendi durius studium*. Tac. dial. 18, 5 *otiosum atque diiunctum*. Cic. Att. 15, 1 a, 2 *ego si illam causam habuissem, scripsissem ardentius*. Bei Quintil. inst. or. 12, 10, 11 gilt er als Vertreter der *gravitas*. ALFONS WEISCHE Studien zur politischen Sprache der röm. Republ. (1966), 43–48 erkannte, daß *gravitas* der griechischen σεμνότης entspricht. Mit σεμνῶς charakterisiert Plin. ep. 2, 11, 17 den Tacitus.
178 ED. NORDEN Ant. Kunstprosa 202, 2. Röm. Lit. 51.
179 Cic. orat. 18; 19; 33; 69; 100; 106.
180 Cic. orat. 10; 101 *rei forma et species*.
181 Cic. orat. 20–21; 25–90; 91–96; 97–99.
182 Cic. orat. 89 *isti novi Attici*. 23; 28; 75; 83; 234–236.
183 Cic. orat. 30–32; 235. Ebenso Brut. 287–288. opt. gen. or. 16. Erhalten sind von solcher Schriftstellerei nur die Denkschriften Sallusts an Caesar von 50 und 48. Natürlich soll nicht gesagt werden, daß Cicero sie kannte oder gar im Auge hatte. Amüsant ist nur, daß gerade wegen dieses Stils Philologen sie für gefälscht halten (meine Einleitung zu Sallust. Heidelberger Texte 8, 14).

Nachdem er alles, was zur wirkungsvollen Darbietung des geistigen Gehalts gehört, behandelt hat, wendet er sich noch den Schmuckmitteln (*lumina*) der Satzbildung (*elocutio*) zu, wobei er – vielleicht weil Brutus davon wenig hielt[184] – besonders auf die Kunst der rhythmisierten Satzschlüsse eingeht. Nachdem er noch einmal die von den Thukydides-Nachahmern beabsichtigte Auflösung der rhythmisierten Kunstprosa als verfehlt bezeichnet hat, schließt er merkwürdig resigniert über den Erfolg, den er sich von seinen begeisterten Schilderungen des Meisterredners bei Brutus erhoffen kann. Wie er es in der Philosophie halte, habe er sich auch bei diesem Thema bemüht, das ihn überzeugende zu geben. Wenn Brutus davon nicht befriedigt sein sollte, möge er bedenken, daß Cicero aus Höflichkeit die Unvorsichtigkeit begangen habe, ihm seine Bitte nicht abzuschlagen (234–237).[185] Seinem frühern *praefectus fabrum* (Adjutanten) Paconius Lepta schrieb er, sein ganzes Urteilsvermögen über Beredsamkeit habe er in dieses Buch hineingelegt, und er glaube, daß auch der junge Lepta es mit Freude lesen werde; wenn ihm noch die Reife für das Verständnis fehle, so werde die schöne Sprache seinen Ohren wohlbekommen.[186]

Wenn schon Brutus sich nicht von seinem Atticismus bekehren ließ,[187] so wurde er, der damals Gallia citerior als Caesars Legat verwaltete,[188] doch als ein „Republikaner" charakterisiert. Insbesondere benutzte Cicero die Gelegenheit, ihm die Verantwortung für die Abfassung des „Cato" zuzuschieben.[189] Wie solche Bemerkungen beachtet wurden, zeigt der Brief Caecinas vom Dezember 46. Dieser harrte noch immer auf die Erlaubnis zur Rückkehr nach Rom und ließ seinen Mut sinken, als er las, wie ein Mann wie Cicero sich wegen seines Freimuts entschuldigen mußte.[190]

Nach Caesars Abreise entfernte sich Cicero für einige Wochen aus Rom und besuchte seine Villen bei Tusculum,[191] Cumae,[192] Arpinum, Anagnia[193] und wiederum Tusculum.[194] In dieser Zeit äußerte sein Sohn den Wunsch, wie sein Vetter Quintus in Spanien unter Caesar Kriegsdienst zu tun. Weil Atticus nicht entschieden abriet, wollte Cicero auch nachgeben; aber durchaus gegen seine Überzeugung. Er scheute den Tadel der Republikaner und versuchte das auch dem Sohn klar zu

---

184 Wie stets schreibt er Brutus ein besonderes Verständnis zu, Cic. orat. 227.
185 Cic. Att. 14, 20, 3 er schrieb tatsächlich an Atticus und Cicero selbst: *illud quod mihi placeret non probari*.
186 Cic. fam. 6, 18, 4.
187 RE 10, 984.
188 Cic. orat. 34.
189 *Quem ipsum numquam attigissem tempora timens inimica virtuti, nisi tibi hortanti et illius memoriam mihi caram excitanti non parere nefas esse duxissem* Cic. orat. 35; 41.
190 Cic. fam. 6, 7, 4. Über die Zeit der Veröffentlichung von „Cato" und „Orator" O. E. SCHMIDT 264. fam. 6, 18, 4.
191 Cic. Att. 12, 6–8.
192 Cic. fam. 7, 4. 9, 23.
193 Cic. Att. 12, 1, 1. DRUMANN-GROEBE 6, 346.
194 Cic. Att. 12, 11. O. E. SCHMIDT 260–268 hat vieles durch Kombination erschlossen. DEMMEL 127 ff. 172 ff. bietet nichts Besseres, vielmehr ganz Unwahrscheinliches.

machen.[195] Er verwies ihn ferner darauf, daß der Vetter ihn bei Caesar ausstechen werde.[196] Einige Tage später entschied sich der junge Mann dann doch für einen Studienaufenthalt in Athen.[197] Die beiden Briefe an Atticus enthalten auch Andeutungen darauf, daß damals die Scheidung der Tullia von Dolabella vollzogen war.[198]

Cicero selbst hatte sich im Jahr 46 von Terentia geschieden.[199] Seine heillose Schuldennot[200] brachte ihn auf den Gedanken, sich durch eine reiche Heirat wirtschaftlich wiederherzustellen.[201] Es scheint, daß er einmal an Pompeia, die Witwe des Faustus Sulla, dachte,[202] was politisch in der damaligen Zeit eine höchst unkluge Demonstration gewesen wäre. Die ihm von Hirtius angetragene Schwester[203] behagte ihm wegen ihrer Häßlichkeit nicht.[204] Im Dezember 46 nach Rom zurückgekehrt heiratete er dann Publilia.[205] Wie Tiro berichtete, war Cicero durch ein Fideikommiß beauftragt, als Legatar des Erblassers eine ihr zugedachte Erbschaft auszuzahlen und erhielt durch die Heirat Verfügungsrecht über dieses, nun zur Mitgift gewordene Vermögen.[206] Die Verbindung des Sechzigjährigen mit dem jungen Mädchen erregte begreifliche Verwunderung und wurde noch am 19. September 44[207] von Antonius verspottet.[208]

Der spanische Krieg versetzte Cicero wieder in ähnliche Stimmung wie ein Jahr zuvor der africanische.[209] Seine wahren Gefühle finden wir in den Briefen an die Gesinnungsgenossen A. Manlius Torquatus (Praetor 70),[210] C. Toranius (Aedil 64)[211] und C. Cassius, den nachmaligen Caesarmörder.[212] Die beiden erstgenannten hatten von Caesar noch nicht die Genehmigung zur Rückkehr nach Rom erhalten. Cicero tröstet sie, von Caesar sei nichts zu befürchten; wenn auch die *res publica*

---

195 Cic. Att. 12, 7, 1 *non satis esse, si haec arma reliquissemus? etiam contraria?* Vgl. off. 2, 45.
196 Cic. Att. 12, 7, 1.
197 Cic. Att. 12, 8. 24, 1. 52, 1. O. E. SCHMIDT 262.
198 Cic. Att. 12, 7, 2. 8. fam. 6, 18, 5. O. E. SCHMIDT 270.
199 Plut. Cic. 41, 2. Cic. fam. 4, 14, 3 Anfang 46, wenn vom Krieg in Africa, oder 46/5, wenn von Spanien die Rede ist. SHACKLETON BAILEY im Komment. zu Att. 12, 11, (nach seiner Zählung der Briefe Nr. 249) ist für Anfang 46. ED. MEYER Caesars Mon. 426, 1. WEINSTOCK RE 5 A, 714. MAGNINO im Kommentar zu Plut. über verschiedene Vermutungen zu Zeit und Ursache.
200 DRUMANN-GROEBE 6, 352. A. FRÜCHTL Geldgeschäfte 73–76. 78 ff.
201 Plut. Cic. 41, 4. Cass. Dio 46, 18, 3.
202 MILTNER RE 21, 2264. Cic. Att. 12, 11, 1.
203 MÜNZER RE 8, 1962 Nr. 5.
204 Cic. Att. 12, 11, 1. O. E. SCHMIDT 267. DRUMANN-GROEBE 6, 612. SHACKLETON BAILEY Komment.
205 Die Zeit erschlossen von O. E. SCHMIDT 268 durch Kombination von Cic. Att. 12, 1, 1. fam. 6, 18, 5. 4, 14, 1; 3.
206 Plut. Cic. 41, 5. Cic. fin. 2, 55. Gnomon 36 (1964), 662. Über des römische Dotalrecht JÖRS-KUNKEL Röm. Privatrecht³ (1949) § 180, 2.
207 Cic. Phil. 5, 19.
208 Plut. Cic. 41, 6. Cass. Dio 46, 18, 3. Quintil. inst. or. 6, 3, 75 *Cicero obiurgantibus, quod sexagenarius Publiliam virginem duxisset: cras mulier erit, inquit.*
209 O. S. 238.
210 Cic. fam. 6, 1. 3. 4. MÜNZER RE 14, 1197. Verbesserter Stammbaum bei JANE F. MITCHELL Historia 15 (1966), 30.
211 Cic. fam. 6, 21. MÜNZER RE 6 A, 1725.
212 Cic. fam. 15, 18. 17. 16. Vgl. o. S. 239.

verloren sei, sei es zu ertragen, im Bewußtsein, daran unschuldig zu sein.[213] In Caesars Abwesenheit regierten tatsächlich als *praefecti* Balbus und Oppius.[214] Doch dem Kriegsausgang sah er mit Spannung entgegen und wünschte Caesars Sieg, weil von Cn. Pompeius[215] das Schlimmste zu befürchten war.[216] Dies bestätigte ihm Cassius.[217] Einen Mann wie Cassius brauchte Cicero nicht zu trösten, wie Torquatus und Toranius, gehörte er doch wie sein Schwager Brutus[218] zu den von Caesar ehrenvoll Herangezogenen.[219] Seiner politischen Gesinnung war Cicero völlig sicher (15, 18, 1). Von ihm war daher „republikanischer" Einfluß auf den Dictator zu erwarten. Aus demselben Grund umwarb er auch dessen Schwager Brutus so unermüdlich. Wenn er Cassius drei Briefe schrieb (15, 16, 1), bis er eine Antwort erhielt, zeigt das zur Genüge, wie wichtig ihm diese Verbindung war. Cassius wußte die witzigen Neckereien wegen seiner Epikurstudien im gleichen Ton zu erwidern, betonte aber, daß gerade Epikur als Philosoph der Freude ‚gut und gerecht leben' für unentbehrlich halte und stimmt so in Ciceros Lobsprüche (17, 3)[220] über des Epikureers Pansa *probitas et clementia* ein (19, 2). Das Beispiel Pansas bewies, wie es nicht an Caesarianern fehlte, die Verständnis für die Versöhnungspolitik besaßen. Ein solcher Mann war auch C. Trebonius (Volkstribun 55, Praetor 48, seit 47 Proconsul von Hispania ulterior), der sich Ende 46 wieder nach Spanien begab.[221] Seine Verehrung für Cicero hatte er eben durch eine Sammlung seiner witzigen Aussprüche bezeugt. In seinem Antwortschreiben gab ihm Cicero auch Auskunft über sein Verhältnis zu C. Licinius Calvus (15, 21, 4).[222] Im nächsten Brief bat er ihn neben Nachrichten aus Spanien[223] um Bericht über das Zusammensein mit Brutus in Gallia citerior (15, 20, 2). Auch mit dem ehemaligen Schwie-

---

213 Cic. fam. 6, 1, 1; 3; 4. 4, 4. 21, 1; 3. 15, 18, 1. Das Wort von der *res publica amissa* gab CHRISTIAN MEIER den Titel zu seinem Buch 1966. S. 1 „Man kannte für Rom nicht die Alternative zwischen verschiedenen Staatsformen, sondern nur zwischen Staat und Unstaat".
214 Cic. fam. 6, 8, 1. 18, 1.
215 Vgl. o. S. 235.
216 Cic. fam. 6, 1, 2. 4, 1. 3, 2. 15, 18, 2. 17, 3.
217 Cic. fam. 15, 19, 4 *peream nisi sollicitus sum ac malo veterem et clementem dominum* (Caesar) *habere quam novum et crudelem experiri.*
218 MÜNZER RE 10, 1114 Nr. 206.
219 Cic. fam. 6, 6, 10.
220 *Quod multos miseriis levavit et quod se in his malis hominem praebuit, mirabilis eum virorum bonorum benevolentia prosecuta est.*
221 MÜNZER RE 6 A, 2277.
222 MÜNZER RE 13, 433 o. S. 245.
223 *Res enim publica istic est* Cic. fam. 15, 20, 2. Man beachte, daß Cicero hier in üblicher Weise *res publica* mit Caesar identifiziert! Freilich stand der spätere Caesarmörder damals in nahem Verhältnis zum Dictator. Aber um dieselbe Zeit schrieb er im Prooemium von de nat. deor. 1, 7 über seine philosophische Schriftstellerei: *cum otio langueremus et is esset rei publicae status, ut eam unius consilio atque cura gubernari necesse esset.* Es erinnert an Tac. hist. 1, 1 *postquam bellatum apud Actium atque omnem potentiam ad unum conferri pacis interfuit.* Cicero drückte sich vielleicht so zurückhaltend aus, weil er das Werk über die Götter dem Brutus widmete, der Mitte August 45 noch eine Verständigung Caesars mit den *boni* erwartete (Att. 13, 40, 1). Außerdem wußte er, daß der Neffe Quintus, wo er konnte, gegen ihn hetzte (Att. 13, 37, 2).

gersohn Dolabella, der ebenfalls in Spanien weilte,[224] pflegte er die Beziehungen weiter,[225] weil er ihm den Zugang zu Caesar vermittelte.[226] Bei Caesar selbst hielt er sich in Erinnerung durch zwei Kabinettstücke von *litterae commendaticiae*.[227] Im ersten schildert er mit geistvoller Ironie durch Homer- und Euripideszitate die wunderlichen Wandlungen in seinem Verhältnis zu Caesar, welche ihn schließlich doch zur Erkenntnis führten, daß man sich fügen könne, ohne seine Würde und Selbständigkeit preiszugeben. Das zweite betrifft den Apollonios, den gelehrten Freigelassenen des P. Crassus,[228] der den spanischen Krieg in einem griechischen Werk darzustellen beabsichtigte und den Cicero empfiehlt, weil er erfahren hat, daß sein Wort bei Caesar etwas gilt.

In einem an Q. Paconius Lepta[229] gerichteten Brief etwa vom Januar 45 erscheint seine Stimmung beruhigt. Er befindet sich in Rom, um die Entbindung der Tullia abzuwarten und lebt ungestört seinen Studien.[230] Nachdem Tullia dem Dolabella ein Kind, Lentulus,[231] geboren hatte, bezog Cicero mit ihr das Tusculanum.[232]

Da stürzte ihn Mitte Februar 45[233] der Tod der geliebten Tochter in tiefste Traurigkeit.[234] Wie er im April dem Ser. Sulpicius Rufus auf dessen Beileidsbrief[235] antwortete, war ihm in dieser Unglückszeit, wo er alles, was bisher seinem Leben Inhalt gab, Politik und Patronatstätigkeit, verloren hatte, der Umgang mit ihr seine einzige Erquickung gewesen.[236] Zunächst nahm ihn der treue Atticus in sein Haus auf.[237] Aber in Rom mußte er zu viele Menschen sehen,[238] und so begab er sich am 7. März auf sein einsames Gut an der Meeresküste von Astura.[239] Von dort kam er am 1. April auf das Ficulense des Atticus,[240] von wo er am 1. Mai wieder nach Astura zurückkehrte,[241] wo er bis zum 15. Mai blieb,[242] kam am 17. auf das Tuscu-

---

224 Cic. Phil. 2, 75.
225 Cic. fam. 9, 10. 13.
226 Vgl. Cic. Att. 12, 38, 2. 13, 9, 1. 13, 2. 21, 2. 45, 2. 50, 1.
227 Cic. fam. 13, 15. 16. O. E. SCHMIDT 275.
228 MÜNZER RE 13, 293. H. STRASBURGER Caesars Eintritt in die Gesch. 1938, 34, 49.
229 MÜNZER RE 12, 2071. 18, 2123. ILS 5779.
230 Cic. fam. 6, 18, 5 *aedificia mea me delectant et otium; domus est quae nulli mearum villarum cedat, otium omni desertissima regione maius; itaque ne litterae quidem meae impediuntur, in quibus sine ulla interpellatione versor.*
231 MÜNZER RE 4, 1308.
232 Cic. Att. 12, 46, 1. 44, 3.
233 O. E. SCHMIDT 271. 241, wo er für die Rückkehr Dolabellas aus dem africanischen Krieg nach Cic. Att. 12, 5 c die Iden des Juni 46 erschließt, wonach er die Geburt des Lentulus auf Mitte Januar 45 ansetzt. P. GROEBE RE 7 A, 1335.
234 Plut. Cic. 41, 7. Ascon. in Pis. frg. 11, 5 ed. CLARK. DRUMANN-GROEBE 6, 623.
235 Cic. fam. 4, 5.
236 Cic. fam. 4, 6. Ähnlich Att. 12, 23, 1. 28, 2.
237 Cic. Att. 12, 14, 3.
238 Cic. Att. 12, 13, 1.
239 Cic. Att. 12, 40, 2. 19, 1. Vgl. 45, 1. O. E. SCHMIDT 276.
240 Cic. Att. 12, 34, 1. an der von Rom nordostwärts nach Nomentum führenden Straße; Corn. Nep. Att. 14, 3. O. E. SCHMIDT 276.
241 Cic. Att. 12, 40, 2. O. E. SCHMIDT 278.
242 Cic. Att. 12, 44, 3.

XIII. Unter Caesars Dictatur

lanum, am 21. Juni auf das Arpinas,[243] am 7. Juli wieder auf das Tusculanum,[244] am 25. August nach Astura,[245] besuchte am 1. September eine Senatssitzung[246] und begab sich am selben Tag auf das Tusculanum.[247] Ende August beabsichtigt er, von dort nach Alsium zu reisen, um Caesar zu empfangen.[248]

Der Tod der zärtlich geliebten Tochter erschütterte seine stark empfindende Seele[249] mit derselben Gewalt wie im Jahr 58 das Exil.[250] Aber jetzt fehlte ihm die Hoffnung auf den politischen Umschwung,[251] die ihn damals in Spannung hielt, und so führte ihn der Drang, durch rastlose Tätigkeit den Schmerz zu betäuben, zur Philosophie, jedoch, wie das bei ihm nicht anders sein konnte, mit der Aneignung ihrer Tröstungen gleich auch zu schriftstellerischer Gestaltung.[252]

Schon am 8. März konnte er Atticus die Vollendung der *Consolatio* melden.[253] Cicero hatte sich seit 46 wieder philosophischen Studien zugewandt.[254] Er dachte wohl schon an das große Werk, das den Römern den Wert der Philosophie ins Bewußtsein heben sollte, den Dialog ‚Hortensius'. Diese Arbeit brach er nun ab, um sich für sich selbst der Tröstungen der Philosophie zu bemächtigen. Im Haus des Atticus las er alles, was er an Büchern dieser Art in der Literatur fand.[255] Das berühmteste Werk dieser Gattung war die Schrift des Altakademikers Krantor „über das Leid".[256] Von ihm übernahm Cicero den Gedanken der altgriechischen Mysterien, daß die Menschen geboren werden, um für Sünden eines frühern Daseins zu büßen, dann aber nach gut geführtem Leben von der Sterblichkeit befreit zu den

---

243 Cic. Att. 13, 9, 2. 10, 3. 12, 4.
244 Cic. Att. 13, 14, 1. 16, 2. Der Aufenthalt vielleicht durch eine Reise nach Rom vom 16.–19. Juli unterbrochen, O. E. Schmidt 330.
245 Cic. Att. 13, 34.
246 Cic. Att. 13, 47 a, 2.
247 Cic. Att. 47 a, 3.
248 Cic. Att. 23, 50, 4. 51, 2. O. E. Schmidt 356. 370. Shackleton Bailey Kommentar zu Att. 23, 11 (319).
249 Cic. Tusc. 5, 4 spricht er von seiner *mollitia*. Daß Geistesbildung die Seelenstärke nicht immer steigert, war ihm bewußt: Att. 12, 46, 1 *exculto enim animo nihil agreste, nihil inhumanum est*.
250 O. S. 133.
251 Cic. fam. 4, 6, 2.
252 Cic. Att. 12, 21, 5. Acad. 1, 11. Tusc. 5, 5; 121. nat. deor. 1, 9. Vgl. L. Lucceius in fam. 5, 14, 1 über seinen *animus eruditus, qui semper aliquid ex se promat, quod alios delectet, ipsum laudibus inlustret*. Über das eigentümliche Verhältnis, in dem Cicero zu seiner Tochter stand, die dreimal verheiratet und zweimal geschieden im 34. Lebensjahr starb, sei auf die feinsinnigen Beobachtungen von Otto Seel, Cicero 1953, 314–323 verwiesen. 322 „In Ciceros Apostrophierungen wirkt sie eigentlich immer wie höchstens sechzehnjährig, ewig im Flügelkleide, immer zwitschernd, fast ein nettes Spielzeug, eine Nora im Puppenheim."
253 Cic. Att. 22, 14, 3. Tusc. 1, 65; 76; 83. 3, 71; 76. 4, 63. divin. 2, 3; 22. Drumann-Groebe 6, 274.
254 Cic. fam. 4, 3, 4 an Sulpicius Rufus *tantum dicam … omnem meam curam atque operam ad philosophiam contulisse*. 9, 1, 2 an Varro. 9, 2, 5. 3, 2. Auch die Scherze über Epikurs Philosophie sind zu erwähnen: fam. 15, 16, 1–3. 18, 1. 9, 26, 3 (Hortens. fr. 79 Grilli).
255 Cic. Att. 12, 14, 3.
256 Das Buch Krantors ist nicht erhalten. Lucull. 135 mit der Beifügung, Panaitios habe geraten, es auswendig zu lernen. Lact. inst. div. 1, 15. 3, 18. 1, 5. de ira 10. Lact. inst. div. 3, 19. Cic. Tusc. 1, 114–115. 2, 12. v. Arnim RE 11, 2587. Süss Cic. 23.

Göttern aufsteigen (Tusc. 1, 76); ferner den Satz, daß am besten sei, nicht geboren zu werden, das Nächstbeste, bald zu sterben. Krantor hielt die Schmerzempfindlichkeit (im Gegensatz zur Stoa) für berechtigt, weil es ohne Leiden kein Mitleiden gäbe. So brauchte sich Cicero nicht zu schämen, daß ihn der Verlust der Tochter anders als frühere Schicksalsschläge überwältigte. Ein Haupttrostmittel war die Erinnerung an alle vorbildlichen Gestalten der römischen Geschichte, die dasselbe Leid mannhaft ertrugen. Man staunt über die große Zahl, die er in der kurzen Zeit zusammenbrachte; vermutlich waren ihm mit seinem wunderbaren Gedächtnis viele Namen vom Brutus her gegenwärtig.[257] In seinem Kummer leuchteten ihm die philosophischen Erwägungen über die göttliche Herkunft und Unsterblichkeit der Seele ein,[258] und er plante, dem seligen Geist der Tochter an würdiger Stätte ein Heiligtum zu errichten.[259] Doch kam er lange mit sich nicht ins reine über den Ankauf eines passenden Grundstücks, und zum Ankauf benötigte er – womöglich – die Rückzahlung eines dem Faberius[260] gegebenen Darlehens.[261] Am 24. Juni war er für die Horti Scapulani entschlossen,[262] vom Versteigerungstermin ist zuletzt am 14. Juli die Rede,[263] und wir wissen nicht, ob der Plan überhaupt ausgeführt wurde.[264]

In seiner Trauer vernachlässigte er seine junge Frau Publilia vollkommen; die Vermutung, sie sähe den Tod der Tullia nicht ungern, machte sie ihm unerträglich,[265] und er ließ sie in Rom zurück. Als sie ihn am 28. März demütig bat, ob sie ihn mit Mutter und Bruder in Astura besuchen dürfe, erfüllte ihn der Gedanke mit Schrecken, er schrieb ihr sofort ab, fürchtete aber, sie möchten ihn trotzdem überraschen,[266] und er flüchtete aus diesem Grund in das Landhaus Ficulense des Atticus (12, 34,

---

257 Lact. inst. div. 3, 28. Cic. Tusc. 3, 71. divin. 2, 22. Att. 12, 20, 2. Fr. Münzer Röm. Adelspart. hat S. 376–408 als ‚Anhang' dieser Liste eine eigene Abhandlung gewidmet. Die Liste ist durch Hieronym. ep. 60, 5 ad Heliod. erhalten bei Münzer 381. 376 der Hinweis auf den Brutus. Weiteres bei Philippson RE 7 A, 1123–1125. Shackleton Bailey Komm. zu Att. 12, 20 (258).
258 Cic. Tusc. 1, 66.
259 Cic. Att. 12, 12, 1. 36, 1 ἀποθέωσιν. 18, 1 *fanum, consecrare*. 19, 1. 37, 2. 41, 2. Lact. inst. div. 1, 15, 18.
260 Münzer RE 6, 1736. O. E. Schmidt 285. 289–307 bemüht sich mit fragwürdigem Erfolg, die für uns oft unverständlichen Mitteilungen aufzuklären. Danach Al. Früchtl Die Geldgeschäfte bei Cicero, Diss. Erlangen 1912, 78 ff. Eine klare Übersicht über Ciceros Pläne gibt Shackleton Bailey in der Appendix seines Kommentars S. 404–413. Über Faberius im Komm. zu Att. 12, 21, 2 (260). Er denkt, es handle sich um ein von Caesar angeordnetes Zwangsdarlehen (Cass. Dio 42, 50, 2). Doch diese sind unseres Wissens nicht zurückgezahlt worden (‚Caesar' 223 Anm. 325).
261 Cic. Att. 12, 21, 2 vom 17. März. 25, 1. 29, 2. 13, 32, 1 vom 29. Mai. 29, 1–2.
262 Cic. Att. 13, 12, 4. 33 a, 1 vom 9. Juli.
263 Cic. Att. 13, 43. O. E. Schmidt 330.
264 Vgl. Drumann-Groebe 6, 625. Im Juni 44 war das *fanum* noch nicht gebaut, Cic. Att. 15, 15, 3. Shackleton Bailey möchte aus Att. 13, 23, 3 (10. Juli 45) schließen, daß Cicero damals verzichtete, Komment. S. 331. Diese Horti lagen auf dem Campus Vaticanus, wo Caesar große Bauten plante (Att. 13, 33 a). Sh. Appendix 411.
265 Plut. Cic. 41, 6.
266 Cic. Att. 12, 32, 1.

1). Damit war die Verbindung aufgelöst;[267] aber es blieb die schwierige Aufgabe, die Mitgift zurückzuzahlen.[268] Am 11. Juli 44 betrug die Schuld noch 200000 Sesterzen (16, 2, 1). Dazu war auch Terentia noch nicht befriedigt.[269]

Briefstellen vom 8., 16. und 19. März[270] zeigen Cicero mit einer neuen philosophischen Schrift beschäftigt, dem ‚Hortensius',[271] am 13. Mai waren ‚Catulus' und ‚Lucullus' vollendet,[272] am 30. Juni die fünf Bücher *de finibus*[273] und ebenso die Neubearbeitung des ‚Catulus' und ‚Lucullus' als vier ‚Libri Academici'.[274] Dann begann die Arbeit an den ‚Tusculanen'.[275] Da sie erst wieder im Mai 44 erwähnt werden,[276] mögen sie erst später beendet und veröffentlicht worden sein.[277] Im August 45 finden wir auch bereits die Beschäftigung mit *de natura deorum* angedeutet.[278]

Daß Cicero nach Vollendung der *Consolatio* in unaufhaltsam sprudelnder Fülle so viele umfangreiche philosophische Schriften hervorbringen konnte, läßt sich nur daraus verstehen, daß ihm dieser Stoff von Jugend auf wohl vertraut war.[279] Wenn er, wie er immer wieder betont, die Römer mit der griechischen Philosophie bekannt machen wollte, so verstand er darunter das, worin ihn seine Lehrer unterrichtet hatten, die hellenistische Philosophie seines Zeitalters. Dabei ging es nicht mehr um schöpferische Gestaltung eines Gott, Welt und Mensch umfassenden Lehrgebäudes, sondern um Stellungnahme im Kampf der sich seit dem 4. und 3. Jahrhundert von den großen Meistern Platon Aristoteles, Epikur und Zenon von Kition herleitenden Schulen der Akademiker, Peripatetiker, Epikureer und Stoiker. Cicero betonte stets, daß sein für ihn maßgeblicher Lehrer Philon war, der Vertreter der auf Karneades zurückgehenden erkenntniskritischen (aporetischen),[280] jeden dogmatischen Absolutheitsanspruch bestreitenden Akademie.[281] Außerdem war er von Jugend auf durch seinen Hausgenossen Diodotos genau vertraut mit der stoischen Dogmatik (Lucull. 115). In Athen studierte er vornehmlich bei Antiochos von Askalon, dem Nachfolger Philons als Schulhaupt der Akademie, der aber im Gegensatz zu Philons aporetischer Richtung seine Philosophie als Rückkehr zu Platon

---

267 Vgl. Cass. Dio 46, 18, 4.
268 Cic. Att. 13, 34. 47 a, 3. 14, 19, 4. 15. 1, 4.
269 Cic. Att. 16, 6, 3. 15, 5.
270 Cic. Att. 12, 14, 3 *Totos dies scribo, non quo proficiam quid sed tantisper impedior*, also um sich während dessen abzulenken. Ebenso 12, 20, 1. 12, 12, 2. 23, 2.
271 Cic. Lucull. 6. fin. 1, 2. S. Häfner Die literar. Pläne Ciceros 16. O. E. Schmidt 55. Philippson RE 7 A, 1125.
272 Cic. Att. 12, 44, 4. 13, 32, 3 hier auch fin. 1 als ‚Torquatus' bezeichnet. Vgl. Att. 13, 19, 4.
273 Cic. Att. 13, 32, 3. 5, 1 ‚Torquatus'. 12, 3. 21 a, 1.
274 Cic. divin. 2, 1. Att. 13, 12, 3. 21 a, 1. Philippson RE 7 A, 1128.
275 Cic. Att. 13, 32, 2 vom 29. Mai. 33, 2 vom 3. Juni.
276 Cic. Att. 15, 2, 4. 4, 2.
277 O. E. Schmidt 58, 1.
278 Cic. Att. 13, 38, 1. 39, 2. divin. 2, 3.
279 Cic. fin. 1, 10/11. nat. deor. 1, 7. Tusc. 1, 1 (dazu Rich. Harder Kl. Schr. 413 ff.). 2, 4. 3, 6. 4, 5–7.
280 Olof Gigon Hermes 87 (1959), 154.
281 Cic. Acad. 1, 45 von Arkesilaos, dem Begründer der ‚neuen Akademie' *contra omnium sententias disserens*; 46 Karneades *nullius philosophiae partis ignarus*. Tusc. 4, 7.

und dessen unmittelbaren Nachfolgern bezeichnete,[282] hörte aber auch die Epikureer Phaidros und Zenon. Philon nannte diesen Führer der Epikureer und empfahl seinen Schülern dessen Vorträge, damit sie beurteilen könnten, wie leicht diese Lehre zu widerlegen sei.

Zum richtigen Verständnis von Ciceros philosophischer Schriftstellerei muß man sich über die Lehrweise der von ihm gehörten Meister klar sein. Um ihren Standort innerhalb der Hauptrichtungen und ihre persönliche Auffassung innerhalb ihrer Schule darzutun, galt es zunächst, die Meinungen, die sie widerlegen oder von denen sie sich abheben wollten, den Schülern ins Bewußtsein zu bringen.[283] So sind denn Ciceros Schriften von philosophiegeschichtlichen Überblicken durchzogen, die in den Dialogen jeweils von Schulvertretern vorgetragen werden, vielfach als Wiedergabe des bei den Lehrern gehörten. Solche ‚Abrisse der Lehrmeinungen‘ nannte man Doxographien. Sie sind wohl zu vergleichen den Vorlesungen über Geschichte der Philosophie, wie sie bis heute von Kathederphilosophen oder von Theologen über Dogmengeschichte vorgetragen werden. Es wäre ein großes Mißverständnis, zu glauben, daß Cicero alle in den doxographischen Partien genannten Philosophen selbst gelesen hätte. Vielmehr haben wir damit zu rechnen, daß ihm von Jugend auf die Hauptlehren und Lehrunterschiede der großen Schulen gegenwärtig waren.[284] Wir können annehmen, daß er selbst Vorträge nachgeschrieben hat. Gelesen hat er auch in den Jahrzehnten der politischen Tätigkeit immerzu philosophische Bücher, manches von Platon,[285] dann wichtige Schriften Theophrasts zu Politik und Rhetorik, weiter Dikaiarch, Panaitios. Jedoch kannte er sicher auch Werke, in denen Doxographien zu finden waren, und er benutzte auch die Bibliotheken der Freunde und Gutsnachbarn, und sehr wichtig war gewiß, daß er wieder über die Hilfe des Pomponius Dionysius verfügte. Er und andere Freigelassene mochten ihm aus den griechischen Autoren vorlesen oder Abschriften und Auszüge anfertigen.[286]

---

282 ANNEMARIE LUEDER Die philosophische Persönlichkeit des Antiochos v. Askalon (Diss. Göttingen 1940), 4 ff. GEORG LUCK Der Akademiker Antiochos Bern 1953. Dazu A. H. ARMSTRONG Gnomon 26 (1954), 485 gegen die falsche Vorstellung, als ob Cicero lediglich aneinandergereihte Excerpte wörtlich übersetzt habe.

283 Dasselbe Bedürfnis wird in der Gegenwart bei der Schulung kommunistischer Funktionäre befriedigt (WOLFGANG LEONHARD Die Revolution entläßt ihre Kinder, Ullstein Verl. 1962, 165 über den Unterricht in der Kominternschule in Rußland 1942): „Häufig wurde einer von uns beauftragt, vor der Gruppe bestimmte Thesen der Nazi-Ideologie vorzutragen, während die andern die Aufgabe hatten, dagegen zu polemisieren ... Wir haben übrigens nicht nur die Naziliteratur zu lesen bekommen, sondern auch Manifeste und Erklärungen bürgerlicher und sozialdemokratischer Parteien verschiedener Länder sowie die Enzykliken des Papstes." Ferner 1947 in der SED-Parteihochschule in Liebenwalde S. 394: „Auch wurde zu jener Zeit in der Parteihochschule großer Wert darauf gelegt, nicht nur Behauptungen aufzustellen, sondern auch die Beweise zu bringen ... Besonders eifrig wurde das Studium gegnerischer und feindlicher Auffassungen beim Unterricht in der Philosophie betrieben ... Regelmäßig gab es hektographische Materialien unter dem Namen ‚Neuzeitliche Angriffe auf die marxistische Philosophie‘, die ausschließlich Auszüge bürgerlicher und sozialdemokratischer Schriften enthielten."

284 Cic. fin. 1, 16 von Epikur. nat. deor. 1, 61. off. 2, 4.

285 W. BURKERT Gymnasium 72 (1965), 198.

286 Dazu ausgezeichnet O. GIGON Hermes 87 (1959), 151: „Es ist nicht gerade wahrscheinlich,

Eine gute Vorstellung von der Lehrweise der gehörten Philosophen gibt uns Cicero im 5. Buch *de finibus*, wo die Dialogperson M. Pupius Piso einen Vortrag des Antiochos nachgestaltet (8–75). Darin finden wir (8–23; 73–74) doxographische Überblicke. Es gibt keinen Grund zur Annahme, sie seien nicht von Antiochos zur Erläuterung seiner eigenen Ansicht beigebracht worden.[287]

Gleich nach der *consolatio* schrieb er die erste große philosophische Schrift, den Dialog ‚Hortensius'. Er war eine Rechtfertigung der Philosophie vor den Römern und eine Aufforderung, sich auf diese Wissenschaft einzulassen, ein Protreptikos, wie man seit Aristoteles sagte.[288] Nach Augustins Bericht diente das Buch im Rhetorikunterricht von Karthago als Vorbild guten Stils; ihn freilich ergriff im Jahr 373 der geistige Gehalt und schenkte ihm beglückende Gotteserkenntnis.[289] So ist es besonders schmerzlich, daß uns gerade dieses Werk verloren ging. Doch sind so viele Bruchstücke erhalten, daß man den Gang des Gesprächs einigermaßen erschließen kann.[290] Danach treffen sich in einer Villa des Lucullus Hortensius, Catulus und Cicero. Nachdem einleitend Catulus über Dichtung, Lucullus über Geschichtsschreibung gesprochen, preist Hortensius die Redekunst, worauf Catulus über diese die Philosophie stellt (21), Hortensius spottet über die Spitzfindigkeit der Dialektik, während Cicero ihn darauf verweist, wie er selbst in seinen Reden logische Folgerungen zieht. Hortensius antwortet, römische Staatsmänner brauch-

---

    daß Cicero, der als Redner über eine einzigartige Schaffenskraft, geistige Beweglichkeit, Kombinations- und Variationsgabe verfügte, in seinen philosophischen Werken völlig darauf angewiesen sei, zu jedem Gegenstand zwei oder drei griechische Autoren kümmerlich zu excerpieren und zusammenzustücken."

287 Neuerdings behauptet MICHELANGELO GIUSTA in dem großangelegten Werk ‚I Dossografi di Etica' (bisher Bd. 1, Turin 1964) auf Grund der weitläufigen Ekloge 7 im 2. Buch des Ioannes Stobaios über Ethik (2, 37–152 WACHSMUTH), die auf Areios Didymos aus Alexandrien, den Lehrer des Augustus zurückgeht, Cicero habe seine Doxographien diesem Werk des Areios entnommen. Stobaios bietet S. 39–45 Auszüge aus Werken des Philon von Larissa und des Eudoros von Alexandrien, S. 57–116 einen Abriß der stoischen, 116–152 der peripatetischen Ethik. Aus Übereinstimmungen bei Areios Didymos, Diogenes Laertios und Cicero erschließt GIUSTA 189 ff. ein großes doxographisches Werk über Ethik, das Cicero für fin. 1 und 4, Tusc. 3. 4. 5. leg. 1. Lael. Acad. 1, 19–21. off. 1, 7–8 benutzte (210). Aus Seneca dial. 6, 4, 2 wissen wir, daß Areios 9 v. Chr. noch gelebt hat. GIUSTA vermutet (203), er sei etwa 90–81 geboren, das doxographische Werk sei um 50 vollendet und Cicero bekannt gewesen. Diese Vermutung ist höchst unwahrscheinlich, weil Cicero den Areios nie erwähnt und vermutlich nichts von ihm wußte. In Verkennung der Funktion doxographischer Überblicke in den Schriften hellenistischer Philosophen meint GIUSTA 98 zu fin. 5, es sei „undenkbar, daß ein Scholarch der Akademie wie Antiochos zu einem doxographischen Text Zuflucht nehmen mußte, um die peripatetische Lehre vom τέλος darzulegen". Jedoch ein Philosoph wie Panaitios schrieb περὶ αἱρέσεων Diog. Laert. 2, 85; 86–87. VAN STRAATEN frg. 49. 123. Dazu f. WEHRLI Schule des Aristoteles Bd. 10, 30 (Komm. zu Hieronym. Rhod. Teloslehre).

288 Cic. Lucull. 6; 61. fin. 1, 2. Tusc. 2, 4. 3, 6. divin. 2, 1, 1.

289 Augustin. Soliloquia 1, 17, 2. Conf. 3, 7–8.

290 Ich folge der Ausgabe mit Kommentar von ALBERTUS GRILLI Hortensius, Varese-Milano 1962, auch in der Bezeichnung der Fragmente. GRILLI bietet S. 56–58 eine Konkordanz mit andern Sammlungen. PHILIPPSON RE 7 A, 1125–1127. W. SÜSS 23–31. GRILLI gibt 9–11 eine Rekonstruktion des Dialogs, der ich folge. Über die Aufgabe der Rekonstruktion C. O. BRINK JRS 51 (1961), 215–222.

ten gerechte und gesunde Grundsätze zum Handeln, Philosophie sei überflüssig.[291] Cicero antwortet, es sei davon auszugehen, daß alle Menschen glückselig werden wollen, die Schwierigkeit liege darin, daß nicht alle Menschen wissen, worin die Glückseligkeit besteht.[292] Cicero führt zunächst aus, daß nicht Reichtum wahrhaftig glücklich mache (67; 73; 76). Geistesbildung, nach der von Jugend auf zu streben ist, muß da sein (88, 89), ist der Weg zur Wahrheit und den sittlichen Tugenden (94–106). Wenn auch keine dogmatische Sicherheit erreichbar ist, so gewährt eben das Streben nach der Wahrheit das glückliche Leben (107–109). Das Werk schließt mit der Verheißung, daß das im Dienst der Philosophie vollbrachte Leben im Tod endgültige Ruhe finde oder daß die vom Leib geschiedene Seele zum Aufstieg in den Himmel gelange (114. 115).

Nach dem Einleitungswerk begann er sogleich mit der geplanten Gesamtdarstellung der griechischen Philosophie in lateinischer Sprache (Acad. post. 1, 3). Er faßte bei einem Thema an, das ihm besonders nahe lag, dem Meinungsstreit, der in der Akademie aufgebrochen war durch den Abfall des Antiochos von seinem Lehrer Philon. Nach dem ersten Entwurf sollten in einem ‚Catulus' und einem ‚Lucullus' die Erörterungen zwischen denselben Dialogpersonen stattfinden wie im ‚Hortensius' (Att. 12, 44, 4). Er wurde vollendet (Att. 13, 32, 3). Doch stieg bald das Bedenken auf, daß diese hochphilosophischen Auseinandersetzungen im Mund der vornehmen Herren sich zu absonderlich ausnahmen. Zwar verwahrte er sich schon im Prooemium des ‚Lucullus' (4; 6; 11; 61) dagegen, diesem Gesprächsführer eine solche zu schwere Rolle zugeteilt zu haben, habe dieser doch schon als Proquaestor Sullas mehrere Jahre den Antiochos als Gesellschafter bei sich gehabt und nachher wiederum als Proconsul im Mithridatischen Krieg. An seinen philosophischen Interessen war nicht zu zweifeln, desto mehr daran, daß er den schwierigen Stoff hätte lateinisch behandeln können. Es war eine Hauptleistung Ciceros, die Begriffe der hellenistischen Philosophensprache ins Lateinische zu übertragen.[293]

---

291 Cic. Hort. frg. 36. 61, wohl auch 48 (Spott über *fatum*): Meine Großmutter pflegte zu sagen wie die Stoiker, alles geschehe *fato* (wie es kommen muß), meine Mutter, eine kluge Frau glaubte das nicht. 49 der Mensch folgt der Natur, wenn er ohne Lehrer fühlt, was die Natur verlangt. 50 Poseidonios, der größte Stoiker betrug sich gegenüber den Podagraschmerzen nicht tapferer als mein Gastfreund aus Tyros. 79 die vielen Welten der Epikureer, GIGON Hermes 87 (1959), 146, 1.

292 Cic. Hort. frg. 58. 59. 64. Philon v. Larissa bei Stob. 2, 44, 1 der Philosophie geht es um εὐδαιμονία wie dem Arzt um Gesundheit.

293 Plut. Cic. 40, 2. Cic. Tusc. 1, 5; 6. 1, 7. 4, 6–7. Dazu ROBERT FISCHER De usu vocabularum apud Ciceronem et Senecam, Graecae philosophiae interpretes Diss. Freiburg i. B. 1914, auf Ethik beschränkt. 105 zusammenfassende Tabellen der griechischen Begriffe und ihrer lateinischen Wiedergabe. SÜSS 168 bemerkt mit Recht, daß Cicero über seinem Selbstlob nicht einmal den Brutus, dem er so viele Schriften widmete, seiner Bedeutung für die lateinische Philosophensprache entsprechend (Quintil. inst. or. 10, 1, 123) würdigte (Cic. fin. 1, 8. Tusc. 5, 1. am freundlichsten Acad. 1, 12), auch nicht den Varro (Acad. 1, 9 *philosophiam multis locis inchoasti, ad impellendum satis, ad edocendum purum*), den er in der 2. Ausgabe der Academici an Luculls Stelle treten läßt. Was am meisten befremdet, ist, daß er das große Lehrgedicht des T. Lucretius Carus nicht erwähnt, obwohl er sich Q. fr. 2, 9, 3 im Jahr 54 wohlwollend darüber geäußert hatte: *Lucreti poemata, ut scribis, ita sunt, multis luminibus ingenii, <non> multae tamen artis*. Dazu kommt in der Chronik des Hieronymus z. J. 94 v. Chr. die Angabe, Lucrez

Am 24. Juni 45 schreibt Cicero (Att. 13, 13, 1) von den Academici: *libri quidem ita exierunt, nisi forte me communis* φιλαυτία *decipit, ut in tali genere ne apud Graecos quidem simile quicquam.* Leider ist uns von der hier gemeinten 2. Ausgabe nur die Einleitung des 1. Buchs erhalten, ein Dialog von vornehmer Natürlichkeit, so daß man denken kann, die damaligen Griechen hätten so etwas nicht zustande gebracht. Jedoch beim Verschweigen der zeitgenössischen Verdienste anderer mag schon *communis* φιλαυτία im Spiele sein.[294]

Nachdem Cicero zunächst daran gedacht hatte, Cato und Brutus als Gesprächspersonen einzusetzen, regte ihn Atticus dazu an, die Rolle des Antiochos dem Varro zu übertragen und selbst die Philons beizubehalten. Dritter Teilnehmer wurde Atticus.[295] Ihn wurmte, daß Varro ihm schon vor 2 Jahren eine Widmung versprochen, aber nicht ausgeführt hatte. So sollte ihn der Dialog anspornen (Att. 13, 12, 3). Auch im Begleitbrief, mit dem er am 12. Juli das vollendete Werk übersandte (Att. 13, 25, 3. fam. 9, 8) bezeichnete er die 4 Bücher als ‚Mahner'. Er meint, Varro werde sich wundern, eine Unterhaltung zu bekommen, die sie nie geführt hatten. Aber das sei der Brauch solcher Dialoge. Atticus gegenüber äußert er noch immer die Sorge, Varro möchte nicht befriedigt sein, da Cicero natürlich im Dialog seine Sache besser vertrat.

---

habe in Zwischenzeiten, wo er von dem durch ein Philtron verursachten Wahnsinn frei war, einige Bücher geschrieben, *quos postea Cicero emendavit.* K. ZIEGLER Hermes 71 (1936), 421–440 wollte diesen ganzen Bericht als apokryph beseitigen. Ciceros Brief beantwortet eine Anfrage des Bruders über den Wert der Gedichte. Nachdem Marcus das Urteil des Quintus bestätigt hat, liegt die Annahme nahe, daß Quintus, der ja auch selbst dichtete (Q. fr. 3, 4, 4. MÜNZER RE 7 A, 1305), sich der Herausgabe annahm. Neben ZIEGLER a. O. 440. MEWALDT RE 13, 1633/4. O. SEEL Weltdichtung Roms (1965) 190: „Es ist, als wäre eine Glocke des Schweigens und Verschweigens über seine Person gestülpt." „Cicero soll das Lehrgedicht postum herausgegeben haben; er nennt den Namen einmal in einem Privatbrief beiläufig, dann nie wieder, obgleich hundert Anlässe gewesen wären." P. VON DER MÜHLL machte mich mit dem vortrefflichen Aufsatz von GÜNTHER JACHMANN „Lucrez im Urteil des Cicero" bekannt, Athenaeum 44 (1967), 99–118. Wie ausgeführt, halte ich dafür, daß Cicero in dem Brief an den Bruder das Urteil des Quintus Cicero bestätigte, während es JACHMANN wie üblich dem Marcus zuschreibt. Dessen ungeachtet bin ich in jedem Fall von JACHMANNS Beweisführung überzeugt, daß in Ciceros Satz vor *multae* sinngemäß *non* einzuschieben ist (89). 94 „Mit den *lumina* waren natürlich jene glanzvollen Partien gemeint, in welchen der Dichter sich in prächtigen Schilderungen aus dem Dasein von Menschen und Tieren sowie von Naturvorgängen ergeht, ferner auch etwa die oft ans Ekstatische grenzenden Bekenntnisse seiner eigenen Weltauffassung im Gefolge des wieder und wieder hymnisch gepriesenen Epikur." 95 „*non multae tamen artis* bezeichnet das Mißverhältnis zwischen diesen ‚poetischen Einlagen' und der eigentlichen physiologischen Thematik mit ihren Unebenheiten, wie etwa mangelhaft durchgeführte Gliederung und Anordnung, inhaltliche Wiederholungen, Incohärenzen zwischen Buchprooemium und Buchinhalt". Es besteht kein Zweifel, daß Cicero schnell zu lesen pflegte (resp. sich vorlesen ließ) und sich seine Urteile rasch bildete. Da das Urteil in diesem Fall schon von Quintus formuliert war, möchte ich bezweifeln, ob Marcus das ganze Lehrgedicht las.

294 JÜRGEN GRAFF Ciceros Selbstauffassung 60, 83, 145.
295 Cic. Att. 13, 16, 1. 18. 19, 3. 22, 1. Alle Stellen in der trefflichen Praefatio der Ausgabe von OTTO PLASBERG (1922).

In der Einleitung äußert Varro die Ansicht, die gebildeten Römer sollten die griechischen Philosophen im Original lesen (1, 4–8), worauf Cicero, die Philosophen verdienten ebenso wie die dramatischen Dichter die Übertragung ins Lateinische, und da nun für ihn die politische Tätigkeit aufgehört hatte und er wieder zum Lesen der Philosophen kam, glaube er den Mitbürgern durch Darbietung der Philosophie in lateinischer Sprache einen Dienst zu erweisen (1, 9–12). Nachdem er Varro an seine Studien bei Antiochos erinnert hat, wirft dieser Cicero vor, die alte Akademie verlassen zu haben und gibt im Anschluß an Antiochos eine kurze Darstellung dieser ‚Alten Akademie', die von Sokrates gegründet, dank dem Wirken der großen Lehrer Platon und Aristoteles die beiden Schulen der Akademiker und Peripatetiker hervortrieb. Bei Verschiedenheit in Einzelheiten sind sie einig in der Ethik (22). Vom Akademiker Polemon ging Zenon, der Gründer der Stoa aus (35), der sinnliche Wahrnehmung, die vor der Vernunft bestehen konnte, als sicheres Wissen anerkannte (41), eine Abweichung von Akademie und Peripatos, die Antiochos als Verbesserung gelten ließ (43). Gegen diese Behauptung erhebt Cicero im Namen des Arkesilaos Einspruch – doch bricht das Buch nach den ersten Sätzen ab. Merkwürdigerweise blieb jedoch von der ersten Ausgabe der ganze ‚Lucullus' erhalten. Dieser darf als eine der bestgelungenen Schriften Ciceros gelten. Man spürt ihm die Freude an, seine eigene Philosophie – die aporetische Akademie – zu verkünden.

Nachdem er einleitend den Lucullus als besonders geeignet zur Wiedergabe der Lehre des Antiochos erwiesen hat, nennt er als Thema (8) die Auseinandersetzung zwischen denen, die sich der Wahrheitserkenntnis rühmen, und denen, die nicht über das ‚Glaubhafte' (*probabile*) hinauskommen. Antiochos, lange Philons bester Schüler, hatte sich um 87 von seinem Lehrer abgewandt und vertrat seitdem, auch als Cicero bei ihm in Athen studierte, die Rückkehr zur ‚alten' Akademie.[296] Er behauptete, die Akademie, die sich aus der Kritik an der stoischen Dogmatik entwickelte (16), dürfe sich nicht auf jene alte mit Sokrates beginnende Akademie berufen. In dem wohldisponierten Angriff des Lucullus-Antiochos auf die ‚neue' Akademie des Arkesilaos-Karneades-Philon (16) steht im Zentrum deren Anspruch auf Dogmenlosigkeit. Im Gefolge des Stoikers Antipatros (des Lehrers des Panaitios) behauptete Antiochos, der Satz, „nichts könne erfaßt werden" (*nihil posse percipi* im Sinn von Wahrheitserkenntnis) sei ihr Dogma (29) Danach unterscheiden

---

296 Cicero war als treuer Philonschüler besonders gut im Stande, diese von ihm abgelehnte Position darzustellen (Lucull. 69). § 11 wird berichtet, daß Philon um 87 seine ‚aporetische' Auffassung gemildert habe, worüber sich Antiochos sehr ärgerte. Ich möchte annehmen, daß es sich dabei um die richtige Auffassung der *probabilitas* handelte, worunter alles verstanden wird, dem nicht widersprochen werden kann (79; 99). *sic quidquid acciderit specie probabile, si nihil se offeret quod sit probalitati illi contrarium, utetur eo sapiens, ac sic omnis ratio vitae gubernabitur.* 102; 108; 110 wiederholt nat. deor. 1, 12. Darum konnte Philon ja auch eine Ethik verfassen (Stob. 2, 39–41). Gegen die moderne Quellenkritik gut Süss 40. Dagegen scheint er mir S. 34 die Bedeutung, die Philon für Cicero immer behielt, zu unterschätzen, wenn er sagt, Cicero habe sich zum „Anwalt jener aufgegebenen, nach eigener Behauptung (nat. deor. 1, 11) überwundenen" aporetischen Akademie gemacht. Cicero sagt 1, 11 nur, daß – offenbar nach Philons Tod – in Griechenland kein Vertreter mehr lebe, und hält unentwegt zu Philon (1, 17).

sie bei den Vorstellungen falsch und wahr, freilich ohne Sicherheit, ob sie nicht falsch sein könnten (33). Karneades sei so weit gegangen, daß er dem ‚Weisen' zugestand, „dafür zu halten" statt, wie Antiochos mit der Stoa fordert, „zu wissen" (59).

Darauf antwortet Cicero (78), für Karneades sei das nur ein Disputierthema gewesen, er habe es nicht, wie Philon lehrte, als ‚glaubhaft' anerkannt. Antiochos erklärte als die beiden Hauptstücke der Philosophie (29 *iudicium veri et finem bonorum*, Erkenntnis des Wahren und des höchsten Gutes). Die Neu-Akademiker behaupten fälschlich (60), sie wollten durch das Erörtern des Für und Wider aller Lehrmeinungen die Wahrheit finden, weil sie das Gefundene nicht zeigen. Ihre Antwort, sie würden ihre Schüler anleiten, sich auf die Vernunft und nicht auf Autorität zu verlassen, läßt er nicht gelten, weil ihr Satz, nichts könne (als absolut wahr) erfaßt werden, auf der durch die dialektische Geschicklichkeit des Arkesilaos und Karneades erlangten Autorität beruhe. Cicero fragt, warum Antiochos, der sich zur Dogmatik bekehrte, nicht Stoiker geworden sei. Er kann sich den Abfall von Philon nicht anders erklären, als daß er dem Ansturm aller Philosophen gegen die Erkenntniskritik der ‚neuen' Akademie nicht habe standhalten können. Die Philosophen sind sich auch sonst nicht einig; doch nur die Kritik der Akademie lehnen alle miteinander ab (69; 70). Der Nachweis wird damit geführt, daß auf den drei Gebieten der Philosophie: Natur, Ethik, Dialektik keine allgemein anerkannten Wahrheiten gefunden werden (128; 141; 145).

Während er den ‚Academici' ihre endgültige Form gab, wurden auch die 5 Bücher *de finibus*, d.h. über die Frage, was in den großen Philosophenschulen als höchstes Gut und höchstes Übel gelte, vollendet. Die beiden ersten Bücher behandeln Epikur. Das erste Gespräch ist in das Ende von Jahr 50 verlegt. Epikurs Lehre vertritt der damals designierte Praetor L. Manlius Torquatus, der 46 mit Metellus Scipio Selbstmord beging. Außer Cicero hört der stoisch gesinnte (2, 119) C. Valerius Triarius zu. Auf die Frage des Torquatus, warum Cicero Epikur ablehne (1, 14), antwortet dieser, daß er 79 in Athen auch bei den damaligen Hauptvertretern Phaidros und Zenon gehört habe. Er lehne Epikur nicht wegen des ungepflegten Stils ab, sondern weil er weder in Physik noch Ethik und Logik philosophischen Ansprüchen genüge (1, 17–26). Torquatus erklärt darauf, er wolle sich auf Epikurs ‚Lustlehre' beschränken, die vor allem umstritten sei. Für ihn ist Epikur (1, 32) der „Entdecker der Wahrheit und Baumeister des glückseligen Lebens", weil sich seine Lehre auf unmittelbare Gefühle, körperliches Wohlbefinden, seelische Freude und Schmerz gründet (1, 30). Ein Zubehör der Freude seien die sittlichen Tugenden. „Epikur ruft laut, *non posse iucunde vivi nisi sapienter honeste iusteque vivatur*."[297] Die größte Gabe des glückseligen Lebens ist die Freundschaft.[298]

Im 2. Buch wiederholt Cicero, Epikur bediene sich keiner logisch durchdachten Begriffe. Da Torquatus sich nicht auf die dialektischen Fangschlüsse einlassen will, erklärt sich Cicero bereit, rhetorisch zu disputieren, und kann nun die reiche

---

297 Cic. fin.1, 57 = Epikur ‚Kernspruch' 4 (κύριαι δόξαι). Epicurus Epistulae tres et ratae sententiae ed. P. VON DER MÜHLL. Sonderausgabe aus dem 10. Buch des Diogen. Laert., 1922.
298 Cic. fin. 1, 65. rat. sent. 27. Gnomologium Vaticanum 52 „die Freundschaft zieht im Reigen um die Welt und ruft uns alle auf, zur Seligpreisung zu erwachen".

Topik seiner Widerlegungen ausströmen (17; 18). Er beginnt mit dem 10. Kernspruch, aus dem er heraushört, ‚Lüstlinge' seien nicht zu tadeln, wenn sie Weise seien (21). Aber ein ‚Lüstling', der seine Begierden einschränke, sei kein ‚Lüstling' mehr (23). Epikurs ‚Lust' sei kein eindeutiger Begriff, weil sinnliche Wahrnehmung der Leitung durch Vernunft bedürfe (30; 36; 37). Epikurs Ethik gründe sich auf die Nützlichkeit, während ‚sittlich' (*honestum*) ein Handeln ohne Nützlichkeits- oder Lohngedanken bezeichne, das den Menschen im Unterschied von den Tieren von der Natur verliehen sei (45). Epikur dagegen sage in den Kernsprüchen 34 und 35, daß nur die Gefahr vor Entdeckung und Strafe von Unrecht tun abhalte (53). Die römischen und griechischen Vorbilder aufopfernder Mannhaftigkeit spielen bei den Epikureern keine Rolle, dagegen Themista, mit der Epikur Briefe wechselte (60–67). Hier ist bemerkenswert, daß Cicero diese Philosophen schon in der Rede gegen den Epikureer L. Piso als Vorbild der Schule hinstellt, für uns ein Beweis, wie ihm die Polemik gegen die Epikureer seit der Studienzeit geläufig war. Auch die Freundschaft wird mit dem Nutzen begründet (78). Der berühmte Brief, den Epikur an seinem Todestag schrieb (96–99), entspreche nicht seiner Lehre, und ebensowenig das Testament (101–103).[299] Torquatus will sich nicht geschlagen geben, sagt aber, er wolle die Neapoliten Siron und Philodemos zur Hilfe holen.

Der Dialog des 3. und 4. Buchs findet zwischen M. Cato und Cicero statt. Schauplatz ist die Bibliothek in der tusculanischen Villa, die jetzt (im Jahr 52) durch Erbgang (3, 10) an den jungen M. Licinius Lucullus, Catos Großneffen, gelangt ist. Cicero will dort einige ‚aristotelische Lehrschriften'[300] holen, um sie zu Hause zu lesen, und trifft Cato. Dieser bedauert, daß Cicero der Stoa abgeneigt ist. Cicero antwortet im Sinne des Antiochos, in der Sache stimme er ihm zu, nur nicht in der Ausdrucksweise. Dagegen Cato, ein ‚Gut' könne nur das sittlich Gute sein (die ‚Tugend'). Daneben könne es keine andern ‚Güter' geben (10; 11). Darauf legt er kurz die Grundzüge der Lehre dar (12–39). Sie geht vom ursprünglichsten Naturtrieb der Selbsterhaltung aus und gelangt über die ‚Zueignung der menschlichen Fähigkeiten' zur Erkenntnis des Guten (26), des durch Natur Vollendeten, wie Diogenes von Seleukia (oder Babylon, im 2. Jahrhundert) sagte (33). Doch dann wendet er sich gegen Ciceros Satz von sachlicher Übereinstimmung mit den Peripatetikern, was zuerst Karneades behauptete (3, 41). Erst im 5. Buch, wo Pupius Piso die Lehre des Antiochos vorträgt, erfahren wir, was gemeint ist. Antiochos, der von Philon herkam, berief sich gern auf die Kritik, womit der Altmeister den dogmatischen Anspruch der Stoa widerlegte; die ‚Einsicht' (*prudentia*) als ‚Lebenskunst' (*vivendi ars*) lehre, daß das höchste Gut von dem ursprünglichen Naturtrieb (*prima invitamenta naturae*) abzuleiten sei (5, 17). Gegenüber den Philosophen, die ‚Lust' oder ‚Schmerzlosigkeit' dafür halten, stimmt er den Altakademikern zu, die „die ersten Güter der Natur" annahmen: Unversehrtheit des Körpers in allen seinen Teilen, Gesundheit, Vorhandensein der Sinne, Schmerzlosigkeit, Kraft, Schönheit, aber auch die Keime der geistigen und sittlichen Fähigkeiten (5, 18). So gelangte er dazu, als höchstes Gut den Genuß aller (Tusc. 5, 84. fin. 5, 20) oder der wichtigsten

---

299 Cic. fin. 2, 84. Gnomol. Vat. 23.
300 *Commentarios quosdam Aristotelios*, der Ausdruck kann Werke von Peripatetikern bedeuten.

natürlichen Güter zu bezeichnen, dessen Verwirklichung den Besitz der Tugend voraussetzt. Auch er konnte sagen, daß die Tugend zum glückseligen Leben ausreiche. Aber er verwarf, daß die Stoiker das Mittel (die Tugend) zum höchsten Gut machten.[301]

Die Peripatetiker vertraten die ‚Dreigüterlehre', nämlich die der Seele, des Körpers und die äußern (wie Reichtum),[302] und sagten, daß der höchste Glückszustand erst erreicht werde beim Zusammentreffen der drei Arten. Die Stoa sagt dagegen, außer der ‚Tugend' gebe es keine ‚Güter', sondern das, was die Peripatetiker meinen, seien ‚schätzbare' Dinge (*aestimatione digna*), aber die ‚Glückseligkeit' werde durch ihren Besitz nicht gesteigert (3, 43; 44). Doch geben die Stoiker zu, daß die Annehmlichkeit dieser Dinge dem Nichtvorhandensein vorzuziehen sei, und nennen sie darum ‚Vorzüge' (*prohegmena, promota, praeposita, praecipua*), die aber nichts zu tun haben mit der Eudämonie; Finessen, die Karneades (3, 41) als Streiten um Worte bezeichnete. Dieses Urteil über die Stoa war für Antiochos wichtig, weil er diese auf ihre Selbständigkeit pochende Schule als Abkömmling der alten Akademie nachweisen wollte. Cato bemerkt mit großem Unwillen, daß nach Diogenes (gest. um 150 v. Chr.) gewisse Stoiker, die den Hohn des Karneades fürchteten, den ‚guten Ruf' als ‚Vorzug' bezeichneten, der um seiner selbst willen gesucht werden müsse (3, 57). Nachdem Cato in Kürze die stoische Lehre vom höchsten Gut vorgetragen, rühmt Cicero, wie trefflich er sie auf lateinisch ausgedrückt habe (3, 40).[303]

Das 4. Buch bringt die Widerlegung der stoischen Einseitigkeit, die außer der ‚Tugend' keine andern ‚Güter' anerkennen will. Selbst Panaitios, der sich zu den

---

301 Bei Cicero kommt die Ansicht des Karneades nicht klar heraus. Ich versuchte, mich an ihre Erläuterung durch HANS V. ARNIM RE 10, 1982–1984 zu halten. ALFONS WEISCHE Cicero und die neue Akademie (1961) Orbis antiquus Heft 18. S. 46 führt noch an Lucull. 131 *Carneades, non quo probaret sed ut opponeret Stoicis summum bonum esse frui rebus iis, quas primas natura conciliavisset.* S. 47 „Unter diesen ‚ersten Dingen' sind wohl Selbsterhaltung, Gemeinschaftssinn und Ehrgefühl verstanden; auch die Lust braucht nicht ausgeschlossen zu sein." ‚die Tugenden', die nat. deor. 3, 38 geschildert sind".

302 Stob. 2, 124, 15. 126, 12. Formulierung des Kritolaos bei Stob. 2, 46, 11 = WEHRLI fr. 19. Cic. fin. 3, 43.

303 Über die griechischen Begriffe und die Unterschiede der Definitionen bei den Schulhäuptern OTTO RIETH Hermes 69 (1934), 32 ff. PHILIPPSON, der RE 7 A, 1189 nach dem „Verfasser der Vorlage" sucht, erschließt einen jungen Stoiker, vielleicht einen Bekannten Ciceros. Da drängt sich doch der Name des Diodotos auf, den Cicero nach nat. deor. 1, 6 vor Philon, Antiochos, Poseidonios als philosophischen Lehrer nennt, der nach Lucull. 115 die Behauptung des Antiochos verachtete und trotz seiner Erblindung unentwegt weiter philosophierte (Tusc. 5, 113). Da er bis zu seinem Tode 59 (Att. 2, 20, 6) bei Cicero lebte (Brut. 305) und mit Cicero Dialektik trieb, dürften sich entsprechende Aufzeichnungen erhalten haben, nach denen Cicero sein Wissen von der Stoa auffrischen konnte. Als der Sohn Ciceros 43 in Athen studierte, bat er Tiro, ihm baldmöglichst einen Schreiber zu schicken, womöglich einen Griechen; *multum enim mihi eripitur operae in exscribendis hypomnematis* (fam. 16, 21, 8. off. 3, 121) *Cratippi commentarii.* Da sind einmal die Nachschriften (*hypomnemata*) bezeugt und die Gepflogenheiten wohlhabender Herrensöhne, diese durch Schreibhilfen anfertigen zu lassen. So hat man denn auch bei den Philosophen, die wie Karneades selbst keine Bücher herausgaben, immer mit hypomnematischer Überlieferung zu rechnen, wie sie KARL REINHARDT Poseidonios (1921), 428 erschloß.

Stoikern zählte, erkannte den Schmerz als Übel an (4, 23). Eindrucksvoll läßt Cicero Platon und seine Schüler auftreten und Cato befragen, warum er, der hochangesehene römische Staatsmann, sich auf die Seite Zenons mit seinen lächerlichen Paradoxen geschlagen habe. Dabei habe Zenon sein Wissen über ‚Güter' und ‚Übel' vom Akademiker Polemon übernommen. Die Platoniker hätten auch die Lehre vom richtigen Staat und den richtigen Gesetzen begründet (61).[304] Auf Ciceros Aufforderung, diesen ehrwürdigen Männern zu antworten, erwidert Cato, dann müßte er Cicero bitten, ihm ebenfalls eine solche Rede zu verfassen. Dieser geht nicht darauf ein, sondern setzt den Streit in der muntern Art fort, die der Redner so gut zu handhaben wußte.

Das 5. Buch führt mit einer wunderschönen Inszenierung in das Athen von 79, wo sich M. Pupius Piso, M. Cicero, dessen Bruder Quintus, der Vetter Lucius und T. Pomponius Atticus treffen und nach der im Mithridatischen Krieg verwüsteten Stätte der Akademie wandern, die Gedanken den großen Meistern, die da gelehrt haben, zugewendet. Cicero stellt sich vor allem den Karneades vor (4). Der junge Lucius spricht den denkwürdigen Satz: Wohin wir in Athen gehen, treten wir in eine Fußspur der Geschichte (5). Das Gespräch geht über zu Antiochos, dem gegenwärtigen Haupt der Akademie, den Lucius begeistert hört, und Piso wird gebeten, über dessen Rückbesinnung auf die alte Akademie zu berichten. Nach dem geschichtlichen Überblick, der mit Aristoteles beginnt, wird im Anschluß an die großen Peripatetiker (44–67) dargelegt, wie der menschliche Geist über den Forschungstrieb mit seinen Wissensgebieten zur Erkenntnis des sittlich Guten gelangt (50–60). Der Besitz der vier Kardinaltugenden (Tapferkeit, Maßhalten, Einsicht, Gerechtigkeit) genügt zur Glückseligkeit (67), aber zum höchsten Glück bedarf es noch des körperlichen Wohlbefindens und der äußern Güter wie Freunde, Kinder, Reichtum, Ehrenämter (81). Nachdem Piso seinen Vortrag beendet, Lucius dafür gedankt und auch Marcus ihn als ‚glaubhaft' anerkannt hat, schließt dieser mit einem witzigen Nachspiel ab, worin er sich mit Piso um die Zustimmung des Lucius streitet, indem er sich stellt, als ob er in dem Streit über die Eudämonie der eindeutigen Stoa den Vorrang gebe (76–96).

Nach Vollendung der Dialoge *de finibus* setzte er die Behandlung des Eudämonieproblems in anderer Darstellungsform fort,[305] nämlich als fünf *scholae*,[306] Lehrvorträge, in denen der Meister bestimmte Fragen, die ihm von Hörern gestellt wurden, erörterte und beantwortete, *disputationes Tusculanae*, nach dem fingierten Schauplatz des freundschaftlichen Zusammenseins an fünf Nachmittagen. Ihm war diese Lehrweise von Philon her wohlvertraut,[307] und man fühlt dem Werk nach, wie gern er sie handhabe, lebte doch nach seiner Auffassung die Philosophie vom

---

304 Über Panaitios, der sich ganz zu Platon und Aristoteles und deren Schulen halte, auch 79. Zu den paradoxa erinnert Cicero an Mur. 60–66.
305 Cic. divin. 2, 2. Näheres über die Entstehungszeit erfahren wir nicht. Über die reiche schriftstellerische Produktion im Sommer 45 SHACKLETON BAILEY im Komm. zu Att. 12, 38, 1.
306 *scholae*: Cic. fin. 2, 1–2; eine Sammlung von Ποσειδώνεια σχολαί gab sein Schüler Phanias heraus. Diog. Laert. 7, 41. K. REINHARDT RE 22, 567. METTE RE 19, 1774.
307 Cic. fin. 2, 2. Tusc. 1, 7. 2, 9.

Streit der Schulen (2, 4),[308] und vor allem eröffnete sie die Gelegenheit, zur Erörterung von Einzelfragen seine rhetorische Ausdruckskraft einzusetzen.[309] Die Auffassung Philons, wonach sich die Philosophie an das Glaubhafte (πιθανόν, *probabile*) zu halten gestattete, war darum im Sinne Ciceros, weil es danach ganz wie in der Redekunst darauf ankam, die bestgeeigneten Gesichtspunkte beizubringen – die Topik zu beherrschen –, darum ging, aus den Gedankengängen der dogmatischen Schulen eine Topik des ‚Glaubhaften' zu gewinnen. Dazu bedurfte es des doxographischen Überblicks über diese dogmatischen Lehrmeinungen. In deren Besitz konnte Cicero, wenn es ihm paßte, z. B. nach stoischer Methode argumentieren (3, 13 *Stoicorum more agere*). Trotz der Kritik des Karneades erkennt er bei ihnen die konsequente Logik ihres Systems von Begriffen an.[310] Das gilt insonderheit für den Streit mit den Peripatetikern, die zur Eudämonie außer der ‚Tugend' noch körperliches Wohlbefinden und Annehmlichkeiten des Lebens für nötig hielten.[311] Bekanntlich ließ auch Antiochos den Unterschied von *vita beata* und *beatissima* gelten, und Brutus, der Cicero sein Werk *de virtute* gewidmet (Tusc. 5, 1) und sich philosophisch bei Aristos, dem Bruder des Antiochos gebildet hatte, stimmte ihm darin bei, daß er neben der ‚Tugend' noch andere ‚Güter' anerkannte (5, 12; 21. Brut. 327). Cicero bemerkt dazu, er habe schon mit Antiochos und dann auf der Rückkehr von Kilikien im Jahr 50 in Athen mit Aristos darüber disputiert[312] und beharre auf seiner Ansicht, daß man ‚Eudämonie' nicht mit der Anerkennung, Widrigkeiten des Lebens seien ‚Übel', vereinbaren könne. Wenn Brutus (5, 22) zugebe, daß der ‚Weise' immer ‚glückselig' sei, so billige er ihm (wie die Stoiker) auch den höchsten Grad der ‚Glückseligkeit' zu.

Doch kann Cicero als Akademiker auch die Gedankengänge Epikurs verwenden, der auf seine Art ebenfalls zum Schluß kam, der ‚Weise' sei stets ‚glücklich' (5, 110; 119). Angesichts dieses Zugeständnisses löst sich erst recht der Gegensatz zwischen Stoa und Peripatos ins Unwesentliche auf, wie Karneades sagte (5, 12).

Das 1. Buch gilt der Frage, ob der Tod ein ‚Übel' ist (1, 1). Darauf ist mit Platon zu antworten, daß die Seele des Menschen unsterblich und nach dem Tod ‚glückselig' ist (1, 24; 25). Schon in der *consolatio* faßte er diese Lehre dahin zusammen, der Tod sei für den Menschen das höchste Gut, wenn wir selbst Götter werden oder unter den Göttern leben (1, 32; 76). Für diesen Glauben beruft er sich auch auf Aristoteles, der außer den vier materiellen Elementen Erde, Wasser, Luft, Feuer noch eine ‚fünfte Natur' erkannte, eine intelligible, die den Göttern und Seelen zugehört.[313] Er spricht so begeistert vom himmlischen Leben, zu dem der Tod

---

308 Cic. Tusc. 1, 17. 2, 5. 4, 7; 47. 5, 11; 33; 83; 120.
309 Cic. Tusc. 1, 7 *de maximis quaestionibus copiose ornateque dicere*.
310 Cic. Tusc. 4, 53. von 4, 11–33 gibt er die Begriffe, die nach Zenon besonders Chrysippos (53) vermehrt hatte, in lateinischer Übersetzung.
311 Cic. Tusc. 4, 47. 5, 24–25 besonders Theophrast.
312 Platons eigene Ausdrücke bei ERWIN ROHDE Psyche 2, 285 ff. Man möchte die Philologen, die sich Cicero nicht anders als aus einer griechischen ‚Vorlage' abschreibend denken können, fragen, ob Cicero bei dieser griechisch geführten Disputation auch eine Buchrolle in der Hand hielt.
313 Cic. Tusc. 1, 65; 66 ff. Von dieser später als *quinta essentia* bezeichneten Wesenheit ist in den uns erhaltenen Schriften des Aristoteles nichts zu finden. In RE 24, 1171–1263 ausführlicher

den Philosophen befreit (75), nennt die Philosophen, die Platon nicht zustimmen, ‚Plebeier' (55), daß wir das Erstaunen des Gesprächspartners teilen, wenn er sich sogleich den Philosophen zuwendet, die Platons Unsterblichkeitsbeweis für die menschliche Seele bestreiten (76). Aber es sind nicht nur die Epikureer, die ein vom Körper geschiedenes Eigenleben der Seele verneinen, sondern auch die bedeutenden Aristotelesschüler Dikaiarchos und Aristoxenos (51; 77). Auch die Stoiker lassen die Einzelseelen nach langer, überirdisch fortgesetzter Lebensdauer bei der Auflösung des Weltalls im Feuer verschwinden, und ihr großer, vom jüngern Africanus und seinem Kreis hochgeschätzter Lehrer Panaitios ließ sogar diese befristete Unsterblichkeit nicht gelten (77–79). Doch da bleibt der Trost, daß der Tod, wenn das Leben mit dem Körper vergangen ist, nicht mehr als ‚Übel' empfunden werden kann (81; 110; 118).

Am 2. Nachmittag wird die Behauptung disputiert, der Schmerz sei das größte ‚Übel' (2, 14). Schon bevor das Thema ausgesprochen wird, deutet Cicero darauf hin, daß Philosophie die Kraft zum Aushalten gibt. „Den Tapfern hilft nicht nur das Glück, sondern auch die Vernunft" (11). Der Boden trägt nur gute Früchte, wenn er richtig bebaut wird. „So kann auch der Geist ohne Wissenschaft keine Früchte bringen." Dann folgt ein Satz, der viel weiter wirken sollte, als sein Urheber ahnte: *cultura autem animi philosophia est.* Denn daher leitet sich unser Begriff ‚Kultur' ab.[314] Wie qualvoll Schmerzen sein können, zeigt Cicero mit langen Zitaten aus Aischylos und Sophokles an den Beispielen des Prometheus, Herakles, Philoktet. Wo ihm keine römische Bearbeitung zur Verfügung stand, übersetzte er selbst.[315] Das habe er, erzählt er, bei Philon gelernt, der ganz anders als die gewöhnlichen Kathederphilosophen wohlausgewählte Stücke aus Dichtungen metrisch richtig zu rezitieren verstand (26).

Von der Meinung Epikurs, daß heftige Schmerzen nicht lange dauern, hält er nichts, obwohl er zugibt, daß Epikur die Kolik und Strangurie seines Todestags tapfer ertragen habe. Er führt vielmehr, teilweise auch wieder mit Zitaten, schmerzaushaltende Helden vor, aber auch Marius, der sich, ohne angebunden zu sein, Krampfadern am Bein schneiden ließ, dann freilich das andere nicht mehr darbot (53). Aber daß solches auch ein Philosoph vermochte, zeigte einst Poseidonios,[316] als er trotz schwerer Arthrose vor Pompeius über das Thema sprach, daß nur das sittlich Ehrenhafte ein Gut sei, und, wenn die Schmerzen ihn besonders arg peinigten, ausrief: „Du vermagst nichts, Schmerz! Obwohl du lästig bist, werde ich nie bekennen, du seist ein Übel" (4). Zuletzt (67) lesen wir, ganz unerträglichen Schmerz dürfen Philosophen als Wink nehmen, aus dem diesseitigen Leben abzutreten.

Artikel von PAUL MORAUX; über Tusc. 1 S. 1219–1224. Nach K. REINHARDT RE 22, 576 ff. übernahm Cicero diese Deutung des Aristoteles von Antiochos. Vgl. auch E. ROHDE Psyche 2, 306. S. 308, 4 nach Aristoteles sei „die εὐδαιμονία ganz beschlossen in den Grenzen des irdischen Lebens".

314 WERNER JAEGER Paideia 1, 396 will den Vergleich mit dem Ackerboden schon auf die Sophisten des 5. Jahrhunderts zurückführen.
315 Darüber SÜSS 78.
316 Dazu K. REINHARDT Poseid. (1921), 212.

Das 3. Buch soll den Satz widerlegen: „Es scheint mir, daß Betrübnis den Weisen trifft" (3, 7). Die hierfür dienliche Topik hatte er gewiß seit der Consolatio im Kopf (71). Er erinnert an die zahlreichen veröffentlichten *scholae*, die es für die einzelnen Fälle gab (81): Verbannung, Untergang der Vaterstadt, Sklaverei, Altersschwäche, Blindheit. Berühmt war die Schrift des Karthagers Kleitomachos, mit der er seine Mitbürger nach einer mündlichen Disputation des Karneades über den Untergang der Vaterstadt tröstete. Hier werde vor allem auf die heilende Kraft der Zeit verwiesen. Dazu bemerkt Cicero, er selbst habe 79 auf seiner Reise in die Peloponnes noch Menschen getroffen, die 146 die Zerstörung Korinths erlebt hatten, sich nun aber nicht mehr von Leuten aus Argos oder Sikyon unterschieden (53/4). Antiochos hatte als Trost vorgebracht, man solle an andere denken, die Gleiches oder Schwereres ertragen hätten. Das hatte schon Karneades als unsittlich kritisiert, weil es an die Schadenfreude appelliere. Cicero dagegen gibt gerade viel auf Beispiele, wie er schon in der Consolatio gezeigt hatte (59/60).

Im 4. Buch wird der Satz disputiert, ob der ‚Weise' sich von aller ‚Verstörung der Seele' (*animi perturbatio*) frei halten könne. Damit will Cicero πάθος (deutsch seit dem 17. Jahrhundert ‚Leidenschaft') wiedergeben, weil es nach Zenon *aversa a recta ratione contra naturam animi commotio* bezeichnen soll (4, 11), und schließt noch weitere Übersetzungen hierher gehöriger stoischer Terminologie an (9–33). Die Ansicht der Peripatetiker, die ein ‚Mittelmaß von Seelenbewegung' gutheißen, lehnt er ab (38). Trotz dem Widerspruch des Karneades hält er die Stoiker (wegen ihrer Konsequenz) auf diesem Gebiet für die einzigen Philosophen (53), behauptet sogar, seine ‚Tapferkeit' im Jahr 63 sei ohne ‚Zorn' gewesen (52). Da es dem Partner nicht einleuchtet (46), läßt er sich zuletzt herbei, auch *more communi* die Heilmittel der Philosophen (66) gegen die Geistesverwirrung zu behandeln (58–81).

Im 5. Buch bezeichnet er schon im Prooemium (5, 2) die Frage nach der ‚Glückseligkeit' als Hauptantrieb der Philosophie. Darin schließt er sich der Ansicht des ihm von Brutus gewidmeten Buchs über die ‚Tugend' an. Doch muß er gestehen, daß ihn die schweren Schicksalsschläge seines Lebens bisweilen schwankend machten, ob es wirklich die ‚Tugend' allein sei, die zur Eudämonie genüge, er mache sich selbst Vorwürfe, weil er sich durch die Weichheit anderer Lehren oder vielleicht seine eigene habe verführen lassen. Doch des Brutus Oheim Cato habe solche Zweifel beseitigt (4). Er selbst habe von Jugend auf die rettende Kraft der Philosophie gekannt und flüchte sich auch jetzt aus dem Sturm des Lebens in diesen rettenden Hafen (5). Dann stimmt er ein Preislied an auf die Philosophie,[317] deren Anfänge schon vor den ‚sieben Weisen' bei Lykurg und Homer begannen, bis Sokrates sie aus dem Himmel herabholte und so nach der Naturphilosophie die Ethik begründete. Aus Platons Dialektik gingen die verschiedenen Richtungen hervor, bis Karneades (dessen Enkelschüler Ciceros Lehrer Philon war) als rechter Nachfolger des Sokrates zeigte, wie aus dem Widerstreit der Lehren durch Disputation das ‚Glaubhafte' gewonnen werden kann (6–11). Nun geht er zum Thema des

---

317 Die Quellensucher schrieben es Poseidonios zu, was REINHARDT RE 22, 817 für unsicher hält. Jetzt HILDEBRECHT HOMMEL Ciceros Gebetshymnus an die Philosophie SB. Heid. 1968. 3. Abh.

Tages über, der Widerlegung der vom Partner aufgestellten Behauptung: „Mir scheint die ‚Tugend' zur ‚Glückseligkeit' nicht zu genügen." Wir sahen schon, daß es sich besonders auf die Frage zuspitzt, ob der ‚Weise' trotz aller ‚Tugend' auch glückselig sei, wenn er auf dem ‚Folterpferd' (*eculeus*) sitze, was Brutus im Anschluß an Aristos verneint hatte (21). Das Buch liest sich auch für uns unterhaltsam, weil Cicero ein solches Thema mehr mit rhetorischer als philosophischer Topik anfaßte.[318] Als Beispiele werden öfter ganze Anekdoten erzählt, so über das Wüten von Cinna und Marius, die nicht glücklicher waren als ihre Opfer (55/6), oder anschließend die vom ältern Dionys mit Damoklesschwert und ‚Bürgschaft' (57–63) und als Gegenstück der Forscher Archimedes, dessen Grab Cicero im Jahr 75 wieder entdeckte (64–67). Wie glücklich ein Blinder sein konnte, wird mit Zügen aus dem Leben des Stoikers Diodotos, Ciceros Hausgenossen, bewiesen (113).[319]

Im Sommer 45 arbeitete Cicero an dem Werk *de natura deorum* (vom Wesen der Götter).[320] Er gestaltete es in 3 Dialogen, denen er nur als Zuhörer beiwohnt (1, 17), etwa im Jahr 77, nach seiner Rückkehr aus dem Osten. Die Lehre Epikurs vertrat dabei C. Velleius,[321] die Stoa Q. Lucilius Balbus,[322] die neu-akademische Kritik an beiden C. Aurelius Cotta (Consul 75, 74 als Proconsul verstorben).[323] Er war wie Cicero Schüler Philons, und in seinen Reden bekommen wir ein lebendiges Bild von dessen Lehrweise. Berühmt war seine Abfertigung der Epikureer, wobei er mit seinem wunderbaren Gedächtnis ganze Partien aus Epikur und Metrodor zitieren konnte. Deswegen empfahl er auch seinen Hörern, die nach Athen fuhren, dort bei den nunmehrigen Größen Zenon und Phaidros zu hospitieren (1, 113; 59).

Im 1. Buch führt sich der Epikureer von vorneherein ungünstig ein, indem er mit grobschlächtigem Hohn auf Platons Schöpfergott und die Vorsehung der Stoiker anhebt (18–24). Darauf folgt das Zerrbild einer Doxographie der philosophischen Götterlehre von Thales bis auf den Babylonier Diogenes, den Stoiker des 2. Jahrhunderts (25–41). Im Gegensatz zu diesen „Träumen von Irrsinnigen" (40) erkennen die Menschen kraft der ihnen innewohnenden Fähigkeit das Dasein der Götter, wie der allen Völkern gemeinsame Glaube an Götter beweist (43). Diese göttlichen Lebewesen haben menschliche Gestalt, weil sie die schönste ist (47), doch ohne Körperlichkeit, befinden sich im Zustand beständiger Freude und Glück-

---

318 Die Rhetoren nahmen seit Hermagoras in Anspruch, auch über θέσεις (Fragen allgemeinen Charakters) zu sprechen, was ihnen die Philosophen bestritten. REINHARDT Poseid. (1921), 212. GELZER Pompeius 193 Anm. 226. Theon progymn. 12 S. 120 SPENGEL. Hermogenes prog. 11. S. 17 SPENGEL.
319 Gern weise ich zur Ergänzung auf die Behandlung der Tusculanen bei W. SÜSS 65–92 hin.
320 Am 9. Juni erbat er sich des Panaitios Buch ‚über die Vorsehung' (Att. 13, 8), am 17. April das Buch des Epikureers Phaidros ‚über die Götter' (Att. 13, 39, 2) und am 15. August berichtet er, daß er gegen die Epikureer schreibe (Att. 13, 30, 1). O. SEEL Weltdichtung Roms (1965), 175.
321 Schon Cic. de or. 3, 78 als Epikureer erwähnt.
322 Ebenfalls Cic. de or. 3, 78 genannt, nach nat. deor. 2, 88 Hörer des Poseidonios; nach 1, 16 von Antiochos mit einer Buchwidmung bedacht.
323 Dialogperson in Cic. de or. 1, 25 und fiktiver Gewährsmann Ciceros (1, 29) für den ins Jahr 91 gesetzten Dialog.

seligkeit, womit sich notwendigerweise ‚Tugend' verbindet (48–51), frei von aller Mühe, weshalb sie sich auch nicht um die Menschen kümmern (52).

Cotta beginnt seine Kritik mit dem Hinweis, daß er als Pontifex das Dasein der Götter bejahe (61). Aber auch philosophisch wolle er über diesen Punkt nicht streiten, obschon es auch einige atheistische Philosophen gegeben habe, abgesehen von ruchlosen Gottesleugnern (61–64). Dann aber läßt er vom ganzen Epikur keinen Stein mehr auf dem andern. Zum Schluß nimmt er besonders den Hinweis aufs Korn, daß Epikur über Heiligkeit und Verehrung der Götter geschrieben habe (45; 113), ‚Tugend' erweise sich in Tätigkeit, komme also seiner Gottheit nicht zu (110). Indem er den Göttern die Sorge für die Menschen abspreche, reiße er die Religion bis auf die Wurzel aus (121). Die Freundschaft, die bei den Epikureern gepflegt wird, gründe sich nur auf den Nutzen, sei nicht wie bei den Stoikern die von der Natur gebotene Liebe zwischen den Guten. Zuletzt beruft er sich auf das 5. Buch des Poseidonios ‚über die Natur der Götter', der erklärte, Epikur leugne in Wirklichkeit die Götter, und was er ihnen zugestehe, habe er nur gesagt, um dem Haß zu entgehen (123).[324]

Im 2. Buch legt Lucilius Balbus die stoische Theologie dar. Cicero gliedert in vier Teile (3): 1. daß es Götter gibt (4–44), 2. ihre Beschaffenheit (45–72), 3. ihre Weltregierung (73–133), 4. ihre Sorge für die Menschen (133–167). Nachdem er zum 1. Teil bemerkt hat, die Frage bedürfe eigentlich keiner Erläuterung, da die Existenz der Götter durch Kult, Göttererscheinungen, Erfüllung von Weissagungen und Bestrafung von Mißachtung der Religion genugsam erwiesen sei (4–12). Im Fortgang bringt er die Beweise der großen Stoiker Zenon, Kleanthes, Chrysipp für die Beseelung und Göttlichkeit des Kosmos und der Gestirne.

Im 2. Teil wird zur Polemik gegen den Anthropomorphismus die Auflassung der Götter als Naturkräfte begründet. Die Götternamen der Kultreligion werden in stoischer Weise etymologisch erklärt. Dabei war diese Methode schon ins Römische übertragen, vielleicht von Aelius Stilo und auch von Varro übernommen, Iuppiter *id est iuvans pater* (2, 64), Iuno *a iuvando* (2, 66),[325] *Ceres tamquam geres* (67).[326] Dagegen Neptunus *a nando* bei Varro anders.[327] Cicero erklärt, es sei gebildet wie Portunus (Türengott) von *porta*, wobei die ersten Laute ein wenig verändert wurden, also statt: *Nantunus*. Die Göttermythen werden als abergläubische Erfindungen abgetan (70). *Religio* dagegen komme von *relegere* „immer wieder lesen", sich in den Sinn der Kulte vertiefen (72).

---

324 Süss 102 f. O. Gigon Gnomon 34 (1962), 671 f. Man dürfte wohl auch bedenken, daß Cicero sehr rasch arbeiten mußte inmitten der vielen ihn umdrängenden Sorgen, wie wir sie aus den Briefen an Atticus kennen. Gigon Gnomon 34 (1962), 668 hat die Vernachlässigung dieses Fragments mit Recht gerügt. Es ist selbstverständlich, daß für Poseidonios, der die ganze Schöpfung als von Gottes Kraft durchwaltet erkannte, Epikurs Lehre im höchsten Grad widerwärtig sein mußte.

325 Varro de L. L. 5, 67 genauer *quod una iuvat eum*.

326 Varro de L. L. 5, 64 *ut Ennius: quod gerit fruges Ceres*.

327 Varro de L. L. 5, 72 *quod mare terras obnubit*. Vgl. Dahlmann RE Suppl. 6, 1207 zu Stilos Übertragungen von Chrysipps Etymologien. Über Aelius Stilo Fr. Leo Gesch. röm. Lit. 362 ff.

Der 3. Teil ist unter die Überschrift der Vorsehung gestellt (73). Die Menschen leben in der besten aller Welten (87). Es ist Pflicht der richtigen Philosophie, die Wunder dieser von Gott regierten himmlischen und irdischen Welt zu rühmen (90; 98). Zur Einleitung führt Cicero die Fassung des Platonischen Höhlengleichnisses an, die Aristoteles in dem verlorenen Dialog ‚über die Philosophie' gegeben hatte, von Menschen, die bisher in unterirdischen, mit allen Kulturgütern ausgestatteten und beleuchteten Behausungen wohnten, denen plötzlich der Zutritt zur Oberwelt eröffnet wird und die nun im Sonnenlicht die Herrlichkeit der Welt und ihre Ordnung gewahren und erkennen, daß es Götter gebe und daß diese gewaltige Welt ihr Werk sei (95).[328] Nachdem er auf die Herrlichkeit der Gestirne und das Leben von Pflanzen und Tieren auf Erden und im Meer hingewiesen hat, illustriert er die Sternenwelt durch zahlreiche Zitate aus seiner Aratübersetzung (104–116). Daran schließt sich dann noch ein eindringlich gestalteter Abschnitt über die Kraft des Zusammenhalts und der Selbsterhaltung, die Himmelskörpern, Pflanzen und Tieren von der Vorsehung (127) der Götter verliehen worden ist (115–133). Insonderheit die anschauliche Schilderung, wie zweckmäßig Pflanzen und Tiere dafür ausgerüstet sind, macht die Urheberschaft des Poseidonios wahrscheinlich.[329]

Beim Übergang zum 4. Teil, der besondern Sorge der Götter für die Menschen, die durch die Vernunft vor allen andern irdischen Lebewesen ausgezeichnet sind, zum Beweis, daß die Welt für sie geschaffen ist (133), wird die teleologische Be-

---

328 O. GIGON Hermes 87 (1959), 149. W. BURKERT Gymnasium 72 (1965), 198, 64. H. FLASHAR Synusia (Festgabe für W. SCHADEWALDT) 1965, 237.

329 KARL REINHARDT, der Wiederentdecker des rhodischen Philosophen, hat das Pos. (1921) 219–224 dargetan. Mit Recht fordert er 240, daß die „feinere literarische Untersuchung" von der „innern Form des Cicero ausgehen müßte" (ferner 261). Wenn Cicero nat. deor. 2, 88 die *sphaera* (‚Weltkugel'), das von Poseidonios konstruierte Planetarium erwähnt, so deutet das darauf, daß dieser auch 81–86 zu Grunde liegt. Schon am Ende des 1. Buchs ließ Cicero den Cotta auf das große theologische Werk des P. hinweisen, und 1, 7 erwähnt er als seine Lehrer der Philosophie Diodotos, Philon, Antiochos, Poseidonios. Wie schon bemerkt (S. 275, Anm. 303) hielt sich Cicero m. E. für die Darstellung der alt-stoischen Lehre (Zenon, Kleanthes, Chrysipp) an Aufzeichnungen nach *scholae* Diodots, womit schon REINHARDT 428 rechnete. PHILIPPSON RE 7 A, 1155 läßt Cicero alles einem Handbuch eines „Zeitgenossen" entnehmen. Auch M. POHLENZ RE 18, 3, 431 spricht von einem „Schulbuch". In der letzten Stellungnahme RE 22 (1953), 614 erwähnt REINHARDT, daß POHLENZ das „ganze teleologische Kapitel nat. deor. 2, 115–153" für Panaitios in Anspruch nimmt, so RE 18, 3, 430/1. REINHARDT RE XXII 1, 558–826 beharrt überzeugend dabei, daß die Teleologie bis 2, 132 dem Poseidonios gehöre. 133 beginnt bei Cicero der letzte Abschnitt, daß die Vorsehung der Götter die zweckmäßige Ordnung der Pflanzen- und Tierwelt um der Menschen willen geschaffen hat. REINHARDT gibt 715 zu, daß „der Vorrang des Menschen vor den Tieren" nach off. 1, 105 ein Thema des Panaitios war, so daß er Kontamination zugestehen will. Doch für Cicero geht es um mehr als uns für Panaitios bezeugt ist, da nämlich 2, 154 nochmals die Welt als Wohnung der Götter und Menschen bezeichnet wird, so daß wohl auf Panaitios verzichtet werden kann. Dagegen glaube ich, daß die Aussagen des Kleanthes 2, 23–41 nicht für Poseidonios in Anspruch zu nehmen sind, wie gegen REINHARDT Pos. 224ff. PIERRE BOYANCÉ Hermes 90 (1962), 53ff. gezeigt hat. Aus der Besprechung von G. S. KIRK Gnomon 35 (1963), 830 ersehe ich, daß 1961 schon FRIEDRICH SOLMSEN an Kleanthes festhielt (Mitt. d. Kgl. Niederl. Ak. d. Wiss. 24, 9, 265–289). Kl. Schr. 1, 436–460.

trachtung für die Menschen fortgesetzt bis zur Angleichung an die Götter (153).³³⁰ Zum Schluß wird die Sorge der Götter für die Menschheit im ganzen und für einzelne zusammengefaßt, freilich mit der vorsichtigen Einschränkung (167): *magna di curant, parva neglegunt*.

Im 3. Buch werden alle Schlüsse der Stoiker auf Beseelung und Göttlichkeit der Welt als fraglich hingestellt (23). Karneades folgerte mit andern Schlüssen die Sterblichkeit aller Lebewesen, wogegen die Stoiker nichts Durchschlagendes vorbringen (29–38).³³¹ Die Bemühungen um eine Theologie der Kultgötter sind umsonst (39–64). Da lasse er sich lieber durch die alten Ordnungen des Königs Numa belehren, sagt Cotta (43). Die göttliche Weisheit und Vorsehung wird bezweifelt angesichts des Wohlbefindens vieler Schurken und des unverdienten Unglücks guter Menschen (65–93). Dazu werden zahlreiche Beispiele, am liebsten aus römischer Geschichte und Gegenwart angeführt. Als man Diagoras, dem Gottesleugner, in einem Tempel auf Samothrake die vielen Votivbilder von Geretteten zeigte, antwortete er: „Gewiß, denn nirgends sind die gemalt, die in den Schiffbrüchen untergingen" (89). Cotta schließt seine Ausführungen ganz im Sinn der dogmenkritischen Akademie Philons mit dem Satz, er habe damit nicht ‚das Wesen der Götter' beseitigen wollen, sondern nur die ganze Schwierigkeit eines so dunkeln Gegenstands dargelegt. Lucilius erklärt dazu, daß er besonders den Kampf für die ‚Vorsehung' nochmals aufnehmen müsse, sei es ja gerade die Überzeugung der Pontifices, daß Rom besser als durch Mauern durch die Religion geschützt werde; worauf Cotta erwidert, ihm sei mehr an der Erörterung gelegen gewesen, als daß er entscheiden wollte; auch er wisse, daß es Lucilius leicht fallen werde, ihn zu besiegen. Nach einem Spottwort des Velleius über die stoische Götterlehre sagt Cicero, ihm habe der Vortrag des Balbus als an die Wahrheit näher herankommen geschienen. Als in der Einleitung des Dialogs Cotta den Cicero willkommen heißt, bemerkt Velleius lachend: „Ihr habt beide von Philon gelernt, nichts zu wissen" (1, 17). In den beiden kritischen Reden beginnt Cotta mit weltmännisch schmeichelhaften Redensarten (1, 58. 3, 4) und läßt sich über eine dem Pontifex ziemende Hochachtung vor der römischen Kultreligion ohne Andeutung eines Zweifels vernehmen. Seine Kritik gilt nur den Philosophen (9, 5). Noch höflicher gibt er sich im Schlußwort an Balbus. Davon hebt sich Ciceros zaghaftes Urteil fast rührend ab. Der Verfasser des Somnium Scipionis und der Tusculanen wollte seine Sehnsucht nach Eudämonie nicht verleugnen.

Nachdem er bisher als Patron und Senator seine rednerischen Gaben bis zur Ebenbürtigkeit mit den griechischen Meistern entfaltet hatte, ergriff er nun als Aufgabe, seinem Volke ebenso die griechische Philosophie zu erobern,³³² auch hier beflügelt von dem Selbstgefühl, daß die Römer auf allen Gebieten, wo sie nicht von Haus aus die Überlegenheit besaßen, wohl imstande seien, sich das Fremde anzu-

---

330 Von W. JAEGER Gnomon 27 (1955), 575 als Poseidonios anerkannt.
331 A. WEISCHE Cicero und die neue Akademie 43.
332 Cic. Lucull. 6. Acad. 1, 10; 18. fin. 1, 10. Tusc. 1, 5; 7. 2, 5. divin. 2, 1 *ne quando intermitterem consulere rei publicae*. RICHARD HARDER Kl. Schr. 413 ff. ‚das Prooemium von Ciceros Tusculanen'.

eignen und die Vorbilder zu übertreffen.[333] Trotzdem unterdrückte er nicht, daß diese Tätigkeit im Grunde nur ein Ersatz sei für die verschlossene politische,[334] und insofern haben auch diese Philosophica ihre politische Seite, abgesehen davon, daß die dialogische Einkleidung und die geschichtlichen Beispiele die politische Gegenwart eindeutig ablehnten. Wie erschütternd wirkte in dieser Stimmung die Kunde, daß am 27. Mai 45 M. Marcellus, als er sich eben nach Italien einschiffen wollte, im Peiraieus ermordet wurde![335] Von den anerkannten alten Staatshäuptern waren nach Ciceros Meinung nur noch er selbst und Ser. Sulpicius Rufus übrig. Brutus befürchtete, Cicero werde auch für dieses Unglück Caesar verantwortlich machen; doch lag ihm das fern.[336]

In dem Prooemium der ‚Academici' (1, 12) berief er sich auf die philosophische Schriftstellerei des Brutus, und diesem sind *de finibus* und *Tusculanae disputationes* gewidmet.[337] Bevor er in die ‚Academici' den Varro einführte,[338] wollte er Catulus und Lucullus durch Cato und Brutus ersetzen.[339] Mit diesen Zueignungen setzte er fort, was er ein Jahr zuvor mit ‚Brutus', *paradoxa stoicorum* und *Orator* begonnen hatte, und es wurde schon darauf hingewiesen,[340] daß dieses unermüdliche Werben auch politisch zu verstehen ist als ein Versuch, mit Hilfe dieses von Caesar mit Gunstbeweisen ausgezeichneten Mannes doch noch mittelbar Einfluß auf die Verfassungsreform zu gewinnen. Wieviel ihm daran gelegen war, zeigt sich darin, daß er auch die Empfindlichkeit über gewisse Äußerungen des Brutus überwand. So befriedigte ihn dessen Beileidsbrief zum Tode der Tullia nicht[341] und noch weniger seine Schrift über Cato.[342] Aber daß Brutus im Juni[343] sich mit Catos Tochter, der Witwe des Bibulus, vermählte, verfolgte er mit Genugtuung, zog sich jedoch in diesen Tagen vom Tusculanum, wo er Nachbar des Brutus war, auf das Arpinas zurück, um nicht durch den Besuchsverkehr der neuen Verbindung eine unerwünschte politische Bedeutung zu geben.[344] Als im Juli Porcia, die Schwester

---

333 Cic. Tusc. 1, 1. 4, 5. fin. 1, 16. 3, 5. 5, 96. Att. 13, 13, 1. 19, 5 *quae diligenter a me expressa acumen habent Antiochi, nitorem orationis nostrum.* H. ROLOFF Maiores bei Cicero, Diss. Leipz. 1938, 121 ff.
334 In dem an Varro gerichteten Prooemium Acad. 1, 11 *nihil aliud video quod agere possimus*; ähnlich im Widmungsbrief Cic. fam. 9, 8, 2. Tusc. 2, 1 *nam quid possum, praesertim nihil agens, agere melius.* Besonders stark im Brief an Lucceius fam. 5, 15, 3–4. 13, 4.
335 Cic. fam. 4, 12, 1. Att. 13, 10, 1.
336 Cic. Att. 13, 10, 3.
337 RE 10, 987.
338 Cic. Att. 13, 12, 3. 13, 1. 14, 1. 18, 1. 19, 3–5.
339 Cic. Att. 13, 16, 5. Vgl. 25, 3.
340 O. S. 259.
341 Cic. Att. 12, 13, 1. 14, 4. 13, 6, 3. Doch gehört dieser Brief nach SHACKLETON BAILEY, Komm. zu 310 erst in den Juni. RE 10, 985.
342 Cic. Att. 12, 21, 1. RE 10, 984.
343 Cic. Att. 13, 9, 2. 10, 3.
344 Cic. Att. 13, 11, 1. Die Zeugnisse RE 10, 986 nach der Deutung O. E. SCHMIDTS 323. Nur bezweifle ich, daß Att. 13, 20, 4 sich auf diese Angelegenheit bezieht; eher auf gewisse Bedenken, Varro die ‚Academici' zu widmen, 13, 13, 1. 16, 2. 19, 3; 5. 22, 1. 23, 2. 24, 1. 25, 3. Man beachte die scharfe Beurteilung der politischen Lage im Widmungsbrief fam. 9, 8, 2.

Catos und Witwe des L. Domitius Ahenobarbus starb, verfaßte er wie Varro und Ollius auf sie eine Laudatio.[345]

Es war wohl so, daß Cicero sich in den ersten Wochen der Trauer weniger mit der politischen Lage beschäftigte. Als zur Sensation Roms im März plötzlich Antonius von seiner Reise nach Spanien zurückkehrte, und man einen Gewaltstreich befürchtete, regte er sich nicht auf,[346] während Balbus und Oppius sich die Mühe nahmen, ihn brieflich zu beruhigen.[347] Diese Aufmerksamkeit der beiden Caesarianer zeigt zugleich, daß ihn die Verborgenheit von Astura der Beobachtung nicht entzog, und Atticus wurde nicht müde, ihm immer wieder zu raten, sich auch in Rom zu zeigen, da seine Entfernung als politische Opposition gedeutet werde.[348] Daß die Sorge des Atticus außer der Gesundheit auch diesen Hintergrund hatte, bestätigt der Briefwechsel mit L. Lucceius.[349] Dieser hatte in seinem Trostbrief unter anderm ausgeführt, es stehe um die *res publica* nicht so verzweifelt (13, 3; 4). Cicero läßt das nicht gelten, und in einem zweiten Brief deutet er an, daß sie zur Vermeidung politischen Argwohns in der letzten Zeit keinen persönlichen Verkehr mehr gepflegt hatten (15, 5).

Am 20. April 45 traf in Rom die Nachricht vom Siege bei Munda (17. März) ein.[350] Hirtius teilte in einem Brief aus Narbo vom 18. April Einzelheiten mit. Noch wollte sich Cicero dadurch nicht stören lassen.[351] Aber diese Entscheidung warf ihre Wellen bald auch in sein Leben; denn der Dictator fand nun Muße, sich mit den in den letzten Monaten erschienenen Catoschriften in zwei Büchern ‚Anticato' auseinanderzusetzen.[352] Schon am 9. Mai wußte Cicero, daß das Erscheinen dieses Werks bevorstand,[353] und glaubte sich aus dem in seine Hand gelangten Catobuch des A. Hirtius ein Bild der darin befolgten Taktik machen zu können.[354] Hochgemut meinte er, die Flugschrift des Hirtius bilde nur eine günstige Folie für seine eigene Darstellung, und bat darum Atticus um schleunige Vervielfaltigung.[355] Auch Caesar ließ es an ehrenvoller Anerkennung Ciceros nicht fehlen.[356] Im Prooemium stellte er sich ihm als Soldat gegenüber, der weder über die Begabung noch über die Zeit zur Ausarbeitung verfüge wie der Redner.[357] Als Redner verglich er Cicero mit Perikles und in seiner politischen Haltung mit Theramenes.[358] Der Hinweis auf

---

345 Cic. Att. 13, 48, 2. 37, 3, nach MÜNZER Röm. Adelspart. 330, weil Brutus, der Neffe, damals zu Caesar nach Oberitalien verreist war.
346 Cic. Att. 12, 18 a, 1. Phil. 2, 78. Plut. Ant. 10, 7.
347 Cic. Att. 12, 19, 2.
348 Cic. Att. 12, 21, 5. 23, 1. 27, 3. 28, 2. 29, 1. 34, 2 (März 45).
349 Cic. fam. 5, 13–15.
350 Cass. Dio 43, 42, 3.
351 Cic. Att. 12, 37 a.
352 Suet. Caes. 56, 5. H. DREXLER Herm. 70 (1935), 203. H. STRASBURGER Caesars Eintritt in d. Gesch. 43.
353 *Caesaris vituperatio contra laudationem meam.* Cic. Att. 12, 40, 1.
354 Cic. Att. 12, 40, 1.
355 Cic. Att. 12, 40, 1. 41, 4. 44, 1. 48, 1.
356 ED. MEYER Caesars Mon. 429.
357 Plut. Caes. 3, 4.
358 Plut. Cic. 39, 5.

Theramenes entbehrte freilich nicht einer gewissen Boshaftigkeit, da Theramenes von dem an beide Füße passenden weißledernen Schaftstiefel³⁵⁹ den Beinamen „Kothurn" bekommen hatte, und der Inhalt der nachfolgenden Ausführungen deutete auf eine furchtbar gereizte Stimmung.³⁶⁰

Atticus war offenbar schon vor der Veröffentlichung darüber unterrichtet und drang in Cicero, durch einen συμβουλευτικός, einen offenen Brief über die noch zu lösenden politischen Aufgaben, Caesar eine Genugtuung zu geben. Cicero verschloß sich diesem Rat nicht. Schon am 7. Mai las er zur Anregung den ‚Kyros' des Antisthenes,³⁶¹ ebenso die Briefe des Aristoteles und Theopomp an Alexander.³⁶² Am 14. Mai war die Schrift vollendet.³⁶³ Atticus billigte sie und riet sie abzusenden. Doch Cicero hatte das Gefühl, sie möchte trotz den Zugeständnissen an die Lage für Caesar doch noch zu „republikanisch" sein,³⁶⁴ und wünschte vorher noch Prüfung durch Balbus und Oppius.³⁶⁵ Da zeigte sich, daß er richtig geahnt hatte.³⁶⁶ Die beiden Vertrauensleute Caesars forderten eine völlige Umarbeitung. Cicero hatte den Wunsch ausgedrückt, Caesar möge in Rom für Ordnung sorgen, bevor er in den Partherkrieg ziehe. Ein solcher Rat schien ihnen zu weit zu gehen, obwohl sie später zugaben, daß Caesar selbst so denke,³⁶⁷ was später auch Caesars hochgeschätzter Gastfreund, Theopomp von Knidos,³⁶⁸ bestätigte.³⁶⁹ Diese Verhandlungen brachten Cicero zur Erkenntnis, daß er gegenüber dem „Tempelgenossen des Quirinus"³⁷⁰ den rechten Ton nicht treffen könne, seiner Würde vergebe und bei Caesar nicht gewinne.³⁷¹ Es war eine lächerliche Vorstellung, zu tun, als ob Caesar gerade auf seinen Rat warte! Durch Schweigen und sich Verbergen könne er sich wenigstens halb frei fühlen. Damit gab er am 28. Mai diese Sache auf.³⁷² Als wie trostlos er die Lage betrachtete, sprach er gegenüber Varro aus in dem Widmungsbrief der ‚Academici':³⁷³ *Atque utinam quietis temporibus atque aliquo si non bono at saltem certo statu civitatis haec inter nos studia exercere possemus*!

---

359 BIEBER RE 11, 1521. Xen. Hell. 2, 3, 31; 47 ἀποκαλεῖ δὲ κόθορνόν με ὡς ἀμφοτέροις πειρώμενον ἁρμόττειν. Schol. in Aristoph. ran. 47.
360 Topic. 94 *nimis impudenter Caesar contra Catonem meum*.
361 Cic. Att. 12, 38 a, 2.
362 Cic. Att. 12, 40, 2. 13, 28, 2. Solche ‚Briefe' hatte 50 und 48 schon Sallust an Caesar geschrieben.
363 Cic. Att. 13, 26, 2.
364 Cic. Att. 12, 51, 2 vom 20. Mai *nihil est in ea nisi optimi civis, sed ita optimi ut tempora; quibus parere omnes* πολιτικοί *praecipiunt*. Vgl. Theophrast. frg. 128. 129 (WIMMER) ἐν πρώτῳ τῶν πολιτικῶν τῶν πρὸς τοὺς καιρούς. Att. 13, 28, 2.
365 Cic. Att. 12, 52, 2. 13, 1, 3.
366 Cic. Att. 13, 2. O. E. SCHMIDT 287.
367 Cic. Att. 13, 27, 1. 31. 3.
368 Syll.³ 761 c. FgrHist. 21.
369 Cic. Att. 13, 7, 1.
370 Cic. Att. 12, 45, 2. Cass. Dio 43, 45, 3.
371 Cic. Att. 13, 27, 1. 28, 2–3. HELGA GESCHE Vergottung Caesars (1968), 32.
372 Cic. Att. 13, 31, 3. S. HÄFNER 41–49. Daten nach O. E. SCHMIDTs scharfsinnigen Schlüssen 288 ff.
373 Cic. fam. 9, 8, 2 vom 11. Juli.

Immerhin trug er sich in den nächsten Wochen mit dem Plan, in einem Dialog, den er in den Kreis der im Jahr 146 nach Griechenland zu L. Mummius gesandten Zehnerkommission verlegen wollte, seine Ansichten über die Staatsreform darzulegen.[374] Noch im Juli billigte es Brutus, daß er sich in dieser Form an Caesar wende.[375] Allein der Einzug der Götterbilder bei der Eröffnung der *Ludi Victoriae Caesaris* am 28. Juli, wobei auch Caesars Bild mitgeführt wurde, benahm ihm auch hierzu die Lust.[376] Brutus reiste damals zur Begrüßung Caesars nach Oberitalien,[377] und Cicero erwartete mit Spannung Bericht von seinen Eindrücken.[378] Als dieser dann meldete, Caesar wolle sich auf die Seite der *boni* stellen, schien ihm das jedoch eine des Brutus mit seinen Tyrannenmörderstammbäumen (Ahala und Brutus) unwürdige Illusion.[379]

Caesar selbst machte Cicero die Zurückhaltung nicht leicht. Er hatte ihm am 30. April aus Hispalis einen Beileidsbrief geschrieben, der Anfang Juli in Ciceros Hand gelangte.[380] Dann zeigte ihm am 12. August Balbus einen Brief Caesars mit der schmeichelhaften Äußerung, welchen Gewinn ihm schriftstellerisch Ciceros ‚Cato' gewährt habe, während er sich dem des Brutus gegenüber beredt vorkomme.[381] Zugleich erzählte er ihm aber auch, er und Oppius hätten Caesar geschrieben, wie ausgezeichnet Cicero der ‚Anticato' gefallen habe. Er verstand diesen Wink desto besser, weil ihm auch Atticus immer wieder zuredete, etwas an Caesar zu schreiben (13, 47).[382] So verfaßte er denn einen ausführlichen Brief über den ‚Anticato', den Dolabella dem Dictator überreichen sollte. Doch sandte er ihn erst ab, nachdem die beiden Vertrauensleute ihre Zustimmung gegeben hatten.[383] Wie er Atticus berichtete, glaubte er sich zugleich würdig und verbindlich der Aufgabe entledigt zu haben (13, 51, 1). Caesar eine Genugtuung[384] zu bereiten, empfahl sich auch darum, weil seit längerm Berichte einliefen über die kompromittierenden Reden, die der Neffe Quintus in Caesars Lager führte.[385] Hirtius mußte ihn zurechtweisen, wie er allenthalben den Oheim als Caesars schlimmsten Feind bezeichnete. Man dürfe ihm nicht trauen, ja man müsse sich vor ihm in Acht nehmen. Das sei nur darum nicht so gefährlich, spottet Cicero, weil der *rex* ihm den Mut nicht zu-

---

374 Cic. Att. 13, 30, 2 πολιτικὸς σύλλογος *more Dicaearchi.* frg. 68. 70 WEHRLI. 32, 2–3. 33, 3. 6, 4. 4, 1. 5, 1. Die Absicht 13, 10, 2 für Dolabella κοινότερα *quaedam et* πολιτικώτερα zu schreiben, bezieht sich nicht auf diesen Plan, 13, 3, 2.
375 Zitat Ciceros aus der Korrespondenz mit Brutus bei Quintil. inst. or. 3, 8, 42 *non est semper rectis in suadendo locus.*
376 Cic. Att. 23, 44, 1. SHACKLETON BAILEY Komm. zu 336 (nach seiner Zählung) O. E. SCHMIDT 329. 375, der diesen schriftstellerischen Plan entdeckte. S. HÄFNER 49–54. HELGA GESCHE a. O. 28.
377 Plut. Brut. 6, 12.
378 Cic. Att. 13, 39, 2.
379 Cic. Att. 13, 40, 1. RE 10, 987. GROEBE bei DRUMANN 6, 685.
380 Cic. Att. 13, 20, 1. O. E. SCHMIDT 278. 321.
381 Cic. Att. 13, 46, 2.
382 O. E. SCHMIDT 347.
383 Cic. Att. 13, 50, 1 am 22. August nach O. E. SCHMIDT 352.
384 Vgl. Cic. Att. 13, 27, 1 *Catonis* μείλιγμα.
385 Cic. Att. 12, 38, 2 vom 6. Mai 13, 9, 1.

traue.[386] Im übrigen schickte er renommistische Briefe (13, 29, 3). Erst das nachdrückliche Eintreten des Brutus für Cicero brachte den ungebärdigen jungen Mann zum Einlenken.[387]

Im allgemeinen ignorierten die Caesarianer Ciceros wohlbekannte oppositionelle Gesinnung;[388] aber, wenn einer wie der bei Caesar sehr beliebte Oboenvirtuose M. Tigellius[389] ihm übel wollte, mußte er auf bessere Beziehungen bedacht sein. Außer mit Atticus[390] korrespondierte er darüber auch mit M. Fadius Gallus.[391] Dieser hatte ebenfalls einen ‚Cato' verfaßt, und Cicero konnte ihm gegenüber seinen boshaften Witzen zur politischen Lage[392] freien Lauf lassen. Am 24. August bereitete er sich vor, nach Rom zurückzukehren, um bei Caesars Ankunft zur Stelle zu sein.[393] Ob er den Plan, ihm bis Alsium entgegenzureisen, ausführte, wissen wir nicht (13, 50, 4).[394]

Über sein Verhältnis zu Caesar in den letzten Monaten vor dessen Ermordung sagte Cicero am 4. Mai 44:[395] *Ego autem, credas mihi velim, minore periculo existimo contra illas nefarias partis vivo tyranno dici potuisse quam mortuo. Ille enim nescio quo pacto ferebat me quidem mirabiliter.*[396] Wie weit er vor Caesars Ohren in freimütigen Äußerungen gehen konnte, zeigt die wahrscheinlich im November 45[397] gehaltene Rede für Deiotaros.[398] Wenn er sie, als er sie Dolabella zusandte, geringschätzig als schwache Arbeit bezeichnete, bloß dem alten Gastfreund zulieb veröffentlicht,[399] so tat er das dem Caesarianer gegenüber nicht ohne Absicht. Deiotaros wurde von seinem Enkel Kastor beschuldigt, im Jahr 47, während Caesars Besuch in Galatien, ein Attentat geplant und während des africanischen Kriegs den Aufstand des Q. Caecilius Bassus[400] unterstützt zu haben.[401] Caesar hatte bereits in Tarraco einer Gesandtschaft des Königs freundlichen Bescheid gegeben (38). Aber in Rom gelang es dem Kastor, einen der Gesandtschaft beigegebenen Sklaven, den Arzt Phidippos, als Belastungszeugen zu gewinnen (3), der genaue Mitteilungen über zwei mißglückte Versuche zu geben wußte (17–21). Der Dictator ließ sich nun die Angelegenheit von den Parteien in seinem Haus vortragen (7). Als Entlastungszeugen gegen den Sklaven waren die Consulare Cn. Domitius Calvi-

---

386 Cic. Att. 13, 37, 2.
387 Cic. Att. 13, 38, 1. 39, 1. 40, 1. 41, 2.
388 Cic. fam. 7, 24, 1.
389 MÜNZER RE 6 A, 943.
390 Cic. Att. 13, 49. 50, 3. 51, 2.
391 Cic. fam. 7, 24; 25.
392 Seinem *stomachus*; vgl. Quintil. inst. or. 6, 3, 112 aus einem Brief an Caerellia: *haec aut animo Catonis ferenda sunt aut Ciceronis stomacho*. ED. MEYER Caesars Mon. 438. 450.
393 Cic. Att. 13, 51, 2.
394 O. E. SCHMIDT 370.
395 Cic. Att. 14, 17, 6.
396 Vgl. Cic. Att. 15, 4, 3 vom 24. Mai *ita gratiosi eramus apud illum* (*quem di mortuum perduint!*).
397 O. E. SCHMIDT 362.
398 NIESE RE 4, 2403.
399 Cic. fam. 9, 12, 2.
400 MÜNZER RE 3, 1198. ‚Caesar' 260.
401 Cic. Deiot. 23–25.

nus, Ser. Sulpicius Rufus und der junge T. Torquatus[402] zugegen (32). Cicero stellte die Anschuldigungen als völlig unglaubwürdig hin (21; 23; 26), legte aber das Hauptgewicht darauf, Caesars *clementia* (4)[403] anzurufen.[404] Jedoch dieses Zugeständnis an den „rex", wie er Caesar im vertraulichen Gespräch bezeichnete,[405] wurde eingeleitet mit dem Hinweis auf den bedenklichen Umstand, daß der Richter in eigener Sache urteile (4) und daß der Redner den Beifall, dessen ihm bei einer öffentlichen Verhandlung genug zuteil würde, entbehren müsse (5–6). Denn Deiotaros war stets einer der treuesten Freunde der *res publica* (2; 3; 6; 11).

Vor allem wußte Cicero bei der Erörterung der großen politischen Gegenwartsfragen die „republikanische" Haltung zu bewahren. Die Ankläger nötigten ihn da, sogar tiefer auf die neuesten Ereignisse einzugehen, als er es von sich aus getan hätte: Blesamios, der Führer der königlichen Gesandtschaft, sollte seinem Herrn nach Galatien berichtet haben, die Stimmung in Rom sei für Caesar schlecht, er gelte als Tyrann; besonders die Aufstellung seiner Statue neben den alten Königen sei anstößig, und er erhalte keine Beifallskundgebungen (33). Cicero führt das auf *urbani malivolorum sermunculi* zurück, wobei man sich zu erinnern hat, daß ihn solche Unzufriedenheitssymptome lebhaft interessierten.[406] In der Widerlegung befaßte er sich jedoch nicht mit Caesar, dem Regenten, sondern mit Caesar, dem Sieger im Bürgerkrieg: Er war der einzige, der nur bewaffnete Gegner töten ließ. Dem Untertanen eines Königs, wie Blesamios, könne doch Caesar nicht als Tyrann vorgekommen sein, *quem nos liberi in summa populi Romani libertate nati non modo non tyrannum sed etiam clementissimum in victoria vidimus*. Die Aufstellung der Statue auf den Rostra kommt Caesar zu, weil es der ehrenvollste Platz ist. Auf Beifall legt Caesar keinen Wert (34).

Und ähnlich wird des Deiotaros Parteistellung im Bürgerkrieg behandelt: Cicero schildert lebendig den Eindruck, den das einstimmig gefaßte *s. c. ultimum* vom 7. Januar 49, die Flucht der beiden Consuln aus Italien auf Deiotaros machen mußten (11). Als er sich trotz seiner nahen Beziehungen zum Senat (10) noch neutral verhielt, vermochte ihn doch die Autorität des Pompeius *hoc misero fatalique bello* auf jene Seite zu ziehen (13). Dazu ruft Cicero das Bild des einst so gefeierten in Erinnerung. Caesar selbst, der ihn nun weit übertrifft, hat die größten Ehrungen auf ihn gehäuft (12). Der Galaterkönig *errore communi lapsus est*, bei ihm verzeihlicher als bei den römischen Senatoren, Cicero sagt offen: *nos in media re publica nati semperque versati* (10). Außerdem war er einseitig unterrichtet: er vernahm, alle Consulare hätten Italien verlassen, hörte dagegen nichts von den Gründen, die Caesar zum Krieg zwangen (11).[407] Damit distanziert sich Cicero noch einmal von

---

402 MÜNZER RE 14, 1198.
403 Vgl. WICKERT Klio 30, 238 ff.
404 Cic. Deiot. 4 *tua praestans singularisque natura*. 8 *per fidem et constantiam et clementiam tuam*. 9 *cum facile orari, tum semel exorari soles*. 39; 34 *clementissimus in victoria*. 38; 40; 43.
405 Cic. Att. 13, 37, 2. fam. 11, 27, 8.
406 Cic. Att. 13, 44, 1 (Juli 45).
407 *Nihil ille de condicionibus tuis, nihil de studio concordiae et pacis, nihil de conspiratione audiebat certorum hominum contra dignitatem tuam*. Es ist die treffliche Zusammenfassung dessen, was Caesar selbst im b. c. anführt: 1, 4. 9. 22. 85.

den unversöhnlichen Caesargegnern, aber er verleugnet doch nicht seine Teilnahme am *error communis*. Indessen dieser traurige Abschnitt der römischen Geschichte ist nun dank Caesars verzeihender Milde überstanden (39). Wenn wir dazu nehmen, wie ihn Cicero als *clementissimus in victoria* (34) mit Sulla vergleicht, so empfinden wir den Wink, daß nun die *res publica* wieder in alter Würde erstehen könnte,[408] und wir gehen wohl nicht irre mit der Annahme, daß in diesen Partien der Deiotarosrede Topik des nicht abgesandten „offenen Briefs" vom Mai 45 durchklingt,[409] wobei wir nicht wissen, ob er selbst daran glaubte. An diesem Punkt freilich schieden sich die Geister. Denn auf solches Ansinnen antwortete Caesar gelegentlich:[410] *nihil esse rem publicam, appellationem modo sine corpore ac specie. Sullam nescisse litteras, qui dictaturam deposuerit, debere homines consideratius iam loqui secum ac pro legibus habere quae dicat.* Die Zuverlässigkeit des T. Ampius Balbus,[411] der diese Aussprüche mitteilte, ist gewiß nicht über jeden Zweifel erhaben; aber man darf nicht vergessen, daß sich unter den spätern Verschwörern Männer befanden, die damals noch Caesars engstem Kreis angehörten,[412] und es ist bekannt, daß Caesar, der so oft durch großartige Selbstbeherrschung überraschte, sich gelegentlich, durch schwere Enttäuschungen gereizt, zu heftigen Zornesausbrüchen hinreißen ließ. Jedenfalls hat Caesar die Angelegenheit des Deiotaros nicht zu Ciceros Zufriedenheit entschieden.[413] Er gab sich seitdem auch über Ciceros Gesinnung keiner Hoffnung mehr hin. Wenige Wochen nach seiner Ermordung erzählte C. Matius[414] darüber Cicero einen bezeichnenden Ausspruch: Cicero hatte sich Anfang 44 auf Wunsch des P. Sestius[415] herbeigelassen, an einem Empfang bei Caesar teilzunehmen, und mußte dabei sitzend auf die Zulassung warten. Da sagte Caesar, wie sollte er bezweifeln, daß ihn Cicero zutiefst hasse, da er sitze und ihn nicht nach Wunsch sprechen könne; und Cicero sei doch ein besonders leicht zu gewinnender Mensch.[416]

Am 19. Dezember 45 war Caesar während einer Reise durch Campanien (vermutlich wegen Ansiedlung von Veteranen) Ciceros Gast in seiner Villa bei Cumae.[417] Weil das Gefolge mit den Soldaten aus nicht weniger als 2000 Personen

---

408 O. S. 255f.; als Erwartung des Volks so ausgesprochen Appian. bell. civ. 2, 448. L. WICKERT Klio 30 (1937), 251–252.
409 O. S. 286.
410 Suet. Caes. 77.
411 O. S. 257. KLEBS RE 1, 1979. Man mag sich an Napoleons Verachtung der ‚Ideologen' erinnert fühlen, H. TAINE Les origines de la France contemporaine 9, 35; 90. 10, 166; 226.
412 Man könnte z. B. an L. Tillius Cimber als Gewährsmann denken, der sich 46 für die Begnadigung des Ampius verwandte, Cic. fam. 6, 12, 2. ED. MEYER Caesars Mon. 394, 3. 530. RE 10, 987. Zu Zornesausbrüchen z. B. nach dem Mißlingen der Senatseinberufung am 2. April 49 ‚Caesar' 176ff. oder der Verherrlichung des Cato Uticensis ‚Caesar' 258f.
413 Cic. Att. 14, 12, 1. 19, 2. divin. 1, 26–27. 2, 78–79. Phil. 2, 94; 95; 96. 11, 33–34.
414 MÜNZER RE 14, 2208.
415 MÜNZER RE 2 A, 1889.
416 Cic. Att. 14, 1, 2. 2, 3. 16, 16 a, 4–5 wird erwähnt, daß Cicero bei Caesar aß und ihm eine Bittschrift des Atticus überreichte, und daß er später ein Dekret erwirkte und noch mehrmals mit ihm verhandelte.
417 DRUMANN-GROEBE 6, 343.

bestand, sah er diesem Ereignis nicht ohne Sorgen entgegen. Tags zuvor waren die Soldaten bei dem Nachbarn L. Marcius Philippus, dem damaligen Gemahl von Caesars Nichte Octavia, auch in das Herrschaftshaus eingedrungen. Davor behütete ihn jedoch der dem Gefolge Caesars zugehörige Offizier Cassius Barba[418] durch Wachtposten. So verlief die stattliche Bewirtung ohne Störung. Man tafelte in drei Räumen, am feinsten die eigentliche Suite, weniger üppig die Freigelassenen und Sklaven. Caesar unterhielt sich sehr angeregt mit seinem Gastgeber. Nur von Politik, was Cicero am meisten interessiert hätte, wurde nicht gesprochen, dagegen viel über Fragen des Stils (etwa im Anschluß an den ‚Orator') und der Grammatik (etwa zu Caesars *de analogia*).[419] Trotz des Gelingens wünschte Cicero keine Wiederholung solchen Besuchs.

Ende Dezember mußte Cicero in die Stadt zurückkehren, um auf Wunsch des Lepidus als Augur bei der Anweisung des Platzes für den Tempel der Felicitas mitzuwirken.[420] Am 31. Dezember mußte er die schmachvolle Szene miterleben, wie Caesar an den für die Quaestorwahlen angesetzten Tributcomitien an Stelle des plötzlich verstorbenen Consuls Q. Fabius Maximus für die letzten Stunden des Jahrs 45 den C. Caninius Rebilus wählen ließ, „einen Consul, unter dem niemand frühstücken, niemand ein Verbrechen begehen konnte, da er so wunderbar wachsam war, daß er in seinem Consulat den Schlaf nicht gesehen hat."[421]

Mit dem 1. Januar 44 begann für Cicero die Zeit der tiefsten Erniedrigung.[422] Sein „Laertesleben" auf dem Lande[423] nahm ein Ende. Er mußte an den Senatssitzungen teilnehmen,[424] in welchen die Ehrungen für Caesar einander an Überschwenglichkeit überboten.[425] Vielleicht war er Augenzeuge der für echte Römer unerträglichen Szene, als an den Lupercalien der Consul M. Antonius Caesar das Diadem anbot.[426] Die Königin Kleopatra, die in Caesars Gärten jenseits des Tibers weilte, suchte auf dem Wege literarischer Interessen durch ihre Leute mit ihm in Verbindung zu treten, was aber bei ihm nur Haßgefühle erregte.[427]

Indem er im Senat selbst Anträge stellte, hoffte er mäßigend zu wirken.[428] Als Caesar die Statuen des Pompeius wieder aufstellen ließ,[429] hielt er die Dankesrede,

---

418 Cic. Phil. 13, 3.
419 σπουδαῖον οὐδέν in sermone, φιλόλογα multa. Darüber Heinrich Kuch φιλόλογος bei Cicero, Helikon 4 (1964), 99 ff. S. 107 zur Stelle, ‚wissenschaftlich' scheint hier zu eng.
420 Cic. Att. 13, 42, 3. Cass. Dio 44, 5, 2.
421 Cic. fam. 7, 30, 1. Cass. Dio 43, 46, 4. Macrob. Sat. 2, 3, 6. 3, 7, 10. Plut. Caes. 58, 3. Suet. Caes. 76, 2. Plin. n. h. 7, 181. Lily Ross Taylor Roman Voting Assemblies (The University of Michigan Press 1966) 95.
422 Cic. fam. 7, 30, 1 *incredibile est, quam turpiter mihi facere videar, qui his rebus intersim*.
423 Cic. Cat. Mai. 54. Plut. Cic. 40, 3.
424 Cic. Phil. 2, 79. Vgl. divin. 2, 142. 6.
425 Suet. Caes. 76, 1. Cass. Dio 44, 3, 1.
426 E. G. Sihler 390 vermutet es mit Berufung auf die lebendige Schilderung Cic. Phil. 2, 85–87. 13, 31. ‚Caesar' 274 Anm. 234. Zustimmend Karl-Wilhelm Welwei Historia 16 (1967), 45, 9, der noch Phil. 3, 12. 5, 38. 13, 17 anführt.
427 Cic. Att. 14, 20, 2. 15, 1, 5. 15, 15, 2. Stähelin RE 11, 755. H. Kuch a. O. 107.
428 Plut. Caes. 57, 2. Cic. 40, 4.
429 Suet. Caes. 75, 4. Cass. Dio 43, 49, 1.

damit habe Caesar seine eigenen befestigt.[430] Die tückische Absicht, die ihm Antonius später zuschrieb, Caesar so ins Verderben zu stürzen,[431] scheint ihm tatsächlich ferngelegen zu haben.[432] Der Vorwurf der Schwäche, den Brutus gegen ihn erhob, ist vielleicht nicht unberechtigt, da der Praetor C. Cassius mit einigen Gesinnungsgenossen – darunter wohl auch sein Schwager und College Brutus – es bei einer Gelegenheit ungefährdet wagen konnte, gegen die Beschlüsse zu stimmen.[433] In diesem Fall ist freilich zu bedenken, daß Cicero als Consular sich vorher zu äußern hatte; und im allgemeinen konnte sich Cicero trotz aller Vorsätze nicht daran gewöhnen, zu schweigen und politisch keinerlei Rolle zu spielen. Es schmeichelte ihm doch, wenn ein Mann wie der Proconsul P. Vatinius[434] sich wegen seines Triumphs[435] an ihn wandte, und von der Sammlung seiner *litterae commendaticiae*[436] entfällt die größere Hälfte auf die Jahre 46 und 45. Sie zeigen uns, mit welcher Energie er die für einen *princeps civitatis* unerläßlichen Verbindungen mit Hoch und Niedrig, Gemeinden und Privaten festhielt und pflegte.[437]

Wie er seinem Freund M'. Curius[438] in Patrai schrieb, konnte er die Last des politischen Drucks nur aushalten mit seiner Philosophie.[439] Nach Vollendung der ‚Tusculanen' entstanden in diesen Monaten die drei Bücher *de natura deorum* und *Cato de senectute*,[440] das theologische Werk dem Brutus, der Dialog über das Greisenalter dem Atticus gewidmet.[441] Das Prooemium von nat. deor. 1, 7 führt unter den Beweggründen zur philosophischen Schriftstellerei in üblicher Weise das *otium* an: *cum otio langueremus et is esset rei publicae status, ut eam unius consilio atque cura gubernari necesse esset*; und im Prooemium von de divin. 2, 6 sagt er sogar, er habe von Platon gelernt *naturales esse quasdam conversiones rerum publicarum, ut eae tum a principibus* (Aristokratie) *tenerentur, tum a populis* (Demokratie), *aliquando a singulis* (Monarchie). Woraus man mehr als früher eine gewisse Resignation gegenüber Caesars Regiment heraushören kann.[442] Mit dem ‚Cato' gelang es ihm, sich durch liebevolle Versenkung in die gute alte Zeit von der bittern Stimmung gegenüber der Gegenwart zu befreien. Er schreibt am 11. Mai 44 an Atticus, er müsse gegen die Verärgerung dieses Büchlein lesen.[443] Der bärbeißige alte Cen-

---

430 Plut. Caes. 57, 6. Cic. 40, 5.
431 Cic. Phil. 13, 40.
432 Cic. Phil. 13, 42. Brutus in dem Brief ad Brut. 1, 16, 3 *ista vero imbecillitas et desperatio, cuius culpa non magis in te residat quam in omnibus aliis et Caesarem in cupiditatem regni impulit* etc. ED. MEYER Caesars Mon. 510, 5. ENNO HÄNISCH Die Caesarbiographie Suetons, Diss. Münster 1937, 50.
433 Cass. Dio 44, 8, 1. Aus Cic. Att. 13, 40, 1 wissen wir, daß Brutus im August 45 nicht an den ‚Tyrannen' glaubte.
434 Vgl. o. S. 236.
435 Cic. fam. 5, 9–11.
436 Cic. fam. 13.
437 Cic. Att. 13, 4, 4. 7, 1; 3. 8, 1. 10, 3. 26, 3. 36, 1. 70.
438 MÜNZER RE 4, 1840 Nr. 6.
439 Cic. fam. 7, 30, 2.
440 Cic. divin. 2, 3. u. S. 305.
441 Cic. Cat. Mai. 1. divin. 2, 3. nat. deor. 1, 1.
442 S. o. S. 199, Anm. 494 mit andern Überlegungen.
443 Cic. Att. 14, 21, 3. Vgl. Cat. Mai. 65 *at sunt morosi et anxii et iracundi et difficiles senes*. Att.

sorier erscheint allerdings in einer ungeschichtlich humanisierenden Beleuchtung; doch geht gerade von diesem Wunschbild Ciceros bis auf den heutigen Tag eine starke Wirkung aus für die Vorstellung vom alten Römertum.[444]

Dem T. Atticus zu Ehren, dem er das Schriftchen widmete, beginnt Cicero mit einem Zitat aus den Annalen des Ennius, wo ein Hirte sich anerbietet,[445] dem Consul T. Quinctius Flamininus im Gebirge von Epirus einen Weg zur Umgehung des Königs Philippos zu zeigen, und ihn anspricht: *O Tite, si quid ego adiuvero curamve levasso, quae nunc te coquit et versat in pectore fixa, ecquid erit praemii?* „O Titus, wenn ich dir helfen könnte und erleichtern die Sorge, die dir im Busen kocht und dich umtreibt, was wird mein Lohn sein?" Die Anrede gefiel dem Atticus so gut, daß Cicero einige Monate später die Schrift mit *o Tite si quid* bezeichnet.[446] Da Atticus wie Cicero ins Greisenalter eingetreten ist, soll ihn das Schriftchen anleiten, es auf die richtige Weise hinzunehmen. Er bemerkt dazu, daß er nicht wie der Peripatetiker Ariston von Keos[447] in seinem Dialog Tithonos (Bruder des Priamos, dem Eos von Zeus Unsterblichkeit, aber nicht ewige Jugend erbeten hatte) diesen Titelträger sprechen läßt, sondern das große Vorbild aus der römischen Vergangenheit, Cato. Wenn dieser dabei mehr griechische Bildung verrate als in seinen Schriften, so möge sich das durch seine Studien im hohen Alter erklären. Für uns ist es ein Wink, von welchem griechischen Vorbild er die Topik dieser Trostrede übernahm, vor allem die Disposition einer Widerlegung von vier gegen das Alter erhobenen Anklagepunkten: Ausschluß vom tätigen Leben, Altersschwäche, Schwinden der Genußfähigkeit, Herannahen des Todes (15), aber auch die allgemeine Gedankenführung. Bei Ariston mochte er wohl auch die griechischen Beispiele hohen Alters (13; 21–23; 31; 54; 59; 69; 72; 79–81) finden, obwohl ihm manches davon ohnehin im Gedächtnis haftete. Aber sie sind mit den von Cato aus eigener Erinnerung beigebrachten verbunden.[448] Gewiß gewährte ihm wie im ‚Brutus' der *liber annalis* des Atticus eine willkommene Stütze.

Beim Todesproblem, das er schon in *consolatio* und Tusc. 1. ausführlich behandelt hatte, stellt Cato seine Zuhörer wiederum vor die Alternative: entweder nicht elend nach dem Tode oder ‚glückselig', bekennt sich aber diesmal, mit Berufung auf Platons Phaidon und Xenophons Kyrupaidie (77–78), zuversichtlich zur Unsterblichkeit. Die Seele des Weisen sieht ihre höhere Bestimmung voraus (82), die dem Stumpfsinnigen verborgen bleibt (83). Was im Alter bleibt, ist die sittliche Leistung des früheren Lebens (38; 69). Echt peripatetisch wird zugegeben, daß Armut auch für den Weisen das Alter nicht leicht macht (8). Ergreifend spricht er zu-

---

16, 3, 1.
444 FRITZ PADBERG Cicero und Cato Censorius, Diss. Münster 1933, 46ff. ULRICH KAMMER Untersuchungen zu Ciceros Bild von Cato Censorius. Diss. Frankfurt a. M. 1964, bes. 126ff. Ausgezeichnet die Ausgabe des ‚Cato Maior' in Heidelberger Texte Band 19, 1949. Textbearbeitung, Einführung u. erklärendes Namensverzeichnis von HANS HERTER.
445 Liv. 32, 11, 3. Enn. ann. 335 (V.).
446 Cic. Att. 16, 3, 2. 11, 3. Dazu SÜSS 134, 1.
447 Obwohl er in den Handschriften mit dem Stoiker Ariston von Chios verwechselt wird, kann kein Zweifel bestehen, daß dieser gemeint ist, HERTER 14. WEHRLI Schule des Aristoteles Heft 6, 51 f. zu fg. 12.
448 KAMMER a. O. 127 ff. findet sich an den Kephalos in Platons Politeia erinnert.

letzt die Hoffnung aus, ‚in der göttlichen Versammlung der Seelen' seinen trefflichen, schon 152 verstorbenen Sohn wiederzusehen.[449] Cicero mag dabei an seine Tullia gedacht haben. Obwohl wie in allen philosophischen Schriften die griechische Topik erkennbar bleibt, zeichnet sich diese Schrift durch die wohlgelungene persönlich getönte römische Färbung aus.

---

449 Mit Recht fühlt sich Süss 22, 2 an den herrlichen Choral MEYFARTS „Jerusalem, du hochgebaute Stadt" erinnert, dem freilich Apoc. Ioann. 21–22 zu Grunde liegt. Über MEYFART s. ERNST BEUTLER Briefe aus dem Elternhaus (Goethes) 1960, 18. Er war 1623–1634 Rektor des Gymnasium Casimirianum in Coburg, dessen Schüler später Goethes Vater wurde. Dem Schulmann war Cicero natürlich bestens bekannt. So mag die Freude auf die Begegnung mit der „edlen Schar der Auserwählten" und den „Propheten groß und Patriarchen hoch" auch auf diesem Weg in seine Hymne gelangt sein.

XIV. NACH DEN IDEN DES MÄRZ 44

Cicero war am 15. März in der Curie zugegen, als vor Beginn der Senatssitzung Caesar ermordet wurde,[1] hatte aber von der Verschwörung keine Kenntnis bekommen.[2] Darüber, daß er die Tat billigen würde, konnte kein Zweifel bestehen.[3] In vertraulichen Äußerungen machte er keinen Hehl daraus, daß er Caesar den Tod des Tyrannen wünsche.[4] Immer wieder erinnerte er Brutus an seine Ahnen L. Brutus und C. Servilius Ahala.[5] Sie werden auch im ‚Cato' erwähnt (56; 74). Doch wußte eben Brutus am besten, daß Cicero zum Verschwörer denkbar ungeeignet war, wegen seines Mangels an physischem Mut und rascher Entschlußkraft, was sich im Alter noch gesteigert hatte.[6]

Als am 19. September M. Antonius behauptete, Cicero habe um die Verschwörung gewußt,[7] bestritt er das gewiß mit Recht,[8] dagegen ließ er sich gefallen, daß Brutus nach der Tat seinen Namen gerufen und ihn zum Wiedergewinn der *res publica* beglückwünscht habe.[9] In der Tat konnte darüber kein Zweifel bestehen, daß er Caesars Regiment für unvereinbar mit der *res publica* hielt, und schon re p. 2, 46 hatte er Erhebung gegen den Tyrannen als Bürgerpflicht gelehrt.[10] Insofern konnte ihn Antonius schon mit einem gewissen Recht als intellektuellen Urheber von Caesars Ermordung bezeichnen.[11]

Welchen Haß er allmählich gegen Caesar gefaßt hatte, zeigt sich erst jetzt in voller Deutlichkeit, wo er über das wahrhaft welterschütternde Ereignis nur jubeln konnte, ohne jegliches Empfinden für die Tragik im Untergang seines größten Zeitgenossen,[12] mit dem er doch viele Jahre hindurch freundschaftliche Beziehun-

---

1   Cic. Att. 14, 14, 4. Phil. 2, 88–89. divin. 2, 23.
2   Cic. fam. 12, 2, 1. 3, 1. 4, 1. 10, 28, 1. Phil. 2, 26.
3   Cic. Phil. 1, 28 *adversarius Caesaris*.
4   Cic. Att. 12, 45, 2. 13, 4, 1 *eum* σύνναον *Quirini malo quam salutis*. ED. MEYER Caesars Mon. 443. 450.
5   RE 10, 989.
6   Cic. ad Brut. 1, 17, 3. Plut. Brut. 12, 2. Cic. 42, 1–2. Vgl. o. S.288 Anm. 386.
7   Cic. Phil. 2, 30. Vgl. fam. 12, 2, 1. Cass. Dio 46, 4, 3.
8   Cic. Phil. 2, 25–32.
9   Cic. Phil. 2, 28; 30. Bei Cass. Dio 44, 20, 4. 46, 22, 4 ziehen die Caesarmörder mit diesem Ruf auf das Forum.
10   Cic. re p. 2, 46 *L. Brutus ... qui in hac civitate docuit in conservanda civium libertate esse privatum neminem*.
11   ED. MEYER Caesars Mon. 451.
12   Cic. Phil. 2, 116 *fuit in illo ingenium, ratio, memoria, litterae, cura, cogitatio, diligentia; res bello gesserat quamvis rei publicae calamitosas at tamen magnas; multos annos regnare meditatus magno labore magnis periculis quod cogitarat effecerat; muneribus, monumentis, congiariis, epulis multitudinem imperitam delenierat: suos praemiis, adversarios clementiae specie devinxerat. quid multa? attulerat iam liberae civitati partim metu, partim patientia consuetudinem serviendi*. Alles geschah nur *dominandi cupiditate*. Gemessen an Ciceros *res publica* wird ihm der Rang des Staatsmanns abgesprochen. Doch gibt der Eingang eine zutreffende

gen gepflegt hatte. Noch am 15. März oder bald darauf schrieb er an einen der Mörder, L. Minucius Basilus, jenes kurze Billet, das beginnt mit den Worten *tibi gratulor, mihi gaudeo.*[13]

Am Abend des 15. März nahm Cicero teil an einer Besprechung, welche die Befreier auf dem Capitol abhielten.[14] Sie forderten ihn auf, den Antonius für die *res publica* zu gewinnen. Das lehnte er als aussichtslos ab,[15] schlug dagegen vor, die Praetoren sollten den Senat auf das Capitol berufen, man müsse das Volk durch kräftige Agitation gewinnen und die Führung des Staats ergreifen.[16] Doch er drang nicht durch, vielmehr übernahmen andere Consulare die Verhandlung mit Antonius.[17] Dieser „kindische Plan", so sagt er später, habe die ganze glorreiche Tat verdorben. Man hätte überhaupt von vorneherein auch Antonius beseitigen müssen.[18]

Auf den 17. März[19] lud Antonius den Senat in den Tempel der Tellus.[20] Nach Ankunft vieler bewaffneter Veteranen war die Lage für die Befreier ungünstig geworden. Der Sitzung fernzubleiben, schien zu gewagt, obwohl unter dem Druck der Veteranen eine Möglichkeit freier Meinungsäußerung nicht zu erwarten war.[21] Aber auch Antonius besaß noch nicht freie Hand, sondern mußte sich zunächst gegen Dolabella auf der einen[22] und Lepidus auf der andern Seite[23] durchsetzen. Darum wollte er vorläufig nicht den Kampf gegen die Caesarmörder, sondern Verständigung[24] und stellte seine Befragung des Senats unter den Gesichtspunkt der wiederherzustellenden *concordia*.[25] Bei der Umfrage setzte Cicero seine ganze Beredsamkeit dafür ein, durch eine „Amnestie" nach dem athenischen Vorbild von

---

Anerkennung der Genialität. ‚Caesar' 241 Anm. 35. Verständnisvolle Äußerungen a. O. 238 f. Anm. 23. Kl. Schr. 2, 247 mit fam. 6, 1, 6. 6, 5. Vgl. off. 1, 26 *qui omnia iura divina et humana pervertit propter eum quem sibi ipse opinionis errore finxerat principatum* und 1, 89 über den *gravis et fortis civis et in re publica dignus principatu*: Er haßt Revolution und Bürgerkrieg *tradetque se totum rei publicae neque opes aut potentiam consectabitur totamque eam sic tuebitur, ut omnibus consulat.*

13 Cic. fam. 6, 15. Über die Zeit MÜNZER RE 15, 1949. ERICH BECHT Regeste über die Zeit von Caesars Ermordung bis zum Umschwung in der Politik des Antonius. Diss. Freiburg i. Br. 1911, 13. Anders SHACKLETON BAILEY Cic.s Letters to Atticus Bd. 1, S. 74. Weitere Äußerungen Att. 14, 4, 2. 11, 1. 9, 2. 11, 1. 13, 2 *laetitiam autem apertissime tulimus omnes.* 14, 3. 2 *laetitia quam oculis cepi iusto interitu tyranni.* fam. 12, 1, 2. 9, 14, 5. Att. 14, 22, 2 *aperte laetati sumus.* Phil. 1, 9 *maximum ac pulcherrimum factum.* 35. 2, 25; 29; 32–33; 34; 36; 64 *rei publicae hostis*; 72; 88; 96; 114; 115; 117.
14 Cass. Dio 44, 21, 3. Nicol. Damasc. Caes. = FgrHist. 90 F 130. 101. Appian. bell. civ. 2, 515.
15 Cic. Phil. 2, 89.
16 Cic. Att. 14, 10, 1. 14, 2. 15, 11, 2.
17 Cic. Phil. 2, 89.
18 Cic. Att. 14, 21, 3. 15, 4, 2. 11, 2. fam. 12, 3, 1. 4, 1. 10, 28, 1. Phil. 2, 34. Vgl. Nicol. Damasc. Caes. 105.
19 Cic. Phil. 2, 89. Att. 14, 10, 1. 14, 2.
20 Cic. Phil. 1, 1.
21 Cic. Att. 14, 14, 2. Phil. 2, 89.
22 Cass. Dio 44, 22, 1. Appian. bell. civ. 2, 511.
23 Cass. Dio 44, 22, 2. 34, 5. Appian. bell. civ. 2, 525; 551.
24 Nicol. Damasc. Caes. 50. 106. Cic. fam. 11, 1, 1. MÜNZER RE Suppl. 5, 375. Phil. 2, 90. *bonum te timor faciebat.*
25 Cic. Phil. 1, 2; 31. 2, 90. Plut. Ant. 14, 3. Brut. 19, 1.

403[26] den Frieden zu erhalten,[27] d. h. die Rechtsgültigkeit sämtlicher Amtshandlungen Caesars anzuerkennen und den Mördern Straflosigkeit zuzusichern.[28] Atticus gegenüber verschwieg er nicht, daß nur die Furcht ihn zu einem solchen Kompromiß genötigt habe.[29]

Ti. Claudius Nero, der Vater des Kaisers,[30] beantragte, es solle auch über Belohnung der Tyrannenmörder berichtet werden.[31] Doch die Mehrheit erhob Ciceros Vorschlag zum Beschluß.[32]

Am 18. März fand wiederum eine Senatssitzung statt, zu der auch die Befreier erschienen.[33] Hier wurde unter anderm beschlossen, daß für Caesar eine öffentliche Leichenfeier gehalten werden solle.[34] Cicero wird wie Brutus zugestimmt haben. Aber Atticus sagte ihm sogleich, nun sei alles verloren.[35] In der Tat endete die Veranstaltung am 20. März[36] mit wüsten Tumulten. Die tobende Menge wollte die Häuser der Caesarfeinde in Brand stecken. Auch Cicero wurde bedroht, doch wurde sein Haus erfolgreich verteidigt.[37]

In den nächsten Tagen stellten die Consuln die Ruhe her,[38] Antonius zog die *principes civitatis* zu Beratungen heran darüber, wie es mit den vom Dictator Caesar beabsichtigten, aber noch nicht veröffentlichten Verfügungen gehalten werden sollte.[39] Er stimmte auch dem von Ser. Sulpicius Rufus beantragten Senatsbeschluß zu, wonach keine Erlasse über Tributbefreiung und Vergünstigung, die ein Datum nach dem 15. März trugen, mehr ausgehändigt werden sollten.[40] Schließlich legte er selbst Anfang April[41] dem Senat den begeistert begrüßten Antrag vor, die Dictatur für alle Zeit abzuschaffen.[42] So fragte sich gelegentlich sogar Cicero, ob Antonius vielleicht weniger bösartig als genußsüchtig sei,[43] fühlte jedoch lebhaft, daß der Senat dem Druck des Antonius nicht widerstehen und somit auch er selbst nichts bessern noch seine Würde wahren könne, vielmehr seines Lebens nicht si-

---

26 THALHEIM RE 1, 1870.
27 Cic. Phil. 1, 1. 2, 100. Cass. Dio 44, 26, 2. 31, 4. Vell. Pat. 2, 58, 2. SIHLER 396 vermutet, daß Ciceros Rede bei Cass. Dio 44, 23–33 auf Livius zurückgehe. Plut. Cic. 42, 3.
28 Cass. Dio 44, 33, 1–3. Nicol. Damasc. Caes. 110.
29 Cic. Att. 14, 6, 2. 9, 2. 10, 1. 14, 2. 15, 4. 3. 16, 14, 1. fam. 12, 1, 2. Phil. 1, 16; 23.
30 MÜNZER RE 3, 2777 Nr. 254.
31 Suet. Tib. 4, 1.
32 Liv. per. 116. Flor. 2, 17, 3. Vell. Pat. 2, 58, 2. Plut. Caes. 67, 8. Cass. Dio 44, 34, 1. 45, 23, 4. Appian. bell. civ. 2, 563. 3, 43. 4, 554. BECHT 25. 79–83. P. STEIN Senatssitzungen 73. 104, dessen Meinung über die Zuverlässigkeit Appians 2, 525–569 ich jedoch durchaus nicht teilen kann.
33 Plut. Brut. 19, 4.
34 Plut. Brut. 20, 1.
35 Cic. Att. 14, 10, 1. 14, 3.
36 BECHT 84.
37 Cic. Att. 14, 10, 1. Phil. 2, 91. 3, 30. Plut. Cic. 42, 5.
38 Cass. Dio 44, 51, 2.
39 Cic. Phil. 1, 1–2. 2, 100. fam. 12, 1, 2. v. PREMERSTEIN ZRG 43, 132.
40 Cic. Phil. 1, 3. 2, 91. Cass. Dio 44, 53, 4. 45, 23, 7.
41 BECHT a. O. 42.
42 Cic. Phil. 1, 3. 2, 91; 115. 3, 30.
43 Cic. Att. 14, 3, 2. Vgl. Appian. bell. civ. 3, 13.

cher sei.[44] Darum entschloß er sich, schon vor Beginn der Senatsferien[45] auf seine Güter zu ziehen. Sein eigentlicher Plan war, im Juli in Form einer Legation nach Griechenland zu reisen, wo sein Sohn in Athen studierte.[46] Doch hielt er den Antrag für die Legation zunächst noch zurück, um die Klärung der Verhältnisse abzuwarten,[47] insbesondere Brutus nicht im Stiche zu lassen (16, 3). Etwa am 7. April kehrte er auf dem Gute des C. Matius ein.[48] Caesars treuer Freund beurteilte die Ermordung als eine furchtbare Katastrophe: „Nämlich wenn er mit solchem Genie den Ausweg nicht fand, wer wird ihn jetzt finden?",[49] was Cicero ärgerte, aber doch einen tiefen Eindruck machte (14, 4, 1. 5, 1). Gespannt beobachtete er alle Anzeichen für eine Entwicklung der politischen Lage.[50] Anders als in Rom fand er in den Municipien Begeisterung für die Befreiertat vom 15. März (14, 6, 2).

Aber auch Antonius brach die Brücke zu den Republikanern noch nicht ab. Er verständigte sich mit den Praetoren Brutus und Cassius über ein s.c., das ihnen den Aufenthalt außerhalb Roms bewilligte.[51] Vor allem ließ er am 13. April den falschen Marius[52] beseitigen.[53] Und am 26. April erhielt Cicero sogar einen Brief des Consuls, worin dieser als Stiefvater des jungen P. Clodius Pulcher[54] in höflichster Form die Zustimmung zur Restitution des Sex. Cloelius[55] erbat.[56] Natürlich antwortete er ebenso höflich und freundschaftlich,[57] obwohl ihn dieses Manöver aufs heftigste empörte. Denn weder glaubte er, daß Caesar diese Restitution angeordnet habe, noch, daß Antonius sich im Ernst nach seiner Antwort richten wolle.[58] In der Tat wurde um den 18. April die römische Öffentlichkeit von einer Flut angeblicher Verfügungen des Dictators überrascht.[59] Aber eben darum wird diese Anwandlung von Gewissenhaftigkeit im Fall des Sex. Cloelius ihren besonderen Grund gehabt haben, und wir dürfen wohl annehmen, daß hier wie im Verhalten zu den Befreiern das Erscheinen des jungen C. Caesar Octavianus gewirkt hat, dem gegenüber er

---

44 Cic. Att. 14, 10, 1. 13, 4.
45 Cic. Att. 14, 13 a, 1 im Brief des Antonius *subita tua profectio*.
46 Cic. Att. 14, 7, 2. 13, 4.
47 Cic. Att. 14, 5, 2. 13, 4. 19, 6.
48 MÜNZER RE 14, 2209. M. ROTHSTEIN Rh. Mus. 81, 324 ff.
49 Cic. Att. 14, 1, 1. 2, 2. 3, 1.
50 Cic. Att. 14, 3, 2. 5, 3.
51 Cic. Att. 14, 6, 1. 14, 7. 15, 20, 1. fam. 11, 2, 1. Phil. 2, 31.
52 MÜNZER RE 14, 1817. Angeblicher Enkel des berühmten Marius und Sohn von Caesars Vetter.
53 Cic. Att. 14, 6, 1. 7, 1. 8, 1. Phil. 1, 5. BECHT 47.
54 MÜNZER RE 4, 88 Nr. 49.
55 Cloelius nicht Clodius nach der besten Lesart, bei SHACKLETON BAILEY C.s Letters to Att. Bd. 1, 83. Er wird schon Att. 10, 8, 3 als einer, dessen Rückkehr aus dem Exil Cicero befürchtet, genannt. Der neben ihm erwähnte Plaguleius gehörte nach dom. 89 zu den Bandenführern des Clodius. So mag er 52 wegen der Ausschreitungen nach der Ermordung des Clodius verurteilt worden sein.
56 Cic. Att. 14, 13 a.
57 Cic. Att. 14, 13 b. 19, 2.
58 Cic. Att. 14, 13, 6. Phil. 2, 9–10.
59 Cic. Att. 14, 12, 1. fam. 12, 1, 1. Phil 1, 24. 2, 92. 5, 12. 7, 15. 13, 12. BECHT 49.

sich, wie er wohl wußte, auf die Elite der Caesarianer nicht verlassen konnte.[60] Auch Cicero erkundigte sich schon am 11. April nach Octavius,[61] doch ohne ihm zunächst viel Bedeutung beizumessen (6, 1). Aber am 19. April erzählte ihm Balbus, daß der junge Mann Anspruch auf die Erbschaft erheben wolle. Das mußte zum Zerwürfnis mit Antonius führen,[62] der ja schon in der Nacht des 16. März Caesars ganze Hinterlassenschaft an sich gebracht hatte.[63] Am 21. April machte er zusammen mit seinem Stiefvater L. Marcius Philippus,[64] in dessen Villa bei Cumae er tags zuvor eingetroffen war, Cicero selbst seine Aufwartung.[65] Er trat dem berühmten Redner mit der gebührlichen Ehrerbietung und herzlich entgegen; doch beobachtete dieser wie ihn die Caesarianer ganz für sich in Anspruch nahmen, so daß für „die gute Sache" nichts von ihm zu hoffen war. Da Philippus ihn nicht Caesar nannte wie die andern, sondern Octavius, tat Cicero desgleichen.[66]

In Cumae hielten sich damals auch die für 43 designierten Consuln Pansa und Hirtius auf sowie Balbus, mit denen Cicero eifrig verkehrte.[67] Hirtius und Pansa veranlaßten ihn sogar wie früher im Jahr 46,[68] ihnen rhetorischen Unterricht zu erteilen, was er freilich nur als Last empfand (12, 2). Denn wenn sie auch Antonius kritisierten,[69] blieben sie doch Caesarianer.[70]

Unter diesen ungewissen Verhältnissen lockte es ihn immer wieder, sich in Griechenland, wo sein Sohn den Studien oblag und wo in diesem Jahr die olympischen Spiele gefeiert wurden,[71] den Schwierigkeiten zu entziehen.[72] Daß D. Brutus die Statthalterschaft in Gallia citerior übernahm, bedeutete wohl eine günstige Machtverschiebung, aber, zumal wenn sich auch Sex. Pompeius in Spanien behauptete, zugleich den Bürgerkrieg, und da sah er keine Möglichkeit, wiederum neutral zu bleiben, bei seinem Alter ein schrecklicher Gedanke![73] Am 25. April trat Antonius eine Reise nach Campanien an, um an den dort angesiedelten Veteranen eine Stütze zu gewinnen;[74] auch das deutete auf Kriegsgefahr.[75] Wie kürzlich bei der Angelegenheit des Sex. Cloelius erwies er Cicero wiederum die Aufmerksamkeit, ihn als Augur um ein Gutachten darüber zu bitten, ob er nach Capua, wo sich bereits eine Colonie Caesars befand, eine neue Colonie deduzieren dürfe. Cicero

---

60 Vgl. BECHT 42, der dieses Motiv schon bei den entgegenkommenden Senatsbeschlüssen von Anfang April vermutet.
61 Cic. Att. 14, 5, 3.
62 Cic. Att. 14, 10, 3.
63 Cic. Phil. 2, 35. Appian. bell. civ. 2, 525. 3, 63. BECHT 20, 78.
64 MÜNZER RE 14, 1569.
65 Cic. Att. 14, 11, 2.
66 Cic. Att. 14, 12, 2.
67 Cic. Att. 14, 9, 2–3. 10, 3. 11, 2. fat. 2–3.
68 O. S. 252, Anm. 89.
69 Cic. Att. 19, 2. 20, 4. 21, 4.
70 Cic. Att. 22, 1. 15, 1, 3.
71 Cic. Att. 15, 25. 16, 7, 5.
72 Cic. Att. 14, 7, 2. 12, 2. 16, 3. 18, 4. 19, 6.
73 Cic. Att. 13, 2–3. 19, 1. 21, 4. 22, 2.
74 Cic. Phil. 2, 100. Att. 14, 21, 2. fam. 11, 2, 2. BECHT 51.
75 Cic. Att. 14, 20, 4.

antwortete, in diesem Falle könnten nur neue Colonisten der bestehenden Colonie zugeteilt werden. Auch das war nach Ciceros Meinung nur äußerliche Höflichkeit, nachdem Antonius in Casilinum bereits gegen das Auspicienrecht verstoßen hatte.[76]

Trotzdem war ihm die Fortdauer solcher Beziehungen erwünscht, weil auch er den Consul für gewisse Gefälligkeiten brauchte;[77] insonderheit galt das von der Sache der Gemeinde Buthroton (in Epirus, in der Nähe der Besitzung des Atticus), die ihm Atticus ans Herz legte.[78] Denn nachdem Caesar bereits zugesagt hatte, daß dort keine Veteranen angesiedelt werden sollten, bedurfte diese Entscheidung nur der Genehmigung der Consuln,[79] zumal die Colonisten schon abgegangen waren (5). Cicero versprach, sein Bestes zu tun,[80] und wollte Antonius in Campanien persönlich angehen, traf jedoch nicht mit ihm zusammen.[81] So dachte er eine Zeitlang, am 1. Juni die Senatssitzung zu besuchen.[82]

Als Ende April Dolabella in Abwesenheit des Collegen mit blutiger Strenge gegen das Gesindel vorging, das auf seine Art immer noch die Trauerfeierlichkeiten für Caesar fortsetzte, erhoffte Cicero während einiger Tage sogar einen völligen Umschwung.[83] Er sah im Geiste schon Dolabella als Vorkämpfer der Republik[84] und schrieb ihm einen begeisterten Glückwunschbrief,[85] worin er ihn dem Brutus gleichstellte (5) und mit Befriedigung erzählte, daß man in der Umgegend von Pompei ihm selbst an der Großtat auch einen gewissen Anteil zuschreibe und daß der Consular L. Caesar, den Cicero am Krankenlager in Neapel besuchte, sogar den Ausspruch tat, nun habe man seit 63 zum erstenmal wieder einen wirklichen Consul.[86] Freilich mußten jetzt auch die Befreier energisch zugreifen. Dazu rief er Cassius und Brutus auf.[87] Wenn Brutus in die Stadt zurückkehren konnte, war der Sieg gewonnen![88]

Jedoch Atticus konnte diesen Enthusiasmus nicht teilen,[89] Pansa tadelte Dolabella scharf,[90] und Brutus hatte kein Vertrauen zu ihm.[91] Am 11. Mai erzählte ihm Balbus von den Plänen des Antonius, woraus ihm klar wurde, daß dieser gegebenenfalls zum bewaffneten Kampf entschlossen war. „Ausgeführt nämlich wurde jene Tat mit Mannesmut, aber mit kindischer Überlegung. Denn wer sah nicht, daß

---

76 Cic. Phil. 2, 102. Att. 14, 17, 2.
77 Cic. Att. 15, 1, 2.
78 MÜNZER RE 16, 542. ‚Caesar' 241 f. Anm. 36. 266 Anm. 197.
79 Cic. Att. 16, 16 a, 6.
80 Cic. Att. 14, 11, 2. 14, 6. 15, 2, 1. 4, 1; 3.
81 Cic. Att. 14, 17, 2. 19, 4. 20, 2. 15, 1, 2.
82 Cic. Att. 14, 14, 4; 6. 20, 2; 3. 22, 1. 15, 3, 1.
83 Cic. Phil. 1, 5. 2, 107. Att. 14, 15, 1. 16, 2.
84 Cic. Att. 14, 20, 4.
85 Cic. Att. 14, 17 a = fam. 9, 14.
86 Cic. Att. 14, 17a, 1–3. Phil. 1, 30.
87 Cic. fam. 12, 1. Att. 14, 17, 4.
88 Cic. Att. 14, 16, 2. 18, 4. 20, 3.
89 Cic. Att. 14, 18, 1. 19, 5. 20, 4.
90 Cic. Att. 14, 19, 2.
91 Cic. Att. 14, 19, 1. 18, 4.

XIV. Nach den Iden des März 44

der Erbe des Königtums am Leben gelassen wurde?" So schrieb er an Atticus.[92] Schon am 14. Mai wurde ihm daher auf Grund zahlreicher Warnungen zweifelhaft, ob er am 1. Juni in den Senat gehen könne.[93] Bis zum 1. Juni hatte sich tatsächlich Antonius mit Dolabella verständigt.[94]

Auf Wunsch der Befreier bemühte er sich in diesen Tagen, die designierten Consuln für die Republik zu gewinnen.[95] Da klaffte jedoch ein schwer überbrückbarer Gegensatz. Denn so hohen Wert Hirtius auf ein gutes Verhältnis zu Cicero legte, sah er wie früher Matius doch in der Ermordung Caesars die Ursache der Zerrüttung des ganzen Staates und hielt neuen Bürgerkrieg für unvermeidlich (14, 22, 1). Dabei verwies er darauf, daß die Befreier ebenso wie Antonius bewaffnete Gefolgsleute um sich versammelten (15, 1, 3). Um solchen Beschwerden die Spitze abzubrechen, forderten sie damals ihre Anhänger auf, Ruhe zu halten.[96] Aber Antonius dachte nicht daran, diesem Beispiel zu folgen. Vielmehr hörte man, die Veteranen wollten in Rom den von Dolabella beseitigten Caesaraltar wiederherstellen.[97] Weiter sollten sich die makedonischen Legionen bereits in Marsch gesetzt haben.[98]

Während Atticus dazu riet, Antonius durch fernbleiben nicht zu reizen,[99] schrieb ihm Hirtius, er möge die Befreier von Gewaltakten zurückhalten[100] und daß er selbst nicht hingehen werde.[101] Ebenso tat Pansa.[102] Antonius beherrschte mit den Veteranen die Lage[103] und brachte auch den Dolabella wieder auf seine Seite.[104] Da schien es am 28. Mai auch Cicero unmöglich, seine Würde vollends preiszugeben.[105] Den Ausschlag dafür, nicht nach Rom zu gehen, gab schließlich eine Zusammenkunft mit Brutus, Cassius und Atticus in Lanuvium.[106] Wegen seiner Legation wandte er sich schriftlich an die beiden Consuln[107] und hatte die Genugtuung, daß Dolabella, der eben durch das berüchtigte Plebiscit *de provinciis consularibus*[108] Syrien auf 5 Jahre erhalten hatte, ihn am 3. Juni für seine ganze Amtsdauer zum Legaten mit voller Bewegungsfreiheit ernannte. Wegen der Annehmlichkeit dieser Stellung war er geneigt, das Anstößige dieser Gefälligkeit zu überse-

---

92 Cic. Att. 14, 21, 2–3. Phil. 2, 105–107.
93 Cic. Att. 14, 22, 2. Phil. 2, 100.
94 Cic. Phil. 2, 107.
95 Cic. Att. 14, 20, 4. 21, 4. fat. 2 er sprach mit Hirtius *de pace et de otio*.
96 Cic. Att. 14, 20, 4. 15, 1, 3. fam. 11, 2, 1.
97 Cic. fam. 11, 2, 2.
98 Cic. Att. 15, 2, 2.
99 Cic. Att. 15, 3, 1. fam. 16, 23, 2.
100 Cic. Att. 15, 5, 1. 6, 1; 2–3.
101 Cic. Att. 15, 6, 2. 5, 2. 8, 1.
102 Cic. Phil. 1, 6.
103 Cic. Att. 15, 4, 1.
104 Cic. Phil. 1, 31. 2, 107.
105 Cic. Att. 15, 5, 3 *mihi vero deliberatum est, ut nunc quidem est, abesse ex ea urbe in qua non modo florui cum summa verum etiam servii cum aliqua dignitate*. 26, 1. Phil. 2, 108.
106 Cic. Att. 15, 20, 1. 4, 2. 4 a. 8, 1. 9, 1. DRUMANN-GROEBE 1, 429.
107 Cic. Att. 15, 8, 1. fam. 16, 23, 2.
108 Cic. Phil. 5, 7. 8, 28. 2, 109. Liv. per. 117. W. STERNKOPF Herm. 47, 367. DRUMANN-GROEBE 1, 438. T. R. HOLMES The Architect of the Rom. Empire (1928), 192. MARIO ATTILIO LEVI Ottaviano capoparte (1933) 1, 77, 4 ff.

hen.¹⁰⁹ Dolabella sorgte dann auch dafür, daß die von den Consuln in der Buthrotierangelegenheit zu fällende Entscheidung¹¹⁰ günstig ausfiel.¹¹¹

Man sieht daraus, daß die Consuln die Verbindung zu Cicero nicht abreißen ließen. Auch der Consular Q. Fufius Calenus stellte sich freundlich zu ihm,¹¹² ebenso Balbus.¹¹³ Dasselbe bemerkten wir bei den designierten Consuln und bei Octavian. Dieser hatte sich inzwischen, etwa am 8. Mai, in Rom dem Volke vorgestellt.¹¹⁴ In einem Brief etwa vom 9. Juni nennt ihn Cicero Octavianus, nicht mehr wie bisher Octavius. Von seiner Begabung wie von seinem Mut ist er voll befriedigt, hofft auch auf eine Verständigung mit den Befreiern. Freilich verkennt er nicht, daß der junge Mann durch den Namen Caesar und das Erbe politisch in einer bestimmten Richtung gebunden ist. Desto wichtiger war deshalb, auf ihn Einfluß zu gewinnen, wobei Cicero das Ziel vorschwebte: *ab Antonio seiungendus est*. Der Stiefvater L. Marcius Philippus, den Cicero in Astura traf, vermochte darüber nichts zu sagen. Dagegen schien der Schwager C. Marcellus¹¹⁵ in günstigem Sinn auf ihn einzuwirken, weniger eng war das Verhältnis zu Pansa und Hirtius.¹¹⁶

Cicero erkannte hier mit feiner Witterung eine politische Möglichkeit, die gegen Ende des Jahres Wirklichkeit wurde, nämlich eine Caesarianerfront gegen Antonius. Die große Schwierigkeit lag nur im Verhältnis zu den Republikanern. Doch neigten außer den designierten Consuln auch die namhaften Consulare L. Piso und P. Servilius Isauricus zu einer solchen Kombination.¹¹⁷ Daß sich die Dinge so entwickeln könnten, fühlte aber auch Antonius und wollte aus diesem Grunde mit Cicero nicht brechen.¹¹⁸ Denn dieser war ihm wichtig als Verbindungsmann zu den „Befreiern". Wenn auch die Praetoren Brutus und Cassius ihm zur Zeit nicht gefährlich werden konnten, so besaßen doch D. Brutus und C. Trebonius als Proconsuln die Provinzen Gallia citerior und Asia und damit eine Macht, die bei einer kriegerischen Auseinandersetzung schwer ins Gewicht fiel, und die er darum nicht von vornherein auf die Gegenseite drängen wollte.¹¹⁹

Für Cicero handelte es sich um Sein oder Nichtsein der *res publica*, und er sah die Ursache der ganzen Verwirrung, die nicht anders als mit Bürgerkrieg enden

---

109 Cic. Att. 15, 11, 4. 18, 1. 19, 2. 20, 1. 29, 1. Phil. 1, 6. Plut. Cic. 43, 3. DRUMANN-GROEBE 1, 432.
110 Cic. Att. 16, 16 c, 11. v. PREMERSTEIN ZRG 43, 137–139 über die Lex Antonia de actis Caesaris confirmandis vom 2. Juni 44.
111 Cic. Att. 15, 12, 1. Ciceros Dankesbrief vom 27. Juni 15, 14, 2–3. Die hierauf an die drei Kommissare für Veteranensiedlung in Epirus gerichteten Schreiben Ciceros Att. 16, 16 a–f. MÜNZER RE 16, 542.
112 Cic. Att. 15, 4, 1 vom 24. Mai.
113 Cic. Att. 14, 21, 2. 15, 2, 3.
114 Cic. Att. 14, 20, 5. 21, 4. 15, 2, 3.
115 MÜNZER RE 3, 2736. Consul 50, mit Octavia verheiratet.
116 Cic. Att. 15, 12, 2. Plut. Cic. 44, 1.
117 Nicol. Damasc. Caes. 111. Plut. Ant. 16, 6. JACOBY Komm. zu Nicol. S. 284. MÜNZER RE 2 A, 1800.
118 Cic. Phil. 1, 11; 28. 2, 5; 90. 5, 19.
119 Die „Freundschaft" mit den Caesarmördern warf ihm Octavian vor, Nicol. Damasc. Caes. 110. Appian. bell. civ. 3, 52–59. Cic. Phil. 2, 30, *M. Brutus, quem ego honoris causa nomino*; 31. fam. 11, 28, 7.

konnte,¹²⁰ darin, daß am 15. März nicht ganze Arbeit geleistet worden war, indem man Antonius geschont hatte.¹²¹ Trotzdem setzte er auch jetzt alle Hoffnung auf Brutus und Cassius.¹²² Wir sahen,¹²³ wie er Anfang Mai von Dolabellas Eingreifen eine entscheidende Wendung erwartete und Mühe hatte, diese Illusionen fahren zu lassen. Brutus begehrte seinen Rat,¹²⁴ und kurz vor dem 22. Mai empfing er seinen Besuch (15, 3, 2). Zu einer vollständigen Übereinstimmung kam es offenbar nicht. Brutus wollte den Gegensatz zu Antonius nicht auf die Spitze treiben. Weil er und Cassius in Rom nicht amtieren konnten, erwogen sie den Gedanken, sich zunächst aus Italien zu entfernen.¹²⁵ Hirtius faßte das als Kriegsdrohung auf und bat Cicero, sie davon zurückzuhalten,¹²⁶ und auch Antonius lenkte ein, indem er ihnen einen Auftrag zu erwirken versprach.¹²⁷ Am 5. Juni erhielten sie dann die *curatio frumenti*.¹²⁸ Cicero konnte darin nur eine Schmach erblicken.¹²⁹ Auf Brutus' Wunsch nahm er am 8. Juni an einer Besprechung in Antium teil, wo die Befreier und Favonius zusammen mit Servilia, Porcia und Iunia Tertia¹³⁰ über das Angebot des Antonius berieten. Aus Ciceros Bericht darf man schließen, daß Servilia, die Mutter und Schwiegermutter der Befreier, auf eine solche Verständigung hinarbeitete, wenn sie auch die Formulierung des Auftrags, an dem Cassius größten Anstoß nahm, noch zu verbessern hoffte.¹³¹ Auch Cicero konnte Brutus nur zureden, da er eine Betätigung in Rom für ausgeschlossen hielt; es komme nur darauf an, daß er sich der *res publica* erhalte (11, 1. 12, 1). Aber es war ihm eine Genugtuung, daß Cassius auf die am 15. März verpaßten Gelegenheiten schalt. Bei Servilia erregte seine Zustimmung freilich, obwohl er sich über die Beseitigung des Antonius nicht äußerte, heftigen Widerspruch, so daß er seine Rede abbrach (11, 2)¹³². Die Meinungsverschiedenheit, die hier bestand, kommt im nächsten Brief ungewollt zum Vorschein, wo Cicero vom Fehler des Brutus auf Octavian übergeht (12, 2).¹³³ Wir wissen nicht, ob er in der Unterhaltung mit Brutus diesen Punkt auch berührte. Jedenfalls ist zu vermuten, daß Brutus schon damals die innere Unmöglichkeit einer darauf zielenden Politik erkannte, wie er es ein Jahr später aussprach.¹³⁴ Mit Antonius dagegen, das betont er unmittelbar vorher, hätte er sich schon verständigen können

120 Cic. Att. 14, 21, 3; 4. 22, 1. 15, 2, 3.
121 Cic. Att. 14, 4, 1. 5, 2. 6, 2. 10, 1. 11, 1. 12, 1. 14, 2; 5. 21, 3. 15, 1, 5. 4, 2. ad Brut. 2, 5, 1. 1, 15, 4. Phil. 2, 89.
122 Cic. Att. 14, 19, 1 *florente Bruto nostro constitutaque re publica*. 20, 3. fam. 12, 1, 1 *omnis spes in vobis est et in D. Bruto*.
123 O. S. 300.
124 Cic. Att. 14, 15, 3. 19, 5. 15, 1, 5.
125 Cic. Att. 14, 19, 1. 18, 4. 15, 9, 1.
126 Cic. Att. 15, 6, 3.
127 Cic. Att. 15, 5, 2. Vgl. RE 10, 995.
128 Cic. Att. 15, 9, 1. 11, 2. RE 10, 996.
129 Cic. Att. 15, 9, 1. 10.
130 RE 10, 1114 Nr. 206. Tochter der Servilia und Gattin des Cassius.
131 Cic. Att. 15, 10. 11, 2. 12, 1. MÜNZER RE 2 A, 1820.
132 MÜNZER Röm. Adelspart. 363.
133 *Videbatur erga nostros* ἥρωας *ita fore ut nos vellemus animatus*.
134 Cic. ad Brut. 1, 16, 5 *hic ipse puer, quem Caesaris nomen incitare videtur in Caesaris interfectores*.

(4).¹³⁵ So kann der rückschauende Betrachter schon aus den Anzeichen dieser Wochen unschwer gewahren, in welch tragische Verwicklungen sich der idealgesinnte Vorkämpfer der *res publica* verstrickte.

Atticus meinte vielleicht mit einem gewissen Recht, die Sache des Brutus werde nicht wirkungsvoll genug vertreten, und forderte Cicero auf, im Namen des Brutus eine *contio* zu verfassen. Aber Cicero hatte bereits ein Edict entworfen, das Brutus nicht annahm, weil ihm sein eigenes besser gefiel. Der ‚Orator' hatte ihn eben nicht von seinem Atticismus bekehrt.¹³⁶ Zwar gab er seine „Contio Capitolina" Cicero zur Verbesserung; aber im einzelnen konnte dieser nicht bessern, wo er das ganze für zu matt hielt (15, 1 a, 2). Nachdem diese veröffentlicht war, hatte es keinen Zweck, nochmals darüber zu deklamieren, daß der Tyrann mit vollem Recht getötet worden sei. Ihm schwebte vielmehr ein Dialog vor nach der Art des Herakleides Pontikos.¹³⁷ Der Plan beschäftigte ihn noch bis in den Oktober.¹³⁸ C. Trebonius, der Rom Anfang April verlassen hatte, schrieb ihm schon am 25. Mai aus Athen, er hoffe, in dem Dialog, der den Untergang Caesars behandeln sollte, auch verewigt zu werden.¹³⁹

Atticus hatte ihm zuerst geraten, eine Darstellung der Zeitgeschichte zu schreiben. Das lehnte er Ende April ab, weil der Verlauf der Ereignisse sich zu unerfreulich entwickelt hatte.¹⁴⁰ Ebensowenig sagte ihm Atticus' Vorschlag zu, das Werk *de consiliis suis*¹⁴¹ fortzusetzen. Das bisher vollendete Buch bedurfte noch der letzten Feile, und Caesars Untergang hätte in einer eigenen Schrift behandelt werden müssen. Aber das sei jetzt gefährlicher als zu Lebzeiten des ‚Tyrannen', fügt er in einer zu spät aufdämmernden Erkenntnis hinzu: „Denn jener ertrug mich, ich weiß nicht wieso, auf wundersame Weise."¹⁴² Der Fortgang der politischen Ereignisse, der Cicero mit Octavian zusammenführte, machte derartige Veröffentlichungen vollends inopportun.¹⁴³

Dagegen schloß er bald nach Caesars Tod, wohl noch im März 44 die Fortsetzung von *de natura deorum*,¹⁴⁴ die beiden Bücher *de divinatione*, ab (2, 7; 110). Das Prooemium des zweiten Buches ist erfüllt vom Bewußtsein der zurückgewonnenen senatorischen Würde. Darum klingt auch der Bericht über seine Haltung unter Caesars Alleinherrschaft stolzer, als sie in Wahrheit gewesen war. Platons Lehre vom Wechsel der Verfassungen habe ihn stark gemacht, die römische Elite zur griechischen Philosophie zu führen (2, 5–6): *in libris enim sententiam dicebamus, contionabamur, philosophiam nobis pro rei publicae procuratione substitutam putaba-*

---

135 Vgl. Plut. Brut. 22, 4.
136 Cic. Att. 14, 20, 3.
137 Cic. Att. 15, 3, 2. 4, 3. FRITZ WEHRLI Schule des Aristoteles Heft 7 (1953) frg. 27 a–f. frg. 24 b mit Kommentar.
138 Cic. Att. 15, 27, 2. 16, 2, 6. 15, 13, 3. HÄFNER Die literar. Pläne Ciceros 54 ff.
139 Cic. fam. 12, 16, 4. MÜNZER RE 6 A, 2279.
140 Cic. Att. 14, 14, 5. HÄFNER 69. 71. 91.
141 O. S. 115, Anm. 182.
142 Cic. Att. 14, 17, 6. HÄFNER 69–73. 79.
143 Cic. Att. 16, 13 c, 2 vom November 44. Cornel. Nep. frg. 18 PETER. = frg. 57 H. FÄRBER. HÄFNER 61. 91–93.
144 Cic. divin. 1, 7–9; 33; 117. 2, 148.

mus (2, 7). Die Schrift behandelte ein Hauptstück der römischen Religion, worüber er als Augur besondere Veranlassung hatte, sich seine Gedanken zu machen (2, 70). Darum wählte er seinen Bruder und sich zu Dialogpersonen und durchwob die Unterhaltung mit einer Fülle römischer Exempla (2, 8).[145] Anders als sein ehemaliger College Ap. Claudius glaubte er nicht an die Möglichkeit, die Zukunft vorauszusagen, sondern betrachtete das *ius augurium* als *rei publicae causa conservatum ac retentum*.[146] Die Erwähnungen von Caesars Untergang sind erst nachträglich eingearbeitet.[147]

Bei genauerem Studium zeigt sich, daß dieses Werk über Zukunftsvorausschau und die Kunst der Erkundung voreilig veröffentlicht wurde. Während das 2. Buch, in dem sich Cicero kritisch zurückhaltend oder ablehnend äußert, einer klaren Disposition folgt (28–41 *haruspicina*, 42–49 *fulgura*, 49–69 *ostenta*, 70–83 *auspicia*, 83–84 *omina*, 85–87 *sortes*, 87–93 Astrologie, 110–118 *vaticinatio* d. h. Weissagung und Orakel, 119–147 Träume), befindet sich das 1. mehr im Zustand einer Materialsammlung. Im 2. werden manche der im 1. gebrachten Beispiele abgefertigt; aber da im 1. die entsprechende Disposition fehlt, muß man sie mühsam zusammensuchen. Während das 1. Buch ohne Einleitung das Thema angeht (1–7) und mehr beiläufig (8–9) erwähnt, daß ein gelegentlich im Tusculanum mit Quintus geführtes Gespräch wiedergegeben werden soll, bietet das 2. jenes für die Forschung überaus wertvolle Prooemium, das über Ciceros philosophische Schriftstellerei berichtet.[148]

Wie erwähnt, erklärt der Augur Cicero wie in *de natura deorum* der Pontifex Cotta, daß er seine hohe sacrale Würde mit dem philosophisch aufgeklärten Denken verbinden kann (70). Er hatte schon zum Entwurf einer sacralen Gesetzgebung (leg. 2, 20 *interpretes autem Iovis optumi maximi publici augures, signis ab auspiciis postera vidento, disciplinam tenento*) darüber gesprochen. Dem Collegium der Auguren kam die Autorität zu, Akte der politischen Instanzen mit religiösen Begründungen zuzulassen oder zu verbieten (2, 30). Cicero bemerkt, daß er mit dieser Auffassung dem Buch des C. Marcellus (Praetor 80) über Augurienrecht folge, während Ap. Claudius Pulcher (Consul 54) in seinem umfänglichen Werk erklärte, die Auguren könnten auf Grund ihrer Beobachtungen weissagen. Auf eine Anfrage erklärt Cicero, daß in der Gegenwart nur noch die politische Aufgabe gelte (leg. 2, 32). Im spätern Dialog ergreift Quintus die Partei des Ap. Claudius und bekräftigt es mit der Erinnerung, daß dieser 63 dem Consul M. Cicero wegen Zweifel am ‚*augurium salutis*'[149] einen ‚innern Krieg' voraussagte, obgleich seine Collegen darüber lachten (div. 1, 105). Doch auch dazu wiederholt Marcus, daß er mehr C. Marcellus zustimme (2, 75). Der entscheidende Wert der Auspicienkunde liegt

---

145 Neben geschichtlichen auch zahlreiche selbsterlebte, Cic. divin. 1, 17–22; 24; 29; 58–59; 68–69; 103; 105. 2, 22; 52; 53; 46–48.
146 Cic. divin. 1, 105. 2, 75; 8; 28; 43; 71; 110–111; 114.
147 Cic. divin. 1, 119. 2, 23; 99; 110 verglichen mit 1, 11. 2, 52; 142. CIACERI 2, 327, 4.
148 Süss 122 bemerkt gut, „die Aussagen des 1. Buchs erregen manchmal den Verdacht, als seien sie nur als Vorlage für die später folgende Kritik erfunden".
149 K. LATTE Röm. Rel. Gesch. 140.

darin, daß *principes civitatis* mit der Auslegung beauftragt sind (divin. 2, 74. leg. 2, 30 *auctoritas optimatium*).[150]

Neckischerweise hatte Appius sein Werk Cicero gewidmet,[151] und dieser mag ihm wohl einige römische Beispiele entnommen haben. Cicero scheut sich nicht, sich von Quintus durch längere Verszitate aus seinen Epen an die dort erwähnten Vorzeichen und Weissagungen erinnern zu lassen[152] oder auch an die Übersetzung der Prognostica Arats (divin. 1, 13–15). Marcus antwortet darauf, Quintus vertrete mit dem Hinweis auf diese berühmten Beispiele die stoische Lehre (2, 8),[153] er dagegen müsse mit Karneades fragen, ob man Dinge, die sich der sinnlichen Wahrnehmung entziehen oder Gegenstand der Philosophie seien, anders als wissenschaftlich untersuchen, mit der Vernunft erfassen könne (2, 9–12).

Als maßgeblicher Kritiker gilt durchwegs Karneades. Da dieser nichts Schriftliches hinterließ, kann als Vermittler wie sonst an Kleitomachos von Karthago gedacht werden (2, 87), aber vor allem hat man hier wie sonst mit ‚hypomnematischer Tradition' zu rechnen (Nachschriften gehörter Lehrvorträge, bezeugt fam. 16, 21, 8. off. 3, 121). Die Topik der Anzweiflung war Cicero gewiß seit dem Unterricht bei Philon geläufig. Vermutlich hat er dann die Bemerkungen zu Kratipp, Poseido-

---

150 Er geht darin nicht so weit wie nat. deor. 3, 118, wo er die zuerst von Kritias im Satyrspiel Sisyphos (Vorsokr. 88, B 25) ausgesprochene Ansicht, die Götter seien von einem klugen Menschen erdacht worden, um die Bösen abzuschrecken, anführt, wie sie zuvor Polybios 6, 56, 9 angenommen hatte, vgl. Kommentar von f. W. WALBANK. O. REGENBOGEN Lukrez (1932) 58.
151 Cic. fam. 3, 4, 1 (Juni 51). 9, 3. 11, 4. bei Fest. (L.) 214, 14 das Frg. *Oscines aves Ap. Claudius esse ait, quae ore canentes faciant auspicium*, womit divin. 1, 120 zusammengehören mochte, wo Quintus neben dem Vogelflug auch die Vogelstimmen erwähnt: *ut tum a dextra, tum a sinistra parte canant oscines*.
152 ‚Marius' divin. 1, 106 und ‚de consulatu' 1, 17–22.
153 Die Reihe führte von Zenon über Chrysippos, Diogenes von Seleukia zu Antipatros. Dessen Schüler Panaitios verhielt sich durchaus ablehnend (die hierher gehörigen Fragmente bei VAN STRAATEN 70. 71. 72. 73. 74 = Cic. divin. 2, 87–97). Dagegen suchte wiederum Poseidonios in einem Werk von 5 Büchern die Lehre philosophisch zu begründen, indem er die stoische Auffassung vom Zusammenhang aller Einzelerscheinungen in der von Gott durchwalteten Welt, der ‚Sympathie' ausführlich erörterte (divin. 1, 6; 64; 84; 125. 2, 35). Sympathie 34; 124; 142. K. REINHARDT RE 22, 800 ff. Die Stoiker unterschieden 2 Arten der Zukunftsschau: 1. die ‚künstliche', auf Grund vieljähriger Beobachtung erworbene Deutung von auffallenden Zeichen an Eingeweiden, bei Blitzen, Vogelflug, Konstellationen (Astrologie), 2. die ‚natürliche' bei gottbegeisterten Verkündungen Wachender oder im Traumgesicht (divin. 1, 109–110. 2, 26). Poseidonios gab 3 Erklärungen: 1. göttliche Eingebung, 2. das vorausbestimmte Schicksal (*fatum*, εἱμαρμένη sprachlich falsch aber sachlich richtig wiedergegeben als *series causarum*, Ursachenkette), 3. Vorbereitung natürlicher Vorgänge, beim Wetter (divin. 1, 125; 130. 2, 27). Der mit Cicero befreundete, hochgeschätzte Peripatetiker Kratippos (den seit 45 Ciceros Sohn in Athen hörte, v. ARNIM RE 11, 1658. REINHARDT RE 22, 793, 2. Plut. Cic. 24, 7. Cic. fam. 12, 16, 2. 16, 21, 3) erkannte nur die ‚natürliche' Mantik an (divin. 1, 5; 70; 72) und behauptete zu ihrer Rechtfertigung, es sei damit wie mit den Augen, die gelegentlich versagen könnten. So sei auch die Zukunftsschau bewiesen, wenn sie nur einmal richtig vorausgesagt habe. Cicero verneint diesen Schluß, weil Sehen die natürliche Funktion der Augen ist, während das Eintreffen einer Prophezeiung ebenso auf Zufall beruhe, wie bei dem von Kratipp abgelehnten Auslegen von Wunderzeichen samt Eingeweideschau, Auspicien und Astrologie (divin. 1, 71. 2, 107–109).

nios (2, 47 *noster*) und Panaitios aus späterer Lektüre beigefügt. Die römischen Dichter und Annalisten mag er etwa von Tiro auf Gegenstücke zu den Beispielsammlungen der Stoiker haben durchsehen lassen. Den Auszug des Brutus aus Caelius Antipater erbat er sich schon am 8. Juni 45 von Atticus (Att. 13, 8).

Die stoische Lehre, daß die Götter den Menschen aus Liebe den Blick in die Zukunft gewähren, wird mit dem schon von Dikaiarch eingehend behandelten Einspruch widerlegt, daß es besser sei, die Zukunft nicht zu kennen.[154] Wenn alles Geschehen vorausbestimmt wäre, würde Vorherwissen den Menschen nicht befähigen, seinem Schicksal zu entfliehen. Quintus hatte (1, 26) die Erfahrungen des vorzeichengläubigen Königs Deiotaros angeführt, der wegen eines Zeichens eine Reise abbrach, wonach in der nächsten Nacht das Zimmer einstürzte, in dem er Quartier nehmen wollte. Darauf antwortet Marcus, wenn der Tod vorausbestimmt gewesen wäre, hätte er ihm nicht entgehen können. Die angebliche durch Zeichendeutung erlangte Warnung hätte ihm nichts genützt. Ferner beleuchtet er das von Dikaiarch behandelte Thema mit dem Untergang der drei ehemaligen Verbündeten: Crassus 53, Pompeius 48, Caesar 44. Sage man, bei Vorauswissen hätte Crassus nicht den Euphrat überschritten, Pompeius nicht zu den Waffen gegriffen, Caesar nicht den Bürgerkrieg begonnen, so hätte das gegen den nach stoischer Philosophie vorausbestimmten Todestag nichts geholfen (2, 22–24). Es gebe kein Vorgefühl und keine Voraussage von zufälligen Ereignissen (2, 15; 25). Im Gegensatz zur Divination – für die es Quintus (1, 128) behauptet hatte – beruhten Diagnosen der Ärzte und Wetterprognosen der Seeleute auf wissenschaftlichen Beobachtungen.

Zum Schluß rühmt Cicero den Karneades, weil er dem Anspruch der Stoiker, die einzigen Philosophen zu sein, widerstanden habe (2, 150). Es gehört zur Unfertigkeit des Werks, daß er sich mit den in 5 Büchern dargelegten Gedanken des Poseidonios, der einige Jahrzehnte nach Karneades schrieb, nicht auseinandersetzte. Uns machen die vielen erzählten Beispiele und ihre Abfertigung die beiden Bücher unterhaltsam.

An *de divinatione* schloß sich sachlich[155] das Buch *de fato* an. Cicero gestaltete es als Zwiegespräch (besser *disputatio* im Stil der Tusculanen, 4) im Puteolanum mit Hirtius[156] wie es z. B. Mitte Mai 44 angenommen werden könnte.[157] Die Abfassung der Schrift muß also etwas später fallen; am 3. Juli war bereits *de gloria* vollendet.[158]

Wie erwähnt, war das *fatum* als vorausbestimmtes Schicksal ein wichtiges Erklärungsmittel der Zukunftsschau, besonders auch bei Poseidonios. Leider ist in Ciceros Werk nach dem Prooemium ein großes Stück ausgefallen, und ebenso fehlt der Schluß. Doch lesen wir im Beginn des großen Fragments noch den Schlußteil einer Kritik an ‚unserm Lehrer' Poseidonios. Darin wird die Beweiskraft einiger

---

154 Cic. divin. 2, 101–106. Dikaiarch. frg. 17 WEHRLI.
155 Cic. divin. 1, 127. 2, 19.
156 Cic. fat. 2.
157 Cic. Att. 15, 1, 3.
158 Cic. Att. 15, 27, 2. 14, 4. 16, 6, 4. off. 2, 31.

Beispiele bestritten; das Eintreffen von Voraussagen könne als Zufall erklärt werden.[159]

In dem erhaltenen Bruchstück wird vor allem Chrysipp (etwa 280–205 lebend) bekämpft, der das Fatum wie später Poseidonios mit Hilfe der Sympathie erklärt hatte. Cicero macht sich, wie zu erwarten, wieder die Kritik des Karneades zu eigen, dem es dabei um die Behauptung der menschlichen Willensfreiheit ging.[160] Dieser hatte den Versuch Epikurs, durch seine Lehre der leichten Abweichung der fallenden Atome von der Parallele die Vorausbestimmung zu widerlegen und damit auch die Willensfreiheit zu retten, verworfen, da solche Bewegung ohne Ursache physikalisch unmöglich sei.[161] Er unterschied vielmehr zwei Arten von Ursachen. So sagte er (19): eine Aussage wie ‚Karneades begibt sich in die Akademie' ist nicht aus ewigen naturnotwendigen Ursachen wahr. Freilich gibt es auch da eine Ursache, doch besteht ein Unterschied zwischen zufällig vorausgegangenen Ursachen und solchen, die von Natur Wirkungskraft in sich enthalten. Bei den freiwilligen Bewegungen der Seele muß man keine äußere Ursache suchen. Die willkürliche Bewegung hat selbst die Natur in sich, daß sie sich in unserer Gewalt befindet und uns gehorcht (25). Es ist ein großer Unterschied, ob sich eine seit Ewigkeit bestehende naturgesetzliche Ursache in der Zukunft verwirklicht, oder ob ohne von Ewigkeit her bestimmte Ursache Zukünftiges erkannt werden kann. Wenn in Wahrheit alles Geschehen wegen der Sympathie nach vorausbestimmter Notwendigkeit bewirkt wird, steht nichts in unserer Gewalt. Es gibt aber etwas in unserer Gewalt (31). Darum sagte Karneades, selbst Apollon könne die Zukunft nicht voraussagen, wenn sie durch kein Naturgesetz bestimmt sei, z.B. daß der dreimalige Consul M. Marcellus im Jahr 148 in einem Seesturm umkomme (32/3). Nun gab es aber Philosophen, die auch die Triebe, vermöge derer die Menschen handeln, vom Fatum herleiteten. Damit wird der freie Wille aufgehoben. Das würde bedeuten, daß weder Lob noch Belohnungen, weder Tadel noch Strafe gerecht sein könnten. Weil das gegen die Sittlichkeit verstößt, darf mit Glaubhaftigkeit (*probabiliter*) erschlossen werden, daß nicht alles nach Vorausbestimmung geschieht (40). Wir sehen, wie sich Cicero mit dieser Berufung der Karneadesschule auf das πιθανόν *probabile* ernsthaft um die Wahrung der menschlichen Willensfreiheit bemüht.

450 Jahre später hat Augustin diese Lösung als Verleugnung von Gottes Allmacht und Allwissenheit verworfen. Er gibt das Problem so wieder: Entscheiden wir uns für das Vorauswissen der Zukunft, wird die menschliche Willensfreiheit (*voluntatis arbitrium*) beseitigt. Cicero entschied sich für Willensfreiheit. „So hat der große, gelehrte und für die Kultur höchstbesorgte Mann (*vitae humanae pluri-*

---

159 Augustin, der noch das ganze las, nennt ihn civ. dei 5, 2 *P. Stoicus multum astrologiae deditus*. Cicero habe gegen die astrologischen Schlüsse bei Zwillingen auf die empirischen Ergebnisse des Hippokrates verwiesen.
160 Cicero gibt zunächst die Kritik, die Karneades an der falschen Verwendung des rein logisch zu verstehenden Satzes des berühmten Dialektikers Diodoros Kronos (4./3. Jh.) übte: ‚Nur das ist möglich, was jetzt oder in Zukunft wahr ist.' fat. 13; 17. Diese sehr schwierige Partie hat ALFONS WEISCHE (Cic. u. d. Neue Akademie 1961. 90ff.) eingehend erläutert.
161 Cic. fat. 22–25; 46–48. Lucr. de rer. nat. 2, 216; 254 *principium quoddam, quod fati foedera rumpit*.

mum ac peritissime consulens) die Menschen, die er befreien wollte zu Religionsfrevlern (*sacrilegos*) gemacht." „Die fromme Seele (*religiosus animus*) aber entscheidet sich für beides." „Denn unsere Willensakte (*voluntates*) befinden sich in der Causalordnung, die für Gott feststehend und in seinem Vorauswissen enthalten ist, weil auch die menschlichen Willensakte die Ursachen menschlicher Handlungen sind; und so konnte er, der die Ursachen aller Dinge vorauswußte, fürwahr innerhalb der Causalordnung nicht unsere Willensakte nicht wissen, die er als Ursache unserer Handlungen vorauswußte." Was für Cicero zufällige Ursachen sind, nennen wir ‚verborgene' und schreiben sie dem Willen des wahren Gottes oder ‚gewisser Geister' zu.

Der Lebensgeist, der alles belebt und der Schöpfer ist der ganzen Körperwelt und jedes geschaffenen Geistes, ist Gott selbst, der ungeschaffene Geist. In seinem Willen ist die höchste Macht, die den guten Willensakten der geschaffenen Geister hilft, die bösen richtet, alle ordnet und den einen Ausübungsgewalt erteilt, andern nicht.

Das Angeführte dient zum Beweis, daß Cicero aus Sorge um die Willensfreiheit das Fatum bestritt. Für Christen ist die damit geleugnete Causalordnung schlimmer als die stoische Lehre (civ. dei 5, 9). Wenn jedoch Augustin schließlich Cicero nach dem 14. Psalm zum ‚Toren' macht, ‚der in seinem Herzen spricht, es ist kein Gott', so tut er der Neuen Akademie Unrecht, wie das Ende von nat. deor. 3, 95 zeigt. Auch der Cotta des Dialogs erklärt sich als Philosoph, nicht nur als Pontifex (1, 62) für die Existenz der Götter (3, 93; 95).[162]

Die 2 Bücher *de gloria* sind bis auf wenige Fragmente verloren.[163]

Der Eindruck von der Zusammenkunft in Antium am 8. Juni gab dem Wunsch, Italien zu verlassen, neuen Antrieb.[164] Der leitende Gedanke war, am 1. Januar 43, wenn unter den Consuln Pansa und Hirtius wieder auf eine würdige senatorische Tätigkeit gerechnet werden konnte, zurückzukehren.[165] Aber im Grunde wollte er lieber in Italien bleiben.[166] Darum hörte er darauf, was die andern Leute fanden, und zauderte.[167] Dem Antonius traute er ein Blutbad zu.[168] Außer den Veteranen hatte er eine Schutzwache von ityraeischen (aus dem heutigen Staat Libanon) Bogenschützen herangezogen.[169] Insonderheit regte Cicero der Gedanke auf, Sex. Pompeius komme nach Italien. Denn das war der Bürgerkrieg, und Antonius ließ sich vernehmen, nur die Sieger würden am Leben bleiben.[170] Also hinaus aus der „Fischreuse" des Antonius! – um wenigstens anständig zu sterben (15, 20, 2). Seine

---

162 Zur Erklärung der Schrift sei besonders auf Süss 128–133 verwiesen. Süss erinnert auch mit Recht daran, welch starke Wirkung die theologischen Schriften Ciceros auf die Aufklärung des 18. Jahrhunderts ausgeübt haben (93 ff. 128).
163 Cic. Att. 16, 2, 6. 3, 1. Gell. N. A. 15, 6 über Versehen bei der Übersetzung der Verse Ilias H 89. Weiteres bei PHILIPPSON RE 7 A, 1167.
164 Cic. Att. 15, 11, 3.
165 Cic. Att. 15, 25. 16, 1, 4. 6, 2. 7, 2. Phil. 1, 6. 2, 76. Plut. Cic. 43, 3.
166 Cic. Att. 15, 18, 2. 16, 3, 4. 6, 2.
167 Cic. Att. 15, 23, 1. 25. 29, 1. 16, 2, 4.
168 Cic. Att. 15, 17, 1. 18, 2. 19, 1. 20, 3. 21, 1. Vgl. DRUMANN-GROEBE 1, 434.
169 Cic. Phil. 2, 19; 108; 112. 3, 9. 5, 18. 13, 18.
170 Cic. Att. 15, 20, 3. 21, 3. 22.

Flucht sollte eine Demonstration sein.[171] Als er aber im Juli hörte, Pompeius wünsche Verständigung, überwog die Sorge, daß dann Antonius freie Hand habe. Von L. Munatius Plancus[172] und D. Brutus hörte er nichts (15, 29, 1).

Am 1. Juli brach er vom Tusculanum auf,[173] zunächst nach Arpinum (26, 5), am 7. Juli traf er auf dem Puteolanum ein.[174] Hier galt es, sich für den Reiseweg zu entscheiden. Brundisium schien gefährlich, weil bereits Soldaten des Antonius aus Makedonien dort gelandet sein sollten.[175] So dachte er bisweilen an Hydrus (Otranto).[176] Am 11. Juli wollte er doch wieder Brundisium vorziehen, da ihm die Legionen minder gefährlich vorkamen als die Seeräuber, welche die Überfahrt von Syrakus unsicher machten.[177] Am 8. Juli besuchte er den M. Brutus in der Villa seines Vetters M. Lucullus[178] auf Nesis bei Puteoli.[179] Wegen der Fährlichkeiten der Seereise wünschte er sich Brutus, der für die *curatio frumenti* nach Asia fahren sollte, anzuschließen.[180] Allein dieser zögerte weil er zunächst noch den Erfolg der auf seine Kosten veranstalteten Apollinarspiele abwarten wollte.[181] Diese hielt er für so wichtig, daß er sogar am 30. Juni Cicero bat, zur Beobachtung nach Rom zu gehen eine reichlich naive Zumutung, wo Cicero Rom schon um der *dignitas* willen mied (15, 26, 1). Wie er damals im Abschiedsbrief an C. Oppius schrieb,[182] rechnete er es diesem nahen Freund Caesars hoch an, daß er ihm schon im Jahr 49 riet *ut consulerem dignitati meae*.[183]

So entschloß er sich, indem er Brundisium aufgab,[184] am 17. Juli mit drei Booten vom Pompeianum abzufahren,[185] freilich ohne innere Freudigkeit. Bei seinen Jahren scheute er die Strapazen. Dazu fehlte der äußere Zwang, weil ja noch Friede war; also verstieß die Reise gegen die *dignitas*, Krieg war vielmehr am 1. Januar zu erwarten! Überdies war er schlecht bei Kasse. Einziger Trost war das Zusammensein mit dem Sohn in Athen.[186] Bei gemächlicher Küstenfahrt erreichte er am 25. Juli Vibo (16, 6, 1). Unterwegs las er in seinen *Academici* und entdeckte, daß er das Prooemium des 3. Buchs versehentlich auch wieder für das Buch *de gloria* verwendet hatte, weshalb er ein neues schrieb (16, 6, 4). Am 28. Juli sandte er von

---

171 Cic. Att. 15, 19, 1. 20, 1.
172 Hanslick RE 16, 546.
173 Cic. Att. 15, 25. 26, 1.
174 Cic. Att. 15, 26, 3. 28. 16, 1, 1.
175 Cic. Att. 15, 20, 3. 21, 3. 16, 4, 4. 5, 3.
176 Cic. Att. 15, 21, 3. 16, 5, 3.
177 Cic. Att. 16, 2, 4; 6. 4, 4. 5, 3.
178 Münzer RE XIII 1, 419.
179 Cic. Att. 16, 1, 1. 4, 1.
180 Cic. Att. 16, 1, 3. 5, 3. 4, 4. 2, 3.
181 Cic. Att. 16, 5, 3. RE 10, 997.
182 Cic. Att. 16, 2, 5.
183 Cic. fam. 11, 29, 1.
184 Cic. Phil. 1, 7.
185 Cic. Att. 16, 3, 6. 6, 1.
186 Cic. Att. 6, 3, 4–5. 7, 2. 15, 15, 3–4. 17, 1. 20, 4.

Rhegion aus die seit der Abfahrt von Velia geschriebenen *Topica* an C. Trebatius Testa.[187]

Am 20. Juli hatte Cicero, im Begriff von Velia abzusegeln, wo dieser vom Vater her reich begütert war, in dem schon aus den Briefen der Jahre 54/3 bekannten scherzenden Ton geschrieben (fam. 7, 20). Aus Rhegion meldet er nun, er habe seit der Abfahrt von Velia das Buch, das er ihm vor der Abreise nicht mehr widmen konnte, nunmehr geschrieben. Wenn ihm darin etwas „zu dunkel" vorkomme, müsse er bedenken, daß keine wissenschaftliche Schrift ohne Erklärer und Übung verstanden werden könne. Oder sei das etwa bei Büchern über das *ius civile* anders? Er solle nur aufmerksam lesen, dann werde er schon den rechten Gewinn haben (fam. 7, 14). Im Prooemium erinnert er entsprechend, daß die Schrift auf eine Unterhaltung im Tusculanum zurückgehe, wo Trebatius auf eine Schrift *Topica* des Aristoteles gestoßen sei und er ihm erklärt habe, es handle sich um ‚die Lehre vom Auffinden der Gesichtspunkte für Beweise' (*disciplinam inveniendorum argumentorum*). Für das weitere möge er sich an einen „gewissen gelehrten Rhetor" wenden. Da dessen Auskunft ihm nicht genügte, habe Trebatius sich wieder an ihn gewandt, und er fühle sich dazu verpflichtet, weil ihm Trebatius oft als wichtiger Rechtsberater gedient habe.[188]

Der in den Briefen aus den letzten Wochen vor dem Aufbruch bezeugte Verkehr mit Trebatius läßt die Angabe, das Werk sei in einer Woche während der Fahrt geschrieben worden, als möglich erscheinen.[189] Man muß bedenken, daß ihm das Thema schon seit der Entstehungszeit von *de oratore* wohlvertraut war, als er sich mit dem Plan trug, das in den Werken der römischen Rechtsgelehrten angehäufte Wissen durch dialektische Ordnung des Stoffs zu einer Wissenschaft zu erheben.[190] Wenigstens der Anfang eines solchen Werks mit dem Titel *de iure civili in artem redigendo* scheint vorhanden gewesen zu sein, da Gellius einen Satz daraus zitiert.[191] Wäre es vollendet worden, hätte Cicero den Trebatius darauf verweisen können. Im ‚Brutus' hatte er eine solche *ars* seinem Freund Sulpicius Rufus zugeschrieben, wovon aber sonst nichts verlautet.[192] Ob der Wunsch des Trebatius tat-

---

187 Cic. fam. 7, 19. topic. 5.
188 Es hat sich gerade aus dem Juni 44 ein Brief erhalten, worin Cicero ihn in einer Erbschaftssache des Praetoriers P. Silius nochmals um Prüfung bittet, da die ebenfalls zugezogenen Juristen Ser. Sulpicius und A. Ofilius sich abweichend geäußert hatten (fam. 7, 21. Att. 15, 24). Und aus derselben Zeit häufigen freundschaftlichen Verkehrs stammt wohl auch der Brief, worin ihn Cicero auf ihm unbekannte Stellen der ältern Juristen verweist, fam. 7, 22. JOH. STROUX Röm. Rechtswissenschaft und Rhetorik (1944) 100, 21.
189 Von KROLL RE 7 A, 1103 nach IMMISCH Rh. M. 78, 116 bestritten.
190 Cic. de or. 1, 185–190; 191 *dum haec, quae dispersa sunt, coguntur, vel passim carpentem et colligentem undique repleri iusta iuris civilis scientia.*
191 Gell. N. A. 1. 22, 7. Quintil. inst. or. 12, 3, 10. S. HÄFNER 21 ff. J. STROUX a. O. 99 ff.
192 Cic. Brut. 152. FRITZ SCHULZ History of Roman Legal Science (1946) 62 ff. sieht in der Einführung der dialektischen Methode das wichtigste Kennzeichen der Hellenistischen Periode der römischen Rechtsgeschichte und erläutert sie ausführlich. Er schreibt sie schon dem Q. Mucius Scaevola, dem Pontifex maximus zu (94) und bestreitet, daß Ser. Sulpicius ein systematisches Werk geschrieben (94–96); Cicero habe ihn aus Voreingenommenheit so hoch erhoben! Er selbst behandelt Cicero mit ungerechter Geringschätzung (49. 51, 7).

sächlich von einem in Ciceros Bibliothek gesehenen Buchtitel angeregt wurde, mag dahingestellt bleiben. Jedenfalls hat das eine Buch Ciceros mit den uns erhaltenen 8 Büchern des Aristoteles nur den Titel gemein. Wenn Cicero (7) sagt, *loci* (τόποι) sei Bezeichnung des Aristoteles für *sedes, e quibus argumenta promuntur*, so brauchte er das nicht beim Philosophen selbst gelesen zu haben.[193] Er bemerkt nämlich gleich dazu, wie sich besonders die Stoiker mit der Dialektik (der Methode, durch Einteilen und Unterscheiden jeden Wissensstoff in ein gegliedertes System zu bringen) beschäftigt hätten. Ihm war sie schon vom Jugendunterricht her geläufig,[194] und so bereitete ihm die Abfassung während der Seereise keine Mühe. Ihr besonderer Reiz liegt darin, daß er als erläuternde Beispiele Bescheide anführt, wie sie die Rechtsgelehrten zu erteilen pflegten: so (10) zum Beweis durch ‚Aufzählung der Teile': Wenn ein Sklave weder durch Erklärung beim Census noch durch Berührung mit der Rute noch durch Testament noch durch irgend eine solche Handlung zum Freien gemacht worden ist, ist er nicht ein Freier. Oder zum Beweis durch Etymologie:[195] Wenn das (Zwölf-)Tafelgesetz befiehlt, einem Grundansässigen soll ein Ansässiger Bürge sein, befiehlt es, ‚einen Wohlhabenden einem Wohlhabenden': Wohlhabend nämlich ist der Grundansässige (*assiduus*), was nach Aelius Stilo von *as dare* herkommt. Nach Analogie (15 a similitudine): Wenn ein Gebäude, das zur Nutznießung als Legat vermacht worden ist, einstürzt oder einen Riß bekommt, muß der Erbe es nicht wiederherstellen oder ausbessern; ebensowenig wie Sklaven ersetzen, wenn er, dessen Nutznießung legiert worden ist, umgekommen wäre.

Nachdem so mit vielen Beispielen die Rolle der Topoi geklärt worden ist, sagt Cicero, Trebatius denke wohl damit sei es genug (25). Doch er müsse nun noch etwas von der Dialektik hören, zunächst über die Definition, da gebe es einmal die der seienden Dinge, zum andern die der erkannten. Die ersten seien das sicht- und greifbare, die andern die nur mit dem Geist erfaßbaren wie die Rechtsbegriffe ‚Ersitzung, Vormundschaft, *gens, agnatio* (Verwandtschaft aller vom selben Vater Abstammenden)' (27). Um Einteilen (*partitio*) von Begriffen handelt es sich, wenn ein Ganzes gegliedert wird wie im *ius civile* in ‚Gesetze, Senatsbeschlüsse, Gerichtsentscheidungen, Autorität der Rechtsgelehrten, Magistratsedikte, Brauch, Billigkeit'. ‚Unterscheiden' (*divisio*) gilt den Arten (*formae* oder *species*, ἰδέαι), die einer Gattung (*genus*) zugehören: ‚Veräußerung gilt für Verkauf, Besitzübertragung durch bindendes Schuldversprechen, Eigentumsabtretung vor dem Praetor unter Bürgern' (28; 30–31). Zum Topos der Folgerichtigkeit (18) bemerkt er, daß danach in einem Gerichtsverfahren zu fragen ist, was vor dem Fall, was in der Gegenwart, was nachher geschah, geschieht oder geschehen wird. Doch fügt er bei, daß der ihm

---

[193] Z.B. Aristot. rhet. 1, 2, 1358 a, 12. top. 7, 151 a am Ende des Buchs οἱ μὲν οὖν τόποι δι' ὧν εὐπορήσομεν πρὸς ἕκαστα τῶν προβλημάτων ἐπιχειρεῖν bedeutet ἐπιχειρεῖν ‚folgern, beweisen', so auch bei Theon progymn. 12, p. 121, 21 SP. εἰς ἑκάστην θέσιν δὲ ἐπιχειρήσομεν ἐξ ὧν τόπων δυνατόν ἐστιν.

[194] Cic. inv. 1, 44 ff. Man kann sich denken, wie er sich mit Diodotos immer wieder im Disputieren übte.

[195] Cic. topic. 35 *notatione quam Graeci* ἐτυμολογίαν *vocant, id est verbum ex verbo, verbiloquium*.

befreundete Praetorier Aquilius, wenn man ihn wegen einer solchen Tatfrage um ein Rechtsgutachten gebeten habe, zu sagen pflegte: *nihil hoc ad nos – ad Ciceronem, inquiebat Gallus noster* (50; 51).[196]

Von Rhegion[197] kam er am 1. August nach Syrakus,[198] wo er trotz Bitten seiner Gastfreunde nur eine Nacht blieb, um jeden politischen Verdacht zu vermeiden. Da ihn der Wind wieder nach dem Vorgebirge Leukopetra im Gebiet von Rhegion abtrieb,[199] versuchte er am 6. August von dort die Überfahrt, mußte aber wegen heftigen Südwinds wieder zurückkehren und wartete in der Villa des P. Valerius guten Wind ab. Hier besuchten ihn einige Bürger von Rhegion, teilten ihm das Edict von Brutus und Cassius mit,[200] vor allem aber, Antonius lenke ein, wolle sich mit dem Senat gut stellen und auf die gallischen Provinzen verzichten; zum 1. August sei der Senat einberufen worden,[201] Brutus und Cassius hätten brieflich alle Consulare und Praetorier zur Teilnahme aufgefordert, man erwarte die Rückkehr der Befreier, seine Reise errege Befremden.[202]

Auch von Atticus erhielt er einen Brief, der sie heftig tadelte als ein Verhalten, wie es nur einem Epikureer nachgesehen werden könnte (16, 7, 2–5). Aber solcher Mahnung bedurfte es gar nicht, um ihn zu sofortiger Rückkehr zu bewegen.[203] Am 17. August legte er in Velia an. Hier befand sich auch Brutus und eilte sogleich zu ihm. Die Verhandlungen am 1. August hatten die optimistischen Erwartungen keineswegs erfüllt. Antonius erließ ein gehässiges Edict gegen die Befreier und drohte mit den Waffen.[204] Gegen solche Unterdrückung der *res publica* hatte L. Piso eine scharfe Rede gehalten. Aber vom ganzen Senat wagte niemand zuzustimmen, auch Piso blieb der Sitzung vom 2. August fern.[205] Brutus war des Lobes voll über Pisos Mut und bedauerte, daß Cicero nicht zugegen war. Zugleich drückte er ihm in starken Worten seine Freude aus, weil er sich durch seine Rückreise von schwerem Tadel befreie. Die Reise sei als Preisgabe der *res publica* verstanden worden, und besondern Anstoß habe der Vorwand der olympischen Spiele erregt. Brutus hätte keine bessern Töne finden können. Während verschiedene Begleiter die plötzliche Sinnesänderung mißbilligten, dankte Cicero dem Südwind, der ihn vor solcher Schmach bewahrt habe.[206] Nicht am wenigsten vermochte zur Neubelebung seines politischen Tatendrangs die Wahrnehmung, daß der von ihm einst so übel geschmähte (nunmehrige Censorier) L. Piso ihm als Consular mit seinem mutigen

---

196 STROUX a. O. 56, 98. f. SCHULZ a. O. 44. Als charakteristisch für das Mißtrauen auch der kaiserzeitlichen Juristen gegen die dialektischen Abstraktionen führt er 131 das Wort Javolens an Dig. 50, 17, 202 *omnis definitio in iure civili periculosa est; rarum est enim, ut non subverti posset.*
197 Cic. Att. 16, 6, 1.
198 Vgl. Cass. Dio 46, 14, 4.
199 Cic. Phil. 1, 7. fam. 12, 25, 3.
200 Cic. fam. 11, 3, 1.
201 Cic. Phil. 1, 8.
202 Cic. Att. 16, 7, 1.
203 Cic. Att. 16, 7, 1. Phil. 1, 9.
204 Cic. fam. 11, 3, 1–3. Att. 16, 7, 7. ad Brut. 1, 15, 5.
205 Cic. Att. 16, 7, 7. Phil. 1, 10; 14. 5, 19. 12, 14. fam. 12, 2, 1.
206 Cic. Att. 16, 7, 5. fam. 12, 25, 3. Phil. 1, 7. off. 3, 121. Plut. Cic. 43, 4.

Vorstoß zuvorgekommen war.[207] Als er am 19. August an Atticus schrieb, war er sich freilich schon darüber klar, daß er schwerem Kampf entgegengehe, „doch sein Alter habe nicht nötig, sich weit vom Grabe zu entfernen" (16, 7, 7).

---

[207] Cic. Phil. 1, 10; 14; 28.

XV. IM LETZTEN KAMPF FÜR DIE RES PUBLICA

Am 31. August traf er in Rom ein und wurde mit demonstrativen Freudenkundgebungen empfangen.[1] Für den 1. September hatte Antonius den Senat in den Concordiatempel einberufen.[2] Cicero wurde von Freunden des Consuls gewarnt, dieser sei sehr aufgebracht gegen ihn, der Tempel sei mit bewaffneten Gefolgsleuten stark besetzt. Er könne nicht erwarten, daß sie ihm, dem Feinde Caesars, würden durchgehen lassen, was am 1. August dem Piso, Caesars Schwiegervater, auszusprechen möglich war; es bestehe Todesgefahr für ihn.[3] Darum schickte Cicero am Morgen einen Boten zu Antonius mit der Entschuldigung, daß er wegen Reiseermüdung an der Sitzung nicht teilnehmen könne. Der Consul nahm diese Ausrede als neue Beleidigung auf und drohte laut, er wolle durch Pfandnahme (*pignoris capio*) sein Erscheinen erzwingen, nämlich durch Handwerker Ciceros Haus zerstören lassen; freilich, ohne damit ernstzumachen.[4] So konnte sich Cicero dem peinlichen Zwang entziehen, zu dem von Antonius vorgeschlagenen Senatsbeschluß, es solle künftig allen Dankfesten ein Tag zu Ehren Caesars beigefügt werden, Stellung zu nehmen.[5] Am 2. September kam Antonius nicht in den Senat, sondern überließ die Leitung dem Collegen Dolabella.[6] Dafür erschien nun Cicero und hielt die gleich darauf veröffentlichte 1. *Philippica*.[7] Die Bezeichnung ‚philippische Reden' brauchte zuerst Cicero selbst scherzhaft. Brutus griff sie am 1. April 43 auf.[8]

Aufs ganze gesehen stellt die überlieferte Rede einen eindringlichen Appell an die beiden Consuln dar, sich, wozu die Beseitigung Caesars freie Bahn geschaffen hat, in den Dienst jener *res publica* zu stellen, deren geschichtlich gewordene Gestalt durch die sechs Bücher ‚vom Staat' als die beste erreichbare erwiesen worden war.[9] Als politische Aktion versuchte sie den Vorstoß Pisos vom 1. August wiederaufzunehmen (10; 15); aber es war ihr kein besserer Erfolg beschieden. Denn außer P. Servilius Isauricus, der durch seine Frau Iunia, eine Tochter des D. Silanus und der Servilia,[10] Schwager der beiden Befreier Brutus und Cassius war, wagte keiner der anwesenden Consulare Cicero zuzustimmen: L. Aemilius Paullus, C. Marcellus und L. Philippus waren von Antonius gewonnen;[11] L. Cotta, L. Caesar und Ser. Sulpicius Rufus, mit deren Unterstützung gerechnet werden konnte, waren der Sit-

---

1 Plut. Cic. 43, 5.
2 Cic. Phil. 5, 19.
3 Cic. Phil. 2, 27–28. 5, 17–19.
4 Cic. Phil. 1, 12. 5, 19. Plut. Cic. 43, 7. J. STROUX Philol. 93, 91. MOMMSEN R. St. R. 1, 160.
5 Cic. Phil. 1, 13. 2, 110. 5, 19. Cass. Dio 45, 7, 2.
6 Cic. Phil. 1, 16; 31; 27; 29. 5, 19.
7 Cic. Phil. 1, 11. 5, 19. fam. 12, 2, 1. 25, 4. ad Brut. 1, 15, 6.
8 Cic. ad Brut. 2, 3, 4. 4, 2. Plut. Cic. 48, 6. Appian. bell. civ. 4, 77.
9 Cic. re p. 1, 34; 70. leg. 3, 12.
10 MÜNZER RE 10, 1110 Nr. 192. Röm. Adelspart. 354. 364.
11 Vgl. Cic. fam. 11, 28, 7.

zung ferngeblieben; Cn. Domitius Calvinus, Q. Fufius Calenus und C. Caninius Rebilus waren ausgesprochene Caesarianer.[12] So unterblieb die von Cicero beabsichtigte Mißbilligung der von den Consuln seit dem 1. Juni[13] betriebenen Gewaltpolitik, und die veröffentlichte Rede konnte nur als Manifest wirken (38).

Dadurch, daß die aktuellen Streitfragen in den großen Zusammenhang der *res publica* gestellt werden, erweitert sich der Gehalt nach geistiger Tiefe hin und verstärkt sich zugleich die Wucht des Angriffs. In der Einleitung setzt sich Cicero mit der naheliegenden Kritik[14] auseinander, welche die plötzliche Rückkehr der mit so viel Getöse unternommenen griechischen Reise hervorrief (1–10). Mit großzügiger Vereinfachung des Tatbestandes legt er dar, daß er sich allein durch das Verhalten des Antonius gegenüber der *res publica* bestimmen ließ. Als durch das Ereignis des 15. März die Autorität des Senats wieder in Kraft treten konnte, hat er als Consular am 17. März durch den Amnestiebeschluß die Grundlage des inneren Friedens geschaffen (1), auf der die beiden Consuln weiterbauten (2–5), bis sie am 1. Juni plötzlich andern Sinnes wurden: Statt wie bisher mit dem Senat zusammenzuwirken, wandten sie sich an das Volk – aber nicht in der verfassungsmäßigen Weise, sondern unter Vergewaltigung des wirklichen Volkswillens (6).[15] Damit verstießen sie nicht nur gegen den Geist der römischen Verfassung, der auf Ausgleich der Machtfaktoren abzielt,[16] sondern warfen sich zu Tyrannen auf.[17] Das Schlagwort *dominatus*, das später (34) mit der Erinnerung an L. Cinna verbunden wird, erscheint freilich nicht. Der Sinn der Rede geht ja dahin, die beiden Consuln durch freundschaftliche Ermahnungen (11; 26; 27; 28) von dieser verderblichen Bahn zurückzurufen (29–37). Aber die Andeutungen stellten jedem Gebildeten das Schreckgespenst vor die Seele: Die Befreier konnten die Stadt nicht betreten, die Veteranen wurden auf neue Beute gehetzt (6). Vor diesem Zustand wich Cicero, als Legat zum Reisen berechtigt und mit der Absicht, sich im Januar 43 unter den neuen Consuln wieder als Senator zu betätigen. Ebenso kehrte er sofort zurück, als er Anfang August von dem angeblichen Umschwung hörte (9).

Darauf weist er die Drohungen des Antonius vom 1. September zurück, ungebührlich gegenüber einem Freund und gegen die Gepflogenheiten des Senats, und verbindet das mit der Ablehnung des mit römischer Religion unverträglichen Supplicationenbeschlusses (11–13. 2, 110). Das politische Hauptstück ist der Kampf gegen die seit dem 1. Juni beschlossenen oder vorgeschlagenen Gesetze (16–26). Dabei weiß Cicero sehr geschickt den Antonius, der mit so großem Eifer aus Caesars Nachlaß Gesetze herausgab, als skrupellosen Zerstörer der von Caesar bei Lebzeiten veröffentlichten und als sachlich trefflich anzuerkennenden[18] Gesetzgebung hinzustellen (16–24). Ferner ist die Beschlußfassung bei diesen Gesetzen in

---

12 Cic. fam. 12, 2, 1–3. Phil. 1, 15. DRUMANN-GROEBE 1, 438. MÜNZER Röm. Adelspart. 364.
13 Cic. Phil. 1, 6; 16–26.
14 Cic. Phil. 2, 76.
15 *Absente populo et invito.*
16 Cic. re p. 2, 57 *ut et potestatis satis in magistratibus et auctoritatis in principum consilio et libertatis in populo sit.* 1, 45; 54; 69; 2, 41. 3, 23. leg. 3, 24; 28.
17 Cic. re p. 1, 68.
18 Cic. Phil. 2, 109.

jeder Hinsicht verfassungswidrig. Das wirkliche Volk kann sich nicht äußern (26). Also ist es nicht einmal populare Politik, die Antonius treibt; denn die Bürger sind sich über das Staatswohl einig (21).[19]

Nachdem so das tyrannische Gebaren der Consuln erwiesen ist, schließt er mit der dringenden Forderung, davon abzulassen (26) und den Staat verfassungsmäßig zu leiten (35).[20] Damit wird an den *princeps civitatis* im ‚Staat' erinnert.[21] Die Beispiele findet Antonius an seinen Großvätern M. Antonius, Consul 99, und L. Caesar, Consul 90, sowie am Oheim L. Caesar, Consul 64 (27). Cicero kann nicht glauben, daß die beiden Consuln aus Habgier[22] lieber Tyrannen sein, als sich die Liebe der Mitbürger und Ruhm gewinnen wollen (29). Auch bei dieser Gelegenheit wird die Tyrannis nur angedeutet, aber die gegenteiligen Merkmale sind die des „Staatsmanns" in *de re p.*,[23] und dieses Bild wird dann insonderheit noch einmal Antonius vorgehalten (33–34), weil sein Großvater dieses Ideal verkörperte (34): *illa erat vita, illa secunda fortuna, libertate esse parem ceteris, principem dignitate*;[24] und dagegen: *L. Cinnae dominatus* und *exitus C. Caesaris* (35).[25] Hinsichtlich der *caritas* verweist Cicero auf die Beifallskundgebungen, die den Befreiern, den beiden ‚republikanischen' Volkstribunen L. Cassius und Ti. Cannutius[26] und dem A. Hirtius zuteil wurden (36–38).[27]

Obwohl Cicero geflissentlich als ‚Freund' zu Antonius sprach (1, 11; 27; 28) und auf jeden persönlichen Angriff verzichtete (2, 1; 6; 7), war das politische Urteil über die Amtsführung der Consuln in den letzten Monaten für römische Ohren vernichtend. M. Antonius, ein Gemisch von frauenberückendem Kavalier und machtgierigem Berserker, war ebenso verschlagener Politiker genug, um zu erkennen,

---

19 Vgl. Cic. Phil. 1, 36–37. Es handelt sich 1. um Caesars Gesetz von 46, wonach als Geschworene in den Strafgerichtshöfen nur noch Senatoren und Bürger mit Rittercensus zugelassen waren (Cass. Dio 43, 25, 1. Suet. Caes. 41, 2). Dies sollte dahin abgeändert werden, daß ein Drittel aus Centurionen bestehen sollte (19). 2. sollte gegen eine auf Grund von Caesars Gesetz *de maiestate* verhängte Strafe *provocatio ad populum* zugelassen werden (29). Alle Gesetze des Antonius wurden im folgenden Jahr für ungültig erklärt (Phil. 13, 5). Es ist bemerkenswert, daß Cicero, der sich sonst in der Verunglimpfung des ermordeten Dictators nicht genug tun konnte, diese beiden Gesetze Caesars als *maxime salutares leges* bezeichnete (22). Ebenso hatte er angesichts des Treibens des Antonius schon im April und Mai gegenüber Atticus die Vorzüge Caesars anerkannt (Att. 14, 16, 3. 17, 6. 15, 4, 3. ‚Caesar' 280 Anm. 267).

20 *Maioris tuos respice atque ita guberna rem publicam, ut natum esse te cives tui gaudeant*, vgl. Cic. Phil. 2, 92.

21 Cic. re p. 1, 54. 2, 69. 3, 5; 8. 5, 9. leg. 3, 30–32.

22 Cic. Phil. 2, 111; 115.

23 Cic. re p. 1, 55; 64 *caritas* gehört zum König. 2, 47. 5, 8. 9 *principem civitatis alendum esse gloria*. Phil. 2, 60 *caritas patriae*, die Cicero zuteil wird, off. 1, 57; 86 der *in re publica dignus principatu* o. S. 295, Anm. 12. off. 2, 24; 29–32; 43. Lael. 52; 61.

24 Ähnlich Brutus und Cassius am 4. August an Antonius (Cic. fam. 11, 3, 4): *nos in hac sententia sumus, ut te cupiamus in libera re p. magnum atque honestum esse*.

25 Seine *perpetua dictatura* Cic. Phil. 1, 4 war *iugum servile* 6; 32 der letzte Tyrannisversuch der altrömischen Geschichte, M. Manlius im 4. Jahrhundert. Vgl. Phil. 2, 87; 91. Zur Übernahme des griechischen Tyrannenhasses bemerkt H. BERVE Gestaltende Kräfte der Antike[2] (1966), 231 gut, „daß der griechische Tyrann nicht die formale Legalität des Dictators hat".

26 Cic. Phil. 1, 36. 3, 23.

27 Vgl. Cic. off. 1, 86.

daß die veröffentlichte Rede stark wirken werde und daß darum die Abschlachtung des Redners seine Pläne keineswegs fördern könnte. Cicero schreibt ihm freilich diese Absicht zu.[28] Aber wäre dem so gewesen, so hätte das Fernbleiben von den Senatssitzungen ihn, L. Piso und Servilius Isauricus schwerlich gerettet. Jedoch war Antonius noch keineswegs Herr der Lage. Die Sache der Republik (im Sinn der gewachsenen römischen Verfassung) hatte in Stadt und Land noch viele Anhänger, nicht zuletzt die beiden designierten Consuln Pansa und Hirtius,[29] und gegenüber dem jungen Caesar war auch auf die Veteranen kein Verlaß.[30] Darum wollte er Cicero moralisch vernichten.[31] Nachdem er sich in einer seiner Villen, einstmals im Besitz des Metellus Pius, zusammen mit seinem Lehrer Sex. Clodius[32] vorbereitet hatte, lud er auf den 19. September den Senat in den Concordiatempel.[33] Obwohl Cicero nicht erschienen war, hielt er dort seine heftige, die Aufkündigung der bisherigen „Freundschaft" begründende Rede,[34] die er auch sogleich veröffentlichte.[35]

Zunächst wies er nach, wie Cicero am 2. September in schnöder Undankbarkeit die Freundschaft gebrochen habe,[36] und versuchte dann, ihm die Schuld an allem Unheil der letzten 20 Jahre aufzubürden:[37] Am 5. Dezember 63 habe er als Consul mit bewaffneten Sklavenhorden den Senat zum Todesurteil genötigt (16). Nicht einmal der Leichnam von Antonius' Stiefvater P. Lentulus Sura (14; 18) wurde zur Beisetzung freigegeben (17), ein merkwürdiger Kontrast zum Vers *Cedant arma togae* (20); P. Clodius sei auf seine Anstiftung hin ermordet worden (21), er habe Pompeius und Caesar entzweit und sei so mitverantwortlich für den Bürgerkrieg (23); er sei auch der geistige Urheber von Caesars Ermordung (25);

---

28 Cic. fam. 12, 2, 1. 25, 4. Phil. 3, 33. 5, 20.
29 Cic. Phil. 1, 36–37. 2, 113. fam. 12, 2, 3. 22, 2. Nicol. Damasc. Caes. 111. Den Begriff der gewachsenen Verf. hat CHRISTIAN MEIER Res Publica Amissa (1966) 56, glücklich eingeführt (FgrHist. 90, 130).
30 Nicol. Damasc. Caes. 115 (FrgHist. 90, 130). Cass. Dio 45, 7, 2. Appian. bell. civ. 3, 112. Plut. Ant. 16, 6. Die beiden ersten philippischen Reden nehmen auf Octavian keinerlei Rücksicht, vgl. o. S. 295, Anm. 12. Daraus scheint sich zu ergeben, daß die durch die Veteranen erzwungene Versöhnung von Antonius und Octavian auf dem Capitol Nicol. Damasc. Caes. 116. Appian. bell. civ. 3, 156. Plut. Ant. 16, 7 erst nach dem 19. Sept. zustande kam. Aber Appian. bell. civ. 3, 121 bietet in Übereinstimmung mit Cass. Dio 45, 8, 2 schon eine frühere Versöhnung bald nach den *Ludi Victoriae Caesaris* vom 20.–30. Juli, Appian. bell. civ. 3, 107. Cass. Dio 45, 6, 4. Das würde in den August führen. Vgl. Cic. fam. 11, 28, 6–7. M. A. LEVI Ottaviano capoparte (Florenz 1933) 1, 105. In Ciceros Brief an Cassius vom Ende September fam. 12, 2, 2 wird angedeutet, daß C. Marcellus, Octavians Schwager, und L. Philippus, Octavians Stiefvater (Plut. Cic. 44, 1), in einem guten Verhältnis zu Antonius stehen, was mit der zweiten Versöhnung auf dem Capitol zusammenhängen dürfte; doch ist seltsam, daß Cicero nichts davon zu wissen scheint. Anfang Oktober ging infolge des angeblichen Attentatsversuchs Octavians auf Antonius diese Verständigung wieder in die Brüche, fam. 12, 23, 2. Nicol. Damasc. Caes. 126; 129. Zu den fam. 12, 2, 2 erwähnten Verwandtschaften MÜNZER Röm. Adelsp. 364f.
31 Cic. Phil. 2, 2.
32 Cass. Dio 45, 30, 2. 46, 8, 2. BRZOSKA RE 4, 66 Nr. 13.
33 Cic. fam. 12, 2, 1. Phil. 5, 19. 2, 19; 112.
34 Cic. Phil. 2, 2; 90. 5, 19.
35 Cic. Phil. 2, 30. Plut. Cic. 41, 6.
36 Cic. Phil. 2, 3; 7; 76.
37 Vgl. Cass. Dio 46, 2, 2–3. 12, 1–4.

XV. Im letzten Kampf für die Res Publica

Brutus habe sogleich nach der Tat sich auf ihn berufen.[38] Im Lager des Pompeius habe er sich durch Kritik und unpassende Witze unbeliebt gemacht (37; 39), und diese Unbeliebtheit sei auch daran zu erkennen, daß ihm keine testamentarischen Erbschaften zuteil würden (40). Es kam Antonius vor allem darauf an, Cicero zu isolieren. Darum rückte er durchaus ab von den Catilinariern (18) und bezeugte den Befreiern seine Hochachtung (30–31). Alles unheilvolle Blutvergießen fiel eben Cicero zur Last, der nicht einmal im Lager des Pompeius davon lassen konnte, Zwietracht zu stiften. Es war die Antwort des *nobilis*[39] an den *homo novus*, der sich am 7. September angemaßt hatte, ihn über die römische *res publica* zu belehren, und er traf damit Cicero zweifellos an seiner empfindlichsten Stelle. Allein bei denen, auf die sie berechnet waren, verfingen solche Locktöne aus diesem Munde nicht,[40] und wir sahen bereits, wie sich Antonius bald darauf veranlaßt sah, sich Octavian zu nähern. Anfang Oktober berichtete Cicero an Cassius, daß er die Parole „Rache für Caesars Tod" ausgebe. Am 2. Oktober erging er sich in einer Contio des Volkstribunen Ti. Cannutius in scharfen Ausdrücken gegen diesen, die „Befreier" und Cicero als den geistigen Urheber des Caesarmords.[41]

Aber auch diese Schwenkung brachte ihm keinen Erfolg. Insonderheit beharrte Pansa bei seiner ablehnenden Haltung; auch Hirtius genas von seiner Krankheit.[42] So bestand die Hoffnung, daß vom 1. Januar 43 an wieder republikanisch regiert würde. Die große Frage war nur, ob Antonius so lange in Schach gehalten werden konnte. Nach Ciceros Meinung war dies in erster Linie die Aufgabe der ‚Befreier',[43] und darum schrieb er zwei dringliche Briefe an Cassius.[44] Doch wußte er nichts Genaueres über ihre Pläne.[45] Desto wichtiger war, daß D. Brutus sich durch einen Feldzug in die Alpen eine gute Wirkung auf seine Truppen versprach.[46] Weiter wandte sich Cicero an L. Munatius Plancus, den Proconsul der Gallia Comata und designierten Consul für 42.[47] Ein ausgesprochener Gegner des Antonius war schließlich der Praetorier Q. Cornificius, der Proconsul der Africa vetus.[48] Ihm teilte Cicero am 10. Oktober die neueste Wendung mit, wie Antonius den Octavian eines Attentats bezichtigte und am 9. Oktober Rom verließ, um die vier makedonischen Legionen von Brundisium heranzuführen.[49] Er verschwieg nicht, daß *pru-*

---

38 Cic. Phil. 2, 28; 30. Cass. Dio 46, 22, 4.
39 Cic. Phil. 1; 29. 2, 16.
40 Cic. Phil. 2, 2.
41 Cic. fam. 12, 3, 2. 23, 3.
42 Cic. fam. 12, 22, 2.
43 Cic. Phil. 2, 113.
44 Cic. fam. 12, 2, 3.
45 Nach Cic. Att. 15, 13, 4 vom 24. Oktober weiß er, daß Servilia, die Mutter des Brutus und Schwiegermutter des Cassius Nachrichten aus dem Osten erhielt, woraus man Hoffnung schöpfen mochte. fam. 12, 22, 2.
46 Cic. fam. 11, 4. Ciceros Antwort fam. 11, 6, 1. MÜNZER RE Suppl. 5, 377.
47 Cic. fam. 10, 1; 2. GEROLD WALSER Der Briefwechsel des L. Munatius Plancus mit Cicero (Basel 1957), Einführung, Übersetzung, Erläuterungen.
48 Cic. fam. 12, 22. MÜNZER RE 4, 1626. Er hatte sich unter Caesar als Truppenführer bewährt, war ein von Cicero anerkannter Redner (fam. 12, 17, 2) und Dichter (WISSOWA RE 4, 1628 f.).
49 Cic. fam. 12, 23, 2. Nicol. Damasc. Caes. 129. Plut. Ant. 16, 7. Appian. bell. civ. 3, 157. Senec.

dentes et boni viri an eine solche Absicht Octavians glauben und sie billigen, weil sie von dieser Seite her einen Umschwung erhoffen (2). Cicero selbst urteilt ganz resigniert, die Hoffnung auf eine *res publica* sei zunichte, Philosophie der einzige Trost (3–4).

In dieser Stimmung verließ er Rom und suchte sein Gut bei Puteoli auf.[50] Wie der Brief vom 24. Oktober an Atticus zeigt, war es auch dieser Freund, der ihm riet, sich bei der Auseinandersetzung mit Antonius zurückzuhalten, sich weder vorne noch bei der Nachhut führend zu betätigen; vielleicht sei ein Waffenstillstand möglich. Dies beherzigte Cicero so weit, daß er seine inzwischen ausgearbeitete Entgegnung auf die Rede des Antonius vom 19. September, seine 2. *Philippica*, erst veröffentlichen wollte, wenn Atticus den richtigen Zeitpunkt für gekommen erachtete.[51]

In der Tat vergalt Cicero darin die ihm durch seinen Feind widerfahrene Entehrung dermaßen, daß eine Versöhnung kaum mehr denkbar schien: Seit dem Jahr 63, seit 20 Jahren, führt jeder Feind der *res publica* den Krieg gegen Cicero. Bedenkt Antonius nicht, daß ihn darum auch das Schicksal des Catilina und Clodius treffen wird (1)? Der Tod des Tyrannen ist ihm so sicher wie Caesar, der doch unvergleichlich bedeutender war (114–117). Für die Wiedererlangung der Freiheit will Cicero gern sein eigenes Leben opfern (119). Der Form nach ist das noch ein letzter Appell an Antonius: *redi cum re publica in gratiam* (118). Aber nachdem er in der ganzen vorausgegangenen Rede als Ausbund aller erdenklichen Laster und Schlechtigkeiten dargestellt wurde, kann der Leser das nicht mehr ernst nehmen. Cicero, der ihn in der ersten Rede persönlich geschont hatte (7), ersparte ihm nichts, was ihn verletzen konnte. Besonders giftig war die Antwort auf die Beschuldigung, Cicero sei Anstifter des Caesarmords gewesen: Cicero erinnert an den Attentatsplan vom Jahr 45, zu dessen Ausführung ihm nur der Mannesmut gefehlt habe,[52] und, um seinen Begierden zu frönen, habe er nicht am spanischen Krieg teilgenommen (71). Ebenso war der Friedensschluß mit den Befreiern am 17. März nur Ausfluß seiner Feigheit (89–90); daß Caesar ihn im Jahr 45 wieder in Gnaden annahm, geschah nur, weil jenem geldbedürftige Schurken am liebsten waren (78).

Der Brief vom 5. November, worin Cicero mit Atticus über einzelne Stellen der Rede korrespondierte,[53] zeigt, mit welcher Genugtuung er dieses Werk betrachtete. Ein anerkennendes Wort des Atticus über den *Cato maior* freute ihn jedoch ebenfalls, und er versprach, einem weitern Buch den letzten Schliff zugeben und es dem Freund zu schicken. Darunter haben wir wohl *Laelius de amicitia* zu verstehen,[54]

---

    clem. 1, 9,1. Vell. Pat. 2, 60, 5. Suet. Aug. 10, 3.
50 Cic. Att. 15, 13, 5; 6 (24. Oktober 44). 16, 8, 1. 14, 1.
51 Cic. Att. 15, 13, 1; 7 *re publica reciperata*. 16, 11, 1. Zu einer Freigabe der Schrift für den Verkauf ist es zu Ciceros Lebzeiten wohl nicht mehr gekommen (T. R. HOLMES The Architect of the Rom. Emp. 198). Darum ist es geschichtlich auch nicht genau, wenn Iuvenal. sat. 10, 125 Ciceros Untergang gerade auf Phil. 2 zurückführt.
52 Cic. Phil, 2, 34; 74 vom Jahr 46 Marc. 21.
53 Cic. Att. 16, 11, 1–2.
54 S. HÄFNER Die literariscnen Pläne Ciceros 70 mit Hinweis auf Att. 16, 13 b, 2 vom 11. November, wo sich Cicero über das Tribunatsjahr des C. Fannius, des einen Gesprächsteilnehmers dieses Dialogs, erkundigt.

wie der *Cato maior* dem Atticus auf dessen ausdrückliches Verlangen gewidmet.[55] Am 5. November waren auch schon die zwei ersten Bücher von *de officiis* vollendet,[56] wo 2, 31 auf den *Laelius* Bezug genommen wird.[57]

Man würde es dem Gespräch über das Wesen der Freundschaft nicht anmerken, in welch aufregender Zeit es verfaßt wurde. Es ist in die Zeit nach Scipios Tod im Jahr 129 versetzt, bald nach *de re publica* (14; 25).

Die Topik der ‚Freundschaft' war schon in den beiden Schriften des Aristoteles über Ethik ausführlich behandelt worden. Cicero hielt sich vor allem an deren Fortbildung in der Stoa. Wahre Freundschaft ist nur zwischen Guten möglich (18; 65) und die beste Gabe der unsterblichen Götter (20; 47). Freilich gibt es in Rom keine vollkommenen ‚Weisen', wie sie die Stoa im Auge hat (7; 8; 18), aber immerhin große Vorbilder der Rechtschaffenheit wie C. Fabricius, M'. Curius, Ti. Coruncanius und die edelgesinnten Zeitgenossen des Laelius, seinen großen Freund Scipio und dessen ‚Kreis' (101). Nach diesen *familiaritates sapientium* (im römischen Sinn, 100)[58] behandelt er zum Schluß auch die *vulgares amicitiae*[59] (76; 100) und kehrt in einem großartigen Finale zur *virtus* zurück, der Stifterin und Erhalterin wahrer Freundschaft, die P. Scipio in einzigartiger Weise verkörperte und die dem Freund Laelius unvergeßlich bleiben wird.

Politisches wird berührt im Zusammenhang der Frage, ob die Freundschaft der Pflicht gegen die Vaterstadt vorgehen könne. Daß einige Freunde des Ti. Gracchus, der sich zum ‚König' machen wollte, diese Gesinnung vertraten, lehnt Laelius heftig ab (37; 39; 41); *improborum consensio* darf nicht als Freundschaft beschönigt werden (43). Wenn sich das im geschichtlichen Rahmen hält, so ist die Würdigung als Beginn des politischen Niedergangs Ciceros Urteil: *deflexit iam aliquantum de spatio curriculoque consuetudo maiorum* (40).[60] Entzweiung von Volk und Senat (41),[61] der Kampf zwischen *boni* und *improbi* (42)[62] kündet sich an. Die Zukunft bereite ihm mehr Sorge als die Gegenwart, meint Laelius. Er sieht schon wieder einen neuen Coriolan kommen, der Krieg gegen die Vaterstadt führt (43).[63] Nicht so tief greift dagegen *in rei publicae partibus dissensio*, wie sie zwischen Scipio und Q. Pompeius oder Metellus Macedonicus eintrat (77),[64] und Laelius ist über-

---

55 Cic. Lael. 2. 4.
56 Cic. Att. 16, 11, 4.
57 Über den engen Zusammenhang von *Laelius* und *de officiis* M. POHLENZ Antikes Führertum (1934) 38, 1. Danach FRITZ-ARTHUR STEINMETZ Die Freundschaftslehre des Panaitios nach einer Analyse von Ciceros *Laelius de amicitia*. Palingenesia 3, (1966). (von mir nicht gesehen).
58 *De hac dico sapientia, quae videtur in hominem cadere posse.*
59 *Leves amicitiae.*
60 H. ROLOFF Maiores bei Cicero Diss. Leipzig 1937, 84. 131.
61 Dazu der Überblick bei CHR. MEIER Res publica amissa 128 ff.
62 Man vergleiche die Steigerung der *dissensio nobilium* zur *seditio* Cic. de or. 2, 199. Kl. Schr. 1, 218 ff. off. 1, 85.
63 *Bellum patriae inferentem.* Cic. Phil. 2, 53 von Antonius: *tu M. Antoni princeps C. Caesari omnia perturbare cupienti causam belli contra patriam inferendi dedisti.*
64 Cic. off. 1, 87 *sine acerbitate dissensio.*

zeugt, daß ein wirklicher *dux populi Romani non comes* wie Scipio (96),[65] selbst vor der *contio quae ex imperitissimis constat* demagogische Umtriebe meistern könne; denn sie habe ein Urteil darüber, *quid intersit inter popularem, id est adsentatorem et levem civem et inter constantem, severum et gravem* (95). Auf solchen Glauben an die Durchschlagskraft des Wahren wollte Cicero trotz aller zeitweiligen Resignation nicht verzichten. Darum richtete er seinen Blick immer wieder auf die Großen der guten alten Zeit[66] bis zum ‚Kreis' des jüngern Scipio, mit dem er sich durch den Augur Q. Mucius Scaevola[67] noch selbst verbunden fühlte (1–2).

In die Entstehungszeit des *Laelius* gehört wohl Ciceros Brief an C. Matius und dessen berühmte Antwort.[68] Wie wir erfahren, besuchte damals der seit seinem Aufenthalt in Caesars gallischem Hauptquartier mit Matius engverbundene C. Trebatius Testa Cicero im Tusculanum und berichtete ihm, daß sich der alte Freund über ihn beklage. Cicero schreibt ihm nun, daß er alle Freundschaftsdienste, die ihm Matius seit langem und besonders durch Vermittlung guter Beziehungen zu Caesar geleistet hatte, stets im Gedächtnis habe (2–5). Darum wundere er sich, wie Matius glaube, er habe sich gegen die Freundschaft vergangen (6). Doch werde eben erzählt, er habe an der Abstimmung über das Gesetz des Antonius zur Einführung der Provocation gegen Urteile in Maiestasprozessen teilgenommen[69] und im Auftrag Octavians die Veranstaltung der *Ludi Victoriae Caesaris* vom 20.–30. Juli übernommen.[70] Das waren offenbar die Beschwerdepunkte, die Trebatius mündlich vorgebracht hatte. Doch erklärt Cicero darüber hinwegzugehen, weil Matius dafür seine Gründe gehabt haben werde (7). Aber, wenn Caesar Tyrann war, wie es Cicero scheint, so handle es sich um die philosophische Streitfrage, ob man die Freiheit der Vaterstadt dem Leben des Freunds vorzuziehen habe. Darüber sollte Matius Ciceros Erörterung hören! Wie wir sahen, hat Cicero diese Frage im *Laelius* (36–43) eindringlich behandelt und nach Erwähnung des Themistokles und Coriolans von *improborum consensio* gesprochen. Doch erkennt Cicero zum Schluß an,

---

65 Vgl. Cic. har. resp. 58. O. S. 139, Anm. 224.
66 Cic. Lael. 18; 21; 28; 39; 69; 76; 90; 101.
67 O. S. 8, Anm. 37.
68 Cic. fam. 11, 27 und 28. Die Datierung in den Oktober wird ansprechend vorgeschlagen von BERNHARD KYTZLER Historia 9 (1960), 96. 118, der die von Cicero 27, 7 erwähnte Stimmabgabe des Matius auf das Phil. 1, 21–26 so scharf verurteilte promulgierte Gesetz bezieht. Zustimmend A. HEUSS Historia 11, 122. Von ihm Historia 5 (1956), 53–73 der Aufsatz ‚Cicero und Matius', gegen den sich KYTZLER a. O. 96–121 richtet. Seitdem beachtlich HANS DREXLER Romanitas 8 (1967), 69ff. Früher MÜNZER RE 14, 2206ff. C. CICHORIUS Röm. Stud. 247. H. DAHLMANN N. Jahrb. f. ant. u. deutsche Bild. 1 (1938), 225ff. In Anbetracht der vielen geäußerten, verschiedenartigen Urteile behandle ich hier die Briefe ausführlicher als RE 7 A, 1042, wo ich sie noch in den August 44 datierte.
69 Cic. Phil. 8, 27 als *lex iudiciaria* bezeichnet. O. S. 317, Anm. 19. Man hat vielleicht anzunehmen, daß Matius als erster im *principium* (der zuerst stimmenden Tribus) stimmte, darüber jetzt LILY ROSS TAYLOR Roman Voting Assemblies from the Hannibalic War to the Dictatorship of Caesar (1966), 76. RICCOBONO FIR Nr. 14. Sonst hätte die Teilnahme wohl nicht solches Aufsehen erregt, als Gefälligkeit gegenüber Antonius. Dazu paßt, daß Matius oft an dessen Morgenempfängen teilnahm 28, 7. DREXLER a. O. 70 hat das Gesetz als Senatsbeschluß mißverstanden.
70 Darüber hat Cicero am 18. Mai sein Mißfallen geäußert, Cic. Att. 15, 2, 3.

daß er aus langem Umgang besonders gut wisse, wie Matius, obwohl vertrauter Freund Caesars, vom Bürgerkrieg abriet und sich nach Caesars Sieg für Maßhalten einsetzte.

Trotz der schonenden Form, in der Cicero seine abweichende Meinung als Ergebnis philosophischer Überlegung erscheinen läßt,[71] erkannte Matius klar, daß er damit sein gegenwärtiges Verhalten, besonders hinsichtlich des Antonius, gegen den er schon die 1. *Philippica* veröffentlicht hatte, verurteilte. Wenn Cicero ihm schrieb, er höre vielleicht nicht, was man über ihn sage (27, 7), so antwortet er (28, 2), man schelte ihn, daß er um den Tod des Freundes traure und über den Untergang des Geliebten empört sei; man sage, man müsse das Vaterland höher stellen als die Freundschaft, gerade als ob bewiesen sei, Caesars Untergang sei der *res publica* nützlich gewesen; er sage offen, daß er trotz Mißbilligung des Bürgerkriegs, bei dessen Entstehung er sich größte Mühe gegeben habe, zu schlichten, den Freund nicht verlassen habe. Nach dem Sieg habe er weder nach Ehre noch Reichtum getrachtet, während andere, die Caesar nicht so nahe standen, sich unmäßig belohnen ließen.[72] Auch er habe durch Caesars Schuldengesetz Vermögen eingebüßt und dann sein Möglichstes getan, zur Schonung der Besiegten beizutragen. Wie könne er, der alle unversehrt wünsche, nicht empört sein über den Untergang dessen, von dem die Begnadigung erlangt wurde?[73] Und gerade diese Menschen hätten den Haß geschürt und ihn in den Untergang gestürzt, und nun heißt es, er müsse büßen, weil er wage, ihre Tat zu mißbilligen, eine unerhörte Überheblichkeit, daß die einen sich einer Tat rühmen, die andern nicht straflos trauern dürfen. Und diese Einschüchterung versuchen die ‚Urheber der Freiheit' zu erzwingen! Doch er werde seine Menschlichkeit (*humanitas*) nicht preisgeben. Warum zürnen sie ihm, wenn er wünscht, daß sie ihre Tat bereuen? „Ich wünsche nämlich, daß allen Caesars Tod bitter sei" (4). ‚Aber er soll als guter Bürger das Heil der *res publica* wollen!' Wen sein bisheriges Leben nicht davon überzeugte, den kann er nicht überzeugen. Feierlich fordert er, Cicero müsse ihm glauben, daß keine Gemeinschaft mit den ‚Bösen' (*improbi*) Bestand habe. Damit weist er den Vorwurf wegen der Teilnahme an der Abstimmung zurück, besteht aber darauf, den schweren Fall des ihm eng verbundenen und großen Mannes zu beklagen. Das hatte er schon im April, als Cicero bei ihm auf seinem Gut verweilte, deutlich gesagt (5).[74] Zu den Spielen Octavians bemerkt er, das sei private Treuepflicht gewesen, die er dem hoffnungsvollen und Caesars würdigen jungen Mann nicht verweigern konnte, zumal es um die Ehrung

---

71 Das hat KYTZLER a. O. 109 gut hervorgehoben.
72 Man erinnere sich, wie er am 19. März 49 Cicero sein Grauen vor der ‚Unterwelt', die sich bei Caesar gesammelt hatte, bekannte (Cic. Att. 9, 11, 2). Falls CICHORIUS a. O. richtig vermutet, ist Plut. Caes. 51, 3 eine gehässige Angabe über Geldgier des Matius erhalten.
73 Daß er die begnadigten ‚Befreier' und neben ihnen die enttäuschten ‚Caesarianer' unter den Verschwörern so sah, kann man dem treuen Freund nicht verdenken. Vom menschlichen Charme, mit dem Caesar seine Getreuen begeisterte, gibt uns die Anekdote Kunde, wie er beim Marsch durch einen unwirtlichen Wald die einzige Lagerstätte in einer Hütte dem C. Oppius, der krank geworden, überließ und selbst unter freiem Himmel nächtigte (Suet. Caes. 72. Plut. Caes. 17, 11).
74 Cic. Att. 14, 1, 1. 2, 3. 3, 1. 4, 1. 5, 1.

des liebsten Freunds gegangen sei (6).[75] Dann gibt er seinen Kritikern den Hieb, wie er manche von ihnen bei seinen Besuchen bei Antonius dort aus- und eingehen sehe, und bezeichnet es als starke Anmaßung, daß die, welche ihn des Freundes beraubten, ihm vorschreiben wollen, wen er lieben dürfe, wo Caesar ihn nie über seinen Umgang befragte, auch wenn er mit solchen verkehrte, die er nicht liebte. Im übrigen sei es sein Wunsch, sein Leben womöglich in Rhodos zu beschließen.

In den letzten Sätzen dankt er Trebatius dafür, daß er die vermeintliche Trübung der Freundschaft mit Cicero wieder aufgehellt hat. Er zeigt sich uns als ein Mann ohne politischen Ehrgeiz, von der Art des Atticus, der es schon seit dem 1. Bürgerkrieg verstanden hatte, Freunde in beiden verfeindeten Lagern zu haben. Der Brief ist für uns besonders wertvoll, weil wir darin einem charaktervollen Mann begegnen, der Caesar als vertrauter Freund und Berater nahestand, in dieser Stellung Verläßlichkeit mit unabhängiger Gesinnung verband und diese Haltung auch nach der Katastrophe des 15. März unbeirrt bewahrte. Die Art, wie Cicero im voraufgehenden Brief[76] auf die ihm von Trebatius mitgeteilten Beschwerden einging, zeigt aber auch wie viel ihm daran lag, sich diesen Freund zu erhalten.

Der Zustand des letzten großen philosophischen Werks *de officiis* macht sichtbar, wie die Unruhe der Zeit die schriftstellerische Arbeit störte. Am 24. Oktober erwähnt er sie zuerst.[77] Am 5. November meldet er Atticus die Vollendung der zwei ersten Bücher, denen er Panaitios περὶ τοῦ καθήκοντος zugrunde legen konnte.[78] Panaitios, der vornehme Rhodier, der durch seine enge Verbindung mit dem jüngern Scipio Africanus und dessen Freundeskreis in Rom bestens bekannt war und um 130 die Leitung der Stoikerschule in Athen übernahm,[79] empfahl sich ihm, weil er in seiner Ethik die Enge der Kasuistik Chrysipps gesprengt hatte, indem er auf Platon, Aristoteles und ihre Schüler Xenokrates, Theophrast und Dikaiarch zurückgriff.[80] Wenn sich Cicero damit einem Stoiker anschloß, so verwahrte er sich doch dagegen, seiner Akademie abtrünnig zu werden. Indem er die Dogmatik ablehne und sich auch für die Ethik den Weg vom ‚Glaubhaften' weisen lasse, wisse er sich in Übereinstimmung mit Kratippos, dem Lehrer seines Sohns (1, 6. 2, 7–8). Für das 3. Buch lieferte ihm der Stoiker Athenodorus Calvus[81] ein Hypomnema, das er

---

75 Corn. Nep. Att. 2, 2. 4, 2. 6, 1. 7, 3. 8, 4; 6. 9, 3; 7 eine genaue Parallele, als Atticus 43 Antonius unterstützte: *a nonnullis optimatibus reprehendebatur, quod parum odisse malos cives videretur*. 11, 2; 4. 12, 3–4. 20, 5.
76 Wie er sich zusammennahm, erkennt man beim Vergleich mit dem zügellosen Ausbruch des Hasses gegen den ermordeten Dictator off. 3, 82–84, in den sogar Pompeius mit hineingerissen wird.
77 Cic. Att. 15, 13, 6.
78 Cic. Att. 16, 11, 4. off. 2, 60 *quem multum in his libris secutus sum, non interpretatus*, also dem Gedankengang folgend, aber nicht wörtlich übersetzt. 3, 7 *quem nos correctione quadam adhibita potissimum secuti sumus*.
79 POHLENZ RE 18, 3, 424.
80 Cic. fin. 4, 79. Die Zitate dieser Philosophen in off. stammen gewiß von ihm.
81 Diog. Laert. 7, 1, 149, vielleicht Schüler des Poseidonios, v. ARNIM RE 2, 2045 Nr. 19. M. POHLENZ Antikes Führertum. Cicero de officiis und das Lebensideal des Panaitios (1934) 7. RE 18, 3, 435 ff.

Mitte November in Händen hatte.⁸² Infolge der Wiederaufnahme der senatorischen Tätigkeit im Dezember gelangte er jedoch nicht mehr zum endgültigen Abschluß.⁸³

Das Werk nimmt eine Sonderstellung ein, da es ganz persönlich an den schon mehr als ein Jahr in Athen studierenden Sohn gerichtet ist, der in den drei Büchern mit oder ohne Namensnennung 32 mal angesprochen wird. *Officium* gibt das griechische τό καθῆκον wieder,⁸⁴ und die Schrift soll von Anweisungen zu sittlicher Lebensgestaltung handeln, die nicht nur dem stoischen Weisen gelten, sondern von jedem rechtschaffenen Menschen befolgt werden können (3, 15–16).

Nach dem Vorbild des Panaitios leitet Cicero im 1. Buch die Sittlichkeit (*honestum*) aus vier Quellen ab: Erkenntnis des Wahren (18–19), Gerechtigkeit (20–41), Wohltätigkeit (42–60), Großheit der Gesinnung (61–92). Innerhalb des Gesamtthemas ist schließlich wichtigstes Kennzeichen das Maßhalten (93–151), weil es sich vor allem als das ‚Geziemende', Geschmackvolle, πρέπον, *decorum* zeigt (93). Die so bezeichneten sittlichen Fähigkeiten dienen der natürlichen Bestimmung des Menschen zum Leben in der Gemeinschaft, wo jeder auf den andern angewiesen ist (*ad vitae societatem* 12). Am Ende des Buches bemerkt er (wohl aus dem Hypomnema Athenodors, der es aus dem ethischen Werk des Poseidonios anführte 159), es gebe unter den sittlichen Betätigungen Gradunterschiede, am höchsten stehe das Wissen von göttlichen und menschlichen Dingen, worin die Gemeinschaft von Göttern und Menschen enthalten sei. Auch stehe das Handeln (*actio*) höher als das bloße Betrachten (*contemplatio* 153), *ita fit, ut agere considerate pluris sit quam cogitare prudenter* (160).

Das Gerippe der systematischen Gliederung war schon bei Panaitios durch Beispiele reich belebt, und Cicero ergänzt sie durch viele römische, natürlich meist aus der Lebenssphäre der Vornehmen und Gebildeten, für die er schreibt, wobei er auch besonders den Sohn im Auge hat,⁸⁵ den Pompeius schon im Bürgerkrieg zum *praefectus alae* ernannt hatte (2, 45). Nur kurz tut er als ‚schmutzig' die wenig einträglichen Berufe der Handwerker und Kleinhändler ab (1, 150/1). Als ehrenhaft in ihrem Stand werden anerkannt Ärzte, Architekten, Lehrer; Kaufleute, soweit sie den erworbenen Reichtum in Landgütern anlegen. Da wird wohl die Landwirt-

---

82 Cic. Att. 16, 11, 4. 14, 3.
83 C. Atzert Vorrede seiner Ausgabe 1932 S. 22. 31. Pohlenz Ant. f. 8. Nach v. Wilamowitz Reden und Vorträge 2, 192. Glaube der Hellenen 2, 396, 1 hat Tiro die vorliegende Ausgabe hergestellt. Zweifelnd Süss 147. Die Vermutung Ciaceris 2, 367, daß Cicero im Herbst 43 noch einmal zu dem Werk zurückkehrte, findet im Text keine Stütze.
84 Cic. Att. 16, 14, 3. Bei Stob. 2, 85 W. definiert τὸ ἀκόλουθον ἐν ζωῇ, ὃ πραχθὲν εὔλογον ἀπολογίαν ἔχει ‚das Folgerichtige im Leben, dessen Vollzug als vernünftig gerechtfertigt werden kann'. Das vollendet gute Handeln des stoischen Weisen heißt κατόρθωμα = τέλειον καθῆκον Stob. 2, 93, bei Cicero off. 1, 8 *perfectum officium* oder *rectum*, von dem er *medium quoddam officium* oder *commune* abhebt, *quod cur factum sit, ratio probabilis reddi possit*. 1, 7 *magis ad institutionem vitae communis spectare videntur*.
85 Die von Cicero vorgenommene Anwendung auf die römische Herrenschicht verleitete Pohlenz Ant. Führert. 5. 51. 143. 144. RE 18, 2, 418–440 zur Meinung, Panaitios habe sein Werk in Rom für die Nobilität geschrieben, was v. Wilamowitz Reden u. Vorträge 2, 203. 210 und Glaube der Hellenen 2, 396, 1 abgelehnt hat.

schaft als schönste Tätigkeit für den Freien gerühmt, aber von Bauern ist nicht die Rede.[86]

Im 2. Buch behandelt Cicero die Frage, wie das Sittliche sich mit dem Nützlichen (*utile*) verbindet (2, 9). Der Mensch bedarf der ihm von der Natur dargebotenen Hilfen, nach den von der Erde bezogenen Gütern und den Diensten der Tiere, vor allem des Beistands der Götter und Menschen (2, 11). Die Großen der Geschichte konnten ihre Taten nur mit Hilfe anderer Menschen vollbringen, wie andrerseits (nach Dikaiarch) Menschen durch Kriege und Revolutionen mehr Unheil anrichten als Naturkatastrophen (16). Von hier aus wendet sich die Darstellung den Mitteln zu, mit denen Menschen gewonnen werden können (17). Dabei geht es vornehmlich um das Handeln in der Politik, der Einzelnen wie der von ihnen geführten Staaten. Besseres Mittel zu dauerhafter Herrschaft ist Liebe (*caritas*) als Furcht (*metus*), dargelegt an Tyrannen, Königen, aber auch an Sparta (24–26). Leuchtendes Gegenbild ist die große Zeit der römischen Republik, „als die Magistrate als höchstes Lob erstrebten, wenn sie Provinzen und Verbündete durch Gerechtigkeit und Zuverlässigkeit im Worthalten verteidigten".[87] Diese sittliche Auffassung des römischen Herrschaftsanspruchs sei erst mit Sulla völlig zu Ende gegangen (27), doch unter Caesar sei es noch schlimmer geworden (28/29).

Als weiteres charakteristisches Beispiel sei noch der Abschnitt über ‚Wohltaten und Freigebigkeit' ausgewählt. Da hatte schon Panaitios die beiden Arten des Helfens, durch eigenes Handeln oder durch Geld, ausführlich besprochen, wobei zur Freigebigkeit aus der eigenen Tasche auch an die Gefahr der Verarmung erinnert wurde (52; 54). Cicero fügt ein römisches Sprichwort bei: Geldverschwenden habe keinen Boden (55) und erörtert besonders die Anforderungen, die in Rom an die Ausstattung der aedilicischen Spiele gestellt werden. Er selbst gewann den Ruhm, mit bescheidenem Aufwand davongekommen zu sein (57–59). Tathilfe leisten Rechtsgelehrte und Prozeßredner (65–68). ‚Sozialausgaben' spielten schon in den griechischen Städten eine Rolle. Cicero wirft C. Gracchus vor, daß er mit seinem Gesetz über Abgabe verbilligten Getreides den Staatsschatz geleert habe (72). Scharf verurteilt er das demagogische Wort des Volkstribuns von 104, L. Marcius Philippus, es gebe in Rom nur 2000 Leute mit Vermögen; denn die Staatsordnung sei dazu da, das Privateigentum zu erhalten (73). In Übereinstimmung mit den griechischen Beispielen des Panaitios werden auch die Siedlungsgesetze der Gracchen nur als gemeinschädlich beurteilt (78–80).

Das 3. Buch ist der Frage gewidmet, ob die Forderung der Sittlichkeit mit dem Nutzen in Widerspruch geraten könne. Panaitios hatte sie nicht mehr behandelt, und Cicero war selbst davon überzeugt, daß für den Rechtschaffenen dieser Konflikt nicht besteht (11; 18). Aber unter gewissen Umständen könne selbst ein Verbrechen durch seine Wirkung doch sittlich gerechtfertigt sein. So sei es gewiß das größte Verbrechen, einen befreundeten Menschen zu töten. Aber Caesars Ermordung sei vom römischen Volk gebilligt worden, weil Tyrannenmord eine sittliche

---

[86] Eben diese kürzende Erwähnung der ‚schmutzigen' Berufe paßt nicht zur Meinung von POHLENZ, wie v. WILAMOWITZ bemerkte.

[87] Cic. off. 2, 26 *quam diu imperium populi Romani beneficiis tenebatur, non iniuriis, bella aut pro sociis aut de imperio gerebantur, exitus erant bellorum aut mites aut necessarii.*

Handlung ist und daraus Nutzen erfolgte (19). Ebenso wird nachher (107) die Ansicht vertreten, einem Seeräuber gegenüber bedeute ein gebrochener Eid keinen Meineid. Wie wir wissen, hatte ihm die Topik zu diesem Thema der Poseidoniosschüler Athenodor, der spätere Lehrer des Augustus, an die Hand gegeben; doch weil es sich nur um ein Hypomnema handelte, sagt Cicero, müsse er sich dabei ganz auf seine eigene Kraft verlassen. Doch schimmert das Substrat Athenodors deutlich durch.[88] Von den griechischen Vorgängern wurden beispielsweise folgende Fälle ausgedacht: Soll ein anständiger Mann, wenn bei stürmischer See Ballast auszuwerfen ist, eher ein kostbares Pferd oder einen wertlosen Sklaven drangeben? Oder, wenn bei einem Schiffbruch ein Dummkopf eine Planke erwischt hat, darf sie ihm ein Weiser entreißen? Das wird als Unrecht verneint. Wenn zwei Weise sich an einer Planke halten, die nur einen tragen kann, sollen sie, falls nicht sicher ist, wessen Erhaltung im allgemeinen Interesse wichtiger ist, darum losen, wer versinken muß (89–90). Doch im Gedanken an den Sohn flicht Cicero gern Beispiele von Römern ein, darunter eigene, wie vom gehaßten M. Licinius Crassus (73; 75). Dagegen verweist er den Sohn eindringlich darauf, welch einzigartige sittliche Kraft (der von den neuesten Annalisten hergerichtete!) M. Atilius Regulus ausstrahlte, der seinem Eide getreu zum Martertod nach Karthago zurückkehrte.

Besonders lag ihm daran, ihm seinen unversöhnlichen Caesarhaß zu übermachen, vielleicht desto mehr, weil er sich in der Öffentlichkeit mehr und mehr Zurückhaltung auferlegen mußte: Hieß es bei Ennius, beim Königtum werde kein Treuverhältnis heilig gehalten, so ist Caesar dafür die neueste Bestätigung, der alle göttlichen und menschlichen Rechte ins Gegenteil verkehrte wegen seines unsinnigen Strebens nach der Stellung des Ersten (1, 26). Wie Sulla und Caesar ihre Anhänger mit Geld belohnten, war keine rühmliche Freigebigkeit, weil auf ungerechter Enteignung beruhend (1, 43). Der Selbstmord Catos war gerechtfertigt, weil er mit seiner Naturanlage den Anblick des Tyrannen nicht ertragen konnte (1, 112). Im Prooemium des 2. Buchs rechtfertigt er seine philosophische Schriftstellerei wie sonst damit, daß die Staatsgeschäfte nicht mehr von denen gehandhabt werden, denen die *res publica* sie übertrug, und unter dem *dominatus* eines einzigen weder für Rat noch Autorität Raum blieb (d.h. wie ihm als *princeps civitatis* zukam), dazu auch die bisherigen Gefährten (*summi viri*) umgekommen waren. Sie trat an die Stelle der bisher veröffentlichten Gerichts- und Senatsreden (2, 2–3). Caesars Untergang zeigt, was der Haß der Unterdrückten vermag (2, 23). Caesar war schlimmer als Sulla, weil er aus gottloser Ursache Krieg führte, mit abscheulicherem Sieg, da er nicht Privatleute enteignete, sondern ganze Provinzen und Gegenden. Daß im Triumph auch Massilia gezeigt wurde, ist Kennzeichen des nunmehr – im Gegensatz zur frühern Zeit – verlorenen Imperiums (2, 26–28). Es stehen noch die Hauswände der Stadt, aber die *res publica* haben wir ganz verloren (2, 29). Vom Bürgerkrieg heißt es, daß die eine Seite zu viel Frevelmut, die andere zu wenig Glück hatte (2, 45). Vor der jetzigen Verwirrung war die Rechtskunde Sache der *principes*. Der Glanz dieser Wissenschaft ist vernichtet, obwohl jetzt ihr größter Vertreter

---

88 So hat offenbar er die Bücher des Poseidonios und des Panaitiosschülers Hekaton herangezogen, K. REINHARDT RE 22, 770 ff.

(Ser. Sulpicius Rufus) lebt (2, 65). Ebenso ist die Entwicklung der römischen Beredsamkeit unter-, um nicht zu sagen, abgebrochen (2, 67). Zu dem schon von Panaitios verabscheuten Mittel allgemeiner Schuldentilgung bemerkt er, daß er 63 gegenüber Catilina dieses Übel abgewehrt habe, während Caesar als Sieger jetzt, wo er es nicht mehr nötig hat, das ausführte, was er damals vorhatte. Darauf folgt die unbegreiflich gehässige Äußerung: „In ihm war eine solche Begierde, Unrecht zu begehen (*peccandi libido*), daß er daran Freude hatte, auch wenn dazu keine Ursache vorhanden war." Davon ist vor allem unwahr, daß Caesar keine Ursache gehabt habe, sich mit Entschuldungsfragen zu beschäftigen. Schon in der ersten Dictatur erließ er Ende 49 eine Verfügung über Rückzahlung von Schulden ohne übermäßige Schädigung der Gläubiger,[89] und 46 oder 45 wurde die demselben Zweck dienende *lex Iulia de bonis cedendis* beschlossen,[90] in jedem Fall eine große gesetzgeberische Leistung, an die das von Cicero gespritzte Gift nicht heranreicht.

Im Eingang des 3. Buchs finden wir wieder die Ausdrücke vom „ausgelöschten Senat" und den „vernichteten Gerichtshöfen", die Cicero die seiner würdige Tätigkeit in der Curie und auf dem Forum verbieten (2), und von der zerstörten *res publica* (4). Warum Caesars Ermordung eine sittliche Tat war, ist schon erwähnt (19). Zuletzt wird eine Reihe von schlechten Beispielen (58–82) mit dem Menschen abgeschlossen, der aus Machtgier zum schrecklichen Raubtier entartet (82). In dieses Urteil wird sogar Pompeius einbezogen, „der den zum Schwiegervater haben wollte, durch dessen Verwegenheit (*audacia*) er mächtig sein konnte".[91] Ihm schien nützlich, der Mächtigste zu sein durch des andern Verhaßtheit. Der Schwiegervater selbst aber führte stets die griechischen Verse aus den Phoenissen des Euripides im Munde: „Denn, wenn man Recht verletzen muß, so um der Königsherrschaft willen, im übrigen pflege Frömmigkeit", so nach Ciceros Übersetzung.[92] Damit hat Euripides das größtmögliche Verbrechen herausgegriffen, und nun wurde es erst noch begangen von dem, „der König des römischen Volks und Herr aller Völker zu sein erstrebte und erreichte". Wer diese Begierde als sittlich bezeichnet, hat den Verstand verloren; denn er billigt den Untergang von Gesetzen und Freiheit und hält das noch für rühmlich. Welche Verirrung zu sagen, das sei wohl nicht sittlich, aber nützlich! Diese gräßliche Ermordung der Vaterstadt (*parricidium patriae*) kann nicht nützlich sein, wenn auch der Täter von den unterdrückten Bürgern ‚Vater' genannt wird (83).[93] Anders als das Volk meint, besteht das Leben des Tyrannen aus Sorgen und Ängsten, Attentaten und Gefahren. Wie gilt das erst für den König, der mit dem Heer des römischen Volks das römische Volk selbst unter-

---

89 Caes. b. c. 3, 1, 2. 20, 1–2. ‚Caesar' 187.
90 Erwähnt Cod. Iust. 7, 71, 4. Gaius Inst. 1, 78. Die sehr ansprechende Vermutung wird ausführlich begründet von M. W. FREDERIKSEN JRS 56 (1966). 128 ff. bes. 138–142.
91 Zu *audaces* als politischem Schlagwort CH. WIRSZUBSKI JRS 51 (1961), 12 ff., über Caesar 17. ALFONS WEISCHE Stud. z. pol. Sprache d. röm. Rep. (1966) 28 ff. 66 f.
92 Eurip. Phoen. 525/6 bei Suet. Caes. 30, 5. Cicero hatte schon 49 im Blick auf Caesar den Vers 507 aus derselben Rede des Eteokles zitiert (Att. 7, 11, 1). ‚Caesar' 167 Anm. 15 erwog ich als möglich, daß Caesar sich gelegentlich so geäußert habe.
93 Cass. Dio 44, 4, 4. Suet. Caes. 76, 1. Appian. bell. civ. 4, 442. Liv. per. 116. Diese letzten Beschlüsse fallen in die letzten Monate 45 und Anfang 44. H. GESCHE Vergottung Caesars 54.

drückte und die Bürgerschaft, die nicht nur frei war, sondern über andere Völker herrschte, zum Knechtsdienst zwang! (84). So wird am Beispiel Caesar bewiesen, daß nichts nützlich ist, was nicht sittlich ist (85).

In der Nachfolge Platons hatte Cicero in seinem ‚Staat' den Tyrannen geschildert (1, 68 nach Plat. rep. 8, 566 e ff.) und gesagt, daß sich kein scheußlicheres und Göttern und Menschen verhaßteres lebendes Wesen ausdenken läßt; obwohl von Gestalt Mensch übertrifft es an Ungeheuerlichkeit die wildesten Raubtiere (2, 48). Es braucht nicht ausgeführt zu werden, wie wenig Caesar mit dem von den Philosophen gezeichneten Schreckensbild gemein hat. Cicero selbst hat es schon im April und Mai in Briefen an Atticus eingestanden.[94] Caesar hatte ja keineswegs Gesetze, Senat und Gerichte abgeschafft, wie es nach Cicero scheinen könnte, aber den bisherigen Regenten der Optimatenrepublik, den *principes civitatis* und ihrem Nachwuchs die oligarchisch entartete Macht genommen. Seit der Beseitigung des Königtums war *rex* eine gefährliche Waffe gegen jeden, der sich über die von jenem Kreis gesetzte Grenze der Gleichheit hinauswagte. Mit dem Einströmen griechischer Bildung stellte sich auch der von der Staatsphilosophie gebrandmarkte Tyrann ein. Solche Verurteilung des Tyrannen verschmolz sich bei dem kraftvollen, furchtlosen Erben römisch-‚republikanischer' Überlieferung – im Gesamtsinn all dessen, was *res publica* dem Römer bedeutete – M. Cato Uticensis zu einer unvergeßlichen symbolischen Gestalt. Auch unter den Caesarmördern gab es einige wenige, die ihm nacheiferten. Cicero, aus weicherm Holz, gehörte nicht zu den Mördern, überbot sie aber dafür in Worten. Wie er oft aussprach, traf ihn besonders, daß die kurze Zeit von Caesars Dictatur seiner Redekunst nicht den gebührenden Raum ließ, doch zutiefst verletzte ihn, daß Caesar für alles, was er in seinem philosophischen Hauptwerk, doch auch in *de oratore* und *orator* und in einigen großen Reden über das Wesen der *res publica* und die ihrer Erhaltung dienliche Staatskunst verkündigt hatte, unempfänglich blieb. Man mag bezweifeln, ob Caesar, dem Machtinstinkt und politisches Handeln im Blut lag, seine staatsphilosophischen Schriften las. Ciceros Redekunst hätte er gern in Dienst genommen, aber von dem Gerede über *res publica* hielt er nichts, soll vielmehr gelegentlich gesagt haben: „die *res publica* sei nichts, ein Name nur ohne Körper und Gestalt" und „Sulla sei ein Analphabet gewesen, weil er die Dictatur niederlegte". Es war der von Caesar auf Ciceros Fürsprache hin begnadigte Praetorier T. Ampius Balbus, der es überlieferte.[95] Doch spricht viel dafür, daß sich Caesar gelegentlich so äußerte und von philosophischen Darlegungen über Staat und Staatsmann so wenig hielt wie Napoleon von der ‚Ideologie'.[96] Was Cicero verkündete, war nicht, was er unter Politik (*capessere rem publicam*) verstand. Besser konnte man es nicht sagen als Cicero nach Caesars Besuch im Dezember 45: σπουδαῖον οὐδὲν *in sermone*, φιλόλογα *multa*.[97]

Ciceros Beschimpfung des toten Caesar ist wohl das Unedelste, was sein unermüdlicher Griffel hinterlassen hat. Man möge damit das Verhalten des Ser. Sulpi-

---

94 Cic. Att. 14, 13, 6. 17, 6. 15, 4, 3.
95 Suet. Caes. 77. fam. 6, 12. O. S. 257, Anm. 139.
96 ‚Caesar' 234 Anm. 6.
97 Cic. Att. 13, 52, 2. O. S. 291, Anm. 419.

cius Rufus vergleichen, mit dessen Namen Cicero den Vorwurf verbindet, auch seiner Wissenschaft habe Caesar den Boden entzogen.[98] Er hatte als Consul 51 den Senat aufs eindringlichste vor einem neuen Bürgerkrieg gewarnt: Die Beispiele, die im ersten Krieg von Marius bis Sulla gegeben wurden, würden von Nachahmern noch übertroffen werden, und er prägte dafür den echt römischen Satz: „Denn sie halten dafür, daß das, was nach einem Beispiel geschieht, rechtmäßig sei."[99] Die Warnung richtete sich an die rabiaten Caesargegner, die es dann, wie Cicero bemerkt, mit dem Untergang büßen mußten, da sie nicht darauf hörten. Doch nach der Katastrophe erging er sich nicht in ohnmächtigen Klagen über den Verlust der *res publica*, sondern sah den Schaden, den das Reichsregiment erlitten, und die Zerrüttung der Provinzen.[100] Als Jurist an sachliche Würdigung der Verhältnisse gewöhnt, stellte er sich Caesar zur Verfügung, um in Achaea für Wiederherstellung der Ordnung zu sorgen.[101] Solch hilfreiche Tätigkeit konnte Cicero wohl bei Servius billigen (fam. 4, 4, 2), fühlte sich jedoch selbst darüber erhaben, da ihn Caesar dafür nicht zu Rate zog. An dieser verletzten Eitelkeit nährte sich im Grund sein tobender Haß gegen den Tyrannen.

Weil Cicero vom Glauben nicht lassen konnte, daß kein Tyrann dem Untergang entgehe, gab er die Zukunft nicht verloren, wie er am 24. Oktober dem Atticus schrieb (15, 13, 7). Mitten in der schriftstellerischen Arbeit erhielt er dann in der Tat am 1. November einen Brief Octavians mit erstaunlichen Neuigkeiten.[102] Der junge Mann warb in den campanischen Veteranencolonien ein Freicorps und bat ihn um eine heimliche Zusammenkunft in oder bei Capua. Es war klar, daß er den Kampf mit Antonius wagen wollte. Zunächst überwog bei Cicero das Mißtrauen wegen der Jugendlichkeit und wegen des Namens Caesar; unmöglich konnte eine Zusammenkunft geheim bleiben. Darum lehnte er sie ab.[103] Aber nun brachte ihm ein Vertrauensmann genauere Nachrichten; schon seien 3000 Veteranen marschbereit, und Octavian hoffe auch die drei makedonischen Legionen des Antonius auf seine Seite zu ziehen; Cicero möge ihm raten, ob er nach Rom ziehen oder Capua halten oder sich zu den Legionen begeben solle. Also handelte es sich um ein ernsthaftes Unternehmen, und Cicero riet zum Marsch nach Rom, wo ihm die Plebs und vielleicht auch die *boni* zufallen würden. Welche Gelegenheit für M. Brutus, wenn er jetzt zur Stelle wäre! Sollte er selbst nach Rom gehen, oder wäre es nicht vorsichtiger, in Puteoli oder Arpinum abzuwarten?[104] Am 4. November erhielt er zwei Briefe Octavians mit der dringenden Aufforderung, nach Rom zu kommen; er stelle sich dem Senat zur Verfügung und verlasse sich auf Ciceros Rat. Dieser antwortete,

---

98 O. S. 326. Cic. off. 2, 65.
99 Cic. fam. 4, 3, 1 authentisch, da es Cicero einem schriftlichen Bericht entnahm.
100 Cic. fam. 4, 5, 4 *de imperio populi Romani tanta deminutio facta est, omnes provinciae conquassatae sunt*. Diese politische Sprache erinnert ganz an die Punkte, die Caesar im Friedensangebot an Metellus Scipio genannt hatte: b. c. 3, 57, 4 *quietem Italiae, pacem provinciarum, salutem imperii*. ‚Caesar' 184 Anm. 117. 196 Anm. 191. 219 Anm. 308.
101 Cic. fam. 4, 3, 2. 4, 2. 12, 1 Erwähnung seiner Jurisdiction.
102 Cic. Att. 16, 8, 2 *non equidem hoc divinavi sed aliquid tale putavi fore*.
103 Cic. Att. 16, 8, 1.
104 Cic. Att. 16, 8, 2.

der Senat sei vor dem 1. Januar 43, unter dem neuen Consul Pansa, nicht aktionsfähig. Vorderhand konnte er an die Schwäche des Antonius nicht glauben. Varro hielt nichts von dem Plan des „Knaben". Da war es wohl klüger, an der Küste zu bleiben! Aber, wenn nun wirklich eine Heldentat geschah und er war nicht dabei! Denn die Rüstungen wurden ernstlich betrieben, und Cicero hoffte auf die Rückkehr des Brutus.[105] Am 5. November hatte sich der günstige Eindruck von Octavians Tätigkeit verstärkt, so daß Cicero eine frühere Rückkehr nach Rom ins Auge faßte. Doch konnte er sich noch immer nicht vorstellen, daß der Senat etwas gegen Antonius wagen würde.[106] Am 6. November gab er Atticus bereits den 12. als Tag seiner Ankunft in Rom an, um nicht etwa durch Antonius abgeschnitten zu werden.[107] Am 7. traf er in seinem Absteigequartier zu Sinuessa ein, bog aber am 9. von Minturnae nach Arpinum ab, weil es hieß, daß Antonius mit „caesarischer Schnelligkeit" anrücke.[108] Am 10. erreichte er, wozu ihm auch Atticus riet, den von der Via Appia abgelegenen Familienstammsitz.[109] Doch, kaum in Sicherheit, bedrängte ihn schon wieder die Sorge, er könnte im entscheidenden Augenblick in Rom nicht dabei sein.[110] Noch am 11. November erhielt er drei Briefe des Atticus, der ihn vor überstürzten Entschlüssen warnte. Denn, gewann Octavian die Oberhand, so stärkte das die Caesarianer auf Kosten des Brutus. Andererseits war aber auch ein Sieg des Antonius nicht ausgeschlossen. Obwohl Cicero diese Beurteilung der Lage billigte, zog es ihn doch noch immer nach Rom, und er fragte, ob er nicht wenigstens auf das Tusculanum gehen könnte. Gewiß, das Beispiel des Schwiegervaters L. Marcius Philippus und des Schwagers C. Marcellus war für ihn nicht maßgebend, und Octavians Mut war größer als seine Autorität.[111] Wenn es Cicero trotzdem nach dieser Seite zog, so kam es daher, daß man sich dort so angelegentlich um ihn bemühte und ihm sozusagen die geistige Führung, die Vertretung der Sache vor Senat und Volk, übertragen wollte.[112]

Inzwischen betrat Octavian Rom und konnte in einer Contio des Volkstribunen Ti. Cannutius zum Volk sprechen.[113] Seine Rede wurde Cicero zugesandt und bestätigte vollauf die Warnungen des Atticus vor der Illusion, daß Octavians Kampf

---

105 Cic. Att. 16, 9. Münzer RE Suppl. 5, 377 denkt an D. Brutus.
106 Cic. Att. 16, 11, 6.
107 Cic. Att. 16, 12.
108 Cic. Att. 16, 10, 1. 13 a, 1.
109 Cic. Att. 16, 13 b, 1.
110 Cic. Att. 16, 13 c, 1 vom 11. Nov. fam. 16, 24, 2 an Tiro.
111 Cic. Att. 16, 14, 1–2.
112 Plut. Cic. 44, 1. 52, 1 von Augustus in seiner Selbstbiographie ausgesprochen. Daß Philippus und Marcellus mit Octavian Cicero besucht hätten, scheint eine Verwechslung mit der Zusammenkunft im Juni zu sein, Cic. Att. 15, 12, 2. O. S. 302. Münzer RE 14, 1570. Schon am 19. März 43 schrieb er *Antonium ego ructantem et nauseantem conieci in Caesaris Octaviani plagas* fam. 12, 25, 4. ad Brut. 1, 10, 3. 15, 6 im Juli 43 *Caesarem hunc adulescentem fluxisse ex fonte consiliorum meorum*, ebenso Phil. 3, 19. 5, 23. Bei Plut. Cic. 44, 2–5 wird das Vertrauen Ciceros zu Octavian erklärt aus einem frühern Traum Ciceros. Etwas anders wird das Traumgesicht berichtet bei Suet. Aug. 94, 9. Cass. Dio 45, 2, 2. Dagegen wie Plutarch Tertull. de anima 46 mit Berufung auf die *commentarii* des Augustus, HRF 2 Peter.
113 Appian. bell. civ. 3, 169. Cass. Dio 45, 12, 4.

gegen Antonius um die Befreiung der *res publica* gehe; erhob er doch seine Rechte zur Statue Caesars und schwur, so möge ihm vergönnt sein, die Ehrungen seines Vaters zu erlangen[114] ..., wozu Cicero nur bemerken konnte, daß er einem solchen nicht sein Leben verdanken möchte. Jedoch hatte Atticus auch geschrieben, wie ernst diese Nachfolge Caesars zu nehmen sei, werde sich zeigen, wenn am 10. Dezember der Caesarmörder P. Servilius Casca[115] das Volkstribunat antrete. Cicero selbst hatte über diesen Punkt schon mit Oppius verhandelt, als der ihn für Octavians Unternehmen zu gewinnen versuchte. Er forderte, Octavian müsse den Tyrannentötern nicht nur Nicht-Feind, sondern Freund sein. Da Oppius das zusagte, antwortete Cicero, dann bedürfe man seiner Mitwirkung nicht vor dem 1. Januar; bis dahin könne Octavian seinen guten Willen an Casca bezeugen. Auch dem stimmte Oppius zu.[116] Im Anschluß an diesen Bericht teilt Cicero noch mit, daß er aus einem Briefe Leptas[117] den Eindruck gewinne, Antonius ziehe den Kürzern. Offenbar wußte er noch nicht, daß sich Octavian bald nach seiner Rede mit seinen Mannschaften vor Antonius nach Etrurien zurückgezogen hatte.[118] Während Atticus ihm riet, in Arpinum abzuwarten,[119] drängte er nach Rom, allerdings, wie er eingestand, weniger wegen der *res publica* als um von Atticus aus seinen Geldnöten erlöst zu werden. So gut als Marcellus, meinte er, könne auch er in Rom sein.[120] Tatsächlich kam er aber erst am 9. Dezember in die Stadt,[121] nachdem sie Antonius am 28. November[122] wieder verlassen hatte,[123] und rühmte später, wie ihm Arpinum Schutz geboten hätte vor den Anschlägen des Volkstribunen L. Antonius.[124]

Der Consul marschierte nach Ariminum, um Gallia citerior in Besitz zu nehmen.[125] Cicero hatte schon vor seiner Ankunft einen Brief des dortigen Proconsuls D. Brutus empfangen. Um Näheres zu erfahren, begab er sich sogleich zu Pansa und vernahm mit Befriedigung, daß jener sich dem Consul widersetzen wolle, begreiflicherweise aber eine Ermächtigung durch den Senat wünsche. Cicero war mit Recht der Ansicht, es müsse sofort gehandelt werden, und beschwor D. Brutus in einem Brief, die *res publica* vom Tyrannen Antonius zu befreien; Senat und Volk erwarteten das von ihm.[126] Zur selben Zeit nahm er auch die Fühlung auf mit L. Munatius Plancus, dem Proconsul der Comata, dessen undurchsichtige Haltung freilich nur allgemeine Andeutungen zuließ.[127] Die Antwort lautete verständnisvoll

---

114 Cic. Att. 16, 15, 3. H. Gesche a. O. 80 = „die beschlossenen Ehren in die Tat umzusetzen".
115 Münzer RE 2 A, 1789.
116 Cic. Att. 16, 15, 3.
117 Münzer RE 12, 2072. Shackleton Bailey zu Att. 16, 15, 3.
118 Appian. bell. civ. 3, 174. Cass. Dio 44, 12, 6.
119 Cic. Att. 16, 15, 4.
120 Cic. Att. 16, 15, 5–6.
121 Cic. fam. 11, 5, 1. Das überlieferte Datum verteidigt von T. R. Holmes The Architect 204. Cass. Dio 45, 15, 4.
122 Cic. Phil. 3, 20.
123 Cic. Phil. 3, 24. 13, 19. Groebe RE 1, 2602.
124 Cic. Phil. 12, 20.
125 Appian. bell. civ. 3, 189.
126 Cic. fam. 11, 5.
127 Cic. fam. 10, 3, 3.

(10, 4, 3), und Cicero sprach im nächsten Brief offen aus, daß man seine Hilfe gegen Antonius erwarte (10, 5, 3). Noch vor dem 20. Dezember[128] fand in Ciceros Haus eine Besprechung statt mit drei Vertrauensleuten des D. Brutus und außerdem mit L. Scribonius Libo[129] und Ser. Sulpicius Rufus' Sohn.[130] Als deren Ergebnis führte Cicero dem D. Brutus nochmals eindringlich zu Gemüte, er dürfe nun ebensowenig wie am 15. März wegen Caesars Ermordung für seine Kampfansage an Antonius auf einen Senatsbeschluß warten; denn der Senat könne seinen Willen noch nicht frei äußern; durch eigenmächtige Verstärkung seines Heers habe Brutus den Weg selbständigen Vorgehens schon beschritten;[131] ebenso handle der junge Caesar samt den Veteranen und den zwei zu ihm übergegangenen Legionen in berechtigter Notwehr, zur Verteidigung der *res publica*.[132]

Octavian stand damals mit seinem Heer bei Alba Fucens.[133] Wenn der Senat und seine *principes*[134] wirklich das Heft in die Hände bekommen sollten, so mußten sie über eigene Macht verfügen. Das war wohl die eine Überlegung, die Cicero bewog, D. Brutus voranzutreiben. Andererseits konnte die heikle Frage, ob Octavian mit den Caesarmördern zusammenwirken würde,[135] durch schnelle Schaffung einer vollendeten Tatsache am besten überwunden werden.

Man kann nicht sagen, daß Cicero die Gefährlichkeit seines Spiels völlig verkannte (Att. 16, 15, 3). Aber, seitdem Octavian verlangte, daß der Senat ihn nachträglich zu seinem Staatsstreich bevollmächtige, überwog der Gedanke, es sei damit eines der Organe seiner idealen *res publica* (aber auch das wichtigste der ‚gewachsenen' Optimatenrepublik) wieder zu entscheidendem Handeln aufgerufen, womit auch für seine Beredsamkeit die Wiederkehr ihrer großen Zeit anbreche. Vor diesem Zukunftsbild verblaßte der Widerspruch, wie ausgerechnet der Adoptivsohn und Erbe des eben noch als scheußlichstes Untier geschmähten Dictators die von Cicero gefeierte *res publica* verwirklichen sollte.

Für ihn bedeutete diese noch von Nebeln verhüllte Aussicht ein Ziel, für das er in den nächsten Monaten alle Kraft einsetzte, und innerhalb des von der verhängnisvollen Illusion begrenzten Raums kann man ihm taktisches Geschick nicht absprechen.

Wie wir sahen, war er bisher der Ansicht, daß vor dem 1. Januar 43 im Senat ein politischer Umschwung nicht zu erreichen sei. Inzwischen hatte sich die Lage insofern gebessert, als Antonius und Dolabella[136] Rom verlassen hatten. Die neuen Volkstribunen beriefen auf den 20. Dezember eine Senatssitzung ein mit der Ab-

---

128 Nicht erst am 20., wie MÜNZER RE 13, 1851 Nr. 2 annimmt. Brief Cic. fam. 11, 6, 1 ist vielmehr mit MÜNZER RE Suppl. 5, 377 in den September zu setzen.
129 MÜNZER RE 2 A, 884.
130 MÜNZER RE 4 A, 861.
131 Cic. fam. 11, 7, 3. Phil. 5, 36. Appian. bell. civ. 3, 201.
132 Cic. fam. 11, 7, 2.
133 Appian. bell. civ. 3, 192. Cic. Phil. 3, 6; 39. 4, 6. M. A. LEVI Ottaviano capoparte 1 (1933), 180, 6.
134 Cic. Phil. 8, 22. ad Brut. 2, 1, 2. Die Senatoren insgesamt als die *principes orbis terrarum* Phil. 3, 34; 35.
135 Cass. Dio 45, 14, 2.
136 MÜNZER RE 4, 1306.

sicht, Schutzmaßnahmen für die Senatssitzung am 1. Januar beschließen zu lassen.[137] Cicero hatte nicht die Absicht, seine Kraft bei diesem zweifelhaften Versuch zu verbrauchen. Da wurde an diesem Tag das Edict des D. Brutus veröffentlicht, worin er mitteilte, er werde seine Provinz behaupten und zur Verfügung von Senat und Volk halten.[138] Cicero erkannte sofort, daß nun das Eisen geschmiedet werden müsse, und eilte in die Sitzung, hatte auch die Genugtuung, daß sich daraufhin auch andere Senatoren ebenfalls in größerer Zahl einfanden.[139] Ferner traf sich günstig, daß er nach dem einleitenden Bericht des Volkstribunen M. Servilius[140] und seiner Collegen[141] als vielleicht einzig anwesender Consular zuerst das Wort ergreifen konnte. Denn die beiden designierten Consuln, die üblicherweise zuerst befragt wurden, waren nicht zugegen.[142] Cicero hielt nun seine 3. *Philippica*, die ihn nochmals auf einen Höhepunkt seines politischen Lebens führte, wie früher im Dezember 63 der Sieg über Catilina und im September 57 die glorreiche Rückkehr aus dem Exil.[143]

Indem er den Marsch des Antonius in die Provinz des D. Brutus als Beginn des Bürgerkriegs kennzeichnete, zwang er die Hörer von Anfang an unter den Gedanken (14), daß mit Beschlüssen über die Abwehr nicht bis zum 1. Januar gewartet werden könne (1–2). Der Kampf, den bisher der junge C. Caesar und D. Brutus aus eigenem kühnem Entschluß[144] aufgenommen haben, müsse sobald als möglich die Billigung des Senats[145] empfangen (3; 19). Dann schilderte er in begeisterten Worten, wie die Veteranenwerbung Octavians den Senat vor Antonius rettete und damit den Staat (5).[146] Ebenso müsse der Senat billigen, daß die Legio Martia und die IV unter dem Quaestor L. Egnatuleius vom Consul abfielen, und diesen *mirabilis consensus ad rem publicam reciperandam* durch Belohnung anerkennen (6–7). Bei der Behandlung des D. Brutus überging er selbstverständlich die Ermordung Caesars mit Stillschweigen. Durch Erinnerung an die Lupercalien, wo Caesar das Diadem ablehnte, hob er den Dictator sogar vorteilhaft von Antonius ab (12). Indem dann Antonius mit Tarquinius Superbus verglichen und stets schwärzer befunden wird, steigt das Verdienst des Decimus über das des Ahnherrn Lucius (10–11). Wie vorher den meuternden Legionen wird auch der Provinz Gallien Einmütigkeit *ad auctoritatem huius ordinis maiestatemque populi Romani defendendam* zugeschrieben (13).

Was Cicero forderte, faßte er am Schluß in einem Antrag zusammen (37–39), der vom Senat angenommen wurde.[147] Außer der Anerkennung von Octavian und

---

137 Cic. fam. 11, 6, 2. 10, 28, 2. Phil. 3, 13; 25; 37.
138 Cic. fam. 11, 6, 2. Phil. 3, 8.
139 Cic. fam. 11, 6, 3. 12, 22 a, 3.
140 MÜNZER RE 2 A, 1766 Nr. 21.
141 Cic. Phil. 4, 16. 3, 37.
142 Cic. Phil. 5, 30.
143 Cic. Phil. 6, 2. Vgl. 3, 28. 12, 24.
144 *Privatis consiliis*.
145 *Publica auctoritas*.
146 *Qua peste privato consilio rem publicam Caesar liberavit*, entsprechend dem Grundsatz Cic. re p. 2, 46; von Augustus aufgenommen res g. 1.
147 Cic. Phil. 4, 4. Appian. bell. civ. 3, 193. Cass. Dio 45, 15, 3.

D. Brutus enthielt der Beschluß noch die ausdrückliche Anordnung, es sollten die für 42 designierten Consuln D. Brutus und L. Plancus sowie auch alle andern Statthalter ihre Provinzen bis auf weitere Beschlüsse des Senats über die Nachfolge behalten,[148] wodurch die von Antonius am 28. November veranlaßte Verlosung der Provinzen,[149] aber auch die *lex tribunicia de provinciis consularibus*[150] außer Kraft gesetzt wurde. Cicero täuschte sich jedoch nicht darüber, daß der Senat[151] nur darum so weit ging, weil die designierten Consuln (36) und die Volkstribunen (13; 25) damit einverstanden waren und weil Octavians Schilderhebung dadurch eine verfassungsmäßige Deckung erhielt. Denn die Mehrheit des Senats bestand aus Caesarianern,[152] und am 28. November hatte eine beträchtliche Anzahl von Senatoren Antonius eidlich ihrer Treue versichert.[153] Wenn diese jetzt unter dem Eindruck der Erfolge Octavians schwiegen oder fehlten,[154] so war an der fortdauernden Wirksamkeit dieser rührigen Opposition nicht zu zweifeln (13).[155] Der Aedilicier L. Varius Cotyla wagte sogar in der Sitzung für Antonius einzutreten.[156] Ihre Taktik zielte selbstverständlich auf Wiedervereinigung der zur Zeit gespaltenen Caesarianer gegen die Caesarmörder.[157] Aus dem Phil. 13, 22–48 wiedergegebenen Brief des Antonius vom Anfang März 43 können wir uns davon eine gute Vorstellung bilden: Die Hetze gegen Antonius war danach lediglich ein Aufstand der Pompeianer (26; 32; 34; 45), oder, wie Cicero sich schon am 1. Januar 43 ausdrückt, *partium contentionem esse dictitat*.[158] Während Cicero die Gegner des Antonius unter dem Panier der *res publica* zu sammeln suchte, höhnte dieser (30) *victum Ciceronem ducem habuistis* oder bezeichnet (40) Cicero als den Fechtmeister, der die Fronten der eigentlich Zusammengehörigen gegeneinander kämpfen läßt, und der die Caesarianer auf Octavians Seite mit denselben Ehrenbeschlüssen betrügt wie früher den alten Caesar.[159]

In der Rede vom 20. Dezember hütete sich Cicero natürlich, die Möglichkeit einer Verständigung mit Antonius auch nur anzudeuten, aber die langen Ausführungen (14–36), worin er sich bemühte, den Antonius zum *hostis* (Staatsfeind) zu stempeln (4, 1), lassen etwas von den Schwierigkeiten, die zu überwinden waren, durchschimmern. Wohl hatte Antonius bei seiner Rückkehr nach Rom, Mitte November, in seinen Edicten Octavian hemmungslos mit Beschimpfungen

---

148 Cic. Phil. 3, 38. fam. 12, 22 a, 3. 25, 2.
149 Cic. Phil. 3, 25–26.
150 Cic. Phil. 5, 7. O. S. 301.
151 *Senatum iam languentem et defessum* nennt er ihn fam. 10, 28, 2. *cunctantibus ceteris* fam. 12, 25, 2. ad Brut. 1, 10, 1.
152 Cic. Phil. 5, 32. Cass. Dio 43, 47, 3.
153 Appian. bell. civ. 3, 188; 241. Vgl. Cic. Phil. 3, 25–26. 13, 26–28 die Aufzählung von Senatoren, die sich bei Antonius befanden.
154 M. A. Levi 1, 138.
155 *Etiam intra muros Antoni scelus audaciamque versari*.
156 Cic. Phil. 5, 5. 13, 26.
157 Appian. bell. civ. 3, 249.
158 Cic. Phil. 5, 32.
159 Vgl. Cass. Dio 46, 3, 3.

überschüttet,[160] soll auch geplant haben, ihn in der Senatssitzung am 28. November zum *hostis* erklären zu lassen (20–21. 5, 23). Indessen war das tatsächlich unterblieben, und die Erklärung Ciceros, Antonius sei „zusammengebrochen" wegen der Nachricht vom Abfall der 4. Legion (3, 24; 5, 23), kann vom Historiker gewiß nicht als ausreichende Antwort angenommen werden auf die Frage (23), *cur tam mansuetus in senatu fuerit, cum in edictis tam fuisset ferus*. In dem Edict, das den Senat auf den 24. November einberief, drohte er am Schlusse *si quis non adfuerit, hunc existimare omnes poterunt et interitus mei et perditissimorum consiliorum auctorem fuisse* (19). In einem andern Edict beschäftigte er sich mit Cicero und seinem Neffen und drohte mit dem Verfahren, das Cicero am 5. Dezember gegen die Catilinarier angewandt hatte (17–18). Wenn Cicero darauf erwiderte, er sei dem jungen Caesar *consiliorum auctor et hortator* (19), weil das von diesem auf eigenen Antrieb begonnene Unternehmen die Rettung der „Guten" und der Freiheit des römischen Volks bezwecke, so wird dahinter der Vorwurf sichtbar, daß Octavian von Drahtziehern mißbraucht werde.

So kam es für Cicero darauf an, durch umständliche Widerlegung der gegen Octavian verbreiteten Schmähungen (19–21) die persönliche Verfeindung unheilbar zu machen und zugleich den jungen Caesar in der neu sich bildenden Front der *res publica* festzuhalten: Der Consul, der in den Edicten Caesar als Spartacus bezeichnete, wagte nicht, ihn im Senat als *hostis* zu behandeln; folglich bekannte er sich selbst als *hostis* (21); drei Volkstribunen verbot er die Teilnahme an der Senatssitzung (23); von den zu Statthaltern Erlosten lehnten neun ab, weil sie die Verlosung für unrechtmäßig hielten (25–26); ebenso betrachteten ihn die beiden zu Caesar übergegangenen Legionen nicht mehr als Consul (14). Was Rom ohne Caesars Eingreifen zu erwarten gehabt hätte, zeigt ein in der Öffentlichkeit gefallener Ausspruch vom Juni dieses Jahres, daß nur der Sieger am Leben bleiben werde (27).[161] Deshalb stellt der 20. Dezember den Senat vor die Entscheidung: Knechtschaft oder Freiheit. Wenn Antonius nach Gallien kommt, wird er auf allen vier Seiten von Armeen umfaßt werden. Aber der Senat muß ihn ebenfalls durch Beschlüsse bedrängen, *magna vis est, magnum numen unum et idem sentientis senatus*. Das römische Volk wartet darauf (32). Nur auf diesen Augenblick hat Cicero gewartet, als er sich am 18. September der Ermordung entzog (33). Wie er sich jetzt mit aller Kraft für den Entscheidungskampf einsetzt, so muß der Senat sich seiner Aufgabe erinnern (34). Jetzt gilt es zu zeigen, daß sie als *principes orbis terrarum gentiumque omnium* lieber mit Ehren fallen als mit Schande Sklaven werden wollen (35). Aber der Sieg wird nicht ausbleiben; denn die *impii cives* sind eine kleine Minderheit gegenüber den *bene sentientes*, und die Götter haben der *res publica* zur Unterdrückung ihrer Feinde Macht und Glück verliehen (36). *Non tempore oblato, duribus paratis, animis militum incitatis, populo Romano conspirante, Italia tota ad libertatem reciperandam excitata, deorum immortalium beneficio utemini?* (32), so leitete Cicero diesen Appell an den Senat ein, und wir begreifen, daß er mit dieser Zuversicht seine Hörer mitriß.

---

160 Cic. Phil. 3, 15–17. 13, 19; 21. Suet. Aug. 4, 2. 68.
161 Cic. Phil. 5, 21. Att. 15, 22.

Nur ist nicht zu vergessen, daß die Beschlüsse des Senats nicht so weit gingen, wie Cicero wünschte. Denn Antonius wurde nicht zum *hostis* erklärt. Der eigentliche Gewinner war zweifellos Octavian, dessen verwegener Staatsstreich legalisiert wurde. Aber andererseits ordnete Ciceros Formulierung ihn geschickt ein als Glied im Befreiungskampf der *res publica*:[162] Zuerst wird gesprochen von D. Brutus und den andern Statthaltern, dann neben *opera, virtus, consilium C. Caesaris* gestellt *summus militum consensus veteranorum, qui eius auctoritatem secuti rei publicae praesidio sunt et fuerunt* (38). Die beiden Legionen werden nur in Anspruch genommen für *senatus auctoritas* und *populi Romani libertas* (39).[163]

Darum konnte Cicero später vom 20. Dezember mit einem gewissen Recht sagen: *fundamenta ieci rei publicae*.[164] Wie ihm schien, war es ihm gelungen, seine Anschauung vom römischen Staat, für die er seit 63 in Wort und Schrift unermüdlich kämpfte, zum Siege zu führen. Wenn auch die politische Wirklichkeit bald andere Wege ging als er hoffte, so kam sie doch nicht los von der durch ihn geprägten Vorstellung, was sich am augenfälligsten darin bekundete, daß später der Sieger Augustus seinen Tatenbericht nicht anders begann als mit den Worten: *Annos undeviginti natus exercitum privato consilio et privata impensa comparavi per quem rem publicam a dominatione factionis oppressam in libertatem vindicavi*.[165]

Nach der Senatssitzung sprach Cicero in einer Contio des Volkstribunen M. Servilius[166] auch noch zum Volk.[167] Die Veröffentlichung dieser 4. *Philippica* sollte die seinen Wünschen noch nicht genügende politische Entwicklung vorantreiben. Darum betonte er in der Einleitung sofort, durch die Senatsbeschlüsse sei Antonius tatsächlich schon zum *hostis* erklärt worden, und die stets wiederholten Hinweise auf die Größe der Volksversammlung und ihre begeisterte Zustimmung[168] sollten augenscheinlich den Senat unter den Druck der Straße setzen. Diese einhellige Zustimmung müsse von den Göttern bewirkt sein und sei ein Zeichen dafür, daß sie das Gebet der Bürgerschaft um den Untergang des Räuberhauptmanns Antonius, der die Stadt an seine Bande aufteilen will, erhören werden (10). Nie habe sich das Volk so innig mit dem Senat verbunden gefühlt (12). Mit einem Verbrecher wie Antonius sei Friedensschluß undenkbar (11). Im Gegensatz zu einem äußern Feind sei er ja auch gar nicht verhandlungsfähig, da er keinen Staat vertrete (14). Er bleibe sogar hinter seinem Vorbild Catilina zurück, da dieser rasch ein Heer zusammenbrachte, während Antonius das ihm gehörige verlor (15). Seine Niederlage stehe in Kürze bevor (12). – Man darf wohl annehmen, daß die Rede wirklich so beifällig aufgenommen wurde, wie wir es lesen. Im Gegensatz zum Wortlaut des Senatsberichtes pries Cicero hier die Rettertat des jungen Caesar mit überschwenglichen Worten (2–4). Beim Aufruf zur *virtus* der Ahnen faßt er die

---

162 Vgl. Plut. Cic. 45, 1.
163 Bei Appian. bell. civ. 3, 192 wird behauptet, die Senatoren hätten sich geärgert, daß die Legionen sich nicht dem Senat, sondern Caesar unterstellten!
164 Cic. fam. 12, 25, 2. Phil. 5, 30. 6, 2.
165 Vgl. o. S. 197 und u. S. 349 f. RUDOLF STARK Res publica, Diss. Göttingen 1937, 46.
166 Cic. Phil. 4, 16.
167 DIETRICH MACK Senatsreden und Volksreden bei Cicero (1937), 48 ff.
168 Cic. Phil. 4, 1; 2; 3; 5; 7; 8; 9; 10; 11. Vgl. 5, 2. 6, 2.

ganze römische Geschichte in die markigen Sätze zusammen (13): *hac virtute maiores vestri primum universam Italiam devicerunt, deinde Karthaginem exciderunt, Numantiam everterunt, potentissimos reges, bellicosissimas gentes in dicionem huius imperii redegerunt*! Welch ein Abstand von den resignierten Tönen in *de officiis*![169] Sicherlich beseligte ihn das Hochgefühl des Satzes, womit er abschloß (16): *longo intervallo me auctore et principe*[170] *ad spem libertatis exarsimus*. In dieser Stimmung schrieb er an D. Brutus[171] und Q. Cornificius in Africa.[172]

Jedoch wußte er wohl, daß die Beschlüsse des 20. Dezember nur eine Vorentscheidung aussprachen,[173] die erst mit dem Amtsantritt der neuen Consuln politische Gültigkeit erhalten konnte. Im Verlauf dieser zehn Tage begann zwischen Antonius und D. Brutus der Krieg. Antonius schloß Mutina ein.[174] C. Caesar setzte sein Heer in Marsch gegen Gallien (5, 46). In der Stadt dagegen regte sich in einflußreichen senatorischen Kreisen der Widerspruch gegen den von Cicero am 20. Dezember so redegewaltig betriebenen Bürgerkrieg.[175]

Die gegen den 20. Dezember veränderte Lage kündigte sich am 1. Januar 43, als sich der Senat im capitolinischen Jupitertempel beriet,[176] gleich dadurch an, daß nach der Rede der Consuln[177] Pansa das Wort seinem Schwiegervater, dem Consular Q. Fufius Calenus, einem ausgesprochenen Freunde des Antonius, erteilte.[178] Dieser erklärte, Antonius wolle den Frieden (5, 3), und stellte den Antrag, der Senat möge ihn und seine Gegner durch eine Gesandtschaft zur Einstellung der Feindseligkeiten auffordern (5, 25–27).[179] Nach ihm wurde P. Servilius Isauricus aufgerufen,[180] der den Antonius entschieden ablehnende und so den Consuln nahestehende Caesarianer. In der Rede, die er als 5. *Philippica* veröffentlichte, sah sich Cicero nun, statt daß er die Aktion des 20. Dezember geradlinig fortführen konnte, in die Verteidigung gedrängt, mußte zunächst aufs neue weitläufig nachweisen (3–31), daß mit Antonius nicht mehr verhandelt werden könne. Er erinnerte daran, daß ihn der Senat durch die Beschlüsse vom 20. Dezember tatsächlich schon als *hostis* behandelt und aus der *res publica* ausgestoßen habe (3–4; 28–29). Wie in den frühern Reden schilderte er nochmals das ganze Consulat des Antonius als eine Kette von Verfassungsbrüchen und Verbrechen (7–23); mit seiner Leibgarde habe er Cinna, Sulla und Caesar überboten (17); selbst, wenn er der Gesandtschaft ge-

---

169 Cic. off. 1, 35.
170 Vgl. Cic. re p. 2, 46 von L. Brutus *quo auctore et principe concitata civitas* etc.
171 Cic. fam. 11, 6, 3.
172 Cic. fam. 12, 22 a, 3.
173 Cic. Phil. 4, 1; 5, 30.
174 Cic. Phil. 5, 1; 24; 30–31.
175 Cic. Phil. 5, 5–6. Appian. bell. civ. 3, 203; 206; 207 betont den Gegensatz gegen die Κικερώνειοι.
176 Appian. bell. civ. 3, 202.
177 Cic. Phil. 5, 1.
178 Cic. Phil. 5, 1. 8, 19. 10, 3. ad Brut. 1, 10, 1. MÜNZER RE 7, 206. Röm. Adelsparteien 365.
179 Cass. Dio 46, 27, 3.
180 Cic. Phil. 7, 27. 9, 3. 12, 5. 14, 7; 11. Obwohl durch seine Gattin Iunia Schwager der Caesarmörder Brutus und Cassius, blieb er politisch ‚Caesarianer', als der er als Consul 48 und 46–44 als Proconsul von Asia Caesar wichtige Dienste geleistet hatte.

horchte und nach Rom zurückkäme, wäre es ein Unglück für die *res publica*, weil sich um seine Fahne die *perditi cives* scharen würden (29); die Behauptung des Antonius, er vertrete die Sache der Caesarianer gegen die Pompeianer, widerlege sich dadurch, daß dann ja die Consuln und C. Caesar gegen die Caesarpartei kämpfen würden (32). Als politisch wichtig stellte er fest, daß alle seine gesetzgeberischen Akte rechtsungültig seien. Was davon gut sei, müsse nochmals vom Volk bestätigt werden (10); eine Gesandtschaft lähme nur die Kriegführung (25–26; 31); darum lautete sein Antrag, es sei sofort der Kriegszustand zu erklären (31) und den Consuln die Vollmacht zum Schutze des Staats zu erteilen. Bis zum 1. Februar solle allen, die das Heer des Antonius verließen, Straflosigkeit zugesagt werden (34).

Der zweite Teil der Rede begründet die Anträge für Ehrenbeschlüsse (35–53): Die Verteidigung der Provinz Gallien durch D. Brutus soll gebilligt werden (36); von M. Lepidus soll in dankbarer Anerkennung des Friedensschlusses mit Sex. Pompeius eine vergoldete Reiterstatue aufgestellt werden (40–41); C. Caesar soll propraetorisches Imperium mit dem senatorischen Rang eines Praetoriers erhalten und bei der Ämterbewerbung so behandelt werden, als ob er im Jahr 44 Quaestor gewesen wäre (46); L. Egnatuleius soll sich drei Jahre vor dem gesetzlichen Alter um die Ämter bewerben dürfen (52). Der letzte Vorschlag betraf die Privilegien und Belohnungen der sich für die Befreiung des römischen Volks einsetzenden Truppen, der von Octavian aufgerufenen Veteranen und der Legionen Martia und Quarta, außerdem aber auch die Soldaten der Legionen Secunda und Tricesima quinta, die von Antonius zu den Consuln übergehen würden; das von Caesar diesen Legionen versprochene Geld soll von der Staatskasse ausbezahlt werden und die Consuln sollen die Landversorgung der Legionen Martia und Quarta vorbereiten.

In der Begründung hob Cicero hervor, wie M. Lepidus schon am 15. Februar den Versuch des Antonius mit dem Diadem[181] abgelehnt und nach Caesars Ermordung sich maßvoll gezeigt habe; durch den Frieden mit Sex. Pompeius aber habe er den höchst gefährlichen Bürgerkrieg in glücklichster Weise aus der Welt geschafft (38–40). Ohne daß es ausdrücklich gesagt wurde, durfte man hoffen, ihn so für den Senat zu gewinnen. Beim jungen Caesar galt es, einerseits ihn durch rückhaltlose und politisch gewichtige Anerkennung seiner Rettertat beim Senat festzuhalten, andererseits die Besorgnisse der ‚Republikaner' vor seiner Macht zu zerstreuen. Darum hob er ihn als *divinus adulescens* vom verbrecherischen Wahnwitz des Antonius ab (43) und zeigte im Vergleich mit der ähnlichen Rettertat des jungen Cn. Pompeius unter Sulla Caesars Überlegenheit auf, ohne den überhaupt nicht Krieg zu führen wäre (44–45); den Argwöhnischen versuchte er einzureden, der junge Caesar unterscheide sich darin von seinem großen Vater, daß er sich um den Beifall von Senat, Ritterschaft und Volk bemühe, während sich jener nur in *popularis levitas* betätigte.[182] Solche Belehrung zu erteilen, fühlte er sich offenbar dem ‚jungen Mann' gegenüber für berechtigt! Indem er dem D. Brutus zu Hilfe ziehe, bringe er seine persönliche Feindschaft gegen die Caesarmörder[183] der *res publica*

---

181 O. S. 291.
182 Vgl. o. S. 327 f.
183 *Quidam clarissimi atque optimi cives.*

zum Opfer, Cicero selbst aber verbürge sich für die Aufrichtigkeit dieser Haltung (48–51). Die Beratung des Senats kam am 1. Januar zu keinem Abschluß. Vor allem stieß Ciceros erster Antrag auf sofortige Erklärung des Kriegszustands auf Ablehnung.[184] Am 2. Januar versammelte sich der Senat im Tempel der Concordia.[185] Es schien, als ob Ciceros umkämpfter Antrag die Mehrheit bekommen sollte. Da erzwang der Volkstribun Salvius[186] Verschiebung auf den folgenden Tag.[187] Dagegen wurden die Anträge für die Ehrenbeschlüsse angenommen, der für Caesar noch mit der von L. Philippus befürworteten Zugabe einer vergoldeten Statue, während Ser. Sulpicius Rufus und P. Servilius Isauricus die Vergünstigung bei der Ämterbewerbung noch verbesserten.[188] Am 3. Januar erneuerte sich das Ringen um die Frage des Kriegsbeschlusses.[189] Ciceros Antrag wurde unterstützt durch zahlreiche Ritter, welche von den Stufen des Tempels aus zum Freiheitskampf aufriefen[190] (7, 21), und er glaubte sich der Mehrheit sicher (7, 14). Allein am 4. Januar siegte die Hoffnung, man könne durch eine Gesandtschaft an Antonius doch vielleicht zum Frieden gelangen,[191] und es wurde auf Antrag des Ser. Sulpicius,[192] der wiederum wie 51 und 49 seine auf Erhaltung des Friedens gerichtete Politik vertrat, beschlossen, Antonius aufzufordern, die Belagerung von Mutina aufzuheben, Gallien zu räumen und sich hinter den Rubico, aber mindestens 200 Meilen von Rom entfernt, zurückzuziehen;[193] andernfalls werde der Kriegszustand erklärt.[194] Als Gesandte wurden bestimmt Ser. Sulpicius, L. Piso (Caesars Schwiegervater) und L. Philippus (Octavians Stiefvater);[195] sie sollten zugleich auch dem D. Brutus den Ehrenbe-

---

184 Nach Appian. bell. civ. 3, 205 soll L. Piso der Wortführer gewesen sein, wozu Cic. Phil. 12, 3 paßt. Vgl. das Eingreifen von Frau und Kindern des Antonius Phil. 12, 1, 2 und Appian. bell. civ. 3, 211.
185 Cass. Dio 46, 28, 3.
186 MÜNZER RE 1 A, 2022 Nr. 6.
187 Appian. bell. civ. 3, 206–207.
188 Cic. ad Brut. 1, 15, 7. Phil. 6, 6. 7, 10–11. 13, 8. Aug. res. g. 1. W. WEBER Princeps 1 (1936) Anm. S. 144. Appian. bell. civ. 3, 209. Cass. Dio 46, 39, 2–3.
189 Cic. Phil. 6, 16. Appian bell. civ. 3, 211–248 bietet ein Rededuell zwischen Cicero und L. Piso wie Cass. Dio 45, 18–46, 28 ein entsprechendes zwischen Cicero und Fufius Calenus, beide frei komponiert; aber wie Ciceros philippische Reden benutzt sind, bieten sie auch zweifellos authentische Einzelheiten aus der gegen Cicero gerichteten Kampfliteratur, so die Warnung an den Senat, sich in den Dienst von Ciceros persönlichem Haß gegen Antonius zu stellen, Cass. Dio 45, 15, 4. 46, 1, 1; 3. 3, 4. 22, 7. 28, 1. ferner die Warnung vor Caesar 46, 22, 6. 26, 3; 5; 7. die Bestreitung von Antonius' Gesetzwidrigkeiten 46, 23, 1; 4. Appian. bell. civ. 3, 224–242. Darüber HELENE HOMEYER Die antiken Berichte über den Tod Ciceros und ihre Quellen (1964), 21. 29.
190 Cic. Phil. 7, 21.
191 Cic. Phil. 6, 3.
192 Cic. Phil. 9, 7.
193 Cic. Phil. 6, 4; 5. 12, 11. 14, 4.
194 Cic. Phil. 6, 9. 7, 14; 26. fam. 12, 24, 2. Appian. bell. civ. 3, 251 mit der gehässigen Behauptung, Cicero habe als Protokollzeuge den Beschluß gefälscht. Dazu H. HOMEYER a. O. 21 f. Cass. Dio 46, 29, 4 mit der Unrichtigkeit, Antonius solle sich nach Makedonien begeben.
195 Cic. Phil. 9, 1. MÜNZER Röm. Adelspart. 365.

schluß überbringen.[196] Schließlich wurde auf Antrag des L. Caesar (Oheim des Antonius von Mutterseite) das Agrargesetz des Antonius außer Kraft gesetzt.[197]

Noch am selben Tage[198] bat der Volkstribun P. Appuleius Cicero in einer Contio über die nunmehrige Lage zu sprechen.[199] In dieser 6. *Philippica* ging er davon aus, daß das Volk den Senatsbeschluß selbstverständlich mißbillige (3. 7, 14). Indem er den ultimativen Charakter unterstrich (4), forderte er auf, sich auf den Krieg gefaßt zu machen (9), weil sich Antonius unter keinen Umständen fügen werde (3–9); wäre er selbst bereit, würden es sein Bruder L. und seine anderen Spießgesellen nicht zulassen (10–15); die Verzögerung habe das Gute, daß nach der Ablehnung des Ultimatums niemand mehr Antonius für einen Bürger ausgeben könne (16). Zum Schluß pries er seine Verbundenheit mit der Bürgerschaft, die in ihm einst einen der Ihrigen zum Consul wählte, und der er seinen Dank in rastloser Arbeit für ihre Sicherheit abstatte. Die Einigkeit aller Stände sei, so lange er lebe, nie vollkommener gewesen als jetzt im Abwehrkampf gegen Antonius (18); denn es handelt sich um die Freiheit und *populum Romanum servire fas non est, quem di immortales omnibus gentibus imperare voluerunt* (19).

Man sieht, wie Ciceros Gedanken immer noch um das politische Programm kreisen, das er einst in der Sestiana aufgestellt hatte.[200] Daß diese politische Konzeption vom Kampf der *boni* mit den *improbi* die römische Staatskrise nicht in der Tiefe erfaßte, war die Hauptursache, die Cicero an wahrhaft staatsmännischer Wirksamkeit hinderte. Denn im Grunde war sie doch nicht mehr als die Ideologie der Nobilitätsherrschaft, wie uns am besten der offizielle Bericht des jüngern P. Lentulus Spinther vom Juni 43[201] zeigen kann. An der großen Aufgabe, die sich Caesar stellte: *quietem Italiae, pacem provinciarum, salutem imperii*,[202] sah sie vorbei, als ob sie einer Erörterung nicht bedürfte.[203] Dagegen wäre es oberflächliche Kritik, zu meinen, Cicero habe nicht gesehen, wie brüchig die von ihm immer wieder geschilderte Einheitsfront der „Guten" in Wirklichkeit war. Die rednerische Darstellung sollte ja gerade die Schwierigkeiten überwinden, und wir können an der Contio vom 4. Januar gut erkennen, wie er die im Senat zutage getretenen vielfältigen Gegensätze mit größter Behutsamkeit zu verhüllen suchte (1; 3; 16). Dem Senat gegenüber aber wollte er durch seine geflissentlich betonte Volksverbundenheit (17–18) seine Führerstellung[204] (7, 20) verstärken. So scheute er sich nicht zu sagen, das Volk stütze durch seine *auctoritas* den Senat (18), und (7, 22): *quod erat optabile antea, ut populum Romanum comitem haberemus nunc habemus ducem.* Auch da tauchte ein alter Lieblingsgedanke wieder auf,[205] daß er als *homo novus*

---

196 Cic. Phil. 6, 6.
197 Cic. Phil. 6, 14. P. Stein Senatssitzungen 80–82. 106–109.
198 Cic. Phil. 6, 3; 16.
199 Cic. Phil. 6, 1.
200 O. S. 144. Vgl. H. Strasburger Concordia ordinum 69.
201 Cic. fam. 12, 15, 3.
202 Appian. bell. civ. 3, 57, 4. ‚Caesar' 196 Anm. 191 o. S. 330, Anm. 100.
203 O. S. 327.
204 *Princeps civis.* Vgl. Cic. Phil. 4, 16 *me auctore et principe ad spem libertatis exarsimus.*
205 O. S. 69f.

berufen sein sollte, den alten Gegensatz von optimatischer und popularer Politik durch Zusammenfassung aller „Gutgesinnten" aufzuheben.[206]

Kurz darauf beschloß der Senat, es sollten beide Consuln oder einer von ihnen zum Heer abgehen.[207] Durch das Los wurde A. Hirtius bestimmt.[208] Ferner wurden in ganz Italien Aushebungen und Rüstungen angeordnet (7, 13. 10, 21). Andererseits bearbeiteten die Freunde des Antonius während der durch die Reise der Gesandtschaft gewonnenen Frist die Öffentlichkeit mit großem Geschick, indem allerlei Verständigungsmöglichkeiten erörtert wurden. Cicero erschien als Kriegshetzer, der in überflüssiger Weise den Antonius gegen die Optimaten reize. Das war Fortsetzung der Agitation, die am 4. Januar Erfolg gehabt hatte.[209] Wir wissen zwar nicht, unter welchen Umständen Sulpicius Rufus den Beschluß über die Gesandtschaft formuliert hat. Mag er ihm hauptsächlich den ultimativen Charakter gegeben haben,[210] so war es ihm doch im Gegensatz zu Cicero um Verhütung erneuten Bürgerkriegs zu tun. Und so gab es wohl kaum einen Consular, auf den er unbedingt zählen konnte. Darum benutzte er eine von Pansa bald nach Mitte Januar[211] zur Erledigung der laufenden Geschäfte einberufene Senatssitzung (7, 1; 27) dazu, den Senat durch die 7. *Philippica* gegen die zersetzende Wirkung jener Agitation zu stählen.

Um die Optimaten aufzurütteln, stellte er in der Einleitung klar, daß Calenus und Genossen die Geschäfte der alten *populares = improbi* besorgten (1; 4–5); daß sie die Optimaten mit dem zu jeder Gewalttat fähigen Antonius einschüchtern wollten, sei besonders arglistig (3). Um des ermordeten Caesars treuen Gefolgsmann Pansa von seinem Schwiegervater Calenus abzuheben, stand er nicht an, ihn als *memoria mea praestantissimum atque optimum consulem* zu bezeichnen (6). Der Widerspruch, daß Cicero, der unentwegte Lobredner des Friedens, dessen Lebenselement der Friede ist, nur mit Antonius keinen Frieden will (7–8), löst sich dadurch, daß mit ihm ein Friede schlechterdings unmöglich ist; es verstößt gegen die Ehre des Senats, mit einem Mann zu verhandeln, der durch zahlreiche Beschlüsse zum *hostis* gestempelt ist (9–15); seine Gefährlichkeit erfordert höchste Wachsamkeit (16–20); die jetzt schon mit ihm Krieg führen, sind zum Frieden nicht mehr bereit (21–25). Der Senat muß sich mit dem Gedanken vertraut machen, daß Antonius mit der Ablehnung des Ultimatums dem römischen Volk den Krieg erklärt, und darf die schon eingefangene Bestie nicht mehr entschlüpfen lassen (26–27). Der Gedanke, daß Antonius noch einmal in den Senat zurückkehrt, ist unvorstellbar (15; 21). Im gleichen Sinn schrieb er auch an Caesar, wie mehrere Brieffragmente[212] erweisen. Den D. Brutus mahnte er durch rosige Schilderung der Kriegsbegeisterung in Rom, getrost auszuharren.[213]

---

206 Cic. Phil. 7, 4.
207 Cic. Phil. 7, 11; 11, 21.
208 Cic. Phil. 7, 12; 8, 6; 10, 16; 14, 4.
209 Vgl. Cic. Phil. 5, 5.
210 Cic. Phil. 9, 7.
211 Cic. Phil. 6, 16. 7, 1.
212 Ad Caes. iun. frg. 9; 11; 12 PURSER.
213 Cic. fam. 11, 8.

XV. Im letzten Kampf für die Res Publica

Die 8. *Philippica* führt uns in die Verhandlungen, die am 3. Februar (6; 32)[214] im Anschluß an die Rückkehr der Gesandtschaft stattfanden. Am 2. Februar war bereits der *tumultus* beschlossen worden (1). Cicero hatte gewünscht, daß von *bellum* gesprochen worden wäre. Denn der von Antonius' Oheim L. Caesar empfohlene Ausdruck *tumultus* wurde – wie Cicero ausführt, irrtümlicherweise – als Abschwächung verstanden (1–6).[215] Durch einen Rückblick auf die vier früheren Bürgerkriege seit 88 suchte er nachzuweisen, daß diesmal nicht Parteien miteinander um politische Ziele kämpften, sondern die geeinte Bürgerschaft gegen einen Räuberhauptmann, dessen Spießgesellen wiederum auf Bereicherung hoffen wie bei Caesar (7–10).[216] Darum, so wandte er sich besonders an Fufius Calenus, finde die Friedensliebe gegenüber solchen Mitbürgern eine Grenze, wie das Schicksal der Revolutionäre von 133, 121, 100 und 63 gezeigt habe (11–15). Der Friede, den Calenus wünscht, bedeute: *salvi sint improbi, scelerati, impii; deleantur innocentes, honesti, boni, tota res publica* (16). Während er in dieser Frage den *popularis* spiele, widersetze er sich der – im guten Sinn popularen – Wiedergutmachung gegenüber Massilia (18–19).[217]

Trat Calenus offen für Antonius ein – natürlich nur *rei publicae causa* (18) –, so deckt der Schlußteil der Rede einiges von den Widerständen auf, die sich darüber hinaus gegen Ciceros politischen Kurs erhoben. Auf der Gesandtschaftsreise war Sulpicius einer Krankheit erlegen (22); die beiden andern hatten nach Ciceros Ansicht ihre Aufgabe durchaus mangelhaft erfüllt;[218] obwohl ihnen Antonius den Verkehr mit D. Brutus verweigerte und die Belagerung von Mutina fortsetzte (21), nahmen sie von ihm zu Händen des Senats Verständigungsvorschläge entgegen (24–28). Im Senat aber waren am 3. Februar gar sämtliche anwesenden Consulare – es mag sich um ein halbes Dutzend gehandelt haben (22)[219] – außer Cicero – L. Caesar fehlte wegen Krankheit (22) – dafür, auf dieser Grundlage die Verhandlungen fortzusetzen (10).[220] Sie ließen ferner den Aedilicier L. Varius Cotyla als Abgesandten des Antonius zur Senatssitzung zu (28) und setzten gegen Cicero durch, daß er auch wieder zu Antonius zurückkehren durfte (32; 33). Wohl war am 2. Februar die Absendung einer neuen Gesandtschaft (20) abgelehnt, der *tumultus* beschlossen worden, aber so, daß der Consul Pansa Ciceros Antrag auf Kriegsbeschluß und *hostis*-Erklärung nicht zur Abstimmung brachte (1; 14; 21; 22). Cicero empfand gewiß nicht mit Unrecht, daß solche Opposition seiner Person galt, *invidia* – in seiner Sprache – war gegen die Anerkennung, die seine rastlose Tätigkeit für die *res publica* bei Senat und Volk fand (30).[221] Eben dieses Pochen auf seine

---

214 Ad Caes. iun. frg. 16 PURSER.
215 Vgl. W. WEBER Princeps 1 Anm. S. 146.
216 Man beachte, daß er (wohl Octavians wegen) bei Erwähnung der *hasta Caesaris* (9) beifügte *invitus dico*. Diese aber meinte er den ‚Pompeianern' zuliebe nennen zu müssen.
217 Auch da muß er balancieren zwischen dem Schwiegersohn Pansa und dem ‚Freund' Calenus! Phil. 13, 32 über Massilia.
218 Cic. fam. 12, 4, 1 (an Cassius) *nihil foedius Philippo et Pisone legatis, nihil flagitiosius*.
219 *Deserti sumus a principibus*! P. RIBBECK Senatores Romani qui fuerint idibus Martiis anni a. u. c. 710, Diss. Berl. 1899, 4.
220 Cic. fam. 10, 28, 3 (an Trebonius) nennt er sie *partim timidos, partim male sentientis*.
221 Cic. fam. 12, 5, 3 (an Cassius).

Volkstümlichkeit[222] verstimmte begreiflicherweise die andern *principes*. Er aber stellte öffentlich fest, die *principes* hätten im Senat versagt,[223] und rief aus (29) *quam magnum est personam in re publica tueri principis!* Für einen nüchternen Beobachter war offenkundig, daß sie alle in Wirklichkeit ‚Caesarianer' waren, die Ciceros grundsätzliche Entscheidung für die Caesarmörder von sich wiesen.

Der Antrag, den er am 3. Februar stellte, betraf die Straflosigkeit für die Soldaten des Antonius, die vor dem 15. März zu den vom Senat anerkannten Befehlshabern übergingen. Am 4. Februar begab er sich wie die andern Bürger im *sagum* (Kriegsgewand) auf das Forum, während die übrigen Consulare nach dem bisher geltenden Brauch[224] in der Toga erscheinen wollten. So schrieb er an Caesar.[225] Aber vor allem pflegte er die Verbindung mit den Caesarmördern. Dem Trebonius schilderte er, wie nun auf ihm die Last des Kampfes mit Antonius liege, der am 15. März verschont wurde;[226] doch sei die Lage günstig, weil sich der Senat abgesehen von den Consularen tapfer zeige; ebenso die Heerführer, von denen insonderheit Caesar der Retter vor Antonius geworden sei (3). Ähnlich berichtete er auch an C. Cassius, bezeichnenderweise ohne Caesar zu erwähnen.[227] Unbestimmte Kunde davon, daß er und Brutus Truppen sammelten, war bereits nach Rom gedrungen (2).

In diesen Tagen, vielleicht am 4. Februar,[228] beriet der Senat über die Ehrung des im Dienst für das Vaterland gestorbenen Sulpicius. Über den Vorschlag des P. Servilius Isauricus[229] hinausgehend, beantragte Cicero in der 9. *Philippica* Statue und *funus* sowie *sepulcrum publicum* (15–17). Nach der Ansicht des Servilius waren bisher nur von solchen Gesandten, die in Ausübung ihrer Pflicht ermordet wurden, Statuen errichtet worden. Cicero antwortete, auch Sulpicius sei ermordet worden – von Antonius (7); außerdem sei auch der Senat dafür verantwortlich, der ihn trotz seiner schlechten Gesundheit zu dieser Reise veranlaßte (8–9). Durch verbindlichen Ton gegen L. Philippus, L. Piso (1) und P. Servilius suchte er augenscheinlich den Eindruck seiner heftigen Ausfälle gegen die Consulare zu mildern. Aber ein kleiner Zug zeigt, wie unablässig ihn die Distanz, welche insonderheit die *principes* der Nobilität ihm gegenüber wahrten, bearbeitete: Wo er auf den im Jahr 162 ermordeten Cn. Octavius[230] zu sprechen kommt, kann er die Bemerkung nicht unterdrücken *nemo tum novitati invidebat, nemo virtutem non honorabat.*

---

222 In Brief Cic. fam. 12, 4, 1 an Cassius *ad nos concurritur factique iam in re salutari populares sumus*. Phil. 7, 4.
223 Cic. Phil. 8, 22. fam. 12, 4, 1 um diese Zeit an Cassius: *quamquam egregios consules habemus sed turpissimos consularis.* 12, 5, 3 *Ser. Sulpici morte magnum praesidium amisimus; reliqui partim inertes, partim improbi; non nulli invident eorum laudi quos in re p. probari vident.*
224 Cic. Phil. 8, 32.
225 Ad Caes. iun. frg. Frg. 16.
226 Cic. fam. 10, 28, 1.
227 Cic. fam. 12, 4, 1.
228 P. STEIN 85.
229 Cic. Phil. 9, 3; 14.
230 MÜNZER RE 17, 1813.

Kurz darauf empfing Cicero die bestimmte Nachricht, daß M. Brutus die Provinzen Makedonien und Illyricum in seine Hand gebracht habe.[231] Seitdem in Rom das Jubelgeschrei über Caesars Tod verstummt war und die besten Köpfe des Senats sich bemühten, im anhebenden Kampf um die Nachfolge zu schlichten, bedeutete ein solcher Machtgewinn der Caesarmörder für Cicero, der bereits in offenkundige Isolierung zu geraten schien, eine gewaltige Rückenstärkung. Sobald auch der Consul Pansa die offizielle Meldung erhalten hatte, daß der Proconsul Brutus jene Provinzen samt ihren Truppen den Consuln, dem Senat und dem römischen Volk zur Verfügung stelle,[232] berief er – etwa Mitte Februar[233] – den Senat. Fufius Calenus, wiederum zuerst befragt,[234] stellte einen Antrag des Inhalts, der Brief des Brutus sei ordnungsmäßig verfaßt, der Senat möge ihn nun anweisen, sich weiterer Ausübung des Heereskommandos zu enthalten.[235] Cicero wies das in der 10. *Philippica* mit bissiger Ironie (3–6) zurück[236] und schlug seinerseits vor, Brutus solle mit seinem Heer den Schutz von Makedonien, Illyricum und Griechenland übernehmen und mit seinen Truppen möglichst in der Nähe Italiens bleiben; Q. Hortensius, der sich ihm unterstellte, solle als Proconsul in Makedonien bleiben (26). Die Rechtsfrage wurde durch lauten Lobpreis des Brutus einer genauern Betrachtung möglichst entzogen. Es handelte sich darum, dem C. Antonius die wichtigsten Provinzen für die *res publica* abzugewinnen (4; 6; 9; 14). Dieser hatte durch den Senatsbeschluß vom 20. Dezember den Anspruch auf Makedonien verloren (10). Von ebenso verbrecherischer Art wie seine Brüder Marcus und Lucius (10) hatte er als Zerstörer der *res publica* überhaupt das Recht der Amtsführung verwirkt: *omne enim et exercitus et imperii ius amittit is, qui eo imperio et exercitu rem publicam oppugnat* (12). Schwerer wog der Einwand, daß die Anerkennung des M. Brutus dem Senat die Veteranen des alten Caesar entfremde, gar zum Kriege führe (14–15). Cicero, der hoffte, daß auch Cassius Syrien gewonnen habe, sah schon den ganzen Osten von Griechenland bis Ägypten im Besitz der ‚Befreier' und darin einen gewaltigen Machtzuwachs für seine Politik. Der Senatsbeschluß drückte die Erwartung aus, Brutus in Italien einzusetzen (11, 26). Da waren es gewiß nicht nur Böswillige (10, 18), welche vor einer solchen Belastung des Verhältnisses zu Caesar warnten.[237] Diese Befürchtung, meinte Cicero, werde durch die Tatsache widerlegt, daß jetzt die Caesarianer Hirtius und Pansa zusammen mit Caesars Sohn für die Befreiung des D. Brutus kämpfen (15). Wenn sie zu Recht bestände, so würde nicht Pansa so warm für M. Brutus eintreten (17). Falls aber die Veteranen Schwierigkeiten machten, so werde die Jungmannschaft den Freiheitskrieg Italiens auf sich nehmen. Es wäre würdelos, wenn der Senat sich in seinen Entscheidungen

---

231 Cic. fam. 12, 5, 1. RE 10, 1002.
232 Cic. Phil. 10, 25.
233 STEIN 86. T. R. HOLMES The Architect 204.
234 Cic. Phil. 10, 3.
235 Cic. Phil. 10, 4; 6; 9.
236 Cic. ad Brut. 2, 3, 4.
237 Vgl. Cic. ad Brut. 2, 4, 5 *animi partium Caesaris, quo modo etiam nunc partes appellantur.* Asinius Pollio fam. 10, 33, 1 nach dem Tod von Hirtius und Pansa: *videntur et duces et veterani Caesaris partium interisse.* Phil. 13, 47.

nach den Veteranen richtete (18–19). Römische Art ist, für die Freiheit des Vaterlands das Leben in die Schanze zu schlagen (20). Antonius ist als der Feind erkannt (21). Wer ist besser geeignet mitzukämpfen als M. Brutus (23)? Was der Senat am 20. Dezember dem D. Brutus und C. Caesar zubilligte,[238] gilt auch für ihn (23–24).

Cicero hatte die Genugtuung, daß der Senat zustimmte.[239] Kurz vorher hatte der Senat ebenfalls im Sinn Ciceros die Verfügungen und Gesetze des Antonius für verfassungswidrig und darum rechtsunwirksam erklärt.[240] Dagegen erfüllte die Entwicklung im Osten Ciceros Hoffnungen nicht. In der zweiten Februarhälfte[241] wurde in Rom bekannt, daß schon Mitte Januar der Proconsul von Asia, C. Trebonius, durch P. Dolabella in grauenhafter Weise ums Leben gebracht worden sei.[242] Der Senat erklärte auf Antrag des Fufius Calenus den Dolabella einstimmig zum *hostis*.[243]

Am folgenden Tag[244] wurde über die weitere Durchführung dieses Beschlusses beraten. L. Caesar schlug vor, dem P. Servilius Isauricus ein *imperium extraordinarium* zu übertragen.[245] Ein anderer Antrag, wahrscheinlich von Calenus, ging dahin, die beiden Consuln sollten über die Provinzen Asia und Syrien losen und nach Befreiung des D. Brutus den Krieg gegen Dolabella führen (11, 21; 22). Dagegen forderte Cicero in der 11. *Philippica*, es sei C. Cassius als Proconsul von Syrien anzuerkennen mit *imperium maius* (gegenüber den bisherigen Statthaltern) auch in den Provinzen Asia, Bithynien und Pontus; sämtliche Provinzen sollten im übrigen unter den bisherigen Statthaltern bleiben, bis die Consuln dem Senat über eine neue Verteilung vortragen können (29–31).[246] – In einem geschichtlichen Überblick wies er nach, daß der Senat nie einem *privatus* ein *extraordinarium imperium* erteilt habe; das sei *populare atque ventosum* (17), die Ausnahme für Pompeius im Sertoriuskrieg sei erfolgt, weil die Consuln ablehnten (18); die näherliegende Ausnahme beim jungen Caesar sei notwendig gewesen, weil er tatsächlich das Imperium schon besessen habe: *imperium C. Caesaris belli necessitas, fasces senatus dedit* (20).[247] Auch sei es peinlich für die Senatoren, sich für oder wider Servilius auszusprechen (19). Dieser lehne übrigens selbst einen solchen Auftrag ab (20). Der andere Vorschlag dagegen würde die Consuln von ihrer dringlichsten Aufgabe ablenken, der Befreiung des D. Brutus (21–24). Auch müßten sie zunächst den Krieg gegen Dolabella einem Legaten überlassen, und da gebe es keinen Geeigneteren als Servilius (25). Als Inhaber eines gesetzmäßigen Imperiums kommen nur

---

238 O. S. 334f.
239 Cic. Phil. 11, 26. 13, 30. ad Brut. 2, 4, 4. RE 10, 1002.
240 Cic. Phil. 10, 17. 11, 13. 12, 12. 13, 5. P. STEIN 85. M. A. LEVI 1, 162.
241 DRUMANN-GROEBE 1, 446. T. R. HOLMES The Architect 206.
242 Cic. Phil. 11, 2. MÜNZER RE 6 A, 2280.
243 Cic. Phil. 11, 9; 15; 29.
244 Cic. Phil. 11, 16.
245 Cic. Phil. 11, 17; 19; 25. Dieser hatte sich unter Caesar als Proconsul dort 46–44 ausgezeichnet bewährt. MÜNZER RE 2 A, 1800. Er war durch seine Gattin Iunia Schwager des M. Brutus und ebenso des C. Cassius und des M. Lepidus.
246 Zu *imperium maius* JEAN BÉRANGER Recherches sur l'aspect idéologique du principat (1953), 74ff.
247 Vgl. DESSAU ILS 108 zum 7. Januar [*Eo die Caesar*] *primum fasces sumpsit*.

M. Brutus und Cassius in Betracht und, weil Brutus noch mit C. Antonius zu kämpfen hat, nur Cassius (26).[248] Dieser habe mit demselben Recht von Syrien Besitz ergriffen wie Brutus von Makedonien; *est enim lex nihil aliud nisi recta et a numine deorum tracta ratio imperans honesta, prohibens contraria* (28).

Wie Cicero selbst an Cassius schrieb,[249] besaß er noch keinerlei Kenntnis, ob es diesem gelungen sei, in Syrien Fuß zu fassen. Aber seine ruhmvolle Tätigkeit nach dem Untergang des Crassus ließ in der Tat erwarten, daß ihm das nicht schwer fallen würde (35). Außerdem war auf Deiotaros zu zählen (33–34). Es bestand allerdings ein auffälliger Widerspruch zwischen der skrupulösen Behandlung des Vorschlags des L. Caesar und diesem bedenkenlosen Überschwang der Vollmachtserteilung. Schon bei M. Brutus wurde das bemerkt; jetzt aber sprach man davon, er wolle dem Cassius *dominatus et principatus* verschaffen. Darüber glaubte er leicht hinwegzukommen; *quos ego orno? nempe eos, qui ipsi sunt ornamenta rei publicae* (36).[250] Den Einwand, daß die Veteranen Caesars verstimmt würden, fertigte er mit denselben Hinweisen ab wie im Fall des Brutus (37–39). Um den Senat fortzureißen, schilderte er in der Einleitung die gräßliche Ermordung des Trebonius mit aller Genauigkeit, und der Verbrecher, der sie vollbrachte, war einst sein Schwiegersohn! *Occulta enim erant vitia non inquirenti* (10). Aber, was dort geschah, ist dasselbe, was Antonius mit seinen Spießgesellen in Italien tun wird (6; 10–14).

Der Consul Pansa widersetzte sich dem Vorschlag Ciceros,[251] und der Senat beauftragte die Consuln mit dem Krieg gegen Dolabella. Bis zu ihrer Ankunft sollten die zuständigen Statthalter ihre Aufgabe wahrnehmen.[252] Cicero setzte in einer Contio des Volkstribunen M. Servilius seine Agitation für Cassius fort und schrieb hochgemut, dieser müsse nun nur so handeln, wie Cicero es von ihm ankündige, und ohne Senatsbeschluß die *res publica* verteidigen.[253] Auch in dieser Contio antwortete Pansa und berief sich darauf, daß des Cassius Mutter und sein Bruder Lucius[254] den Antrag Ciceros bedauerten. Ebenso befürchtete die Schwiegermutter Servilia, die durch die Schwiegersöhne P. Isauricus und M. Lepidus[255] auch in Verbindung mit den Caesarianern stand, eine Verstimmung Pansas.[256] In richtiger Einschätzung der Machtverhältnisse wollten sie den jungen Caesar auf ihrer Seite halten, den Cicero so verhängnisvoll als jungen Mann behandelte. Was er sich wünschte, nahm er in den begeisterten Schlußworten der 11. *Philippica* als bereits

---

248 Mit *imperium legitimum* ist Cyrenaica gemeint (Appian. bell. civ. 3, 29. 4, 247. Cic. Phil. 2, 31).
249 Cic. fam. 12, 7, 2.
250 Vorher (35) über Cassius: ‚*cuius enim praedicatio nondum omnibus grata est*'.
251 Cic. fam. 12, 7, 1. ad Brut. 2, 4, 2. Vergeblich, daß Servilia, des Cassius Schwiegermutter, seine Mutter und sein Bruder, der Volkstribun L., ihn baten, Pansa nicht vor den Kopf zu stoßen. Die Eroberungen der ‚Befreier' erfüllten ihn mit solcher Siegesgewißheit, daß er jede Vor- und Rücksicht beiseite setzte.
252 Cic. fam. 12, 14, 4. Cass. Dio 47, 29, 5.
253 Cic. fam. 12, 7, 2.
254 MÜNZER RE 3, 1739 Nr. 65.
255 MÜNZER RE 2 A, 1818.
256 Cic. fam. 12, 7, 1. O. Anm. 245.

verwirklicht vorweg (39): Auf die Veteranen des alten Caesar komme es nicht mehr an, sondern auf die freiheitsbegeisterten Jungen, *diu legiones Caesaris viguerunt, nunc vigent Pansae, vigent Hirti, vigent Caesaris fili, vigent Planci*. Man muß beachten, wie hier die Führer als die vom Strom Fortgerissenen dargestellt werden.

In Wirklichkeit war die Kriegsbegeisterung keineswegs so, wie Cicero sie schilderte,[257] in der Stadt besaß Antonius nach Ciceros Eingeständnis noch viele Anhänger, die ihre Meinung offen bekundeten.[258] Cicero selbst konnte sich ohne Geleit von Freunden[259] nicht auf die Straße wagen und blieb am 23. Februar, als man auf dem Lande draußen die Terminalien feierte, zu Hause.[260] So fand eine neue Aktion, die Anfang März[261] L. Piso und Q. Calenus zur Wiederaufnahme von Verhandlungen mit Antonius betrieben, den Beifall Pansas,[262] und der Senat beschloß, L. Caesar, Cicero, Piso, Servilius Isauricus und Calenus als Gesandte abzuordnen.[263] Als Friedensbedingungen empfahl Calenus, Antonius würde die Belagerung von Mutina aufheben und sich dem Senat unterstellen, wofür ihm Wahrung seiner *dignitas* zuzusichern wäre.[264] Aber einige Tage später[265] zog Isauricus auf Bitten seiner Familie und seiner Freunde seine Zustimmung wieder zurück, und Cicero tat mit der 12. *Philippica* desgleichen.[266]

Er behauptete, daß Piso und Calenus keinerlei Zusagen des Antonius besäßen (3–4). Nach Briefen, die er von Hirtius und Caesar erhalten habe, sei die Kriegslage günstig (9); durch Verhandlungen würde nur der Kampfwille der Soldaten und der Provinz Gallia geschwächt (7–10); eine Versöhnung mit Antonius sei nicht mehr möglich (11–15); jedenfalls könne er nicht Gesandter sein, da er mit Antonius nicht mehr zu verkehren vermöge (19–20); ferner sei es seine Pflicht gegen das Vaterland, sein Leben nicht leichtfertig aufs Spiel zu setzen (21; 24; 25; 30); die Reise führe durch feindliches Gebiet (23; 26);[267] falls es überhaupt zu Verhandlungen käme, müßte er jegliche Entscheidung dem Senat vorbehalten, geriete darüber in Streit mit einigen Mitgesandten und schließlich würde ihm von den sowieso schon gegen ihn aufgehetzten Veteranen[268] die Schuld an der Verzögerung des Friedens zugeschrieben (28–30).

Nachdem zwei Mitglieder ihre Wahl abgelehnt hatten, verzichtete der Senat überhaupt auf die Gesandtschaft.[269] Um dieselbe Zeit wurde Cassius als Proconsul

---

257 Cass. Dio 46, 32, 1.
258 Cic. Phil. 12, 13; 18.
259 Vgl. Cic. fam. 10, 12, 2 *cum magna multitudo optimorum virorum et civium me de domo deduceret*.
260 Cic. Phil. 12, 22; 24; 26.
261 T. R. HOLMES The Architect 207.
262 Cic. Phil. 12, 6; 18.
263 Cic. Phil. 12, 18.
264 Cic. Phil. 12, 4.
265 Cic. Phil. 12, 5. Vgl. 13, 36.
266 MÜNZER Röm. Adelsparteien 366.
267 Nach Cass. Dio 46, 32, 3 sollte ein Attentat auf Cicero geplant sein.
268 *Imperita militum multitudo*.
269 Cass. Dio 46, 32, 4.

in Syrien anerkannt.[270] Am 19. März[271] setzte Cicero sich erfolgreich dafür ein, daß Africa vetus gemäß dem Senatsbeschluß vom 20. Dezember dem Q. Cornificius blieb und dem am 28. November erlosten C. Calvisius Sabinus nochmals aberkannt wurde.[272] Als er das dem Cornificius mitteilte, war er besonders guter Laune, weil der Senat an demselben Tag auch beschloß, das von Cicero im Jahr 58 gestiftete Minervabild,[273] das bei einem Sturm zu Boden gefallen war,[274] wieder aufzustellen (1). Er schloß mit der dringenden Aufforderung, Cornificius möge mit ihm die *navis bonorum omnium* besteigen und am Steuerruder mithelfen (5).

Wahrscheinlich am Morgen des 20. März[275] verließ Pansa Rom, um neben seinem Collegen Hirtius den Befehl über einen Teil der neu ausgehobenen Legionen zu übernehmen.[276] An seiner Stelle leitete nun der Praetor urbanus M. Caecilius Cornutus[277] die Senatssitzungen,[278] beschränkte sich aber auf Erledigung dringlicher Aufgaben.[279] Unter diesen Umständen ging die tatsächliche Führung in der Stadt noch mehr als bisher auf die *principes* über, und unter ihnen fiel die erste Rolle dem äußern Anschein nach Cicero zu,[280] an dessen stets schlagfertige Beredsamkeit und Geschäftserfahrenheit keiner heranreichte und der sich mit seiner unverwüstlichen Leistungsfähigkeit einfach zum Mittelpunkt machte, wo alle Fäden der Kriegspolitik zusammenliefen.[281] M. Brutus erkannte das mit den Worten an: *cuius tantam auctoritatem senatus ac populus Romanus non solum esse patitur sed etiam cupit, quanta maxima in libera civitate unius esse potest*.[282] Die Verfeindung mit Antonius hatte einen solchen Grad erreicht, daß der Kriegsausgang für ihn persönlich Leben und Tod bedeutete; aber ebenso war es seine Überzeugung, daß er für die *res publica* kämpfe. Die edelste Kraft, die sein Wirken mit Wort und Schrift durchdrang, war der sittliche Ernst dieses Verantwortlichkeitsgefühls. Er wollte verwirklichen, was er in seinen Schriften vom wahren Staatsmann gefordert hatte. Darum *nec me, cum mihi tantum sumpserim, ut gubernacula rei publicae prehenderem, minus putarim reprehendendum, si inutiliter aliquid senatui suaserim quam si infideliter*.[283] Die Formulierung, die M. Brutus für Ciceros Principat fand,[284] ist

---

270 Cic. Phil. 13, 30 dem Antonius Mitte März bekannt. ad Brut. 1, 5, 1 ist am 27. April, die Anerkennung vorausgesetzt. fam. 12, 11 vom 7. März ist, wie 12, 12, 1 zeigt, gewiß nicht das erste Schreiben des Cassius gewesen. Cass. Dio 47, 28, 5. 29, 6.
271 Cic. fam. 12, 25, 1.
272 Groebe bei Drumann 1, 446.
273 O. S. 127.
274 Cass. Dio 45, 17, 3 unter den Prodigien des Jahres 43. Obseq. 68 unter Jahr 44.
275 Groebe bei Drumann 1, 446. Holmes The Architect 207.
276 Cic. fam. 10, 10, 1. Phil. 13, 16.
277 Münzer RE 3, 1200 Nr. 45. C. Cichorius Röm. Studien 264. 268.
278 Cic. fam. 10, 12, 3. ad Brut. 2, 5, 3.
279 Cic. Fam. 12, 28, 2. ad Brut. 2, 5, 2.
280 Cic. ad Brut. 2, 1, 2. Phil. 14, 18.
281 Cic. fam. 10, 33, 3. 12, 30, 1–2, Phil. 14, 20. Plut. Cic. 45, 4. Ant. 17, 1. Appian. bell. civ. 3, 269. 4, 73 Κικέρων δὲ ὃς μετὰ Γάιον Καίσαρα ἴσχυσεν ὅσην γένοιτο ἂν δημαγωγοῦ μοναρχία.
282 Cic. ad Brut. 1, 4 a, 2.
283 Cic. ad Brut. 2, 1, 2.
284 Vgl. RE 10, 989, wo nur Panaitios besser weggeblieben wäre.

besonders interessant im Hinblick auf die entsprechende des Augustus:[285] *post id tempus auctoritate omnibus praestiti.*

Gleich am 20. März[286] galt es, einem neuen Versuch, den Kampfwillen des Senats zu zersetzen, entgegenzutreten. Der am 1. Januar für M. Lepidus, den Proconsul von Hispania citerior und Gallia Narbonensis, gefaßte Ehrenbeschluß[287] hatte seinen Zweck nicht erreicht. Der Bedachte dankte nicht einmal dafür,[288] erklärte sich vielmehr öffentlich für Antonius[289] und beantwortete nun die Aufforderung des Consuls Pansa an sämtliche Statthalter, sich dem Senat zur Verfügung zu stellen,[290] mit einer Mahnung zum Frieden[291] und kriegerischer Drohung, falls man ihr nicht Gehör schenke.[292] Welche Gefahr damit heraufzog, zeigte sich daran, daß sein Nachbar in Gallia ulterior, L. Munatius Plancus, sich wenigstens der Friedensmahnung anschloß, obwohl sein Legat C. Furnius[293] mündlich den Senat seiner republikanischen Gesinnung versicherte.[294] Der Proconsul der Hispania ulterior, C. Asinius Pollio, war zwar bereit, dem Ruf Pansas zu folgen,[295] wies aber gleich darauf hin, daß ihm Lepidus den Marsch durch seine Provinzen sperren werde, und empfahl darum ebenfalls vor allem den Frieden (4–5).[296] Außerdem erhielt Cicero von Hirtius die Abschrift eines an ihn und Caesar gerichteten Briefs des Antonius,[297] worin er sich in sehr geschickter Weise als den von den Pompeianern angegriffenen Caesarianer darstellte.

Auch diesmal sprach Isauricus zuerst und lehnte das Ansinnen seines Schwagers Lepidus ab.[298] Cicero stimmte natürlich zu,[299] gab aber zur gründlichen Abwehr der feindlichen Propaganda seine *sententia* als 13. *Philippica* heraus. In der Einleitung schärfte er wiederum[300] ein, warum im Gegensatz zu den frühern Bürgerkriegen ein Friede mit Antonius und Genossen ausgeschlossen sei (1–7): daraus ergibt sich, daß M. Lepidus, der als ‚Imperator zum 2. Mal und Pontifex maximus'

---

285 Aug. res g. 34. JEAN BÉRANGER Recherches sur l'aspect idéologique du principat (1953) 114 ff.
286 Cic. fam. 10, 6, 3.
287 O. S. 339.
288 Cic. fam. 10, 27, 1.
289 Cic. fam. 10, 31, 4 (Brief des C. Asinius Pollio vom 16. März 43). Vgl. Phil. 13, 43 (Brief des Antonius).
290 Cic. fam. 10, 31, 4. 33, 1 ein s. c. erwähnte insbesondere Lepidus und Plancus. Cass. Dio 46, 29, 6.
291 Cic. Phil. 13, 4. fam. 10, 27, 1.
292 Cic. Phil. 13,14.
293 MÜNZER RE 7, 376.
294 Cic. fam. 10, 6, 1.
295 Cic. fam. 10, 31, 6.
296 Wenn dieser am 16. März in Corduba geschriebene Brief auch am 20. März in Rom nicht vorlag, beleuchtet er doch die Lage. Pollio erwähnt 6 seinen *familiaris*, der von Cicero freundlich aufgenommen wurde. Fam. 10, 32, 5 wird er Gallus Cornelius genannt, offenbar der Dichter und nachmalige erste praefectus Aegypti. *invideo illi tamen, quod ambulat et iocatur tecum.*
297 Cic. Phil. 13, 22. Rekonstruktion in deutscher Übersetzung bei C. BARDT Röm. Charakterköpfe (1913), 284.
298 MÜNZER Röm. Adelsparteien 354. 366.
299 Cic. Phil. 13, 50.
300 Vgl. Cic. Phil. 8, 7. 12, 27.

mit der *res publica* so eng verbunden ist, seinen Vorschlag nicht aufrecht erhalten kann (7–8); denn Antonius ist nicht mit Sex. Pompeius zu vergleichen, mit dem Lepidus den Frieden schloß, wofür er vom Senat so überschwenglich geehrt wurde (9); was der Senat von Pompeius hält, bewies er mit Bewilligung von 700 Millionen Sesterzen als Entschädigung für das verlorene väterliche Vermögen; das Volk wird ihn zum Augur wählen, während sich Antonius bei der Verschleuderung jener Güter betätigt hat (10–12); dazu meldet eine Gesandtschaft des Senats aus Massilia, daß sie in Verhandlungen von Pompeius die Zusicherung erhielt, beim Entsatz von Mutina mitzuwirken, falls die Veteranen es zuließen (13; 34); daß Lepidus dem Senat mit dem Heere droht, das ihm die Vaterstadt gegeben hat, darf nicht geschehen und kann Lepidus, selbst Pontifex maximus und Urenkel eines Pontifex maximus – der revolutionäre Vater wird natürlich verschwiegen – im Ernst nicht wollen (14–15); aber auch ohne solche Drohung kann sich der Senat dem Rat des Lepidus nicht beugen; der Krieg ist im Gang, Caesar und die Consuln haben starke Kräfte, auch der designierte Consul L. Plancus wird helfen (15–16); auf der andern Seite steht im Kampf gegen das Vaterland Antonius, dessen Treiben von den Lupercalien bis zur schnöden Verhöhnung der Friedensgesandtschaft in gedrängter *narratio* vorgestellt wird (17–21).

Nach solcher Vorbereitung packte Cicero den Stier bei den Hörnern, indem er den gefährlichen Brief des Antonius Satz für Satz durchnahm zum Beweise, daß gerade dieses Dokument den letzten Zweifel an der Unmöglichkeit eines Friedens mit dem „Untier" beseitige.[301] Der Brief war so gefährlich, weil er die ganze ideologische Fassade, die Cicero seiner Kriegspolitik vorgebaut hatte, zusammenriß. Danach standen sich gegenüber *senatus auctoritas, populi Romani libertas, rei publicae salus* (47)[302] und bei Antonius *caedes bonorum, urbis Italiaeque partitio*. Dagegen behauptete Antonius, es handle sich um eine Erhebung der Pompeianer, die nach der Ermordung Caesars auch seine Getreuen vernichten wollen;[303] darum sollten Hirtius und Caesar[304] ihre widersinnige Verbindung mit den Caesarmördern (25; 30; 38) aufgeben und mit ihm Caesars Mord rächen (46); er sei gern bereit, den Soldaten des D. Brutus freien Abzug zu gewähren, wenn sie dessen Bestrafung zulassen (35); wenn Hirtius und Caesar auf die Absicht des Senats, die Friedensverhandlungen mit ihm wieder aufzunehmen, hinweisen, so könne er an deren Aufrichtigkeit nicht glauben wegen der Ablehnung seiner früheren billigen Vorschläge und, nachdem Dolabella wegen der gerechten Bestrafung des Trebonius zum *hostis* erklärt worden sei (36); trotzdem werde er die Gesandten anhören (47–48) und das Geschehene vergessen, wenn auch die Pompeianer vergäßen und das Strafgericht an den Caesarmördern seinen Lauf nähme (46); zu den widersinnigen Einzelheiten gehört, daß sie sich den „besiegten Cicero zum Führer genommen haben" (30); er hat mit seinen Ehrenbeschlüssen Hirtius und Caesar betrogen wie den alten Caesar (40); soll er wie ein Gladiatorenfechtmeister die beiden Heere, die Glieder eines Leibes, gegeneinanderhetzen dürfen?

---

301 Cic. Phil. 13, 22 *illa inportunissima belua*; 48.
302 Vgl. ad Brut. 1, 8, 2 *rei publicae partes*.
303 Cic. Phil. 13, 23; 36; 38; 42; 45.
304 Cic. Phil. 13, 24 *et te, o puer, qui omnia nomini debes*!

Wenn Antonius mit seinem Brief bei den Empfängern keinen Erfolg hatte, diese vielmehr ihre Linien weiter vorschoben (46), so lag das nicht daran, daß er sich mit seiner Auffassung gegenüber den Gedankengängen der Philippischen Reden kein Gehör zu schaffen vermochte. Auf seine Behauptung, daß seine eigentlichen Feinde die alten Pompeianer seien, konnte Cicero nur mit entrüsteten Anmerkungen antworten und ebensowenig die brüchige Stelle seiner Front ausreichend verdecken, indem er darlegte, wie ja, wenn der alte Streit der Parteien wieder aufgelebt wäre, Caesar Octavianus und die Consuln die Partei Caesars vertreten würden, daß aber ihr Kampf für das Vaterland das völlige Verschwinden jenes Gegensatzes anzeige (47). In Wirklichkeit war es doch so, daß der junge Caesar und seine Freunde den Antonius für einen Verräter hielten,[305] weil er Caesars Erbe raubte und dem Sohne so übel begegnete. Noch in dem Brief redete er ihn von oben herab an: „Und du, Knabe, der du alles dem Namen (Caesar) verdankst!" (24), wie überhaupt der ganze Ton des Briefs mehr darauf gestimmt war, Caesar und Hirtius vor den Veteranen bloßzustellen (33), als sie zu gewinnen. Darum sahen sie weitere Verhandlungen (36) für zwecklos an und sandten den Brief an Cicero zur Verwertung. Als Vorkämpfer der *res publica* ließen sie sich gern feiern; aber Cicero pries ebenso laut die „Befreier". Es war M. Brutus selbst, der ihn davor warnte,[306] und Cicero verstand seine Sorge, *ne animi partium Caesaris, quo modo etiam nunc partes appellantur, vehementer commoverentur.*[307] Cicero gab sich also keineswegs der Illusion hin, als ob tatsächlich der Gegensatz der Bürgerkriegsparteien überwunden sei,[308] aber er hoffte, unter dem Panier der *res publica* auch bisherige Gegner zu sammeln. Wenn es gelang, Antonius zu isolieren schlugen sich die Unzuverlässigen auf die Seite der Sieger, und dann galt es nur noch, den „Befreiern" das Übergewicht zu sichern.

Der Senat lehnte am 20. März die Aufforderung des Lepidus ab,[309] und Cicero fügte diesem Beschluß noch einen Dank an Sex. Pompeius bei.[310] Am selben Tag schrieb er kräftige Worte an Plancus[311] und Lepidus,[312] um sie angesichts der festen Haltung des Senats von weiteren Versuchen abzuhalten, sich mit Antonius einzulassen. An Plancus schickte er am 30. März noch einen mildern Brief, worin er dessen Schreiben als Zeugnis guten Willens anerkannte, aber betonte, er möchte ihn auch durch die Tat beweisen und, da die Entscheidung unmittelbar bevorstehe, dem D. Brutus zu Hilfe kommen; der Senat werde es dann an Ehrung nicht fehlen lassen.[313]

---

305 Nicol. Damasc. Caes. 50; 110.
306 Cic. ad Brut. 2, 3, 3 vom 1. April.
307 Cic. ad Brut. 2, 4, 5 vom 12. April.
308 Cic. Phil. 13, 47.
309 Cic. fam. 10, 6, 1. 27, 2.
310 Cic. Phil. 13, 50.
311 Cic. fam. 10, 6.
312 Cic. fam. 10, 27.
313 Cic. fam. 10, 10.

Noch bevor Plancus diese Mahnungen erhielt,[314] legte er dem Senat ausführlich dar, daß er sich bisher habe zurückhalten müssen, weil er noch nicht stark genug gewesen sei,[315] daß er jetzt aber der *res publica* und allen *boni* zur Verfügung stehe (3; 5–7). Ein Begleitschreiben ging an Cicero persönlich.[316] Der Überbringer zeigte auch den offiziellen Brief zuerst Cicero, und dieser veranlaßte den Praetor M. Cornutus,[317] noch für denselben Tag, den 7. April, den Senat zu berufen. Wegen eines Versehens bei Einholung der Auspicien mußte die Sitzung auf den 8. vertagt werden. Da widersetzte sich zu Ciceros lebhafter Empörung Servilius Isauricus einer Ehrung des Plancus, die auf Kosten seines Schwagers Lepidus ging,[318] und, als die Mehrheit gegen ihn stimmte, bat er den Volkstribunen P. Titius[319] um Intercession.[320] Am 9. April zog Cicero seine stärksten Register, wobei er auch Servilius nicht mit boshaftem Witz verschonte.[321] Es traf sich sehr günstig, daß er zugleich einen eben eingelaufenen Bericht des Quaestors von Asia, P. Lentulus Spinther,[322] verlesen konnte, worin die Besitzergreifung Syriens und Übernahme der dortigen Legionen durch Cassius gemeldet wurde.[323] Denn solcher Machtzuwachs gab den ängstlichen Senatoren Mut, sich für Ciceros Antrag zu entscheiden.[324] Cicero hatte kurz zuvor Cassius vorgestellt, wie im Fall eines Fehlschlags bei Mutina die Befreier den einzigen Rückhalt böten.[325]

Am 11. April[326] erhielt er einen von Brutus am 1. April in Dyrrhachion geschriebenen Brief[327] und antwortete ihm am 12., Brutus möge den in seine Hand gefallenen C. Antonius[328] in Haft behalten, bis sich das Schicksal des D. Brutus entschieden habe (2, 4, 3); auf Truppenersatz von seiten Pansas könne er nicht rechnen, da alle verfügbare Mannschaft vor Mutina gebraucht werde; der Verdacht, daß Pansa keine Verstärkung des Brutus wünsche, scheine ihm nicht gerechtfertigt.[329] Am 13. April wurde im Senat ein Schreiben des Brutus mitgeteilt, zugleich

---

314 GROEBE bei DRUMANN 1, 449. GEROLD WALSER Briefwechsel des L. Munatius Plancus mit Cicero (1957), 80 ff.
315 Cic. fam. 10, 8, 3.
316 Cic. fam. 10, 7.
317 O. S. 349.
318 MÜNZER Röm. Adelsparteien 367.
319 MÜNZER RE 6 A, 1562 Nr. 20.
320 Cic. fam. 10, 12, 2–3.
321 Quintil. inst. or. 6, 3, 48 *miror quid sit, quod pater tuus, homo constantissimus, te nobis varium reliquit*. Im Brief an M. Brutus, der auch Schwager des Servilius war, nennt er ihn ,wahnsinnig' (*homo furiosus*) und ,unverschämt' (*tanta insolentia*). Cicero war aufs höchste empört, daß seine Führerstellung so mißachtet wurde. Isauricus dagegen war ein Caesarianer, der mit realen Machtfaktoren rechnete. Da sollte Lepidus der Seite der Consuln und Caesar Octavians erhalten bleiben.
322 MÜNZER RE 4, 1398.
323 Vgl. Cic. ad Brut. 2, 3, 3.
324 Cic. fam. 10, 12, 4. ad Brut. 2, 2, 3.
325 Cic. fam. 12, 6, 2.
326 Cic. ad Brut. 2, 4, 1.
327 Cic. ad Brut. 2, 3.
328 RE 10, 1003.
329 Cic. ad Brut. 2, 4, 4.

mit einem des C. Antonius, worin sich dieser im Einverständnis mit Brutus als Proconsul bezeichnete.[330] Cicero konnte nicht umhin, am 14. April sein Befremden über diese unangebrachte Milde des Brutus auszusprechen. P. Sestius schloß sich an, und Brutus' Freund Antistius Labeo[331] ging so weit, den Brief des Brutus als gefälscht zu bezeichnen.[332] Cicero empfand es bitter, daß ausgerechnet Brutus mit solcher Haltung seine Politik, die Antonius und seine Brüder[333] aus der *res publica* ausstieß, durchkreuzte, und entgegnete ihm am 16. April, daß C. Antonius nicht anders zu behandeln sei als Dolabella.[334] Ihm war wohl bekannt, daß Brutus damit bewußt Kritik übte an seinem Zusammengehen mit Caesar, das er von Anfang an mißbilligte,[335] und deshalb betonte er scharf, wie ja Brutus die Schuld trage am Hochkommen des M. Antonius, vor dem durch göttliche Fügung allein Caesar errettet habe.[336] Als ihn Brutus belehren wollte, man dürfe es überhaupt nicht zum Bürgerkrieg kommen lassen, wiederholte er am 17. April, daß eben solche schwächliche Milde Bürgerkriege erzeuge; Brutus werde selbst untergehen, wenn er sich nicht zur rechten Zeit vorsehe; das sei so sicher wie ein Orakel des pythischen Apollo: *neque enim populum semper eundem habebitis neque senatum neque senati ducem.*[337]

Inzwischen war es am 14. April[338] bei Forum Gallorum an der Via Aemilia zur ersten großen Schlacht gekommen. Die Nachricht vom Siege der Consuln und Caesars gelangte erst am 20. nach Rom.[339] In den letzten Tagen hatte sich dort die Spannung immer mehr gesteigert, unter den Republikanern brach eine Panik aus;[340] es hieß, man müsse zu M. Brutus flüchten.[341] Andrerseits verbreitete sich das Gerücht, Cicero wolle sich am 21. April, an den Parilien, dem Gründungstag der Stadt, zum Dictator ausrufen lassen.[342] Er behauptete wohl nicht ganz mit Unrecht, die Antonianer hätten das in Umlauf gebracht, um unter dem Vorwand, einen geplanten Staatsstreich abzuwehren, über die Republikaner herzufallen.[343] Im selben Atemzug billigte er ihnen jedoch als eine selbstverständliche Erwartung zu, daß das Volk

---

330 Cic. ad Brut. 2, 5, 1; 3.
331 KLEBS RE 1, 2557 Nr. 35. Nach Appian. bell. civ. 4, 572 Vater des berühmten Juristen.
332 Cic. ad Brut. 2, 5, 4.
333 Cic. Phil. 10, 10–11.
334 Cic. ad Brut. 2, 5, 3; 5.
335 Plut. Brut. 22, 4–6.
336 Cic. ad Brut. 2, 5, 1–2.
337 Cic. ad Brut. 1, 2 a, 2–3.
338 Ovid. fast. 4, 625. GROEBE bei DRUMANN 1, 454.
339 Cic. ad Brut. 1, 3, 2. Phil. 14, 12; 16.
340 Vielleicht war etwas durchgedrungen von der anfänglichen Niederlage Pansas, Cic. fam. 10, 30, 3–4. 33, 4. Nach DRUMANN 1, 215 wegen des für Antonius siegreichen Gefechts Cass. Dio 46, 37, 3. Appian. bell. civ. 3, 268.
341 Cic. ad Brut. 1, 3, 2. Phil. 14, 10. Appian. bell. civ. 3, 271 boshaft, Cicero sei schon aus der Stadt geflüchtet aus Furcht vor angeblichem Anmarsch des P. Ventidius Bassus; vgl. die Erwähnung des Ventidius Phil. 4, 21. ad Pansam frg. 3 PURSER *nos Ventidianis rumoribus concalfacimur.*
342 Cic. Phil. 14, 14 *cum fascibus descensurum.* 15 *quasi in tyrannum.*
343 Cic. Phil. 14, 15.

in seiner Angst bei ihm Hilfe suchen wolle,[344] und er würde den Pflichten seines Principats[345] schlecht genügt haben, wenn er in dieser Panik keinerlei Ordnungsmaßnahmen erwogen hätte. Daß er nichts „Catilinarisches" vorhatte, dürfen wir ihm freilich glauben.[346] Am 20. April trat der Volkstribun P. Appuleius in einer Contio jenen Verleumdern entgegen und fand den Beifall seiner Zuhörer. Als dann nach einigen Stunden noch die Siegesnachricht eintraf, versammelte sich eine große Volksmenge vor Ciceros Haus, geleitete ihn wie bei einem Triumphzug auf das Capitol und schließlich zu den Rostra. Welch ein Umschlag nach der Aufregung der letzten Tage! Er sah sich wieder einmal am Ziel seiner Wünsche, umjubelt vom *omnium ordinum consensus* als den wahren *popularis*.[347]

Als aber am 21. April[348] der Senat Stellung zu nehmen hatte zu dem Bericht der siegreichen Heerführer,[349] begegnete er bei den andern *principes* wieder jenem verdecktem Widerstand, der ihn schon am 3. Februar zu scharfen Worten hingerissen hatte.[350] P. Servilius stellte den Antrag auf *supplicationes* (7; 11; 22), wobei der erste Tag, der 21. April, durch Anziehen des Friedenskleids ausgezeichnet werden sollte (2). Aber es war darin nicht die Rede von D. Brutus (3), und die Besiegten wurden nur als *improbi et audaces* erwähnt (7). Damit war wieder einmal der Sinn, den Cicero dem Kriege gab, es handle sich um die Befreiung des D. Brutus, bestritten (3–5). Er forderte deshalb in seiner 14. *Philippica*, das Kriegskleid dürfe erst abgelegt werden, wenn D. Brutus gerettet sei (3). Mit besonderem Nachdruck aber verfocht er den Grundsatz, daß *supplicationes* nur beim Sieg über *hostes* abzuhalten seien (7); ihn hätten in den frühern Bürgerkriegen auch Cinna, Sulla und Caesar gewahrt (22–24). Die *supplicatio*, die am 3. Dezember 63 beschlossen wurde,[351] sei in einzigartiger Weise beantragt worden *ob conservationem civium* (24); folgerichtig müßten die siegreichen Magistrate als *imperatores* betitelt werden (11; 24–28; 36; 37); weil drei Imperatoren zu ehren sind, muß auch die Zahl der Feiertage auf 50 erhöht werden (11; 29; 37); ferner werden den Soldaten die versprochenen Belohnungen erneut zugesagt (29; 38), den Gefallenen soll ein großartiges Grabdenkmal errichtet werden (31–33; 38), an ihrer Statt sollen ihre Angehörigen die Belohnungen empfangen (35; 38).

Der politisch interessanteste Abschnitt der Rede ist die Auseinandersetzung mit den andern *principes* (13–21). Die triumphale Ehrung, die ihm tags zuvor durch das Volk widerfahren war, gibt ihm Anlaß, nochmals auf die bösartigen Verleumdungen seiner Person zurückzukommen (13). Während das Volk seine Verdienste dankbar anerkennt (16; 19), stößt er bei den andern *principes* auf hämischen Neid (17), und er deutet an, daß auch die Verleumdungen dorther kommen (13; 15). An-

---

344 *Ad me concursum futurum civitatis putabant.*
345 Cic. Phil. 14, 18.
346 Cic. Phil. 14, 14.
347 Cic. ad Brut. 1, 3, 2 *quod popularem me esse in populi salute praeclarum est*. Phil. 14, 12; 13; 16.
348 Cic. Phil. 14, 14.
349 Cic. Phil. 14, 6; 22; 23; 24.
350 O. S. 344.
351 O. S. 87 f.

gesichts dieser Gegnerschaft vergoldet sich ihm sogar die Vergangenheit, so daß wir den erstaunlichen[352] Ausruf vernehmen (17): *utinam quidem illi principes viverent, qui me post meum consulatum, cum iis ipse cederem, principem non inviti videbant.* Die jetzigen Consulare sind „bösgesinnt", gleichgültig oder wankelmütig; statt ihn zu beneiden, sollten sie in *virtus* mit ihm wetteifern; indem er Streit um *principatus* im Sinn der ersten Stelle für seine Person ablehnt (18), gibt er zu verstehen, daß ihm das römische Volk diesen Rang zuerkenne, weil er seit dem 20. Dezember *princeps revocandae libertatis* (19) war und weil die Räuber vor dem Machtwort des Senats schon längst ihre Waffen hätten fallen lassen, wenn man nicht die Abstimmung über seine Anträge hintertrieben hätte (20–22).

Der Senat entzog sich der so gekennzeichneten Volksstimmung nicht und nahm Ciceros Vorschlag[353] an. Cicero berichtete es sogleich an M. Brutus mit besonderer Hervorhebung von Caesars Leistung; trotz seines Aufstiegs hoffe er ihn weiter wie bisher leiten zu können;[354] C. Antonius verdiene seiner Ansicht nach keine bessere Behandlung als seine beiden Brüder (3).

Am 21. April[355] wurde D. Brutus durch die Schlacht bei Mutina befreit. Aber Hirtius fiel und Pansa erlag bald darauf in Bononia den am 14. April empfangenen Wunden.[356] In der Senatssitzung vom 26. April[357] wurde endlich Ciceros Wunsch erfüllt, Antonius und seine Anhänger zu Staatsfeinden erklärt,[358] ihr Vermögen sollte eingezogen werden;[359] das Kriegskleid war abzulegen, die Zahl der Feiertage wurde auf 60 erhöht;[360] dem D. Brutus wurde der Triumph bewilligt, dem Caesar die Ovatio. Die fanatischen Freunde der „Befreier" wollten ihm nicht einmal diese zugestehen, was Cicero mit Recht für eine politische Torheit sondergleichen hielt.[361] Dagegen lehnte der Senat Ciceros Antrag, es solle der Name des D. Brutus zum Tage der Schlacht in den Kalender eingetragen werden, ab.[362] Wie er M. Brutus schrieb, sprach er auch dafür, daß das Verfahren gegen C. Antonius dem M. Brutus vorbehalten bleiben solle, fügte aber hinzu, daß die Meinung vorherrsche, die Ächtung beziehe sich auch auf die Gefangenen.[363]

Am 27. April gab der Senat Anweisungen über die Kriegsführung gegen die Staatsfeinde. Servilius beantragte, daß Cassius den Kampf gegen Dolabella übernehme. Cicero fügte bei, auch M. Brutus möge dabei mitwirken, falls er es für

---

352 Vgl. o. S. 156.
353 Cass. Dio 46, 38, 1.
354 Cic. ad Brut. 1, 3, 1.
355 Datum erschlossen aus Cic. ad Brut. 1, 3 a. DRUMANN-GROEBE 1, 224, 14.
356 Cic. ad Brut. 1, 3 a. fam. 11, 13, 1–2.
357 Vgl. G. FERRERO Grandezza e decadenza di Roma 3, 201, 2.
358 Cic. ad Brut. 1, 3 a.
359 Cic. fam. 10, 21, 4.
360 Cass. Dio 46, 39, 3.
361 Cic. ad Brut. 1, 15, 9. 4 a, 2. Vgl. 17, 2. Liv. per. 119. Vell. Pat. 2, 62, 4. Appian. bell. civ. 3, 304. P. STEIN Senatssitzungen 90, 565 bemerkt mit Recht, daß die Ovatio beschlossen wurde. Das Zeugnis Ciceros widerlegt die Behauptung G. FERREROS 3, 202, 2, daß die Nachrichten über die geringschätzige Behandlung Caesars augustusfeindliche Erfindungen seien.
362 Cic. ad Brut. 1, 15, 8. fam. 11, 10, 1.
363 Cic. ad Brut. 1, 3 a.

zweckmäßig erachte.³⁶⁴ Der Krieg gegen Antonius wurde dem D. Brutus übertragen.³⁶⁵ Der Propraetor³⁶⁶ Caesar solle dem designierten Consul untergeordnet sein wie bisher den Consuln. Der Senat ging so weit, dem Brutus die beiden Legionen Martia und Quarta zu unterstellen.³⁶⁷ Es war von M. Livius Drusus Claudianus³⁶⁸ und L. Aemilius Paullus angeregt worden, auch wieder einer der in Ciceros Augen unheilvollen Versuche, Caesar beiseite zu schieben, desto ungeschickter, weil die Legionen dazu keineswegs bereit waren. Der Senat hielt denn auch den von Cicero als undurchführbar mißbilligten Beschluß nicht aufrecht.³⁶⁹ Cicero setzte sich vor allem für das Staatsbegräbnis der gefallenen Consuln und Errichtung einer Statue des ebenfalls in der Schlacht gebliebenen Pontius Aquila ein.³⁷⁰

Für die weitere politische Entwicklung kam es vorab darauf an, ob es gelang, den Antonius vollends zu vernichten. Im Verlauf der nächsten zwei Wochen mußte Cicero zu seiner großen Enttäuschung diese Hoffnung immer mehr schwinden sehen. Schon am 29. April deutete ihm D. Brutus an, daß er infolge des Todes der Consuln Antonius nicht schnell genug verfolgen könne und Gefahr bestehe, daß Antonius und Ventidius sich zu Lepidus zurückzögen.³⁷¹ Am 5. Mai meldete er die Vereinigung des Antonius und Ventidius bei Vada Sabatia an der Riviera, was er nicht verhindern konnte, weil Caesar ihn nicht unterstützte und seine Geldmittel erschöpft waren.³⁷² Am 6. Mai erfuhr er aus aufgefangenen Briefen des Antonius, daß dieser außer Lepidus auch Plancus und Asinius Pollio zu gewinnen versuchte.³⁷³ Andrerseits teilte Plancus am 27. April mit, er habe auf dem Vormarsch nach Italien die Rhone überschritten, aber mit dem Zusatz, die Haltung des Lepidus sei durchaus unsicher.³⁷⁴ Etwa am 11. Mai antwortete ihm Cicero, daß er sofort zu seinen Ehren einen Dankbeschluß des Senats veranlaßt habe, und mahnte, er möge sich den Ruhm des Endsiegs über Antonius gewinnen.³⁷⁵ Dem D. Brutus verhehlte er nicht, daß man in Rom mit ihm wenig zufrieden sei, und stellte ihm vor, wie wichtig es wäre, den letzten Schlag zu tun.³⁷⁶ Nachdem ihm Brutus erläutert hatte, warum er die Verfolgung nicht sofort habe aufnehmen können (11, 13, 1–2), wiederholte er, daß der Senat seiner sorgenvollen Beurteilung der Lage nicht recht geben wolle; er könne nicht daran glauben, daß Lepidus, der früher zum Frieden riet, jetzt der *res publica* den Krieg ansagen werde (11, 18).

---

364 Cic. ad Brut. 1, 5, 1.
365 Liv. per. 120. Appian. bell. civ. 2, 302.
366 Cic. Phil. 14, 6.
367 Cic. fam. 11, 19, 1.
368 MÜNZER RE 13, 883.
369 Cic. fam. 11, 14, 2. Cass. Dio 46, 40, 4.
370 Cic. ad Brut. 1, 15, 8. Liv. per. 119. Vell. Pat. 2, 62, 4. Cass. Dio 46, 40, 2. Val. Max. 5, 2, 10. P. STEIN 91.
371 Cic. fam. 11, 9.
372 Cic. fam. 11, 10, 3–5.
373 Cic. fam. 11, 11, 1.
374 Cic. fam. 10, 9, 3.
375 Cic. fam. 10, 13.
376 Cic. fam. 11, 12, 2.

In Rom befand man sich infolge des Todes beider Consuln in einer staatsrechtlich ganz fatalen Lage, die so recht die Unbeholfenheit der ‚gewachsenen' Verfassung vor Augen führt. Die *res publica* kämpfte gegen eine gefährliche Revolution und entbehrte einer verfassungsmäßigen Führung! Neue Consuln waren nach dem Verfahren des Interregnums zu bestellen. Das konnte sich in die Länge ziehen, vor allem aber wäre, um es überhaupt in Gang zu bringen, nötig gewesen, daß sämtliche Praetoren ihr Amt niederlegten.[377] Es ist begreiflich, daß man hiergegen Bedenken hatte.[378] Dazu kam die Frage, wer gewählt werden sollte.[379] In einem Brief vom 15. Mai[380] schreibt M. Brutus, es gehe ihm soeben die Nachricht zu, Cicero sei gewählt. Das war ein falsches Gerücht, das Cicero selbst in den erhaltenen Briefen gar nicht erwähnt, offenbar eine flüchtige Kombination der ersten Maitage, als man sich in den Senatorenkreisen mit der Lösung der Consulatsfrage befaßte. Cicero wollte augenscheinlich von der ihm zugedachten Stellung nichts wissen, wofür sich der Grund auch mit ziemlicher Sicherheit vermuten läßt: Sein politisches Ziel war, unter dem Panier der *res publica* die alten Pompeianer und die Antonius feindlichen Caesarianer zusammenzubringen zur Erneuerung des *optimus status civitatis*.[381] Darum suchte er den alten Parteigegensatz als überwundene Vergangenheit wegzureden[382] und zum mindesten für seine Person die geforderte republikanische Haltung vorzuleben. Von der Seite des Antonius her wurden seine Bemühungen immerzu als pompeianisch diskreditiert, am 19. April schrieb man ihm einen Staatsstreichplan zu. In den Senatsbeschlüssen des 26. und 27. April spiegelte sich das Siegesgefühl von „Republikanern", denen vor allem wichtig war, Caesar beiseite zu schieben. Wie es in solchen Zeiten zu gehen pflegt, taten sich jetzt auch solche hervor, die sich erst jetzt den Siegern anschlossen.[383] Man hat den Eindruck, daß sich die Anhänger Caesars durch den Verlust der Consuln gehemmt fühlten, während zugleich auch die Freunde des Antonius im Siegesjubel völlig schweigen mußten. Asinius Pollio machte sich jedenfalls ein richtiges Bild von der Siegesstimmung der „Republikaner", wenn er von ihnen schrieb:[384] *qui laetantur in praesentia, quia videntur et duces et veterani Caesaris partium interisse*. Wie er als Caesarianer (31, 3) den Kampf in den eigenen Reihen beklagte, wußte er, daß sich die Pompeianer darüber freuten. Es lag daher auf der Hand, daß sich angesichts des Übermuts der Pompeianer in Rom die beiden feindlichen Lager der Caesarianer einander wieder nähern würden.[385] Cicero widersetzte sich darum den caesarfeindlichen Bestrebungen, erregte aber damit die Kritik des M. Brutus.[386] Wie die Verhältnisse sich entwickelt hatten, wäre sein Consulat als Parteisache aufgefaßt wor-

---

377 MOMMSEN R. St. R. 1, 652. LANGE RA 3, 543.
378 Cic. ad Brut. 1, 5, 4.
379 Appian. bell. civ. 3, 337.
380 Cic. ad Brut. 1, 4 a, 4.
381 Cic. re p. 1, 34; 70; 71. 2, 65–66. Phil. 10, 22 Antonius und Genossen *hanc rem publicam nec viderunt umquam nec videre constitutam volunt*.
382 Cic. Phil. 5, 32. Vgl. o. S. 341. 352.
383 Corn. Nep. Att. 9, 2.
384 Cic. fam. 10, 33, 1.
385 Vell. Pat. 2, 62, 1. 5. Tac. ann. 1, 10, 1. Appian. bell. civ. 3, 307; 330; 334; 337; 358.
386 Cic. ad Brut. 1, 4 a, 2. 15, 9.

den, er aber hätte gerade in dem Punkt, auf den es ihm am meisten ankam, der Verständigung mit dem jungen Caesar, bei den Pompeianern keine Unterstützung gefunden und sich mit solchem Versuch nutzlos verbraucht. Der *consensus omnium*,[387] auf den er sich immer wieder berufen hatte, war verflogen.[388] Ende Mai schrieb er resigniert an D. Brutus, sein Instrument, der Senat, sei auseinandergefallen, die Wirkung seiner philippischen Reden sei verpufft.[389]

Jedoch gab er deswegen seine Anstrengungen noch keineswegs auf. In beständigem Gedankenaustausch mit D. Brutus versuchte er die kräftige Fortsetzung des Kriegs zu ermöglichen. Dazu gehörte in erster Linie die Finanzierung. Der Senat bewilligte den beiden Veteranenlegionen Caesars die Hälfte der versprochenen Summe, 10 000 Sesterzen auf den Kopf; allerdings wollten die Gesandten des Senats bei der Mitteilung an die Soldaten wiederum Caesar übergehen, was abgelehnt wurde und die Erbitterung verschärfte.[390] Weiter wurde ein Zehnerausschuß bestellt zur Durchführung der weitern Belohnungen, insonderheit der Landverteilung an die Angehörigen von vier Legionen.[391] Unter die Mitglieder wurde auch Cicero gewählt; doch drang er nicht durch mit dem Vorschlag, noch Caesar und D. Brutus hineinzunehmen,[392] was wiederum die Veteranen in Erregung versetzte.[393] So war Cicero zweifellos redlich bemüht, im Interesse des D. Brutus die berechtigten Ansprüche Caesars[394] zu befriedigen. Daß der Senat diesen immer wieder brüskierte, war nicht seine Schuld. Aber auch er verkannte keineswegs die von Caesars Seite drohende Gefahr. Um sie zu bannen, gab der Senat Befehl, zwei Legionen aus Africa nova nach Italien zu verschiffen,[395] und rief weiter den M. Brutus herbei.[396]

Am 4. Juni empfing Cicero einen Brief des D. Brutus, datiert vom 24. Mai aus Eporedia, worin über eine Unterhaltung eines gewissen Segulius Labeo mit Caesar folgendes berichtet wurde: Caesar habe, ohne sich im übrigen zu beklagen, einen Ausspruch Ciceros erwähnt *laudandum adulescentem, ornandum, tollendum* („man müsse den jungen Mann loben, [mit Machtbefugnissen] ausstatten, beiseite räumen") und hinzugefügt, er werde es nicht dazu kommen lassen, daß man ihn

---

387 Cic. Phil. 4, 10; 12; 15; 3, 32. 5, 30; 32. 6, 18. 7, 20. 8, 8. 14, 13. fam. 12, 5, 3. O. S. 342. Früher sprach er vom *consensus omnium bonorum*, STRASBURGER Concordia ordinum, Diss. Frankfurt 1931, 59 f., 71 f.
388 Cic. ad Brut. 1, 18, 2. Der *consensus universorum* bei Aug. res g. 3 nimmt auch diesen Gedanken auf.
389 Cic. fam. 11, 14, 1.
390 Vell. Pat. 2, 62, 5. Cass. Dio 46, 40, 6–41, 2. Appian. bell. civ. 3, 353–356 mit anderer zeitlicher Einordnung.
391 Cic. Phil. 6, 53. Cass. Dio 46, 40, 2. Cic. fam. 11, 20, 3. 21, 5. 14, 1. Appian. bell. civ. 3, 355. Vorher 334–336; 349 erwähnt er scheinbar einen andern Ausschuß mit der Aufgabe, die Schenkungen des Antonius zurückzufordern. Daran wird richtig sein, daß zur Beschaffung von Geld und Land die diesbezüglichen schon früher für ungültig erklärten Verfügungen im einzelnen nachgeprüft werden sollten. Vgl. GROEBE bei DRUMANN 1, 459. Dagegen glaubt WILLEMS Le sénat 2, 751, 1 an zwei verschiedene Kommissionen. Ihm folgt HOLMES The Architekt 212.
392 Cic. fam. 11, 21, 2. Appian. bell. civ. 3, 355.
393 Cic. fam. 11, 20, 1.
394 Cic. fam. 11, 14, 1 *de ornando adulescente*.
395 Cic. fam. 11, 14, 3. Appian. bell. civ. 3, 351.
396 Cic. fam. 11, 14, 2. 26. ad Brut 1, 9, 3. 10, 1. Appian. bell. civ. 3, 350.

„wegräume".[397] In seiner Antwort bezeichnete Cicero den Segulius als albernen Schwätzer, der allenthalben mit diesem Geschichtlein hausiere.[398] Auch sonst spürt man dem ziemlich ironisch gehaltenen Brief an, daß ihn die Räte und Warnungen des Brutus verstimmten, ging dieser doch so weit, im Hinblick auf die feindselige Haltung von Caesars Veteranen in Frage zu stellen, ob er Italien verlassen könne (20, 2; 4). Am folgenden Tag wiederholte er, er werde den Alpenübergang erst antreten, wenn Cicero zustimme (23, 2). Dieser antwortete am 6. Juni, er möge vor allem den Krieg zu Ende bringen; er selbst halte in Rom Wache und sei guter Zuversicht; der Senat habe die geforderten Geldmittel bewilligt (24).

Wenn er immer wieder auf Beschleunigung der Verfolgung des Antonius drängte, so hatte er dazu guten Grund; denn er wurde den Argwohn nicht los, daß Lepidus eine zweideutige Rolle spiele.[399] In einem Schreiben vom 13. Mai meldete Plancus, Lepidus habe ihn aufgefordert, sich mit ihm zu vereinigen, worauf er sofort den Vormarsch über die Isère begann.[400] Als Anfang Juni Cornutus eben im Senat einen nichtssagenden Bericht des Lepidus verlesen hatte, traf der Brief des Plancus ein und wurde mit lebhaftem Beifall aufgenommen. Trotzdem weigerte sich Cornutus, die Besprechung zu eröffnen, bis fünf Volkstribunen sie erzwangen. Dann beantragte wiederum Isauricus Vertagung, um womöglich seinen Schwager Lepidus vom Übergang zu Antonius abzuhalten.[401] Aber der Senat stimmte der von Cicero formulierten Danksagung für Plancus zu, und Cicero legte ihm in einem persönlichen Schreiben ans Herz, keine weitern Weisungen abzuwarten, sondern ohne Bedenken seine Pflicht zu tun.[402] Schon am 14. Mai teilte jedoch Plancus mit, daß er den Vormarsch einstelle, weil er von Lepidus hintergangen sei,[403] und bat, daß Brutus und Caesar Weisung gegeben werde, zu ihm zu stoßen (6). Am 18. Mai glaubte er wieder einen günstigen Einfluß auf Lepidus ausüben zu können (10, 18). Auch von Lepidus selbst erhielt Cicero Briefe mit dem Datum des 22. Mai (10, 34, 4), worin er sich noch als senatstreu gebärdete. Schon am 30. meldete er jedoch, daß ihn sein Heer gezwungen habe, zu Antonius überzugehen (10, 35, 1).[404] Ein Brief des Plancus aus Cularo (Grenoble) vom 6. Juni bestätigte, daß diese Vereinigung am 29. Mai vor sich gegangen sei.[405] Plancus erwartete bereits den D. Brutus (10, 20, 2. 23, 3), hielt aber für erforderlich, daß auch Caesar oder, falls das nicht möglich sei, ein anderes Heer sie noch verstärke (23, 6). Ebenso mahnte D. Brutus, der am 25. Mai noch günstig über Lepidus berichtet hatte (11, 23, 1), am 3. Juni, der Senat möge, statt zu beraten, handeln, alle verfügbaren Truppen aus Africa, Makedonien (M. Brutus), Sardinien nach Italien beordern und Geld bewilligen (11,

---

397 Cic. fam. 11, 10, 1. Vell. Pat. 2, 62, 6. Suet. Aug. 12. ED. MEYER Kl. Schr. 1, 452.
398 Cic. fam. 11, 21, 1.
399 Cic. fam. 10, 20 am 29. Mai an Plancus.
400 Cic. fam. 10, 15.
401 MÜNZER Röm. Adelsparteien 368 unterschätzt die politische Absicht des Isauricus. Tatsächlich hatte freilich Lepidus keine Entscheidungsfreiheit mehr (Cic. fam. 10, 34 a, 4. 35, 1).
402 Cic. fam. 10, 16.
403 Cic. fam. 10, 25, 1–5.
404 Appian. bell. civ. 3, 346. Plut. Ant. 18, 4.
405 Cic. fam. 10, 23, 2.

26). Ciceros letzter Brief an ihn ist vom 18. Juni (11, 25), als ihm wohl der Verrat des Lepidus schon bekannt war; denn er schrieb, alle Hoffnung beruhe auf Plancus und D. Brutus. Von M. Brutus hatte er noch keine Nachricht, biete aber seinen ganzen Einfluß auf, ihn zur Teilnahme am Krieg gegen Antonius zu bewegen. Dabei wiederholte er auch seine Andeutung des Briefs vom 6. Juni,[406] die Anwesenheit des M. Brutus wäre die beste Hilfe gegen *intestinum urbis malum, quod est non mediocre* (25, 2).[407] Zwei Monate waren nach der Schlacht von Mutina vergangen, und der besiegte Antonius stand wieder an der Spitze eines großen Heeres! Da konnte nicht fehlen, daß sich auch in der Stadt die Gegner, die sich Ende April vor dem Siegesjubel der Republikaner geduckt hatten,[408] wieder erhoben. Was Cicero gegenüber dem D. Brutus nur angedeutet hatte, schildert er genauer dem M. Brutus.[409] Vor allem bereitete ihm Sorge, daß von der Stadt aus *litteris improbissimis* Caesar aufgefordert wurde, sich zum Consul wählen zu lassen (3). Obwohl sich Cicero bemühte, das den Freunden Caesars auszureden, kam die Forderung vor den Senat; aber hier brachte es Cicero dazu, daß sie weder von einem Magistrat noch von einem Senator aufrechterhalten wurde. Offenbar im Zusammenhang mit dieser Verhandlung beschloß der Senat, die Comitien bis zum Januar 42 aufzuschieben.[410] Brutus gegenüber verschwieg Cicero freilich, daß man Caesar die Bewerbung um die Praetur bewilligte, womit ihm für 39 auch das Consulat in Aussicht gestellt wurde.[411] Dagegen gestand er, daß ihm zweifelhaft werde, ob sich der junge Mann nach wie vor von ihm werde leiten lassen (3; 4; 5); von einem verfassungsmäßigen Regieren könne keine Rede mehr sein, „Man treibt Spott mit uns, ebenso durch Verhätschelung der Soldaten wie durch Unverschämtheit der Befehlshaber, jeder fordert in der Politik so viel zu vermögen, als er Macht hat" (*illudimur enim, Brute, tum militum deliciis, tum imperatorum insolentia, tantum quisque se in re publica posse postulat, quantum habet virium*). Die Heere des D. Brutus und Plancus seien ungeübt (2); sobald jedoch der Befreier M. Brutus in Italien erscheine, werde sich alles um ihn scharen, was dann auch auf die Führer und Heere des Westens festigend wirke (5).

Dieselbe Forderung richtete er auch an Cassius.[412] Man kann kaum begreifen, wie er, der den letzten Bürgerkrieg erlebt hatte, die militärische Lage der beiden Befreier, die eben erst daran waren, sich im Osten eine Grundlage zu schaffen,[413] nicht übersah; aber noch erstaunlicher ist, daß er sogar der Hoffnung war, der junge Caesar werde sich mit den Caesarmördern zusammenfinden. Gleichgültig ob ihm das böse Wort vom „jungen Mann, der zu loben, auszurüsten und zu beseitigen

---

406 *Multa enim Romae.*
407 O. S. 360.
408 O. S. 358.
409 Cic. ad Brut. 1, 10. Ob der Brief mit T. R. HOLMES The Architect 212 schon in den Anfang Juni zu datieren sei, ist mir zweifelhaft.
410 Cic. fam. 10, 26, 3. ad Brut. 1, 14, 1.
411 Cass. Dio 46, 41, 3.
412 Cic. fam. 12, 8. 9.
413 MÜNZER RE 4, 1308. GELZER RE 10, 1008. ED. MEYER Kl. Schr. 1, 452, 1.

sei", fälschlich zugeschrieben wurde,[414] so entspräche es nur allzusehr der vom Senat beliebten Behandlung, weshalb die Bemerkung, daß er sich das nicht werde gefallen lassen,[415] keineswegs leicht zu nehmen war. Er muß es wunderbar verstanden haben, in dem alten Herrn den Wahn wachzuhalten, daß er trotz aller Mißverständnisse in unwandelbarer Ehrfurcht seinen Ratschlägen lausche.

Weil Cicero noch Hoffnungen hatte, vermochte er auch den Senat nochmals zu energischen Beschlüssen anzutreiben. Am 30. Juni wurde Lepidus einstimmig zum *hostis* erklärt, seinen Truppen der 1. September als Frist gesetzt, innerhalb deren sie straflos in die *res publica* zurückkehren könnten.[416] Schon am 1. Juli hatte M. Brutus die Erwartung ausgesprochen, daß Cicero bei allfälligen Maßnahmen gegen Lepidus nicht vergesse, welches Interesse er als Bruder der Gattin und Oheim am Schicksal der Familie habe.[417] Cicero, der bereits von Servilia und ihrer Tochter bestürmt wurde, setzte ihm schon vor Empfang dieses Briefs auseinander, daß das Staatsinteresse dem Mitleid mit den ihres Vermögens beraubten Kindern des Staatsfeinds vorgehen müsse, zumal wo Antonius und Lepidus die Senatoren mit blutiger Vergeltung bedrohten.[418] Mit der Kriegsführung wurde ausdrücklich neben D. Brutus und Plancus auch Caesar beauftragt.[419] Um die Finanzierung zu sichern, wurde auf Vorschlag Ciceros[420] zum erstenmal seit dem Jahr 168 ein Tributum in der Höhe von 1 % des Vermögens, für die Senatoren dazu noch eine nach Dachziegeln berechnete Steuer angeordnet.[421] Ferner wurden die Truppen des Plancus in die versprochene Landversorgung einbezogen.[422] Aus Grenoble traf Bericht ein, daß sich D. Brutus glücklich mit Plancus vereinigt habe.[423] Aber am 14. Juli mußte Cicero dem M. Brutus mitteilen, daß Caesar sich keineswegs in Marsch gesetzt hatte, wie das Verhalten seines Heeres vielmehr das Eingreifen des Brutus in Italien mehr als je erfordere.[424] Ebenso dringlich verlangte er darum auch, daß Cassius nach Italien komme.[425] In den Briefen an Cassius wird aber anders als in denen an M. Brutus Caesar gar nie erwähnt!

Caesar benutzte sehr geschickt die Zeit, da sich die andern Heere in der Narbonensis gegenüberstanden, den Senat unter Druck zu setzen und als Preis für die Unterstützung des Plancus und D. Brutus das Consulat zu fordern.[426] Er wandte sich insonderheit an Cicero und suchte ihm den Gedanken schmackhaft zu machen,

---

414 M. A. LEVI 1, 204, 2 glaubt an Ciceros Aufrichtigkeit bei der Bestreitung, weil er gegenüber D. Brutus keinen Anlaß gehabt hätte, seine wahre Gesinnung zu verbergen.
415 Cic. fam. 11, 20, 1. Suet. Aug. 12. Cass. Dio 46, 41, 4.
416 Cic. fam. 12, 10, 1. Cass. Dio 46, 51, 4. Vell. Pat. 2, 64, 3.
417 Cic. ad Brut. 1, 13.
418 Cic. ad Brut. 1, 12, 1–2. 15, 9.
419 Cass. Dio 46, 42, 1. 51, 5. Appian. bell. civ. 3, 382, fam. 10, 24, 4. ad Brut. 1, 14, 2.
420 Appian. bell. civ. 3, 387.
421 Cass. Dio 46, 31, 3. Cic. fam. 12, 30, 4. ad Brut. 1, 18, 5 gibt 1 % an, während Cass. Dio 4 % ad. Caes. iun. frg. 5 PURSER *in singulas tegulas impositis sescenties confici posse*. frg. 8.
422 Cic. fam. 10, 22, 1.
423 Cic. fam. 11, 13 a. 10, 22, 1.
424 Cic. ad Brut. 1, 14, 2.
425 Cic. fam. 12, 10, 2–4.
426 Cass. Dio 46, 42, 2. Cic. fam. 10, 24, 6. Vgl. M. A. LEVI 1, 206.

indem er ihn einlud, sich ebenfalls wählen zu lassen; er werde sich dann völlig seiner Führung unterordnen.[427] Es ist begreiflich, daß Cicero in diesem Angebot[428] einen neuen Beweis für das Vertrauen fand, womit seiner Meinung nach Caesar zu ihm wie zu einem Vater aufschaute,[429] und daß es ihm als letzte Möglichkeit erschien, seine Politik zu verwirklichen.[430] Anders als im Juni schwieg er jetzt, als Caesars Gesuch, sich um das Consulat bewerben zu dürfen, im Senat beraten wurde. Das erregte natürlich größtes Aufsehen, und D. Laelius[431] griff dieses Verhalten mit scharfen Worten an.[432] Der Senat lehnte wiederum ab[433] und drängte Caesar damit auf die Bahn der Gewalt.[434] Cicero wollte trotzdem noch nicht an einer friedlichen Lösung verzweifeln, was allerdings bedeutet hätte, daß sich Caesar mit den Caesarmördern verständigte.

Von diesen Bemühungen gibt uns der Briefwechsel mit M. Brutus noch eine lebendige Vorstellung. Als M. Valerius Messalla im Juli von Rom zurückreiste, gab er ihm einen Brief mit,[435] worin er seine Haltung seit den Iden des März und besonders die Notwendigkeit, sich mit Caesar zu verbinden, ausführlich rechtfertigte. Nicht ohne Schärfe erinnert er daran, daß M. Brutus im August aus Italien entwich und ihm den Kampf gegen Antonius überließ (5–6), wie dann einzig Caesar die Republikaner rettete, und zwar unter Anleitung Ciceros (6–7); die Ehrenbeschlüsse waren der gerechte Lohn dafür; was dabei zuviel war, gehe zu Lasten des L. Philippus, Ser. Sulpicius und P. Servilius (7–9); ebenso berechtigt war die strenge Bestrafung des Verräters Lepidus (9–11); wichtiger als dieses Geschehene sei jedoch, daß Brutus mit seinem Heer in Italien einrücke; auch wenn Antonius vorher besiegt werden sollte, *tua nobis auctoritate opus est ad conlocandum aliquem civitatis statum* (12). Man sieht, daß Cicero die heikle Frage, wie sich dann das Verhältnis zu Caesar gestalten würde, zu berühren vermied.

Wie er am 27. Juli – im letzten uns erhaltenen Brief seiner Hand – dem Brutus schrieb, fühlte er sich der *res publica* gegenüber als der Bürge für Caesars Gesinnung.[436] Noch aus den Fragmenten der an diesen gerichteten Briefe sehen wir, wie er an dessen frühere Versprechen und das zwischen ihnen bestehende Treuverhält-

---

427 Cass. Dio 46, 42, 2. Plut. Cic. 45, 5–6. Appian. bell. civ. 3, 336–339.
428 Beglaubigt durch Augustus in seiner Selbstbiographie Plut. Cic. 45, 6.
429 Cic. ad Brut. 1, 17. 5. Plut. Cic. 45, 2.
430 Bei DRUMANN-GROEBE 1, 240. 461 wird übersehen, daß die Versuche im Juni und Juli auseinanderzuhalten sind. Auch FERRERO 3, 218. 226 kombiniert nicht richtig; besser T. R. HOLMES 213, 3, der aber die Verhandlung mit Cicero erst in den August setzt. Auch D. MAGNINO Plut. vita Cic. (1963) zu 45, 5 verkennt, daß es sich um zwei Versuche handelt. Richtig HELENE HOMEYER Die antiken Berichte über d. Tod Ciceros (1964), 23.
431 Bei MÜNZER RE 12, 412 ist diese Betätigung des Laelius übersehen.
432 Plut. Cic. 53, 4. 46, 1. Die Darstellung Appian. bell. civ. 3, 338, wonach er Caesars Consulat als unschädlich empfohlen habe, wenn man ihm noch einen älteren Collegen gebe, ist eine gehässige Übertreibung, um Ciceros Eitelkeit lächerlich zu machen; nach Appian. bell. civ. 339 sollen ihn die Senatoren ausgelacht haben.
433 Cass. Dio 46, 42, 3. Appian. bell. civ. 3, 340 mit falscher chronologischer Einordnung.
434 Cass. Dio 46, 42, 4. Appian. bell. civ. 3, 360.
435 Cic. ad Brut. 1, 15.
436 Cic. ad Brut. 1, 18, 3.

nis erinnerte.[437] Als Hauptpunkt bezeichnete er ihm aber die Anerkennung der Caesarmörder:[438] *unum quod ab eo postuletur et exspectetur, ut eos cives, de quibus viri boni populusque Romanus bene existimet, salvos velit.* Er ahnte wohl, wie Brutus diesen Schritt aufnehmen würde, und überließ es Atticus, ihm davon Kenntnis zu geben. Brutus antwortete darauf in Briefen an Cicero und Atticus mit schroffstem Nein.[439] Wahrscheinlich hatte er Ciceros Brief vom Anfang des Monats (1, 15) noch nicht erhalten. Jedenfalls ging er auf die Entwicklung der politischen Lage, um derentwillen ihn der Senat schon Ende Mai nach Italien gerufen hatte, gar nicht ein, sondern legte nur die Unmöglichkeit dar, daß er jemals von der Gnade eines *rex* wie Octavius abhängig werden könnte (16, 1–2; 6; 8). Dagegen wußte er bereits, daß Cicero sich der Consulatsbewerbung nicht widersetzen wollte (16, 5),[440] und man merkt deutlich, daß ihm von seinen Freunden in Rom Berichte voll bitterer Kritik zugegangen waren, Cicero sollte den Caesarmörder P. Servilius Casca[441] als *sicarius* bezeichnet haben (17, 1), und seine Liebedienerei gegenüber Caesar sollte sich nicht von der seines Jugendfreundes Q. Salvidienus Rufus[442] unterscheiden. Hielt er sich Cicero gegenüber noch in gewissen Schranken (16, 7), so kannte er im Brief an Atticus keine Schonung für Ciceros Ruhmredigkeit (17, 1), mit der die Taten nicht übereinstimmten (4–6). Wohl erkannte er an *omnia fecisse Ciceronem optimo animo* (17, 1); aber wie konnte ein so kluger Mann (17, 1) so unselig verblendet sein gegenüber dem jungen Caesar (16, 5)? So richtig sich im ganzen das Urteil über Ciceros politische Illusionen erweist, so eigentümlich berührt doch das selbstgerechte Stillschweigen, womit Brutus über die peinliche Erinnerung Ciceros hinweggeht, daß er ihn in Velia so dringend aufforderte, sich in die Höhle des Löwen zu begeben,[443] vor dem ihn nur der „Knabe" erretten konnte.

Bevor die Mahnung, Cicero möge als Consular sich seines Consulats würdig erweisen (16, 10), ihn erreicht hatte, war sie bereits von den Ereignissen überholt. Ende Juli erschienen vor dem Senat 400 Centurionen und Soldaten Caesars, die für ihn das Consulat forderten, außerdem das ihnen versprochene Geld und die Aufhebung der Ächtung des Antonius.[444] Als der Senat mit der Antwort zögerte, holte ein Centurio sein Schwert und rief: „Dieses wird's tun, wenn ihr's nicht tut!" Da konnte sich Cicero nicht enthalten, ironisch zu antworten,[445] worauf die Soldaten wieder abzogen. Sobald Caesar es vernahm, führte er sein Heer über den Rubico gegen Rom.[446]

---

437 Ad Caes. iun. frg. 11. 14. 28. 29.
438 Cic. ad Brut. 1, 16, 1.
439 Cic. ad Brut. 1, 16. 17. RE 10, 1009. Über die Echtheit der beiden Briefe zuletzt M. A. Levi 1, 192, 1 gegen Ciaceri 2, 363, 1. Ed. Meyer Caesars Mon. 537, 2. Gérard Walter Brutus (1938), 206.
440 Es sei unmöglich, *ut patiente me plus legibus ac senatu possit.* Cic. ad Brut 1, 16, 7. 17, 4; 5 *quanto autem magis callere videtur Philippus, qui privigno minus tribuerit quam Cicero qui alieno tribuat*; 6.
441 O. S. 332, Anm. 115.
442 Munzer RE 1 A, 2020.
443 Cic. ad Brut. 1, 10, 4. 15, 5. O. S. 313.
444 Cass. Dio 46, 42, 4–43, 2. Appian. bell. civ. 3, 361–362. Suet. Aug. 26, 1.
445 Cass. Dio 46, 43, 4.
446 Appian. bell. civ. 3, 365.

XV. Im letzten Kampf für die Res Publica

Am 25. Juli bat Servilia Cicero mit einigen Freunden ihres Sohns zu einer Beratung darüber, ob man Brutus zureden solle, seine Ankunft in Italien zu beschleunigen oder abzuwarten.[447] Cicero vertrat seine alte Meinung, größte Schnelligkeit tue not, und in dem Brief vom 27. Juli stellte er dem Brutus selbst nochmals die Gründe vor Augen. Dabei verheimlichte er nicht, daß er selbst zu zweifeln beginne, ob er hinsichtlich Caesars halten könne, was er versprochen habe; zwar hoffe er noch und wende alle Mittel an, den jungen Mann zu halten; am schlimmsten sei der Geldmangel, das Tributum gehe nur schlecht ein und genüge kaum für das Donativ der zwei Veteranenlegionen. Das Auftreten der Soldatendeputation im Senat wird mit keinem Wort angedeutet, und es mag zweifelhaft sein, ob der Brief vorher oder nachher verfaßt ist. Indessen scheint mir die Anfrage der Servilia auf einen besonderen Anlaß zurückzugehen, welcher doch in der kriegerischen Drohung Caesars liegen dürfte. Auch Plancus spricht am 28. Juli davon, daß dieser das Consulat verlange *summo cum terrore hominum et insulsa cum efflagitatione*.[448] Cicero wünscht Brutus' baldmöglichste Ankunft als *praesidium labenti et inclinatae paene rei publicae* (2). Zur Begründung führt er freilich nur den Krieg gegen Antonius und Lepidus an: *quid enim abesse censes mali in eo bello, in quo victores exercitus fugientem hostem persequi noluerint*, dann die schlimme Lage in der Stadt: *cum tantum resideat intra muros mali*. Jedoch der Abschnitt über Caesar wird mit dem Geständnis eingeleitet, daß eben jetzt sein Vertrauen auf den *adulescens ac paene puer* einen starken Stoß erlitten habe (3).[449] Das Tatsächliche brauchte Cicero nicht zu berichten, da Brutus von seinen Vertrauensleuten auf dem Laufenden gehalten wurde, und er konnte sich leicht ausmalen, wie diese über ihn berichtet hatten. Er bemühte sich also, den von Brutus immer vorausgesagten Zusammenbruch seiner Politik, so gut es ging, zu bestreiten, indem er an der Vorstellung festhielt, als ob er noch immer mit schlechten Ratgebern um die Seele des jungen Caesar kämpfe, und diesen Gegnern zuschob, sie würden den gutgearteten Jüngling durch die Lockung mit dem Consulat verführen (3).[450] Wenn er schließlich den Geldmangel als die größte Not bezeichnete und die Mißstimmung der *boni* damit erklärte, daß das eingezahlte Tributum nur den beiden Veteranenlegionen zugute komme,[451] während für die andern Heere nichts übrig bleibe, so haben wir uns zu erinnern, daß der Senat nach dem Abzug der Soldatendeputation hoffte, durch erneute Geldsendung Caesars Soldaten vom Marsche nach Rom abhalten zu können.[452]

Der Leser, dem es verstattet ist, hinter den Zeilen dieses letzten Briefes Ciceros den Aufstieg einer neuen Geschichtsepoche zu schauen, wird Zeuge einer Schicksalstragödie, wie sie kein Dichter erschütternder erfinden möchte. Dem Helden, von dem wir wissen, daß er im nächsten Augenblick in den Abgrund stürzt, sind allein noch die Augen geblendet. Er glaubt noch an seinen Einfluß auf Caesar, der

---

447 Cic. ad Brut. 1, 18, 1.
448 Cic. Fam. 10, 24, 6.
449 *Maximo autem, cum haec scribebam, adficiebar dolore.*
450 *Videtur enim esse indoles sed flexibilis aetas multique ad depravandum parati, qui splendore falsi honoris obiecto aciem boni ingenii praestringi posse confidunt.*
451 Vgl. Appian. bell. civ. 3, 370.
452 Cass. Dio 46, 44, 2. Appian. bell. civ. 3, 366.

sich bereits mit Antonius und Lepidus verständigt hat,[453] und erwartet von Brutus, der mit den Thrakern kämpft,[454] daß er in Bälde alles zum Guten wende.

Caesar wies die Geldsendung des Senats zurück[455] und näherte sich unaufhaltsam Rom. Vergeblich, daß der Senat allen seinen acht Legionen dasselbe Donativ bewilligte wie den Veteranen und auch genehmigte, daß Caesar sich ohne persönliche Meldung um das Consulat bewerbe.[456] In der Stadt war eine Panik ausgebrochen, und es wird berichtet, daß Cicero dieser Senatssitzung fernblieb.[457] Die Mißachtung des letzten Angebots regte nun aber doch die Widerstandskräfte des Senats auf, zumal auch gerade die beiden Legionen aus Africa in Ostia landeten. Cicero ergriff noch einmal die Führung,[458] man befahl Caesar 15 km vor der Stadt stehen zu bleiben und übertrug den Praetoren die Verteidigung der Stadt.[459] Als aber Caesar die Höhen nördlich des Quirinals besetzte,[460] strömte bald Hoch und Niedrig in sein Lager. Am nächsten Tage betrat er selbst mit bewaffnetem Geleit die Stadt, die Praetoren kapitulierten.[461] Auch Cicero machte ihm seine Aufwartung und soll mit dem nicht ganz harmlosen Scherz empfangen worden sein, daß er als der letzte der Freunde komme.[462] Die gehässige Quelle Appians[463] behauptet, in der folgenden Nacht habe sich das Gerücht verbreitet, daß die Legionen Martia und Quarta meuterten. Da hätten die Senatoren wieder Hoffnung geschöpft und seien nach der Curie geeilt, wo sie Cicero empfing. Wie sich aber das Gerücht als falsch erwies, habe er sich in einer Sänfte davontragen lassen.[464] Caesar verließ nochmals die Stadt, um die Consulwahl als frei erscheinen zu lassen.[465] Weil ein Interregnum zu umständlich gewesen wäre,[466] ließ der Praetor Q. Gallius – M. Caecilius Cornutus hatte sich den Tod gegeben[467] – zwei *proconsules comitiis consularibus habendis*[468] wählen, und diese leiteten am 19. August[469] die Wahl Caesars und seines Vetters Q. Pedius.[470]

---

453 Cass. Dio 46, 43, 6. 52, 1. Appian. bell. civ. 3, 329–330. Liv. per. 119.
454 RE 10, 1008.
455 Appian. bell. civ. 3, 366.
456 Appian. bell. civ. 3, 370.
457 Appian. bell. civ. 3, 367; 369.
458 Appian. bell. civ. 3, 373.
459 Cass. Dio 46, 44, 4–5. Appian. bell. civ. 3, 371.
460 Appian. bell. civ. 3, 378.
461 Macrob. Sat. 1, 12, 35. Cass. Dio 46, 45, 2.
462 Appian. bell. civ. 3, 382.
463 Wohl letztlich Asinius Pollio, Seneca suas. 6, 14–15; 24.
464 Appian. bell. civ. 3, 383–385.
465 Appian. bell. civ. 3, 387. Cass. Dio 46, 45, 5. Nach A. ALFÖLDI Hermes 86 (1958), 487 hielt er sich so lange auf dem Ianiculum auf. Appian. bell. civ. 3, 387 berichtet, daß er die hier und an andern Orten gelagerten Metallschätze des Staates an sich nahm. Wie ALFÖLDI a. O. 480 ff. erkannte, ließ er daraus die Goldmünzen prägen, die er zur Belohnung seiner Legionen verwendete.
466 O. S. 358.
467 Appian. bell. civ. 3, 381; 394.
468 Cass. Dio 46, 45, 3. LANGE RA 3, 546.
469 Cass. Dio 56, 30, 5. Tac. ann. 1, 9.
470 Wohl Neffe des Dictators und Vetter der Atia, MÜNZER Herm. 71, 229. Cass. Dio 46, 46, 1.

Die Gesetzesvorschläge, die alsbald promulgiert wurden, ließen keinen Zweifel bestehen, daß nun der politische Kurs gerade in entgegengesetzter Richtung zu dem von Cicero am 20. Dezember 44 verkündeten und bis Ende April 43 auch gesteuerten gehen sollte.[471] Der eine Vorschlag betraf die Aufhebung der Ächtung Dolabellas,[472] Q. Pedius aber legte ein Gesetz vor, das zur Aburteilung der Caesarmörder eine *quaestio extraordinaria* (Sondergerichtshof) bestellte.[473] Cicero erbat und erhielt von Caesar die Erlaubnis, den Senatssitzungen fernbleiben zu dürfen. Von seinem Dankschreiben ist noch das Fragment erhalten:[474] *quod mihi et Philipio* (Caesars Stiefvater) *vacationem das, bis gaudeo; nam et praeteritis ignoscis et concedis futura.*[475] Danach hoffte er, für seine persönliche Sicherheit nicht fürchten zu müssen.[476] Seine Stimmung mag man sich nach dem Bild, das er in ähnlicher Lage 58, 49 und 44 bot, ausmalen. Auch diesmal hat er versäumt, im richtigen Augenblick zu handeln und in die Ostprovinzen zu fahren.[477] Ganz ließ Caesar, solange er in Rom weilte, die Maske noch nicht fallen, und als er im Oktober wieder nach Norden marschierte, gab er vor, in den Krieg gegen Antonius zu ziehen.[478] Doch alsbald ließ dann Q. Pedius vom Senat die über Antonius und Lepidus verhängten *hostis*-Erklärungen aufheben.[479] In Gallien gingen Plancus und Asinius Pollio zu Antonius über, während D. Brutus auf der Flucht unterging.[480] Ende Oktober fand auf einem Inselchen im Renus nördlich von Bononia[481] die berühmte Zusammenkunft statt, auf der das Triumvirat von Antonius, Lepidus und Caesar vereinbart und die Proscription der politischen Gegner beschlossen wurde. Antonius drang darauf, daß vor allem Cicero fallen müsse. Caesar soll erst am dritten Tag zugestimmt haben.[482] Eine erste Liste mit 12 oder 17 Namen, worunter auch Cicero, wurde sogleich nach Rom abgefertigt.[483] Mitte November zogen die Machthaber an drei aufeinanderfolgenden Tagen in die Stadt ein. Der Volkstribun P. Titius ließ ihnen ohne Berücksichtigung des Trinundinum durch Plebiscit für fünf Jahre

---

Appian. bell. civ. 3, 388.
471 Plut. Cic. 46, 2. Ant. 19, 1.
472 Appian. bell. civ. 3, 392.
473 Cass. Dio 46, 48, 2. Appian. bell. civ. 3, 392. Vell. Pat. 2, 69, 5. Suet. Nero 3, 1. Galba 3, 2.
474 Ad Caes. iun. frg. 15 Purser.
475 Ed. Meyer Caesars Mon. 539, 1. Münzer RE 14, 1571.
476 Die im Mediceus erhaltene Deklamation Epistula ad Octavianum ist eine leidenschaftliche Absage, welche vom Einfühlungsvermögen des Verfassers keine hohe Vorstellung erweckt.
477 Rat der Suasorie des Rhetors Varius Geminus bei Seneca suas. 6, 11. Derselbe Rhetor deklamierte über den psychologisch zutreffenden Gedanken *quocumque pervenisset serviendum illi esset: ferendum esse aut Cassii violentiam aut Bruti superbiam aut Pompei stultitiam*. Vgl. Cremutius Cordus frg. 1 Peter.
478 Cass. Dio 46, 50, 1. 52, 1.
479 Cass. Dio 46, 52, 3. Appian. bell. civ. 3, 396.
480 Münzer RE Suppl. 5, 384.
481 Nissen It. Landeskunde 2, 261. T. R. Holmes 216.
482 Plut. Cic. 46, 5. Ant. 19, 3. Vell. Pat. 2, 66, 2. Oros. 6, 18, 11. Das Sträuben Caesars dürfte nachträgliche Beschönigung sein. Hel. Homeyer a. O. 12, 18. Vgl. Plin. n. h. 7, 147. Suet. Aug. 27, 1.
483 Appian. bell. civ. 4, 21.

die Vollmacht von *tresviri rei publicae constituendae* übertragen und am 27. November traten sie ihr Amt an.[484]

Aus dem ganzen Vierteljahr, das auf Caesars Consulatswahl folgte, ist aus Ciceros Leben nur überliefert, was einige Jahre später Asinius Pollio in einer veröffentlichten Prozeßrede behauptete:[485] Cicero sei bereit gewesen, die Urheberschaft seiner Philippischen Reden abzuschwören und habe versprochen, vor der Contio Entgegnungen vorzutragen. Seneca berichtet, daß Ohrenzeugen der Prozeßverhandlung diese Worte nicht gehört hätten, und schließt daraus, Pollio habe vor den Ohren der Triumvirn nicht so dreist lügen können. Jedoch hat Asinius Pollio Ciceros Angst vor dem Tode auch in seinem Geschichtswerk als Fehler gekennzeichnet:[486] *atque ego ne miserandi quidem exitus eum fuisse iudicarem, nisi ipse tam miseram mortem putasset.* Mag nun die Formulierung der Rede rhetorisch pointiert gewesen sein,[487] so scheint mir doch die Schweigsamkeit der Cicero-freundlichen Biographik zu beweisen, daß Cicero sich in der denkbar kläglichsten Seelenverfassung befand. Auch muß auffallen, daß aus dieser Zeit keine Briefe mehr vorhanden sind, wo doch Cornelius Nepos[488] erzählt, er habe bei Atticus gesehen *undecim volumina epistularum consulatu eius usque ad extremum tempus ad Atticum missarum.* Wohl könnte sich Nepos ungenau ausgedrückt haben, wie ja die frühesten erhaltenen Briefe an Atticus fünf Jahre vor Ciceros Consulat geschrieben sind. Aber Cicero lebte in den letzten Wochen auf dem Lande,[489] und man wird kaum glauben, daß er nicht mehr mit Atticus korrespondierte, es wäre denn, daß er auch dazu außerstande war. So liegt die Erklärung am nächsten,[490] die auch schon für das merkwürdige Abbrechen der Korrespondenz im Jahr 57 vorgebracht wurde,[491] Atticus habe zur Schonung des Freunds diese Zeugnisse seiner tiefsten Erniedrigung und unbegreiflichen Würdelosigkeit der Nachwelt entzogen. Denn die andern konnten nicht so leicht vergessen, wie er am 20. Dezember in den Senat gerufen hatte:[492] *ad decus et ad libertatem nati sumus, aut haec teneamus aut cum dignitate moriamur.* Auch die wohlmeinende Quelle, der Plutarch bei der Schilderung der letzten Lebenstage folgt, meinte,[493] er habe vielleicht noch immer ein wenig auf Caesar gehofft, und so mag er denn auch eine Zeitlang an die Möglichkeit einer Fürsprache bei Antonius geglaubt haben.

---

484 Fasti Colot. CIL 1² S. 64. Cass. Dio 47, 2, 1. Appian. bell. civ. 4, 27.
485 Seneca suas. 6, 15.
486 Seneca suas. 6, 24.
487 Über die daraus entwickelte Suasorienliteratur Seneca suas. 6, 7. ED. MEYER Caesars Mon. 539, 1. Livius suchte Cicero zu retten, indem er so erzählte, daß von einer solchen Erwägung gar keine Rede sein konnte, Seneca suas. 6, 17–18. Auch vom Tode behauptete er das Gegenteil, Seneca suas. 6, 22, *omnium adversorum nihil ut viro dignum erat tulit praeter mortem.*
488 Cic. Att. 16, 3.
489 Plut. Cic. 47, 1.
490 Näher als angebliche Rücksicht auf Augustus, wie LUDWIG GURLITT N. Jahrb. 1894, 214 ff. meinte; auch FR. LEO Nachr. Göttingen 1895, 444. Dagegen ED. MEYER 587. 595, der aber zu weitgehend bestreitet, daß überhaupt etwas habe unterdrückt werden können.
491 O. S. 133, Anm. 157.
492 Cic. Phil. 3, 36.
493 Plut. Cic. 47, 5.

XV. Im letzten Kampf für die Res Publica

Der Absturz von dem Hochgefühl, das er seit dem 20. Dezember 44 kosten durfte, war so gewaltig, daß auch die Nerven einer seelisch robusteren Natur hätten versagen können. Nach der Nacht der Caesarischen Tyrannis[494] hatte er noch einmal das unverhoffte Glück erlebt, sich als *princeps* anerkannt zu sehen,[495] der zu sein er in den Meisterwerken *de oratore*[496] und *de re publica*[497] den Anspruch erhoben hatte. Trotz aller Enttäuschungen riß er noch Mitte August den Senat gegen Caesars Legionen zum Erlaß des s. c. ultimum empor.[498] Aber dann zerrann plötzlich alles. Vom Befehl des Senats ging keine Kraft mehr aus, die *res publica*, von deren Wiedererweckung Cicero all die Monate hindurch unermüdlich geredet hatte, erwies sich als ein Phantom, der Knabe Caesar den zu gängeln er sich schmeichelte, stand als der siegreiche Feind vor ihm. Vor M. Brutus aber, dessen Warnungen er in den Wind geschlagen hatte, konnte er sich nicht sehen lassen, ohne eine lächerliche Figur zu spielen.

Als die Jagd auf die Proscribierten anhub, befand sich Cicero mit seinem Bruder auf dem Tusculanum. Nun wollten sie zu Brutus fliehen und ließen sich in Sänften nach Ciceros Küstenvilla bei Astura tragen. Unterwegs trennte sich der Bruder von ihm, um sich zu Hause Reisegeld zu beschaffen.[499] Cicero gelangte von Astura bis Circei, ging dort aber wieder an Land, zunächst die Richtung zurück nach Rom einschlagend, dann wieder nach Astura abbiegend, nach der Meinung von Plutarchs Gewährsmann vielleicht in einer Anwandlung von Mut, mit der Absicht, im Hause Caesars durch die eigene Hand zu sterben.[500] Hier entschied er sich, nach dem Formianum weiterzufahren, um sich in Caieta[501] einzuschiffen.[502] Während er in seiner Villa nächtigte, merkten seine Leute, daß die Schergen des Antonius in die Nähe gekommen waren, setzten ihn in die Sänfte und wollten ihn auf einem Waldweg nach Caieta flüchten. Doch die Bewaffneten holten sie ein, und als Cicero den Kopf aus der Sänfte streckte, traf ihn das Schwert des Mörders.[503] Dieser schlug ihm Kopf und Hände ab und brachte sie dem Antonius nach Rom, wo sie auf den Rostra ausgestellt wurden.[504] Als Todestag ist von Tiro der 7. Dezember überlie-

---

494 O. S. 243.
495 O. S. 349.
496 O. S. 172 f.
497 O. S. 196 ff.
498 O. S. 366.
499 Plut. Cic. 47, 1–3.
500 Plut. Cic. 47, 5–7.
501 Nissen It. Landeskunde 2, 664, eine starke Meile vom Formianum entfernt.
502 Liv. bei Seneca suas. 6, 27. Appian. bell. civ. 4, 73. Plut. Cic. 47, 7–8 etwas abweichend. Val. Max. 1, 4, 6. Vgl. o. S. 232 seine Abfahrt im Jahr 49.
503 Plut. Cic. 48, 1–5. Appian. bell. civ. 4, 74–77. Liv. a. O. Val. Max. 5, 3, 4. Als Mörder wird Liv. per. 120. Appian. und Val. Max. C. Popilius Laenas genannt, vgl. Seneca suas. 6, 20. controv. 7, 2. Bei Plut. Herennius.
504 In den Einzelheiten stimmen die Berichte nicht überein; Plutarch benützt außer Tiro, 49, 4 noch eine andere Darstellung; Ciaceri 2, 373. T. R. Holmes 216. Plut. Cic. 49,1–2. Ant. 20, 3–4. Appian. bell. civ. 4, 80–81. Liv. a. O. und per. 120. Cass. Dio 47, 8, 3–4; über die nur hier berichtete Schändung des Kopfs durch Fulvia Münzer RE 7, 282; Seneca suas. 6, 17–27 berichtet höchst interessant über die Darstellungen der Historiker seiner Zeit: Asinius Pollio, Livius, Aufidius Bassus, Cremutius Cordus, Bruttedius Niger und das Gedicht des Cornelius Severus.

fert.⁵⁰⁵ Zur Sühne für D. Brutus' und Ciceros Tod ließ M. Brutus den C. Antonius hinrichten. Doch sein Urteil über Ciceros Politik wurde nicht milder: Er empfinde über seinen Untergang mehr Scham als Mitleid, weil an der Knechtschaft die mehr Schuld trügen, die es aushielten, zuzuschauen und dabei zu sein, als die Tyrannen.⁵⁰⁶

Das gräßliche Ende bedeutete für Ciceros Leben mehr als ein furchtbares Schicksal, wie es damals mit ihm Hunderte erlitten. Denn es bezeichnete über die Vernichtung seiner Person hinaus sozusagen in sinnfälliger Weise die Niederlage seiner Politik, worin seiner eigenen Meinung nach seine größte Lebensleistung bestand,⁵⁰⁷ den Zusammenbruch der *res publica*, für die er kämpfte und deren Wesen er ergründete und verkündete, und des Principats, das er sich aus eigener Kraft errungen hatte. Als sinnbildlich erscheint mir am Tod des vereinsamten hilflosen Greises der Kontrast zum Wahn seines Principats, worin er noch bis in den August gelebt hatte. Wem aufgegeben ist, von Cicero als Politiker zu handeln, kann das nicht beschönigen. Aber man kann auch nicht bestreiten, daß er einer der *principes civitatis* seiner Zeit war und mit am Steuerruder des Staates saß, wie er gern sagte, und er hat in seinem politischen Dasein Höhepunkte erlebt und Kämpfe zu bestehen gehabt, die ihn wiederholt auf den Vordergrund der politischen Bühne stellten. Überdies wurde er auch in Zeiten, wo er sich von der Leitung verdrängt sah, von den herrschenden Gruppen und ihren Häuptern umworben, nicht am wenigsten von deren Größtem, Caesar, der ihm als Dictator mit außergewöhnlicher Achtung und Nachsicht begegnete. Sein Fehler war nicht, daß er sich als Politiker fühlte und keiner gewesen wäre, sondern daß er seinen wirklichen Einfluß auf den Gang der großen Politik überschätzte. Denn der Antrieb dazu kam nicht aus politischem Instinkt, sondern von der Beredsamkeit, die ihm die Mittel gab, in jeder Situation seine Sache überzeugend und sachkundig zu vertreten, im Prozeß wie im Senat und vor der Volksversammlung. Durchmustern wir die Reihe der veröffentlichten Reden, so finden wir schon in den Civilprozessen der Jugend die Meisterschaft, die Juristen mit ihren eigenen Waffen zu schlagen, in der Verteidigung des Sex. Roscius die Gewandtheit, unter der Gewaltherrschaft Sullas bis an die Grenze des Möglichen vorzustoßen, in Repetunden- und Ambitusprozessen die erschreckende Korruption des Zeitalters zu enthüllen und in den politischen Reden die ganze Klaviatur vom tiefdröhnenden Pathos des besorgten Patrioten bis zu den schrillen Tönen der mit Witz und Sarkasmus gewürzten Demagogie zum Klingen zu bringen. In den überreich bewegten Monaten seines Consulats war ihm vergönnt, seine Vorzüge zu höchster Wirkung zusammenzufassen. Unbestreitbar erfüllte er die Forderung allseitiger Sachkunde, die er (*de orat.* 1, 119) an den vollendeten Redner

---

Vell. Pat. 2, 66, 3–5. Flor. 4, 6, 5. Eutrop. 7, 2, 2. Oros. 6, 18, 11. vir. ill. 81, 7. Senec. dial. 9, 16, 1. Hieron. chron. zum Jahr 43. Cassiod. chron. zum Jahr 43. Augustin. civ. dei 3, 30. Darüber eingehend HELENE HOMEYER a. O. 35 ff. mit kritischer Erwähnung der großen modernen Literatur.
505 Tac. dial. 17, 2.
506 Plut. Brut. 28, 2; von ED. MEYER 540 gebilligt.
507 O. S. 244.

stellte, und krönte seine Rhetorik aufs glücklichste mit der Kenntnis der Jurisprudenz und dem Besitz der zeitgenössischen Philosophie in ihrer ganzen Breite.

Dafür erntete der *homo novus* aus Arpinum oft genug den gebührenden Beifall. Aber, wenn er sich darüber hinaus unaufhörlich in einem alle Grenzen des Geschmacks überschreitenden Selbstlob erging, so lag dem zutiefst doch innere Unsicherheit über die Anerkennung in dem Kreis, in den er durch das Consulat aufgestiegen war, zu Grunde. Die Herren der Nobilität sahen ihren Anspruch, die *res publica* zu regieren, mit naiver Selbstverständlichkeit als ihnen zukommendes Recht an und verstanden unter Politik, dieses mit allen Mitteln zu mehren und zu behaupten. Cicero verdankte seine Stellung allein seiner geistigen Begabung und konnte sich damit wohl überlegen fühlen; aber man kann nicht übersehen, daß seine Wirksamkeit auf Curie und Forum beschränkt war; eine Provinz, dem Nobilis ein willkommenes Mittel der Bereicherung und des Kriegsruhms, bedeutete für ihn Verlust der Einflußnahme auf die Staatsgeschäfte, und die militärische Begabung fehlte ihm gänzlich. Und doch fühlte er sich in der Optimatenrepublik wohl und wollte gern glauben, daß sie vor einem Jahrhundert das Ideal der Mischverfassung dargestellt habe, wie Polybios berichtete.

Dieser *res publica* galt sein reifstes philosophisches Werk, und er hielt dafür, daß er es in etwa dem dort geschilderten Staatsmann (*princeps*) gleichtue. An Kenntnis der Geschäfte, wie sie im Senat getrieben wurden, übertraf ihn niemand; jedoch zum durchschlagenden Erfolg fehlte ihm der Machtinstinkt des geborenen Politikers, und seine großen Worte zur politischen Lage entsprangen letztlich seiner konservativ-romantischen Gefühlswelt. Dabei fehlte völlig die Einsicht, daß die herkömmliche, vom Senat in unausrottbarem Schlendrian ausgeübte Herrschaft des römischen Gemeindestaats über die Provinzen in ein neu aufzubauendes Reichsregiment mit bureaukratischen Organen umgewandelt werden müßte. Ein Staatsmann, der wie Caesar ohne philosophische Begründung zugriff, wo sich Aufgaben zudrängten, und dazu freie Hand behalten mußte, war ihm unverständlich. So ward ihm beschieden, daß er den begeisterten Jubel über Caesars Ermordung bald genug mit dem eigenen Untergang büßen mußte.

Aber trotz der politischen Niederlage lebten mit seinen Werken auch seine hohen Worte von der wahren *res publica* und dem sie leitenden Staatsmann weiter und erwiesen noch in der Kaiserzeit ihre mahnende Kraft als Erinnerung an eine vergangene bessere Zeit.

BIBLIOGRAPHIE VON GELZER VERWENDETER LITERATUR

Die nachfolgende, aus den Fußnoten Gelzers hergestellte Bibliographie behält die zum Teil inkonsistente Zitierweise bei. Standardeditionen der Alten Geschichte, wie Corpora, wurden nicht aufgenommen. Aus Gründen der Benutzerfreundlichkeit wurden nicht nur die Auflagen, die Gelzer benutzte, angeführt, sondern, sofern möglich, auch die Neuauflagen genannt.

Alföldi, A., Der Einmarsch Octavians in Rom, August 43 v. Chr., in: Hermes 86 (1958), 480–496.
Altheim, F., s. v. Minerva (Nr. 1), in: RE XV 2 (1932), 1774–1802.
Armstrong, H., Rez.: G. Luck, Der Akademiker Antiochos, Bern – Stuttgart 1953, in: Gnomon 26 (1954), 484–486.
Atzert, C. – Plasberg, O. (Ed.), Cicero. De officiis, De virtutibus, Leipzig 1932.
Avenarius, W., Sallust und der rhetorische Schulunterricht, in: Rendiconti dell'Istituto Lombardo vol. LXXXIX/XC (1956), 343–352.
Badian, E., Studies in Greek and Roman History, Oxford 1964.
Ders., M. Porcius Cato and the annexation and early administration of Cyprus, in: JRS 55 (1965), 110–121.
Ders., The testament of Ptolemy Alexander, in: RhM 110 (1967), 178–192.
Balsdon, J., Consular Provinces under the late republic – II. Caesar's Gallic command, in: JRS 29 (1939), 167–183.
Ders., Cicero the Man, in: T. Dorey – H. Scullard (Ed.), Cicero, London 1965, 171–214.
Ders., Rez.: M. Gelzer, Kleine Schriften, Wiesbaden, Bd. 1 1962, Bd. 2 1963, Bd. 3 1964 (Wiesbaden 1962–1964), in: Gnomon 37 (1965), 578–587.
Ders., Fabula Clodiana, in: Historia 15 (1966), 65–73.
Bardt, C., Die Priester der vier großen Collegien aus römisch-republikanischer Zeit, Berlin 1871.
Ders., Römische Charakterköpfe in Briefen vornehmlich aus caesarischer und traianischer Zeit, Leipzig – Berlin ²1925 (Leipzig 1913).
Bartsch, B., Die Legaten der römischen Republik vom Tode Sullas bis zum Ausbruch des zweiten Bürgerkriegs, Breslau 1908.
Barwick, K., Einleitung, in: Ders. (Ed.), Cicero. Brutus, Heidelberg ²1981 (1949), 5–28.
Baumgartner, A., s. v. Artavasdes (Nr. 1), in: RE II 1 (1893), 1308–1309.
Becht, E., Regeste über die Zeit von Caesars Ermordung bis zum Umschwung in der Politik des Antonius, Freiburg 1911.
Béranger, J., Recherches sur l'aspect idéologique du principat, Basel 1953.
Berger, A., s. v. Interdictum, in: RE IX 2 (1916), 1610–1707; s. v. Lex Pompeia (Nr. 2), in: RE XII 2 (1925), 2403–2404.
Bernert, E., s. v. M. P. Dionysius Thrax (Nr. 14a), in: RE XXI 2 (1952), 2328–2330.
Bernhardy, G., Grundriß der römischen Litteratur, Bd. 1–2, Braunschweig ⁵1892 (⁴1862–1865; ³1857; ²1850; 1830).
Berve, H., Gestaltende Kräfte der Antike: Aufsätze und Vorträge zur griechischen und römischen Geschichte, ed. v. Edmund Buchner, München ²1966 (1949).
Beutler, E. – Pfeiffer-Belli, W. (Ed.), Johann Caspar Goethe. Briefe aus dem Elternhaus, Zürich ²1973 (1960).
Bieber, M., s. v. Kothurn, in: RE XI 2 (1922), 1520–1526.

Binder, M., Studien zur Geschichte des zweiten Bürgerkriegs, besonders zum Verlauf des Januars und Februars 49 v. Chr., Freiburg 1928.
Bleicken, J., Ursprung und Bedeutung der Provocation, in: ZRG 76 (1959), 324–377.
Bloch, H., L. Calpurnius Piso Caesoninus in Samothrace and Herculaneum, in: AJA 44 (1940), 485–493.
Ders., Rez.: Nisbet, R. (Ed.), Cicero. In L. Calpurnium Pisonem oratio, Oxford 1961, in: Gnomon 37 (1965), 558–562.
Bömer, F., Der Commentarius. Zur Vorgeschichte und literarischen Form der Schriften Caesars, in: Hermes 81 (1953), 210–250.
Boyancé, P., Les preuves stoïciennes de l'existence des dieux d'après Cicéron (De natura deorum, livre II), in: Hermes 90 (1962), 45–71.
Brink, K., s. v. Peripatos, in: RE Suppl. VII (1940), 899–949.
Ders., Rez.: M. Ruch, *L'Hortensius de Cicéron. Histoire et Reconstruction,* Paris 1958, in: JRS 51 (1961), 215–222.
Broughton, T., The Magistrates of the Roman Republic, New York, vol. 1 Repr. Atlanta 1986; vol. 2 Repr. Atlanta 1984; vol. 3 Repr. Atlanta 1986 (New York 1951–1960).
Brzoska, J., s. v. Apollonios (Nr. 85), in: RE II 1 (1895), 141–144; s. v. Sex. Clodius (Nr. 13), in: RE IV 1 (1900), 66–67; s. v. Demetrios (Nr. 98), in: RE IV 2 (1901), 2844–2845.
Buchner, E., Zwei Gutachten für die Behandlung der Barbaren durch Alexander den Großen?, in: Hermes 82 (1954), 378–384.
Büchner, K., s. v. M. Tullius Cicero (Nr. 29) (Briefe/Fragmente), in: RE VII A 1 (1939), 1192–1274.
Ders., Cicero. Bestand und Wandel seiner geistigen Welt, Heidelberg 1964.
Ders., Sallust, Heidelberg ²1982 (1960).
Bülz, M., De provinciarum Romanarum quaestoribus, Chemnitii 1893.
Bürchner, L., s. v. Samos (Nr. 4), in: RE I A 2, 2162–2218.
Bulst, C., „Cinnanum tempus": a reassessment of the „dominatio Cinnae", in: Historia 13 (1964), 307–337.
Burkert, W., Cicero als Platoniker und Skeptiker. Zum Platonverständnis der Neuen Akademie, in: Gymnasium 72 (1965), 175–200.
Burns, A., Pompey's strategy and Domitius' stand at Corfinium, in: Historia 15 (1966), 74–95.
Burr, V., Νεῶν κατάλογος. Untersuchungen zum homerischen Schiffskatalog, Leipzig 1944.
Carcopino, J. – Bloch, G., Histoire romaine 2: La République Romaine de 133 à 44 avant J.-C à la mort de César, vol. 2. Paris ⁴1950 (³1943; ²1937; 1936).
Carlsson, G., Eine Denkschrift an Caesar über den Staat, Lund 1936.
Cauer, F., Ciceros politisches Denken: ein Versuch, Berlin 1903.
Ciaceri, E., Cicerone e i suoi tempi I: Dalla nascita al consolato (a. 106–62 a. C.), Milano 1939.
Cichorius, C., Untersuchungen zu Lucilius, Nachdr. Zürich 1964 (Berlin 1908).
Ders., Römische Studien. Historisches, Epigraphisches, Literaturgeschichtliches aus vier Jahrhunderten Roms, Nachdr. Roma 1970 (Nachdr. Darmstadt 1961; Leipzig 1922).
Cole, A., The sources and composition of Polybius VI, in: Historia 13 (1964), 440–486.
Constans, L.-A. (Ed.), Cicero. Correspondance, T.2, Paris 1963.
Dahlmann, H., s. v. M. Terentius Varro (Nr. 84), in: RE Suppl. VI (1935), 1172–1277.
Ders., Cicero und Matius über Freundschaft und Staat, in: Neue Jahrbücher für Antike und deutsche Bildung 1 (1938), 225–239.
De Benedetti, G., L'esilio di Cicerone e la sua importanza storica-politica, in: Historia (Studi storici per l'antichita classica) 3 (1929), 539–568.
Demmel, M., Cicero und Paetus (Ad fam. IX,15–26), Köln 1962.
Deubner, L., Rez.: W. Weber, Der Prophet und sein Gott: eine Studie zur vierten Ekloge Vergils, Leipzig 1925, in: Gnomon 1 (1925), 160–169.
Dörner, F. – Gruben, G., Die Exedra der Ciceronen, in: MDAI (A) 68 (1953), 63–76.
Dornseiff, F., Platons Buch „Briefe", in: Hermes 69 (1934), 223–226.
Drexler, H., Parerga Caesariana, in: Hermes 70 (1935), 203–234.
Ders., Zu Ciceros Rede pro Caelio (NGA 1944,1), Göttingen 1944.

Ders., Die Entdeckung des Individuums, Salzburg 1966.
Ders., Nochmals Cicero und Matius, in: Romanitas 8 (1967), 67–95.
Drumann, W., Geschichte Roms in seinem Übergange von der republikanischen zur monarchischen Verfassung oder Pompeius, Caesar, Cicero und ihre Zeitgenossen nach Geschlechtern und mit genealogischen Tabellen, ed. v. P. Groebe, Bd. 1–3, Nachdr. Hildesheim 1964 (= Leipzig ²1899–1929; 1834–1844).
Düll, R. (Ed.), Das Zwölftafelgesetz: Texte, Übersetzungen und Erläuterungen, Zürich ⁷1995 (München ⁶1989; ⁵1976; ⁴1971; ³1959; ²1953; 1944).
Edmar, B., Rez.: W. Farber, Sallust gegen Cicero. Eine sprachliche Untersuchung, Würzburg 1934, in: Gnomon 11 (1935), 219–221.
Egermann, F., Die Prooemien zu den Werken des Sallust, Wien 1932.
Eisenhut, W., Textkritische Bemerkungen zur Invectiva in Ciceronem, in: Hermes 93 (1965), 467–477.
Färber, H. (Ed.), Cornelius Nepos. De Viris illustribus, München 1952.
Ferrero, G., Grandezza e decadenza di Roma, vol. 1–5, Milano 1930 (1902–1907).
Fischer, R., De usu vocabularum apud Ciceronem et Senecam Graecae philosophiae interpretes, Freiburg 1914.
Flashar, H., Die Kritik der platonischen Ideenlehre in der Ethik des Aristoteles, in: Ders. – K. Gaiser (Ed.), Synusia: Festgabe für Wolfgang Schadewaldt zum 15. März 1965, Pfullingen 1965, 223–246.
Fluss, M., s. v. Tertia Mucia (Nr. 28), in: RE XVI 1 (1933), 449–450.
Frank, T., Cicero, in: PBA 18 (1932), 111–134.
Frederiksen, M., Caesar, Cicero and the problem of debt, in: JRS 56 (1966), 128–141.
Fröhlich, F., s. v. P. Clodius Pulcher (Nr. 48), in: RE IV 1 (1900), 82–88.
Früchtl, A., Die Geldgeschäfte bei Cicero, Erlangen 1912.
Fuchs, H., Ciceros Hingabe an die Philosophie, in: MH 16 (1959), 1–28.
Ders., Eine Doppelfassung in Ciceros Catiliarischen Reden, in: Hermes 87 (1959), 463–469.
Fuhrmann, M., Das systematische Lehrbuch. Ein Beitrag zur Geschichte der Wissenschaften in der Antike, Göttingen 1960.
Ders., Rez.: D. Matthes (Ed.), Temnitae testimonia et fragmenta, Leipzig 1962, in: Gnomon 36 (1964), 146–149.
Funaioli, G., s. v. C. Sallustius Crispus (Nr. 10), in: RE I A 2 (1920), 1918–1955.
Gabba, E. (Ed.), Appianus. Bellorum civilium liber primus, Firenze 1958.
Gelzer, M., s. v. M. Iunius Brutus (Nr. 53), in: RE X 1 (1918), 973–1020; s. v. L. Sergius Catilina (Nr. 23), in: RE II A 1 (1923), 1692–1711; s. v. M. Licinius Crassus (Nr. 68), in: RE XIII 1 (1926), 295–331; L. Licinius Lucullus (Nr. 104), in: RE XIII 1 (1926), 376–414; s. v. M. Tullius Cicero (Nr. 29) (als Politiker), in: RE VII A 1 (1939), 827–1091.
Ders., Rez.: C. Lanzani, Mario e Silla, storia della democrazia romana negli anni 87–82 a. Cr., Catania 1915, in: Wochenschrift für klassische Philologie 32 (1915), 942–947.
Ders., Gemeindestaat und Reichsstaat in der römischen Geschichte, Frankfurt/M. 1924.
Ders., Einleitung, in: Ders. (Ed.), Sallustius. Catilinae coniuratio, Heidelberg ³1953 (²1949; 1947), 1–15.
Ders., Caesar. Der Politiker und Staatsmann. Neudruck der Ausgabe von 1983 mit einer Einführung und einer Auswahlbiographie von Ernst Baltrusch, Stuttgart 2008 (Wiesbaden ⁶1960; München ⁵1943; ⁴1942; ³1941; ²1940; Stuttgart 1921).
Ders., Der Antrag des Cato Uticensis, Caesar den Germanen auszuliefern, in: E. Kaufmann (Ed.), Festgabe für Paul Kirn: zum 70. Geburtstag dargebracht von Freunden und Schülern, Berlin 1961, 46–53.
Ders., Kleine Schriften, Wiesbaden, Bd. 1 1962, Bd. 2 1963, Bd. 3 1964 (Wiesbaden 1962–1964).
Ders., Eine römische Staatsrechnung aus dem Jahr 293 v. Chr.?, in: H. Braunert (Ed.), Studien zur Papyrologie und antiken Wirtschaftsgeschichte: Friedrich Oertel zum 80. Geburtstag gewidmet, Bonn 1964, 167–174.

Ders., Rez.: D. Magnino (Ed.), Plutarchi Vita Ciceronis, Firenze 1963, in: Gnomon 36 (1964), 658–662.
Ders., Cicero und Caesar, Wiesbaden 1968.
Ders., Die Nobilität der römischen Republik, Stuttgart ²1983 (Leipzig 1912).
Ders., Pompeius. Lebensbild eines Römers. Neudruck der Ausgabe von 1984 mit einem Forschungsüberblick und einer Ergänzungsbibliographie von Elisabeth Herrmann-Otto, Stuttgart 2005 (1984; Nachdr. München 1973; ²1959; München 1949).
Gesche, H., Die Vergottung Caesars, Kallmünz 1968.
Geyer, F., s. v. Tigranes (Nr. 2), in: RE VI A1 (1936), 978–979.
Gigon, O., Cicero und Aristoteles, in: Hermes 87 (1959), 143–162.
Ders., Rez.: A. Pease (Ed.), M. Tulli Ciceronis. De natura deorum libri, Bd. 1–2, Cambridge/MA 1955–1958, in: Gnomon 34 (1962), 662–676.
Giusta, M., I dossografi di etica, Turin 1964.
Gnauk, R., Die Bedeutung des Marius und Cato maior für Cicero, Nachdr. New York 1970 (Leipzig 1936).
Graff, J., Ciceros Selbstauffassung, Heidelberg 1963.
Grilli, A. (Ed.), Cicero. Hortensius, Milano 1962.
Groebe, P., s. v. M. Antonius (Nr. 30), in: RE I 2 (1894), 2595–2614; s. v. C. Iulius Caesar (Nr. 131), in: RE X 1 (1918),186–259; s. v. Tullia (Nr. 60), in: RE VII A 2 (1948), 1329–1336.
Gundel, H., s. v. M. Pupius Piso (Nr. 10), in: RE XXIII 2 (1959), 1987–1993; s. v. Q. Varius Hybrida (Nr. 7), in: RE VIII A 1 (1955), 388–390; P. Vatinius (Nr. 3), in: RE VIII A 1 (1955), 495–520; s. v. Volumnia (Nr. 17), in: RE IX A 1 (1961), 883.
Ders., Der Begriff maiestas im politischen Denken der römischen Republik, in: Historia 12 (1963), 283–320.
Gurlitt, L., Ciceros Briefschaften und ihre Verbreitung unter Augustus, in: Fleckeisens Jahrbuch für klassische Philologie 149 (1894), 209–224.
Ders., Lex Clodia de exilio Ciceronis, in: Philologus 59 (1900), 578–583.
Gwosdz, A., Der Begriff des römischen princeps, Breslau 1933.
Habel, E., s. v. Ludi publici, in: RE Suppl. V (1931), 608–630.
Habermehl, H., s. v. C. Verres (Nr. 1), in: RE VIII A 2 (1958), 1561–1633; s. v. C. Verres (Nr. 2), in: RE VIII A 2 (1958), 1633–1634.
Häfner, S., Die literarischen Pläne Ciceros, Coburg 1928.
Hänisch, E., Die Caesar-Biographie Suetons, Bethel 1937.
Häpke, N., s. v. L. Licinius Crassus (Nr. 55), in: RE XIII 1 (1926), 252–267.
Häsler, B., Favorinus über die Verbannung, Bottrop 1935.
Halm, K. (Ed.), Rhetores Latini Minores: ex codicibus maximam partem primum adhibitis, Repr. Frankfurt/M. 1964 (Lipsiae 1863).
Hanslick, R., s. v. L. Munatius Plancus (Nr. 30), in: RE XVI 1 (1933), 545–551.
Harder, R., Das Prooemium von Ciceros Tusculanen, in: Hermeneia: Festschrift Otto Regenbogen zum 60. Geburtstag am 14. Februar 1951. Dargebracht von Schülern und Freunden, Heidelberg 1952, 104–118.
Ders., Die Einbürgerung der Philosophie in Rom, in: Die Antike 5 (1929), 291–316.
Ders., Über Ciceros Somnium Scipionis, in: Ders., Kleine Schriften, ed. v. Walter Marg, München 1960, 354–395 (ursprgl. Über Ciceros Somnium Sciptionis, Halle 1929).
Hardy, E., The Catilinian conspiracy in its context. A re-study of the evidence, Oxford 1924.
Hausmaninger, H., „Bellum iustum" und „iusta causa belli" im älteren römischen Recht, in: Österreichische Zeitschrift für öffentliches Recht 11 (1961), 335–345.
Head, B. (Ed.), Catalogue of the Greek coins of Phrygia, Nachdr. Bologna 1976 (London 1906).
Heinze, R., Ciceros politische Anfänge, in: Abhandlungen der Königlich Sächsischen Gesellschaft der Wissenschaften, phil.-hist. Kl. 27 (1909), 947–1010.
Ders., Ciceros „Staat" als politische Tendenzschrift, in: Hermes 59 (1924), 73–95.
Ders., Ciceros Rede Pro Caelio, in: Hermes 60 (1925), 193–258.

Hermann, P. (Ed.), Historicorum Romanorum Fragmenta, Bd. 1–2, Nachdr. Stutgardiae 1993 (Nachdr. Lipsiae 1967; 1914).
Herter, H. (Ed.), Cicero. Cato Maior, Heidelberg 1949.
Herzog, R., Nikias und Xenophon von Kos. Zwei Charakterköpfe aus der griechisch-römischen Geschichte, in: HZ 125 (1922), 189–216.
Heuss, A., Cicero und Matius. Zur Psychologie der revolutionären Situation in Rom, in: Historia 5 (1956), 53–73.
Ders., Matius als Zeuge von Caesars staatsmännischer Größe, in: Historia 11 (1962), 118–122.
Ders., Römische Geschichte, Paderborn ^{10}2007 (^{9}2003; Repr. ^{8}2001; ^{7}2000; ^{6}1998; Darmstadt ^{5}1983; Braunschweig ^{4}1976; ^{3}1971; ^{2}1964; 1960).
Hitzig, H. s. v. Divinatio (Nr. 1), in: RE V 1 (1903), 1234–1236.
Höeg, C., The second Pleading of the Verres Trial, in: K. Hanell – E. Knudtzon – N. Valmin (Ed.), Dragma: Martino P. Nilsson a. d. IV. id. Jul. anno MCMXXXIX dedicatum, Lund 1939, 264–279.
Hölzl, M., Fasti praetorii ab a. u. 687 usque ad a. u. 710, Lipsiae ^{2}1890 (1876).
Holmes, T., The Roman Republic and the Founder of the Empire, Bd. 1–3, Oxford 1923.
Ders., The Architect of the Roman Empire, Bd. 1–2, Oxford 1928–1931.
Homeyer, H., Die antiken Berichte über den Tod Ciceros und ihre Quellen, Baden-Baden 1964.
Hommel, H., Ciceros Gebetshymnus an die Philosophie, Tusc. V,5, Heidelberg 1968.
Hülsen, C., s. v. Arpinum, in: RE II 1 (1895), 1218–1219; s. v. Atina (Nr. 3), in: RE II 2 (1896), 2105.
Hunter, L., Cicero's Journey to his Province of Cilicia, in: JRS 3 (1913), 73–97.
Jachmann, G., Die Invective gegen Cicero, in: Miscellanea Academica Berolinensia (1950) Bd. 2 (1), 235–275.
Ders., Lucrez im Urteil des Cicero, in: Athenaeum 44 (1967), 89–118.
Jaeger, W., Über Ursprung und Kreislauf des philosophischen Lebensideals, Berlin 1928.
Ders. – Stroux, J. (Ed.), Das Problem des Klassischen und die Antike: Acht Vorträge gehalten auf der Fachtagung der Klassischen Altertumswissenschaft zu Naumburg 1930, Nachdr. Stuttgart ^{3}1972 (Nachdr. Darmstadt ^{2}1961; Leipzig 1931).
Ders., Paideia. Die Formung des griechischen Menschen, Bd. 1–3, Nachdr. Berlin 1989 (Nachdr. New York 1986; Berlin ^{4}1959; ^{3}1954; ^{2}1936; 1933–1947).
Jörs, P. – Kunkel, W., Römisches Privatrecht, Berlin ^{3}1949 (^{2}1935; 1922).
Johannemann, R., Cicero und Pompeius in ihren wechselseitigen Beziehungen bis zum Jahre 51 vor Chr. Geb., Emsdetten 1935.
Kammer, U., Untersuchungen zu Ciceros Bild von Cato Censorius, Frankfurt/M. 1964.
Kapp, E., Deum te scito esse?, in: Hermes 87 (1959), 129–132.
Kappelmacher, A., s. v. C. Lucilius (Nr. 4), in: RE XIII 2 (1927), 1617–1637.
Kirk, G., Rez.: F. Solmsen, Cleanthes or Posidonius. The Basis of Stoic Physics, Amsterdam 1961, in: Gnomon 35 (1963), 830.
Klebs, E., s. v. M. Acilius (Nr. 15), in: RE I 1 (1893), 252–253; s. v. M. Acilius Glabrio (Nr. 38), in: RE I 1 (1893), 256–257; s. v. L. Aelius Lamia (Nr. 75), in: RE I 1 (1893), 522; s. v. L. Aelius Tubero (Nr. 150), in: RE I 1 (1893), 534–535; s. v. M. Aemilius Scaurus (Nr. 141), in: RE I 1 (1893), 588–590; s. v. Statius Albius Oppianicus (Nr. 10), in: RE I 1 (1893), 1317–1319; s. v. T. Ampius Balbus (Nr. 1), in: RE I 2 (1894), 1978–1979; s. v. T. Annius Milo (Nr. 67), in: RE I 2 (1894), 2271–2276; s. v. C. Antonius (Nr. 19), in: RE I 2 (1894), 2577–2582; s. v. L. Apuleius Saturninus (Nr. 30), in: RE II 1 (1895), 269; s. v. P. Asicius, in: RE II 2 (1896), 1579; s. v. Sex. Atilius Serranus (Nr. 70), in: RE II 2 (1896), 2099–2100; s. v. L. Aurelius Cotta (Nr. 102), in: RE II 2 (1896), 2485–2487; s. v. M. Aurelius Cotta (Nr. 107), in: RE II 2 (1896), 2487–2489; s. v. P. Autronius Paetus (Nr. 7), in: RE II 2 (1896), 2612–2613; s. v. Q. Axios (Nr. 4), in: RE II 2 (1896), 2633–2634.
Kleinfeller, G., s. v. Exilium, in: RE VI 2 (1909), 1683–1685.
Klingner, F., Ciceros Rede für den Schauspieler Roscius. Eine Episode in der Entwicklung seiner Kunstprosa, München 1953.
Klotz, A., s. v. C. Iulius Caesar (Nr. 131) (als Schriftsteller), in: RE X 1 (1918), 259–275.

Kroll, W., s. v. D. Laberius (Nr. 3), in: RE XII 1 (1924), 246–248; s. v. P. Nigidius Figulus (Nr. 3), in: RE XVII 1 (1936), 200–212; s. v. M. Tullius Cicero (Nr. 29) (Rhetorische Schriften), in: RE VII A 1 (1939), 1091–1103; s. v. Rhetorik, in: RE Suppl. VII (1940), 1039–1138.

Ders., Rez.: O. Seel, Sallust. Von den Briefen ad Caesarem zur Coniuratio Catilinae, Leipzig 1930, in: Gnomon 8 (1932), 320–324.

Ders., Ciceros Rede für Plancius, in: RhM 86 (1937), 127–139.

Ders., Kultur der Ciceronischen Zeit, Bd. 1–2, Nachdr. Darmstadt 1975 (Nachdr. Leipzig 1963; 1933).

Ders. (Ed.), C. Valerius Catullus, Stuttgart [7]1989 ([6]1980; [5]1968; [4]1960; [3]1959; [2]1929; 1923).

Kuch, H., φιλόλογος bei Cicero, in: Helikon 4 (1964), 99–110.

Kübler, B., s. v. Equites Romani, in: RE VI 1 (1907), 272–312.

Ders., Zur Chronologie des Prozesses gegen Verres, in: Philologus 54 (1895),464–473.

Kuhn, H., „Klassisch" als historischer Begriff, in: W. Jaeger – J. Stroux (Ed.), Das Problem des Klassischen und die Antike: Acht Vorträge gehalten auf der Fachtagung der Klassischen Altertumswissenschaft zu Naumburg 1930, Nachdr. Stuttgart [3]1972 (Nachdr. Darmstadt [2]1961; Leipzig 1931), 109–128.

Kunkel, W., Untersuchungen zur Entwicklung des römischen Kriminalverfahrens in vorsullanischer Zeit, München 1962.

Ders., Herkunft und soziale Stellung der römischen Juristen, Nachdr. Köln 2001 (= Graz [2]1967; Weimar 1952).

Ders., Römische Rechtsgeschichte, Köln [14]2005 ([13]2001; [12]1990; [11]1985; [10]1983; [9]1980; [8]1978; [7]1973; [6]1972; [5]1967; [4]1964; [3]1960; [2]1956; Heidelberg 1948).

Kytzler, B., Matius und Cicero, in: Historia 9 (1960), 96–121.

Lange, L., Römische Alterthümer, Bd. 1–3, Nachdr. Hildesheim 1974 = Bd.1–2 [3]1876–1879; Bd. 3 [2]1876. Bd. 1 [3]1876; Bd. 2 [3]1879; Bd. 3 [2]1876 (Berlin 1856–1879).

Latte, K., s. v. Todesstrafe, in: RE Suppl. VII (1940), 1599–1619.

Ders., Römische Religionsgeschichte, München 1960.

Laurand, L., Cicéron, vie et œuvres, Paris 1935.

Lengle, J., Die staatsrechtliche Form der Klage gegen C. Rabirius, in: Hermes 68 (1933), 328–340.

Ders., Römisches Strafrecht bei Cicero und den Historikern, Nachdr. Darmstadt 1971 (Leipzig – Berlin 1934).

Leo, F., Die Publikation von Ciceros Briefen an Atticus, in: Göttinger Nachrichten (1895), 442–450.

Ders., Die griechisch-römische Biographie nach ihrer litterarischen Form, Leipzig 1901.

Ders., Geschichte der römischen Literatur, Bd. 1, Nachdr. Darmstadt 1967 (Berlin 1913).

Leonhard, W., Die Revolution entläßt ihre Kinder, Bd. 1–2, Köln [22]2005 (Köln [19]2000; Frankfurt/M. [16]1978; [15]1976; [14]1974; [13]1972; [12]1971; [10]1968; 1966; Berlin 1964; Frankfurt/M. [5]1963; [4]1962; Berlin 1961; Gütersloh 1960; Köln 1958; 1957; [2]1956; 1955).

Levi, M., Ottaviano capoparte. Storia politica di Roma durante le ultime lotte di supremazia, Firenze 1933.

Levy, E., Die römische Kapitalstrafe, Heidelberg 1931.

Liebenam, s. v. Reiectio (Nr. 1), in: RE I A 1 (1914), 514.

Linderski, J., Ciceros Rede Pro Caelio und die Ambitus- und Vereinsgesetzgebung der ausgehenden Republik, in: Hermes 89 (1961), 106–119.

Ders., Constitutional aspects of the consular elections in 59 B.C., in: Historia 14 (1965), 423–442.

Lossmann, F., Cicero und Caesar im Jahr 54: Studien zur Theorie und Praxis der römischen Freundschaft, Wiesbaden 1962.

Luck, G., Der Akademiker Antiochos, Bern 1953.

Lueder, A., Die philosophische Persönlichkeit des Antiochos von Askalon, Göttingen 1940.

Mack, D., Senatsreden und Volksreden bei Cicero, Würzburg 1937.

Ders., Rez.: V. Pöschl, Römischer Staat und griechisches Staatsdenken bei Cicero. Untersuchungen zu Ciceros Schrift De Re Publica, Berlin 1936, in: Gnomon 14 (1938), 148–154.

Magnino, D. (Ed.), Plutarchi Vita Ciceronis, Firenze 1963.

Malcovati, H. (Ed.), Oratorum Romanorum Fragmenta, vol. 1–3, Torino ⁴1976 (³1967; ²1953–1955; 1930).
Marinone, N., Quaestiones Verrinae, Turin 1950.
Martini, E., s. v. Dikaiarchos (Nr. 3), in: RE V 1 (1903), 546–563.
Meier, C., s. v. Populares, in: RE Suppl. X (1965), 549–615.
Ders., Zur Chronologie und Politik in Caesars erstem Konsulat, in: Historia 10 (1961), 68–96.
Ders., Pompeius' Rückkehr aus dem Mithridatischen Kriege und die Catilinarische Verschwörung, in: Athenaeum 40 (1962), 103–125.
Ders., Res publica amissa. Eine Studie zu Verfassung und Geschichte der späten römischen Republik, Frankfurt/M. ³1997 (²1980; Wiesbaden 1966).
Mette, H., s. v. Phanias (Nr. 5), in: RE XIX 2 (1938), 1774–1775.
Meyer, E., Caesars Monarchie und das Principat des Pompejus, Nachdr. Essen 1984 = ³1922 (Nachdr. Darmstadt 1978; 1963; Stuttgart ³1922; ²1919; 1918).
Ders. (Ed.), Kleine Schriften zur Geschichtstheorie und zur wirtschaftlichen und politischen Geschichte des Altertums, Halle, Bd. 1 ²1924 (1910); Bd. 2 1924 (Halle 1910–1924).
Meyfart, J., Jerusalem, du hochgebaute Stadt (1626), in: Evangelisches Gesangbuch: Ausgabe der Evangelisch-Lutherischen Kirche in Norddeutschland, Kiel 2013, Nr. 150.
Miltner, F., s. v. Pompeia (Nr. 54), in: RE XXI 2 (1952), 2263–2264.
Mitchell, J., The Torquati, in: Historia 15 (1966), 23–31.
Mommsen, T., Römische Geschichte, Bd. 1–3, Leipzig 1854–1856; Bd. 3 ⁶1875; Bd. 5 1885; Bde. 1–3, Berlin ¹⁴1932; Bd. 5 ¹¹1933.
Ders., Römisches Staatsrecht, Bd. 1–3, Nachdr. Darmstadt 1982 = ²1907 (Nachdr. Darmstadt 1971 = ³1887; Nachdr. Graz 1969 = ³1887; Nachdr. Darmstadt 1963 = ³1887; Nachdr. Basel 1963 = ³1887; Nachdr. Graz 1952 = ³1887; Nachdr. Basel 1952 = ³1887; Tübingen ⁴1952; Leipzig ²1907; Bd. 1–2 ³1887; Bd. 1–2 ²1877; 1871–1888).
Ders., Römisches Strafrecht, Bd. 1–3, Nachdr. Aalen 1990 = 1899 (Nachdr. Graz 1969; 1955; Nachdr. Basel 1952; Leipzig 1899).
Moraux, P., s. v. quinta essentia, in: RE XXIV (1963), 1171–1263.
Münzer, F., s. v. M. Caecilius Cornutus (Nr. 45), in: RE III 1 (1897), 1200; s. v. Q. Caecilius (Nr. 23), in: RE III 1 (1897), 1189; s. v. L. Caecilius Metellus (Nr. 74), in: RE III 1 (1897), 1204–1205; s. v. M. Caecilius Metellus (Nr. 78), in: RE III 1 (1897), 1206; s. v. Q. Caecilius Metellus (Nr. 87), in: RE III 1 (1897),1210–1212; s. v. L. Caecilius Metellus (Nr. 91), in: RE III 1 (1897), 1212–1213; s. v. Q. Caecilius Metellus (Nr. 96), in: RE III 1 (1897), 1216–1218; s. v. Q. Caecilius Metellus (Nr. 99), in: RE III 1 (1897), 1224–1228; s. v. Q. Caecilius Niger (Nr. 101), in: RE III 1 (1897), 1231; s. v. L. Caecilius Rufus (Nr. 110), in: RE III 1 (1897), 1232; s. v. Caecilia Metella (Nr. 135), in: RE III 1 (1897), 1235; s. v. A. Caecina (Nr. 7), in: RE III 1 (1897), 1237–1238; s. v. M. Caelius Rufus (Nr. 35), in: RE III 1 (1897), 1266–1272; s. v. L. Calpurnius Bestia (Nr. 24), in: RE III 1 (1897), 1367; s. v. L. Calpurnius Bestia (Nr. 25), in: RE III 1 (1897), 1367; s. v. C. Calpurnius Piso (Nr. 64), in: RE III 1 (1897), 1377; s. v. Cn. Calpurnius Piso (Nr. 69), in: RE III 1 (1897), 1379–1380; s. v. L. Calpurnius Piso (Nr. 90), in: RE III 1 (1897), 1387–1390; s. v. L. Caninius Gallus (Nr. 3), in: RE III 2 (1899), 1477; s. v. L. Caninius Gallus (Nr. 4), in: RE III 2 (1899), 1477; s. v. C. Cassius Longinus (Nr. 58), in: RE III 2 (1899), 1727; s. v. L. Cassius Longinus (Nr. 64), in: RE III 2 (1899), 1738–1739; s. v. L. Cassius Longinus (Nr. 65), in: RE III 2 (1899), 1739; s. v. M. Cispius (Nr. 4), in: RE III 2 (1899), 2589; s. v. C. Claudius Marcellus (Nr. 214), in: RE III 2 (1899), 2733; s. v. C. Claudius Marcellus (Nr. 216), in: RE III 2 (1899), 2734–2736; s. v. C. Claudius Marcellus (Nr. 217), in: RE III 2 (1899), 2736–2737; s. v. M. Claudius Marcellus (Nr. 229), in: RE III 2 (1899), 2760–2764; s. v. Ti. Claudius Nero (Nr. 253), in: RE III 2 (1899), 2777; s. v. Ti. Claudius Nero (Nr. 254), in: RE III 2 (1899), 2777–2778; s. v. Ap. Claudius Pulcher (Nr. 297), in: RE III 2 (1899), 2849–2853; s. v. C. Claudius Pulcher (Nr. 303), in: RE III 2 (1899), 2856–2857; s. v. Sex. Clodius (Nr. 12) in: RE IV 1 (1900), 65–66; s. v. P. Clodius Pulcher (Nr. 49), in: RE IV 1 (1900), 88; s. v. Clodia (Nr. 66), in: RE IV 1 (1900), 105–107; s. v. A. Cluentius (Nr. 4), in: RE IV 1 (1900), 112; s. v. C. Coelius Caldus (Nr. 12), in: RE IV 1 (1900), 195–196; s. v. C. Cornelius (Nr. 19), in: RE IV

1 (1900), 1255; s. v. L. Cornelius Balbus (Nr. 69), in: RE IV 1 (1900), 1260–1268; s. v. C. Cornelius Cethegus (Nr. 89), in: RE IV 1 (1900), 1278–1279; s. v. P. Cornelius Dolabella (Nr. 141), in: RE IV 1 (1900), 1300–1308; s. v. P. Cornelius Lentulus(Nr. 202), in: RE IV 1 (1900), 1374–1375; s. v. Cn. Cornelius Lentulus (Nr. 217), in: RE IV 1 (1900), 1381; s. v. L. Cornelius Lentulus (Nr. 218), in: RE IV 1 (1900), 1381–1384; s. v. Cn. Cornelius Lentulus (Nr. 228), in: RE IV 1 (1900), 1389–1390; s. v. P. Cornelius Lentulus (Nr. 238), in: RE IV 1 (1900), 1392–1398; s. v. P. Cornelius Lentulus (Nr. 239), in: RE IV 1 (1900), 1398–1399; s. v. P. Cornelius Sulla (Nr. 387), in: RE IV 1 (1900), 1521; s. v. Q. Cornificius (Nr. 8), in: RE IV 1 (1900), 1624–1628; s. v. M. Curius (Nr. 6), in: RE IV 2 (1901), 1840; s. v. L. Domitius Ahenobarbus (Nr. 27), in: RE V 1 (1903), 1334–1343; s. v. Faberius (Nr. 1), in: RE VI 2 (1909), 1736–1737; s. v. P. Fabius (Nr. 28), in: RE VI 2 (1909), 1747–1748; s. v. Q. Fabius Maximus (Nr. 108), in: RE VI 2 (1909), 1791–1792; s. v. Q. Fabius Sanga (Nr. 143), in: RE VI 2 (1909), 1867–1868; s. v. T. Fabius (Gallus?) (Nr. 9), in: RE VI 2 (1909), 1959; s. v. C. Fannius Chaera (Nr. 17), in: RE VI 2 (1909), 1994; s. v. C. Flaminius (Nr. 4), in: RE VI 2 (1909), 2502; s. v. L. Flavius (Nr. 17), in: RE VI 2 (1909), 2528; s. v. C. Flavius Fimbria (Nr. 87), in: RE VI 2 (1909), 2598–2599; s. v. M. Fonteius (Nr. 12), in: RE VI 2 (1909), 2843–2845; s. v. P. Fonteius (Nr. 13), in: RE VI 2 (1909), 2845–2846; s. v. Q. Fufius Calenus (Nr. 10), in: RE VII 1 (1910), 204–207; s. v. Fulvia (Nr. 113), in: RE VII 1 (1910), 281–284; s. v. C. Fundanius (Nr. 1), in: RE VII 1 (1910), 291; s. v. Furius Crassipes (Nr. 54), in: RE VII 1 (1910), 351–352; s. v. C. Furnius (Nr. 3), in: RE VII 1 (1910), 375–377; s. v. P. Gabinius Capito (Nr. 15), in: RE VII 1 (1910), 431; s. v. M. Gratidius (Nr. 2), in: RE VII 2 (1912), 1840; s. v. Grattius (Nr. 1), in: RE VII 2 (1912), 1841; s. v. Helvia (Nr. 19), in: RE VIII 1 (1912), 229–230; s. v. C. Herennius (Nr. 8), in: RE VIII 1 (1912), 664; s. v. L. Herennius Balbus (Nr. 18), in: RE VIII 1 (1912), 665–666; s. v. Hirtia (Nr. 5), in: RE VIII 2 (1913), 1962; s. v. Q. Hortensius (Nr. 8), in: RE VIII 2 (1913), 2468–2469; s. v. L. Hostilius Dasianus (Nr. 13), in: RE VIII 2 (1913), 2505–2506; s. v. Iulia (Nr. 543), in: RE X 1 (1918), 892–893; s. v. C. Iunius (Nr. 15), in: RE X 1 (1918), 963; s. v. M. Iunius (Nr. 25), in: RE X 1 (1918), 964; s. v. P. Iunius (Nr. 28), in: RE X 1 (1918), 965; s. v. D. Iunius Brutus (Nr. 57), in: RE X 1 (1918), 1021–1025; s. v. Iunia (Nr. 192), in: RE X 1 (1918), 1110; s. v. Iunia Tertia (Nr. 206), in: RE X 1 (1918), 1114; s. v. M. Iuventius Lateranensis (Nr. 16), in: RE X 2 (1919), 1365–1367; s. v. Labeo (Nr. 1) in: RE XII 1 (1924), 245; s. v. T. Labienus (Nr. 6), in: RE XII 1 (1924), 260–270; s. v. Dec. Laelius (Nr. 6), in: RE XII 1 (1924), 411–413; s. v. M. Laenius Flaccus (Nr. 2), in: RE XII 1 (1924), 421–422; s. v. Q. Lepta, in: RE XII 2 (1925), 2070–2072; s. v. Licinii Crassi (Nr. 50 ff.), in: RE XIII 1 (1926), 245–250; s. v. P. Licinius Crassus (Nr. 62), in: RE XIII 1 (1926), 290–291; s. v. P. Licinius Crassus (Nr. 63), in: RE XIII 1 (1926), 291–294; s. v. M. Licinius Lucullus (Nr. 109), in: RE XIII 1 (1926), 414–418; s. v. M. Licinius Lucullus (Nr. 110), in: RE XIII 1 (1926), 418–419; s. v. C. Licinius Macer (Nr. 112), in: RE XIII 1 (1926), 419–428; s. v. C. Licinius Macer (Nr. 113), in: RE XIII 1 (1926), 428–435; s. v. L. Licinius Murena (Nr. 123), in: RE XIII 1 (1926), 446–449; s. v. Q. Ligarius (Nr. 4), in: RE XIII 1 (1926), 519–522; s. v. A. Ligurius (Nr. 1), in: RE XIII 1 (1926), 534–535; s. v. M. Livius Drusus (Nr. 18), in: RE XIII 1 (1926), 859–881; s. v. M. Livius Drusus (Nr. 19), in: RE XIII 1 (1926), 881–884; s. v. M. Lollius Palicanus (Nr. 21), in: RE XIII 2 (1927), 1391; s. v. L. Lucceius (Nr. 5), in: RE XIII 2 (1927), 1554; s. v. L. Lucceius (Nr. 6), in: RE XIII 2 (1927), 1554–1559; s. v. C. Lucilius Hirrus (Nr. 25), in: RE XIII 2 (1927), 1642–1645; s. v. Lupus (Nr. 2), in: RE XIII 2 (1927), 1851; s. v. Q. Lutatius Catulus (Nr. 8), in: RE XIII 2 (1927), 2082–2094; s. v. C. Manilius (Nr. 10), in: RE XIV 1 (1928), 1133–1134; s. v. A. Manlius Torquatus (Nr. 76), in: RE XIV 1 (1928), 1194–1199; s. v. L. Manlius Torquatus (Nr. 79), in: RE XIV 1 (1928), 1199–1203; s. v. L. Manlius Torquatus (Nr. 80), in: RE XIV 1 (1928), 1203–1207; s. v. L. Marcius Philippus (Nr. 76), in: RE XIV 2 (1930), 1568–1579; s. v. C. Marius (Nr. 16), in: RE XIV 2 (1930), 1815–1817; s. v. M. Marius (Nr. 25), in: RE XIV 2 (1930), 1819–1820; s. v. M. Marius Gratidianus (Nr. 42), in: RE XIV 2 (1930), 1825–1827; s. v. C. Matius (Nr. 1), in: RE XIV 2 (1930), 2206–2210; s. v. D. Matrinius (Nr. 2), in: RE XIV 2 (1930), 2286; s. v. C. Memmius (Nr. 8), in: RE XV 1 (1931), 609–616; s. v. C. Memmius (Nr. 9), in: RE XV 1 (1931), 616–618; s. v. L. Mescinius Rufus (Nr. 2), in: RE XV 1 (1931), 1076–1077; s. v. C. Messius

(Nr. 2), in: RE XV 1 (1931), 1243; s. v. L. Minucius Basilus (Nr. 38), in: RE XV 2 (1932), 1948–1950; s. v. A. (Minucius) Thermus (Nr. 61), in: RE XV 2 (1932), 1966; s. v. Q. Minucius Thermus (Nr. 67), in: RE XV 2 (1932), 1972–1974; s. v. Q. Mucius Orestinus (Nr. 12), in: RE XVI 1 (1933), 423–424; s. v. Q. Mucius Scaevola (Nr. 21), in: RE XVI 1 (1933), 430–436; s. v. Q. Mucius Scaevola (Nr. 22), in: RE XVI 1 (1933), 437–446; s. v. C. Munatius Plancus (Nr. 26), in: RE XVI 1 (1933), 541–544; s. v. T. Munatius Plancus (Nr. 32), in: RE XVI 1 (1933), 551–553; s. v. L. Ninnius Quadratus (Nr. 3), in: RE XVII 1 (1936), 632–633; s. v. Nonius Struma (Nr. 50), in: RE XVII 1 (1936), 899–900; s. v. M. Nonius Sufenas (Nr. 52), in: RE XVII 1 (1936), 900–901; s. v. Q. Numerius Rufus (Nr. 5), in: RE XVII 2 (1937), 1326–1327; s. v. Cn. Octavius (Nr. 17), in: RE XVII 2 (1937), 1810–1814; s. v. C. Oppius (Nr. 9), in: RE XVIII 1 (1939), 729–736; s. v. Paconius, in: XVIII 2,1 (1942), 2123–2124; s. v. L. Papirius Paetus (Nr. 69), in: RE XVIII 2,2 (1949), 1071–1072; s. v. Philiskos (Nr. 3), in: RE XIX 2 (1938), 2379; s. v. Philotimos (Nr. 1), in: RE XX 1 (1941), 183–186; s. v. L. Pinarius Natta (Nr. 19), in: RE XX 2 (1950), 1402–1403; s. v. L. Racilius, in: RE I A 1 (1914), 30; s. v. P. Rutilius Rufus (Nr. 34), in: RE I A 1 (1914), 1269–1280; s. v. Cn. Sallustius (Nr. 6), in: RE I A 2 (1920), 1912–1913; s. v. Q. Salvidienus Rufus (Nr. 4), in: RE I A 2 (1920), 2019–2021; s. v. Salvius (Nr. 4), in: RE I A 2 (1920), 2022; s. v. Salvius (Nr. 6), in: RE I A 2 (1920), 2022–2023; s. v. M. Saufeius M. f. (Nr. 6), in: RE II A 1 (1921), 257; s. v. C. Scribonius Curio (Nr. 10), in: RE II A 1 (1921), 862–867; s. v. L. Scribonius Libo (Nr. 20), in: RE II A 1 (1921), 881–885; s. v. M. Seius (Nr. 4), in: RE II A 1 (1921), 1121–1122; s. v. L. Sempronius Atratinus (Nr. 26), in: RE II A 2 (1923), 1366–1368; s. v. C. Sempronius Tuditanus (Nr. 92), in: RE II A 2 (1923), 1441–1443; s. v. M. Servilius (Nr. 21), in: RE II A 2 (1923), 1766; s. v. P. Servilius Casca (Nr. 53), in: RE II A 2 (1923), 1788–1789; s. v. P. Servilius Isauricus (Nr. 67), in: RE II A 2 (1923), 1798–1802; s. v. P. Servilius Rullus (Nr. 80), in: RE II A 2 (1923), 1808–1809; s. v. P. Servilius Vatia (Nr. 93) in: RE II A 2 (1923), 1812–1817; s. v. Servilia (Nr. 101), in: RE II A 2 (1923), 1817–1821; s. v. P. Sestius (Nr. 6), in: RE II A 2 (1923), 1886–1890; s. v. Sicca, in: RE II A 2 (1923), 2186–2187; s. v. P. Silius (Nr. 8), in: RE III A 1 (1927), 72; s. v. L. Statilius (Nr. 6), in: RE III A 2 (1929), 2185–2186; s. v. Sthenius (Nr. 2), in: RE III A 2 (1929), 2335–2336; s. v. C. Staienus, in: RE III A 2 (1929), 2133–2136; s. v. L. Sulpicius Galba (Nr. 51), in: RE IV A 1 (1931), 754–755; s. v. P. Sulpicius Galba (Nr. 55), in: RE IV A 1 (1931), 758–759; s. v. P. Sulpicus Rufus (Nr. 92), in: RE IV A 1 (1931), 843–849; s. v. P. Sulpicius Rufus (Nr. 93), in: RE IV A 1 (1931), 849–850; s. v. Ser. Sulpicius Rufus (Nr. 95), in: RE IV A 1 (1931), 851–857; s. v. Ser. Sulpicius Rufus (Nr. 96), in: RE IV A 1 (1931), 860–862; s. v. L. Tarquinius (Nr. 10), in: RE IV A 2 (1932), 2390; s. v. Q. Terentius Culleo (Nr. 44), in: RE V A 1 (1934), 653–654; s. v. Teukris, in: RE V A 1 (1934), 1121; s. v. Titinia (Nr. 26), in: RE VI A 2 (1937), 1553; s. v. P. Titius (Nr. 20), in: RE VI A 2 (1937), 1562–1563; s. v. C. Toranius (Nr. 4), in: RE VI A 2 (1937), 1725–1726; s. v. Trebianus, in: RE VI A 2 (1937), 2270; s. v. C. Trebonius (Nr. 6), in: RE VI A 2 (1937), 2274–2282; s. v. M. Tigellinus Hermogenes, in: RE VI A 1 (1936), 943–946; s. v. M. Tullius Cicero (Nr. 28), in: RE VII A 1 (1939), 824–827; s. v. Q. Tullius Cicero (Nr. 31), in: RE VII A 2 (1948), 1286–1306; s. v. L. Valerius Flaccus (Nr. 179), in: RE VIII A 1 (1955), 30–36 ; s. v. M. Valerius Messala (Nr. 266), in: RE VIII A 1 (1955), 162–16; s. v. D. Iunius Brutus (Nr. 55a), in: RE Suppl. V (1931), 369–385.

Ders., Aus dem Leben des M. Caelius Rufus, in: Hermes 44 (1909), 135–142.

Ders., Hortensius und Cicero bei historischen Studien, in: Hermes 49 (1914), 196–213.

Ders., Rez.: E. Ciaceri, Cicerone e i suoi tempi, Vol. 1–2, Milano 1926–1930, in: Gnomon 7 (1931), 29–35.

Ders., Aus dem Verwandtenkreise Caesars und Octavians, in: Hermes 71 (1936), 222–230.

Ders., Römische Adelsparteien und Adelsfamilien, Darmstadt 1963 = 1920 (Stuttgart ²1963; 1920).

Murray, O., Philodemus on the good king according to Homer, in: JRS 55 (1965), 161–182.

Niese, B, s. v. Ariobarzanes III. (Nr. 7), in: RE II 1 (1895), 834–835; s. v. Deiotarus (Nr. 2), in: RE IV 2 (1901), 2401–2403.

Nisbet, R., The speeches, in: T. Dorey – H. Scullard (Ed.), Cicero, London 1965, 47–79.

Nissen, H., Italische Landeskunde, Bd. 1–2, Nachdr. New York 1979 (Nachdr. Amsterdam 1967; Berlin 1883–1902).
Norden, E., Die antike Kunstprosa vom VI. Jahrhundert v. Chr. bis in die Zeit der Renaissance, Bd. 1–2, Nachdr. Stuttgart ^{10}1995 (Darmstadt ^{9}1983; ^{8}1981; ^{7}1974; ^{6}1971; Stuttgart ^{5}1958; Leipzig ^{4}1923; Leipzig – Berlin ^{3}1915–1918; Leipzig ^{2}1909; 1898).
Ders., Die Römische Literatur, Stuttgart ^{7}1998 (Leipzig ^{6}1961; ^{5}1954; ^{4}1952; 1910).
Padberg, F., Cicero und Cato Censorius. Ein Beitrag zu Ciceros Bildungsgang, Bottrop 1933.
Perl, G., Die Rede Cottas in Sallusts Historien, in: Philologus 109 (1965), 75–82.
Peter, H. – Kroymann, J. (Ed.), Historicorum Romanorum reliqiuae, vol. 1–2, Nachdr. Stutgardiae 1993 = Bd. 1 1914; Bd. 2 1906 (Nachdr. 1967; Lipsiae ^{2}1906–1914; 1870).
Peterson, W. – Clark, A. (Ed.), Cicero. Pro P. Quinctio, Pro Q. Roscio Comoedo, Pro A. Caecina, De lege agraria contra Rullum, Pro C. Rabirio perduellionis reo. Pro L. Flacco, In L. Pisonem. Pro C. Rabirio postumo, Nachdr. Oxonii 1988 (1909).
Petzold, K., Rez.: F. Walbank, A historical commentary on Polybius, vol. 1, Oxford 1957, in: Historia 9 (1960), 247–254.
Pfligersdorfer, G., Lucan als Dichter des geistigen Widerstandes, in: Hermes 87 (1959), 344–377.
Philipp, H., s. v. Nares Lucanae, in: RE XVI 2 (1935), 1715–1716.
Philippson, R., s. v. Philiskos (Nr. 8), in: RE XIX 2 (1938), 2384; s. v. Philodemos (Nr. 5), in: RE XIX 2 (1938), 2444–2482; s. v. M. Tullius Cicero (Nr. 29) (Philosophische Schriften), in: RE VII A 1 (1939), 1104–1192.
Pinder, M., Über die Cistophoren und über die kaiserlichen Silbermedaillons der römischen Provinz Asia, Berlin 1856.
Plasberg, O., Praefatio, in: Ders. (Ed.), Academicorum reliquiae cum Lucullo, Nachdr. Lipsiae 1980 (Lipsiae 1961; 1922), III-XXV.
Plaumann, G., Das sogenannte Senatus consultum ultimum, die Quasidiktatur der späteren römischen Republik, in: Klio 13 (1913), 321–386.
Plumpe, J., Wesen und Wirkung der auctoritas maiorum bei Cicero, Bochum-Langendreer 1935.
Pöschl, V., Römischer Staat und griechisches Staatsdenken bei Cicero: Untersuchungen zu Ciceros Schrift De re publica, Nachdr. Darmstadt 1990 (Nachdr. Darmstadt 1983; 1976; 1974; 1962; Berlin 1936).
Pohlenz, M., s. v. Panaitios (Nr. 5), in: RE XVIII 2,2 (1949), 418–440.
Ders. et al (Ed.), Festschrift Richard Reitzenstein zum 2. April 1931, Leipzig – Berlin 1931.
Ders., Antikes Führertum. Cicero „De officiis" und „Das Lebensideal des Panaitios", Nachdr. Amsterdam 1967 (Leipzig 1934).
Purser, C. (Ed.), Epistulae ad Quintum fratrem, commentariolum petitionis, epistulae ad M. Brutum, Pseudo-Ciceronis epistula ad Octavianum, fragmenta Epistularum, vol. 3, Nachdr. Oxonii 1955 (1902).
Regenbogen, O., s. v. Theophrastos von Eresos (Nr. 3), in: RE Suppl. VII (1940), 1354–1562.
Ders., Lukrez. Seine Gestalt in seinem Gedicht, Leipzig 1932.
Reifferscheid, A. (Ed.), C. Suetoni Tranquilii praeter Caesarum libros reliquiae, inest Vita Terenti a Friderico Ritschelio emendata atque enarrata, Nachdr. Hildesheim 1971 (Lipsiae 1860).
Reinach, T., Catulus ou Catilina?, in: REG 17 (1904), 5–11.
Reincke, G., s. v. Nachrichtenwesen, in: RE XVI 2 (1935), 1496–1541.
Reinhardt, K., s. v. Poseidonios von Apameia (Nr. 3), in: RE XXII 1 (1953), 558–826.
Ders., Poseidonios über Ursprung und Entartung. Interpretation zweier kulturgeschichtlicher Fragmente, Heidelberg 1928.
Ders., Poseidonios, Bd. 1–2, Nachdr. Hildesheim 1976 (München 1921–1926).
Reitzenstein, R., s. v. A. Licinius Archias (Nr. 20), in: RE II 1 (1895), 463–464.
Ders., Drei Vermutungen zur Geschichte der römischen Literatur, Marburg 1893.
Ders. – Schwartz, E., Pseudo-Sallusts Invektive gegen Cicero, in: Hermes 33 (1898), 87–101; 101–108.
Ders., Die Idee des Principats bei Cicero und Augustus, Göttingen 1917.
Ribbeck, P., Senatores Romani qui fuerint idibus Martiis anni a. u. c. 710, Berlin 1899.

Riccobono, S. (Ed.), Fontes iuris anteiustiniani, vol. 1–3, Florentiae 1968–1972 (^{2}1940–1943; Firenze 1909).
Riess, E., s. v. Omen, in: RE XVIII 1 (1939), 350–378.
Rieth, O., Über das Telos der Stoiker, in: Hermes 69 (1934), 13–45.
Rohde, E., Psyche: Seelencult und Unsterblichkeitsglaube der Griechen, Bd. 1–2, Nachdr. Darmstadt 1991 = Freiburg ^{2}1898 (Freiburg ^{10,9}1925; Tübingen ^{8,7}1921; ^{6,5}1910; ^{4}1907; ^{3}1903; Leipzig – Tübingen ^{2}1898; Freiburg 1890–1894).
Roloff, H., Maiores bei Cicero, Göttingen 1938.
Rothstein, M., Caesar über Brutus, in: RhM 81 (1932), 324–334.
Ders., Griechisches aus Ciceros Briefen, in: Hermes 67 (1932), 77–90.
Rudolph, H., Stadt und Staat im römischen Italien. Untersuchungen über die Entwicklung des Munizipialwesens in der republikanischen Zeit, Nachdr. Göttingen 1965 (Leipzig 1935).
Sanders, H., The so-called first triumvirate, in: MAAR 10 (1932), 55–68.
Schede, M., Aus dem Heraion von Samos, in: MDAI (A) 44 (1919), 1–46.
Schmid, W., Rez.: F. Klingner, Ciceros Rede für den Schauspieler Roscius. Eine Episode in der Entwicklung seiner Kunstprosa, München 1953, in: Gnomon 26 (1954), 317–322.
Ders., Rez.: F. Beckmann, Humanitas. Ursprung und Idee, Münster 1952, in: Gnomon 28 (1956), 589–601.
Ders., Die Komposition der Invektive gegen Cicero, in: Hermes 91 (1963), 159–178.
Schmidt, B., Die Lebenszeit Catulls und die Herausgabe seiner Gedichte, in: RhM 69 (1914), 267–283.
Schmidt, O., Der Briefwechsel des M. Tullius Cicero von seinem Prokonsulat in Cilicien bis zu Caesars Ermordung, Nachdr. Hildesheim 1987 (Leipzig 1893).
Schneider, K., s. v. Taberna (Nr. 1), in: RE IV A 2 (1932), 1864–1872.
Schoell, F. (Ed.), Cicero. Orationum deperditarum fragmenta, Lipsiae 1917.
Schulz, F., History of Roman Legal Science, Oxford 1953 (1946).
Schwartz, E., s. v. Cassius Dio Cocceianus (Nr. 40), in: RE III 2 (1899), 1684–1722; s. v. Demetrios von Magnesia (Nr. 80), in: RE IV 2 (1901), 2814–2817.
Scullard, H., The Political Career of a „Novus Homo", in: T. Dorey – Ders. (Ed.), Cicero, London 1965, 1–25.
Seager, R., The First Catilinarian Conspiracy, in: Historia 13 (1964), 338–347.
Seckel, E. et al. (Ed.), Iurisprudentiae anteiustinianae reliquias, Bd. 1–2, Nachdr. Lipsiae 1988 (^{6}1908–1927).
Seel, O., Rez.: E. Cesareo, Le Orazione nell'Opera di Sallustio, Palermo 1938, in: Deutsche Literaturzeitung 60 (1939), 585–586.
Ders. (Ed.), Cicero. Orator, Heidelberg ^{2}1952.
Ders., Weltdichtung Roms. Zwischen Hellas und Gegenwart, Darmstadt 1965.
Ders., Cicero. Wort, Staat, Welt, Stuttgart ^{3}1967 (^{2}1961; 1953).
Shackleton Bailey, D., Sex. Clodius-Sex. Cloelius, in: CQ 10 (1960), 41–42.
Ders. (Ed.), Cicero. Cicero's Letters to Atticus, vol. 5, Cambridge 1966.
Siber, H., s. v. Plebs, in: RE XXI 1 (1951), 103–187.
Ders., Analogie, Amtsrecht und Rückwirkung im Strafrechte des römischen Freistaates, Leipzig 1936.
Sihler, E., Cicero of Arpinum, a political and literary biography, being a contribution to the history of ancient civilisation, and a guide to the study of Cicero's writings, Nachdr. New York 1969 (New Haven 1914).
Skard, E., Zwei religiös-politische Begriffe: Euergetes – Concordia, Oslo 1932.
Solmsen, F., Drei Rekonstruktionen zur antiken Rhetorik und Poetik, in: Hermes 76 (1932), 151–154.
Ders., Cleanthes or Posidonius? The basis of stoic physics (Mitteilungen der Königlichen Niederländischen Akademie der Wissenschaften; Bd. 24.9), Amsterdam 1961.
Sonnet, P., s. v. C. Trebatius Testa (Nr. 7), in: RE VI A 2 (1937), 2251–2261.
Sontheimer, W., s. v. Monat, in: RE XVI 1 (1933), 44–74.

Sprey, K., De M. Tulli Ciceronis politica doctrina, Amsterdam 1928.
Stähelin, F., s. v. Kleopatra VII. (Nr. 20), in: RE XI 1 (1921), 750–781.
Stark, R., Res publica, Göttingen 1937.
Steidle, W., Einflüsse römischen Lebens und Denkens auf Ciceros Schrift „de oratore", in: MH 9 (1952), 10–43.
Stein, P., Senatssitzungen der ciceronischen Zeit, Münster 1930.
Steinmetz, F.-A., Die Freundschaftslehre des Panaitios nach einer Analyse von Ciceros „Laelius de amicitia", Wiesbaden 1967.
Sternkopf, W., Über die „Verbesserung" des Clodianischen Gesetzentwurfes de exilio Ciceronis, in: Philologus 59 (1900), 272–304.
Ders., Die Oekonomie der Rede Ciceros für den Dichter Archias, in: Hermes 42 (1907), 337–373.
Ders., Die Verteilung der römischen Provinzen vor dem mutinensischen Kriege, in: Hermes 47 (1912), 321–401.
Strasburger, H., s.v. Nobiles, in: RE XVII 1 (1936), 785–791; s.v. Optimates, in: RE XVIII 1 (1939), 773–798.
Ders., Cicero an Volumnius, in: Philologus 93 (1938), 408–411.
Ders., Rez.: B. Förtsch, Die politische Rolle der Frau in der römischen Republik, Stuttgart 1935, in: Gnomon 14 (1938), 181–188.
Ders., Concordia omnium – Eine Untersuchung zur Politik Ciceros, Amsterdam 1956 (Borna 1931).
Ders., Poseidonios on problems of the Roman empire, in: JRS 55 (1965), 40–53.
Ders., Caesars Eintritt in die Geschichte, Nachdr. Darmstadt 1966 (München 1938).
Ders., Der „Scipionenkreis", in: Hermes 94 (1966), 60–72.
Stroux, J., Römische Rechtswissenschaft und Rhetorik, Potsdam 1949.
Süss, W., Cicero. Eine Einführung in seine philosophischen Schriften (mit Ausschluss der staatsphilosophischen Werke), Mainz 1966.
Taeger, F., Die Archäologie des Polybios, Stuttgart 1922.
Taine, H., Les origines de la France contemporaine, Bd. 1–2, Paris 1986 (1947; 1878–1894).
Taylor, L., The Date and the Meaning of the Vettius-Affair, in: Historia 1 (1950), 45–51.
Ders., On the chronology of Caesar's first consulship, in: AJPh 72 (1951), 254–268.
Ders., Roman Voting Assemblies from the Hannibalic war to the Dictatorship of Caesar, Nachdr. Ann Arbor 2000 (1990; 1966).
Thalheim, T., s.v. Ἀμνηστία, in: RE I 2 (1894), 1870–1871.
Theiler, W., Schichten im 6. Buch des Polybios, in: Hermes 81 (1953), 296–302.
Thierfelder, A., Über den Wert der Bemerkungen zur eigenen Person in Ciceros Prozessreden, in: Gymnasium 72 (1965), 385–414.
Till, R., Ciceros Bewerbung ums Konsulat. Ein Beitrag zum Commentariolum petitionis, in: Historia 11 (1962), 315–338.
Townend, G., The poems, in: T. Dorey – H. Scullard (Ed.), Cicero, London 1965, 109–134.
Vahlen, J. (Ed.), Ennius. Ennianae Poesis reliquiae, Nachdr. Amsterdam 1963 (Lipsiae 1928).
Van Ooteghem, J., Pompée le Grand, bâtisseur d'empire, Brüssel 1954.
Van Straaten, M. (Ed.), Panaetii Rhodii fragmenta, Nachdr. München 1984 = 1952 (Leiden 1962; 1952).
Viedebantt, O., s.v. Forum Romanum, in: RE Suppl. IV (1924), 461–511.
Vogel, G., s.v. Praeda, in: RE XXII 1 (1953), 1200–1213.
Vogt, J., Ciceros Glaube an Rom, Nachdr. Darmstadt 1963 (Stuttgart 1935).
Ders., Cicero und Sallust über die catilinarische Verschwörung, Nachdr. Darmstadt 1973 = 1938 (1966; Frankfurt/M. 1938).
Volkmann, H., s.v. Ptolemaios XII. (Nr. 33), in: RE XXIII 2 (1959), 1748–1755.
Ders., Griechische Rhetorik oder römische Politik?, in: Hermes 82 (1954), 465–476.
Von Arnim, H., s.v. Antiochos von Askalon (Nr. 62) in: RE I 2 (1894), 2493–2494; s.v. Athenodoros (Nr. 19), in: RE II 2 (1896), 2045; s.v. Charmadas (Nr. 1), in: RE III 2 (1899), 2172–2173; s.v. Diogenes aus Seleukeia (Nr. 45) in: RE V 1 (1903), 773–776; s.v. Dion aus Alexandreia (Nr. 14), in: RE V 1 (1903), 847; s.v. Karneades von Kyrene (Nr. 1), in: RE X 2 (1919), 1964–1985;

s. v. Kleitomachos von Karthago (Nr. 1), in: RE XI 1 (1921), 656–659; s. v. Krantor von Soloi (Nr. 1), in: RE XI 2 (1922), 1585–1588; s. v. Kratippos aus Pergamon (Nr. 3) in: RE XI 2 (1922), 1658–1659.
Von Fritz, K., s. v. Philon (Nr. 40) in: RE XIX 2 (1938), 2535–2544.
Von der Mühll, F., s. v. A. Gabinius (Nr. 11), in: RE VII 1 (1910), 424–430; s. v. Q. Gallius (Nr. 6), in: RE VII 1 (1910), 672; s. v. A. Hirtius (Nr. 2), in: RE VIII 2 (1913), 1956–1962; s. v. Q. Hortensius Hortalus (Nr. 13) in: RE VIII 2 (1913), 2470–2581; s. v. C. Rabirius (Nr. 5), in: RE I A 1 (1914), 24–25; s. v. C. Rabirius Postumus (Nr. 6), in: RE I A 1 (1914), 25–28; s. v. Sex. Roscius (Nr. 6), in: RE I A 1 (1914), 1116–1117; s. v. Sex. Roscius (Nr. 7), in: RE I A 1 (1914), 1117; s. v. Q. Roscius Gallus (Nr. 16), in: RE I A 1 (1914), 1123–1125; s. v. L. Roscius Otho (Nr. 22), in: RE I A 1 (1914), 1126.
Von Orelli, J., M. Tullii Ciceronis Opera Quae Supersunt Omnia ac Deperditorum Fragmenta, vol. 1–2, Turici 1826–1828.
Ders. – Baiter, J. (Ed.), Onomasticon Tullianum: continens M. Tullii Ciceronis vitam historiam litterariam, indicem geographicum et historicum, indicem legume et formularum, indicem Graeco-Latinum, fastos consulares, vol. 1–3, Nachdr. Hildesheim 1965 (Zürich 1836–1838).
Von Pöhlmann, R., Geschichte der sozialen Frage und des Sozialismus in der antiken Welt, Nachdr. Darmstadt 1984 = ^{3}1925 (München ^{3}1925; ^{2}1912; 1893/1901, zwei Bände).
Von Premerstein, A., s. v. Legatus, in: RE XII 1 (1924), 1133–1149.
Ders., Die Tafel von Heraclea und die Acta Caesaris, in: ZRG 43 (1922), 45–152.
Ders., Vom Werden und Wesen des Prinzipats, aus dem Nachlass ed. v. H. Volkmann, Nachdr. New York 1967 (Nachdr. 1964; München 1937).
Von Wilamowitz-Moellendorff, U., Platon, Bd. 1–2, Berlin ^{5}1959 (^{4}1948; ^{3}1929; ^{2}1920; 1919).
Ders., Reden und Vorträge, Nachdr. Dublin 1967 = ^{4}1925 (Berlin ^{4}1925; ^{3}1913; ^{2}1902; 1901).
Ders., Kleine Schriften, Bd. 1–6, Nachdr. Berlin 1972 (1935–1937).
Ders., Der Glaube der Hellenen, Bd. 1–2, Nachdr. Darmstadt 1994 = ^{2}1955 (Nachdr. Darmstadt 1984 = ^{2}1955; ^{5}1976 = ^{2}1955; ^{4}1973; ^{3}1959; Basel ^{3}1955; Berlin ^{2}1955; 1931–1932).
Wachsmuth, C. – Hense, O. (Ed.), Ioannes Stobaei Anthologicum, Berolini, Bd. 1 Nachdr. Zürich 1999 (Nachdr. Berlin 1958; 1884); Bd. 2 Nachdr. Zürich 1999 (Nachdr. Berlin 1958; 1884); Bd. 3 Nachdr. Zürich 1999 (Nachdr. Berlin 1958; 1894); Bd. 4 Nachdr. Zürich 1999 (Nachdr. Berlin 1958; 1909); Bd. 5 Nachdr. Zürich 1999 (Nachdr. Berlin 1958; 1912), Berolini 1884–1909.
Wagenvoort, H., Princeps, in: Philologus 91 (1936), 206–221.
Walbank, F., A historical commentary on Polybius, Repr. Oxford 1999 = Bd 1. 1970; Bd. 2 1967; Bd. 3 1979 (Oxford 1957–1979).
Walser, G. (Ed.), Briefwechsel des L. Munatius Plancus mit Cicero, Basel 1957.
Walter, G., Brutus et la fin de le république, Paris 1938.
Weber, W., Der Prophet und sein Gott. Eine Studie zur vierten Ekloge Vergils, Leipzig 1925.
Ders., Princeps. Studien zur Geschichte des Augustus I, Nachdr. Aalen 1969 (Stuttgart 1936).
Wehrli, F. Die Schule des Aristoteles: Texte und Kommentar, Basel, H. 1 Basel ^{2}1967 (1944); H. 2 Basel ^{2}1967 (1945); H. 3 Basel ^{2}1969 (1948); H. 4 Basel ^{2}1968 (1949); H. 5 Basel ^{2}1969 (1950); H. 6 Basel ^{2}1969 (1952); H. 7 Basel – Stuttgart ^{2}1969 (Basel 1953); H. 8 Basel – Stuttgart ^{2}1969 (Basel 1955); H. 9 Basel ^{2}1969 (1959); H. 10 Basel ^{2}1969 (1959), Basel 1944–1959.
Weinstock, S., s. v. Terentia (Nr. 95), in: RE V A 1 (1934), 710–716.
Ders., Clodius and the Lex Aelia Fufia, in: JRS 27 (1937), 215–222.
Weische, A., Cicero und die neue Akademie. Untersuchungen zur Entstehung und Geschichte des antiken Skeptizismus, Münster ^{2}1975 (1961).
Ders., Studien zur politischen Sprache der römischen Republik, Münster ^{2}1975 (1966).
Weiss, J., s. v. Reate, in: RE I A 1 (1914), 345–347.
Welwei, K.-W., Das Angebot des Diadems an Caesar und das Luperkalienproblem, in: Historia 16 (1967), 44–69.
Wenger, L. – Stroux, J., Die Augustusinschrift auf dem Marktplatz von Kyrene, München 1928.
Wesenberg, G., s. v. Privilegium, in: RE XXIII 1 (1957), 17–29.

Wickert, L., s. v. Princeps (civitatis), in: RE XXII 2 (1954), 1998–2296.
Ders., Zu Caesars Reichspolitik, in: Klio 30 (1937), 232–253.
Ders., Rez.: E. Lepore, Il princeps ciceroniano e gli ideali politici della tarda repubblica, Napoli 1954, in: Gnomon 28 (1956), 294–299.
Ders., Princeps, in: Mélanges d'archéologie, d'épigraphie et d'histoire, offerts à Jérôme Carcopino, Paris 1966, 979–986.
Wilcken, U., s. v. Antiochos I. (Nr. 37), in: RE I 2 (1894), 2487–2489.
Willems, P., Le sénat de la République Romaine, sa composition et ses attributions, Bd. 1–2, Réimpr. Aalen 1968 (Louvain 1878–1885).
Wimmer, F. (Ed.), Theophrastus: Theophrasti Eresii Operae, Bd. 1–4, Nachdr. Frankfurt/M. 1964 = 1866 (Parisiis 1931; 1866).
Wirszubski, C., Audaces. A study in political phraseology, in: JRS 51 (1961), 12–22.
Wiseman, T., The ambitions of Quintus Cicero, in: JRS 56 (1966), 108–115.
Wissowa, G., s. v. Q. Cornificius (Nr. 8), in: RE IV 1 (1900), 1628–1630; s. v. M. Iunius Congus (Nr. 68), in: RE X 1 (1918), 1031–1033; s. v. Bona dea, in: RE III 1 (1897), 686–694; s. v. Caecilius Balbus (Nr. 35), in: RE III 1 (1897), 1196–1198; s. v. Supplicationes, in: RE IV A 1 (1931), 942–951.
Ders., Religion und Kultus der Römer, Bd. 1–5, Nachdr. München 1971 = ²1912 (²1912; 1902).
Wolf, F. (Ed.), Cicero. M. Tulli Ciceronis quae vulgo fertur oratio pro M. Marcello, Berolini 1802.
Ziegler, H., Titus Pomponius Atticus als Politiker, New York 1936 (1927).
Ziegler, K., s. v. Palatium, in: RE XVIII 2,2 (1949), 5–81; s. v. Procilius (Nr. 2), in: RE XXIII 1 (1957), 68–69.
Ders., Der Tod des Lucretius, in: Hermes 71 (1936), 421–440.
Ders., Praefatio, in: Ders. (Ed.), Cicero. De re publica, Leipzig 1955, III-XLIV.
Ders. (Ed.), Cicero. Pro T. Annio Milone ad iudices oratio, Heidelberg ²1977 (1949).
Ders., Einleitung, in: Ders. (Ed.), Cicero. De legibus, Freiburg – Würzburg ³1979 (Heidelberg ²1963; 1950), 1–18.
Zielinski, T., Verrina, in: Philologus 52 (1894), 248–294.

ERGÄNZUNGSBIBLIOGRAPHIE

Aufgenommen wurden überwiegend Titel, die von Gelzer nicht mehr für die Cicero-Biographie berücksichtigt wurden bzw. nach 1969 erschienen sind. Die Bibliographie geht über die in der forschungsgeschichtlichen Einleitung zitierten Werke hinaus, ist jedoch auf Cicero ausgerichtet und erhebt keinen Anspruch auf Vollständigkeit. Monographien wurde Vorrang vor Aufsätzen eingeräumt. Sekundärliteratur zu Caesar bzw. Pompeius ist in den jeweiligen Neuauflagen der Gelzerschen Biographien leicht zugänglich. Die wenigen Doppelungen mit der Bibliographie Gelzers betreffen Werke, die auch im Forschungsüberblick zitiert werden.

Alexander, M., The Case for the Prosecution in the Ciceronian Era, Ann Arbor 2002.
Alföldi, A., Caesar in 44 v. Chr., Studien zu Caesars Monarchie und ihren Wurzeln, Bonn 1985 (aus dem Nachlaß ed. v. H. Wolff, E. Alföldi-Rosenbaum u. G. Stumpf).
Ders., Studien über Caesars Monarchie, Lund 1953.
Arweiler, A., Cicero rhetor. Die Partitiones oratoriae und das Konzept des gelehrten Politikers, Berlin – New York 2003.
Baier, T., Cicero und Sallust über die Einzelherrschaft Caesars, in: T. Baier, in Zusammenarbeit mit M. Amerise (Ed.), Die Legitimation der Einzelherrschaft im Kontext der Generationenthematik, Berlin – New York 2008, 65–84.
Bellen, H., Cicero und der Aufstieg Octavians, in: Gymnasium 92 (1985), 161–189.
Bengtson, H., Die letzten Monate der römischen Senatsherrschaft, in: ANRW I 1 (1972), 967–981.
Bernett, M., Causarum Cognitio. Ciceros Analysen zur politischen Krise der späten römischen Republik, Stuttgart 1995.
Bleicken, J., Cicero und die Ritter, Göttingen 1995.
Ders. – C. Meier – H. Strasburger, Matthias Gelzer und die römische Geschichte, Kallmünz 1977.
Booth, J. (Ed.), Cicero on the Attack. Invective and Subversion in the Orations and beyond, Swansea 2007.
Botermann, H., Rechtsstaat oder Diktatur: Cicero und Caesar 46–44 v. Chr., in: Klio 74 (1992), 179–196.
Bounas, T., Cicero und Verres. Die römische Provinzialverwaltung zwischen Fürsorge und Ausbeutung, in: D. Engels et al. (Ed.), Zwischen Ideal und Wirklichkeit. Herrschaft auf Sizilien von der Antike bis zum Spätmittelalter, Stuttgart 2010, 137–158.
Bringmann, K., Untersuchungen zum späten Cicero, Göttingen 1971.
Ders., Cicero, Darmstadt 2010.
Bücher, F., Verargumentierte Geschichte. Exempla Romana im politischen Diskurs der späten römischen Republik, Stuttgart 2006.
Büchner, K., Cicero. Bestand und Wandel seiner geistigen Welt, Heidelberg 1964.
Ders., Cicero: Grundzüge seines Wesens, in: Gymnasium 62 (1955), 299–316.
Ders. (Ed.), Das neue Cicerobild. Der Denker Cicero, Darmstadt 1971.
Burkert, W., Cicero als Platoniker und Skeptiker. Zum Platonverständnis der Neuen Akademie, in: Gymnasium 72 (1965), 175–200.
Butler, S., The Hand of Cicero, London – New York 2002.
Cape, R., Cicero's Consular Speeches, in: J. May (Ed.), Brill's Companion to Cicero. Oratory and Rhetoric, Leiden – Boston – Köln 2002, 113–158.

Christes, J., Beobachtungen zur Verfassungsdiskussion in Ciceros Werk De re publica, in: Historia 32 (1983), 461–483.
Classen, C., Recht, Rhetorik, Politik – Untersuchungen zu Ciceros rhetorischer Strategie, Darmstadt 1985.
Connolly, J., The State of Speech. Rhetoric and Political Thought in Ancient Rome, Princeton 2007.
Cowell, F., Cicero and the Roman Republic, London ²1962.
Craig, C., Form as Argument in Cicero's Speeches. A Study of Dilemma, Atlanta/Georgia 1993.

Dahlmann, H., Cicero, Caesar und der Untergang der libera res publica, in: Gymnasium 75 (1968), 337–355.
Dettenhofer, M., Cicero und C. Cassius Longinus: Politische Korrespondenz ein Jahr vor Caesars Ermordung (Cic. Fam. 15,16–19), in: Historia 39 (1990), 249–256a.
Dieter, H., Zum Begriff der Moderatio bei Cicero, in: Eirene 6 (1967), 69–81.
Ders., Der iustitia-Begriff Ciceros, in: Eirene 7 (1968), 33–48.
Dobesch, G., Ciceros Ruhm im Aufwind: Gedanken zu zwei neuen Cicero-Monographien, in: Tyche 8 (1993), 19–29.
Dorey, T. (Ed.), Cicero, London 1965.
Douglas, A., Cicero, Oxford 1968.
Dugan, J., Making a New Man. Ciceronian Self-Fashioning in the Rhetorical Works, Oxford 2005.
Ermete, K., Terentia und Tullia – Frauen der senatorischen Oberschicht, Frankfurt/M. 2003.
Eulenberg, H., Cicero. Redner, Denker, Staatsmann. Sein Leben und Wesen, Wiesbaden 1949.
Everitt, A., Cicero. Ein turbulentes Leben, Köln 2003 (übers. v. K. Neff aus dem Engl.: Cicero. The Life and Times of Rome's Greatest Politician, New York 2001).
Fantham, E., The Roman World of Cicero's De oratore, Oxford 2004.
Fleck, M., Cicero als Historiker, Stuttgart 1993.
Fox, M., Cicero's Philosophy of History, Oxford 2007.
Fuhrmann, M., Cicero und die römische Republik, München – Zürich ³1993 (1989).
Ders., Die Tradition der Rhetorik-Verachtung und das deutsche Bild vom „Advokaten" Cicero, in: Rhetorik VIII (1989), 43–55.
Ders., Rehabilitierung der Beredsamkeit und der Rhetorik (Dankrede), in: Jahrbuch der Deutschen Akademie und Dichtung 1990, 59–62.
Ders., Über Macht und Ohnmacht eines Intellektuellen in der Politik, in: AU 29.2 (1986), 7–16.
Gelzer, M. Caesar. Der Politiker und Staatsmann. Neudruck der Ausgabe von 1983 mit einer Einführung und einer Auswahlbiographie von Ernst Baltrusch, Stuttgart 2008 (Wiesbaden ⁶1960; München ⁵1943; ⁴1942; ³1941; ²1940; Stuttgart 1921).
Ders., Pompeius. Lebensbild eines Römers. Neudruck der Ausgabe von 1984 mit einem Forschungsüberblick und einer Ergänzungsbibliographie von Elisabeth Herrmann-Otto, Stuttgart 2005 (1984; Nachdr. München 1973; ²1959; München 1949).
Ders., Cicero und Caesar, Wiesbaden 1968.
Ders., Die Nobilität der römischen Republik, Stuttgart ²1983 (Leipzig – Berlin 1912).
Ders., War Caesar ein Staatsmann?, in: HZ 178 (1954), 449–470.
Gigon, O., Cicero und die griechische Philosophie, in: ANRW I 3 (1973), 226–261.
Gildenhard, I., Paideia Romana. Cicero's Tusculan Disputations, Cambridge 2007.
Ders., Creative Eloquence. The Construction of Reality in Cicero's Speeches, Oxford 2011.
Girardet, K., Die Ordnung der Welt. Ein Beitrag zur philosophischen und politischen Interpretation von Ciceros Schrift De legibus, Wiesbaden 1983.
Ders., Politische Verantwortung im Ernstfall. Cicero, die Diktatur und der Diktator Caesar, in: C. Mueller-Goldingen – K. Sier (Ed.): Lenaika. Festschrift für Carl Werner Müller zum 65. Geburtstag am 28. Januar 1996, Stuttgart – Leipzig 1996, 217–251.
Ders., Rom auf dem Weg von der Republik zum Prinzipat, Bonn 2007.
Gotter, U., Cicero und die Freundschaft. Die Konstruktion sozialer Normen zwischen römischer Politik und griechischer Philosophie, in: H.-J. Gehrke – A. Möller (Ed.), Vergangenheit und

Lebenswelt. Soziale Kommunikation, Traditionsbildung und historisches Bewußtsein, Tübingen 1996, 339–360.
Gottlieb, G., Politische Theorie und politische Wirklichkeit. Dargestellt am Beispiel Ciceros, in: Polit. Studien XXXIII, München 1982, 281–296.
Grasmueck, E., Ciceros Verbannung aus Rom. Analyse eines politischen Details, in: E. Chrysos (Ed.), Bonner Festgabe für Johannes Straub, Bonn 1977, 165–177.
Grimal, P., Cicero: Philosoph, Politiker, Rhetor, München 1988 (übers. v. R. Stamm aus dem Franz.: Cicéron, Paris 1986).
Habicht, C., Cicero der Politiker, München 1990 (Cicero the Politician, Baltimore 1989 – London 1990).
Hall, J., Politeness and Politics in Cicero's Letters, Oxford 2009.
Harries, J., Cicero and the Jurists. From Citizens' Law to the Lawful State, London 2006.
Heinze, R., Ciceros politische Anfänge, in: Ders., Vom Geist des Römertums. Ausgewählte Aufsätze, ed. v. E. Burck, Darmstadt ^{4}1972, 87–140.
Heuss, A., Ciceros Theorie vom römischen Staat, in: NAG 8 (1975), 195–272.
Humpert, C., Wege zur Männlichkeit im Rom der Späten Republik. Cicero und die adulescentia seiner Zeit, Halle 2001.
Ioannatou, M., Affaires d'argent dans la correspondance de Cicéron. L'aristocratie sénatoriale face à ses dettes, Paris 1997.
Jackob, N., Öffentliche Kommunikation bei Cicero. Publizistik und Rhetorik in der späten römischen Republik, Baden-Baden 2005.
Janssen, K., Ein römischer Mann zwischen Anspruch und Wirklichkeit. Cicero in seinen Briefen aus dem Exil, in: AU 42.2 (1999), 49–55.
Jehne, M., Krisenwahrnehmung und Vorschläge zur Krisenüberwindung bei Cicero, in: S. Franchet d'Espèrey et al (Ed.), Fondemements et crises du pouvoir, Bordeaux 2003, 379–396.
Kuklica, P., Ciceros Begriff Virtus und dessen Interpretation, in: GLO VII-VIII (1975–76), 3–23.
Kurczyk, S., Cicero und die Inszenierung der eigenen Vergangenheit. Autobiographisches Schreiben in der späten Römischen Republik, Köln – Weimar – Wien 2006.
Kytzler, B. (Ed.), Ciceros literarische Leistung, Darmstadt 1973.
Lacey, W., Cicero and the End of the Roman Republic, New York 1978.
Lefèvre, E., Philosophie unter der Tyrannis. Ciceros Tusculanae Disputationes, Heidelberg 2008.
Leretz, H., Cicero der Philosoph, Bamberg 1992.
Lintott, A., Cicero as Evidence. A Historian's Companion, Oxford 2008.
MacKendrick, P., The Speeches of Cicero. Context, Law, Rhetoric, London 1995.
May, J. (Ed.), Brill's Companion to Cicero. Oratory and Rhetoric, Leiden 2002.
Meier, C., Cicero. Das erfolgreiche Scheitern des Neulings in der alten Republik, in: Ders., Die Ohnmacht des allmächtigen Dictators Caesar. Drei biographische Skizzen, Frankfurt/M. 1980, 101–222.
Ders., Die Ohnmacht des allmächtigen Dictators Caesar. Drei biographische Skizzen, Frankfurt/M. 1980.
Ders., Res publica amissa. Eine Studie zu Verfassung und Geschichte der späten römischen Republik, Frankfurt/M. ^{3}1997 (^{2}1980; Wiesbaden 1966).
Ders., Caesar, München 1997 (Berlin 1982).
Ders., Ciceros Konsulat, in: G. Radke (Ed.), Cicero. Ein Mensch seiner Zeit. Acht Vorträge zu einem geistesgeschichtlichen Phänomen, Berlin 1968, 61–116.
Meyerhöfer, H., Die Fortentwicklung staatsphilosophischer Prinzipien bei Platon, Aristoteles und Cicero im Vergleich, in: Anregung 36 (1990), 233–243.
Ders., Platons Politeia, Ciceros De re publica. Versuch eines Vergleichs, in: Anregung 33 (1987), 218–231.
Mitchell, T., Cicero. The Ascending Years, New Haven 1979.
Ders., Cicero, The Senior Statesman, New Haven – London 1991.
Mommsen, T., Römische Geschichte, Bd. 1–3, Leipzig 1854–1856; Bd. 3 ^{6}1875; Bd. 5 1885; Bde. 1–3, Berlin ^{14}1932; Bd. 5 ^{11}1933.

Morstein-Marx, R., Mass Oratory and Political Power in the Late Roman Republic, Cambridge 2004.
Narducci, E., Cicerone. La parola e la politica, Roma 2009.
Nicholson, J., Cicero's Return from Exile, New York 1992.
Oppermann, I., Zur Funktion historischer Beispiele in Ciceros Briefen, München – Leipzig 2000.
Orthmann, U., Cicero, Brutus und Octavian. Republikaner und Caesarianer. Ihr gegenseitiges Verhältnis im Krisenjahr 44–43 v. Chr., Bonn 1988.
Peetz, S., Philosophie als Alternative? Ciceros politische Ethik, in: M. Bernett et al. (Ed.), Christian Meier zur Diskussion. Autorenkolloquium am Zentrum für Interdisziplinäre Forschung der Universität Bielefeld, Stuttgart 2008, 188–199.
Pina Polo, F., Rom, das bin ich. Marcus Tullius Cicero. Ein Leben. Stuttgart 2010 (übers. v. S. Panzram aus dem Span.: Marco Tulio Cicerón, Barcelona 2005).
Powell, J. – Paterson, J. (Ed.), Cicero, the Advocate, Oxford 2004.
Radke, G. (Ed.), Cicero, ein Mensch seiner Zeit. Acht Vorträge zu einem geistesgeschichtlichen Phänomen, Berlin 1968.
Rawson, E., Cicero – A portrait, Bristol ^{2}1983 (1975).
Riess, W., Die Cicero-Bilder Manfred Fuhrmanns und Christian Habichts vor dem Hintergrund der deutschen Cicero-Forschung, in: ZRG 51 (1999), 301–321.
Rollinger, C., Solvendi sunt nummi. Die Schuldenkultur der Späten Römischen Republik im Spiegel der Schriften Ciceros, Berlin 2009.
Rösch-Binde, C., Vom „deinos aner" zum „diligentissimus investigator antiquitatis". Zur komplexen Beziehung zwischen M. Tullius Cicero und M. Terentius Varro, München 1998.
Samotta, I., Das Vorbild der Vergangenheit. Geschichtsbild und Reformvorschläge bei Cicero und Sallust, Stuttgart 2009.
Schäfer, M., Cicero und der Prinzipat des Augustus, in: Gymnasium 64 (1957), 310–335.
Schmidt, P., Cicero De re publica. Die Forschung der letzten fünf Dezennien, in: ANRW I 4 (1973), 262–333.
Schneider, W., Vom Handeln der Römer. Kommunikation und Interaktion der politischen Führungsschicht vor Ausbruch des Bürgerkriegs im Briefwechsel mit Cicero, Hildesheim – Zürich – New York 1998.
Schuller, W., Cicero oder der letzte Kampf um die Republik. Eine Biographie, München 2013.
Seel, O., Cicero. Wort, Staat, Welt, Stuttgart ^{3}1967 (1953).
Shackleton Bailey, D., Cicero, London 1971.
Sihler, E., Cicero of Arpinum: a Political and Literary Biography, New York 1969 (1953; New Haven 1914).
Smith, R., Cicero the Statesman, Cambridge 1966.
Spielvogel, J., Amicitia und res publica. Ciceros Maxime während der innenpolitischen Auseinandersetzungen der Jahre 59–50 v. Chr., Stuttgart 1993.
Sprute, J., Rechts- und Staatsphilosophie bei Cicero, in: Phronesis 28 (1983), 150–176.
Steel, C., Cicero, Rhetoric, and Empire, Oxford 2001.
Dies., Reading Cicero, London 2005.
Stockton, D., Cicero. A Political Biography, Oxford 1971.
Stone, M., Tribute to a Statesman: Cicero and Sallust, in: Antichthon 33 (1999), 48–76.
Strasburger, H., Caesars Eintritt in die Geschichte, Nachdr. Darmstadt 1966 (München 1938).
Ders., Caesar im Urteil seiner Zeitgenossen, Darmstadt ^{2}1968, durchges. u. erg. durch ein Nachwort erw. Aufl. (ursprgl. HZ 175 (1953), 225–264).
Ders., Ciceros philosophisches Spätwerk als Aufruf gegen die Herrschaft Caesars, ed. v. Gisela Strasburger, Hildesheim u. a. ^{2}1999 (1990).
Ders., Concordia omnium – Eine Untersuchung zur Politik Ciceros, Amsterdam 1956 (Borna 1931).
Ders., Matthias Gelzer und die großen Persönlichkeiten der ausgehenden römischen Republik, in: J. Bleicken – C. Meier – H. Strasburger (Ed.), Matthias Gelzer und die römische Geschichte, Kallmünz 1977, 57–96.
Stroh, W., Cicero. Redner, Staatsmann, Philosoph, München 2008.

Ders., Taxis und Taktik. Die advokatische Dispositionskunst in Ciceros Gerichtsreden, Stuttgart 1975.
Stroup, S., Catullus, Cicero, and a Society of Patrons. The Generation of the Text, Cambridge 2010.
Treggiari, S., Terentia, Tullia and Publilia. The Women of Cicero's Family, London 2007.
Van der Blom, H., Cicero's Role Models. The Political Strategy of a Newcomer, Oxford 2010.
Verboven, K., The Economoy of Friends. Economic Aspects of amicitia and Patronage in the Late Republic, Brüssel 2002.
Welwei, K.-W., Caesars Diktatur, der Prinzipat des Augustus und die Fiktion der historischen Notwendigkeit, in: Gymnasium 103 (1996), 477–497.
White, P., Cicero in Letters. Epistolary Relations of the Late Republic, Oxford 2010.
Wiedemann, T., Cicero and the End of the Roman Republic, London 1994.
Wood, N., Cicero's Social and Political Thought, Berkeley 1988.

WICHTIGE EREIGNISSE ZU CICEROS LEBZEITEN

106 Geburt Ciceros in Arpinum; Geburt des Pompeius
100 Geburt Caesars
91 Beginn der Ausbildung Ciceros zum Anwalt und Politiker in Rom
91–89 Bundesgenossenkrieg
89–85 Erster Mithridatischer Krieg
88–82 Bürgerkrieg der Anhänger Sullas und Marius'
88–82 Jugendwerke: *De inventione*, Dichtung
87–83 Populares Regime in Rom
86 Eroberung und Plünderung Athens durch Sulla
83–81 Zweiter Mithridatischer Krieg
82–79 Sulla Diktator; Proskriptionen
82 Ciceros Vater stirbt
80 *Pro Sexto Roscio* (erste Rede Ciceros vor Gericht)
79–77 Bildungsreise nach Griechenland
77 Cicero heiratet Terentia
75 Quästur in Sizilien
74–63 Dritter Mithridatischer Krieg
70 Prozess gegen Verres
70 Pompeius und Crassus Konsuln
69 Ädilität Ciceros
67 Seeräuberkrieg des Pompeius
66 Prätur Ciceros; *Pro imperio Cn. Pompei* (erste politische Rede)
65 Geburt des Sohnes Marcus Tullius
63 Konsulat Ciceros; Catilinarische Verschwörung, Caesar Pontifex Maximus
62 Prätur Caesars, Niederlage Catilinas bei Pistoria
60 Begründung des ersten Triumvirats durch Caesar, Crassus und Pompeius
59 Konsulat Caesars
58–51 Caesar erobert Gallien
58–57 Exil Ciceros in Thessalonica und Dyrrhachium
56 Eneuerung des Triumvirats in Luca
56–52 Cicero im Dienst der Triumvirn; erste Phase der philosophischen Aktivität: *De oratore, De legibus* und *De re publica*
53 Cicero Augur; Niederlage und Tod des Crassus bei Carrhae gegen die Parther
52 Pompeius *consul sine collega*
51–50 Prokonsulat Ciceros in Kilikien
49 Ausbruch des Bürgerkrieges zwischen Caesar und Pompeius; Cicero geht nach Osten und schließt sich Pompeius an
48 Schlacht von Pharsalos; Pompeius wird in Ägypten ermordet
48–44 Caesar Diktator

47 Caesar begnadigt Cicero

46–44 Zweite Phase der philosophischen Aktivität: *Brutus*, *Orator*, *Hortensius*, *Academici libri*, *de finibus*, *Tusculanae disputationes*, *De natura deorum*, *Cato maior de senectute*, *de divinatione*, *de fato*, *Laelius de amicitia* und *de officiis*

46 Caesar siegt bei Thapsos in Africa; Cato begeht Selbstmord in Utica; Cicero und Terentia lassen sich scheiden; Heirat Ciceros mit Publilia

45 Caesar siegt bei Munda in Spanien; Tod der Tochter Tullia; Scheidung von Publilia

44 Ermordung Caesars an den Iden des März

44–43 Philippische Reden gegen Antonius; Mutinensischer Krieg

43 Ermordung Ciceros auf Anweisung der Triumvirn Antonius, Octavian und Lepidus

PERSONENREGISTER

L. Accius (Tragödiendichter) 199, 244
T. Accius (Ankläger des A. Cluentius) 32, 55 f.
M. Acilius Caninus (*pr.* 47?) 236
M.' Acilius Glabrio (*cos.* 67) 37, 39, 43, 53
L. Acilius (Rechtsgelehrter) 250
Adeimantos (Platons Bruder) 204
Sex. Aebutius 50
L. Aelius Lamia (*pr.* 42) 124, 236
Aelius Ligus (*tr. pl.* 58) 130 f.
C. Aelius Staienus (Richter) 31 f.
L. Aelius Stilo 9, 14, 250, 281, 312
L. Aelius Tubero (*pr.* vor 49; Historiker) 9, 130, 258
Q. Aelius Tubero (Sohn des Vor.) 257 f.
Sex. Aelius Paetus (*censor* 194; *cos.* 198) 250
M.' Aemilius Lepidus (*cos.* 66) 60, 79, 225, 227
M. Aemilius Lepidus (*cos.* 78; Vater des Triumvirs) 351
M. Aemilius Lepidus (*cos.* 44; Triumvir 43) 291, 296, 339, 346 f., 350–353, 357, 360–363, 365–367
M. Aemilius Lepidus Porcina (*cos.* 137) 247
L. Aemilius Paullus (*cos.* 182. 168; Vater des Scipio Aemilianus) 197
L. Aemilius Paullus (*cos.* 50) 79, 211, 315, 357
M. Aemilius Scaurus (*cos.* 115) 9 f.
M. Aemilius Scaurus (*pr.* 56) 179–182, 191
L. Afranius (*cos.* 60) 104, 232
Agapenor 200
Agis 121
Ahala siehe Servilius
Ahenobarbus siehe Domitius
Aischines 6, 245 f., 260
Aischylos 278
Aischylos von Knidos 25
P. Albinovanus (Ankläger des M. Caelius) 147
Statius Albius Oppianicus 30–32
Alexander der Große 157, 286
Sex. Alfenus (röm. Ritter und Rechtsbeistand des P. Quinctius) 18 f.
Amphiaraos (Heros v. Oropos) 29
T. Ampius Balbus (*tr. pl.* 63; *pr.* 59) 74, 221, 257, 290, 329
M. Anneius (*leg.* C's 51–50) 206, 208

T. Annius Milo (*tr. pl.* 57; *pr.* 55) 133–136, 142–144, 146–149, 152, 158 f., 162, 186–192, 246
Antiochos von Askalon (Philosoph) 24–26, 42, 48, 85, 169, 193, 198, 202, 218, 249, 267–280, 282
Antiochos von Kommagene 176, 209
Antipatros (Lehrer des Panaitios) 272, 306
Antisthenes 286
Pacuvius Antistius Labeo (*fam.* des M. Brutus; *leg.* 42) 174, 354
Antistius Vetus (*tr. pl.* 56) 143
C. Antonius (Bruder des Triumvirs; *pr.* 44) 345, 347, 353 f., 356, 370
C. Antonius Hybrida (*cos.* 63) 63–67, 72, 76, 77 f., 83, 87, 101, 113 f., 126, 151
L. Antonius (Bruder des Triumvirs; *tr. pl.* 44; *cos.* 41) 217, 332, 341, 354, 356
M. Antonius (*cos.* 99) 5–7, 9 f., 20, 73, 168–172, 247, 260, 317
M. Antonius (*cos.* 44; Triumvir 43) 14, 165, 187, 201, 217, 232, 236 f., 262, 285, 291 f., 295–303, 309 f., 313, 315–324, 330–344, 346–352, 354, 356–369
M. Aper 34
Apollonius (*lib.* des P. Crassus) 264
Apollonios Molon 7, 11, 25, 26
L. Appuleius Saturninus (*pr.* 59; *procos.* Macedonia 58) 129
L. Appuleius Saturninus (*tr. pl.* 103. 100. 99) 61, 72 f., 160
P. Appuleius (*tr. pl.* 43) 341, 355
Q. Apronius (Zehntpächter) 39
C. Aquilius Gallus (Jurist; *fam.* C's; *pr.* 66) 19 f., 50 f., 313
Aratos 13, 306
Archimedes 29, 280
Archytas 172, 202
Areios Didymos (v. Alexandrien) 269
Ariobarzanes III v. Kappadokien 209, 214, 216
Ariovist 105
Aristeides 121
Ariston v. Keos (Peripatetiker) 293
Ariston v. Chios 293
Aristoteles 6, 14, 47 f., 85, 169, 184, 202–204, 244, 249, 267, 269, 272, 276–278, 282, 286, 311 f., 321, 324

Aristos 218, 277, 280
Aristoxenos (Schüler Aristoteles') 201 f., 278
Arkesilaos 249, 267, 272 f.
Q. Arrius (*pr.* 64) 78, 126
Artavasdes v. Armenien 209
P. Asicius 151
C. Asinius Pollio (*cos.* 40) 345, 350, 357 f., 366–369
C. Ateius Capito (*tr. pl.* 55) 175
Athenion (Peripatiker) 11
Athenodorus Calvus (Stoiker) 324 f., 327
Atia (Caesars Nichte) 154, 366
M. Atilius Regulus (*cos.* 267) 327
Sex. Atilius Serranus (*tr. pl.* 57) 132 f., 139, 141, 185
C. Attius Celsus (*pr.* 65) 57
Aufidius Bassus (Historiker) 369
Augustinus 269, 308 f.
Augustus siehe Iulius
C. Aurelius Cotta (*cos.* 75) 24, 27 f., 31, 168, 198, 280–283, 305, 309
L. Aurelius Cotta (*cos.* 65) 40, 52, 87, 99, 132, 160, 315
M. Aurelius Cotta (*cos.* 74) 49 f., 247
C. Autronius 90
P. Autronius Paetus (*pr.* 68; *cos. des.* 66) 52, 58, 67, 77, 99, 129
Q. Axius (Senator) 176

Blesamios 289
Bruttedius Niger (Historiker; *aed.* 22) 369

Caecilia Metella 20, 22, 137
Q. Caecilius (Onkel des T. Pomponius Atticus) 59
Q. Caecilius Metellus Balearicus (*cos.* 123) 20
Q. Caecilius Bassus (röm. Ritter; Pompeianer) 288
M. Caecilius Metellus (*pr.* 69) 22, 38, 40
Q. Caecilius Metellus Celer (*pr.* 63; *cos.* 60) 67, 72 f., 78 f., 96, 98, 105, 115
M. Caecilius Metellus Cornutus (*pr.* 43) 349, 353, 360, 366
Q. Caecilius Metellus Creticus (*cos.* 69) 33, 38, 79
L. Caecilius Metellus Delmaticus (*cos.* 119) 180
L. Caecilius Metellus (*cos.* 68) 33, 35, 37–39, 46, 55
Q. Caecilius Metellus Macedonicus (*cos.* 143) 22, 321
Q. Caecilius Metellus Nepos (*cos.* 98) 20, 37
Q. Caecilius Metellus Nepos (*tr. pl.* 62; *cos.* 57) 84, 95–99, 131 f., 134 f., 137, 142 f., 179
Q. Caecilius Metellus Numidicus (*cos.* 109) 5, 26, 39, 137
Q. Caecilius Metellus Pius (*cos.* 80) 60, 75, 101
Q. Caecilius Metellus Pius Scipio (*cos.* 52) 22, 36, 78, 99, 186, 216, 222, 243, 273, 318, 330
Q. Caecilius Niger 37
L. Caecilius Rufus (*tr. pl.* 63; *pr.* 57) 67, 70
A. Caecina 50, 258, 261
A. Caecina (Sohn des Vor.) 179
L. Caelius Antipater (Historiker) 307
C Caelius Caldus (*quaest.* 50) 217
M Caelius Rufus (*tr. pl.* 52; *aed.* 50; *pr.* 48) 15, 113, 146, 150 f., 178, 188 f., 192 f., 205–207, 211, 214–216, 218, 220, 223, 228, 231–233
M. Caeparius (Catilinarier) 86 f.
L. Caesulenus 9
M. Calidius (*cos.* 59) 56, 175, 179, 188
Calpurnia (Tochter des Calpurnius Piso, *cos.* 58; Gattin Caesars) 164
L. Calpurnius Bestia (*aed.* 59) 84, 95 f., 146, 150 f.
M. Calpurnius Bibulus (*cos.* 59) 98, 109, 116–119, 132, 140, 148, 175, 209–212, 216, 218, 284
Calpurnii Pisones 50
C. Calpurnius Piso (*cos.* 67) 27, 51, 59, 71, 87, 90, 103, 118
Cn. Calpurnius Piso (Catilinarier) 58, 62
L. Calpurnius Piso Caesoninus (*cos.* 58) 123–126, 131, 148, 153–155, 158, 164–167, 172, 178 f., 181, 225, 254, 274, 302, 313, 315, 318, 340, 344, 348
C. Calpurnius Piso Frugi (Schwiegersohn C's; *quaest.* 58) 118, 123, 125 f., 130, 136
C. Calvisius Sabinus (*procos. des.* Syria) 349
L. Caninius Gallus (*tr. pl.* 56) 113, 145, 168
C. Caninius Rebilus (*cos.* 45) 291, 316
A. Caninius Satyrus 59
P. Cannutius 30, 31, 170
Ti. Cannutius (*tr. pl.* 44) 317, 319, 331
L. Carpinatius (*fam.* des Verres) 39
Cassius Barba (Offizier Caesars) 291
C. Cassius Longinus (*pr.* 44; *cos. des.* 41) XXII, 53, 210, 239, 262 f., 292, 298, 300–303, 313, 315, 317–319, 338, 344–349, 353, 356, 361 f.
L. Cassius Longinus (*pr.* 66) 63, 87
L. Cassius Longinus (*tr. pl.* 44) 180, 317, 347
Q. Cassius Longinus (*quaest.* 52; *tr. pl.* 49) 217
Cato siehe Porcius

Catullus 12, 99, 179
Charmadas (Neu-Akademiker) 169, 171, 260
Chrysippos 277, 281 f., 306, 308, 324
Chrysogonus siehe Cornelius
Cinna siehe Cornelius
M. Cispius (*tr. pl.* 57) 177
Ap. Claudius Caecus (*censor* 312; *cos.* 307. 296) 43
C. Claudius (Senator) 33
Claudii Marcelli (Patrone in Sicilien) 36
C. Claudius Marcellus (*pr.* 80) 44, 250, 305
C. Claudius Marcellus (*cos.* 50) 211, 220, 228, 253 f., 302, 315, 318, 331 f.
M. Claudius Marcellus (*cos.* 222. 215. 214. 210. 208) 44
M. Claudius Marcellus (*cos.* 166. 155. 152) 308
M. Claudius Marcellus (*cos.* 51) 78 f., 81, 146, 165, 179, 188, 193, 195, 205, 211 f., 236, 242 f., 247, 253 f., 256, 259, 284
Ti. Claudius Nero (Praetorier) 92, 297
Ap. Claudius Pulcher (*cos.* 79) 20, 137
Ap. Claudius Pulcher (Bruder des P. Clodius; *cos.* 54) 20, 87, 89, 119, 132, 134, 137, 139, 141 f., 148, 175–177, 180, 206, 208, 210, 212, 214, 250, 305
C. Claudius Pulcher (Bruder des P. Clodius, *pr.* 56) 162, 180,
Clodia (Gattin des Q. Caecilius Metellus Celer) 96, 103, 151
P. Clodius Pulcher (*tr. pl.* 58; *aed.* 56) 20, 93, 95, 102–105, 109, 114–117, 119–121, 123–137, 139–143, 146 f., 149 f., 152 f., 155 f., 158–163, 166, 176 f., 179–181, 183, 186 f., 189–191, 248, 318, 320
P. Clodius Pulcher (Sohn des Vor.) 298
Sex. Clodius 191, 318
Sex. Cloelius (Client des P. Clodius) 147, 298 f.
A. Cluentius Habitus 30–32, 55 f., 61, 151
Cluvius (Richter im Prozeß des Q. Roscius) 27 f.
C. Cominius (Ankläger des C. Cornelius) 59
P. Cominius (Ankläger des C. Cornelius) 59, 61 f.
Q. Considius (Senator 74) 118
(Cn. Marcius) Coriolanus 321 f.
Cornelia 101
C. Cornelius (*tr. pl.* 67) 51 f., 59–63, 80, 98, 149
L. Cornelius Balbus (*cos. suff.* 40) 110, 161, 216, 220, 229–232, 236 f., 248, 252, 257 f., 263, 285–287, 299 f., 302

L. Cornelius Balbus (Neffe des Vor.; *quaest.* 44) 229
C. Cornelius Cethegus (Catilinarier; Senator 63) 79, 86 f., 90
M. Cornelius Cethegus (*cos.* 204) 6
L. Cornelius Cinna (*cos.* 87–84) 10, 159 f., 221, 224, 229, 243, 280, 316, 338, 355
L. Cornelius Chrysogonus (*lib.* Sullas) 20, 22
Cn. Cornelius Dolabella (*cos.* 81) 18 f., 46
P. Cornelius Dolabella (C's Schwiegersohn; *cos.* 44) 191, 214 f., 225, 228, 234–238, 251 f., 262, 264, 287 f., 296, 300–303, 315, 333, 346 f., 351, 354, 356, 367
C. Cornelius Gallus (Dichter; *praefectus Aegypti* 30) 350
P. Cornelius Lentulus (*cos.* 162) 45
Cn. Cornelius Lentulus Clodianus (*cos.* 72) 53
Cn. Cornelius Lentulus Clodianus (*pr.* 59; Sohn des Vor.) 113
L. Cornelius Lentulus Crus (*cos.* 49) 125, 222 f., 229
Cn. Cornelius Lentulus Marcellinus (*cos.* 56) 142 f., 145, 148, 154, 161
P. Cornelius Lentulus Spinther (*cos.* 57) 122, 131 f., 135–137, 145, 149, 152 f., 156, 162, 168, 175, 177 f., 185, 256
P. Cornelius Lentulus Spinther (Sohn des Vor.; *proquaestor pro pr.* Asia 43) 147, 341, 353
P. Cornelius Lentulus Sura (*cos.* 71; *pr. iterum* 63) 86 f., 90, 93, 318
Cornelius Nepos 12, 368
P. Cornelius Scipio Africanus Maior (*cos.* 205. 194) 13, 93, 195, 197 f.
P. Cornelius Scipio Africanus Aemilianus Minor (*cos.* 147. 134) 9, 13, 26, 29, 45, 48, 93, 100, 146, 173, 184, 194–199, 201 f., 278, 321, 322, 324
P. Cornelius Scipio Nasica Serapio (*cos.* 138) 17
Cornelius Severus 369
L. Cornelius Sisenna (*pr.* 78) 36
Faustus Cornelius Sulla (*quaest.* 54) 56, 188, 262
L. Cornelius Sulla (*cos.* 88. 80; *dictator* 82–79) 5, 9 f., 17 f., 20–26, 32, 35–36, 39, 40, 44 f., 47, 50, 54 f., 60, 69, 72, 75, 105, 159 f., 221, 224, 243, 257, 270, 290, 326 f., 329 f., 338 f., 355, 370
P. Cornelius Sulla (*cos. des.* 66) 52, 58, 67, 98 f.
Cornificius 13, 170
Q. Cornificius (*leg.* Caesars in Kilikien; *pr.* 45?) 256, 319, 338, 349

Ti. Coruncanius (*cos.* 280) 321
C. Cosconius (*pr.* 63) 87
Cotta siehe Aurelius
Crassus siehe Licinius
Cremutius Cordus (Geschichtsschreiber unter Augustus) 367, 369
Curio siehe Scribonius
Q. Curius (*pr.* 67) 76, 80, 98
M'. Curius (*cos.* 290. 275. 274) 321
M'. Curius (*fam.* C's.) 235, 292
Curtius Nicias (Grammatiker) 201

Deinarchos 245
Deiotaros 209f., 216, 288–290, 307, 347
Demetrios (der Syrer) (Lehrer C's 79) 25
Demetrios von Magnesia 163, 173, 229f.
Demetrios von Phaleron (Peripatetiker) 6, 47, 196, 202, 245, 250
Demosthenes 6, 109, 172, 245–247, 260
Diagoras (Gottesleugner) 283
Dikaiarchos (Peripatetiker) 47f., 112, 116, 121f., 199–202, 268, 278, 307, 324
Diodoros Kronos 308
Diodotos (Stoiker) 12, 26, 169, 267, 275, 280, 282, 312
Diogenes Laertios 269
Diogenes der Babylonier (Stoiker) 47, 202f., 250, 274f., 280, 306
Dion 150f., 172
Dionysios d. Ä. (Tyrann von Syrakus) 280
Dionysios von Magnesia 25
Diphilus (Schauspieler) 117
Dolabella siehe Cornelius
L. Domitius Ahenobarbus (*cos.* 54) 59, 118, 125, 130, 153, 161f., 175, 185, 189, 216, 222, 229, 285
Cn. Domitius Calvinus (*cos.* 53) 186, 288, 316

L. Egnatuleius (*quaest.* 44) 334, 339
Q. Ennius 6, 199, 293, 327
Epaminondas 172, 198
Epicharmos (Dichter) 122
Epikur (und Epikureer) 11f., 25, 164–166, 206, 241, 263, 265, 267f., 271, 273f., 277f., 280f., 308, 313
Er (Pamphyler) 197
C. Erucius (Ankläger des Sex. Roscius) 22f.
Eteokles 328
Eudoros von Alexandrien (Neu-Akademiker) 269
Euripides 8, 264, 328

Faberius 266

M. Fabius (Ankläger des M. Fonteius) 49
P. Fabius 33f.
Q. Fabius Maximus Allobrogicus (*cos.* 121) 49
Q. Fabius Pictor XI
Q. Fabius Sanga (Senator 63) 86, 125
Q. Fabius Maximus (*cos.* 45) 113, 291
Q. Fabius Vergilianus (*leg.* des Ap. Claudius Pulcher 53–51) 206
C. Fabricius 30f.
C. Fabricius Luscinus (*cos.* 282. 278) 321
Q. Fabricius (*tr. pl.* 57) 132
M. Fadius Gallus (Epikureer und *fam.* C's) 288
T. Fadius Gallus (*tr. pl.* 57) 131, 191
C. Fannius (*tr. pl.* 142; *cos.* 122) 320
C. Fannius Chaerea (Ankläger des Q. Roscius) 27f.
M. Favonius (*pr.* 49) 109, 114, 153, 175, 216, 228, 303
C. Flaminius (*tr. pl.* 232. *cos.* 223. 217) 14
C. Flaminius (*aed.* 67) 51
C. Flavius Fimbria (*cos.* 104) 5, 8
L. Flavius (*tr. pl.* 60) 71, 105f.
Q. Flavius 27f.
Flora (Oskerin) 164
M. Fonteius (*propr.* 74–72 in Gallia ulterior) XXVI, 49
P. Fonteius (adoptiert P. Clodius) 114
Q. Fufius Calenus (*tr. pl.* 61; *pr.* 49; *cos.* 47) 102f., 150, 189, 302, 316, 338, 340, 342f., 345, 346, 348
C. Fundanius (*tr. pl.* 68) 57, 63
C. Furius Crassipes (Schwiegersohn C's; *quaest.* 51) 168
L. Furius Philus (*cos.* 136) 194, 198f., 203
C. Furnius (*pr.* 42) 206, 350
Fulvia (Geliebte des Q. Curius) 76f., 80
Fulvia (1. Gattin des P. Clodius; 2. des C. Curio; 3. des M. Antonius) 369

A. Gabinius (*tr. pl.* 67; *cos.* 58) 52, 54, 124–126, 148, 154f., 158, 164, 167, 178, 182–185
P. Gabinius Capito 86f.
Galba siehe Sulpicius
Q. Gallius (*pr.* 43) 366
Q. Gallius (*pr.* 65) 56, 63
L. Gellius Publicola (*cos.* 72) 87, 136
A. Gellius 311
(C. Servilius) Glaucia (*tr. pl.* 101; *pr.* 100) 165
Glaukon 204
Gracchen siehe Sempronii Gracchi
Gratidia (Schwester des M. Gratidius) 5
M. Gratidius 5, 10
Grattius (Ankläger des Dichters Archias) 100

Hannibal 85
Hekaton (Schüler des Poseidonios) 327
Hegesias von Magnesia 246
Helvia (Mutter C's) 5
Herakleides Pontikos 47, 169, 184, 202, 304
Herakles 278
Herennius 13
Herennius (Centurio; nach Plut. 48,1 Mörder C's) 369
C. Herennius (*tr. pl.* 60) 105
L. Herennius Balbus 150
Hermagoras 14, 280
Hermarchos 164
Herodes 112
Herodot 157
Hippokrates 308
A. Hirtius (*cos.* 43) 220, 252, 257, 262, 285, 287, 299, 301–303, 307, 309, 317–319, 342, 345, 348–352, 356
Homer 7f., 14, 165, 200, 264, 279
Q. Hortensius Hortalus (*cos.* 69) 7, 18–20, 26, 28, 30, 36, 38, 41, 42–44, 53f., 60, 73, 84, 98f., 103, 106, 119f., 124, 126, 133, 142, 145, 147, 156, 169, 179f., 187–189, 205f., 242, 247, 265, 267, 269f.
Q. Hortensius Hortalus (*pr.* 45) 232, 345
L. Hostilius Dasianus (*tr. pl.* 68?) 37
Hypereides (Redner) 245f.

Indutiomarus (Allobrogerfürst) 49
Isokrates 6, 13, 169, 203f., 245, 246
Iamblichos 209
Iavolenus Priscus (Jurist) 313
Iuba (I., König von Numidien) 257
Iulia (Schwester des L. Iulius Caesar, *cos.* 64; Mutter des M. Antonius) 65
Iulia (Caesars Tochter) 36, 116
C. Iulius Caesar (*cos.* 59. 48. 46. 45. 44. *dictator perpetuus* 44) X–XVII, XIX, XXII–XXVI, 7f., 24, 27, 36, 43, 49, 53, 54, 57, 61, 63, 64, 66, 68, 69, 71f., 74f., 87, 90–94, 97–99, 106f., 109–111, 114–121, 123–126, 130, 132, 135, 137, 139f., 142 – 144, 148–150, 152–157, 159–161, 163–169, 173–179, 181, 183, 185–188, 193–196, 203, 205f., 211, 215–243, 247–249, 251–266, 284–292, 295–305, 307, 310, 315–324, 326–335, 338–348, 351f., 355, 366, 370f.
C. Iulius Caesar Octavianus (Augustus) XXIV, XXVI, 75, 154, 160, 193, 269, 298f., 302–304, 318–320, 322f., 327, 330–340, 343–348, 350–354, 356–369
C. Iulius Caesar Strabo (*aed.* 90) 10, 169, 170
L. Iulius Caesar (*cos.* 90) 317

L. Iulius Caesar (*cos.* 64) 59, 65, 72, 228, 300, 315, 317, 341, 343, 346–348
L. Iulius Caesar (*proquaest.* in Africa 47) 251
Iunia (Gattin des P. Servilius Isauricus) 315, 338, 346
Iunia (Gattin des M. Aemilius Lepidus *cos.* 46) 362
Iunia Tertia (Gattin des C. Cassius) 303
C. Iunius (*aed.* 75) 31 f.
D. Iunius Brutus Albinus (*pr.* 45.; *cos. des.* 42) 27, 299, 302, 310, 319, 331–335, 337–340, 342f., 345f., 351–353, 355–357, 359–362, 367, 370
L. Iunius Brutus (*cos.* 509) 118, 242, 287, 295, 334, 338
D. Iunius Brutus Callaicus (*cos.* 138) 199
L. Iunius Brutus Damasippus (*pr.* 82) 9
M. Iunius Brutus (Q. Servilius Caepio Brutus; *pr.* 44) XI, 8, 25, 83, 190, 206, 214, 234, 239–248, 251, 253, 259–261, 263, 266, 270f., 277, 279f., 284f., 287f., 292f., 295, 297f., 300–304, 307, 310f., 313, 315, 317, 319, 330f., 333, 338, 344–346, 347, 349, 352–354, 356–366, 369f.
M. Iunius Congus Gracchanus 73f., 250
M. Iunius (Senator; Patron des P. Quinctius) 18
M. Iunius (*pr.* 68) 51
P. Iunius 43
D. Iunius Silanus (*cos.* 62) 77, 84, 87, 91f., 315
M. Iuventius Laterensis (*pr.* 51) 118, 180

Kallisthenes 157
Karneades 11, 24, 171, 203, 249, 260, 267, 272–277, 279, 283, 306–308
Kastor (Enkel des Deiotaros) 288
Kephalos 169, 293
Kleanthes (Stoiker) 281 f.
Kleitomachos 11, 203, 279, 306
Kleomenes 121
Kleopatra 291
Konon 172
Krantor 265 f.
Kratippos (Peripatetiker) 208, 253, 306, 324
Kritias 306
Kritolaos 203, 275

Labeo 174, 354, 359
D. Laberius (Mimendichter) 256
T. Labienus (*pr.* 59?) 71–74, 174, 228, 235
Laelia 9
C. Laelius (*fam.* des Scipio Africanus; *cos.* 190) 8, 13, 23, 100, 194, 198f., 204, 320–322, 263

D. Laelius (Ankläger des L. Valerius Flaccus; *tr. pl.* 54) 119, 236, 363
M. Laenius Flaccus (*fam.* C's) 128, 136
L. Laetilius (Kurier des Verres) 37 f.
Lamia siehe Aelius
Lentulus siehe Cornelius
P. Lentulus (C's Enkel) 264
P. (Cornelius) Lentulus (*cos. suff.* 162) 45
Lepidus siehe Aemilius
Lepta siehe Paconius
A. Licinius Archias (Dichter) 7, 100 f., 108
A. Licinius Aristoteles 253
L. Licinius Crassus (*cos.* 95) 5 f., 8, 20, 50, 168–172, 194, 247
M. Licinius Crassus (*cos.* 70. 55) XXIV, 33, 35, 43, 53, 62–65, 68, 78, 84, 87, 90 f., 99, 102–105, 110, 114–116, 121, 123–125, 132, 134, 140, 143 f., 146–18, 150, 152, 159, 161–164, 167 f., 175, 178, 192, 248, 307, 327, 347
P. Licinius Crassus (Sohn des Vor.; *quaest.* 55) 27, 163, 178, 187, 264
L. Licinius Lucullus (*cos.* 74) 23, 52–54, 60, 76, 101, 103, 118 f., 127, 267, 269 f., 272, 274, 284
M. Licinius Lucullus (Sohn des Vor.; Catos Großneffe) 274, 310
C. Licinius Macer Calvus (*pr.* 68) 32, 43, 53, 147, 177, 179, 245 f., 263
L. Licinius Murena (*cos.* 62) 5, 75–77, 84 f., 90 f., 109, 151, 180, 248
M. Licinius Terentius Lucullus (*cos.* 73) 33, 60, 101, 125–127, 145, 247
Q. Ligarius (*quaest.* 54) 253, 257 f.
A. Ligurius (*fam.* Caesars) 174, 237
Livius Andronicus 6
M. Livius Drusus (*tr. pl.* 91) 55, 71
M. Livius Drusus Claudianus (*pr.* 50?) 176 f., 357
T. Livius (Historiker) XI, 249, 297, 368 f.
M. Lollius Palicanus (*tr. pl.* 71) 35, 43, 51
Lucan (M. Annaeus Lucanus) 258
L. Lucceius (*pr.* 67) 109, 151, 157, 163, 165, 196, 214, 227, 265, 284 f.
C. Lucilius (Dichter) 14
L. Lucilius Balbus (Jurist) 19
Q. Lucilius Balbus (Stoiker) 280 f., 283
C. Lucilius Hirrus (*tr. pl.* 53) 183, 187, 215
T. Lucretius Carus (der Dichter) 11, 270
Lucullus siehe Licinius
Q. Lutatius Catulus (*cos.* 102) 10, 44, 45, 101, 140, 169–171, 200, 267, 269 f., 284

Q. Lutatius Catulus (Sohn des Vor.; *cos.* 78) 40, 45, 53–55, 60, 65, 75, 81, 83, 87, 90, 92, 97, 106, 118, 156
Lykurgos (Gesetzgeber) 199, 279
Lykurgos (Redner) 245
Lysias (Redner) 6, 245 f., 260
Lyson v. Patrai 253

Macrobius 198, 249
Mamurra (Caesars *praefectus fabrum*) 179
C. Manilius (*tr. pl.* 66) 53, 57, 59, 62
C. Manlius (Centurio unter Sulla; Catilinarier) 78–83
M. Manlius Capitolinus (*cos.* 392) 317
A. Manlius Torquatus (*pr.* um 70) 205, 262 f.
L. Manlius Torquatus (*cos.* 65) 52, 58 f., 96, 99 f., 125, 169
L. Manlius Torquatus (Sohn des Vor.; *pr.* 49) 99, 221, 267, 273 f.
T. Manlius Torquatus (Sohn des A.) 289
Marcellus siehe Claudius
C. Marcius Figulus (*cos.* 64) 59
L. Marcius Philippus (*cos.* 91) 18, 20, 169, 326
L. Marcius Philippus (*cos.* 56) 143, 154, 179, 225, 291, 299, 302, 315, 318, 331, 340, 344, 363 f.
Q. Marcius Rex (*cos.* 68) 55, 79
C. Marius (*cos.* 107. 104–100) 5, 9 f., 17, 39, 72, 74, 83, 101, 128, 137 f., 160, 250, 278, 280, 330
C. Marius (der falsche M.) 298
M. Marius (*fam.* C's) 168, 191, 252
M. Marius Gratidianus (*pr.* 85) 5, 59, 64
Masinissa 197
C. Matius (Caesarianer) 175, 230 f., 236, 257, 290, 298, 301, 322 f.
D. Matrinius 51
C. Memmius (*pr.* 58) 11, 125, 173, 184 f., 206 f.
Menekles von Alabanda 26, 28
Menippos von Stratonikeia 25
Menophilus (*serv.* C's) 200
L. Mescinius Rufus (*quaest.* 51) 206, 217, 226, 248
Messalla siehe Valerius
C. Messius (*tr. pl.* 57) 132, 139, 176 f.
Metrodoros 12, 280
L. Minucius Basilus (*pr.* 45) 174, 296
A. Minucius Thermus 119
Q. Minucius Thermus (*pr.* 58?) 97, 207, 212, 217
Mithridates 11, 53, 74
Molon (Vater des Apollonios M.) 7

(Tertia) Mucia (62 von Pompeius geschieden) 96
Q. Mucius Orestinus (*tr. pl.* 64) 64
P. Mucius Scaevola (*cos.* 133) 250
Q. Mucius Scaevola (*cos.* 117) 8, 27, 168 f., 322
Q. Mucius Scaevola (*cos.* 95) 9 f., 19, 27, 50, 213, 250, 311
L. Mummius (*cos.* 146) 287
L. Munatius Plancus (*cos.* 42) 310, 319, 332, 335, 350–353, 357, 360–362, 365, 367
T. Munatius Plancus Bursa (*tr. pl.* 52) 36, 187–189, 191
Munatius Rufus (*fam.* des M. Cato) 92, 97
Murena siehe Licinius

Sex. Naevius 18–20
Napoleon XIII, 290, 329
P. Nigidius Figulus (*pr.* 58) 87, 89, 208, 241, 253
L. Ninnius Quadratus (*tr. pl.* 58) 123 f., 129, 131, 232
Nonius Struma 179
M. Nonius Sufenas (*pr.* um 57) 179, 212
C. Norbanus (*cos.* 83) 170
Numa 283
Q. Numerius Rufus (*tr. pl.* 57) 139

Octavia (Caesars Großnichte) 253, 291, 302
Octavius siehe Iulius
Cn. Octavius (*cos.* 165) 344
Cn. Octavius (*cos.* 87) 160
M. Octavius (*aed.* 50) 214
A. Ofilius (Jurist) 311
Ollius 285
L. Opimius (*cos.* 121) 83
Oppianicus siehe Albius
C. Oppius (*fam.* Caesars) 174 f., 230, 236, 257 f., 263, 285–287, 310, 323, 332
P. Oppius (*quaest.* 74) 49
C. Orchivius (*pr.* 66) 63
M. Orfius 174

Q. Paconius Lepta (*praef. fabrum* C's) 261, 264, 332
Panaitios 15, 26, 47, 85, 193 f., 199, 201–203, 250, 265, 268 f., 272, 275 f., 278, 280, 282, 306 f., 321, 324–328, 349
Panurgus (*serv.* des C. Fannius) 27
C. Papirius Carbo (*cos.* 120) 247
Cn. Papirius Carbo (*cos.* 85. 84. 82) 45
L. Papirius Paetus 242, 252 f., 256, 259
Patron (Epikureer) 206

Q. Pedius (*cos. suff.* 43) 366 f.
Sex. Peducaeus (*pr.* 77) 29
Peisistratos 172
Perikles 172, 246, 285
M. Perperna (*cos.* 92) 179
M. Petreius (*pr.* vor 64) 232
Phaidros 11, 25, 169, 198, 268, 273, 280
Phanias (Schüler des Poseidonios) 276
Phidias 244
Phidippos (Arzt des Deiotaros) 288
Philippos V. von Makedonien 293
Philiskos 134
Philodemos von Gadara (Epikureer) 164, 166, 274
Philoktet 278
Philon von Larissa 11–14, 24–26, 56, 169, 193, 202, 249, 267–280, 282 f., 306
Philotimus (*lib.* Terentias) 238 f.
L. Pinarius Natta (*pontifex*) 141
Piso siehe Calpurnius
M. Plaetorius (*pr.* 64?) 49, 51
Plaguleius 298
Cn. Plancius (*aed.* 54) 118, 129–131, 135, 180–182
Platon XX, 6, 10, 24, 47, 52, 70, 85, 106, 112, 168 f., 171, 193, 197 f., 200, 202, 204, 246, 249 f., 260, 267 f., 272, 276–280, 292 f., 304, 324, 329
Plautius (Plotius) (*tr. pl.* 70) 98
P. Plautius Hypsaeus (*pr.* 55) 129, 186
L. Plotius Gallus (*rhetor Latinus*) 6, 150
Plutarch 12, 25, 33, 92, 101, 103, 121, 331, 368 f.
Polemon (Philosoph) 272, 276
Polybios XI, 7, 26, 47 f., 157, 194, 199 f., 203, 306, 371
Pompeia 262
Q. Pompeius (*cos.* 141) 321
Q. Pompeius Bithynicus 11
Cn. Pompeius Magnus (*cos.* 70. 55. 52) XIV, XX, XXIV, XXVI, 14, 35 f., 40 f., 43, 51–55, 57, 59, 62, 65, 69, 74, 84, 88, 93, 95–98, 100–102, 104–110, 114–121, 123–125, 129–132, 135–156, 158–168, 173, 175–177, 179–193, 195 f., 199, 205 f., 211 f., 214 f., 217–237, 241, 248, 250–255, 258, 278, 280, 289, 291, 307, 310, 318 f., 324 f., 328, 339, 346, 351
Cn. Pompeius (Sohn des Magnus) 235, 263
Sex. Pompeius (Sohn des Magnus) 299, 309, 339, 351 f.
Sex. Pompeius (Bruder des Cn. Pompeius Strabo) 9

Q. Pompeius Rufus (*pr.* 63) 79
Q. Pompeius Rufus (*tr. pl.* 52) 188, 191
Cn. Pompeius Strabo (*cos.* 89) 9, 62
Pomponia (Gattin des Q. Tullius) 237
T. Pomponius Atticus (*fam.* C's) 9, 25, 52f., 59, 67, 90, 102–104, 106–109, 112, 115–117, 120–122, 128–134, 138, 141, 143, 155–157, 162–164, 168f., 174, 176, 178, 183, 185, 196, 199–202, 204–207, 209, 211, 214, 218–220, 225–227, 229–231, 233–239, 241–243, 247, 249–251, 253, 258, 261f., 264–266, 271, 276, 281, 285–288, 290, 292f., 296f., 300f., 304, 307, 313f., 317, 320f., 324, 329–332, 364, 368
M. Pomponius Dionysius (*lib.* des Atticus) 163, 200f., 246, 250, 268
C. Pomptinus (*pr.* 63) 86, 206, 210, 217
L. Pontius (*fam.* C's) 205, 219
L. Pontius Aquila (*tr. pl.* 45) 357
C. Popilius Laenas (Mörder C's?) 369
P. Popillius Laenas (*cos.* 132) 137
Porcia (Schwester Catos) 284, 303
Porcia (Tochter Catos; Gattin 1. des M. Calpurnius Bibulus; 2. des M. Brutus) 284
C. Porcius Cato (*tr. pl.* 56) 145f., 148, 161
M. Porcius Cato (*cos.* 195) XI, 6, 13, 27, 39, 42, 45, 85, 156, 172, 196, 247, 250, 293, 320f.
M. Porcius Cato Uticensis (*pr.* 54) 10, 76, 84f., 87f., 92–95, 97f., 101f., 105f., 109, 114f., 118, 126, 134, 153, 160, 162f., 167–169, 172f., 179, 186–190, 198f., 209f., 212f., 216, 218f., 222f., 226, 228, 232f., 235, 243, 247–249, 251, 261, 271, 274–276, 279, 284, 290, 293, 327, 329
M. Porcius Laeca (Senator 63) 79, 81
Porcius Licinus 198
Poseidonios 14, 26, 108, 202, 248, 270, 275, 278–283, 306–308, 324f., 327
Postumius (wohl = C. Rabirius Postumus RE 22, 896) 257
L. Procilius (*tr. pl.* 56) 112, 121, 176
Prometheus 278
Ptolemaios XII. Auletes 63, 144, 150f., 167, 185
Q. Publicius (*pr.* 67) 51
Publilia (zweite Gattin C's) 262
M. Pupius Piso (*cos.* 61) 11, 25, 101f., 104, 169, 269, 274, 276
Pythagoras 200, 202

L. Quinctius (*tr. pl.* 74) 31–34, 43
P. Quinctius 18–20, 46, 50

T. Quinctius Flamininus (*cos.* 198) 293
C. Quinctius Valgus (Sullaner) 70
Quintilian 30, 42, 50, 138, 150, 166, 177f.
Quirinus 286

C. Rabirius Postumus 72–74, 185
L. Racilius (*tr. pl.* 56) 143, 162
Romulus XIX, 88, 200
Sex. Roscius Amerinus 20–22, 24, 36, 370
Q. Roscius comoedus 19f., 26–28
L. Roscius Otho (*pr.* 63) 71
Rutilia (Mutter des C. Aurelius Cotta) 27
P. Rutilius Lupus (*tr. pl.* 56) 145
P. Rutilius Rufus (*cos.* 105) 26, 47, 198

L. Saenius (Senator 63) 79
Cn. Sallustius (*fam.* C's) 128, 182, 184
C. Sallustius Crispus (*pr.* 47) XIX, 8, 15, 24, 43, 83, 95f., 100, 108, 113, 128, 137, 167, 177–179, 188f., 199f., 246, 253, 258, 260, 286
Q. Salvidienus Rufus (Jugendfreund Octavians; *cos. des.* 40) 364
Salvius (*lib.* Caesars) 174
Salvius (*tr. pl.* 43) 340
Sassia (Mutter des A. Cluentius) 56
P. Saturius (Senator 74) 28
Saturninus siehe Appuleius
M. Saufeius 191
Scamander (*lib.*) 30–32
M. Scaptius (*praef. equit.* des Proconsuls Ap. Claudius Pulcher) 214
Scipio siehe Caecilius und Cornelius
C. Scribonius Curio (Großvater des *tr. pl.* 50) 8
C. Scribonius Curio (*cos.* 76) 7, 8, 24, 37, 53, 103f., 118, 138, 169
C. Scribonius Curio (*tr. pl.* 50; *leg. pr.* 49) 93, 102, 117, 118, 124, 186, 211, 215–217, 222, 231f., 242
L. Scribonius Libo (*cos.* 34) 333
Sebosus (*fam.* des Catulus) 200
Segulius Labeo 359
M. Seius 251
L. Sempronius Atratinus (*cos. suff.* 34) 150
Sempronii Gracchi 9, 13, 61, 71, 111, 121, 160, 247, 326
C. Sempronius Gracchus (*tr. pl.* 123. 122) 17, 55, 326
Ti. Sempronius Gracchus (*tr. pl.* 133) 16f., 23, 61, 195, 321
C. Sempronius Tuditanus (*cos.* 129) 73, 250
Seneca 42f., 269, 179, 366–369

L. Sergius Catilina (*pr.* 68) 57–59, 62–66, 69, 75–87, 90, 92, 94, 96–98, 111, 151, 167, 178, 320, 328, 334, 337
Q. Sertorius (*pr.* 83) 49, 346
Servilia (Tochter der Livia, die in 2. Ehe den Vater des Cato Uticensis heiratet, der dadurch Servilias Halbbruder war; Gattin 1. des M. Iunius Brutus *tr.* 83 und Vaters des Caesarenmörders, 2. des D. Iunius Silanus, Mutter der 3 Iuniae, dadurch Mutter und Schwiegermutter der Befreier Brutus und Cassius) 259, 303, 315, 319, 347, 362, 365
M. Servilius (*tr. pl.* 43) 334, 337, 347
C. Servilius Ahala (*cos.* 427) 118, 242, 287, 295
Q. Servilius Caepio (*cos.* 106) 8
Q. Servilius Caepio (Sohn des Vor.; Vater der Servilia) 8
P. Servilius Casca (*tr. pl.* 43) 332, 364
P. Servilius Globulus (*pr.* 64) 59, 61
P. Servilius Vatia Isauricus (*cos.* 79) 22, 44 f., 53, 75, 135 f., 154, 179
P. Servilius Isauricus (*cos.* 48) 302, 315, 318, 338, 340, 344, 346–348, 350, 353, 355, 360, 363
P. Servilius Rullus (*tr. pl.* 63) 67, 68, 70, 73, 83
P. Sestius (*tr. pl.* 57; *pr.* 54?) 66, 81, 96, 100 f., 130, 135, 143 f., 146–149, 191, 290, 354
Sicca (*praef. fabrum* C's) 128
P. Silius (*pr.* 58?) 212, 311
Siron von Neapel (Epikureer) 274
Sisyphos 306
Sokrates 171, 272, 279
Solon 226
Sophokles 8, 278
Spartacus 33, 82, 336
L. Statilius (Catilinarier) 86 f.
Sthenius 35
Sulla siehe Cornelius
C. Sulpicius (*pr.* 63) 86
C. Sulpicius Galba (Praetorier) 8
P. Sulpicius Galba (*pr.* 66) 63
Ser. Sulpicius Galba (*cos.* 144) 27, 247
P. Sulpicius Rufus (*tr. pl.* 88) 9 f., 61, 160 169–171, 259
Ser. Sulpicius Rufus (*cos.* 51) 9, 26, 76, 84, 192, 205, 220, 225, 231, 236, 242, 247, 253 f., 257, 264 f., 284, 289, 297, 311, 315, 328, 340, 342, 363
Ser. Sulpicius Rufus (Sohn des Vor.) 333

(Cornelius) Tacitus 34, 260
Tarkondimotos 209
Tarquinius Superbus 334

L. Tarquinius (Catilinarier) 90, 167
Terentia (C's erste Gattin) XVII, 89, 100, 103, 133, 219, 225, 232, 234 f., 238 f., 262, 267
Q. Terentius Culleo (*tr. pl.* 58) 130
M. Terentius Varro Lucullus (*cos.* 73) 33, 60, 125 f., 145
M. Terentius Varro (*pr.* vor 67) 24, 119, 129 f., 169, 176, 235, 241, 247–249, 251 f., 265, 270–272, 281, 284–286, 331
Tettius Damio 142
Teucris 101
Thales 280
Themista (Epikureerin) 274
Themistokles 157, 198, 226, 322
Theophanes (*fam.* des Pompeius Magnus) 116, 206, 227, 254
Theophrast 6, 42, 47 f., 116, 121 f., 161, 169, 181, 199 f., 202, 244, 250 f., 268, 277, 286, 324
Theopomp von Chios 286
Theopomp von Knidos 286
Theramenes 285 f.
Thukydides 203, 227, 246, 260
M. Tigellius (Oboenvirtuose) 288
Tigranes von Armenien 129
L. Tillius Cimber (*pr.* 45) 290
Timaios 157
Timoleon 157
Timotheos 172
Tithonos 293
Titinia 24
P. Titius (*tr. pl.* 43) 353, 367
C. Toranius (*aed.* 64) 262 f.
C. Trebatius Testa (Jurist) 174, 186, 227 f., 231 f., 311 f., 322, 324
Trebianus (*fam.* des Atticus) 253
C. Trebonius (*cos. suff.* 45) 236, 246, 263, 302, 304, 343 f., 346 f., 351
Cn. Tremellius Scrofa (*pr.* 52) 212
Tullia (C's Tochter) XVII, 130, 136, 214, 225, 232–234, 237 f., 262, 264, 266, 284, 294
L. Tullius (*leg.* C's 51–50) 206
L. Tullius Cicero (C's Onkel) 6, 169
L. Tullius Cicero (C's Vetter) 25, 37, 52, 276
M. Tullius (C's Rede f. –) 32–34, 38
M. Tullius Cicero (C's Vater) 5 f., 8, 52
M. Tullius Cicero (C's Sohn) 7, 201, 231 f., 238, 261, 275, 298 f., 306, 310, 325, 327
M. Tullius Ciccro (C's Großvater) 5, 10
M. Tullius Tiro (*lib.* C's) 12 f., 25, 42, 66, 174, 198, 219, 225 f., 228, 246, 252, 262, 275, 307, 325, 331, 369

Q. Tullius Cicero (*pr.* 62; C's Bruder) 6, 14, 25, 31, 47, 52, 54, 56 f., 59, 63, 65, 88 f., 92, 98, 100, 112 f., 120 f., 129, 131, 133, 136, 142, 145, 147, 152, 163, 169, 171, 173–175, 178, 180, 182 f., 185, 196, 199, 204–207, 210 f., 217, 232, 235, 237–239, 249–251, 271, 276, 305–307, 369
Q. Tullius Cicero (C's Neffe) 201, 239, 261, 263, 287, 336
Servius Tullius 5
Tyrannio (Grammatiker) 200

P. Valerius (*fam.* C's) 313
L. Valerius Flaccus (*cos.* 100) 21
L. Valerius Flaccus (*pr.* 63) 72, 86, 119, 120
M. Valerius Messalla Niger (*cos.* 61) 22, 87, 103, 117, 179
M. Valerius Messalla Rufus (*cos.* 53) 117, 186, 363
C. Valerius Triarius (bei Pharsalos gefallen) 221, 273
L. Vargunteius (Senator 63) 80, 98
L. Varius Cotyla (*aed.* 44?) 335, 343
Varius Geminus (Rhetor) 43, 179, 367
P. Vatinius (*cos.* 47) 61, 111, 113, 116, 118, 144, 148 f., 153, 163, 177–179, 181, 236, 237, 292

C. Velleius (römischer Epikureer) 280, 283
P. Ventidius Bassus (*cos. suff.* 43) 354, 357
Vercingetorix 188
C. Vergilius Balbus (*pr.* 62) 128
C. Verres (*pr.* 74) XXVI, 32 f., 35–46, 49, 180
C. Verres (Vater des Vor.) 35, 45
L. Vettius 98, 118, 121
P. Vettius Scato 9
C. Vibius Pansa (*cos.* 43) 169, 183, 236, 240, 257, 263, 299–302, 309, 318 f., 331 f., 338, 342 f., 345, 347–350, 353 f., 356
L. Vibullius Rufus (Pompeianer) 152
C. Visellius Aculeo 5 f., 169
C. Visellius Varro (*aed.* 59) 5, 131
L. Volcacius Tullus (*cos.* 66) 64, 179, 220, 225, 227, 254
L. Volcacius Tullus (*cos.* 33) 254
T. Volturcius 86 f.
Volumnia Cytheris 14

Xenokles von Adramyttion 25
Xenokrates (Platons Schüler) 324
Xenophon 157, 204, 293

Zenon (Stoiker) 24 f., 164, 267 f., 272 f., 276 f., 279–282, 306

GEOGRAPHISCHES REGISTER

Achaea 330
Aegypten IX, 54 63, 145, 149, 345
Adramyttion 25
Africa 64, 238, 239, 241, 251, 255, 259, 262, 338, 360, 366
Africa Nova 359
Africa Vetus 319, 349
Ager Picenus 79
Ager Campanus 68, 149, 152
Akarnanien 219
Aktion (Actium) 206, 219, 263
Alabanda 26, 28
Alba Fucens 333
Albanum 125
Aletrium 30, 31
Alexandria 115, 144, 145, 146, 167, 236, 238, 239, 269
Alsium 265, 288
Alyzia 219
Amanus Mons 209, 210
Ameria 20

Anagnia 261
Anio 85
Antiochia 7, 210, 239
Antium 115, 155, 157, 200, 303, 309
Apameia 208, 213, 217
Appia 208
Apulien 79, 229
Aquileia 149
Aquinum 205
Arcanum 205
Argos 279
Ariminum 223, 332
Arpinum XXVII, 5, 10, 17, 30, 99, 128, 129, 205, 231, 250, 261, 310, 330, 331, 332, 371
Arretium 24, 105
Asia 26, 54, 104, 112, 119, 120, 121, 129, 207, 208, 210, 212, 214, 240, 244, 245, 259, 302, 310, 338, 346, 353
Astura 264, 265, 266, 285, 302, 369
Athen 6, 11, 24, 25, 43, 52, 121, 129, 170, 172, 182, 201, 203, 206, 207, 217, 218, 234, 245,

246, 262, 267, 272, 273, 275, 276, 277, 280, 298, 304, 306, 310, 324, 325
Atina   128, 129

Bithynia   50, 54, 212, 214, 346
Boiotien   29
Bononia   356, 367
Bovianum   31
Bovillae   187
Britannien   177, 178
Brundisium   101, 128, 133, 136, 206, 219, 224, 225, 229, 230, 236, 237, 239, 240, 310, 319
Bruttium   98
Buthroton (Epirus)   300, 302

Caieta   232, 369
Cales   228
Campanien   79, 164, 223, 225, 232, 290, 299, 300
Capua   10, 70, 79, 96, 135, 149, 220, 221, 223, 225, 228, 229, 239, 299, 330
Carrhae   187
Casilinum   300
Circei   369
Corfinium   229
Corduba   350
Cularo (Grenoble)   360, 362
Cumanum u. Cumae   163, 176, 201, 205, 220, 231, 232, 261, 290, 299
Cypern   162, 208, 214
Cyrenaica   212, 347

Delos   121, 207
Dyrrhachion   129, 131, 133, 136, 234, 235, 241, 353

Ephesos   207, 208, 217, 234
Epiphaneia   209, 210
Epirus   117, 129, 131, 230, 293, 300, 302
Eporedia (Ivrea)   359
Etrurien   50, 78, 82, 83, 332
Euphrat   176, 209, 307

Faesulae   79, 83
Fibrenus   5, 250
Ficulense u. Ficulea   264, 266
Formianum u. Formiae   115, 116, 201, 221, 223, 226, 228, 231, 232, 369
Forum Gallorum   354

Galatien   288, 289

Gallia citerior   65, 77, 78, 83, 96, 116, 125, 130, 146, 154, 222, 261, 263, 299, 302, 332, 339, 340, 367
Gallia Narbonensis   125, 336, 350, 362
Gallia ulterior   XII, 49, 59, 71, 105, 148, 154, 166, 173, 174, 183, 188, 334, 338, 350
Griechenland   6, 25, 52, 129, 200, 226, 227, 231, 254, 272, 287, 298, 299, 345
Gyaros   207

Herakleia (Unteritalien)   100, 101
Hispalis   287
Hispania citerior   350
Hispania ulterior   263, 350
Hydruntum (Hydrus)   219, 310

Ikonion   209
Illyricum   222, 345
Interamna   103, 176
Isara (Isère)   360
Isaurien   208, 213
Issos   210, 216

Kappadokien   209, 210, 214
Karien   214
Karthago   196, 203, 269, 306, 327
Keos   207, 293
Kibyra   208, 213
Kilikien   46, 53, 145, 152, 162, 170, 177, 178, 192, 206, 208, 209, 211, 213, 215, 256, 277
Kleinasien s. Asia
Korinth   279
Korkyra   219, 235
Kos   201
Kroton   86
Kybistra   209
Kyzikos   128, 130

Lanuvium   301
Laodikeia (Phrygien)   208, 210, 213, 214, 215, 217
Larinum   30, 31, 228
Lesbos   26
Leucopetra   313
Leukas   219
Lilybaeum   29
Liris   5, 250
Luca   150, 152
Lucanien   128
Luceria   31, 225, 229, 239
Lykaonien   208, 213

Makedonien 65, 77, 78, 101, 113, 129, 131, 154, 164, 166, 212, 310, 340, 345, 347, 360
Malta 128, 232
Massilia 49, 190, 327, 343, 351
Messana 35
Minturnae 205, 331
Misenum 232
Mopsuhestia 210
Munda 285
Mutina 338, 340, 343, 348, 351, 353, 356, 361
Mytilene 208, 236, 253, 254

Narbo 49, 285
Nares Lucanae 127, 128
Neapel 163, 219, 300
Nesis 310
Nil 238
Nola 9
Nomentum 264
Novum Comum 193
Numantia 196, 198, 338

Ostia 366

Pamphylien 208, 213
Patrai 218, 219, 228, 235, 253, 292
Peiraieus 201, 218, 284
Peloponnes 25, 200, 279
Pharsalos 235, 237, 239, 253
Philomelion 209
Phlius 200
Picenum 146, 228
Pindenissos 211, 246
Pisaurum 32
Pistoria 98, 113
Placentia 218
Pompeianum u. Pompei 100, 163, 176, 205, 232, 300, 310
Pontus 346
Praeneste 79
Puteolanum u. Puteoli 52, 307, 310, 320, 330
Pyramos 216

Ravenna 152, 188
Reate 176, 180
Renus (Reno) 367
Rhegion 311, 313
Rhodos 7, 14, 15, 25, 26, 217, 238, 245, 324
Rhodanus (Rhône) 126, 357
Rubico 223, 340, 364

Salamis (Cypern) 208, 214
Samnium 30, 31

Samos 207, 236, 254
Samothrake 283
Sardinien 150, 152, 179, 180, 360
Segesta 29
Sicilien 29, 35, 37, 38, 39, 41, 46, 112, 128, 221, 231, 232
Side 217
Sikyon 279
Sinuessa 331
Smyrna 26, 27, 198
Spanien 29, 106, 163, 165, 185, 206, 222, 231, 238, 258, 261, 262, 263, 264, 285, 299
Sparta 203, 326
Synnada 208, 213
Syrakus 29, 35, 39, 46, 310, 313
Syrien 104, 154, 163, 168, 175, 192, 209, 210, 212, 215, 216, 217, 301, 345, 346, 347, 349, 353

Tarent 128, 205, 236, 240
Tarquinii 27
Tarsos 208, 210, 211, 212, 213, 216, 217
Tarraco 288
Taurus 209, 210
Teanum 228
Teanum Apulum 31
Tenedos 175
Thapsus 99, 248
Thermae (Sicilien) 35
Thessalien 235
Thessalonike 129, 131, 138, 233
Thurii 33, 128
Tiberis 85, 291
Tralles 208
Trebulanum u. Trebula 205, 219
Tusculanum u. Tusculum 52, 100, 127, 142, 156, 168, 169, 184, 205, 240, 241, 251, 252, 261, 264, 265, 284, 305, 310, 311, 322, 331, 369

Utica 247, 248

Vada Sabatia 357
Velia 37, 311, 313, 364
Venusia 205
Via Appia 187, 219, 231, 331
Via Egnatia 131, 234
Vibo 37, 128, 310
Volaterrae 50, 105

Zela 239

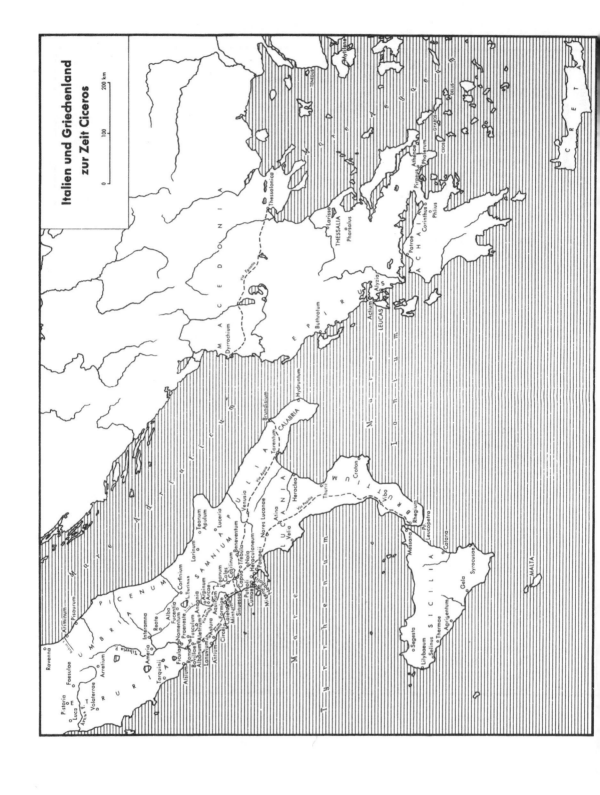

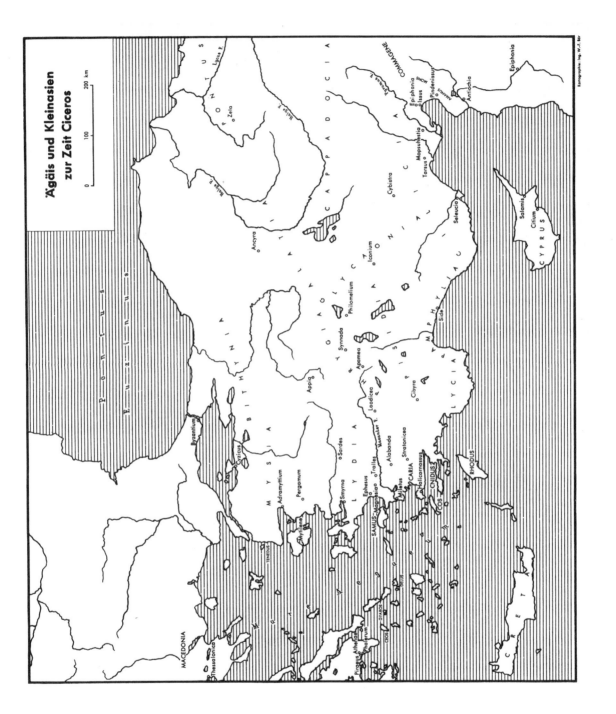